Pál Hunfalvy

Ethnographie von Ungarn

Pál Hunfalvy

Ethnographie von Ungarn

ISBN/EAN: 9783743328921

Hergestellt in Europa, USA, Kanada, Australien, Japan

Cover: Foto ©ninafisch / pixelio.de

Manufactured and distributed by brebook publishing software
(www.brebook.com)

Pál Hunfalvy

Ethnographie von Ungarn

ETHNOGRAPHIE

VON

UNGARN.

PAUL HUNFALVY,

MIT ZUSTIMMUNG DES VERFASSERS INS DEUTSCHE ÜBERTRAGEN

PROF. I. H. SCHWICKER.

BUDAPEST, 1877.

FRANKLIN-VEREIN

UP LITERARISCHE ANSTALT UND BUCHDRUCKEREI.

INHALT.

Erster Abschnitt.

Ungarn und Siebenbürgen vor der Einwanderung der Magyaren.

I. Vorhistorische Zeit.

II. Römische Periode.

Zweiter Abschnitt.

Ungarn und Siebenbürgen nach der Einwanderung der Magyaren.

ERSTES CAPITEL.

Die Magyaren.

I. Die Urgeschichte der Magyaren nach dem Zeugnisse der Geschichtsquellen.

II. Die Urgeschichte der Magyaren nach dem Zeugnisse der Sprache.

ZWEITES CAPITEL.

Die Deutschen.

DRITTES CAPITEL.

Die Slaven.

VIERTES CAPITEL.

Die Rumänen.

FÜNFTES CAPITEL.

Die Zigeuner.

SECHSTES CAPITEL.

Die Armenier.

SIEBENTES CAPITEL.

Die Juden.

Vorwort des Verfassers.

Die Ethnographie von Ungarn behandelt der Natur der Sache gemäss sämmtliche Volksstämme, welche auf dem Gebiete der ungarischen St. Stefanskrone wohnen. Nachdem aber der jetzige Zustand nur das Product vergangener Zeiten ist, so muss sich diese Ethnographie auch mit der allgemeinen Geschichte dieser Völker beschäftigen. Diesbezüglich erscheint jedoch eine bestimmte Grenzlinie für geboten. Deutsche, Slaven, Juden u. s. w. wohnen nicht blos in Ungarn, sondern auch anderswo. Deren ursprüngliche und allgemeine Geschichte gehört also nicht in eine Ethnographie von Ungarn; diese kann sich diesbezüglich nur mit den besonderen, d. i. ungarländischen Schicksalen jener Volksstämme, welche deren sociale Bedeutung in Ungarn kennzeichnen, befassen. Unter einen ganz andern Gesichtspunkt fällt das magyarische Volk; denn die Erforschung von dessen Ursprung, Gestaltung und Schicksalen ist die erste Aufgabe einer Ethnographie von Ungarn. — Allein für uns ist auch das rumänische oder walachische Volk von besonderer Wichtigkeit; ja, als ein vor unseren Augen entstehendes und sich entwickelndes Volk besitzt dasselbe auch für die allgemeine Ethnographie ein lehrreicheres Interesse, als irgend ein anderes Volk, dessen Ursprung und Entwickelung man nicht in solcher Weise von Stufe zu Stufe verfolgen kann, wie das bei den Rumänen der Fall ist.

Bei meiner Auffassung von Volk und Nation haben die anthropologischen oder vielmehr zoologischen Beschreibungen nur geringen Werth. Nicht die Formen des Schädels, noch das Wachsthum der Haare oder die Farbe der Haut machen den Menschen oder ein Volk; sondern nur allein dessen Sprache und sociales Wesen. In meiner Ethnographie fand also die Darstellung dessen, in welcher Gestalt uns die Natur den Menschen zeigt, nur spärlichen Raum; desto mehr Rücksicht schenkte ich der Erscheinung des Menschen in der *Geschichte*, d. i. seiner Darstellung durch sich selbst.

Ich kann mich dessen nicht berühmen, alles Charakteristische, das die Geschichte bieten mag, beigebracht zu haben; doch war ich überall bemüht, nur historisch Wahres zu geben. Aus diesem Grunde überging ich auch die eine oder die andere Ansicht, weil sie der geschichtlichen Unterlage entbehrt.

Es konnte meine Absicht nicht sein, ein vollkommenes Werk liefern zu wollen; allein ich hege die Hoffnung, dass es mir gelungen ist, hie und da die Bahn zu brechen, auf welcher ein weiteres Fortschreiten leichter möglich sein wird.

Paul Hunfalvy.

Vorrede des Uebersetzers.

.

Herr PAUL HUNFALVY hat in seinem «Vorworte» den Standpunkt gekennzeichnet, von dem aus er seine «Ethnographie von Ungarn» geschrieben hat und beurtheilt wissen will. Es ist der sprachlich-historische Gesichtspunkt, unter welchem der Verfasser dieses Buches insbesondere die Entstehung, Bildung und Schicksale des magyarischen Volkes behandelt; den übrigen Volksstämmen Ungarns wurde nur eine mehr cursorische Betrachtung zu Theil, nur die Rumänen machen hiervon eine Ausnahme. Die Motive dieser verschiedenen Behandlung sind doppelter Natur: einmal bestehen über die deutschen und slavischen Völker bereits umfassende und eingehende Forschungen und dann, insoferne dies nicht der Fall wäre, kommt es doch nicht der ungarischen Wissenschaft zu, diese Forschungen über Stämme anzustellen, von denen oft nur kleine Bruchtheile dieses Land bewohnen. Diese Aufgabe zu lösen ist Sache jener Länder, wo diese Volksstämme auch heute noch ihren ethnographischen Hauptsitz haben.

Was nun den wissenschaftlichen Werth der vorliegenden Arbeit betrifft, so wird die competente Kritik hierüber das Urtheil fällen; weder der Verfasser, noch der deutsche Bearbeiter wollen ihr diesbezüglich vorgreifen. Nur auf einige orientirende Momente sei hier hingewiesen. Ungarns Ethnographie wurde zum ersten Male systematisch behandelt in dem

grossartig angelegten, doch unvollendet gebliebenen Werke:
«CZOERNIG, die Ethnographie der österreichischen Monarchie»
(Wien, 1855—57,, von welchem Werke jedoch nur erschienen
sind: Band I., 1. Abtheilung und die Bände II. und III. Diese
letzteren beschäftigen sich ausschliesslich mit Ungarn und
seinen Nebenländern und bringen im obgenannten Werke
dessen «Ethnographie» zum Abschlusse. Niemand läugnet das
Verdienstvolle dieser Arbeit. Der Verfasser, V. v. HÄUFFLER,
hat mit grossem Fleisse ein reiches Material zusammengetragen
und in einzelnen Parthien auch bis heute noch Vortreffliches
geleistet. Ueber die Deutschen und Serben z. B. sind die Mittheilungen in der «Ethnographie» von namhaftem Werthe.
Andere Abschnitte des Werkes wurden jedoch von der wissenschaftlichen Forschung der letzten 20 Jahre weit überholt.
Dies gilt namentlich in der *Hauptfrage* einer Ethnographie
von Ungarn. Was HÄUFFLER über Hunnen, Avaren, Magyaren,
Petschenegen, Kumanen, Bulgaren etc., sowie über die Bildung
des walachischen Volkes sagt, entspricht schon lange nicht
mehr den Anforderungen der Wissenschaft. Eine einfache Vergleichung der betreffenden Abschnitte bei HÄUFFLER mit dem
vorliegenden Buche wird dies für Jedermann bald deutlich
machen.

Diese «Ethnographie von Ungarn» verfolgt ihren besondern, selbständigen Weg. Bei der Unvollkommenheit der einschlägigen kritischen Vorarbeiten war der Verfasser vielfach
genöthigt erst selber den Schutt hinwegzuräumen, welchen
Vorurtheile, kritiklose Aufzeichnungen oder Verwahrlosung auf-
gehäuft hatten. Aus diesem Grunde kann das Buch an manchen
Stellen nur mühsam vorwärtsschreiten und musste der Fluss
ruhiger Erzählung und Erörterung durch kritische Auseinander-
setzungen unterbrochen werden. Die Resultate dieser Arbeit
sind jedoch lohnend gewesen. Die viel ventilirte «Abstammungsfrage» der Magyaren und die sich daran knüpfenden histo-

rischen, ethnographischen und sprachlichen Probleme sind hier in ihren wesentlichsten Momenten zum *Abschlusse* gebracht. Die weitere Forschung wird im Einzelnen noch Manches schärfer und eingehender beleuchten; allein in der Hauptsache kann jene Frage kein Gegenstand weitern Zweifels sein. *Der Streit eines Jahrhunderts hat seine wissenschaftliche Erledigung gefunden.* Aber auch in Bezug auf sonstige historische Verhältnisse des ungarischen Mittelalters, namentlich mit Rücksicht auf die socialen Zustände, wird der Leser so manche dankenswerthe Aufklärung in diesem Buche finden. In der Auffassung und Behandlung aller Fragen bekundet dieses Werk eine vorurtheilsfreie Objectivität, ein unbeirrtes Streben nach der historischen Wahrheit und eine Unbestechlichkeit im Urtheile, die sonst nicht alle Tage und nicht überall anzutreffen ist. Auch die deutsche historische Wissenschaft leidet hie und da (und in letzterer Zeit mehr als früher) an der Neigung, die Vergangenheit im Lichte der Parteien unserer Zeit zu betrachten.

Ueber das Verhältniss dieser deutschen Bearbeitung zum magyarischen Originale nur noch wenige Worte. Es ist diese Bearbeitung keine sklavische Uebersetzung; sondern unter Zustimmung des Autors wird dem deutschen Publicum eine Bearbeitung übergeben, die in einzelnen Theilen eine wesentliche Erweiterung des Originals ist. Neigung und Studium hatten den Bearbeiter schon früher auf dieselbe Spur wissenschaftlicher Forschungen geführt und ihn mit der einschlägigen Literatur vertraut gemacht. Diese seine eigenen Arbeiten auch im Dienste des vorliegenden Buches zu verwerthen war ihm um so mehr ermöglicht, als er sich in den meisten Punkten in vollständiger Uebereinstimmung mit dem Verfasser befand. So hat derselbe nicht blos in Bezug auf die literarischen Nachweise die Belege des Originals vervollständigt, sondern auch im Texte selbst an verschiedenen Stellen kleinere und grössere Zusätze beigefügt. Das Letztere gilt insbesondere für die

Capitel über die Deutschen und Slaven. Das Capitel über die Serben ist nahezu ausschliessliches Eigenthum des Bearbeiters, wofür er natürlich auch die Verantwortung übernimmt. Aeusserlich sind die Zusätze des Bearbeiters durch Einschlusszeichen ठ—ठ, unterschieden.

Verfasser und Bearbeiter übergeben dieses Buch der Literatur mit dem einzigen Wunsche, durch dasselbe der Wissenschaft und ihrem Vaterlande einen kleinen Dienst geleistet zu haben.

Budapest, am 18. October 1876.

Prof. I. H. Schwicker.

Einleitung.

§ 1.

Blumenbach,[1] der Begründer der wissenschaftlichen Anthropologie, theilte das Menschengeschlecht nach der *Hautfarbe* in fünf Stämme oder Raçen (varietates) ein : in den *kaukasischen* oder weissen, den *mongolischen* oder gelben, den *malayischen* oder braunen, den *Neger-*, schwarzen oder äthiopischen, und in den *amerikanischen* oder rothen Stamm. Seitdem wendete sich jedoch die anthropologische Forschung vorzugsweise dem Schädel, als jenem Theile des menschlichen Körpers zu, dessen Bildung die geeigneteste Basis zur Classeneintheilung unseres Geschlechtes bildet.

Der amerikanische Gelehrte Samuel Georg Morton[2] acceptirte anfänglich die Blumenbach'sche Raçeneintheilung, richtete jedoch später sein Hauptaugenmerk auf die *Schädelformation* und gab im Jahre 1839 sein grosses Werk «Crania Americana» zu Philadelphia heraus. In diesem Werke sind die Resultate seiner wiederholten Untersuchungen über die Schädelbildung der amerikanischen Völkerschaften niedergelegt und es fand dasselbe nicht nur jenseits des atlantischen Oceans, sondern auch in Europa grossen Beifall. Retzius, den wir bald näher kennen lernen werden, schrieb ihm im Jahre 1847 : «Sie haben für die Ethnologie mehr geleistet als irgend Einer der lebenden Physiologen und ich hoffe, dass Sie die Pflege dieser Wissenschaft, welche so überaus interessant ist, fortsetzen werden.» Morton behauptet in dem erwähnten Werke, dass die amerikanischen Völkerschaften (mit Ausnahme der nahe am Nordpol wohnenden Eskimos und anderer Stämme, welche man «*Polarvölker*» [Arktiker] nennt) sämmtlich *einem* Stamme angehören, der sich in zwei Zweige theilt, und dass dieser amerikanische oder kupferfarbige Stamm (die amerikanischen Gelehrten nennen ihn «red man» — Rothmann, Rothhaut) von den übrigen Menschenstämmen, auch vom mongolischen, verschieden sei ; denn was zwischen beiden als Aehnlichkeit erscheint, kann von der Einwanderung aus Asien herstammen, es kann aber auch dem Einflusse des gleichen Klimas zugeschrieben werden. — Nachdem Morton sich später mit Gliddon, dem Beauftragten des

ägyptischen Vicekönigs Mehmed Ali, vereinigt hatte, verschaffte er sich
auch ägyptische Schädel und veröffentlichte im Jahre 1844 seine «Crania
Aegyptiaca». Auf solche Weise verbreitete sich sein Ruf und er sammelte aus allen Theilen der Erde Schädel; sein Einfluss gab der Ethnologie in Amerika grossen Aufschwung, wo ohnehin das Zusammentreffen
der Raçen zu derlei Forschungen grösseren Antrieb bot als irgend anderswo.
In Amerika begegnen bekanntlich der europäische und der Negerstamm
einander nicht nur auf socialem, sondern auch auf staatlichem Gebiete;
hier trifft der Europäer mit den eingebornen Rothhäuten, deren Zahl
zusehends abnimmt, zusammen; hier berührt sich der Kaukasier mit
dem asiatischen Einwanderer, namentlich mit dem Chinesen. — BLU-
MENBACH nahm für die fünf Menschenstämme einen *einheitlichen* Ursprung an; MORTON sah sich durch das Resultat seiner Untersuchungen
genöthigt, nicht blos eine *grössere* Zahl von Menschenraçen anzunehmen
(er setzte deren Anzahl auf 23), sondern diesen auch eine derartige Stabilität beizulegen, dass seiner Annahme zufolge zwei verschiedene Raçen
nicht einerlei Ursprungs sein können. Den Stamm oder die Raçe nannte
er *Typus* und bezeichnete damit eine solche ursprüngliche beständige
Form, welche sowohl vom Klima, wie von anderen natürlichen Einflüssen
unabhängig sei. Der Mensch sei zwar überall den äusserlichen Einwirkungen ausgesetzt, aber diese verändern niemals seinen ursprünglichen
Typus. [3]

§ 2.

RETZIUS[4] stellte nach der *Bildung des Schädels und des Antlitzes*
(des Gesichtes) eine neue Classificirung auf. Darnach ist der Schädel
entweder *lang*, wenn seine Länge grösser ist als die Breite, so verhält
sich z. B. die Länge eines schwedischen Schädels zu seiner Breite wie
1000 : 773, d. i. beinahe wie 9 : 7, derselbe ist also, von oben betrachtet,
eiförmig (oval); oder der Schädel ist *kurz*, wenn seine Breite seiner Länge fast
gleichkommt, so ist z. B. die Länge eines slavischen Schädels nach RETZIUS
zu seiner Breite wie 1000 : 888, oder wie 8 : 7; ein solcher Schädel nähert sich also, von oben betrachtet, dem Vierecke oder der Kugelgestalt.
Darnach unterscheidet man *Langköpfe* (Dolichocephalen) und *Kurzköpfe*
(Brachycephalen). Die Länge der Schädel wird durch das Hinter-
haupt (occiput) bewirkt; dieses ist bei den Kurzköpfen nur wenig vor-
stehend.

Die Antlitz- oder Gesichtsbildung wird durch die Richtung des
Kinnes und der Zähne bestimmt. Stehen Kinn und Zähne gerade abwärts, dann wird das Profil nahezu *senkrecht*; treten dagegen Kinn
und Zähne nach vorne, so entsteht die *thierische Nase* (die Schnauze).

Im ersten Falle entstehen die *Geradzähner* orthognathische Bildung', im letztern die *Schiefzähner* (prognathische Bildung).

Indem RETZIUS je zwei Bildungen des Schädels und des Gesichtes zusammenfasste, erhielt er folgende vier Typen:

1. *Langköpfe mit geraden Zähnen* (dolichocephalisch-orthognathischer Typus ;

2. *Langköpfe mit schiefen Zähnen* (dolichocephalisch-prognathischer Typus ;

3. *Kurzköpfe mit geraden Zähnen* (brachycephalisch-orthognathischer Typus' und

4. *Kurzköpfe mit schiefen Zähnen* (brachycephalisch-prognathischer Typus'.

Darnach stellte RETZIUS mehrere male (in den Jahren 1842, 1844, 1852 und 1856) sein ethnologisches System auf; das letzte und vollständigste dieser Systeme veranschaulichte er auch durch eine ethnologische Landkarte. Nach dieser Karte wohnen im östlichen Europa, dann auf dem grossen Gebiete Asiens bis zum Himalaja, bis nach Persien und Arabien, endlich in der Westhälfte Amerikas, vom Norden bis nach dem Süden, und zwar den ganzen südlichen Theil mitinbegriffen, *kurzköpfige* Völker (Brachycephalen'; dagegen in Westeuropa, in ganz Afrika, in den südlichen Theilen Asiens, in Australien und in den nördlichen und östlichen Theilen von Amerika *Langköpfe* (Dolychocephalen).

Geradzähnige Kurzköpfe (Gentes brachycephalae orthognathae) sind in Europa:

die Ugren, mit welcher Benennung RETZIUS die Samojeden, Lappen, Wogulen, Ostjaken, Permier, Wotjaken, Tscheremissen, Mordwinen, *Tschuwaschen*, Magyaren und Finnen bezeichnet;

die Neugriechen,

die Albanesen,

die Etrusker,

die Rhätier,

die Basken.

Geradzähnige Langköpfe (Gentes dolichocephalae orthognathae' in Europa sind:

die Germanen, und zwar: die Norweger und Normannen, die Schweden, Dänen, Holländer, Flamänder, Burgunder, Deutschen (die eigentlich germanischen Ursprungs und nicht germanisirte Slaven sind), die Angelsachsen, die Gothen;

die Kelten, die englischen, irischen und schottischen Kelten, die Wallonen und Gallier in Frankreich;

die eigentlichen Römer;

die alten Griechen.

Schiefzähnige Kurzköpfe (Gentes brachycephalae prognathae) in Asien sind:

die asiatischen Ugren (so nennt RETZIUS die asiatischen Samojeden und Jakuten);

die asiatischen Türken, Turkomanen und Tataren;

die Mandschuh's und Mongolen,

die Malajen u. s. w.

Geradzähnige Langköpfe (Gentes dolichocephalae orthognathae) in Asien sind:

die Hindus,

die Perser,

Araber,

Juden u. s. w.

Schiefzähnige Langköpfe (Gentes dolichocephalae prognathae) in Asien sind:

die Tungusen,

die Chinesen,

die Japanesen u. s. w.

Alle Völker Afrikas sind Langköpfe, aber mit schiefstehenden Zähnen; auch in Amerika gibt es solche schiefzähnige Langköpfe. Nebenbei sei erwähnt, dass RETZIUS die Tschuwaschen zu den europäischen, die Jakuten aber zu den asiatischen Ugren zählt, weil er nicht gewusst hat, dass beide Volksstämme einen türkischen Dialekt besitzen.[5] Auch sei noch bemerkt, dass er im Jahre 1842 unter Anderem Folgendes schrieb: «In Europa gibt es Formae dolichocephalae orthognathae et brachycephalae orthognathae. Die erste Form herrscht in den kleineren, bevölkerten Theilen von Westeuropa, die andere in den grösseren, weniger bewohnten und uncivilisirteren Theilen des östlichen Europas. Die europäischen Gentes dolichocephalae orthognathae sind also: die Schweden, Norweger, Dänen, Holländer, Engländer (Kelten), Franzosen, Irländer, Schotten und Belgier.»[6] Aber in der Classificirung vom J. 1856 findet RETZIUS, wie wir gesehen haben, nur die *germanischem Stamme entsprossenen Deutschen* als Dolichocephalen.

§ 3.

Die Schädelmessungen setzten insbesondere der Engländer BARNARD DAVIS und der Deutsche HERMANN WELCKER fort und ihnen verdankt man diesbezüglich die exaktesten Bestimmungen. Indem sie die Länge als Einheit nahmen und dieselbe in 100 gleiche Theile theilten, drückten sie die Schädelbreite durch die Percente jener Einheit aus und nannten diese den *Breiten-Index*. Einen vollkommen runden oder kugelförmigen Schädel zeigt also jener, dessen Index gleich 100, das heisst, dessen Breite und Länge gleich ist. Und derartige Schädel kommen in der That unter den amerikanischen Völkern vor. Unter den bekannten Schädeln kommt diesen am nächsten ein Tatarenschädel, dessen Breiten-Index 97·7 beträgt; dagegen wäre der schmalste ein Neuseeländer mit 69·9 Index, ja bei DAVIS findet sich ein angeblich keltischer Schädel mit einem Index von 58. Der Index schwankt also zwischen den beiden Extremen von 58 bis 98; die Durchschnittszahlen sind 67—85. Nach den Erfahrungen WELCKER's bewegt sich bei der Hälfte des gesammten Menschengeschlechtes der Index zwischen 74—78; Schädel von solcher Breite oder mit solchem Index nennt er *orthocephalische*, Andere gebrauchen dafür lieber die Bezeichnung *mesocephalisch*.

Bei Annahme dieser letzteren Benennung stellt sich die Classificirung nach den Schädeln in folgender Weise:

Dolichocephalen (Langköpfe), deren Länge 100, deren Breite geringer als 74:

Mesocephalen (mittlere Langköpfe), deren Länge 100, deren Breite zwischen 74—78; endlich

Brachycephalen (Kurzköpfe), deren Länge 100, deren Breite mehr als 78 beträgt. — Die Langköpfe sind also Schmal-, die Kurzköpfe Breitschädel.

Zu den ersteren und letzteren treten noch Unter-Abtheilungen (Subdolichocephalen und Subbrachycephalen); darnach stellte WELCKER folgende Skala auf:

Breiten-Index

Dolichocephalen
- 67 Radschputen
- 68 Neger in Sennaar und Darfur, Bewohner der Carolinen-Inseln,
- 69 Abyssinier, Aschanti, Kaffern, Hottentotten,
- 70 Eskimo, Mozambique-Neger, Australneger,
- 71 Neu-Aegyptier, Guinea- und Sudan-Neger.

Subdolichocephalen
- 72 mittlerer Index von vier Hindu-Kasten,
- 73 Irländer, Ostindier, Bhil, God, Kol, Neuseeländer.

Ortho- oder Mesocephalen
- 74 Altrömer, Spanier, Araber in ägyptischen Mumien, Brasilianer u. s. w.,
- 75 Altgriechen, Schweden, Esthen, Holländer, Braminen, Kabylen u. s. w.,
- 76 Engländer, Dänen, Isländer, Schotten, Portugiesen, Chinesen, Japanesen u. s. w.,
- 77 Niederdeutsche, Neugriechen, Tataren, nordamerikanische Indianer u. s. w.,
- 78 Juden, Sumatresen u. s. w.

6

Aus dieser Tabelle ist ersichtlich, dass die Mehrzahl der Schädel der mittleren Gruppe der Bildungen angehört und dass die Völker mit entschiedenen Lang- oder Kurzköpfen die Minderzahl ausmachen. WELCKER hat dieses Verhältniss durch Zahlen in nachstehender Weise bestimmt:

die Dolichocephalen betragen darnach . .	107 Millionen		
» Subdolichocephalen » » . ;	165	»	
» Mesocephalen » »	544	»	
» Subbrachycephalen » » . .	195	»	
» Brachycephalen » » . . .	15	»	
Zusammen .	1026 Millionen [8]		

RETZIUS wollte nur die *aus germanischem Stamme entsprossenen Deutschen* als Dolichocephalen gelten lassen; allein Diejenigen, welche diesen Charakter der Schädelbildung den Deutschen überhaupt beilegen, acceptirten diese Einschränkung RETZIUS' nicht, und betrachteten z. B.

* Nach den Messungen, welche der Militärarzt J. STEINBURG in der Gegend von Szegedin (Ungarn) an neunundsechzig 20—24jährigen Huszaren vornahm, war der Durchschnitts-Index 87.8; der niedrigste betrug 68.8, der höchste 100.6. Und zwar unter 80 waren nur zehn, bis 81 fünf, bis 85 fünf, bis 90 zweiundzwanzig, bis 100 6 dreiundzwanzig. Unter den 69 gab es also 10 Dolichocephalen und 54 Brachycephalen.

MORIZ STEINBURG fand bei 20 — 64jährigen Széklern aus Udvarhely (Siebenbürgen) den Durchschnitts-Index auf 81.45; die Extreme waren 75.4—89.7. Unter 80 waren zwölf, bis 81 sechzehn, bis 82 acht, 89.7 die weiteren achtzehn.

Derselbe fand bei 10 Walachen (Rumänen) den Index 81.6; ferner bei einundachtzig 20 — 58jährigen sächsischen Städtern nur 80.7; die Extreme waren hier 72.7 und 86.8 Es waren demnach 45 Dolichocephalen, 13 Mesocephalen und nur 23 Brachycephalen Endlich mass er auch die Schädel von fünfundzwanzig Zigeunern (darunter waren acht nomadisirende, die übrigen sesshafte) und fand die Extreme von 71.3 und 87.2, so dass sich darunter 13 Dolichocephalen, 2 Mesocephalen und 10 Brachycephalen befanden. — Vgl. «Ein Schädelfund von Székely-Udvarhely und Mittheilungen über einige andere Schädel», von MORIZ v. STEINBURG. — Programm des evang. Gymnasiums in Schässburg zum Schlusse des Schuljahres 1874—1875. Hermannstadt, 1875.

Schiller's Schädel als Typus eines orthognathen Dolichocephalen. Der Breiten-Index desselben beträgt aber nur 82, ist daher (nach WELCKER) ebenso ein Brachycephale, wie die Schädel der Czechen, Croaten und Türken.

WELCKER untersuchte in verschiedenen Gegenden die Schädel der Deutschen[7]; es ergab sich ihm als Resultat, dass die jetzt lebenden Deutschen theils Brachy- und Subbrachycephalen, theils Mesocephalen, aber *nirgends Dolichocephalen* seien. Und da die Kurzköpfe auch dort vorherrschen, wo (wie z. B. in Württemberg, in der Schweiz) an einen slavischen Einfluss nicht gedacht werden kann: so müsste man (vorausgesetzt, dass die ursprünglichen Deutschen Dolichocephalen gewesen waren) annehmen, dass sie kurzköpfigen Ureinwohnern aufgepfropft worden oder durch eine unbekannte Kreuzung, oder durch eine im Laufe der Zeit stattgefundene Umgestaltung kurzköpfig geworden seien. Die letzte dieser Annahmen will WELCKER am wenigsten zulassen; denn die grosse Mehrzahl der kurzköpfigen Deutschen kann von keinen dolichocephalischen Vorältern abstammen.

Ausser der Länge und Breite des Schädels bestimmte WELCKER auch dessen *Höhe*, die er von der Oeffnung des Hinterhauptes bis zur Schädelspitze, wo die Scheitelnähte sich kreuzen, nahm. Die Höhe drückte er dann auch durch Percente der Länge aus, was er den *Höhen-Index* nennt. WELCKER fand, dass die Höhe in umgekehrtem Verhältnisse zur Breite stehe: je breiter ein Schädel, desto flacher oder niedriger ist er; und je schmaler, desto höher. Der Höhen-Index der Langköpfe übersteigt daher deren Breiten-Index; allein der Abstand zwischen den Extremen ist hier kleiner, er beträgt nur 70.2—82.4. Wo ein Schädel über 82.4 hoch ist, dort wurde er künstlich also gestaltet: wie z. B. einige amerikanische Stämme bis zum heutigen Tage den Schädel ihrer neugebornen Kinder in eine gewisse Form pressen. WELCKER zeigt nun auf einer Tabelle, wie der Höhen-Index im Verhältnisse abnimmt als der Breiten-Index wächst. Aus dieser Tabelle entnehmen wir einige Daten:

Die Zahl der gemessenen Schädel	Breiten-Index	Höhen-Index	Differenz
5 Radschputen	66.6	72.4	+ 6
20 Kaffern . .	68.7	73.7	+ 5
18 Hottentotten	69.2	70.2	+ 1
15 Australneger	69.8	75.2	+ 5
15 Hindus	70.1	74.7	+ 5
18 Eskimos . .	70.3	74.1	+ 4
10 Neu-Aegypter .	71.4	76.2	+ 5
8 Irländer .	73.4	70.6	— 3

Die Zahl der gemessenen Schädel	Breiten-Index	Höhen-Index	Differenz
20 Altrömer .	74.0	71.3	— 3
11 Spanier	73.4	73.0	— 3
11 Esthen . .	74.8	73.6	— 1
12 Altgriechen . .	75.0	73.6	— 1
16 Schweden . .	75.2	71.5	— 4
10 Zigeuner . .	76.3	73.9	— 2
10 Tataren	77.1	75.8	— 1
10 Neugriechen	77.1	74.6	— 3
6 Ungarn, d. i. hier Geborene .	77.8	75.1	— 3
15 Juden	78.4	71.4	— 7
11 Finnen	78.6	74.9	— 4
6 Serben	78.8	76.2	— 3
16 Oesterreicher . .	78.8	75.0	— 4
16 Magyaren .	79.7	76.0	— 4
4 Rumänen	80.0	76.1	— 4
6 Slovaken .	81.0	76.3	— 5
27 Czechen .	82.1	76.2	— 6

§ 4.

Auch das *Gewicht des Gehirns* wurde gewogen ; A. WEISSBACH untersuchte diesbezüglich die Volksstämme der österreichisch-ungarischen Monarchie ; insbesondere wog und verglich er die Gehirne von Köpfen des germanischen, romanischen, slavischen und magyarischen Stammes. Darnach ergab sich :

Das durchschnittliche Gewicht von 46 magyarischen Gehirnen betrug 1322.86 Gramm, das leichteste hatte 1157, das schwerste 1605.58 Gramm ; beide gehörten mittelgrossen und nicht starken Menschen an ; das Durchschnittsgewicht von 13 rumänischen Gehirnen war 1326.58 Gramm, das leichteste 1106.74, das schwerste 1499.49 Gramm ;

das Durchschnittsgewicht von 20 italienischen Gehirnen betrug 1301.37 Gramm, das leichteste 1108.98, das schwerste 1586.97 Gramm ; das durchschnittliche Gewicht von 11 polnischen Gehirnen : 1320.59 Gramm, das leichteste 1135.29, das schwerste 1320.56 Gramm ;

von 11 slovakischen Gehirnen : 1310.74 Gramm, die Extreme waren hier 1176.30 und 1445.84 Gramm ;

von 23 deutschen Gehirnen durchschnittlich 1314.50 Gramm, das leichteste 1127.59, das schwerste 1531.19 Gramm.

Ausserdem bestimmte er auch noch das Verhältniss zwischen dem grossen und kleinen Gehirne und fand, dass die Slovaken das schwerste kleine Gehirn hatten, ihnen folgten die Deutschen u. s. w.

§ 5.

Wenn ich nicht irre, so war der Wiener Sprachforscher und Ethnograph FRIEDRICH MÜLLER der Erste, welcher in der Beschreibung der Weltumsegelung der Fregatte «Novara»[8] das menschliche *Haupthaar* zur Grundlage der Classificirung nahm; denn das Haar ändert sich weniger als irgend ein anderer Theil oder ein anderes Merkmal unseres Körpers.

In Bezug auf das Haupthaar zerfällt das Menschengeschlecht in zwei Classen: in *wollhaarige* und *schlichthaarige* Menschen (Ulotriches und Lissotriches). Bei Ersteren ist jedes Haar bandartig abgeplattet und erscheint daher auf dem Querschnitt länglich rund; die schlichthaarigen Menschen haben cylindrische Haare mit kreisrundem Querschnitt. Sämmtliche wollhaarige Menschen haben Langköpfe mit schiefen Zähnen(sind also Dolichocephalprognathen) und bewohnen die südliche Erdhälfte bis an den Aequator und noch einige Grade nordwärts darüber hinaus.

Innerhalb dieser beiden Classen unterscheidet man nach der näheren Beschaffenheit und dem Wachsthum der Haare abermals je zwei Unter-Abtheilungen, und zwar:

I. Die Wollhaarigen sind 1. *büschelhaarig* (Lophocomi), wenn das Haar ungleichmässig vertheilt, in einzelnen Büscheln vorkommt, oder sie sind 2. *vliesshaarig* (Eriocomi), wenn das Haar gleichmässig über die ganze Kopfhaut vertheilt ist.

II. Die Schlichthaarigen unterscheidet man 1. in *Straffhaarige* (Euthycomi), wenn die dunklen Kopfhaare glatt und straff herabhängen, und 2. in *Lockenhaarige* (Euplocomi), bei denen das braune oder blonde Haar gekräuselt, mehr oder weniger gelockt erscheint. Bei den Lockenhaarigen pflegt auch der Bart stärker entwickelt zu sein. Die übrigen Abtheilungen sind entweder ganz bartlos oder ihr Bart ist nur sehr schwach entwickelt.

Diese vier Unter-Abtheilungen zerfallen dann wieder in *zwölf Menschenstämme* (Raçen) nach folgender Ordnung:

I. Wollhaarige:

A. *Büschelhaarige:* 1. Papuas (Homo papua); 2. Hottentotten (H. hottentottus);

B. *Vliesshaarige:* 1. Kaffern (H. caffer); 2. Afrikanische Neger (H. niger).

II. Schlichthaarige:

A. *Straffhaarige:* 1. Australier (H. australis); 2. Malayen (H. malayus); 3. Arktiker (H. arcticus); 4. Amerikaner (H. americanus); 5. Mongolen (H. mongolus).

B. *Lockenhaarige:* 1. Dravidas (H. dravida); 2. Nubier (H. nuba);
3. Mittelländer (H. mediterraneus).[9]

§ 6.

So gross die Anzahl der Völker ist, so gross ist auch die Anzahl
der Sprachen. Classificiren heisst bekanntlich nichts anderes, als die
Vielheit unter einen allgemeinen Begriff bringen, wodurch Einheit und
Ordnung hergestellt wird. Classificiren lässt sich jedoch nur dasjenige,
was innere natürliche Regelmässigkeit besitzt. Die Classificirung der
Sprachen setzt also auch eine solche ursprüngliche Regelmässigkeit vor
aus, nach welcher die Sprachen sich in natürlicher und nicht künstlichei
Weise entwickelt haben.

In den Sprachen unterscheidet man *Begriffs-* und *Formwörter.* Zu
jenen gehören insbesondere die Nenn- und Zeitwörter, das *Nomen* und
das *Verbum.* Die Formwörter sind theils *Fürwörter* (Pronomina), theils
Verhältnisswörter; je nachdem letztere entweder einzelne Wörter oder ganze
Sätze in Verhältniss setzen, werden sie nach der Grammatik *Prä-* (bei
manchen Sprachen *«Post-»*) *Positionen* (d. i. Vor- oder Nachwörter) oder
Conjunctionen (Bindewörter) genannt.

Bopp nannte die Formwörter *«pronominale»* und die Begriffswörter
«verbale Wurzelwörter». Der Unterschied zwischen beiden ist deutlich.
Verbale Wurzeln sind diejenigen, aus denen das Nennwort überhaupt
(als Haupt- oder Dingwort, substantivum, Eigenschaftswort, adjectivum
oder Zahlwort, numerale) und das Zeitwort (das Zeitwort mit seinen
Sprösslingen, der Infinitiv und das Particip mitinbegriffen) entstanden
sind und diese bilden eigentlich den *Stoff* der Sprache, das Sprachma-
teriale, d. i. die Namen der Dinge und deren Eigenschaften, die Bezeichnung von deren Zahl und Menge und der Ausdruck des Seins, des
Thuns und Leidens umfasst den wesentlichen Inhalt der Sprache. Die
Pronominalwurzeln sind diejenigen, aus denen die Stellvertreter des Nomens, die Conjugation des Verbums, die Verhältniss- und Personal-
Suffixe und die Satzbänder (Conjunctionen) gebildet werden; diese geben
sodann die *Form* der Sprache.

Ein Beispiel soll den Unterschied beider noch deutlicher machen.
Nehmen wir z. B. den Satz: «Clarorum virorum facta moresque posteris
tradere antiquitus usitatum ne nostris quidem temporibus quamvis incuriosa suorum aetas omisit.» In freier Uebersetzung lautet dieser Satz:
«Die Ueberlieferung der Thaten und Sitten vortrefflicher Männer auf die
Nachwelt, wie das ehedem der Brauch gewesen, wird von unserem Zeitalter zwar auch beobachtet; obgleich dasselbe seinen eigenen Ereignissen wenig Aufmerksamkeit widmet.» — Im Lateinischen bilden die

Wörter insgesammt nur *einen* Satz; im Deutschen zerlegt sich dieser eine Satz in einen *Haupt-* und zwei *Nebensätze*. Wer des Lateinischen kundig ist, weiss ferner, dass die lateinischen Substantiva im Satze gewisse *Casus*-Endungen erhalten und dass diese Endungen abermals von anderen Wörtern bedingt, respective verändert werden. So stehen z. B. im obigen Satze die Genitive «clarorum virorum» um des Wortes «facta» willen; die Accusative «facta moresque» werden vom Zeitworte «tradere» gefordert; die Ablative «nostris temporibus» sind vom Verbum «omisit» abhängig; ferner steht «incuriosa» wegen des Substantivs «aetas» im weiblichen Geschlechte und der Genitiv «suorum» muss wegen «incuriosa» gesetzt werden. Die *Form* des lateinischen Satzes wird also gebildet einerseits durch die *Casus* der Nennwörter, anderseits durch die *Modus-, Temporal-* und *Personalformen* des Verbums und endlich durch die gegenseitigen Beziehungsformen der einzelnen Satzglieder: que, quamquam. Auch der Umstand, dass die lateinischen Wörter nur einen Satz bilden, gehört zur Form der Sprache.

Ganz ähnlich ist es im Deutschen; auch hier werden die Veränderungen der Begriffswörter im Satze durch nebenstehende andere Wörter gefordert. So sind z. B. die Genitive «der Thaten und Sitten» vom voranstehenden Substantivum «Ueberlieferung»; der Accusativ «die Nachwelt» von der Präposition «auf», der Dativ «unserem Zeitalter» durch die Präposition «von» gefordert; das Verbum «widmet» verlangt den Dativ «seinen eigenen Ereignissen» und den Accusativ «wenig Aufmerksamkeit» (wem? was?) u. s. w. Alle diese Beziehungen der Begriffswörter im Satze werden theils durch *Formsylben* (Flexions- und Biegungssylben), z. B. That — That*en*, Ereigniss — Ereigniss*en*, widmen — widme*t* u. s. w.; theils durch besondere *Formwörter* z. B. die Artikel: die, der, den u. a.; die Präpositionen: auf, von; die Conjunctionen: und, obgleich; die Pronomina: das, unser, sein etc. bezeichnet. Die Bezeichnung der Beziehungen der Begriffswörter im Satze bildet die Form der Sprache: löst man die Formsylben und Formwörter ab, so behält man den eigentlichen Stoff der Sprache: die Inhalts- oder Begriffswörter.

Aus obigen Beispielen geht auch hervor, dass in der lateinischen wie in der deutschen Sprache *Wort-* und *Satzbildung* vorhanden ist. Denn sowohl von Nenn- als auch von Zeitwörtern können durch gewisse innere oder äussere Veränderungen des ursprünglichen bedeutsamen Bestandtheiles neue Wörter gebildet werden und zwar dergestalt, dass aus Nennwörtern nicht blos neue Nomina, sondern auch Verba entstehen und aus letzteren nicht nur neue Zeitwörter, sondern auch Nennwörter hervorgehen. Aus dem lateinischen Stamme «claro» wird z. B. clarus, claritas, claritudo, clarescere, durch Vorsetzung der Präposition «in» inclarescere u. s. f. So ist das Substantivum «Ueberlieferung» ursprünglich vom Verbum «liefern» abgeleitet, von diesem Stamm ist auch «Lieferung, lieferbar», dann «abliefern, nachliefern» u. s. w. gebildet. Das Substantivum «That» stammt von dem Wurzelworte «thun»; von «That» bildet man ferner «thätig», «thätlich» u. s. w. Die Wortbildung hat in allen Sprachen eine hohe Bedeutung. Aus den so gebildeten Wörtern wird dann mit Hilfe der Formwörter und der Biegungs- oder Flexionssylben die Satzbildung (Satzconstruction) gestaltet, wie das an obigen Beispielen ersichtlich ist.

§ 7.

Die Verschiedenheiten der Sprachen beruhen also schon auf der verschiedenen Wort- und Satzbildung in derselben. Denn es gibt Sprachen, die gar keine Wort-, sondern nur eine Satzbildung haben, und dann gibt es wieder solche Sprachen, bei denen man keine Satzconstruction, sondern nur eine Wortbildung vorfindet. WILHELM V. HUMBOLDT [10] hat diese Classificirung in folgender Weise ausgedrückt:

«Es gibt Sprachen, welche die Wurzelwörter unverändert lassen und den Satz in so viele Theile (Worte) zerlegen, als er naturgemäss besitzt; aber die Einheit des Satzes wird nicht durch die Wortformen ausgedrückt, sondern nur allein durch die Wortfolge. — Hierher gehört das *Sinesische* (gewöhnlich incorrect das «Chinesische» genannt). — In diesem gibt es somit keine Wortbildung, weder Declination noch Conjugation. Jedes Wort kann Nomen, Verbum u. s. w. sein und hängt der Charakter des Wortes nur von dessen Stellung im Satze ab. *

Es gibt ferner Sprachen, welche die Wurzelwörter durch Ableitungs- und Flexionssylben (Suffixe) verändern und den Satz in so viele Theile zerlegen als er Worte hat, aber die Einheit des Satzes wird durch die Formen der Wörter ausgedrückt. Solche Sprachen sind z. B. die lateinische, die deutsche, die ungarische u. s. w. In diesen gibt es also eine Wortbildung, gibt es Declination, Conjugation und eine Satzconstruction.

Endlich gibt es Sprachen, in denen die einzelnen Anschauungen, deren Verknüpfung im Satze ihren Ausdruck findet, sprachlich *nicht gesondert* auftreten, sondern in eine *untrennbare Einheit* zusammengefasst werden. Wort und Satz fallen dann vollständig zusammen. Hierher gehören die *amerikanischen* Sprachen.

Die drei Sprachenkategorien können als *asynthetische*, *synthetische* und *polysynthetische* bezeichnet werden.

---

* Diese Darstellung ist übrigens übertrieben. Wenigstens nach den Mittheilungen von STANISLAUS JULIEN, die wir in der vierten Vorlesung von M. MÜLLER finden (siehe weiter unten) bezeichnet die Sinasprache nicht nur durch die Wortfolge, sondern auch durch Partikeln die Declination und Conjugation.

§ 8.

Die mittlere Kategorie, zu der sehr viele Sprachen gehören, theilte FRIEDRICH SCHLEGEL («Ueber die Sprache und Weisheit der Inder», Heidelberg, 1808) in zwei Abtheilungen. Die Sprachen der einen Abtheilung nannte er *flexivische* (biegbare); bei diesen würden die Modificationen der Wortbedeutung durch innere Veränderung der Wurzelwörter ausgedrückt; hierher zählte er das Sanskrit, das Griechische u. s. w. Die Sprachen der anderen Abtheilung bezeichnete SCHLEGEL als *agglutinirende* (anleimende); hier geschehen die Modificationen der Wortbedeutung durch hinzutretende Wörter, die an sich die Menge, die Zeit und andere Verhältnisse bezeichnen. Zu diesen Sprachen rechnete SCHLEGEL das Arabische, das Hebräische u. a. Obgleich diese Unterscheidung nicht stichhältig ist, weil gerade die semitischen Sprachen, wie wir sehen werden, flexivisch, die indogermanischen aber agglutinierend sind, so hat man dennoch nach SCHLEGEL den Charakter der Flexibilität oder Biegbarkeit auf die letztgenannten Sprachen übertragen.

FRIEDRICH AUGUST POTT classificirt («Jahrbücher der freien deutschen Academie» 1. Heft, 1848) die Sprachen folgendermassen:

1. *Isolirende* (asynthetische), in denen Sprachstoff (Wurzel, Hauptbegriff) und Sprachform (Derivation, also Ableitungssylbe oder Agglutination, also Suffixum) von einander gänzlich getrennt sind. Das sind die einsylbigen Sprachen, das *Chinesische* und *Indo-chinesische* (siamesische).

2. *Agglutinirende* (synthetische) *Sprachen*, in denen Stoff und Form fast nur äusserlich aneinander kleben, also auch von einander getrennt werden können. Solche sind die *tatarische*, die *finnische*, *magyarische* und andere Sprachen.

3. *Flexivische* (synthetische) *Sprachen*, in denen Stoff und Form der Sprache untrennbar, «zur unauflöslichen Einheit» miteinander verschmelzen; solche sind die *indogermanischen* Sprachen: das Sanskrit, das Griechische, Lateinische, Germanische, Slavische u. s. w. Das sind die *vollkommenen* Sprachen; die Sprachen der 1. und 2. Classe bleiben hinter dieser Vollkommenheit zurück; darüber hinaus schritten die

4. *Transnormalen* (einverleibenden oder polysynthetischen) *Sprachen*, welche möglich Vieles in *ein* Wort zusammenfassen und den Unterschied zwischen Wort und Satz aufheben. Solche sind die *amerikanischen* Sprachen.

§ 9.

Sehr bekannt ist neuestens die Eintheilung der Sprachen, nach MAX MÜLLER[*] geworden. Ihm zufolge sind die asiatischen und europäischen Sprachen:

[*] Im 3. Bande des BUNSEN'schen Werkes «Christianity and Manking», London, 1854. p. 281 ff.

a) *Familiensprachen* (family languages). Den Typus dieser Haus-
oder Familiensprachen repräsentirt das Chinesische, und werden diese
Sprachen dadurch charakterisirt, dass sie der Sprachweise zwischen
Hausgenossen, Aeltern und Kindern ähneln, wo man nur einzelne Worte
ausspricht, weil der Angesprochene schon daraus das Ganze versteht,
wo also die *Betonung* (der Accent) den Mangel des Wortausdruckes ersetzt.

b) *Nomadische Sprachen* (nomad languages), die in der Entwickelung eine Stufe weiter fortgeschritten sind. Sie bezeichnen mit den einzelnen Wörtern nicht blos die Dinge und Ideen, sondern auch deren
gegenseitige Beziehungen. Die nomadischen Sprachen seien dadurch
charakterisirt, dass sie das Bestreben zeigen, Vielen verständlich zu sein,
was bei dem unstäten Leben der Nomadenvölker, die einander selten
begegnen, nothwendig ist. Darum drücken die nomadischen Sprachen
die Beziehungen der Wörter deutlich aus und vermeiden Alles, wodurch
die Bedeutung des Wortes oder die grammatikalischen Formen verdun-
kelt werden könnten. Der Nomade behütet kein Erbe, hat also keine
Tradition und seine Sprache ist die Sprache der Gegenwart, des
Moments. Die nomadischen Sprachen sind suffigirend (agglutinirend).
Endlich

c) Die *Staatssprachen* (state languages). Diese unterscheiden sich
von den nomadischen dadurch, dass sie den Einfluss der Suffixe nicht
empfinden; die Staatsvölker haben eine Ueberlieferung, eine Tradition,
nur sie haben es zur Gründung dauernder Staaten gebracht. Staatssprachen
sind die *indogermanischen* oder *arischen* und die *semitischen* Sprachen.

MÜLLER bezeichnet die nomadischen Sprachen als *«turanische»*,
indem er der persischen Sage folgt, wonach *Feridun* drei Söhne hatte:
Tur, Silim und *Irids*, welche die Stämme der *Turanier, Semiten* und
Arier repräsentiren. MÜLLER nimmt jedoch in die turanische Sprachfamilie nicht nur die sogenannten *«ural-altaischen»* Sprachen (das Tungusische, Mongolische, Tatarische oder Türkische, Ugrische und Finnische) auf, sondern er zählt hierher auch die *Dravida-Sprachen* (d. i. die
Dialecte von Tamul, Telugu, Canarese, Malayalam u. s. w.), sowie die
taischen und *malayischen* Sprachen in Vorder-Indien. Die turanischen oder
agglutinirenden Sprachen zerfallen nach MÜLLER in zwei grosse Abtheilungen:

I. Nördliche Abtheilung:

α) Tungusische Gruppe,
β) Mongolische Gruppe,
γ) Türkische (tatarische) Gruppe,
δ) Samojedische Gruppe,
ε) Finnisch-ugrische Gruppe. (Hierher gehört auch das Magyarische.)

II. Südliche Abtheilung:

α Taische Gruppe,
β) Malayische Gruppe,
γ Gangetische Gruppe,
δ Lohitische Gruppe,
ε Munda-Gruppe,
ζ Tamulische Gruppe. "

§ 10.

Die Basis dieser Sprachclassificirung (§§ 6—9) bildet die *Form* der Sprachen, wesshalb man diese Classificirung auch die *morphologische* nennt. Es muss jedoch bemerkt werden, dass der Charakter der *Flexibilität* eigentlich nur den semitischen Sprachen (dem Hebräischen, Arabischen, Syrischen u. s. w.) gebührt. Wenn wir von den agglutinirenden Sprachen nur die altaischen Sprachen, also die Sprachen der nördlichen Abtheilung, insbesondere das Tatarische, Ugrische, Finnische, mit den arischen und semitischen Sprachen vergleichen; so finden wir folgende wesentliche Unterschiede:

a) Die altaischen und arischen Wurzeln stimmen darin überein, dass sie aus zwei oder mehreren Lauten bestehen, also an keine regelmässige Gestalt gebunden sind; die Vocale sind dabei so wesentlich wie die Consonanten, ja es kann auch ein einzelner Vocal eine Wurzel bilden, wie das sanskritische i, gehen (i-re, i-bam, i-vi); in den altaischen Sprachen kommt ein Vocal als selbstständige Wurzel selten vor, denn z. B. das Ostjakische i (eins) ist nur eine Verkürzung von it, dieses aber von yht; das ostjakische *u*-ta, schreien, entspricht dem magyarischen Stamme *ir*-(öl, er schreit).

Die Wurzeln der semitischen Sprachen sind einer festen Regel unterworfen, denn sie bestehen gewöhnlich aus drei Consonanten, wenn sie sich ursprünglich auch aus zweien entwickelt haben; man hat diese Sprachen darum bisweilen «triliterale» genannt. Mit den Wurzellauten ist kein Vocal verbunden; sobald ein solcher hinzutritt, wird der Radical zum bestimmt geformten Worte umgestaltet; z. B. aus der Wurzel k-t-b wird kataba er hat geschrieben, kutiba es wurde geschrieben, ktab schreibe, kotib Schreiber, kitab Buch (das Geschriebene) u. s. w.

b) In den altaischen Sprachwurzeln sind die Vocale nicht nur wesentlich, sondern auch unveränderlich; man unterscheidet sie in hoch-, tief- und mittel- (oder scharf-) lautende und es werden den Vocalen des Stammwortes gemäss auch die Vocale der Bildungs- und Flexionssuffixe gesetzt; so dass die Vocale der Bildungs- und Flexionssylben sich den Vocalen des Stammwortes accommodiren, z. B. fa (Baum), hegy (Berg); fá-nak (dem Baum), hegy-nek (dem Berge). Diese Uebereinstimmung der Vocale nennt man die *Vocalharmonie*, und zwar:

Das *tieflautende* magyarische Substantivum állat (das Thier) erhält folgende Suffigirung: állat-nak (dem Thiere), állat-i (thierisch), állati-ság (Thierheit, Bestialität), állati-ságok (Bestialitäten) u. s. w.

Das *hochlautende* Substantivum ember (der Mensch) wird also suffigiert: ember-nek (dem Menschen), ember-i (menschlich), ember-i-ség (Menschlichkeit), emberi-ségek (Menschlichkeiten) u. s. w.

Auch in den arischen Sprachwurzeln sind die Vocale wesentlich, allein sie herrschen nicht derart, dass sie auch auf die Vocale der Bildungs- und Flexionssylben einen umgestaltenden Einfluss üben würden; vielmehr unterliegen sie selber zuweilen einer Veränderung, wie z. B. das sanskritische véd- mi *weiss* ich, sanskr. vid-mas *wissen* wir, ferner *wusste;* oder das griechische σπείρω, ἔσπαρκα, σποξός; oder das lateinische pello, pe-pul-i u. s. w.

Zu den semitischen Sprachwurzeln gehören, wie oben sub *a)* gesagt worden, die Vocale nicht; denn diese drücken die Formen des fertigen Wortes aus.

c) Sowohl die altaischen wie auch die arischen und semitischen Wortbildungen stimmen darin überein, dass die Bildungs- und Flexionssylben dem Worte angehängt werden; unterscheiden sich aber wieder darin von einander, dass in der altaischen Construction die Bildungs- und Beziehungssuffixe sich dem Stammworte accomodiren, wie wir oben sub *b)* gezeigt haben, während in der arischen und semitischen Wortconstruction diese Anbequemung nicht stattfindet.

d) Die Wurzelwörter der semitischen Sprachen können, mit Ausnahme der Pronomina und einiger Verhältniss- und Zahlwörter, sämmtliche (wenigstens grammatikalisch) auf Verbalwurzeln zurückgeführt werden. Dagegen sind in den altaischen und arischen Sprachen die Wurzelwörter entweder zu gleichen Theilen Nominal- und Verbalwurzeln oder diese Letzteren überwiegen nur um Weniges die Ersteren. Darum ist die Grammatik der semitischen Sprachen auf die Formen des Zeitwortes, auf das Verbum begründet und es werden auch die Veränderungen des Nomens darauf bezogen; indessen die Grammatik der arischen Sprachen neben der vorzüglichen Hervorhebung des Verbums dennoch das Nomen ganz unabhängig betrachtet, und endlich auch bei den altaischen Sprachen neben den sehr reichen Formen des Zeitwortes auch auf das Nomen das gleiche Gewicht gelegt wird.

Wenn also die *Flexion* (Biegung) die innere Modification des Wurzelwortes bedeutet, dann sind in der That nur die semitischen Sprachen wahrhaft flectirend, die arischen aber gerade so agglutinirend, wie die altaischen.

Nichtsdestoweniger hält man an der Eintheilung der Sprachen in *isolirende, agglutinirende* und *flectirende* fest und rechnet zu den letzt-

genannten die arischen und semitischen Sprachen, welche übrigens
durch eine andere gemeinsame Eigenthümlichkeit, nämlich durch das
grammatische Genus vereinigt werden, welche Eigenthümlichkeit die
übrigen Sprachclassen nicht besitzen.

§ 11.

Der *Ursprung der Sprache* ist dunkel; wir wissen nur so viel, dass
sie ein instinctmässiges Erzeugniss des menschlichen Geistes ist und
als solches sich mit dem Geiste zugleich entwickelt. Noch dunkler ist
die andere Frage, ob die Beschaffenheit des Geistes den Charakter der
Sprache oder umgekehrt dieser jene erzeugt habe. WILHELM v. HUM-
BOLDT scheint die Sprache als die Ursache, und den Geist des betreffenden Volkes als die Wirkung betrachtet zu haben; darum schrieb er
über «die Verschiedenheit des menschlichen Sprachbaues und ihren
Einfluss auf die Entwickelung des Menschengeschlechtes» und dann über
«den Einfluss der grammatischen Formen auf die Ideenentwickelung». —
Ein andermal scheint er wieder die Sprache für ein Product des Geistes
gehalten zu haben, als er nämlich unter Anderem behauptet, «dass der
Unterschied der Nationen sich am bestimmtesten und reinsten in ihren
Sprachen ausdrücke»; denn jede Sprache sei der Abdruck eines gewissen
nationalen Typus. STEINTHAL acceptirte die Anschauungen HUMBOLDT's
und suchte diese nach seiner Ansicht zu ergänzen. Demzufolge vervoll-
ständigte er die oben (S. 12) eingetheilte Classificirung HUMBOLDT's in
nachstehender Weise.

Es gibt, sagt er, *vollkommene* und *unvollkommene* Sprachen. Also:

A. Unvollkommene Sprachen	*a)* Sprachen, in denen das Verbum ohne jedwede Bezeichnung bleibt, Particular-Sprachen.	Das Malayische, die Sprachen auf den Inseln des indischen Oceans, das Birmanische u. s. w.
	b) Sprachen, in denen das Verbum durch Anfügung der Pronomina bestimmt wird.	Die amerikanischen Sprachen.
B. Vollkommene Sprachen	*a)* Isolirende Sprachen, in denen jedes Wort für sich gesondert bleibt.	Die chinesische Sprache.
	b) Flectirende Sprachen.	α) Die semitischen Sprachen. β) Die indogermanischen oder arischen Sprachen. [12]

Wenn durch diese Eintheilung die Idee W. v. HUMBOLDT's wirklich
ergänzt sein soll, dann wird man finden, dass hier die semitischen
Sprachen schon eine besondere Classe bilden, obgleich sie doch als
flectirende mit den arischen Sprachen in einer Kategorie stehen sollten.
Allein die sogenannten agglutinirenden Sprachen finden in diesem Schema
gar keine Stelle. Diesen Mangel verbessert auch STEINTHAL in seinem
späteren Werke.[13] Die vollkommene menschliche Rede unterscheidet
unbedingt das Subject und Object, das Prädicat und das Attribut, ihre
Grundverhältnisse sind also prädicativer, attributiver und objectiver Natur.
Daraus entsteht die »Sprachidee«; die einzelnen Sprachen sind die voll-
kommenere oder unvollkommenere Verwirklichung dieser Idee. Die
Aufgabe der Eintheilung der Sprachen kann demnach nur darin bestehen, den in den verschiedenen Sprachen sich kundgebenden Fortschritt, in welchem die Völker die Sprachidee verwirklicht haben, dar-
zulegen.

Mit Bezug auf diesen Fortschritt unterschied STEINTHAL im Jahre
1850 folgende dreizehn Stufen:

1. Hinterindische Sprachen,
2. malayische und indisch-oceanische Sprachen,
3. die Sprache der Kaffern und der Kongo-Stämme,
4. das Mandschu-Mongolische,
5. das Türkische oder Tatarische,
6. die uralischen oder finnischen Sprachen,
7. das Chinesische,
8. das Mexikanische,
9. die nordamerikanischen Sprachen;
10. das Vaskische (oder Baskische),
11. die ägyptische Sprache,
12. die semitischen Sprachen,
13. die Sanskrit-Sprache (indogermanischen Sprachen).

Die sechs ersten Classen mengen Stoff und Form der Sprache;
diese, sowie die folgenden drei Classen (nachdem auch diese das Nomen vom Verbum nicht unterscheiden, obwohl bei ihnen Stoff und
Form getrennt werden), sind also *formlose Sprachen*; die vier letzten dagegen *Formsprachen*.

In seinem späteren Werke (1860 erschienen) behandelte STEINTHAL
nur die Haupt-Typen der Sprache und überging z. B. die afrikanischen
Sprachen. Demgemäss stellte er in folgendem Schema nur acht Ent-
wickelungsstufen auf.

A. Formlose Sprachen	1. nebensetzende		I. Die hinterindischen Sprachen.
	2. abwandelnde	*a)* Inhaltsbestimmungen durch Reduplication und Präfixe ausdrückend	II. Die polynesischen.
		b) Inhaltsbestimmungen durch den Wurzeln hinten angefügte Anhänge ausdrückend	III. Die ural-altaischen.
		c) Beziehungen und Inhaltsbestimmungen durch Einverleibung ausdrückend	IV. Die amerikanischen.
B. Formsprachen	1. nebensetzende		V. Das Chinesische.
	2. abwandelnde	*a)* durch lose Anfügung der grammatischen Elemente .	VI. Das Aegyptische.
		b) durch inneren Wandel der Wurzel	VII. Das Semitische.
		c) durch eigentliche Suffixe .	VIII. Das Sanskritische.

Die Sanskritsprachen realisiren am besten die Sprachidee, also sind sie die vollkommensten.

In seinem ersten Schema setzte STEINTHAL, wie wir gesehen haben, die mandschu-mongolischen, türkischen oder tatarischen und uralischen oder finnischen Sprachen, zu denen auch das Magyarische gehört, auf jene drei besonderen Stufen, welche sich der Vollkommenheit derart nähern, dass unter ihnen das Finnisch-Magyarische die vollkommenste Sprache sein würde; im anderen Schema wirft er die drei Sprachgruppen zusammen, hebt aber dennoch die finnischen Sprachen heraus, indem er sagt: »Die vollkommensten der uralaltaischen Sprachen sind die finnischen. Diese in neuester Zeit sehr beliebt gewordenen Sprachen haben aber das ursprünglich mangelhafte Princip, trotz ihrer späteren bewunderungswürdig glücklichen Entwickelung, doch nicht überwinden können. Wenn sie sich morphologisch den höchstgebildeten Sprachen nähern, so erheben sie sich physiologisch nur wenig über die anderen Sprachen derselben Classe. Sie haben viele Casus — drei- oder viermal so viel als das Griechische; aber einen bestimmten Subjects- und Objectscasus, einen wahren Nominativ und Accusativ haben sie nicht. Ferner: Sprachen, welche wahrhafte Formen besitzen, haben z. B. Präpositionen. Die echten Präpositionen sind eben die, welche nicht von Verbal- oder Stoffwurzeln abzuleiten sind, sondern welche eine Verwandtschaft mit den Fürwörtern zeigen. Die finnische Sprache hat solche Präpositionen gar nicht, Grund genug, ihre ganze Flexion zu verdächtigen. Die äusserliche Weise ihrer Flexion selbst hat manches Bedenkliche, und mindestens kann man den hier auftretenden Consonantenwechsel der feinen Steigerung und Schwächung der Vocale im Sanskritischen nur nachstellen. Indem die finnische Sprache das Gleichgewicht der Laute beobachtet, werden bei der Wortbildung wie bei der Flexion die Laute theils abgeschwächt, theils verstärkt. Dem magyarischen «vén» (alt) entspricht das finnische «vanha» (magyarisch vénh-edni, altern können), dem magyarischen «kéz» (Hand) das finnische «kät»- e`; aber der magyarische Nominativ «vén kéz» (alte Hand, Greisenhand) heisst im Finnischen «vanha käsi»: in dem Worte «käs» i) ist also aus «te» «si» geworden. Sage ich im Magyarischen «vén kéz-nek» (der alten Hand, Genitiv oder Dativ) «vén kez-et» (die alte Hand, Accusativ`, so ist im Substantivum der Laut «é» verkürzt worden: im Finnischen heisst es: «vanha käd-elle» «vanha kät-tä». Der magyarische Dativus kéz-nek (der Hand), Ablativus kéz-töl (von der Hand` und Illativus kéz-be (in die Hand) wird im Finnischen zu käd-elle, käd-eltä, kät-ehen; «kät» verändert also seinen Endlaut bald in s, bald in d, bald kehrt das t wieder zurück. Aus dem finnischen «vanha» (alt) wird im Comparativ «vanhempi» (älter) anstatt: vanha-npa; im Genitiv van-hemman (des Aeltern); in diesem Worte ändern sich also das a und p. — Die Stärkung und Schwächung der Vocale im Sanskrit haben wir schon oben, § 10 b), gesehen.

Der Satzbau endlich ist demgemäss unbeholfen und schwerfällig und verräth die Formlosigkeit der Sprache besonders dadurch, dass in seinen Wendungen das Nomen vor dem Verbum das Uebergewicht erhält, wodurch er denn oft weniger an hellenische Rede als an Tübet erinnert. Uebrigens scheint ein Einfluss der indo-europäischen Sprachen auf die Grammatik der finnischen obgewaltet zu haben. Denn obwohl die Declination echt altaisch ist, so bietet die Conjugation der Verba so viel Aehnlichkeiten mit den sanskritischen Formen dar, dass SCHWARTZE deswegen das Ungarische für eine zum Sanskritstamme gehörende Sprache erklären zu dürfen meinte, was freilich sehr falsch war. Hier könnte also das seltsame Problem einer Dualität in der Grammatik vorliegen — einer Dualität, deren Möglichkeit bisher aus guten Gründen bezweifelt worden ist.»[14]

§ 12.

Bisher haben wir die Sprachen nach ihrer *morphologischen* und *physiologischen* Classificirung betrachtet: bei der ersteren war die *Form*, bei der anderen die *innere Natur* der Sprache massgebend (vgl. §§ 6—9 und § 11): aber es gibt noch eine dritte Classificirung, die Eintheilung nach dem *Ursprunge* der Sprache, die *genealogische* Classification.

Die *morphologische* Eintheilung fasst sehr viele Sprachen in eine Classe zusammen, weil bei ihnen die äussere Form der Modification gleichartig ist. Daher kommt es, dass man in die agglutinirende Classe nicht nur jene Sprachen einreihen kann, welche MAX MÜLLER dahin versetzt hat, sondern überhaupt alle jene Sprachen, in denen die Bildungs- und Flexionssuffixe der Wurzeln hinten angefügt werden, was nicht nur bei den Sanskrit-, sondern auch bei den Negersprachen der Fall ist. Ebenso reiht die morphologische Classificirung die arischen und semitischen Sprachen aneinander. Diese Art der Eintheilung betrachtet also die nähere Zusammengehörigkeit oder Unterscheidung der Sprachen gar nicht, ja sie lässt diese ganz beiseite, weil sie sich an einem solch allgemeinen Begriffe festhält, der auf jedwede Sprache anwendbar ist. Was für einen Unterschied kann man z. B. in Bezug auf die Wortbildung erkennen, wenn das lateinische (siehe oben das Beispiel S. 10) sua facta, suos mores, der Magyare also ausdrückt, tett-eit, erkölcs-eit? Wozu der Lateiner zwei Worte gebraucht, das vermag der Magyare durch *ein* Wort auszudrücken: also erfolgt in diesem letzteren eine grössere innere Modification als im Lateinischen: das lateinische sui bezeichnet der Magyare durch blosses i (tette-i-t, erkölcs-e-i-t, das aus einem frühern »vö«, »ja« abgeschwächt worden ist. Wenn wir aber die Derivation des Wortes factum von dem Verbalstamme fac mit dem Ursprung des magyarischen tett (That) von dem Verbalstamme te oder tev vergleichen, so finden wir, dass im Lateinischen die Ableitungssylbe to zum Stamme fac getreten ist (facto): in ähnlicher Weise trat das Bildungssuffix t zum magyarischen Stamme tev; aber hier assimilirte sich v zu t, daher entstand tett, im Lateinischen unterlag das c nicht der Assimilation (im Italienischen ist das geschehen, hier wurde das facto zu fatto). Wenn wir weiter sehen, dass die magyarische Sprache aus dem Stamme te die Wörter tét (Satz, Thema) und tett (That) bildet, was dem griechischen πιστις und πιστμα ähnlich ist, dass aber auf einem ganz anderen sprachlichen Wege tét (-tev-et) und tett (-tev-t gebildet wurden, so muss man die feine Distinction in der Wortbildung anerkennen.

Die *physiologische* Classificirung nimmt das Princip der Vollkommenheit einer Sprache zur Basis: allein dieses Princip existirt nur im

Kopfe des Philosophen, nicht aber in der Sprache. STEINTHAL behauptet, die finnische (magyarische) Sprache könne den Nominativ vom Accusativ nicht unterscheiden; es scheint aber, dass er nicht weiss, wie im Finnischen' der Accusativ «m», im Lappischen «b» gewesen, welcher Laut dann zu «n» wurde, weshalb jetzt "«n» das Suffix des finnischen Genitivs und Accusativs ist. [15] Der magyarische Accusativ ist sogar deutlicher als der lateinische und deutsche, was schon die Worte tetteit, erkölcseit zeigen; von tett = That, tette = seine That, tettei = seine Thaten (nom.), tett-ei-t = seine Thaten (acc. plur.) u. s. w. STEINTHAL macht es der finnischen (magyarischen) Sprache zum Vorwurfe, dass sie zum Ersatze des Casus nicht die Präpositionen gebrauche: er scheint aber zu vergessen, dass in dieser Sprache die vielen Postpositionen die Präpositionen der lateinischen und griechischen Sprache vertreten; noch mehr übersieht er, dass die finnische Sprache sogar auch Präpositionen verwendet, z. B. ilman minuta und ilman minua = absque me. — Ebenso meint STEINTHAL, dass das Finnische (und Magyarische) den Verbalvom Nominalstamme nicht unterscheide. Und doch unterscheidet diese Sprache beide Stämme derart, dass aus einem Nomen nur mit Hilfe eines Bildungssuffixes ein Verbum gebildet wird.

Endlich sagt STEINTHAL: Es scheint, als ob die indo-europäischen Sprachen auf die Grammatik des Finnischen Einfluss geübt haben, namentlich auf die Conjugation des Verbums. Was ein so scharfer Denker wie STEINTHAL damit sagen will, ist kaum begreiflich. Sowie es nicht nur erklärlich, sondern auch erfahrungsmässig beweisbar ist, dass eine Sprache von der andern Wörter entlehnt und ihr Lexikon mit Fremdwörtern bereichern, ja sogar überfüllen kann: ebenso ist es unbegreiflich, und wie ich glaube, auch thatsächlich unbeweisbar, dass eine Sprache auf die Bildungssylben und Suffixe der andern Einfluss nehme und derart einwirke, wo und wie sie diese Sylben und Suffixe verwenden solle. Eine Sprache, die ihre Ableitungs- und Flexionssylben nicht selbständig hätte gestalten können, wäre überhaupt gar nicht entstanden. Wahr ist es, dass das persönliche Pronomen, welches beim Verbum eine so grosse Rolle spielt, auffallende Aehnlichkeit hat in den uralaltaischen und arischen oder indo-europäischen Sprachen: allein diese besteht bereits in der Sumir- oder Akkad-Sprache der Keil-Inschriften, welche man für einen uralaltaischen Dialect zu halten geneigt ist. Diese Sumirsprache kann aber kaum jünger sein als die Sprache der Veden; denn sie hatte sich ja früher eine Schrift geschaffen als diese. [16] Das persönliche Pronomen müssen wir also wahrscheinlich in die vorhergehende Sprachperiode setzen, wenn wir nicht annehmen wollen, dass es in beiden Grammatiken von selbst ähnlich entstanden sei. Und wo das Personalpronomen als Suffix zum Verbalstamme tritt, dort muss (mögen

die Sprachen wie immer verschieden sein) in diesem Hinzutreten eine
Aehnlichkeit vorhanden sein.

Uebrigens mögen die Sprachen welche Form immer haben, sie
sind zu allem fähig, wozu der Geist des betreffenden Volkes befähigt
ist. Als Beispiel diene auch nach STEINTHAL das Chinesische, das gar
keine Etymologie besitzt.

Die Ethnographie kann demnach sowohl die morphologische als
auch die physiologische Sprach-Eintheilung für ihre Zwecke entbehren.

§ 13.

Die *genealogische* Classification reiht jene Sprachen in eine Familie,
welche deutlich auf eine gemeinsame (Ur-) Sprache hinweisen, also aus
einem Stamme entsprossen sind. Diese Classificirung setzt ausreichende
Sprachkenntniss voraus; denn nur eine solche ist im Stande zu bestimmen, welche Wortbildungen (Etymologie) und Sprachformen (Flexion)
auf einen gemeinsamen Ursprung zeigen. Nur ein solches sprachliches
Wissen verleiht ferner die Fähigkeit, die eigentlichen Wörter eines
Sprachschatzes von den Fremdlingen oder Eindringlingen zu unterscheiden. Diese letztere Unterscheidung bietet zwar lehrreiche Einsicht in
das Verständniss der verschiedenen Schicksale einer Sprache und ihres
Volkes; aber die ursprüngliche Beschaffenheit der Sprache wird dadurch
nicht aufgehellt. Das geschieht nur durch die aus dem eigenen Sprachstamme entsprossenen und abgeleiteten Wörter. Dieser Theil des Wort-
schatzes ist also zur Bestimmung der Genealogie ebenso wichtig wie
der Nachweis vom Ursprunge der Bildungssylben und Flexionssuffixe.
Gehören doch die Formwörter, die Pronomina, wie die Verhältniss- und
Zahlwörter in jeder Sprache zu dem ursprünglichen Wortschatze.

Nachdem die Sprache das wirkliche geistige Besitzthum des sprechenden Volkes ist und dessen Eigenthümlichkeit kennzeichnet, so bildet
die Sprache auch die zweckdienlichste Eintheilungbasis in Bezug auf
die Menschheit selbst; denn die Forscher überzeugen sich mehr und
mehr davon, sagt FRIEDRICH MÜLLER, [17] dass unter den volks- oder
nationbildenden Factoren die Sprache dasjenige Element ist, welches
am dauerhaftesten und unveränderlichsten von Generation auf Generation vererbt wird.

Wir können die Sprache deshalb ein geistiges Besitzthum nennen,
weil sie nicht mit dem Menschen geboren wird, wie etwa irgend ein
Glied des Körpers, das demgemäss eine körperliche oder thierische
Eigenschaft ist. Hier fällt der grosse Unterschied zwischen Raçe (Volksstamm) und Nation (Volk) in die Augen. Die Kennzeichen der Raçe
sind Gaben der Natur; ändern sich dieselben mit der Zeit, so hat daran

der Mensch weder als Individuum noch als Nation einen Antheil; denn sie stehen gänzlich ausser dem Bereiche seiner Einwirkung. Dagegen wird Dasjenige, was ein Volk (eine Nation) bildet, insbesondere die Sprache, mit dem Menschen nicht geboren, sondern es ist mit der Gesellschaft, mit dem Volke verbunden. Das Individuum kann es eigenthümlich entwickeln, kann davon einen besseren und schöneren Gebrauch machen, als ein Anderer; denn hier ist nichts Thierisches, kein Theil des natürlichen Stammes; es ist der Mensch als vernünftiges Glied einer Gesellschaft, eines Volkes oder einer Nation, der sich als solches in die ererbten Güter dieser Societät theilt und diese auch durch seine eigenen Fähigkeiten erhält, vermehrt und auf seine Nachkommen überliefert.

§ 14.

Indem FRIEDRICH MÜLLER die körperlichen und geistigen Eigenschaften vereinigt, begründet er die Classificirung und Beschreibung des menschlichen Geschlechtes vornehmlich auf die Verschiedenheiten der *Kopfhaare* und der *Sprache*.[18] Seiner Aufstellung nach theilen sich die wollhaarigen Menschen in vier Raçen, die schlichthaarigen aber in acht, und zwar: *A)* Zu den *straffhaarigen* gehören: die Australier, die Hyperboreer oder Arktiker, die Amerikaner, die Malayen und die Mongolen; *B)* zu den *lockenhaarigen*: die Drawidas, die Nubas und die Mittelländer. Zur Orientirung heben wir aus der straffhaarigen Menschenraçe nur die Mongolen hervor.

Nach MÜLLER umfasst die *mongolische Raçe* folgende Volksstämme:

1. *Uralaltaische* Völker: hierher gehören:

a) der *samojedische* Zweig mit vier Stämmen: Juraken, Tawgy, jenisseische und ostjakische Samojeden;

b) der *finnische* Zweig mit vier Familien: die *ugrische* (Ostjaken, Wogulen und Magyaren); die *bulgarische* (Tscheremissen, Mordwinen; der Abstammung nach, sagt MÜLLER, gehören auch die Tschuwaschen hierher, ihrer Sprache nach müssen sie aber in die Gruppe der tatarischen Völker gezählt werden); die *permische* (Permier, Syrjänen, Wotjaken); die *finnische* (die Suomi, Esthen, Livländer und Lappen);

c) der *tatarische* Zweig, dessen Völker sind: die Jakuten, sibirische Tataren, schwarze Kirgisen (Buruten), die Kirgisen (richtiger: Kasaken), Uzbegen, Turkomanen, Karakalpaken, Nogaier, Kumüken, basianische Türken, kasanische Tataren und Osmanli. Der Sprache nach gehören hierher auch die Tschuwaschen und Baschkiren, die Meschtscherjäken und Teptjären. Von den alten Völkern rechnet MÜLLER dazu die Skythen, die Hunnen, Alanen, Roxalanen, *Avaren*, Bulgaren, Chazaren, Petschenegen und Kumanier;

d) der *mongolische* Zweig (Ost- und West-Mongolen oder Kalmüken und Nord-Mongolen oder Burjäten ; *e)* der *tungusische* Zweig : Tungusen ,(Tschapogir-, Orotong- etc. Tungusen), Mandschu, Lamuten und Schibä.

2. *Japanesen.*

3. *Koreaner.*

4. *Völker mit einsylbigen Sprachen,* als :
a) *Tübetaner,* b, *Birmaner* u. s. w., c) *Siamesen* mit viererlei Dialecten, d) *Anamiten,* e) *Chinesen* mit drei Hauptdialecten : dem Kwanhoa (in Peking und Nanking), Fukian und Kwantung.

Die mongolische Raçe ist von mittlerer Grösse : die Frauen sind in der Regel klein. In Bezug auf Muskelentwicklung steht die mongolische Raçe der mittelländischen nach, ihre Arbeitsleistung ist daher bedeutend geringer. Der mongolische Typus, sagt MÜLLER, macht im Ganzen den Eindruck des Kindlichen, Offenen, Sorglosen und Geselligen. Alle diese Züge werden bedeutend erhöht durch den mangelnden oder schwachen Bartwuchs, was dem Manne einen weiblichen Typus verleiht. Dieser Typus passt aber nicht mehr auf diejenigen uralaltaischen Stämme, welche durch Mischung mit den Mittelländern sich nicht unbedeutend geändert haben, so dass manche derselben eher zu der letztern Raçe als zu der mongolischen zu gehören scheinen (namentlich mehrere türkische Stämme, sowie manche Typen der Finnen). MÜLLER gibt sodann auch eine psychische und ethnographische Charakteristik der mongolischen Raçe. wornach

1. *Naturvölker* jene sind, welche von der Fischerei, Jagd und der Renthierzucht leben und dem Schamanismus anhängen (Samojeden, Lappen, Wogulen. Ostjaken, Tungusen und Lohita-Völker ;

2. *Halbcultivirte Völker* (Vieh-Nomaden), deren Hauptnahrungszweig die Viehzucht bildet : diese sind wiederum : schamanische Stämme : Himalaya-Völker u. s. w.; Buddhisten (Lamaisten): Mongolen, Tübeter ; Muhamedaner : Tataren.

3. *Culturvölker* (Ackerbauer, und zwar :
a) Völker des chinesischen Culturkreises :
Chinesen,
Japanesen,
Koreaner,
Anamiten ;
b) Völker des indischen Culturkreises :
. Birmanen,
Siamesen ;
c) Völker des europäischen Culturkreises :

α) des römisch-germanischen Culturkreises: Finnen, Magyaren;

β) des byzantinisch-russischen Culturkreises: Tscheremissen,
Mordwinen, Permier und Andere;

d) Völker des muhamedanischen Culturkreises:
Osmanli,
Nubarische Volksstämme in Mittel-Asien.

§ 15.

Weit grösseres Interesse erregte Oscar Peschel mit seinem Werke
«Völkerkunde», das vor zwei Jahren (1874) erschien und ein Jahr darauf
schon die zweite Auflage erlebt hat.[19] Auch Peschel fasst sowohl die
körperlichen als geistigen Raçen-Merkmale zusammen und nimmt darnach *sieben* Menschenraçen an. Und zwar:

1. Die *Australier* (Bewohner des australischen Festlandes sammt
den Küsten-Inseln und Tasmanien); bei einem mittleren Breiten-Index
von 71 und einem Höhen-Index von 73 gehören sie zu den hohen
Schmalschädeln; sie sind zugleich prognath. Der Körper ist reichlich behaart; die schwarzen Haare, im Querschnitte stark elliptisch,
bilden abstehend um das Haupt eine zottige Krone. Bezüglich ihrer
Sprache bemerkt Peschel: «Wenn der Reichthum von Formen zum
kurzen Ausdrucke feiner Beziehungen über den Rang einer Sprache
entscheiden sollte, so müssten uns und allen Völkern West-Europas die
beinernen Menschenschatten am King George-Sund Neid einflössen;
denn ihre Sprache besitzt nicht blos soviel, sondern sogar vier Casus-
endungen mehr als die lateinische, und ausser Einheit und Mehrheit
noch einen Dual. Das Verbum, an Zeiten so reich wie das Lateinische,
hat ebenfalls Endungen für den Dual, ja drei Geschlechtsformen für die
dritte Person, sonst aber ausser den Activ- und Passiv- noch Reflexiv-,
Reciprocal, Determinativ- und Continualformen.»[20]

2. Die *Papuanen.* Diese zerfallen in australische und asiatische
Papuanen (Papuas); ihr Breiten-Index ist 70, der Höhen-Index 77, die
Schädelform also schmal und hoch. Die Kiefern sind prognath, das
Haar lang, üppig, stark abgeplattet und in Büscheln vereinigt. Es
umgibt das Haupt perückenartig als eine acht Zoll mächtige Krone.
Die Haut aller Papuanen ist dunkelbraun, fast schwarz.

3. *Die mongolischen Völker.* Gemeinsame Merkmale derselben sind:
Das lange, straffe, im Querschnitt walzenförmige Haar, Armuth oder
gänzlicher Mangel an Bartwuchs wie an Leibhaaren, ledergelbe bis zum
tiefen Braun, bisweilen ins Röthliche spielende Hautfarbe, vorstehende
Jochbogen, begleitet bei den meisten von einer schiefen Stellung der

Augen. Für alle sonstigen Merkmale sind Uebergänge vorhanden, so
dass die örtlichen Typen in einander verschmelzen. Die Sprachmerkmale
allein gewähren die Mittel zur Aufstellung von Unterabtheilungen.[21]
Diese Unterabtheilungen sind nach PESCHEL folgende:
a) Der *malayische Stamm*;
b) die *Südostasiaten* mit einsylbigen Sprachen. Gemeinsam sind
diesen Völkern straffes, schwarzes Haar, Mangel an Bartwuchs und
Leibeshaar, meist ledergelbe Haare und schiefgestellte Augen, Schmal-
schädel gehören unter ihnen zu den grössten Seltenheiten; ihrem Breiten-
Index nach ordnen sich diese Völker theils unter die Mesocephalen,
theils unter die Brachycephalen. Die Höhe des Kopfes ist entweder der
Breite gleich oder überbietet sie nicht selten; Prognathismus tritt nicht
überall und stets in mässigem Grade auf. Die Zahl dieser Völker beträgt
bei 350 Millionen Menschen (Tübetaner, himalayische Stämme, Birmanen, Anamiten, Chinesen);
c) *Koreaner und Japanesen.* Die Japanesen gehören mit einem
Breiten-Index von 76 unter die Mesocephalen und Höhe des Schädels
ist fast so gross, wie die Breite. Nur ihre mehrsylbigen Sprachen, die
agglutinirend sind und sich dem uralaltaischen Typus nähern, verhindern
es, dass sie in die nämliche Gruppe wie die Chinesen gestellt werden;
d) Die *mongolenähnlichen Völker* im Norden der alten Welt, vom
ochotzkischen Meerbusen bis nach dem europäischen Lappland. Ob ehemals dieses geräumige Gebiet von Menschen verschiedener Raçen
bewohnt war, lässt sich gegenwärtig weder verneinen, noch bejahen.
Jedenfalls hat die beständige Mischung des Blutes frühere Unterschiede
verwischt und so finden wir nach der Aeusserung PESCHEL's in den
Körpermerkmalen alle Uebergänge von den streng mongolischen Er-
kennungszeichen bis zur gänzlichen Uebereinstimmung mit den gesit-
teten Bewohnern des Abendlandes.[22] PESCHEL theilt diese Gruppe nach
A. CASTRÉN[23] in fünf Aeste, nämlich in *Tungusen*, in (eigentliche) *Mongolen*, in *Türken*, in *Finnen* und in *Samojeden*;
e) *Nordasiaten von unbestimmter systematischer Stellung.* PESCHEL
zählt hierher die Jenissei-Ostjaken, die Jukagiren und die Aino.
f) Die *Beringsvölker.* Es gehören hierher die Itelmen oder Kam-
tschadalen, die Korjäken und Tschuktschen, die Namollo (in der äussersten Nordostecke Asiens) und die Eskimo, die Aleuten, die Thlinkiten
(Kaljuschen in Nordwest-Amerika) und die Vancouverstämme.
g) Die *amerikanische Urbevölkerung*, welche nach PESCHEL über die
Beringsstrasse (vielleicht als diese noch Landenge gewesen) aus Asien
nach Amerika gewandert sind.
4. Die *Drawida* oder Urbewohner Vorder-Indiens. Die Haut derselben ist meistens stark gedunkelt, oft geradezu schwarz wie bei den

Negern, doch fehlt der widerliche Geruch der Letzteren. Das Haar ist
lang, schwarz, nicht büschelförmig, sondern kraus oder gelockt, Bart-
und Leibhaar sprossen reichlich; dadurch lassen sie sich leicht von
den mongolenähnlichen Völkern trennen. Es gehören hierher die Brachui
in Beludschistan, die Malabaren, die Tamulen, die Teluguen, die Kar-
naten und Andere. Die Zahl der Drawida beträgt über 32 Millionen
Seelen.[24] Einige haben die Drawidasprachen zu den turanischen (uralaltaischen) Sprachen zählen wollen, was schon von Sprachkennern
gemissbilligt worden; *eine Völkerkunde aber, welche den Körpermerkmalen
das entscheidende Gewicht beilegt, kann nur vor diesem Irrthum warnen.*[25]

5. *Hottentotten und Buschmänner.*

6. *Die Neger.*

7. *Die mittelländische Raçe.* Bei dieser sind die vorherrschenden
Schädelformen die mesocephalen und brachycephalen; die Höhe des
Schädels sinkt gewöhnlich mit der wachsenden Breite. Prognathismus
gehört ebenso sehr zu den Seltenheiten, wie das Vortreten der Backen-
knochen. Die Farbe der Haut ist bei den nördlichen Völkern ganz
hell, trübt sich in Süd-Europa, wird gelb, roth und braun in Nord-
Afrika und Arabien, sowie bei den Zigeunern. Das Kopfhaar ist nie so
lang und so walzenförmig, wie bei den mongolenähnlichen Völkern,
nie so elliptisch im Querschnitt und so kurz wie bei den Negern, sondern meistens gelockt. Innerhalb dieser Raçe finden sich die bärtigsten
und am besten behaarten Völker, nur die Nord-Afrikaner sind schwächer mit Bart- und Leibhaar ausgestattet. Die Raçe zerfällt in folgende Stämme:

α) Die *Hamiten* (Altägypter, Berber und Afrikaner). Die Altägypter
stehen nach der Schädelbildung auf der Grenze zwischen Dolicho- und
Mesocephalie. Schon bei ihnen treten die Kiefern ein wenig vor, der
Prognathismus wächst aber, je weiter wir nilaufwärts uns bewegen.

β) Die *Semiten.* Sie sind bärtiger als die Hamiten und häufiger
als diese mit ausdrucksvollen Gesichtszügen, schmalen Lippen, hohen,
meist gebogenen Nasen und scharf gezeichneten Brauen ausgestattet.
Es gehören hierher die Juden, die Araber, die Syrier, die Phönicier, die
Babylonier, die Assyrier u. s. w. Nach der WELCKER'schen Scala stehen die
Juden an der Gränze der Mesocephalie, gehören aber noch unter die
niedrigen Breitschädel, die Araber dagegen können zu den hohen Schmalschädeln gezählt werden. Den Semiten verdankt man drei Religionen:
das Judenthum, das Christenthum und den Islam (Mohamedanismus).
Die heutige Völkerkunde darf sich aber auch bei den semitischen Völkern nur an die betreffenden Sprachen und Sprachreste halten und
darnach ihre Eintheilung treffen.[26] Aus der Geschichte führt PESCHEL
an, dass bevor im 18. Jahrh. v. Chr. die semitischen Chaldäer in Baby-

lon ihre Herrschaft gründeten, am Mündungsgebiet des Euphrat ein Reich mit der Hauptstadt Ur bestand, dessen Könige nicht semitische Namen führten. Dort wurde die älteste Gattung der Keilschrift erfunden, welche die sumerische oder akkadische genannt wird, von der jedoch die assyrisch-babylonische Schrift erst abgeleitet worden ist. Die Sprache jenes Urvolkes bezeichnet J. OPPERT als eine »turanische«, unzweideutiger soll es heissen: »uralaltaische« und zwar schliesst sie sich dem finnischen Aste näher an als dem türkischen. »Leider«, bemerkt PESCHEL, »ist die Erforschung des Akkadischen oder Sumerischen völlig abhängig von den Fortschritten der assyrisch-babylonischen Schriftkunde. Wir werden daher noch lange der völligen Klarheit entbehren, dann aber sicherlich Aufschluss gewinnen über das anziehendste Räthsel der Völkerkunde«. [27]

γ *Europäische Völkerstämme* von unbestimmter Stellung,

aa die *Basken*, an den beiden Abhängen der westlichen Pyrenäen, deren Sprache dem amerikanischen Typus ähnlich ist. [28]

bb Kaukasische Bevölkerungen, deren Sprachen völlig ohne Verwandtschaft bis jetzt dastehen. (Die Avaren in Daghestan, die Kasikumücken, die Akuscha, die Kürinen und Uden, welche sämmtliche von uns Lesghier genannt werden u. a. m.)

δ Der *indo-europäische Stamm*. In Europa gehören hierher: die Alt-Griechen, die Römer, die italischen Völker überhaupt, die Thraker, Kelten; ferner die romanischen, die germanischen und slavischen Völker; endlich die Zigeuner, die ihre indische Heimath kaum 1000 Jahre nach Chr. G. verlassen haben; im J. 1322 trifft man sie schon auf der Insel Kreta, im J. 1346 auf Korfu, 1370 in der Moldo-Walachei, woher sie auch nach Ungarn eingewandert sind. — In Asien sind zu der indoeuropäischen Völkern zu zählen: Die Alt- und Neuperser und die eigentlichen Sanskritvölker in Indien.

Die europäischen Völker dieses Stammes, zu denen auch die amerikanischen Europäer gehören, sind die Vorkämpfer der menschlichen Cultur, die Inhaber der grössten Industrie und Macht in der Neuzeit.

§ 16.

Wenn wir nunmehr einen Rückblick auf die ethnographische Charakteristik werfen, so bemerken wir vor Allem, dass unter den Gelehrten weder in Hinsicht auf die Zahl, noch auf die Abgrenzung der einzelnen Menschenstämme Uebereinstimmung herrscht. FR. MÜLLER nimmt z. B. eine besondere *Nuba*-Raçe an, womit er »eine Reihe von Völkern begreift, die im Norden Afrika's theils zwischen den Negern, theils am Rande des Negergebietes wohnen und sich sowohl durch ihre physische

Complexion als auch durch gewisse ethnologische Merkmale von ihnen unterscheiden. Diese Völker sind weder Neger, noch mittelländische Hamiten, sondern ein Mittelschlag zwischen beiden.» [29] PESCHEL meint dagegen: «Man hat die Fundj als eigene Raçe von den Negern absondern wollen und zwar als nubische Rasse. Unglücklicher konnte ein Name wohl nicht gewählt werden, denn Nuba oder Nôbah heissen die Bewohner der Gebirgsgegenden und des flachen Landes in Kordofan, die sich in allen Merkmalen den Fundj (Fundschi) anschliessen, nur dass sie noch negerhafter als Dolichocephalen mit sehr stark gekräuseltem Haare sich darstellen. Gänzlich unverständlich bleibt es aber, dass sie mit den Fulben in Westafrika in Verbindung gesetzt werden konnten.» [30]

PESCHEL zählt zum mongolischen Stamme nicht blos die malayischen Völker, sondern auch die Urbewohner Amerika's, welche nach FR. MÜLLER und BLUMENBACH drei verschiedene Stämme ausmachen; auch nach MORTON (vgl. o. S. 1) steht der amerikanische Stamm ganz isolirt da.

Sowohl MÜLLER als PESCHEL zählen die Westfinnen und die Magyaren zur mongolischen Raçe; beide behaupten jedoch, jene Völker hätten sich derart verändert, dass sie mit der mittelländischen Raçe vollkommen übereinstimmen. Auch das ist auffällig, weshalb z. B. die Türken und Magyaren zu den bartlosen Mongolen gehören sollten, wo doch seit 300 Jahren bei den Europäern der türkische und magyarische Schnurbarte zumeist bekannt ist, und auch heute deutsche und nichtdeutsche Witzblätter ihren Lesern den Magyaren nur mit langem Schnurbarte zu präsentiren pflegen. — Im Gegensatze hievon reihen beide Ethnographen die Hamiten, welche ebenso schwachen Bartwuchs haben wie die Mongolen, zu der mittelländischen bartreichen Raçe. Hierher gehören auch die Semiten, und doch ist der Unterschied zwischen den altägyptischen, altassyrischen und den babylonischen Gestalten, welche in den europäischen Museen aufbewahrt werden, ganz augenscheinlich.

Es ist ferner Thatsache, dass die körperlichen Kennzeichen der Raçen sehr schwankend und veränderlich sind und zwar nicht blos bei ganzen Völkern, sondern auch bei den Individuen. Das zeigen die Schädelmessungen, die Bestimmungen der Haare u. dgl. Wie veränderlich die Farbe der Haut ist, weiss jedermann, der das ungarische Volk kennt; auch in Bezug auf den Bartwuchs kann man hier interessante Beobachtungen machen. [31] — WELCKER sagt unter Anderem: «Die vortrefflichen Termini «brachycephal» und «dolichocephal» sind weit mehr anatomische als ethnologische Begriffe; benützt man sie als ethnologisches Eintheilungsmoment, so wird man bei consequenter Durchführung Gruppen zerreissen müssen, die zusammengehörig sind, und Heterogenes vereinigen.« [32] Dasselbe gilt auch von allen anderen Körpermerkmalen. Bei PESCHEL lesen wir (S. 522) einen Ausspruch MUNZINGER's, « dass bei genauer Beobachtung der aufrichtige Reisende nicht mehr weiss, wo der eigentliche Neger anfängt, und der Glaube an die absolute Raçentrennung schwindet mehr und mehr.« Das erscheint übrigens ganz natürlich Demjenigen, der den einheitlichen Ursprung des Menschengeschlechtes acceptirt, was nicht blos bei BLUMENBACH, sondern auch bei MÜLLER und PESCHEL der Fall ist; und es muss diese Anschauung jeder Anhänger der DARWIN'schen Descendenztheorie annehmen. Die Stabilität der Körpermerkmale könnte nur dann als Regel gelten, wenn, wie z. B. MORTON behauptet, der getrennte Ursprung und die Unveränderlichkeit der Raçen feststünde. Bei der entgegengesetzten Ansicht ist es allerdings misslich, die Körpermerkmale als ausschlaggebend zu betrachten, wie das PESCHEL thut [33], der gleichwohl an einer andern Stelle erklärt, dass « niemand die Schwäche der Ansicht von der Unveränderlichkeit der Raçenmerkmale besser fühle als derjenige, welcher versucht hat, die Völker zu beschreiben; denn nicht ein einziges Kennzeichen ist strenges Alleingut irgend einer Menschenraçe.« [34]

MÜLLER überlässt daher die Raçenfrage ganz richtig der Anthropologie, die den Menschen wie das Thier nach seinen natürlichen Eigenschaften betrachtet ; wogegen die Ethnographie mit dieser Frage nichts zu thun habe. Denn diese — die Ethnographie — fasst den Menschen «als ein zu einer bestimmten, auf Sitte und Herkommen beruhenden, durch gemeinsame Sprache geeinten Gesellschaft gehörendes Individuum.« [35] In seiner «Ethnographie» nahm indes MÜLLER ebenso wie PESCHEL dennoch die anthropologischen Kennzeichen auf. Aber gerade das ausgezeichnete Werk des Letztern macht es deutlich, dass die Raçenmerkmale sozusagen nur in ungemessener Entfernung recht wahrnehmbar sind, in der Nähe jedoch verschwinden und andere, unkörperliche Merkmale, insbesondere die Sprache, mehr und mehr hervortreten. So lesen wir bei PESCHEL, [36] dass die Frage, ob das Volk der *Fulbe* (nach MÜLLER «Fulah») zu den Negern gehöre oder nicht, blos durch die Sprache entschieden werden könne ; ebenso erklärt er von den semitischen und mongolischen Völkern, dass man diese nur nach den Sprachen classificiren könne. [37] Wahr ist freilich, was PESCHEL sagt, dass die sprachliche Verwandtschaft, selbst die nähere Uebereinstimmung noch kein untrüglicher Beweis eines gemeinsamen leiblichen Stammbaumes sei, denn sonst müssten « die vormals slavisch, jetzt deutsch redenden Völkerschaften östlich der Elbe von jeher Germanen, es müssten die englisch sprechenden Neger der Vereinigten Staaten Angelsachsen, die spanisch redenden Indianer Mittel- und Südamerika's Blutsverwandte Calderons sein.« [38]

Aber, so fragen wir, macht denn die leibliche Abstammung der Menschen die Nation?

§ 17.

Der Mensch wird geboren wie das Thier; alsdann erlernt er eine Sprache, was das Thier nicht thut; durch diese Sprache wird der Mensch nicht blos Mitglied einer bestimmten Gesellschaft und Nation; sondern er wird auch theilhaftig an all dem Schicksale, das diese Gesellschaft, diese Nation seit Jahrhunderten erlebt, erfahren, gethan, gelitten und auch gehofft hat. Die Spuren davon sind in der Sprache niedergelegt und werden den Nachkommen getreulich überliefert. Sie finden sich in den ersten Worten, die das Kind lallt, wie in den Märchen und Sagen, denen der Knabe mit Wonne lauscht; sie finden sich in den Geschichten, die der Jüngling lernt, wie im Glauben, in dem er herangewachsen ist; sie finden sich in der Literatur, die den Mann erfreut, oder in der Arbeit, die den Landmann, den Handwerker, den Kaufmann &c. und die Seinigen ernährt. — Die Geburt ist also nur der Anfang des Lebens, nicht sein Inhalt und die Würde des Menschen liegt nicht in seinem Geborensein, sondern darin, dass er sich selbst und dann auch andere erziehe; dass er sich ans Lernen und Arbeiten gewöhne und sodann Andere unterrichte und zur Arbeit anhalte; dass er sich entwickle und auf die Entwickelung seiner Mitmenschen Einfluss nehme. Mit einem Worte: die Bestimmung des Culturmenschen ist, aufzunehmen, was Gesellschaft und Nation ihm bieten; dann aber auch seinerseits das Erbe dieser Gesellschaft und Nation zu bereichern. Noch mehr! Die Geburt vermag den Menschen keineswegs derart zu beschränken, dass er ausser seiner Muttersprache, die er in der Kindheit gelernt, nicht noch eine oder auch mehrere Sprachen sich aneigne und dadurch nach eigenem Willen auch in eine andere Gesellschaft treten, das Glied einer andern Nation werden könnte. Dieser Fall kommt unzähligemal namentlich in gemischtsprachigen Ländern vor. In den Vereinigten Staaten Nordamerika's z. B., wo im Laufe der Zeit, vielleicht auch schon jetzt, der Neger in seinem ganzen Fühlen und Denken, in seinem Wirken und Hoffen mit dem Weissen übereinstimmt, sollte er da nicht zur anglo-amerikanischen Nation gehören dürfen? Die Geschichte der Civilisation, ja der Menschheit bejaht diese Frage.

Was will die *Ethnographie* oder *Ethnologie?* Nach der Abstammung bedeutet das griechische Wort ethnos Volk; graphein schreiben, beschreiben; logos Vernunft, Ursache u. s. w. «Ethnographie» wäre also nach dem Wortlaute *Volksbeschreibung,* «Ethnologie» die Darstellung der Ursachen (des Ursprunges, der Herkunft) des Volkes. Hält man sich strenge an diese Wortbedeutung, so wäre «Ethnographie» jene Wissenschaft, welche die Völker nach ihrem Wesen beschreibt; die «Ethnologie» aber würde nachforschen, wie ein Volk entstanden, geworden ist. Gewöhnlich fasst man aber die Bedeutung beider Ausdrücke in Eins zusammen und versteht darunter jene Wissenschaft, welche sowohl der Entwickelung der Völker nachforscht, als auch deren Wesen beschreibt. In diesem Sinne wird auch das deutsche Wort «Völkerkunde» gebraucht.

Im Deutschen hat man für das griechische «ethnos» die Bezeichnungen *Volk* und *Nation*. Der Begriff des «Volkes» ist umfassender als der der «Nation». Das deutsche «Volk» begreift alle Menschen deutscher Abstammung in sich, mögen diese auch sonst (in politischer Hinsicht) den verschiedensten Nationen angehören. Der Begriff des «Volkes» bezieht sich überhaupt mehr auf die *natürlichen* Merkmale, auf den genetischen Charakter, der mit dem Lande, mit der Natur desselben im Connex steht. Zur Bezeichnung der natürlichen Abkunft wird auch das Wort «Nationalität» gebraucht und ist hierbei das hauptsächlichste unterscheidende Kennzeichen die *Sprache*. Die «Nation» ist ein *socialer* Begriff: er bezeichnet die Menschen, welche in *politischer* Gemeinsamkeit, innerhalb der Grenzen eines bestimmten Staates denselben bürgerlichen Gesetzen unterworfen sind. So kennt Ungarns Gesetz in *politischer* Hinsicht nur *eine* Nation, die aber in *natürlicher* Beziehung in eine Reihe verschiedener Volksstämme oder Nationalitäten zerfällt, bei denen das unterscheidende Merkmal, wie erwähnt, vor allem die Zunge ist. Die Deutschen in Ungarn bilden z. B. in politischer Beziehung einen integrirenden Bestandtheil der politisch einheitlichen *ungarischen Nation*; in Bezug auf die natürliche Abstammung und Verwandtschaft, namentlich mit Rücksicht auf ihre Sprache gehören sie zum deutschen Volke.

Das «Volk» wird durch Sprache, Religion und Sitte gebildet: unter diesen Factoren nimmt die Sprache den ersten Platz ein, wie schon die Benennung «Muttersprache» andeutet. Die Sprache ist die eigentliche Gestalterin des Volkes, ist dessen Lebensbaum. Auf welche Weise die Stamm- oder Ursprache entsteht, durch welche Modification oder Abzweigung die besonderen Idiome bildet, die jedoch trotz aller Abweichung dennoch einen gemeinsamen Centralpunkt, eine gemeinschaftliche Grundlage besitzen, das lässt sich ebenso schwer bestimmen als der Ursprung der Sprache überhaupt. Wir müssen uns mit der Anerkennung der Thatsache begnügen, dass jeder besondere Sprachstamm geworden; doch kann jede entstandene Sprache umständlich beschrieben werden, wodurch man einen richtigen Begriff von ihr empfängt. Menschen, die eine besondere Sprache gemeinsam sprechen, bilden ein besonderes Volk, dessen Keim gewiss auch auf dem Wege der gemeinsamen leiblichen Abstammung entstanden ist und sich gemehrt hat.

Allein ein Volk vermehrt sich nicht blos auf dem natürlichen Wege der Fortpflanzung und schwindet nicht blos durch das Absterben seiner Glieder: sondern es vergrössert sich auch durch äusserlichen Anschluss oder nimmt ab durch Lostrennen. Die Sprache wird nicht mit dem Menschen geboren; er lernt diese erst später von seinen Aeltern, von seiner Umgebung; ja mit der Veränderung der früheren Genossen kann er von seinen neuen Gefährten auch eine neue Sprache erlernen, dadurch sich von seinem Muttervolke trennen und ein neues Volksthum annehmen. Auf diesem Wege des Anschliessens vergrössert sich das russische Volk auf Kosten der Finnen und Tataren; dagegen verlieren die beiden letztgenannten Völker in demselben Masse durch die Lostrennung ihrer Volksangehörigen. Dasselbe war der Fall bei den ehemaligen Slaven am rechten Elbeufer, die ihr slavisches Volksthum aufgegeben und das Deutschthum angenommen haben. So vermehrte sich auch das walachische Volk, indem sich dem rumänischen Stamm allmälig bulgarisches, serbisches, kumanisches und magyarisches Element einverleibte und geht diese Absorbirung auch heute noch fort. Wer die Völker nur nach ihrer natürlichen Vermehrung betrachtet, der kennt das eigentliche Volksleben nicht. Die Ursachen des Anschlusses an ein anderes Volk sind mannigfaltig; mag es jedoch die höhere Cultur oder die grössere Kraft oder die bedeutendere Zahl sein, das Resultat bleibt stets dasselbe.

Mit dem besondern Sprachidiom gestaltet sich zugleich die besondere Religion. Das Thier lebt nur in der Gegenwart: sobald der Mensch aber zu denken, also zu sprechen beginnt, erinnert er sich der Vergangenheit und sein Wünschen überschreitet die Gegenwart, er hofft und fürchtet für die Zukunft, mit einem Worte: er verlangt auch das zu wissen, was er nicht sieht: die Ursache dessen zu erforschen, was sinnlich nicht wahrnehmbar ist. Der Mensch wird nach Aristoteles zum Wissen geboren; desshalb verschafft er sich auch möglichste Wissenschaft über sein eigenes Wesen. Die Bewegung von Sonne, Mond und Sternen, der Wechsel der Jahreszeiten, das Thierleben des Waldes wie der Fisch im Wasser erregten seine Aufmerksamkeit, seine Bewunderung. In allen diesen Dingen und Erscheinungen ahnte er eine Macht, die grösser und einsichtsvoller ist als er selber und die er entweder in Furcht oder Liebe erkennt und anbetend verehrt. Der redende Mensch gelangt unbedingt zur Religion oder er könnte den thierischen Zustand niemals verlassen. Der religiöse Glaube erzieht das Individuum, das Volk, die Menschheit. In den einzelnen Sprachen sind also die religiösen Ausdrücke und Benennungen die ursprünglichsten Aeusserungen des Volksgeistes und deshalb auch in der Ethnographie von grosser Bedeutung. — Sobald aber ein Volk später mit anderen Völkern in Berührung kommt und von denselben beeinflusst wird, ändern sich auch seine religiösen Anschauungen und Ausdrücke; allein das Volk selbst besteht fort, solange es seine Sprache bewahrt; seinen neuen Glauben impft es auch seiner Sprache ein.

Das Volk mit besonderer Sprache und eigenthümlicher Religion besteht unbedingt aus mehreren Familien, die schon nach einigen Generationen zu einer zahlreichen Gemeinschaft heranwachsen, wenn auch kein Anschluss von Aussen sie vermehren sollte. Da entstehen alsdann Verhältnisse zwischen Mann und Weib, Aeltern und Kindern, Herr und Knecht, selbst zwischen Fürst und Volksgemeinde und diese Verhältnisse werden auch durch die Verschiedenheit der Lebensweise noch gesteigert. Anders wirkt ein die Fischerei und die Jagd, anders die Beschäftigungen der Viehzucht und des Ackerbaues. Diese natürlichen Verhältnisse rufen die socialen Bildungen hervor, welche sonach jederzeit den naturgemässen Bedürfnissen entsprechen werden. Die gesellschaftliche Urverfassung ist also der dritte Factor zur Gestaltung eines Volkes. Sobald das Volk alsdann mit anderen Völkern in Berührung kommt, wird sich auch seine sociale Verfassung ändern; ja es ist möglich, dass es die fremde Verfassung vollständig annimmt; aber das Volk existirt so lange, als es seine Sprache bewahrt; denn es nimmt auch die Benennungen der neuen Verfassung in seine Sprache auf.

«Zur Bestimmung der Stammverwandtschaft eines Volkes müssen, nach SCHAFARIK [39], drei Quellen *gleichermassen* die Beweggründe darbieten: die natürliche körperliche Beschaffenheit, der grammatische Bau der Sprache und die Geschichte.» Fasst man jedoch diese drei Momente bei der Beschreibung irgend eines neuern Volkes strenger ins Auge, so ergibt sich, dass nur allein die *Sprache* den Ausschlag gibt; denn die körperliche Beschaffenheit und die Geschichte können mit anderen Völkern gemeinschaftlich sein. So unterscheidet sich z. B. die leibliche Constitution des walachischen Volkes nicht im Geringsten von der körperlichen Beschaffenheit der Slaven, namentlich der Bulgaren; ihre Geschichte haben ferner, die Walachen gemeinsam mit den Bulgaren und jenen Völkern in Siebenbürgen und Ungarn, die zur orientalischen Kirche gehören. Es bleibt demnach nur allein die Sprache übrig als die Quelle zur Bestimmung des Romanenthums der Walachen; die Sprache ist die einzige Erhalterin ihrer Nationalität; die Sprache ist das Magazin jener Cultur, welche das Volk sich eben durch seine Sprache erworben und in derselben niedergelegt hat. Dasselbe gilt von allen europäischen Völkern, mögen sie nun einen selbständigen politischen Körper bilden, denselben Glauben bekennen oder aber verschiedenen politischen Staatsverbänden angehören und in unterschiedliche Glaubensbekenntnisse getheilt sein, wie z. B. heute das grosse Volk der Deutschen und der Slaven.

ERSTER ABSCHNITT.

Ungarn und Siebenbürgen vor der Einwanderung der Magyaren.

I. Vorhistorische Zeit.

§ 18.

Das ungarische National-Museum besitzt eine reichhaltige Knochen-Sammlung. Es sind darunter Schienbeine, Schenkel, Hörner, Schädel und Zähne von einer Grösse, dass man erstaunen muss, wenn man sich ein solches Thier in seiner ganzen Grösse vorstellt. Der grösste Stier von heute erscheint dagegen wie ein kleines Kalb. Die meisten dieser Knochen wurden im Schlamme der Donau und Theiss aufgefunden. Es mussten also in unserem Vaterlande zu einer Zeit solche Thiere gelebt haben, die gegenwärtig hier nicht mehr existiren. Diese Knochenfunde lehren uns jedoch auch Geschichte, falls wir nur geschickt zu fragen verstehen ; besonders dann, sobald wir wissen, in welcher Erdschichte die Knochen begraben waren, in welcher Zeitepoche also die betreffenden Thiere gelebt haben und wann sie das erstemal zum Vorschein kommen. Das *Pferd*, die *Henne* gehören z. B. nicht unter die älteren Thiere ; das Vorkommen ihrer Knochen zeigt überall, demnach auch bei uns, auf eine neuere Zeit.

Im ungarischen National-Museum sehen wir auch viele Werkzeuge aus Stein. Wie viele solcher Steinwerkzeuge hat man in Ungarn und Siebenbürgen gefunden, ohne dass hiervon das National-Museum etwas erhalten hat und wie viele solcher Funde hat man unbeachtet beiseite geworfen, eine Achtlosigkeit, die erst in jüngster Zeit in etwas zu schwinden beginnt! Die Steinwerkzeuge bekunden, dass hier solche Menschen gelebt haben, die derartige Werkzeuge anfertigten und gebrauchten. Wann, in welcher Zeitperiode diese Menschen leben mochten, das könnte man nur dann mit einiger Wahrscheinlichkeit bestimmen, wenn die Werkzeuge und Knochenfunde mit einander verglichen würden und es bekannt wäre, was für Werkzeuge mit bestimmten Knochen zusammentreffen. Ob diese Menschen lang- oder kurzschädelig, mit geradem oder schiefem Gesichtswinkel behaftet waren, das liesse sich auch aus den Messungen der aufgefundenen oder noch aufzufindenden Schädel erkennen. Allein welche Sprache diese Menschen redeten, ob sie die Vorfahren irgend eines noch lebenden Volkes gewesen: das kann man weder aus den Werkzeugen, noch aus den Schädelmessungen herauslesen. Nur so viel ist gewiss, dass vor Zeiten in unserem Lande auch solche Menschen, die wir nicht kennen, gewohnt haben. Sehr wahrscheinlich ist ferner, dass Ungarn und Siebenbürgen nicht zu jenen Ländern Europas gehören, in denen der Mensch am frühesten erschienen ist. Es ist darum ebenso unzweifelhaft, dass die menschliche Cultur ihre ersten Keime gleichfalls nicht hierzulande getrieben hat. Daraus folgt aber auch die weitere Möglichkeit, dass die Menschen in unserem Lande sich noch der Steinwerkzeuge bedienten zu einer Zeit, als man an den Rändern des Mittelmeeres schon lange bessere Waffen und Geräthschaften aus Metall zu verfertigen im Stande war.

An allen Orten, wo man bisher die Alterthümer mit grösserer Sorgfalt gesammelt hat, ergibt sich, dass die Werkzeuge und Waffen aus Bronce denen aus Eisen in der Zeit vorangegangen sind. Bronce ist bekanntlich eine Mischung von Zinn und Kupfer. Die Bereitung und Verwendung derselben zu Waffen und Geräthschaften wurde aber nicht in Europa erfunden, sondern von den asiatischen und afrikanischen Ufern des Mittelmeeres, wahrscheinlich durch die Phönicier, nach Europa gebracht. Nachdem man diese Kenntniss gewonnen hatte, setzte man die Herstellung der Bronce in Europa fort; diese Kunst blühte auch in Ungarn und Siebenbürgen; ja wie die Funde beweisen, erreichte sie hier sogar eine höhere Stufe der Entwickelung. Die Alterthümer aus Bronce findet man bei uns gleichfalls in sehr grosser Menge. Insbesondere zahlreich sind die Funde in der Umgebung des Mátragebirges, also in den Komitaten Heves, Neográd und Hont; sie mangeln übrigens nirgends, am allerwenigsten in Siebenbürgen. Das ungarische National-Museum besitzt viele und vorzügliche Bronce-Alterthümer; andere werden in Debreczin, in Hermannstadt und anderen Orten aufbewahrt: viele sind auch in die Sammlungen nach Wien gekommen.

Nach dem Materiale, aus welchem der Mensch seine Geräthe und Waffen verfertigte, theilt man die Geschichte der Menschheit in die *Stein-, Bronce-* und *Eisenperiode* ein. Bei dieser Eintheilung wird Gold und Silber nicht in Betracht gezogen, da diese Metalle nicht zu Geräthschaften, sondern blos zu Schmucksachen verwendbar sind und dieselben, namentlich das Gold, in der Natur im reinen Zustande erscheinen, vom Menschen also wie jeder andere beliebige Stein fertig vorgefunden wurden. Darum begegnet man dem Golde schon sehr frühzeitig; bereits in der Steinperiode zeigt es sich. Die Gewinnung des Eisens beansprucht die meiste Erfahrung und Geschicklichkeit; darum tritt die Bereitung und Verwendung dieses Metalls am spätesten auf. Mit den Eisengeräth-

schaften zeigt sich gewöhnlich auch das Silber und wie die Bronce
langsam den Stein verdrängt hatte, so setzte das Eisen allmälig die
Bronce aus dem allgemeinen Gebrauche. Die Benützung der Bronce
setzt grössere Erfahrung voraus als die Verwendung des Steines; dasselbe gilt von dem Gebrauche des Eisens im Verhältnisse zur Benützung
der Bronce.

« *Vorgeschichtliche* » oder « *prähistorische* » *Zeit* pflegt man jene Periode
zu nennen, welche die Menschheit ohne Kenntniss der Schreibekunst,
womit die eigentliche Geschichte beginnt, verlebt hat. Die Steinperiode
gehört ohne Zweifel überall zur prähistorischen Zeit. Jndess unterscheidet
man auch eine ältere und jüngere Steinperiode. In der ältern lebte der
Mensch mit dem Mammuth und dem Riesenhirsch zusammen: seine
allmälig vollkommeneren Geräthschaften bestanden aus Stein und
Knochen. In der jüngern Steinperiode bestanden auch andere Thiere;
und die Steingeräthe des Menschen erreichten die Stufe ihrer Vollen-
dung. Die Menschen der Steinperiode scheinen sich von den Ufern
des mittelländischen und adriatischen Meeres nach und nach über das
Innere von Europa verbreitet zu haben; dieselben gelangten also wahrscheinlich erst später nach Ungarn, wo die damalige Cultur auch nicht
den Gipfel ihrer Entwickelung erreichte.

Ebenso gehört die Bronceperiode, wenigstens für Ungarn, zu der
vorgeschichtlichen Zeit. Die Bronce wurde, wie erwähnt, durch die Phönicier nach Europa gebracht. In den Binnenländern Ungarn und Siebenbürgen kann man also den Beginn der europäischen Bronce-Cultur
nicht vermuthen. Aber auch das ist unbekannt, welches Volk die
Bronce hier benützt und weiter entwickelt hat. Darum gehört auch
diese Periode für uns zu der vorhistorischen Zeit; *ja diese dauert bis zu*
jener Zeit, wo die Waffen der Römer auch Ungarn und Siebenbürgen berührten.
Ob aber der Gebrauch des Eisens erst mit den römischen Legionen
hierher gekommen oder schon früher bekannt gewesen, das ist meines
Wissens noch nicht festgestellt. Eine bestimmte Auskunft hierüber
können wir nur von den Siebenbürger Funden erwarten.

Eine entsprechende Orientirung über die prähistorische Zeit liefert
der Däne WORSAAE *in seinem Werke: „Russlands og det Skandinaviske*
Nordens Bebyggelse og oldske Kulturforhold." (Kopenhagen 1872.) Mit Be-
zug auf Ungarn und Siebenbürgen ergeben sich daraus folgende Resultate:
Die Geschichte lehrt, dass die welthistorische Civilisation von Asien über
Aegypten nach Griechenland und Italien und von da weiter nach Norden
und Westen gewandert sei. Nichts deutet darauf hin, als ob der Europäer
die Steingeräthschaften aus eigenem Antriebe verlassen, also die Bahn einer
selbständigen Entwickelung von der Stein- zur Bronceperiode betreten
habe; sondern alle Wahrnehmungen lassen vielmehr vermuthen, dass in
Europa die Bronceperiode unter Beeinflussung von aussen eingetreten
sei. Ebenso sei es deutlich, dass die Steinperiode hier noch recht lange fort-
bestehen konnte, nachdem in Asien und Afrika die Kenntniss und der

Gebrauch der Bronce schon lange verbreitet gewesen. Von Asien drang die neue Cultur über den Bosporus nach Macedonien, von hier aber theils nach Griechenland und Italien, theils im Donauthale aufwärts. Ob aber diese grosse Neuerung auch mit einer neuen Völkerbewegung verbunden war, also mit dem Beginn der neuen Bronceperiode in die Donaugegenden, dann nach Griechenland und in die übrigen Theile von Nord- und West-Europa auch neue Volksstämme eingewandert sind; das lässt sich zwar nicht genau bestimmen, wohl aber vermuthen. Und falls mit der Bronce wirklich auch neue Völker hierher kamen, musste sich die neue Cultur nur umso schneller verbreiten. Auch ist es natürlich, dass die Bewohner von Ungarn und den übrigen inner-europäischen Ländern nicht gerade nur auf die aus der Fremde eingeführten Geräthschaften oder deren sclavische Nachahmung angewiesen waren; umsomehr, nachdem sie in ihren Bergen hinlänglich Kupfer fanden, das sie zur Anfertigung von eigenthümlichen Geräthen anspornen konnte. Unter Anderem kommen die eigentlich grossen Schwerter zuerst in Ungarn, in Oesterreich und in der Schweiz vor.

In Bezug auf Ungarn ist Dr. Fl. Rómer's *„Führer" eine treffliche Anleitung.*[40] Rómer *charakterisirt darin erstlich die Stein- und Bronceperiode im Allgemeinen und erläutert seine Schilderung mit Abbildungen gut ausgewählter Gegenstände aus dieser Periode; sodann zählt er die prähistorischen Fundorte insbesondere in Ungarn auf und beschreibt die gefundenen Objecte aus beiden Perioden.* Arnold Ipolyi, *der tüchtigste Gelehrte auf dem Gebiete der ungarischen Archäologie,*[41] *ergänzte in seiner Besprechung des trefflichen Werkes den „Führer" in einigen Punkten.* Rómer *hatte z. B. behauptet, dass Feuerstein-Geräthe in Ungarn nicht vorkommen;* Ipolyi *führt dagegen an, dass solche Geräthe allerdings hier vorkommen, er selber besitze in seiner Sammlung eine Pfeilspitze von Feuerstein aus der Theissgegend; ebenso finden sich auch in anderen Sammlungen derartige Geräthe. —* Rómer's *„Führer" bezweifelt noch das Vorhandensein von Pfahlbauten in Ungarn; aber* Ipolyi *vermuthete solche bereits im Jahre 1864 zu Füzes-Abony und neuestens (im Jahre 1874) hat man im Neusiedlersee auf einer Besitzung des Grafen Béla Széchenyi in der That deutliche Spuren einiger Pfahlbauten aufgefunden.*[42]

Als Ipolyi *im Jahre 1868 die vorgeschichtlichen Alterthümer der Comitate Heves und Aeusseres Szolnok beschrieb, äusserte er, dass daselbst Funde aus der paläolithischen oder älteren Steinperiode kaum anzutreffen seien, desto zahlreicher seien aber die Funde aus der jüngeren Steinzeit; solche Funde ergaben sich auf der Puszta Szikszó unterhalb Erlau, dann in Szihalom, Mezö-Túr und anderen Orten. Weit bedeutender sind aber die Funde aus der Broncezeit. Im Mátra-Gebirge, ganz nahe an der Grenze des Heveser Comitates ist die Ortschaft Kis-Terenye (Comitat Neograd), schon seit ungefähr fünfzig Jahren als der ergiebigste Fundort für prähistorische Bronce- und Goldgeräthschaften bekannt. Die daselbst gefundenen Schmelztiegel, Thonformen, Feuerherde u. s. w. beweisen, dass hier in der Broncezeit eine bedeutende Giess- und Schmelzwerkstätte sich befand. Ein Theil dieser Geräthschaften wurde von* Jankovich, Fehérváry, *insbesondere aber von* Franz Kubinyi *sen. gesammelt und dem National-Museum einverleibt. Nicht minder interessant ist der grosse Fund zu Füzes-Abony, welcher im Jahre 1864 bei Gelegenheit der Erbauung einer neuen Strasse und Brücke ans Tageslicht kam und der gleichfalls deutlich zeigt, dass auch hier in der Bronceperiode eine Werkstätte oder Schmelzstätte bestand. Der grösste Theil der gefundenen Gegenstände ging verloren; zum Glück gelangte noch Vieles in die Sammlung* Ipolyi's.[43] *In Siebenbürgen ist der Broncefund zu Hammersdorf vom Jahre 1870 bemerkenswerth; der grösste Theil desselben befindet sich in Hermannstadt, Einiges davon im National-Museum zu Budapest.*[44]

Unter den Forschern und Sammlern erwähnen wir ferner den Baron EUGEN NYÁRY, der zu Pilin und Lapujtö im Neograder Comitate grossartige Leichenacker aus der Bronceperiode fand; dann den Domherrn FERDINAND EBENHOCK zu Raab, den THEODOR LEHOCZKY zu Dereg, den evangelischen Seelsorger LUDWIG HAHN in Békés-Csaba, dessen erfolgreichem Wirken die Gründung und Bereicherung des Békéser Comitats-Museums zu danken ist. Derartige Provinzial-Museen entstehen auch an anderen Orten, was ein erfreulicher Beweis davon ist, dass die vormalige Gleichgiltigkeit gegen die historischen Alterthümer allmählich schwindet und dem wachsenden Interesse für die archäologische Wissenschaft Platz macht.

*Ueberhaupt erregen die Bronce-Alterthümer Ungarns grosse Aufmerksamkeit in ganz Europa; auch auf der Wiener Weltausstellung im Jahre 1873 zeichnete sich die Bronce-Sammlung des GEORG RATH besonders aus; dieselbe hat nach dem Urtheile des Berichterstatters kaum ihres Gleichen in beiden Hälften der österreichisch-ungarischen Monarchie.*45

§ 19.

Das Licht der Geschichte dringt von Griechenland über Ungarn herein. Die Griechen befuhren nämlich etwa seit 700 vor Chr. das schwarze Meer, welches ihnen vordem das *«ungastliche»* (pontus Axeinus) gewesen, dann aber zum *«gastfreundlichen»* (pontus Euxeinus) wurde; denn an seinen Küsten entstanden griechische Städte, wie z. B. am *Boristhenes* (Dnjeper): *Olbia* (die «Glückliche»), unweit der südlichsten Mündung des *Isters* (Donau): *Istria*, südwärts davon *Tomi, Kalatis* oder *Collatis, Odessus* in der Nähe des heutigen Varna, *Mesembria, Apollonia*. Die griechischen Einwohner dieser Städte trieben Handel mit den binnenländischen Barbaren. Im Jahre 513 v. Chr. brachte der Kriegszug des Darius die Völker an der untern Donau und am Pontus in Bewegung. Nachdem Darius sein grosses Kriegsheer nach Europa gebracht hatte, führte er es an der Westküste des schwarzen Meeres nordwärts und zog auf einer Brücke über die Donau gegen die Skythen, die er jedoch erfolglos bekriegte. Dieses grosse Ereigniss machte die Binnenvölker genauer bekannt. Der Ister (die Donau), dessen Wellen damals zum erstenmale eine Schiffbrücke wiedergespiegelt hatten, wurde auch in den Mythen der Griechen verherrlicht; war es doch der grösste Strom in der damals bekannten Welt. Nach dem Dichter brachte Herkules von den Quellen der Donau den Oelbaum, mit dessen Zweigen die Sieger bei den olympischen Spielen bekränzt wurden; dort an den Quellen der Donau wohnten auch die Verehrer des Apollo.46 Die ältesten griechischen Dichter versetzten überhaupt die gottesfürchtigen und guten Menschen nach dem Norden.

Ungefähr 60 Jahre nach dem Kriegszuge des Darius schreibt *Herodot* (lebte von 484—405 v. Chr.) von der Ister oder der Donau, dass dieser Fluss seine Quelle im Lande der Kelten habe, Europa quer durchfliesse und, nachdem er die Grenzen des Skythenlandes bespült, in fünf Mündungen in das schwarze Meer falle. Die Nebenflüsse der Donau sind nach Herodot vom schwarzen Meere westwärts folgende: *Porata* oder *Pyretus* (der heutige Prut), *Tiarantus, Ararus, Naparis, Ordessus* (vielleicht der Szeret, Ardschisch, Olt, Szul oder Schil?)[47] Das sind, sagt Herodot, die Flüsse in Skythien; also in der heutigen Moldau und Walachei. Weiter nach Westen hin erwähnt er des *Maris*, welcher im Lande der Agathyrsen entspringt und in die Donau fliesst. Die *Agathyrsen*, erzählt Herodot, seien ein sehr verweichlichtes Volk, welches das Gold besonders liebe; im Uebrigen leben sie jedoch nach thrakischen Bräuchen und Gesetzen.[48] Daraus ist ersichtlich, dass die Agathyrsen das heutige Siebenbürgen bewohnten, und dass den Namen «Maris» (Maros) auch die untere Theiss führte. (Auch bei späteren Schriftstellern, welche Theiss und Maros unterscheiden, wird die Theiss in ihrem Unterlaufe Maros genannt.) Weiter nach Nordwesten reichten Herodot's Kenntnisse nicht; allein auch aus dem Gesagten ist zu entnehmen, dass die Bewohner der griechischen Städte am schwarzen Meere, von denen Herodot seine Nachrichten sammelte, ihre Handelsverbindungen bis an die Ufer der Donau (Theiss) und der Maros in Siebenbürgen ausgedehnt hatten, vielleicht gerade des Goldes wegen.

Von Griechenland her, also aus dem Süden, geht die Kenntniss Herodot's etwas weiter nach Westen. Ebenfalls beim Meere beginnend, zählt er die südlichen Nebenflüsse der Donau in folgender Reihe auf: Aus dem Hämus entspringen der *Atlas, Auras, Tibisis;* aus Thracien: *Athrys, Noes, Artanes;* aus Päonien: *Skios,* jetzt Isker; aus Illyrien: *Angros,* welcher in den *Brongos* und mit diesem in den Ister oder in die Donau fliesst; das ist also der *Margus* der Römer, die heutige *Morava.* Weiter aufwärts, sagt Herodot, ergiessen sich der *Karpis* und *Alpis* in den Ister. Einer dieser Flüsse kann die heutige *Kulpa* sein; denn so wie der Handel nordwestlich auf der Donau (Theiss) und Maros bis nach Siebenbürgen sich erstreckte, so ging er auf der Donau, Save und Kulpa westlich nach dem Adriatischen Meere, wo die Provinz *Istria* lag, wie am Schwarzen Meere die Stadt *Istria.* Ein *jonisches* Meer gab es gleichfalls im Westen und Osten. Auf solche Weise entstehen und wandern die geographischen Benennungen. Ein Beispiel hievon ist auch der Fluss *Tibisis,* welchen Herodot aus dem Haemus (Balkan) in die Donau fliessen lässt; später wanderte der Name über die Donau und wurde als «Tibiscus» der heutigen Temes beigelegt, bis er endlich der *Theiss* dauernd verblieb.

Die Völkerschaften zur Zeit Herodot's sind jenseits des Tanais (Don) *Sauromaten* oder *Sarmaten;* vom Don bis zur Donau *Skythen,* südlich von der Donau, am heutigen bulgarischen Ufer *Geten,* die nach

Herodot zu den Thraciern gehören; im nordwestlichen Binnenlande wohnen die *Agathyrsen*, nordöstlich folgen nach einander die *Gelonen*, *Budinen*, *Neuren*, *Androphagen* und zuletzt die *Melanchlainen*. Im äussersten Westen, an den Quellen der Donau, sitzen die *Kelten*. Bezüglich der Nationalität wusste Herodot, dass die Sprache der Sarmaten eine skythische sei, obgleich mit einigen Verschiedenheiten; dass Herkules von einem Weibe drei Söhne zeugte: *Agathyrsus, Gelonus* und *Skythes*, von denen die gleichnamigen Völker abstammen. Das ist eine Herleitung des Völkerurspunges, die nicht nur bei den Alten, sondern auch im Mittelalter ja bis zur Neuzeit üblich war. Nach der Fabel des Herodot waren also die aufgezählten Völker stammverwandt. Für uns ist jedoch am interessantesten, dass der Flussname Maros von den Agathyrsen Siebenbürgens herstammt und von diesen zu den Griechen gelangte. Noch kann angemerkt werden, dass Herodot, also die damaligen Griechen am Pontus, von der Bodenbeschaffenheit, den Bergen und Seen Ungarns gar nichts wussten. Sie hatten Kunde vom Ural, aber nicht von den Karpaten; sie kannten den Kaspisee, aber der Plattensee war ihnen unbekannt, obgleich dieser zu jener Zeit wahrscheinlich viel ausgedehnter war als heute.[49]

Die Sarmaten (Sauromaten) hausten, wie wir gesehen, zur Zeit des Herodot jenseits des Don; um das Jahr 360 v. Chr. treffen wir sie schon diesseits dieses Flusses, wo sie die Skythen bedrängen. Die besonderen Stämme der Sarmaten: die *Roxolanen, Jazygen* und *Alanen* treten allmählich in den Vordergrund. Im Jahre 94 v. Chr. finden wir die Roxolanen zwischen Dnieper und Bug, nach dem Jahre 60 bereits zwischen Dnieper und Donau. Ovidius, der nach Tomi[50] Verbannte (Jahr 1—17 n. Chr.), erwähnt in seinen Dichtungen hauptsächlich die Namen der Sarmaten, Geten und Jazygen. Die Skythen waren schon verschwunden; wenn die Schriftsteller ihres Namens Erwähnung thun, so benützen sie denselben als eine Collectivbenennung für sämmtliche nordöstliche Barbarenvölker. Wie die Sarmaten sich von Osten nach Westen ausbreiten, so drängen die Geten nordwärts und gelangen auch bald diesseits der Donau. Diese Bewegung wurde durch die keltischen Völker hervorgerufen.

Die *Kelten* oder *Gallier*, welche Herodot als das westlichste Volk kannte, gelangten im heutigen Frankreich zu Macht und Ansehen; sie verbreiteten sich von da über die britischen Inseln und auch nach Spanien. Einst brach, nach der Erzählung des Livius,[51] eine ihrer Streifschaaren auch in Italien ein und bedrängte um das Jahr 388 vor Chr. Rom; andere Schaaren zogen über den Rhein wieder ostwärts und wurden als *Bojer, Taurisker* und *Skordisker* in der Geschichte berühmt. Die Bojer nahmen vom heutigen Böhmen Besitz, welchem Lande sie seinen bleibenden Namen verliehen (Böhmen = Bohemia, boiohaim = Heimat der Bojer). Auch bis in die Gegend der Westkarpaten, also bis in das heutige Mähren und westliche Ungarn, breiteten sich die Bojer aus. Die *Taurisker* besetzten das heutige Steiermark, Kärnten und Salzburg; von ihnen stammt der Name des «Tauern»-Gebirges; oder man nannte im Gegentheil das Volk nach dem Gebirge (taur = Berg). Die *Skordisker* zogen noch weiter nach dem Osten; etwa um 350—336 v. Chr. erfüllen sie die Länder an der Save, Drau und Donau bis zur südlichen Morava;[52] sie nahmen also auch das Gebiet zwischen der Drau und Donau ein, wo sie die früheren Bewohner entweder verdrängten oder in sich aufnahmen. Allein auch hier liessen die Kelten sich nicht dauernd nieder, sondern von 280—218 v. Chr. verwüsteten sie ganz Thracien, Macedonien und Thessalien, ja sie setzten sogar nach Kleinasien über, wo sie das Königreich *Galatien* gründeten, das bis zum Jahre 189 v. Chr. fortbestand. Der Name «Galatien» blieb dem Lande auch später und der Apostel Paulus schrieb seinen apostolischen Brief an die Galater.

Die Keltenbewegung rief also unter den Völkern entlang der Donau grosse Veränderungen hervor. Sie drängte auch die Geten nach den Norden, auf das diesseitige (linke) Ufer der Donau, in die Wohnsitze der alten Skythen; hier wurde für die Geten allmählich der Name *Dacier* (oder Daker) gebräuchlich; und wenn in jener Zeit auf den athenischen Märkten und in den Lustspielen auf einmal viele *getische* und *dakische* Sklaven erscheinen, so kann das nach SCHAFARIK's Ansicht der keltischen Eroberung zugeschrieben werden.[53] Auf diese Weise gelangte das Volk der Geten oder Daken in jenes Land, das nach ihm *Dacien* (das Dakerreich) genannt wurde. Die Agathyrsen aber verschwinden gleich den Skythen, sie vermischten sich also entweder mit dem neuen Volke oder sie wanderten aus. Später finden die Geschichtsschreiber dieselben ebenso wie die Skythen weiter im Norden.

Aber es erscheinen auch noch andere Völker auf dem Schauplatze und zwar die *Bastarner* und *Peuker* von den Quellen der Theiss bis an den Fluss Tyras (Danastris, Dniester); sie bedrängen die Geto-Daken von Norden her. Dort im Nordosten sitzen also fortan die *Sarmaten* (Roxolanen, Jazygen, Alanen) und *Bastarner*, ja nach den letzteren werden die östlichen Karpaten Siebenbürgens «*Bastarner Alpen*» genannt.

Gleich allen Völkern war auch das geto-dakische Volk in Stämme getheilt, die in der Zwietracht schwach, jedoch stark und gefürchtet waren, sobald eine kräftige Hand sie zusammenhielt. Unter diesen geto-dakischen Stämmen waren die *Karpen*, die *Kostaboken* und die *Kaukoenser* die bemerkenswerthesten. Die Karpen wohnten in der heutigen Marmaros und im nördlichen Siebenbürgen, von ihnen stammt der Name «Karpaten», den übrigens Julius Caesar noch nicht kannte, obgleich er es ist, der unter allen lateinischen Schriftstellern zum erstenmale des Danuvius (der Donau) und Daciens erwähnt. Denn zu seiner Zeit (90—50 v. Chr.) hatte sich der dakische König *Burvista* (bei römischen Schriftstellern Boerevista, bei Strabo Βυριβίστης) zu grosser Macht emporgeschwungen. Seine verheerenden Einfälle empfanden die Völker vom schwarzen Meere bis an die westlichen Karpaten und bis jenseits der Donau; zwischen 60—55 v. Chr. zerstörte der Daker-häuptling die berühmte griechische Stadt Olbia an der Mündung des Dnieper oder Boristhenes. Im Lande zwischen der Donau und Theiss bekriegte er die Bojer und verdrängte sie von dort. So entstand [54] die sogenannte «Bojerwüste» (deserta Boiorum). Eine Empörung machte der Herrschaft Burvista's ein Ende und sein Reich wurde in vier Theile getheilt; allsogleich werden aber auch die Dako-Geten von anderen Völkern besiegt. Damals ziehen die sarmatischen Jazygen vom Fusse der Karpaten westwärts und lassen sich im Zwischenstromlande der Donau und Theiss nieder; gleich einem Keil schoben sie sich so zwischen die westlich wohnenden Bojer und die östlichen Daken.

Als Julius Caesar Gallien unterwarf (58—51 v. Chr.) und dadurch die Hauptmacht der Kelten brach, hausten vom rechten Ufer des Rheines und dem linken der Donau bis an die Nordsee die Germanen, welche die Bojer aus Böhmen vertrieben hatten und als deren öst-liche Grenznachbarn Caesar die Daken nennt; die Jazygen hatten sich noch zu wenig bemerkbar gemacht; er gedenkt ihrer gar nicht, wohl aber erwähnt er der Anarten, welche an der oberen Theiss ihre Sitze hatten.

Zur Zeit des Julius Caesar wohnten also auf dem Gebiete des heutigen Ungarn und Siebenbürgen:

1. Die *Daker*, zu denen auch die Anarten gerechnet werden kön-nen, in den Theilen jenseits der Theiss, dann in Siebenbürgen, in der Bukowina, Moldau und Walachei, wo sie bald mehr, bald weniger von den Sarmaten und Bastarnen zurückgedrängt wurden; 2. die *Jazygen*, von ihrer Wanderung «metanastae», «wandernde» Jazygen genannt, im Lande zwischen der Donau und Theiss, im Norden und Westen sind die Grenzen ihres Gebietes unbestimmbar; 3. die *Bojer* im westlichen Ungarn dies- und jenseits der Donau; 4. *Völker verschiedener Abstam-mung*, als: Illyrer, Kelten, Skordisker an der Drau und Save.

Caesar erwähnt, wie gesagt, zuerst der Donau und der Daken, allein die Karpaten nennt er noch nicht; diese sind nach seiner An-schauung nur die Fortsetzung des hercynischen Waldes. [55] Man glaubt von Caesar, [56] dass er eine Unterwerfung Daciens geplant habe, als im

Jahre 44 v. Chr. der Dolch seinem Leben ein Ende machte. So viel ist gewiss, dass er es auf Illyricum abgesehen hatte, von wo er wahrscheinlich, wie sein Nachfolger Octavianus, [57] auch nach Pannonien gelangt wäre. Mit dem Tode Caesar's endigt gewissermassen die Vorzeit der Geschichte Ungarns und Siebenbürgens; mit Octavianus oder Augustus beginnt dann die eigentliche historische Epoche.

II. Römische Periode.

§ 20.

Im Jahre 35 v. Chr. griff Octavianus zum ersten male die Stadt Segesta oder Segestika am Zusammenflusse der Kulpa und Save in Illyricum an, wodurch er sich den Weg zu weiteren Eroberungsthaten öffnete; denn auf der Save konnte er in die Donau und auf dieser nach allen Seiten hin gelangen. Auch der Handel hatte vor Zeiten diesen Weg genommen; *Aquileja*, am nördlichen Ufer des Adriatischen Meeres, war schon seit dem Jahre 183 v. Chr. eine römische Colonie. Obwohl Segesta von den Eingebornen stark vertheidigt wurde, siegte dennoch das römische Heer und die Stadt ward als *Siscia* eine neue römische Colonie; heute heisst der Ort *Sissek*. Vergeblich erhoben sich im folgenden Jahre die Pannonier; die Römer brachen ihre Kraft, ja sie nahmen auch *Sirmium* (an der Stelle des heutigen Mitrowitz) in Besitz und machten sich im Jahre 30 v. Chr. zu Herren von Mösien das heutige Bosnien und Serbien). Im Jahre 16 v. Chr. unterwarfen die Römer Pannonien, im Jahre 15 auch Rhätien, Vindelicien und Noricum (vom Innflusse bis zur Raab und von der Donau bis zur oberen Save).

Während die Römer so den ganzen Theil jenseits der Donau besetzten, gelangten in der früheren Heimat der Bojer (in Böhmen) die germanischen Sueven, Markomanen und Quaden unter König Marbod (Marobuduus) zu grosser Macht.

«Dort ist der hercynische Wald und das Volk der Sueven, dessen Wohnsitze von jenem Walde umringt sind, wie die der Quaden», sagt der Zeitgenosse des Augustus, der Geograph Strabo; «dort ist Bovianmum 'Βουίαιμον , die Residenz (βασίλειον) Marbod's, wohin er viele seiner Stammgenossen (Markomanen) angesiedelt hat. Denn als Jüngling hielt er sich in Rom auf und erwarb sich die Gunst des Augustus; als er sich später vom einfachen Mann zum Könige emporgeschwungen hatte, breitete er seine Macht auch über jene Völker aus, welche jenseits des Waldes wohnten, ganz bis zu den Geten (Daken) hin.»[58] Allein trotz der Freundschaft des Augustus wurde Marbod Rom gefährlich und Tiberius wollte gerade von Carnuntum (das heutige Petronell bei Wien) aus gegen ihn zu Felde ziehen, als in seinem Rücken die Pannonier, ja selbst die Illyrier und Dalmater aufs Neue zu den Waffen griffen. Tiberius schloss darum mit Marbod rasch den Frieden und eilte zur Unterdrückung der Aufständischen, was ihm jedoch erst nach einem vierjährigen blutigen Kriege im Jahre 8 v. Chr. gelang. Marbod's Rivale war der Cheruskerfürst Hermann (Arminius); wären Beide im Einverständnisse gemeinsam gegen Rom aufgetreten, dann wäre die römische Macht diesseits der Alpen und in Pannonien nicht so schnell erstarkt. Arminius griff im Jahre 9 n. Chr., also *nach* der Niederwerfung der Pannonier, auf eigene Faust die Römer an, und sein Sohn und seine Gemahlin geriethen in die römische Gefangenschaft. Auch die Partei Marbod's wurde immer schwächer; Drusus aber, der Nachfolger Tiberius, suchte diesen Zwist unter den Germanenhäuptlingen noch mehr anzufachen. Catuald vertrieb den Marbod aus dessen Burg; so dass Letzterer genöthigt war, die Hilfe der Römer anzurufen. Allein auch den Catuald erreichte bald darauf sein Schicksal. Die Völker der beiden Fürsten wurden dann im Jahre 19 n. Chr. durch die Römer zwischen dem Marus und Cusus (March und Gran? oder Eipel?) angesiedelt und erhielten zum Könige den Vannius, einen Fürsten von quadischer Herkunft. So entstand diesseits der Donau, in den Westkarpaten auf dem Gebiete der heutigen Comitate Pressburg, Neutra, Trentschin, Árva, Liptau, Turócz, Bars, Sohl, Hont und Neograd, in der Nachbarschaft der Jazyger, ein römischer Vasallenstaat, das *quadische Königreich*, dessen Umfang und Grenzen sich natürlich nicht genau bestimmen lassen.[59]

Vannius hielt mit den Jazygen gute Nachbarschaft und regierte 31 Jahre, als seine Neffen Vangio und Sido, im Jahre 51 ihn vom Throne stürzten. In der Erzählung des römischen Historikers Tacitus finden wir über die damaligen Ereignisse in Ungarn folgende Mittheilung: «Um dieselbe Zeit wurde Vannius, den Drusus Caesar den Sueven zum Könige gegeben hatte, vom Throne gestossen. Im ersten Zeitraume seiner Regierung stand er gross und geliebt von seinen Unterthanen da; dann aber im Laufe der Zeit zum Uebermuthe sich wendend, wurde er durch den Hass der Grenznachbarn und zugleich durch Zwiespalt im Innern gestürzt. Die Rebellion ging aus von dem Könige der Hermunduren, Vibilius, und von Vangio und Sido, Schwestersöhnen des Vannius. Claudius aber, wiewohl oft darum gebeten, trat nicht mit den Waffen zwischen die streitenden Barbaren; jedoch versprach er dem Vannius für den Fall, dass er verjagt würde, eine sichere Zufluchtsstätte. Auch schrieb er an P. Atellius Hister, den Statthalter Pannoniens, er möge eine Legion und auserlesene Hilfstruppen aus der Provinz selbst am Ufer aufstellen, den Besiegten zum Rückhalt und als Schreckmittel wider die Sieger, damit sie nicht, übermüthig im Glücke, auch den Friedensstand im römischen Reiche stören möchten. Denn die Hoffnung auf reiche Leute lockte eine Unzahl von Menschen, Lygier und andere Volksstämme herbei, nachdem Vannius in dreissig Jahren durch Raubzüge und Abgaben reiche Schätze gesammelt haben sollte. Seine eigene Macht bestand in Fussvolk: die Reiterei war von den (ihm verbündeten) sarmatischen Jazygen ; da sich diese aber mit den zahlreichen Feinden nicht messen konnten, so beschloss Vannius, sich in festen Plätzen zu vertheidigen und den Krieg hinauszuziehen.

Doch die Jazygen vermochten nicht eine Belagerung auszuhalten, sondern streiften in den nahen Flächen herum, wodurch Vannius genöthigt wurde, mit den eingedrungenen Lygiern und Hermunduren eine Schlacht anzunehmen. Er kam von seinen Bergschlössern herab und verlor die Schlacht, obgleich er im Missgeschicke sich Lob gewann, da er im persönlichen Kampfe gegen den Feind verwundet wurde. Dennoch entkam er auf die zu seinem Empfange im Donaustrom bereit gelegene römische Flotte : auch seine Lehensleute folgten ihm, bekamen Land in Pannonien, wo sie sich ansiedelten. Sein Reich theilten Vangio und Sido mit einander, beide in Ergebenheit gegen Rom ausgezeichnet, bei den Unterthanen genossen sie auch viele Anhänglichkeit (mochte das nun Wirkung ihres eigenen Wesens oder Charakter des Sklaven sein', doch nur so lange, als sie nach Erlangung des Thrones strebten; nachdem sie ans Ziel gekommen, waren sie desto stärker gehasst.»⁶⁰

Obzwar die Barbaren diesseits der Donau die Germanen, Jazygen und Daker nicht gemeinschaftlich gegen die Römer auftraten, so erkannten diese doch genau die Uebel, an denen das Römerreich dahinsiechte. «Durch Gedankenlosigkeit (und Feigheit) der Führer, Aufruhr der Legionen, Angriff von Aussen und Verrath der Bundesgenossen wäre Rom fast zu schweren Schaden gekommen. Denn damals gab es Lärm in Deutschland und auch der dacische Volksstamm, dem niemals zu trauen war, gerieth in Bewegung und beobachtete den Gang der Dinge in Italien. Es war das Glück des römischen Volkes, dass Dacier und Germanen stets zu verschiedener Zeit angriffen», so schreibt Tacitus.⁶¹ Obgleich nun Vespasian die Donaugrenze stark befestigte, so war dennoch Domitian nicht im Stande, das Reich an der mittleren und untern Donau zugleich zu vertheidigen. Dort riefen die Quaden als römisches Schutzvolk vergebens um Hilfe gegen die Lygier, welche sie und die Markomanen bedrängten. Nachdem sie die römische Hilfe nicht erhalten konnten, verbündeten sie sich mit den Jazygern und Markomanen und brachen vereint über die Donau herein, wo sie die römischen Legionen in die Flucht trieben.   .

Auf diese Nachricht erkaufte Domitian im Jahre 90 den Frieden mit Geld von Decebalus, dem er überdies noch viele Künstler und Handwerker aus der Provinz überliess.[62] Decebalus hatte nämlich, wie seinerzeit Burvista, ganz Dacien in seiner Hand vereinigt und weil er fühlen mochte, dass nach der Umgestaltung Thraciens zur römischen Provinz (73 n. Chr.) und nach der Unterwerfung der südlichen Geten, die Gefahr auch für ihn gewachsen sei: so verstärkte er stets mehr und mehr seine Macht. Allein der neue römische Caesar, Trajan (98—117), konnte weder den schimpflichen Friedensvertrag, noch weniger den Ehrgeiz des Decebalus dulden. Er zog also im Jahre 100 gegen den Dacier, der ihn auch durch sein Bündniss mit den Buren und anderen Völkern nicht abschrecken konnte. Bei Tapé (Tapae, ταπαί im Engpasse der Aluta, in der Gegend des heutigen Rothenthurmpasses) kam es zu einer blutigen Schlacht, welche Decebalus verlor. Noch war dieser nicht gebeugt. Als aber das andere römische Kriegsheer durch das heutige Banat und das Eiserne Thor in Siebenbürgen eingebrochen war und sich mit dem ersteren Heere vereinigt hatte; da flehte Decebalus durch vornehme Gesandte um Frieden. Sein Flehen blieb jedoch solange vergeblich, bis er sich nicht im Jahre 101 bedingungslos unterworfen hatte. Dennoch brach er hernach die Friedensbedingungen, eroberte einen Theil des Jazygerlandes und gab diese Eroberung auch über Ermahnung der Römer nicht wieder heraus: Trajan beschloss deshalb im Jahre 103 einen neuen Feldzug gegen Dacien. Er leitete abermals persönlich die Kriegsoperationen, liess im Jahre 104 die berühmte Donaubrücke erbauen und besiegte im Jahre 105 den Decebalus vollständig, so dass dieser in Verzweiflung sich selber den Tod gab. Trajan machte hierauf Dacien zu einer römischen Provinz; das Andenken des Sieges verewigte sowohl die Trajans-Säule in Rom als die Gründung der «Siegesstadt» Nikopolis, welche Trajan am Jatra oder Jantra errichtete.[63] Dacien, insbesondere das heutige Siebenbürgen, bildete die nordöstliche Burg des römischen Weltreiches.

Unter Hadrian (117—138) und Antoninus Pius (138—161) herrschte im römischen Reiche allgemeiner Friede, wiewohl man nicht weiss, ob Hadrian aus Vertrauen oder aus Neid auf Trajan's Werke die berühmte Donaubrücke abtragen liess. Allein schon Marcus Aurelius Antoninus 161—184) war, nach Dio Cassius, fast während seiner ganzen Regierung gezwungen, gegen die Quaden, Markomanen und Jazygen Krieg zu führen.

Insbesondere zwei Schlachten haben Berühmtheit erlangt: die eine gegen die Jazygen, welche bis in das Innere Pannoniens gestreift waren. Von den römischen Legionen verjagt, erwarteten sie diese auf dem Eise der Donau, wo sie jedoch unglücklich waren (172). Die andere Schlacht wurde im Jahre 174 gegen die Quaden geliefert; in dieser Schlacht rettete nach der Legende ein Wunder die erschöpften und ermatteten römischen Helden. Die melitische maltaische) Legion legio fulminatrix bestand nämlich aus Christen; diese, so erzählt der spätere christliche Schriftsteller Xiphilinus, dem wir den Auszug (Epitome aus dem Werke des Dio Cassius verdanken, flehten zum Gott der Christen um Regen und siehe! es erhoben sich plötzlich Wolken, aus denen unter Blitz und Donner ein Regen herniederströmte, der die ermatteten römischen Kriegsschaaren erquickte. [64] Marcus Aurelius schrieb das erste Buch seiner «Meditationen» (εἰς ἑαυτόν) auf quadischem Boden an der Gran, das zweite aber im Carnuntum 'dem heutigen Petronell, [65] wo der tüchtige Kaiser und edle Mensch auch starb. Er schlug zwar wiederholt die Völker diesseits der Donau, allein er unterwarf sie nicht völlig, sondern zwang ihnen nur die römische Protectorschaft auf, weshalb er auch durch das Land der Jazyger zwei Strassen aus Pannonien nach Dacien baute.

Nach Marc Aurel trat an den Gestaden der Donau und in Dacien für einige Zeit Ruhe ein: doch gerade seine Kriegführung gegen die germanischen Völker mochte auch unter den entfernter wohnenden Stämmen eine Bewegung hervorgerufen haben; denn um diese Zeit drängten die *Gothen* von Norden her entlang den Flüssen Dniester und Dnieper dem schwarzen Meere zu, das sie um das Jahr 215 erreichten und sich daselbst auch niederliessen. Schon im Jahre 228 erstürmen sie die Stadt Ister. Seitdem beunruhigen sie durch fortdauernde Einfälle Dacien und die Gebiete jenseits der Donau. Kaiser Decius verlor im Jahre 251 in Moesien bei «Forum Terebrii») gegen die Gothen Schlacht und Leben, und Gallienus war kaum im Stande, Dacien vor ihnen zu schützen; ja nach Eutropius verlor er dasselbe damals. [66] Der kräftige Aurelianus 270—275 siegte zwar überall, dennoch fand er es für nothwendig, Dacien im Jahre 274 definitiv zu verlassen; aus den Städten und Dörfern sammelte er die römischen Ansiedler und führte sie auf das rechte Donau-Ufer nach Moesien, das er ebenfalls «Dacien» benannte, während das alte Dacien am linken Ufer der Donau gelegen war. [67] Der Nachfolger Aurelian's, Probus (276—282, ist unter Anderem auch darum für uns bemerkenswerth, weil er in Pannonien, und zwar am Berge Almus bei Sirmium, der Erste den Weinstock pflanzte: da er aber zu dieser Pflanzung seine Soldaten mit Zwang anhielt, ermordeten ihn diese. [68]

Das Trajanische Dacien, welches sich ungefähr 170 Jahre (104 bis 274 in den Händen der Römer befunden hatte, ging solchergestalt verloren und wurde auch sogleich von Gothen und Vandalen besetzt;

allein Pannonien blieb auch fernerhin noch ungefähr 200 Jahre (bis um das Jahr 440) römische Provinz und bildete einen Theil der illyrischen Präfectur; auch die Kaiser hielten sich öfters in Syrmium auf. Nichtsdestoweniger litt diese Provinz fortwährend durch die Einfälle der Quaden und anderer germanischer Völker, sowie durch die Verwüstungen der Jazygen und Sarmaten. Insbesondere brachten die Quaden, obwohl sie lange nicht mehr so gefürchtet waren, wie zur Zeit des Marc Antonius, unter Valentinian grosses Unheil, wozu sie allerdings auch gereizt worden waren. Der Kaiser liess nämlich stets mehr Befestigungen am linken Donauufer, also auf quadischem Boden, errichten. Sie erhoben deshalb mit Recht Klagen, weshalb auch Equitius, der Magister armorum von Illyricum, die Bauten einstellte, bis er von dem gegen die Allemannen kämpfenden Kaiser neue Weisungen erhalte. Dieser liess sich jedoch von Maximius bereden, er möge die ganze Angelegenheit dessen Sohne Marcellinus anvertrauen; dieser werde die Sache besser zu Ende bringen als Equitius. Marcellinus war ein leichtsinniger Jüngling, der den bei ihm in Angelegenheit der Festungsbauten erscheinenden Quadenkönig als Gast zurückbehielt und ihn dann verrätherischer Weise ermorden liess. Auf die Kunde von dem Morde empörten sich die Quaden und Sarmaten, d. i. die Jazygen, überschritten die Donau, und da gerade Erntezeit war, verwüsteten sie unbarmherzig die Aecker und Dörfer bis nach Sirmium. Valentinianus entbrannte in heftige Rachbegierde und sobald er nur konnte, eilte er nach Pannonien, um das quadische Volk auszurotten. Die Quaden wollten den erbosten Kaiser besänftigen und trafen mit demselben in Bregetio (Alt-Szöny) zusammen; allein ihre Entschuldigungen regten des Kaisers Zorn derart auf, dass er eines plötzlichen Todes starb (375). [69] In diesem Jahre überschritten die Hunnen den Don, was für die Völker an der Donau das Vorspiel der grössten Umgestaltungen war.

§ 21.

Nach dieser kurzen historischen Uebersicht betrachten wir die Zustände Pannoniens und Daciens unter den Römern.

Von Pannonien weiss Strabo, der Zeitgenosse des Kaisers Augustus, dass die Daken gegen die keltischen Bojer und Taurisker öfters Krieg führten, indem sie behaupteten, das Land wäre ihr Eigenthum, und scheide der Fluss Parisus (die Theiss), welcher von den Gebirgen herab neben den Skordisker genannten Galatern dem Ister zuströmt, dieses Land von dem Lande der Dacier. Die Skordisker wohnten gemischt unter illyrischen und thrakischen Völkern. Mit den Daciern standen sie in Kampfgenossenschaft, die Bojer und Taurisker aber wurden von den Daciern vernichtet. Das übrige Land bis Segestika und den Ister gegen Norden und Osten haben die Pannonier inne. Segestika ist eine Stadt derselben am Zusammenflusse mehrerer schiffbarer Flüsse am Fusse der Alpen. Von daher entspringen viele Flüsse, auf denen aus Italien und von anderwärts die Waaren zugeführt werden. Von Aquileja bis Nauportus (jetzt Ober-Laibach) fahren die Frachtwagen der Taurisker, aus Tergesta (Triest) aber führt ein Weg über den Berg Okra bis zu dem Sumpfsee Lugeum (Lugeus lacus, der Zirknitzer See). In der Nähe von Nauportus ist der Fluss Korkoras (Gurk), welcher die Waaren aufnimmt, dieser ergiesst sich in den Savus (Save), dieser in den Dravos (Drau), welcher bei Segestika in den Noarus fällt, der sich noch durch den Kolapis (Kulpa) vergrössert und bei den Skordiskern in den Danubius mündet. Der Weg von Tergeste bis zum Danubius beträgt etwa 1200 Stadien (30 geogr. Meilen); nahe bei Segestika liegt auch die Festung Siscia (Sziszek) und weiter ostwärts Sirmium, beide an der Heerstrasse nach Italien. [70] — Das Verhältniss zwischen der Save und Drau kannte Strabo nicht genau, wenn er dasselbe wirklich wie oben dargestellt hatte; vielleicht haben wir es jedoch hier mit einem Fehler seiner Abschreiber zu thun. — Ausser den genannten Flüssen erwähnt Strabo noch den Oeneus (die heutige Unna), den Urpanus oder Urbas (Werbas) und den Valdasus (nach der Peutinger'schen Karte Basante, jetzt Bosna), welche auf dem rechten Ufer oder von Süden her in die Save einfliessen.

Die römische Besitzergreifung Pannoniens begann südlich an der Save und zog sich allmählich nordwärts; das Gebiet an der Save wurde darum auch früher cultivirt als die Donaugegend. Nach dem Bedürfnisse entstanden vor allem militärische Standlager gegen die Markomannen. *Scarabantia* (Oedenburg) wurde wahrscheinlich schon im Jahre 14 n. Ch., also noch unter Augustus, gegründet. Und als die Römer die Völkerschaften der Sueven, Markomannen und Quaden am rechten Donauufer, in der sogenannten « Bojerwüste », ansiedelten, da entstand *Sabaria* (Savaria, heute Stein am Anger), sowie weiter im Westen *Arelate* (Gross-Pöchlarn), *Aguntum* (Innichen), *Teurnia*, *Virunum*, *Celeja* (Cilli), *Poetovio* (Pettau). Wenn Plinius sagt, dass der See Peiso und die Bojerwüste, die übrigens schon durch die Colonie des Claudius, Sabaria, und durch Scarabantia Julia bewohnt seien, [71] Noricum begränzen: so drückt er damit zugleich aus, dass diese beiden römischen Niederlassungen die Bojerwüste und deren neue Bewohner beschützen. Aus dieser Stelle ist auch zu ersehen, dass Plinius mit dem See Peiso den Neusiedlersee meint. Vespasianus und Trajanus sicherten sodann die westliche Donau gegen die Barbaren, indem sie *Lentia* (Linz), *Lauriacum* (Lorch an der Enns), *Vindobona* (Wien), *Carnuntum* (Petronell), *Bregetium*

4*

oder *Bregetio* Alt-Szöny., *Salva* (Gran, und *Aquincum* (Altofen) gründeten: von letzterem Orte angefangen bewachten militärische Standlager die östliche Donau bis *Mursa* Essek und *Sirmium*. Solche Lager mochten nach KENNER[72] sein: *Salinum* Adony, *Intercisa* Duna-Pentele, *Annamantis* (Annamatia, Duna-Földvár, *Lussunium* Lussobium, Kömlöd bei Paks', *Teutiburgum* Dálya, *Acumincum* oder Acinincum (Szalankamen, *Rittium* (Banovcze, *Taurinum* Semlin, obgleich Plinius ihrer nicht erwähnt. Dieser militärische Kordon (limes) war also gegen die Jazyger und Daker aufgestellt.

Wenn wir die heutigen geographischen Benennungen aus dem Theile Ungarns jenseits der Donau zur Zeit der Römer aufsuchen, finden wir ausser dem *Murius* der jetzigen Mur, und dem *Arrabo* oder *Arabo* der Raab) kaum noch einen andern Namen: so z. B. wissen wir nicht, welcherName den Leithafluss bezeichnete.Ptolemaeus erwähnt indess unter den jenseits der Donau entfernt liegenden Städten *Sala*, auch der Geograph von Ravenna gedenkt des Namens *Salla*.[73] Daraus scheint hervorzugehen, dass der heutige Flussname «Zala» Szala ebenfalls aus der Römerzeit stamme; denn die Stadt «Sala» befand sich neben dem gleichnamigen Flusse. Billig staunen kann man aber, dass weder Strabo noch Ptolemaeus jenseits der Donau einen grössern See kennen; bei den römischenSchriftstellern finden wir den *Pelso* oder *Peiso*, auch lacus Pelsois, lacus Pelsodis; allein es ist nicht deutlich, ob dieser Name dem Platten- oder dem Neusiedlersee oder aber beiden zukomme? In der citirten Stelle bei Plinius bezeichnet «lacus Peiso» offenbar den heutigen Neusiedlersee magy. Fertö; andernorts werden wir sehen, dass man darunter unzweifelhaft auch den Plattensee verstand. Dio Cassius nennt noch den Morast *Volcaeus*, den er zwischen die Drau und Save setzt.[74]

Nach der Eroberung Daciens begannen die Römer auch auf dem linken Donauufer Befestigungen anzulegen; so z. B. gegenüber von Aquincum den Platz *Contra Aquincum*. Wir haben weiter oben gesehen, dass Marc Aurel im Lande der Quaden an der Gran Γρανοὑα verweilte: aus der Erzählung des Dio Cassius wissen wir ferner, dass er auch den Handel der Quaden und Jazygen auf der Donau regelte oder auch verbot. Die Römer waren somit die Herren von beiden Ufern des Stromes, wodurch sie die linksseitigen Anwohner desselben nicht nur im Zaume hielten, sondern sie auch aufs Tiefste verletzten. Deshalb waren die Quaden und Jazygen Feinde des Festungsbaues auf ihrem Grund und Boden, was im Jahre 375 dem Kaiser Valentinianus den plötzlichen Tod verursachte.

Das Gebiet von Pannonien umfasste die östlichen Theile von Oesterreich, Steiermark, Kärnten und Krain und den Theil jenseits der Donau von Ungarn bis an die Save; seine Grenzen waren im

Westen der Berg *Cetius* Κ τιων ο ο: und die *julischen Alpen*; im Süden die *Save*, aber an der Bosna gehörten auch Theile des südlichen Ufers zu Pannonien; im Osten und Norden die *Donau*, welche die römische Provinz von den Jazygen, Quaden und Markomannen (mit einem Worte von den Sueven trennte. — Schon zur Zeit des Tiberius theilte man Pannonien in ein *oberes* westliches) und *unteres* (niederes, östliches *Pannonien*, nach welcher Eintheilung Ptolemaeus um 170 n. Chr. Pannonien beschrieb. Die Grenze zwischen den beiden Pannonien bildete eine gedachte Linie vom Flusse Arabo bis an die Save, wo diese den Urbas, Werbas aufnimmt. — In den letzten Zeiten der römischen Herrschaft machte Kaiser Galerius 308—311 n. Chr. einen grossen Theil von Nieder-Pannonien dadurch culturfähig, dass er die überströmende Wassermenge des Pelso-Sees in die Donau ableiten und die ungeheuern Waldungen ausroden liess. Er gewann dadurch eine ganz neue Provinz, die er zu Ehren seiner Gemahlin *Valeria* nannte. * Diese neue Provinz bestand also aus dem Gebiete der heutigen Komitate Pilis, Weszprim, Stuhlweissenburg, Tolna und Baranya. [75] Die wichtigeren Orte derselben waren *Cimbriana* (Weszprim), *Herculia* (Stuhlweissenburg), *Tricciana* Sió-Maros), *Valle Cariniana* (Város-Hidvég), *Fortiana* (Simontornya) u. s. w. Nachdem durch die Lostrennung der Provinz Valeria Nieder-Pannonien bedeutend verkleinert wurde, vereinigte Constantin der Grosse mit dem letztern noch die Gegenden an der oberen Drau und Save und die neuen officiellen Titulaturen lauteten: *Pannonia I.*, *Pannonia II.* und *Valeria*; zusammen nannte man das Gebiet die *«pannonischen Provinzen»* (Pannoniae). Bei der umständlichen Beschreibung des Krieges gegen die Quaden und Jazygen (Jazyges Sarmates) im J. 359 erwähnt Ammianus Marcellinus insbesondere, dass Bregetio den Quaden gegenüber liege; der Kampf überhaupt aber gegen den Feind gegenüber den Provinzen Pannonia II. und Valeria geführt worden sei. Auch daraus wird die Lage der valerianischen Provinz deutlich. [76]

Unter den lateinischen Schriftstellern nennt Julius Caesar zuerst «Dacien» und den «Danuvius» (die Donau), auch Strabo besitzt von Dacien noch wenig Kunde, mehr weiss er von dessen Bevölkerung; vom Lande sagt er nur, dass einstens, vor der Einwanderung der Jazygen, der *Parisos* die Theiss) die Bojer von den Dakern getrennt habe und dass dieser Parisos bei den Skordiskern in den Ister münde, sowie der *Marisos* (die Maros) in den Danuvius. Ferner erzählt Strabo, dass der obere Theil dieses Stromes von seinen Quellen bis zu den

---

* Ammianus Marcellinus sagt (XIX. 11): «ad honorem Valeriae Diolectiani filiae et institutam et ita cognominatam».

Wasserfällen (Katarakten des «Eisernen Thores») *Danubius*, der untere bis zum Pontus Euxinus aber *Ister* genannt werde. Der «Danubius» fliesse meist durch das Gebiet der Dacier, der «Ister» jedoch neben den Geten; übrigens sprechen die Dacier mit den Geten *einerlei Sprache.*[77] Der ältere Plinius, der unter Vespasianus verschiedene Staatsämter bekleidete und im Jahre 79 n. Chr. beim Ausbruch des Vesuvs ums Leben kam, fasst die Kenntnisse der Römer über diese Provinzen in Folgendem zusammen. «Westlich vom schwarzen Meere hausen nur skythische Völker als: Geten (von den Römern «Dacier» genannt), Sarmaten oder Sauromaten, Alanen und Roxolanen u. s. w. In den oberen Theilen zwischen der Donau und dem hercynischen Walde bis zu dem pannonischen Winter-Standlager in Carnuntum wohnen Germanen, in deren Nachbarschaft auf den Feldern und Niederungen (campos et plana) jazygische Sarmaten, endlich, von diesen jenseits des Pathissos (des Theissflusses) zurückgedrängt, in Gebirgen und Wäldern die Dacier (montes vero et saltus pulsi ab his Daci ad Parthissum).»[78] Er fügt noch hinzu, dass der Name der Skythen überall in die Namen der Sarmaten (Daker, Jazyger) und Germanen aufgegangen sei und nur auf die entferntesten unbekannten Völkerstämme übertragen werde. — Nach der römischen Eroberung wird «Dacien» die officielle Bezeichnung der Provinz und Ptolemaeus benützt in seiner Beschreibung derselben den Namen Geta gar nicht.

Die Grenzen Daciens bildeten nach Ptolemaeus vom Karpatengebirge im Norden (ἀπὸ τοῦ Καρπάτου ὄρους) bis zum Flusse Tyros (Dniester) das europäische Sarmatien, nach Westen entlang des Tibiscus (Τιβίσκος) die Jazygen, im Süden die Donau und im Osten der Hierasus (bei Ammianus Marcellinus «Gerasus», der heutige Prut). Die Donau wurde aber vom Einflusse des Tibiscus bis nach Axiopolis «Danuvius» (Danubius), von da bis zum Meere «Ister» genannt. Nach dieser Grenzbestimmung umfasste das trajanische Dacien den heutigen Distrikt Ungarns jenseits der Theiss, ferner Siebenbürgen, den südlichen Theil von Galizien und die Bukovina, den diesseits des Prut gelegenen Theil der Moldau und die Walachei. — Ausser dem Flusse *Tibiscus* oder *Tiviscus* (Τιβίσκος) nennt Ptolemaeus noch den *Rabo* (Ῥάβω) und die *Aluta* (Ἀλοῦτα), die Maros führt er jedoch nicht an. In der Städteliste findet sich ferner bei ihm zwischen Zeugma und Dierna eine Stadt «*Tibiscum*» oder «*Tiviscum*» (Ζεῦγμα, Τιβίσκον, Δίερνα, Ἀκμωνια) angeführt, die an der Temes = Tibiscus gelegen war. Es entstand deshalb die Frage, ob Ptolemaeus mit dem «Tibiscus» die Theiss oder die Temes meine? Wo der Geograph sagt, dass im Westen die Metanasta-Jazygen am Flusse Tibiscus die Grenzen Daciens bilden: dort kann dieser Name nur die Theiss bezeichnen, um so mehr, weil die

Metanasta-Jazygen zur Ostgränze abermals den Tibiscus besassen und Ptolemaeus denselben also beschreibt, dass er sich nach Osten dem Karpatengebirge, wo er entspringe, zuwende. Hier spricht er offenbar von der in der Marmaros entspringenden Theiss. Die Stadt «Tibiscum» lag indess nicht an der Theiss, sondern an der Temes, welche die Grenze des Jazygerlandes nirgends berührte. 7)

Die Namen der Theiss sind also bei Strabo « Parisus » bei Plinius « Pathissus », bei Ammianus Marcellinus « Parthissus », bei Ptolemaeus « Tibiscus »; doch bezeichnet Letzterer mit diesem Namen sowohl die Theiss als die Temes, gleichwie in Pannonien die Römer mit dem Namen « lacus Peiso » oder « Pelso » nicht nur den Neusiedler- sondern auch den Plattensee benannten. (Das erste Mal begegnet man im 6. Jahrhundert bei JORDANIS den gesonderten Flussnamen: Tibisia (Temes`, Marisia (Maros), Gresia (Keres oder Körös` und Tisia (Theiss).

Ausser den schon erwähnten Flussnamen findet man bei den Römern noch folgende: *Samus* in « regio Samus », was die heutige Szamosgegend bezeichnet: *Ampela* mit der Stadt Ampelum, die heutige Ompoly; *Sargetia*, in welchem Flusse Decebalus seine Schätze vergraben haben soll, der heutige Zejkány-Bach; ferner in dem sogenannten Banate, d. i. in dem Theile zwischen Maros, Theiss und Donau, die Flüsse *Bersova* (heute Bersava) und *Tierna* (Zierna oder Tsierna, heute Cserna). 80

Trajanus theilte Dacien in ein « *Oberes* » und « *Unteres*», aber Antoninus Pius unterschied drei Dacien und zwar:

1) die « *Provincia Parolissencis* » im Norden,
2) die « *Provincia Apulensis*», im Südwesten und
3) die « *Provincia Malvensis* » im Südosten. 81

Die drei Provinzen hielten zuweilen gemeinsame Versammlungen (concilium trium Daciarum) ab in der Hauptstadt « *Sarmisegetusa* », in der Nähe des heutigen Várhely im Komitate Hunyad. Ausser der Hauptstadt werden in den Inschriften hauptsächlich erwähnt die Orte: *Tsierna*, *Malve* oder *Malva*, *Tibiscum*, *Apulum* (Karlsburg), *Porolisssum* (Mojgrád), *Drobetae* (Klausenburg,, *Potaissa* (Torda); *Ad Mediam* (Mehadia), *Praetorium* (bei Hermannstadt), *Ampelum* (Szalathna) u. s. w.

Die Römerherrschaft liess in Pannonien (wo sie etwa 450 Jahre) und in Dacien (wo sie von 104—274 n. Chr. dauerte) viele Spuren zurück: Reste von Gebäuden, Strassen und Wasserleitungen, Kunstgegenstände, Hausgeräthschaften, Särge mit Aufschriften, Grab- und andere monumentale Steine, Ziegel etc., welche Gegenstände die römische Alterthumskunde gern beschreibt, sammelt, ordnet, erklärt. Die Liebhaber und Schätzer dieser Alterthümer waren in Ungarn von jeher zahlreich, schon deshalb, weil die lateinische Sprache bis auf die neuere Zeit nicht blos die Sprache der Wissenschaft, sondern auch der Land-

*tage, der Gerichtshöfe und Comitats-Versammlungen gewesen, ja die
lebende Umgangssprache der Gebildeten in Ungarn ausmachte. Jeder
Rest des römischen Alterthums war darum hier für viele Menschen,
wenn auch nicht verständlich, so doch interessant. Anderseits muss man
jedoch zugestehen, dass man sich in dem „lateinischen Zeitalter" Ungarns
zumeist mit dem gewöhnlichen öffentlichen Leben begnügte; die Wissenschaft und Literatur mussten darum auch vorwiegend „practischer" Natur
sein; was jenseits dieser Sphäre lag, wurde nicht sehr beachtet. Nichtsdestoweniger gab es in Ungarn jederzeit einzelne Männer, welche die Reste
römischer Alterthümer erforschten, sammelten. Wir erinnern hier nur an*
SCHÖNWISNER, ENGEL, KATANCSICH. *Das „National-Museum" in Budapest
bewahrt viele Schätze des römischen Alterthums. In neuerer Zeit entwickelte sich indess auch hierin eine regere Thätigkeit und grössere Theil-
nahme nicht blos unter den Männern der Wissenschaft, sondern auch in den
gebildeteren Kreisen der Gesellschaft. Die wissenschaftlichen Zeitschriften
der ungarischen Academie: „Tudományos Gyüjtemény" („Wissenschaftliche
Sammlung" 1819—1841), „Tudománytár" („Wissenschaftliches Magazin"
1834—1842), die „Akademiai Évkönyvek" („Academische Jahrbücher", seit
1833) und der „Akademiai Értesitö" („Academischer Anzeiger" von 1840
bis 1859, neue Folge seit 1860), brachten und bringen viele einschlägige
Abhandlungen oder Mittheilungen. Seit dem Jahre 1860 ist aber die
Beschreibung und Bekanntmachung der römischen Alterthümer, Funde etc.
eine besondere Aufgabe der Zeitschriften „Archaeologiai Közlemények"
(„Archäologische Mittheilungen") und „Archaeologiai Értesitö" (Archäologischer Anzeiger"); Das „Archiv des Vereins für siebenbürgische Landeskunde" (seit 1840), und die „Erdélyi Muzeum-Egylet Évkönyvei" (d. i.
„Jahrbücher des siebenbürgischen Museum-Vereines", seit 1861) enthalten
gleichfalls viel werthvolles Material. Neuestens hat auch der „Südungarische
historische und archäologische Verein" in seinen „Jahrbüchern" den römischen Resten im Banate eine besondere Aufmerksamkeit gewidmet. Unter
den Männern, welche die römische Archäologie in Ungarn theils wissen-
schaftlich pflegen, theils sonst befördern, sind ausser* FRANZ V. KUBINYI
und ÉRDY *noch zu nennen: der besonders eifrige* Dr. FL. RÓMER *und dessen
hochgesinnter Patron, der Erzherzog* JOSEF, *der als Besitzer von Alesúth, wo
wiederholt interessante Funde gemacht wurden, der Wissenschaft manchen
Dienst geleistet hat; dann Bischof* ARNOLD IPOLYI *(-Stummer), Prof.*
HENSZLMANN, IVAN PAUR, *Baron* EUGEN NYÁRY *und Andere; unter den
jüngeren Gelehrten:* Dr. HAMPEL, Dr. ORTVAY *u. s. w. In Siebenbürgen
ragt als fleissiger Sammler und Forscher* Dr. CARL TORMA *hervor.
Ueberaus Vieles gewann dieser Zweig der Archäologie durch die Publica-
tion* THEODOR MOMMSEN'S, *dessen „Corpus Inscriptionum Latinarum" im
ersten und zweiten Theile des dritten Bandes die bisher in Pannonien und
Dacien gefundenen Inschriften nach ihren Fundorten anführt und mit
den nöthigen erklärenden Notizen versieht. In der Einleitung sind die
Forscher der pannonischen und dacischen Alterthümer und ihre Werke
behandelt und dem zweiten Theile auch Karten über Pannonien und Dacien
beigefügt. Jenen Theil des grossen* MOMMSEN'schen *Werkes, der sich auf
Dacien bezieht, untersuchte* Dr. ORTVAY *eingehend und wies dabei auch
auf jene Mängel hin, die sich in die* MOMMSEN'sche *Karte von Dacien
eingeschlichen hatten.[8] Ebenso wurde durch* MOMMSEN'S *Werk der Schässburger Gymnasial-Professor,* CARL GOOSS, *veranlasst, die Geschichte
Daciens des Nähern zu untersuchen und dessen innere Verhältnisse aufzudecken.[83]*

§ 22.

Jetzt werfen wir noch einen Blick auf jenen Theil Ungarns,
welcher nicht unter römischer Herrschaft gestanden, also im Sinne

der griechischen und römischen Schriftsteller «barbarisch» geblieben war.

Das *Land der Jazygen* beschreibt um das Jahr 150 n. Chr. Ptolemaeus in folgender Weise: «Die Metanasta-Jazygen grenzen im Nordosten an einen Theil des europäischen Sarmatiens, im Nordwesten an die sarmatischen Berge bis zu den Karpaten; im Südwesten an jenen Theil Germaniens, der sich von dem sarmatischen Gebirge entlang des Karpis nach der Donau hin zieht und dann an die Donau bis zur Einmündung der Theiss in dieselbe; im Osten an Dacien entlang der Theiss, die am Fusse der Karpaten sich nach Osten wendet, woher sie entspringt.»[84] Nach dieser Darstellung nimmt Ptolemaeus auch das Land der Quaden zu Jazygien: die von ihm erwähnten acht Städte liegen demnach theils in Jazygien, theils im Quadenlande. Wir erwähnen drei davon: *Pessium* (Πεσσιον), *Parka* (Πάρκα) und *Partiscum* (Πά;τισκον). Diese letztere Stadt müssen wir uns in der Nähe der Theiss denken, weil Ammianus Marcellinus 200 Jahre später die Theiss «Parthissus» nennt. In dem «Pessium» wollen Einige den Vorläufer des heutigen «Pest» erkennen; wohl mit Unrecht. Wenn wir bedenken, dass weder in Pannonien (das einzige Sissek ausgenommen) noch in Dacien 'Sidovia = Zsidovin, Dorf im Temeser Comitate, ausgenommen) von den römischen Städten als solchen eine Spur geblieben ist, so dass man diese in dem Namen einer neueren Ortschaft erkennen würde; so wagen wir es umsoweniger, das jazygische «Pessium» an die Stelle des heutigen Pest zu setzen. Auch daran müssen wir erinnern, dass Contra-Aquincum, ungefähr an der Stelle des heutigen Neupest, sehr nahe zum jazygischen Pessium gelegen wäre; und doch duldeten die Römer, namentlich seit M. Aurelius Zeiten, keine barbarische Ortschaft in der Nähe der Donau. Aus derselben Ursache, gemäss welcher Pest nicht das jazygische Pessium sein kann, ist auch die Herleitung des heutigen Párkány aus «Parka» nicht statthaft. Nach dem Aufhören der Römerherrschaft war allerdings die Ansiedelung an der Donau möglich; allein wann geschah diese zuerst? Das ist ungewiss.

Die Quaden besassen ein besonderes Territorium zwischen der March und Eipel, möglich, dass auch das Mátra-Gebiet ihnen gehörte, wenn es wahr ist, was man aus Plinius[85] folgern kann, dass nämlich die Jazyger die Ebene geliebt hätten. Die Grenze zwischen den Quaden und Jazygern, d. i. die östliche Grenze des Quadenlandes ist mit Gewissheit nicht zu bestimmen. Auch die nördlichen Grenzen waren den römischen Schriftstellern unbekannt; sie erwähnen hier des Volkes der Lygier. Nach Ptolemaeus scheiden die sarmatischen Berge, d. i. die Nordwest-Karpaten, das jazygische (das ist hier das quadische) Land von den Nachbarn. Im Süden bildete die Donau die Grenzlinie zwischen Pannonien und den Quaden.

Ptolemaeus nennt die Jazygen «metanastae», d. i. «wandernde» oder «vertriebene» Jazygen, weil sie von ihren Stammverwandten, den Sarmaten, in das Land zwischen Donau und Theiss gewandert dahin vertrieben worden) sind. Daher werden diese Jazyger bei den Römern auch «Jazyges Sarmatae» oder blos «Sarmatae» (Sarmaten) genannt; wie das z. B. bei Ammianus Marcellinus der Fall ist, bei welchem Schriftsteller wir die meisten Nachrichten über dieses Volk finden. Es scheint, dass zur Zeit des Zerfalles der Macht des dacischen Burvista, ungefähr um das Jahr 50 vor Chr. G., ihre Einwanderung erfolgt sein mag und sie daselbst bis zur Ankunft der Hunnen geblieben sind. Hierauf verschwindet ihr Name, da sie selber in den neuen Völkern aufgingen. «Sie sind Reiter, ihre Waffe besteht in einer langen Lanze, ihr Panzer ist mit Leinwand überzogen und mit geglätteten Hornstücken wie mit Federn besetzt (Schuppen-Panzer). Meistens reiten sie auf castrirten Pferden, welche flink und gehorsam sind; gewöhnlich führen sie noch ein oder mehrere Pferde mit sich, damit sie beim Ermatten des einen das andere besteigen können. Sie durchfliegen grosse Strecken, mögen sie den Feind verfolgen oder demselben plötzlich den Rücken kehren.»[86] Sie waren in Stämme unter besonderen Stammeshäuptlingen getheilt, welche von den Vornehmen begleitet (umgeben) wurden; der König vereinigte wiederum die Stammesfürsten unter seiner Herrschaft. Dieser Jazyger-König stand seit Kaiser Trajan zumeist in einem Clientel-Verhältniss zu den römischen Caesaren. Vollständig unterworfen waren die Jazygen niemals; doch mussten sie ihre Angriffe auf römisches Gebiet oft blutig büssen. Wir haben die Kriege Marc Aurel's gegen sie besprochen, haben auch jener Ereignisse des Jahres 374 gedacht, welche den Tod Valentinianus III. verursachten. Hier gedenken wir noch der Ereignisse aus den Jahren 358 und 359, weil wir daraus die inneren Verhältnisse der Quaden wie der Jazygen kennen lernen.

Die Quaden und Jazygen, die als Nachbarn in der Bewaffnung und in den Sitten übereinstimmten,[87] führten niemals Krieg gegen einander; die Jazygen liessen übrigens im Osten auch die Römer, so lange diese Herren von Dacien waren, in Ruhe. Wie es scheint, bildeten die damals ungeheuren Theisssümpfe einen breiten, schwer passirbaren Grenzstreifen zwischen Jazygien und der römischen östlichen Provinz. Nachdem die Römer Dacien verlassen hatten und dasselbe wenigstens in seinen südlichen Theilen von gothischen Völkern, den Taifalen, Viktohalen, Terwingern u. s. w.[88] besetzt wurde; lebten die Jazygen auch mit diesen in gutem Einvernehmen.

Als Kaiser Constantius den Winter des Jahres 358 in Sirmium verbrachte, kamen häufige Nachrichten zu ihm, dass die Jazygen und Quaden vereint die pannonischen Provinzen (Pannonias) und das eine Moesien (Moesiarum alterutram) verwüsten.[69] *Der Kaiser setzte daher zur Zeit des Frühlings-Aequinoctiums, als die Donau noch von Treibeis bedeckt war, und der Feind gar nicht vermuthete, dass die Römer ihn angreifen könnten, mit einer auserlesenen Schaar auf einer Schiffbrücke über die Donau, verbrannte und verwüstete sowohl die in der Richtung der Provinz Valeria als die gegen Pannonien gelegenen Wohnorte und Besitzungen der Jazygen und dann der Quaden und züchtigte auf solche Weise unbarmherzig die in Schrecken versetzten Völker. Der königliche Sprössling der Sarmaten Zisais sowie die Stammeshäuptlinge (subreguli) R u m o , Z i n a f e r und F r a g i l e d u s , sodann der Quade A r a - h a r i u s und der Jazyger U s a f e r flehten um Gnade und erhielten sie. Sodann wendete Constantius seine Sorge jenen Jazygen zu, welche des Mitleids würdig waren; denn vordem bildeten sie die Adeligen und Mächtigen in ihrem Lande, wurden jedoch durch ihre heimlich verschworenen Knechte, die ihnen an Wildheit glichen, an der Zahl aber überlegen waren, besiegt und vertrieben, so dass sie bei den Viktohalen Zuflucht suchen mussten. Nun kamen auch sie vor den Kaiser und baten um seinen Schutz und seine Gnade. Dieser nahm die Schaar nach Anhörung des Geschehenen in seinen Schutz auf, „denn“, sagte er, „nur ihm und seinen Beamten seien sie Gehorsam schuldig“; ja damit ihre wiederhergestellte Freiheit auch durch Würden erhöht werde, gab er ihnen den Zisais zum Könige. Nachdem das geschehen war, verlegte Constantius sein Lager nach Bregetio, damit er den Krieg gegen die Quaden ebenfalls in Blut und Thränen ersticke. Hier ergaben sich V i t r o d o r u s , Sohn des Königs V i d u a r i u s , der Stammeshäuptling A g i l i m u n d u s und andere Vornehme und Richter, welche das Volk regierten, in ähnlicher Weise dem Kaiser und gelobten Treue. Nach glücklicher Beendigung dieser Angelegenheit wandte sich Constantius gegen die Limigant-Sarmaten, welche ihre Herren unterjocht hatten. Diese hatten zwischen den Buchtungen der Theiss (Parthissus), wo diese in die Donau mündet, ihre Ansiedelungen und fühlten sich hier gesichert. Allein die römischen Kriegsschaaren suchten ihre Hütten auf und damit sie die Amicenser und Picenser (so wurden die einstigen sarmatischen Knechte nach ihren Wohnorten genannt) noch leichter besiegen könnten, nahm der Kaiser auch die Mithilfe der Taifalen und der freien Sarmaten an. Besiegt, gebrochen, unterwarfen sich die entlaufenen sarmatischen Knechte; aus Gnade durften sie in ihren Wohnsitzen bleiben, ja der Kaiser setzte auch denjenigen, welchen sie selbst sich erwählt hatten, zu ihrem Könige ein.*

Allein sie hatten keine Ruhe. Der Kaiser verweilte auch den nächsten Winter (im Jahre 359) in Sirmium und zog, wie im vorigen Jahre, abermals zu Beginn des Frühlings gegen sie. Der Angriff geschah von der valerianischen Provinz aus, indem das römische Heer die Donau überschritt. Als ihnen ernste Gefahr drohte, da verlegten sich die Limigant-Sarmaten (oder jazygischen Knechte) wiederum aufs Bitten und erklärten sich zu Allem, zum Tribute, Kriegsdienste etc. bereit. Der Kaiser war hierüber erfreut, weil er hoffte, hierdurch ein ausreichendes Kriegsheer zu bekommen, zu dessen Erhaltung die römischen Provinzialen gerne das Geld beisteuern würden, wenn sie selber künftig keine Kriegsdienste zu leisten brauchten. Er wollte deshalb auf einem erhabenen Platze bei Acimincum nach gewohnter Sitte im Angesichte des Heeres die neuen Unterthanen anreden und ihre Treue entgegennehmen, als im Gedränge ein Jazyge plötzlich mit dem Ausrufe „marha! marha!“ (das sei, meint Ammianus Marcellinus, bei ihnen der Schlachtenruf) auf den Sitz des Kaisers losspringt. Darauf ergreift die Menge ihre Waffen und hätte den Kaiser fast erdrückt; er konnte sich kaum zu Pferde retten. Die

Römer geriethen darüber in Wuth, stürzten auf die Jazygen und hieben sie nieder. So endigte die Empörung der Limigant-Sarmaten, die sich erstlich gegen ihre früheren Herren, dann gegen den römischen Kaiser erhoben hatten.[90]

§ 23.

Nach der Mittheilung Herodot's waren die Agathyrsen, Sarmaten, Skythen und Geten verwandte Völker und gehörten sämmtlich zu den Thrakern. Dass die Sarmaten und Geten in der That eine verwandte Sprache redeten, bezeugt Ovidius, der in Tomi diese Sprachen erlernt, ja in ihnen auch gedichtet hatte.[91] Würde die getische Sprache von der sarmatischen auffällig verschieden gewesen sein, so hätte das Ovidius sicherlich bemerkt und mitgetheilt. Der *dakische* Name kommt bei ihm nicht vor, denn zu seiner Zeit war bei der dortigen griechischen Bevölkerung der Name der Geten der herrschende; allein Strabo nennt wiederholt Geten und Daken als ein und dasselbe Volk, ebenso Plinius; nach der römischen Unterjochung verschwindet der alte Getenname, an seine Stelle trat sowohl in der römischen Verwaltung wie in der Literatur der dakische. Ptolemaeus erwähnt in seiner Geographie gar nicht des getischen Namens. Eine dialectische Verschiedenheit bestand ohne Zweifel zwischen den nördlichen und den westlichen Dakern wie zwischen den südlichen und östlichen Geten; um so mehr mochten Geten und Daken von den übrigen thrakischen Völkern verschieden sein. Denn nicht blos dialectischer, sondern sprachlicher Unterschied tritt um so mehr ein, in je zahlreichere Stämme ein Volk zerfällt, je kürzere Zeit es unter einer Macht gestanden, wenn nicht die Literatur die zerstreuten Volksbruchtheile zusammenhält. Die Literatur ist aber nicht blos einigend, sondern auch erhaltend. Darum gehen so leicht selbst die Namen schriftloser Völker zu Grunde, indess andere Namen sich emporheben und Verbreitung finden. Die Bastarner z. B. hausten in den nordöstlichen Bergen Siebenbürgens, die nach ihnen auch «bastarnische Alpen» genannt wurden; aber Ptolemaeus (um 150 n. Chr.) erwähnt in seiner Beschreibung Daciens ihrer daselbst nicht, sondern nur bei der Darstellung des europäischen Sarmatiens. Es ist klar, dass die siebenbürgischen Bastarnen in der gemein gewordenen Bezeichnung der Daker aufgingen, wie schon vordem ebendaselbst der Name der alten Agathyrsen verschwunden war. Ptolemaeus zählt in Dacien fünfzehn Völker- und fünfundvierzig Städtenamen auf. Die Völkernamen stammen schwerlich aus der Zeit der Römerherrschaft, sondern gehören gewiss der vorrömischen Periode an. Ebenso muss man von den Städtenamen sagen, dass die Römer sie vorgefunden haben. Unter ihnen tritt die Residenz (Βασιλειον) *Zarmizegethusa* (Ζαρμιζεγιθουσα) hervor; nach Dio Cassius lag selbe am Flusse *Sargetia*.[92]

Die dakischen Städtenamen endigen häufig auf «dava», wie: Dokidava,
Patridava, Karsidava, Petrodava, Sandava, Utidava, Markodava, Komi-
dava, Ramidava, Zusidava, Argidava, Neutidava u. s. w. Man kann
annehmen, dass dieses «dava» Stadt oder Dorf bedeutet.* Die römischen Städtenamen haben wir schon angeführt. Wie es scheint, war
Dacien die cultivirteste unter den nördlichen Provinzen, weit cultivirter
als Pannonien. Bei den südlichen Geten war schon zu Herodot's Zeiten
Zamolxis als Held und Religionsstifter berühmt und die Geten zeich-
neten sich vor den Griechen durch ihren Glauben an die Unsterblichkeit
aus. Wahrscheinlich war damit auch die Religion der Daker verwandt.
Zur Zeit des Burvistes war *Decaeneus* (Δεκαινεος) ein berühmter Priester
oder wie Strabo ihn nennt, ein Gaukler (γοης), der in Aegypten herum-
gestreift war und einige Vorbedeutungen erlernt hatte, aus welchen er
die göttlichen Befehle verkündete; ja es fehlte wenig, so wäre er für
einen Gott erklärt worden, wie ehedem Zamolxis. Auf die Daker hatte
er so grossen Einfluss, dass sie sich bereden liessen, den Weinstock
auszurotten und ohne Wein zu leben.93 Uebrigens haben wir schon
weiter oben erwähnt, dass das dakische Volk in zwei Classen getheilt
war: in die Classe der Vornehmen oder *Hüt-Tragenden* die Priester-
classe? und die Classe der Gemeinen oder *Mütze-Tragenden*. Die Tät-
towirung des Leibes war ebenfalls Sitte, ja nach dem Ansehen und
dem Stande der Person gewannen die Lineamente an Ausdehnung, die
Farbe an Verschiedenheit.

Nach der Eroberung durch die Römer sammelten sich in Dacien
römische Unterthanen aus den verschiedensten Provinzen des Reiches
und mit ihnen verbreiteten sich im dakischen Lande auch die unter-
schiedlichsten religiösen Anschauungen und Begriffe; es mischten sich
daselbst nicht blos griechischer und römischer Mythos und Gottesdient,
sondern es fehlten auch die asiatischen Religionsvorstellungen, darunter
der Mithras-Glaube, nicht. Unter den römischen Unterthanen, mochten
sie aus welcher Provinz immer abstammen, war die lateinische oder die
Regierungssprache die herrschende: diese verbreitete sich darum auch
allmählich unter den einheimischen Dakern; allein die geflüchteten
und auch später trotzigen Eingebornen waren natürlich nicht besonders
geneigt, ihre Nationalität aufzugeben. Ihre Anzahl konnte übrigens
nicht sehr gross sein: denn nachdem Aurelianus die Römer aus Dacien
hinweggeführt hatte, verschwanden nicht blos die Städtenamen der
Römer, sondern auch die ursprünglichen dakischen Ortsnamen lebten
nicht wieder auf. Der Gebrauch der lateinischen Sprache verschwand

---

* J. GRIMM, Geschichte der deutschen Sprache, 2. Aufl. p. 141 u. 561, leitet
die Endung -dava von dem Volksnamen « Davus » (für «Dacus») ab.

gänzlich, was schon aus dem einen Umstande hervorgeht, dass die
ursprüngliche Bevölkerung Daciens, mag sie nun dicht oder dünn gewesen sein, die lateinische Schrift nicht beibehalten hat.

Pannonien hatte nach Dio Cassius, der diese Provinz aus eigener
Anschauung kannte, weil er um das Jahr 190 n. Chr. daselbst Statthalter gewesen, seinen Namen von den «Pannoniern» erhalten; diese
wieder bekamen ihren Namen von ihren langärmeligen Kleidern, welche
die Bewohner aus einem Tuchstoffe nach besonderem Schnitte anfertigten und trugen. Da die Griechen solches nicht wussten, leiteten sie,
sagt Dio,[94] den Namen der Provinz von der alten Landschaft «Paeon»
am Gebirge Rhodope her. Hier hätten wir also zwei Erklärungen des
Namens Pannoniens. Die Erklärung Dio's ist jedoch schon darum nicht
stichhaltig, weil das lateinische «pannus» (Tuch), auf welches sie sich
stützt, erst mit den Römern nach Pannonien gelangen konnte, der
Name der Provinz aber weit älter ist.

Begründeter erscheint die Meinung der Griechen, insofern sie
besagt, dass die Bewohner Pannoniens von Süden her, aus dem alten
Thrakien, in das Land an der Donau gewandert sind, also zu den weitverbreiteten thrakischen Völkerstämmen gehörten. Im vierten Jahrhundert v. Chr. drängten keltische Völker die alten Pannonier nordwärts gegen die Donau und verschmolzen dann mit ihnen. Zur Zeit der
römischen Eroberung waren diese beiden Volkselemente schon derart
in einander aufgegangen, dass sie beide vereint gegen die Römer
kämpften und diese keine politischen Unterschiede zwischen Kelten
und ursprünglichen Pannoniern fanden. Die Bewaffnung war im Allgemeinen keltisch.[95]

Strabo nennt Pannonien unwirthlich; die Bewohner nähren sich
grösstentheils von Dinkel und Hirse und sind tättowirt gleich den übrigen Illyriern und Thrakern.[96] Noch 200 Jahre später fand Dio Cassius
Land und Leute wild und roh, «denn», sagt er, «die Menschen leben
hier am schlechtesten, weder der Boden noch die Luft ist gut; Oel-
bäume und Weinstöcke gibt es nur wenige und auch diese werden
schlecht gepflegt, weil zumeist strenge Winter sind. Man erzeugt hauptsächlich Gerste und Hirse; diese wird gegessen, aus jener ein Trank
bereitet. Uebrigens gehören die Pannonier zu den heldenmüthigsten
unter den bekannten Völkern, sie sind kühn und mordbegierig.»[97]
Pannonien mochte auch nachher noch sehr unbewohnt gewesen sein,
da Kaiser Valerius durch die Ablassung des Pelso-Sees (Platten-See)
und die Ausrodung der denselben umschliessenden Waldungen eine
ganz neue Provinz (Valeria) gewinnen konnte.

Ptolemaeus, zu dessen Zeit (um 150 n. Chr.) nur Ober- und Unter-
Pannonien bestand, führt unter den Bewohnern des ersteren folgende

auf: *Latobiker, Varkianer, Bojer, Koletianer* (an der Kulpa , *Jassonen* und *Osoriaten*; in Unter-Pannonien : *Amantiner, Herkunianer, Andianter, Breuker, Arabisker* und *Skordisker.* Von den Arabiskern stammt wahrscheinlich der Flussname *Arabo.*[98] Zur Zeit der Römerherrschaft hatten die verschiedenen Volksstämme, wenn sie auch fortbestanden, keinerlei politische Bedeutung. Auch in Pannonien stammten die römischen Einwohner aus verschiedenen Provinzen des Reiches; dies war schon eine Folge der hier stationirenden Legionen, deren Veteranen sich daselbst ansiedelten. Ausser den Religionsbegriffen der ursprünglich Einheimischen, wovon uns keine Kunde geblieben, kamen mit den Ansiedlern auch viele andere religiöse Anschauungen und Gebräuche hierher: der Mithradienst, den auch die Kaiser begünstigten, sowie die ägyptischen Götter und Ceremonien wurden hier ebenfalls eingeführt, wie das im ganzen römischen Reiche der Fall war.[99] Das Christenthum war zur Zeit des Kaisers Aurelius unter den römischen Legionen schon verbreitet; doch ist es ungewiss, ob dasselbe auch bei den einheimischen Völkerstämmen schon Anhänger zählte.

Wiewohl Pannonien anderthalb Jahrhunderte länger als Dacien unter römischer Herrschaft gestanden war und obgleich die Kaiser in Sirmium und überhaupt in Illyricum gerne ihren Aufenthalt genommen hatten, so blieben dennoch nach dem Sturze der Römerherrschaft von der römischen Cultur nur in Baulichkeiten, Denksteinen, Kunstfragmenten u. s. w. Reste übrig; das römische Leben selbst hörte gänzlich auf und damit verschwand auch die lateinische Sprache aus dem öffentlichen Verkehre.

In Dacien war zur Zeit der römischen Eroberung die ursprüngliche Bevölkerung dakisch-getisch, wenn auch beide Stämme im Einzelnen von einander abweichen mochten; was etwa einem anderen Volke angehörte, ging ebenfalls in dakisch-getischem Wesen auf. In Pannonien lebte zur Zeit der Eroberung durch die Römer das mit keltischen Elementen gemischte Volk der Pannonier. Die Nationalität der Kelten ist bekannt; es bleibt also nur die Frage, welcher Nationalität die Pannonier, Daker und Geten angehörten. Die Antwort hierauf finden wir schon bei den Alten, deren diesbezügliche Ansichten auch die neuesten Forschungen bestätigt haben. Das Resultat dieser letzteren besteht in Folgendem: *Illyrier, Thraker, Geten, Daker, Skythen, Sarmaten* und *Alanen* sind Wellen eines und desselben Völkerstromes, der vom Osten, durch die nördlichen Thore Irans, nach dem Westen gewandert war und dessen Wellen, je weiter sie von ihrem Ursprunge gekommen, sich von demselben umsomehr unterscheiden. Alle stehen mit einander in Verwandtschaft, die Benachbarten in näherer, die Entfernten in weiterer. Demzufolge konnten die Skythen, Sarmaten, Alanen den Ariern, insbesondere den Alt-Baktriern, näher stehen als die Daker, Thraker und Illyrier. Daher wird es begreiflich, warum man im Thrakischen Vieles findet, was auf arische Sprachen hindeutet und weshalb darin auch zahlreiche Elemente vorkommen, die mit dem Griechischen und Lateinischen übereinstimmen. Endlich wird in Folge dessen auch deutlich, wie so das Dakische, welches offenbar dem Thrakischen sehr nahe verwandt war, durch das nördliche Litthauische und Slavische in befriedigender Weise erläutert werden kann.[100]

Die *Quaden* gehörten zu den germanischen Völkern,[101] ihre Nationalität ist also ebenso festgestellt wie die der Kelten.

Welcher Nationalität sind aber die *Jazygen* beizuzählen? Die griechischen und römischen Schriftsteller brachten sie, wie wir sahen, stets mit den Sarmaten in Verbindung oder nennen sie geradezu Sarmaten. Wenn also das Resultat der neuesten Forschungen richtig ist, wornach die Sarmaten eine Welle jenes Völkerstromes bilden, dem Skythen, Alanen, Thraker und Illyrier angehören, dann sind auch die Jazygen hierher zu rechnen; denn sie sind Sarmaten.

Hier sei übrigens noch erwähnt, dass KATANCSICH *aus der von Ovidius bezeugten Sprachengleichheit bei Geten und Sarmaten beide Völker für Slaven erklärt, da er das Slaventhum der Sarmaten als zweifellos hinstellt.*[102] *Auch* SCHAFARIK *trug gegen seinen Willen zur Stärkung jener Ansicht bei, dass die Serben und Sarmaten stammverwandt seien, indem er anfänglich die medischen Sarmaten und die wendischen Serben (Sorben) wenigstens dem Namen nach durcheinander mengte. Allein in seinen „Slavischen Alterthümern" war er auf jede Weise bemüht, die Meinung, als ob die Sarmaten die Ahnen der späteren Slaven gewesen wären, auszurotten.* SCHAFARIK *zählt die sarmatischen Völker (die Jaxamaten, Roxolanen, Jazygen und Alanen) zu dem medischen oder, wie man jetzt sagt, zu dem arischen Stamme.*[103] *Dessenungeachtet findet er den ursprünglichsten, ältesten Sitz der Slaven an der mittleren und unteren Donau, wo sie abgesondert von den Sarmaten gewohnt haben sollen. — „Denn", so meint er, „der russische Geschichtsschreiber* NESTOR *(derselbe schrieb seine Chronik von 1100—1114 n. Chr. G.) schreibt, dass der erste Wohnsitz der Slaven an den Ufern der Donau gewesen sei, wo jetzt (zur Zeit* NESTOR'S*) Ungarn und Bulgarien ist und sie von da aus sich an die Flüsse March, Moldau, Weichsel, Düna, Pripet und Dnieper verbreitet hätten, indem sie zugleich verschiedene Namen erhielten, als: Mährer, Czechen, Polen, Pommeranier, Derevier, Poloczken u. s. w. Einige der von der Donau Angekommenen liessen sich am Ilmensee nieder und begründeten Novgorod (?) Als Ursache dieser Auswanderung gibt* NESTOR *den Angriff der Wolochen an, womit diese in die Donaugegenden einfielen. (*SCHLÖZER, NESTOR *II. S. 66 ff.) —* SCHAFARIK *sucht zu beweisen, dass die „Wolochen" des* NESTOR *die Kelten seien, von deren Einfällen schon oben S. 42, 43 die Rede war; dass* NESTOR *diese Nachricht aus den mündlichen Ueberlieferungen der slavischen Völker geschöpft habe; dass diese Tradition auch durch geographische Namen bezeugt und endlich, dass sie auch durch directe historische Zeugnisse beglaubigt werde.*[104]

Allein: Ist es glaubhaft, dass die Tradition von den Einfällen der Kelten in die Donauländer sich bis zu NESTOR'S *Zeiten bei den slavischen Völkern erhalten habe? Dass also die Slaven am Dnieper etwas davon gewusst haben sollen, was vor 1000 und mehr Jahren an der entfernten*

Donau geschehen ist. NESTOR *und sein Volk wissen nichts von den Hunnen und Gothen, deren Einfälle weit später erfolgten und die einen ebenso empfindlichen als andauernden Einfluss auf die slavischen Völker ausübten.*[105] *Wie ist es möglich, dass sie Kunde besitzen sollten von dem, was viel früher sich zugetragen? Was* NESTOR *erzählt, das lernte er von den Byzantinern, nicht aus der slavischen Tradition und das bezieht sich auf die Bulgaren, von denen auch die russische Schrift abstammt. Uebrigens widerspricht* SCHAFARIK'S *Annahme, dass die Slaven ein europäisches Urvolk (Autochthonen) und keine Eingewanderten wären, schon jenem allgemeinen ethnographischen Bilde, gemäss welchem nach den Kelten die Germanen und auf diese die Slaven folgen, und wonach die Slaven niemals und nirgends den Germanen westlich oder südlich vorangegangen waren. Den Namen „Woloch", der bei den Germanen erstlich die Kelten, dann die lateinischen Völker bezeichnet, haben die Slaven von den Germanen gelernt.*

SCHAFARIK *ist weiters der Meinung, dass die geographischen Benennungen die altslavische Tradition unterstützen; denn der pannonische Seename „Pleso" sei z. B. slavisch, da die karpatischen und mährischen Slaven den See („Teich) „pleso" nennen und nicht „jezero", russisch „ozero"; — der Flussname „Gran" (Granua) stamme vom altslavischen „hran", woraus „hranice" = Grenze; — der Gebirgsname „Karpatus" könne aus „chrbet" entstanden sein; — auch „Sajó" sei slavisch von „schajawa"; — der Flussname „Maris", „Marosius", „Marisia" (die Maros) könne vom lateinischen „mare", slavisch „more", abgeleitet werden; — ebenso sei der Name „Danubius", „Danuvius" slavischer Abkunft von „dan" und „is", „wis" u. s. w.* — Die geographischen Benennungen sind allerdings werthvolle historische Zeugnisse, nur fällt es nicht immer leicht, sie richtig zu gebrauchen. Die Flussnamen Donau, Don, Düna, ferner Dunajecz, Donecz, d. i. „kleine Donau", „kleiner Don"; ferner March (Marus), Mur (Murus), Maros (Maris, Marisia, Marosius), Morava (Margus) etc. sind offenbar e i n e s, doch n i c h t slavischen Ursprunges. Am Don (Tanais) wohnten vor und nach Herodot keine Slaven, daher kann der Flussname auch nicht von ihnen abstammen. Dasselbe gilt von dem Namen „Donau"; die „Düna" kannte aber schon Pytheas von Massilia [106] zu einer Zeit, in der weder nach SCHAFARIK noch nach NESTOR Slaven dort wohnen konnten, wohl aber Lithauer; denn die „Düna" heisst lithanisch „dougava", livisch „dougan"; die Rigaer Deutschen nennen sie aber „Donau", die Russen „Avina", woraus das esthnische „tiina", das deutsche „Düna" entstand. Auch die ins weisse Meer mündende „Düna", russisch ebenfalls „Avina", erhielt ihren Namen aus derselben Quelle wie der Don und die Donau, nämlich nicht von slavischen, sondern von anderen Völkern, welche vor den Slaven an diesen Flüssen wohnten. Dasselbe gilt von den Flussnamen Marus, Murus, Maris, Margus, obwohl diese heute zum Theil von einander sehr abweichen (March, Mur, Maros, Morawa). SCHAFARIK erklärte sie aus dem lateinischen „mare", slavisch „more", was möglich ist; allein dieses Wort findet sich nicht nur im Slavischen vor. Noch grösser ist sein Irrthum mit dem Flussnamen „Sajó", dem er die slavische Form „schajawa" supponirt, während die Slovaken im Gömörer Comitate diesen Fluss „Slana", die Dobschauer Deutschen aber „Salzach" (= Salzfluss) nennen, was auch die ungarische Bezeichnung „Sajó" bedeutet. — Der Name „Karpat" stammt von dem dacischen Volke der „Karpen". — Der G r a n fluss hiess vordem „Granua" und es wohnten an seinen Ufern die germanischen Quaten. Der Name ähnelt aber sehr dem Flussnamen „Garumna" (heute „Garonne"), weshalb auch diese beiden Flüsse ihre Benennungen von keinem slavischen Volke empfangen haben können. — Ferner muss der Seename „Pelso" nicht etwa deshalb slavischen Ursprunges sein, weil die karpatischen Slovaken den See jetzt „pleso" nennen; heisst doch bei den schwedischen Lappen ein Bergsee auch „plesse", was nur deshalb hier *angeführt wird, um zu zeigen, wie vorsichtig man bei Erklärung geographischer Benennungen sein muss. Das alte „Pelso" bedeutete wahrscheinlich einst dasselbe, was das heutige „Platten"-See (ungarisch „Balaton") bezeichnet, nämlich: „Sumpf, Morast"; „Platten"-„Balaton" ist aber unzweifelhaft slavischen Ursprunges. Ebenso hatte „Fertö" (der ungarische Name des „Neusiedlersees") die Bedeutung von „Morast", ist aber keinesfalls slavischer Abkunft. Mit Einem Worte: Die Fluss- und Seenamen in Ungarn und Siebenbürgen, welche schon zur Zeit der Römer bestanden, stammen nicht von den Slaven ab, sondern entweder von den Kelten oder von anderen Völkern, welche noch v o r den Kelten hier hausten; kennen wir doch die Menschen der Stein-Periode (und es lebten solche auch in Ungarn) gar nicht.*

Die historischen Zeugen, welche NESTOR's Nachrichten und die Argumente aus den geographischen Namen directe unterstützen sollen, findet SCHAFARIK in den J a z y g e n. Aus unserer Darstellung wissen wir, dass unter den Jazygern einst die Knechte sich gegen ihre Herren erhoben und dass der römische Kaiser diese leibeigenen Jazygen, nach Ammianus Marcellinus „Jazyges limigantes", besiegte. SCHAFARIK behauptet nun, diese geknechteten Jazygen seien niemand Anderer als die Reste der vor etwa 800 Jahren durch die Kelten verdrängten Slaven gewesen, welche sich nach Norden geflüchtet und in den Gebirgsgegenden Oberungarns Zufluchtsstätten gefunden hätten; von ihnen stammen auch die Flussnamen „Schajawa", „Hron" u. s. w. Diese Slaven waren nach SCHAFARIK ein ackerbautreibendes friedliches Volk, das in hölzernen Städten und Dörfern wohnte. Eben dadurch lockten sie aber die Unterdrücker heran. „Denn", so behauptet SCHAFARIK, „hätte es hier kein ackerbautreibendes Volk gegeben, so würden die finnischen und sarmatischen auf der einen Seite, und die germanischen Räuberhaufen auf der andern nicht so begierig über diese Gegend hergefallen sein; hier konnten sie, da sie in fremden Ländern den Acker nicht selbst zu bauen pflegten, längere Zeit den Schweiss fremder Arbeit verzehren und wenn nichts mehr zu zehren war, weiter ziehen".[107] Wie immer sich SCHAFARIK den Urzustand der Slaven vorstellen mag, so ist doch gewiss, dass auch die Daker und Pannonier den Ackerbau betrieben haben. Was aber speciell die Jazyges limigantes betrifft, so versetzt Ammianus Marcellinus, unsere einzige Quelle über dieselben, sie nicht in die Gebirgsgegenden Oberungarns, sondern in die Sumpf-Ebenen an der untern Theiss, nahe an deren Mündung in die Donau. Diese jazygischen Knechte können also schon deshalb nicht die Slaven SCHAFARIK'S am Gran-, Sajó- und anderen Flüssen Oberungarns sein.

Allein die Annahme, dass die Urbevölkerung an der mittlern und untern Donau slavisch gewesen sei, stösst noch auf andere, weit grössere Schwierigkeiten. Betrachtet man die Alterthümer aus der Stein- und Bronceperiode Ungarns, so entsteht die Frage: Was für ein Volk konnte in der Steinzeit daselbst leben? Würde SCHAFARIK's Annahme stehen, dann wäre die einfache Antwort darauf, dass es Slaven gewesen. Allein das widerspricht aller Kunde, die wir von den Sprachen und Wanderungen der Völker besitzen und vermuthen. Die Slaven gehören ohne Zweifel zur sogenannten arischen Völkerfamilie; ebenso ist es unzweifelhaft, dass von den Ariern nicht die Slaven zuerst nach Europa gewandert sind; sie waren also nirgends in Europa, konnten also auch kein europäisches Urvolk, nicht das Volk der Steinperiode sein. Auf obige Frage können wir also die bestimmt negirende Antwort geben, dass auch das Volk der Steinzeit in Ungarn kein slavisches gewesen. An der Donau gingen Kelten und Thraker jedem andern bekannten Volke voran. Jene gehörten gleichfalls zur arischen Völkerfamilie, konnten also auch nicht jene Urbevölkerung Ungarns ausmachen, die hier zuerst erschien und die Palaeolith- oder ältere Steinperiode begann. Allein am Ende der jüngeren Steinperiode mochten Kelten und Thraker schon hier aufgetreten sein und bis über die Mitte der Bronceperiode daselbst gelebt haben. Die etwa noch zu entdeckenden Pfahlbauten wären vielleicht auch ihnen zuzuschreiben; die Bronce-Alterthümer in den Theilen jenseits der Donau und in Siebenbürgen sind gewiss Erzeugnisse der Daker und Pannonier. Die am Fusse des Mátra-Gebirges und in den Karpaten aufgefundenen reichen Broncelager gehören ebenfalls den Kelten oder den an ihre Stelle getretenen Sueven, Markomanen, Quaden, Lygiern und anderen Germanen sowie den Jazygen an. Von den Römern lernten alle diese Völkerstämme auch das Eisen kennen. Die Chronik, welche aus den Alterthümern zu uns redet, erheischt noch grosses Studium.

III. Germanisch-hunnische Periode.

§ 24.

Nachdem die Römer Dacien verlassen hatten, wurde die Donau auch im Osten abermals die Grenze des römischen Reiches; die nach dem Süden vordringenden Völker nahmen bis an diesen Strom die Länder in Besitz. Die *Gothen* waren, wie wir (§ 20) gesehen haben, vom Baltischen Meere[108] entlang der Flüsse Dniester und Dnieper an die Gestade des schwarzen Meeres und an die Donau gezogen; von hier aus beunruhigten sie die römischen Provinzen. Sie waren in Geschlechterfamilien getheilt und nach ihren Wohnsitzen in *West-*Vesegothae) und *Ostgothen* (Ostrogothae) geschieden.[109] Ammianus Marcellinus nennt die letzteren, also die Ostgothen «*Greutunger*»; da sie sich vom Dniester ostwärts bis zum Don über eine waldlose Sandebene greut) ausbreiteten; jene, d. i. die Westgothen, nennt er «*Terwinger*», denn sie nahmen die waldigen Berge westlich vom Dniester ein (terv = Baum, engl. tree, slav. drevo). Später begegnet man diesen Benennungen, die nur auf die ersten Wohnsitze der Gothen passen, nicht mehr; an deren Stelle tritt die Unterscheidung in Ost- und Westgothen. Unter den Ostgothen ragte das Geschlecht der *Amalungen*, bei den Westgothen das der *Ballen* (d. i. Kühnen, engl. bold) hervor; die Fürsten stammten aus diesen Geschlechtern. Zu den Westgothen gehö-

ren auch die *Taifalen* und *Viktohalen*, die wir schon im heutigen Banate
angetroffen haben. (Vgl. oben § 22.)

Ausser diesen Gothen wanderten noch deren Stammverwandte,
die *Gepiden* und *Wandalen*, in diese Länder. Allein so wie die Gothen
auf der östlichen Seite der Weichsel nach dem Süden zugehend sowohl
den nordöstlichen Karpaten wie den jenseits derselben wohnenden Sarmaten auswichen; ebenso kamen die Gepiden an den westlichen Ufern
der Weichsel südwärts und erreichten nach Ueberschreitung der nördlichen und nordwestlichen Karpaten das heutige Ungarn. Aber wann
und wie sie sich durch Quaden und Jazygen die Bahn gebrochen, ist
unbekannt.

*Jordanis erzählt, dass die Gepiden, als sie unter Führung ihres
Königs Fastida die Mündung der Weichsel verlassen hatten, die Bur-
gundionen beinahe vernichteten: ja ungeachtet ihrer gegenseitigen Verwandtschaft (die ja bekanntlich die Rivalität und den Hass niemals
ausschliesst, sondern oft noch aneifert) griffen sie auch die Gothen an.
Fastida forderte damals durch seine Abgesandten von Ostrogoth, der zu
jener Zeit über sämmtliche Gothenstämme die Herrschaft führte, mehr
Land, nachdem sie (die Gepiden) in unwirthliche Berge und dichte
Wälder eingezwängt seien; im Falle der Verweigerung rief Fastida den
Ostrogoth zum Kampfe heraus. Ostrogoth wählte das Letztere und bei
der Ortschaft Galtis am Flusse Auha kam es zu einer blutigen Schlacht,
in welcher Fastida besiegt wurde.* [110] *Nichtsdestoweniger setzten die Gepiden
ihre Wanderung nach dem Süden fort, so dass Kaiser Probus gezwungen
ward, gegen sie zu kämpfen und nahmen endlich neben oder zwischen den
West-Gothen ihre Sitze.*

*Die Wandalen sollen nach Jordanis, der sich auf den Schrift-
steller Dexippus beruft, gleichfalls binnen einem Jahre von der Ostsee
bis an die Flüsse Marisia (Maros), Miliare (weisse Körös), Gilpit
(schwarze Körös) und Grisia (schnelle Körös) ins alte Dacien gelangt
sein; so dass sie östlich von Gothen, westlich von Markomanen, nördlich
von Hermunduren und südlich durch die Donau begrenzt waren. Jordanis entnahm die Kunde über die Wanderung der Wandalen nur aus
der ungewissen Sage, die Bestimmung ihrer Grenzen aber aus den Schriftstellern jener Periode, in der Markomanen und Hermunduren noch
bekannt waren. Auch die Wandalen kamen nicht mit einem Male nach
Dacien; zur Zeit Marc Aurel's waren sie Verbündete der Markomanen,
söhnten sich aber bald mit den Römern aus, so dass Commodus in dem
Vertrage mit den Quaden die Bedingung aufnahm, dass diese weder die
Jazygen noch die Wandalen beunruhigen sollten. Damals wohnten die
Wandalen in jenen Theilen des heutigen Böhmens und Schlesiens, wo die
Elbe entspringt. Hierauf überstiegen sie die Alpen und die Kaiser Aurelian und Probus kämpften mit ihnen. Wann und wie es ihnen gelungen
ist, durch das Gebiet der Quaden und Jazygen an die Maros und Körös
zu kommen, ist nicht bekannt. Hier kündigte (nach der Erzählung Jordanis') Geberich, der mächtige Gothenkönig, ihnen den Krieg an und
besiegte sie. Der Wandalenkönig Wisimar bittet für sein flüchtiges Volk
von Constantin d. Gr. (um 335) Wohnsitze in Pannonien, wo die Wandalen über 60 Jahre als ruhige und ständige Bevölkerung verweilen, bis
sie über Aufmunterung Stilicho's nach Gallien wandern und von da nach
Spanien, von wo aus sie dann unter Genserich in Afrika einfallen.* [111] *Den
Platz der Wandalen in Dacien nahmen, wie es scheint, die Gepiden ein.*

Ausser den gothischen Völkern finden wir in den östlichen Theilen Siebenbürgens noch Sarmaten. Ammianus Marcellinus nennt diese siebenbürgischen Theile «*Kaukaland*», in welcher Benennung das Wort «Land» das erste germanische Wort in Ungarn und Siebenbürgen ist und nur von den Gothen abstammen kann. [112] Allein wenn auch noch andere Völker in Dacien vorhanden waren, so überwogen dennoch die Gothen Alle, weshalb das Land auch den Namen «Gothia» führte. [113]

Wie alle Völker, deren Hauptbeschäftigung nicht der Ackerbau gewesen und die in die Nachbarschaft der agricultur- und industrietreibenden römischen Provinzen geriethen, verhielten sich auch die Gothen nicht ruhig, sondern unternahmen von Zeit zu Zeit Einfälle auf römisches Gebiet und setzten mit ihren Verwüstungen Europa und Asien in Schrecken. Ebenso kämpften sie auch häufig unter einander oder verbanden sich zum Angriffe gegen andere barbarische Völker; denn ein solches Kriegervolk kämpft theils als Gegner, theils als Bundesgenosse ohne Unterlass, siegt oder wird besiegt. Die Kriegszüge der Gothen gegen die römischen Provinzen übergehen wir hier; der Kämpfe mit den Gepiden und Wandalen haben wir bereits gedacht; sonach bleibt uns nur noch übrig von Hermanarich zu sprechen, da dessen Heerfahrten unsere ethnographische Kenntnisse bereichern.

Unter den Gothen waren gewöhnlich die Ostgothen die mächtigeren und die Fürsten aus dem Geschlechte der Amalungen herrschten über sämmtliche Gothenstämme, so der sagenhafte Ostrogoth, wie auch König Geberich. Nicht lange nach diesem Gothenfürsten zwang Hermanarich zahlreiche nördliche Völker unter seine Herrschaft, so dass ihn Manche, wie Jordanis sagt, mit Alexander dem Grossen verglichen. Dieser Historiker zählt auch die unterjochten Völker auf; es sind Gothen, Skythen, Thuiden, Wasinabronker, Merenser, Mordemsimniser und andere noch weniger bekannte Völker. Wer mochten die Skythen und Thuiden sein? Das ist nicht bekannt, auch die Namen findet man verschiedenartig geschrieben. Aber die M e r e n s e r und M o r d e m s i m n i s e r treten später als „M e r i e r" und „M o r d w i n e n" deutlicher vor und wird von ihnen an betreffender Stelle die Rede sein. — Hermanarich schonte, so erzählt Jordanis weiter, auch die Heruler nicht; nach den Herulern griff er aber die Wenden an, die zwar keine Helden (Krieger) sind, doch auf ihre grosse Anzahl vertrauten und sich vertheidigten. Allein was hilft die schwache Menge, frägt Jordanis, besonders gegen Gottes Willen und gegen ein bewaffnetes Heer? Die Wenden, setzt er hinzu, sind von einem Stamme, theilen sich aber jetzt in drei Zweige: W e n d e n , A n t e n und S k l a v e n e n. — Nach den Wenden unterwarf Hermanarich auch die A e s t e n , welche an der langgestreckten Küste der germanischen See sassen. Darnach herrschte Hermanarich über sämmtliche Völker Skythiens und Germaniens und über sein eigenes Volk und seine Macht reichte vom Baltischen bis zum schwarzen Meere. — Aus dieser Erzählung des Jordanis geht hervor, dass der grosse Gothenfürst nicht blos über gothische und germanische, sondern auch über slavische und lithauische (hierher gehören wohl die Aesten), ja auch über finnische und ugrische (Merier, Mordwinen) Völker und Stämme sein Reich ausgedehnt hatte. Dessenungeachtet anerkannten die Westgothen seine Oberhoheit nicht; denn ihr Anführer, A t h a n a r i c h, kämpfte und paktirte abgesondert mit den Römern, ohne dass Hermanarich daran theilgenommen hätte. Gleich allen Barbarenvölkern waren auch die Gothen grausam. Hermanarich liess unter Anderem die Gattin eines Flüchtlings, weil er ihren Gemahl nicht mehr bestrafen konnte, durch Pferde in Stücke reissen. Die Verwandten der unglücklichen Frau wollten diese Grausamkeit rächen und Hermanarich meuchlings tödten. Der 110 Jahre alte Fürst wurde zwar verwundet, blieb jedoch am Leben. Während er aus Krankenlager gefesselt war, griffen die Hunnen die Ostgothen an. [114]

§ 25.

Erschütternd grosse Ereignisse wecken in dem anstaunenden Menschengemüthe den Glauben an Wunder und Prophezeiungen. Auch Ammianus Marcellinus beginnt die Geschichte der *Hunnen* mit der Erwähnung solcher Wunder. Alsdann setzt er fort: «Das hunnische Volk, welches den Vorfahren kaum bekannt war, wohnte jenseits der Mäotis in der Nähe des Eismeeres; es ist wild, ungefüge, schreckhaft» u. s. w. — Obgleich ein Zeitgenosse der erzählten Geschichten, so kannte, wie es scheint, Ammianus die Hunnen dennoch nur vom Hörensagen; denn so wie er diese jetzt beschreibt, gerade so beschrieb er früher die Saracenen und wird bald darauf die Alanen auch so beschreiben; wahrscheinlich wandte er älteren Schriftstellern entnommene Charakterzüge auf sämmtliche diese Völker an. Ein Volk, das ausser den Kleidern aus Fellen auch schon linnene Gewänder trägt, wie nach Ammianus die Hunnen sie hatten, ist nicht mehr ganz wild. Man kann es auch kaum begreifen, dass die Hunnen mit Knochenpfeilen die Alanen und Gothen besiegt haben sollten. [115] Die Hunnen stiessen unter *Balambérs* oder *Balamirs* Anführung auf die Alanen, welche vom linken Donufer ostwärts wohnten und nachdem sie in mehreren Schlachten ihre Kraft erschöpft hatten, den Hunnen sich unterwarfen und ihre Schaar vermehrten. Hierauf erreichte im Jahre 375 die Ostgothen die Hunnengefahr. Die Westgothen waren von ihnen getrennt, die slavischen Völkerschaften schlossen sich aber, wie es scheint, gerne den Hunnen an, somit blieben die Ostgothen allein. In der Verzweiflung stürzte sich der alte kranke Hermanarich in sein eigenes Schwert; ein Theil seines Volkes suchte Rettung in der Flucht, der andere, grössere Theil der Ostgothen unterwarf sich den Hunnen in der Weise, dass sie ihre eigenen Fürsten unter hunnischer Oberhoheit behalten konnten. Die neuen Ankömmlinge hatten somit ihre Macht vom schwarzen Meere bis zur Donau ausgebreitet. Jetzt ereilte auch die Westgothen das Schicksal. Athanarich wollte Widerstand leisten, musste sich aber bald in die Berge Siebenbürgens, in das «Kaukaland», von wo er die Sarmaten vertrieb, zurückziehen. Allein die Hunnenfluth folgte ihm auch bis dahin. Athanarich hatte einst seinem Vater geschworen, dass er nie seinen Fuss auf römischen Boden setzen werde; jetzt flehte er beim Kaiser um die Gestattung des Ueberganges über die Donau und freute sich, dass die Römer ihm Einlass gewährten. Ein grosser Theil der Westgothen, die christlichen Gothen, war schon vor ihm auf römisches Gebiet gezogen, wo sie viel Unwürdigkeiten zu ertragen hatten. Nachdem sie jetzt durch die neuen Gothenschaaren verstärkt worden waren, nahmen sie mit Feuer und Schwert Rache für die Niederträchtigkeit der römischen Feldherren. Der aus Asien herbeigeeilte Kaiser Valens verlor bei Adrianopolis nicht nur die Schlacht, sondern auch das Leben (378). Auf solche Weise kamen die Westgothen ins römische Reich und Theodosius der Grosse und seine Söhne kämpften bald gegen sie, zuweilen schon mit Hilfe der Hunnen, [116] bald schlossen sie mit den Gothen Bündnisse ab.

Noch ist Pannonien eine römische Provinz, aber nur so, dass dessen Städte, welche früher von Gothen, Hunnen, Alanen verwüstet wurden, jetzt durch Theodosius Weisheit, wie seine Schmeichler rühmen, von denselben Gothen, Hunnen und Alanen «vertheidigt» würden. Der Westgothe *Athaulf* übte in Ober-Pannonien gleichfalls unabhängig die Herrschaft aus; *Alarich* aber, aus dem Geschlechte der Balten, Dux in Noricum, bereitet sich vor nach Unterpannonien, das herrenlos schien, zu ziehen; im Jahre 400 bricht er jedoch im Vereine mit einem andern Gothenfürsten in Italien ein. Ihm folgte im Jahre 409 auch Athaulf, der jedoch nach einer verlorenen Schlacht seine Gothen und andere Völkerschaften, die sich ihm auf dem Wege angeschlossen hatten, nach Gallien führte. Daraus ist ersichtlich, in welchem Zustande das römische Pannonien sich von 375—410 befunden hat.

Unterdessen zogen die Hunnen auf dem linken Ufer der Donau stets weiter nach dem Westen; ja *Uptar* oder *Oktar* kämpft im Jahre 408 schon am Rhein gegen die Burgunder, wo er auch seinen Tod fand. Was wurde aus den Jazygen und Quaden jenseits der Donau? Auf diese Frage gibt die Geschichte keine Antwort. Man kann jedoch annehmen, dass die Quaden sich mit den stammverwandten Wandalen und Gepiden vermischten; Aehnliches mochten auch die Jazygen gethan haben, obwohl sie kein germanisches Volk waren; denn die modernen Begriffe von Nationalität darf man den Völkern jener Zeit nicht aufoktroyiren wollen. Diese mengten und trennten sich ohne Rücksicht auf Verwandtschaft und Nationalität. Uebrigens lässt sich noch eher annehmen, dass jetzt mit der Ausbreitung der Hunnen, denen die Alanen, Ostgothen und wahrscheinlich auch die Slaven, doch nicht unter eigenen Fürsten wie jene, sich angeschlossen hatten, auch die Jazygen wie die Quaden in der allgemeinen Völkerfluth aufgingen. Wenigstens ihre Namen verschwinden; nur der Jazygen-Name erscheint etwa 1000 Jahre später in den ungarischen «Jazygiern» wieder; ob aus Gelehrtthuerei oder in Folge natürlicher Abstammung — das können wir hier nicht untersuchen. Oktar hatte drei Brüder: *Roas, Oibars* und *Mundzuk;* diese stammten also aus dem vornehmsten hunnischen Geschlechte, neben welchem jedoch noch andere fürstliche Geschlechter bestanden. Daraus ist erklärbar, dass wir ausser den Hunnen, die sich in den Provinzen am linken Donau-Ufer ausbreiteten, hunnische Häuptlinge auch am rechten Ufer in römischen Diensten antreffen, weshalb das herrschende Geschlecht von den Römern fortwährend die Herausgabe geflüchteter Hunnenfürsten fordert.

Roas empfing den Titel eines römischen Feldherrn und zog Sold vom Hofe in Constantinopel; erhöht man ihm diesen Sold nicht, dann droht er mit Krieg, d. i. mit verwüstendem Einbruche in die Provinzen jenseits der Donau. Nach Roas Tode (434 oder 435) herrschten die Söhne Mundzuks, *Attila* und *Bleda,* vereint über die Hunnen. Die von Roas begonnenen Friedensunterhandlungen schlossen die Brüder bei Margus, an der Mündung des Margus (der Morawa) in die Donau, ab. Attila tödtete seinen Bruder Bleda aus unbekannten Ursachen und herrschte nun allein über die Hunnen. «Die Sitten der Hunnen waren so bluttriefend, dass dieses Verbrechen gar kein Aufsehen erregte», schreibt THIERRY[117] und vergisst dabei der Mordgräuel im fränkischen Herrschergeschlechte oder der lebendigen Beerdigung des Kaisers Zeno, die er selbst erzählt oder aus neuerer Zeit der Palastrevolutionen in Moskau und St. Petersburg. Jordanis charakterisirt Attila in folgender Weise: «Attila, Sohn des Mundzuk, dessen Brüder Oktar und Roas vorher über die Hunnen herrschten, obgleich nicht über sämmtliche wie er (Attila), trat nach dem Tode seines Oheims mit seinem Bruder Bleda die Herrschaft an. Um seine Absicht erfüllen zu können, vergrösserte er seine Macht durch Brudermord und strebte nach dem Leben aller Anverwandten. Er erhöhte sich zwar durch diese entsetzliche That, allein er musste dafür auch mit einem schändlichen Ende büssen. Nach der hinterlistigen Ermordung Bledas, der über einen grossen Theil der Hunnen herrschte, riss er das ganze hunnische Volk an sich und verstärkte es durch die Menge anderer Völker, die er in seiner Gewalt besass. Damit wollte er die ersten Nationen der Welt, die Römer und Westgothen, beugen. Sein Kriegsheer pflegte man auf 500.000 zu schätzen. Er war der Welt zum Verderben der Völker, zum Schrecken aller Reiche geboren und ich weiss nicht, wie es geschah, dass vor seinem entsetzlichen Rufe alle erbebten.»[118] Jordanis beschreibt also mehr das Andenken an das allgemeine Entsetzen, als an die Thaten Attilas. Die griechische Gesandtschaft, welche im Jahre 448 bei Attila erschien, fand Bledas Wittwe in angesehenen Verhältnissen.

Die griechische Gesandtschaft schlug nämlich einstens, so schreibt ein Mitglied derselben, Priscus, ihre Schlafzelte in der Nähe eines Teiches auf. Des Nachts ging ein heftiges Ungewitter nieder, das sie alle zerstreute. Im nächtlichen Dunkel flüchteten die Griechen in das nahe hunnische Dorf. Auf ihre Rufe kamen die hunnischen Einwohner herbei und nahmen sie freundlich auf; ja die Herrin der Dorfes (ἡ ἐν τῇ κώμῃ ἄρχουσα γυνή), eine Wittwe Bleda's, versah die Griechen nicht nur mit Lebensmitteln, sondern wollte sie auch mit schönen Weibern trösten, was bei den Hunnen eine Ehrenbezeugung ist, wie Priscus meint. Als Morgens nach dem Gewitter ein heiterer Tag anbrach, trockneten die Griechen bis zum Abende ihre Gepäcke; vor der Abreise machten sie aber ihre Aufwartung bei der Königin (βασιλίς) und erwiderten durch Geschenke deren Freundlichkeit. — Aus dieser Erzählung geht nicht hervor, dass Attila gegen seine ganze Verwandtschaft gransam gewesen sei. [119]

Andererseits beweist folgende von Priscus erzählte Geschichte, welche verdächtigende Furcht Attila bei seinen Stammesgenossen erregte. Onegesius, Attila's hervorragendster Diener, der die Gesandtschaft erwartete, befand sich mit Attila's älterem Sohne bei den Akacziren. Dieses Volk war in mehrere Stämme unter besondere Fürsten getheilt. An diese schickte Kaiser Theodosius I. Geschenke, um sie dem Bündnisse mit Attila zu entziehen und für die Römer zu gewinnen. Der Ueberbringer der Geschenke verfehlte aber bei Austheilung derselben die Reihenfolge und übergab dem ältesten Fürsten, Kuridak, nicht das erste, sondern das zweite Geschenk. Dieser betrachtete das als eine Beleidigung und rief Attila gegen seine fürstlichen Genossen zu Hilfe. Attila erschien auch sogleich mit einem grossen Kriegsheer und die Fürsten der Akacziren fielen theils in der Schlacht, theils unterwarfen sie sich. Attila berief alsdann Kuridak zu sich, damit er seinen Theil aus der Kriegsbeute empfange. Allein dieser besorgte eine List und antwortete, „dem Sterblichen sei es unmöglich vor Gott zu erscheinen; schon in die Sonne könne man offenen Auges nicht blicken, wie erst in das Antlitz des erhabensten Gottes!" Kuridak blieb auch in seinem Fürstenthum, das übrige Volk der Akacziren huldigte dem Attila.

Nachdem Attila die Städte Mösiens geplündert und den Landstrich an der Save durch Vertrag erworben hatte, eroberte er Sirmium mit Gewalt und unterwarf sich auf solche Weise die Hauptstadt Pannoniens, die Residenz mehrerer Kaiser, in welcher nach der Legende Andronicus, der Freund des Apostels Paulus, der erste Bischof gewesen. Obgleich aber ganz Pannonien, wie Priscus sagt, sein Eigenthum war, so blieb er dennoch, also auch der Haupttheil der Hunnen, in den Theilen diesseits der Donau und hierher, in seine Holzfeste folgte ihm die griechische Gesandtschaft. [120] Im Jahre 451 zog Attila mit seinem aus verschiedenen Völkern bestehenden Heere nach Gallien gegen die Römer und Westgothen, im Jahre 452 aber nach Italien, wo ihn Papst Leo zur Umkehr und zur Schonung der Stadt Rom bewog; das Jahr darauf (453) bereitete er abermals einen Kriegszug gegen das oströmische Reich vor, als er plötzlich starb. Seine Grösse bezeugt auch jenes Wunder, das seinen Tod verkündete. Es gieng nämlich die Sage, dass in der Todesnacht Attilas der Kaiser von Constantinopel geträumt habe, Attilas Bogen wäre entzwei gebrochen.

In der That zerbrachen auch die uneinigen Söhne den Bogen des Vaters bald in Stücken. Zuerst erhob sich Ardarich, König der Gepiden, dann die Gothenfürsten, Walemir, Theodemir und Widemir gegen die Hunnen: an einem unbekannten Flusse Netad oder Netao in Pannonien wurde die entscheidende Schlacht geschlagen, in welcher Ellak, Attilas ältester Sohn, fiel und die Hunnen besiegt wurden. Diese flüchteten zurück an die Gestade des schwarzen Meeres, von wo sie vor etwa 80 Jahren die Ostgothen verdrängt hatten. Von hier aus griffen sie noch einmal die Gothen an, jedoch Walemir allein besiegte sie, so dass sie nach Jordanis sich in jene Theile Skythiens zurückzogen, welche von den Armen des Dnieper durchströmt und in der hunnischen Sprache «Hunivar» genannt werden. [121] Attilas jüngerer Sohn *Ernak* besetzte mit seiner Schaar die Grenzen Klein-Skythiens, d. i. der heutigen Dobrudscha, während seine älteren Brüder *Emnedzur* und *Ultzindur* einige Zeit weiter westlich an den Flüssen Utus, Hiscus und Almus, in der Nähe der heutigen bulgarischen Städte Widdin, Artser und Lom verblieben; noch andere hunnische Schaaren traten, wie ehedem die West-, später die Ostgothen, in römische Kriegsdienste. Zwischen den Horden Emnedzurs und Ultzindurs und den Ansiedelungen Ernaks, also in Unter-Mösien, sammelten sich Alanen verschiedenen Namens unter dem Fürsten Kandak, [122] woraus ersichtlich ist, dass die Alanen sich nicht sogleich von den Hunnen getrennt hatten.

Wie aber der Schatten des Hochgebirges um so weiter reicht, je tiefer die Sonne sinkt: so wuchs auch der Hunnen, insbesondere Attilas Ruhm immer mehr, je weiter ihre Geschichte in den Hintergrund der Zeiten zurücktrat. Darum ist schon an sich die Frage interessant: Welcher Nationalität gehörten die Hunnen an? Für die Magyaren der Gegenwart besitzt diese Frage aber noch das besondere Interesse, weil die Hunnen als die Ahnen der Magyaren betrachtet werden. Wir können diese Frage hier allerdings nicht erschöpfend behandeln, doch auch nicht gänzlich umgehen.

Jordanis erzählt über die Herkunft der Hunnen, was die abergläubische Furcht erzeugt hat. Ein alter Gothenkönig, Filimer, habe unter seinem Volke Hexen (Haliurunnen, Alraunen) gefunden und diese in die Wüste vertrieben. Hier vermählten sich dieselben mit bösen Geistern und erzeugten das Volk der Hunnen. — Auch Attila's Macht erklärten sich schon die Zeitgenossen durch Wunder. Priscus traf nämlich am Hofe Attila's den weströmischen Gesandten und sie sprachen von dem Ehrgeize des ausserordentlichen Mannes. Es war die Nachricht verbreitet, dass Attila gegen die Meder und Perser rüste. „Wenn es nur an dem wäre", seufzten die Leute des Priscus, „dann würde sich die Gefahr des Krieges von uns abwenden." — „Ich glaube", erwiederte der römische Gesandte, „dass er auch die Perser leicht besiegen wird und dann kehrt er nicht als unser Freund, sondern als unser Herr zurück. Ohnedies will er schon mit dem Kaiser gleichen Ranges sein und betrachtet dessen Heerführer wie seine Diener und doch bezieht auch er gleich diesen einen Sold. Binnen kurzer Zeit wird seine Macht noch mehr zunehmen, was die Gottheit selbst dadurch verkündet hat, dass ihm das Schwert des Mars zu Theil geworden.“ Dieses Schwert, sagt Priscus, war dem Kriegsgotte geweiht und seit Jahrhunderten in Verlust gerathen; allein jetzt wurde es durch ein Rind ans Tageslicht gebracht. — Jordanis weiss das nach Priscus noch umständlicher zu erzählen. Ein Hirt habe wahrgenommen, dass eines seiner Rinder hinke und als er die Ursache der Verwundung suchte und den Blutspuren nachging, fand er das Schwert auf, welches er ausgrub und dem Attila brachte. Dieser ergriff es voll Freude und glaubte, dass er zum Herrn der Welt berufen sei.[123] — *Jene Auffassung, dass Attila die „Geisel Gottes“ sei, kennt weder Priscus noch Jordanis.*

Bei Untersuchung des Ursprunges der Hunnen geben wir vorerst das geo- und ethnographische Bild, wie es um das Jahr 550, also hundert Jahre nach Abzug der Hunnen aus Ungarn, Jordanis von Ost-Europa entwirft.

„Die Weichsel“, sagt er, „welche in den sarmatischen Bergen entspringt und in das Baltische Meer mündet, bildet die Grenze zwischen Germanien und Skythien.“ — Jordanis nennt die Karpaten nicht; was bei Ptolemaeus „Sarmatien“ war, ist bei ihm „Skythien“. — „Dessen Länge und Breite“, setzt er fort, „ist sehr gross. Im Osten wird es von den Seres (Sinesen) begrenzt, welche bis an das Kaspi-Meer reichen; im Norden vom (Eis-) Meere; im Westen von der Weichsel; im Süden von der Donau, dem schwarzen Meere, Iberien, Albanien und Persien. (Wie man sieht, ist hier die westliche Grenze von der Weichsel bis zur Donau nicht ausgefüllt; weiter unten schliesst er sie durch die Theiss ab.) In der Mitte dieses grossen Skythiens befinden sich die Riphäischen Berge, welche Asien von Europa trennen und in denen der Don entspringt. In Skythien sind nach Westen hin das erste Volk die Gepiden, die von grossen und reissenden Flüssen eingeschlossen werden. In den nördlichen Theilen ihres Landes fliesst die Tisia (Theiss; also in den heutigen Comitaten Marmaros, Ugocsa, Szatmár und Szabolcs); im Süden ist die Donau, im Osten der Fluss Tausis,[124] *der in die Donau strömt. Innerhalb dieser Flüsse liegt Dacien, das hohe Alpen wie eine Krone einschliessen. In dem linken Theile dieser Alpen, der gegen Norden blickt, wohnt von der Quelle der Weichsel an das zahlreiche und in viele Stämme getheilte Volk der Wenden auf endlosen Flächen; man nennt darunter hauptsächlich die Sklavenen und Anten. Die Sklavenen breiten sich von der Stadt Novietuna und dem See Mursianus bis zum Dniester aus, im Nordwesten aber bis zur Weichsel; sie wohnen in Morästen und Wäldern, das sind ihre Städte. Die Anten, welche kriegerischer als jene sind, hausen gegen das schwarze Meer vom Dniester bis zum Dnieper. An der Mündung der Weichsel wohnen die Vidivarier, hinter diesen am Meeresufer die friedlichen Aestier (nicht die heutigen Esthen, sondern die Litthauer). Südlich von diesen sind die Akacziren, kein ackerbautreibendes, sondern von Viehzucht und Jagd lebendes, sehr tapferes Volk. Jenseits der Akacziren, oberhalb des schwarzen Meeres, befinden sich die Wohnsitze der Bulgaren, die durch unsere Sünden sehr bekannt geworden sind. Jenseits derselben trifft man schon die Hunnen. Dieser Stamm der tapfersten Völker verbreitet sich nach zwei Richtungen, nach der einen wohnen die Ultziagiren, nach der anderen Seite die Saviren, doch beide gesondert. Die Ultziagiren sitzen am Chersonnesus, von wo der Kaufmann die Erzeugnisse Asiens zuführt. Im Sommer verweilen sie auf den weiten Gefilden bei ihren weidenden Heerden, im Winter ziehen sie an das schwarze Meer. Die Hunnuguren sind aber durch ihren Handel mit werthvollen Pelzwerken bekannt. Ihre Kühnheit hat viele tapfere Männer in Schrecken versetzt. Man liest von ihnen, dass ihr erster Wohnsitz in Skythien an*

der Mäotis gewesen, ihr zweiter in Mösien, Thracien und Dacien, ihr dritter abermals in Skythien oberhalb des schwarzen Meeres."

Jordanis kennt also im Osten von Germanien das grosse Skythenland; das durch die Riphäischen oder Ripäischen Berge (den Ural) in ein europäisches und asiatisches Skythien getheilt wird und zu welchem Dacien (oder zu seiner Zeit Gepidien) gehört. In diesem Skythien wohnt ausser den Gepiden noch zuerst das grosse Volk der Wenden in zwei Gruppen: S k l a v e n e n und A n t e n, die sich von der Weichsel bis zum Dnieper und von der Stadt Novietuna bis zum Dniester ausbreiten.

Die erste Frage ist: Wo hat man jene Stadt *Novietuna* zu suchen und welcher Ort ist damit gemeint? Wenn wir den Jordanis, der diesseits der Karpaten Dacien, jenseits derselben aber vom Ursprunge der Weichsel angefangen die Wohnsitze der Wenden oder Slaven beschreibt, ohne Befangenheit lesen, so ist es unmöglich, diese Stadt in der Nähe der Donau zu suchen, sondern wir müssen *Novietuna* als im Norden gelegen denken. «Novietuna» ist aber ein skandinavischer Name, wie «Sigtuna» und andere; er bedeutet «Neu-Stadt», slavisch: · *Nowgorod*. Der See Mursianus ist danach auch kein anderer als der heutige *Ilmensee*. Von den Skandinaviern stammt also jenes «Novietuna», ihnen konnte dasselbe in der That eine «neue Stadt» sein; die Slaven übersetzten dann einfach diese Benennung. Würden sie selbst Nowgorod erbaut haben, dann hätte die Stadt nicht den Beinamen «Neu», sondern nach dem Vorgange bei anderen slavischen Städten das Epitheton «Alt» bekommen. [125] Bereits der russische Geschichtsschreiber NESTOR wusste nicht mehr, dass Nowgorod eine skandinavische Gründung und dessen alter Name «Novietuna» sei.

Ausser den Vidivariern und den Aestiern, die theils direct zu den Slaven gehörten (die Vidivarier), theils mit ihnen entfernt verwandt waren (die Aestier = Litthauer), führt Jordanis (um das Jahr 550) noch solche Völker auf, die keine Slaven waren. Der Gothe Hermanarich hatte, wie wir oben (S. 69) gesehen, ausser germanischen Völkern noch die Wenden, Anten, Sklavenen und unter Anderem auch die Merier und Mordwinen seiner Herrschaft unterworfen. Vierhundert Jahre später (950) kannte Constantinus Perphyrogenitus das Land *Mordia* an derselben Stelle, wo auch heute die Mordwinen wohnen; abermals 160 Jahre später (1110) nennt der russische Chronist NESTOR die *Merjaner* und *Mordwaner* Tschuden, denn also nennen die russischen Slaven die finnisch-ugrischen Völker, seitdem sie diese kennen. — Es scheint mir, dass in dem Gebirgsnamen «*Ripe*» (Riphaeus, Ripaeus), der schon bei Aeschylus vorkommt (siehe Note 49) die älteste Spur der Finnen und Ugren verborgen sei; denn im Ostjakischen heisst auch heute «rip», «rep» der Berg. Eine andere alte Spur dieser Völker verbirgt der Flussname «*Rha*» (die Wolga), der bei Mela, Ptolemaeus und Ammianus vorkommt; da im Mordwinischen auch heute die Wolga und das Meer «rav», «ravo» genannt werden.[126] — Hermanarich herrschte also in der That über germanische, slavische und finnisch-ugrische Völker und dasselbe kann man auch von Attila sagen.

Bei Jordanis werden ausser den Meriern und Mordwinen noch folgende nichtslavische Völker genannt: die *Akacziren*, *Bulgaren*, *Hunnen* und *Hunuguren*. Aus seinem Texte ist heute nicht mehr deutlich zu erkennen, ob Jordanis die *Hunnen* und *Hunuguren* sich als *ein* Volk denkt. Klar ist jedoch, dass er sie als zusammengehörig betrachtet, wenn er auch die *Hunnen* südlicher an das schwarze Meer und die Mäotis versetzt, wo in jener Zeit die *Kutriguren* und *Utriguren*, auch zwei hunnische Stämme, wohnten; [127] den Hunuguren weist er ihre Sitze nördlicher an, woher die werthvollen Pelze kommen, also im nördlichen Ural. Wer daher, wie SCHAFARIK,[128] diese Völkerschaften, obwohl sie im Einzelnen sich von einander unterscheiden mochten, mit dem gemeinsamen Namen der »*Ural-Völker*« belegt, begeht keinen Irrthum. Damit ist jedoch die Nationalität derselben noch nicht festgestellt.

Einige Schriftsteller folgen, gestützt auf die Beschreibung des Sidonius Apollinaris (470 und Anderer, dem französischen Historiker DEGUIGNES,[129] der die Hunnen für mongolischer Abkunft erklärt. Allein bei der Erklärung des Namens «Hiungnu», der in den chinesischen Jahrbüchern vorkommt und die «Hunnen» bedeuten soll, verfiel man, nach SCHAFARIK, in einen Irrthum. «Die etymologischen Beweise», äussert er,[130] «welche die mongolische Abstammung rechtfertigen sollen, sind so werthlos, dass man auf diese Weise die Hunnen von jedwedem Volke der Welt herleiten könnte», und diesen Ausspruch unterschreiben auch wir.

FRIEDRICH MÜLLER zählt, wie wir oben (S. 24) gesehen haben, unter den alten Völkern die Skythen, Hunnen, Alanen, Roxolanen, Avaren, Bulgaren, Petschenegen und Kumanen zum *tatarischen*, d. i. *türkischen* Sprachzweige der ural-altaischen Gruppe. Auch das ist eine so allgemeine Behauptung, wovon ein Theil wahr sein kann, der andere Theil aber sicherlich nicht stichhältig ist. An dieser Stelle können wir aber nicht untersuchen, wo die Wahrheit, wo der Irrthum sich befindet.

Uebrigens war der *hunnische* Name durchaus nicht so unbekannt, wie Ammianus Marcellinus dachte; denn er kommt bei Ptolemaeus und Dionysius Periegetes (um 300 n. Chr.) vor; noch deutlicher weisen auf ihn die armenischen Geschichten hin; denn als Tiridates (259—312 mit den nördlichen Völkern Krieg führte, verfolgte er den Feind bis an das Reich der «*Hunk*».[131]

§ 26.

Weder Priscus noch Jordanis theilen uns mit, auf welche Weise die verschiedenen Völker unter Attila wohnten, ob innerhalb abgegrenzter

Gebiete oder aber gemischt unter einander. Aus den folgenden Thatsachen lässt sich jedoch nicht blos vermuthen, dass sie auf besonderen
Gebieten wohnten, sondern auch wo ihre Wohnsitze waren.

Aus der Beschreibung der Gesandtschaft des Priscus geht hervor,
dass die Hunnen hauptsächlich zwischen der Donau und Theiss ihre
Wohnungen hatten; denn die Gesandtschaft berührte hier hunnische
Dörfer; mindestens wird man das Dorf der Witwe Bleda's für ein hunnisches ansehen müssen. Auch Attila's Holzfeste befand sich in diesem
Zwischenstromgebiete. Endlich, nach dem Zerfalle des Hunnenreiches,
setzten sich die Ansiedelungen der Völker erst bestimmter fest. Und
zwar nahm Ardarich mit seinen Gepiden den jenseitigen Theil der
Theiss und Siebenbürgen oder das alte Dacien in Besitz, welches Gebiet
auch den Namen «Gepidia» erhielt. Die drei verwandten Gothenfürsten
liessen sich in Pannonien nieder und zwar, wie Jordanis erzählt, Theodemir in Ober-Pannonien in der Gegend des Sees Pelso: Walamir in
Unter-Pannonien bis zur Save und Widemir zwischen beiden.[132] Man
kann also annehmen, dass die Gepiden und Gothen unter Attila's
Herrschaft dieselben Landestheile bewohnt haben. Auch ist bemerkenswerth, dass Jordanis im Lande der Gepiden wie in dem der Gothen
keiner einzigen unter den Römern entstandenen Stadt erwähnt. Theodemir besass in Ober-Pannonien die Gegend am Pelsosee, auf seinem
Gebiete lagen somit die römischen Städte Sabaria, Scarabantia, Carnuntum, Vindobona u. s. w.; allein Jordanis kennt nicht einmal deren
Namen. Die Gothen verschmähten also entweder diese Städte oder sie
mieden deren (für sie namenlose) Ruinen. Ebenso ist in dem neuen
Gepidien keine Rede von dem dakischen Sarmizegetusa oder von der
an dessen Stelle getretenen Römerstadt Ulpia Trajana, noch von den übrigen dakisch-römischen Städten, als ob sie alle sammt ihren Namen
verschwunden wären. Sicherlich waren diese einstigen römischen Provinzen ganz verwüstet; denn, wie wir gleich sehen werden, die Gothen
verliessen Pannonien hauptsächlich aus Hungersnoth.

Was für Völker nahmen aber Besitz von dem Landstriche zwischen Donau und Theiss, aus welchem die Hunnen verdrängt worden
waren? Die *Rugier*, welche mit Attila auch nach Gallien gezogen waren,
nahmen jetzt die Sitze der Quaden ein: hier entsteht für kurze Zeit
das «Rugiland». Die *Heruler* aber begründen ihre ebenfalls bald vorübergehende Herrschaft in den eigentlichen Wohnsitzen der Hunnen.
Ausser den Gepiden kommen und gehen alle übrigen Völker rasch
vorüber.

Von den drei verwandten Gothenfürsten fiel Walamir in der
Schlacht; der jüngste, Widemir, zog mit einer Schaar nach Italien und
Gallien; sämmtliche pannonische Gothen erkannten also Theodemir als

ihren König an. Dessen Sohn, Theodorich, der zwei Jahre nach Attila's Tode geboren ward, verlebte seine erste Jugend als Geisel in Constantinopel; nach seiner Rückkehr in die Heimat machte er mit 6000 Kämpfern einen Streifzug die Donau abwärts bis Singidunum das heutige Belgrad); allein die Beute eines getödteten Sarmatenkönigs genügte den hungernden Gothen nicht, die Pannonien nicht mehr ernähren konnte. Sie wanderten deshalb südwärts nach Mösien (474 , wo Theodorich nach dem Tode seines Vaters König der Gothen wurde und das Römerreich theils verwüstete, theils vertheidigte. * Unter Anderem schlug er auch den ersten Angriff der Bulgaren im Jahre 487 zurück. Jetzt breiteten sich vom Osten her die Gepiden, vom Nordwesten die Rugier auch in Pannonien aus.

Die Macht der Rugier brach im Jahre 487 Odoaker (der von Italien her mit den aus Noricum südwärts strebenden Rugiern zusammenstiess) und schleppte ihren Fürsten sammt dessen Gemahlin gefangen mit sich fort. Die flüchtigen Rugier suchten Schutz bei Theodorich, der dem Kaiser Zeno den Antrag stellte, Italien wieder zu erobern; wodurch er zugleich an Odoaker Rache nehmen konnte. Im Jahre 488 führte Theodorich seine Gothen nach Italien und nachdem er den Odoaker in mehreren Schlachten besiegt hatte, nahm er im Jahre 489 in des Kaisers Namen das Land in Besitz; gründete aber hernach ein selbständiges Königreich, das er von 493 bis 526 mit Ruhm regierte. Sein Grabdenkmal, welches ihm seine Tochter Amalasunta (Amalasuinta) errichten liess, wird in Ravenna bis zum heutigen Tage bewundert.

Während die Gothen in Pannonien und Mösien hausten, waren die Gepiden Bundesgenossen der Römer und bezogen von den Kaisern Jahressold. Nach der Entfernung der Gothen wollten die Gepiden das Gebiet an der Save in Besitz nehmen, mit Einem Worte: auch in Pannonien an die Stelle der Gothen treten. Mittlerweile bestieg Justinianus den oströmischen Kaiserthron (527—565) und fand in den Longobarden ein geeignetes Werkzeug, um die Gepiden im Zaume zu halten.

Die *Longobarden* kannte schon Tacitus;[133] sie sassen damals etwa in der Gegend des heutigen Brandenburg. Ihre Wildheit nahm, wie es scheint, mit der Zeit zu. Sie waren erst kürzlich in Böhmen erschienen und harrten im Hinterhalte des Momentes, wo sie an die Stelle anderer Völker treten konnten. In unseren Gegenden siedelten sie sich vorerst im ehemaligen «Rugilande» an; allein schon im Jahre 509 kommen sie tiefer einwärts gegen die Theiss und gerathen hier unter die Führerschaft der Heruler. Daraus lässt sich am meisten folgern, dass diese

---

* Jordanis nennt Theodorich einen Sohn Theodemir's; nach den Byzantinern wäre er Walamir's Sohn gewesen.

Heruler an der Stelle des alten Jazygiens die Wohnsitze der Hunnen eingenommen hatten. Allein deren Macht dauerte auch nicht lange; denn der Longobardenfürst Tato besiegt sie und verdrängt das Volk der Heruler. Diese lassen sich erstlich in dem «Rugiland» nieder; dann aber theilen sie sich in zwei Schaaren; die eine kehrt gegen Skandinavien zurück, die andere geht östlich und erhält jenseits der Donau vom Kaiser einen Landstrich, wo sie theils in den römischen Kriegsheeren, theils unter den Gepiden verschwinden.

Gegen diese Letztgenannten berief nun Justinianus die Longobarden nach Pannonien (527). König der Longobarden war *Alduin*, der Gepidenkönig *Turisend* oder *Torisin*. Dieser besetzte Sirmium, während die Longobarden sich in Pannonien ausbreiteten; auf solche Weise entbrannte der gegenseitige Zorn in beiden Völkern umsomehr, je näher sie einander rückten.

Justinianus empfing die Boten beider Theile, unterstützte scheinbar jeden derselben, schürte aber in der That die Feindschaft unter ihnen. Schon im Jahre 548 sollte die entscheidende Schlacht stattfinden, allein in blinder Furcht ergreifen beide Theile die Flucht und schliessen einen zweijährigen Waffenstillstand. Unterdessen gewinnt Turisend von den Kutriguren 12.000 Reiter zur Hilfe gegen die Longobarden.

An den Gestaden der Mäotis sassen nämlich zwei Hunnenstämme, an der westlichen Seite die *Kutriguren* oder *Kuturguren*, an den östlichen Ufern die *Utiguren* oder *Uturguren*.

PROCOPIUS *wirft die alten und neuen Zeiten durcheinander, wenn er die Geschichten dieser Hunnen in folgender Weise berichtet: „An den Meeresgestaden der Mäotis wohnten von Alters her Hunnen und zwar unter Königen, deren einer zwei Söhne hatte: U t u r g u r und K u t u r g u r mit Namen. Diese theilten nach ihres Vaters Tode das Reich, weshalb nach ihnen der eine Theil des Volkes die U t u r g u r e n, der andere die K u t u r g u r e n genannt werden bis zum heutigen Tage. Nachdem sie einerlei Gebräuche und Gesetze hatten, lebten sie für sich, verkehrten auch nicht mit den Völkern auf den diesseitigen Ufern der Mäotis, da sie nicht wussten, dass man das Meer durchwaten könne. Im Laufe der Zeit geschah es einmal, wenn die Kunde wahr ist, dass einige hunnische (kimmerische) Jünglinge auf der Jagd, entweder aus Waidmannslust oder über Fügung Gottes, eine Hirschkuh eifrig verfolgten. Diese sprang vor ihnen ins Meer und die Jünglinge folgten ihr bis an das jenseitige Ufer, wo die Hindin plötzlich verschwand. Auf solche Weise entging ihnen zwar ihre Jagdbeute, allein sie fanden umsomehr Gelegenheit zur kriegerischen Beute. Heimgekehrt erzählten sie, dass das Meer zu durchwaten sei, worauf das Volk der Hunnen sogleich die See bewaffnet durchschritt und die jenseits wohnenden Gothen angriff.*[134]

Man sieht, PROCOPIUS erklärt hier den ersten Angriff der Hunnen auf die Gothen durch ein Märchen, ohne den bedeutenden Zeitunterschied zu beachten, der seit dem Jahre 375 bis um das Jahr 540, da die Kuturguren und Uturguren erschienen, verstrichen war. Auch diese beiden Völker wusste Justinianus dadurch gegen einander zu hetzen, dass er die dem einen Stamme entzogenen Geschenke dem andern reichen liess. In dem darob entstandenen Kriege blieben die Kuturguren Sieger und von ihnen gewann Turisend Hilfe gegen die Langobarden. Die Gepiden hatten sich also entweder bis an die Grenze der Kuturguren ausgebreitet oder konnten mindestens bei einem näher wohnenden Volke keine Hilfe erlangen.

Die kuturgurische Hilfe erschien indessen schon im Jahre 549, als der Waffenstillstand noch dauerte. Turisend bewog darum die Kuturguren zu einem Einfalle nach Mösien; Justinian ermunterte dagegen die Uturguren zu einem Angriffe auf das Land der Kuturguren. Auf die Kunde hievon eilten diese nach Hause und führten sechs Jahre lang den Krieg gegen ihre Brüder, bis ihr siegreicher Fürst Zabergan (vielleicht » Zaber Khan »? seine Waffen auch gegen die Römer kehrt, um von diesen Rechenschaft zu fordern. Allein die vordringenden Avaren besiegen beide Volksstämme und damit verschwinden Kuturguren und Uturguren aus der Geschichte.

Unterdessen hatten die Feindseligkeiten zwischen Gepiden und Langobarden ihren theils grausamen, theils ritterlichen Fortgang.

Der langobardische Königssohn Alboin tödtete in der Schlacht einen Sohn Turisends. Die über solche Tapferkeit erfreuten Langobarden wünschen, dass an dem Siegesfeste auch der Königssohn theilnehme; doch Auduin verwehrte es, bis Alboin nicht nach altlongobardischem Gebrauche aus der Hand eines fremden Königs die Waffen empfangen habe. Alboin macht sich also mit 40 auserlesenen Genossen auf zum Besuche des Königs Turisend und der Gepidenkönig empfängt ihn mit Gastfreundschaft, ja sichert ihn gegen jedwede Beleidigung und stattet ihn sogar mit den Waffen seines getödteten Sohnes aus. Bei dieser Gelegenheit mochte Alboin Rosamunde, Kunimunds Tochter, gesehen haben; Kunimund wurde bald darauf nach dem Tode seines Vaters Turisend König der Gepiden.

Auch Alboin hatte jetzt nach seinem Vater Auduin die Herrschaft angetreten; da er jedoch Rosamunde auf gutem Wege nicht erlangen konnte, griff er zur Hinterlist und brachte sie durch Gewalt in seinen Besitz. Nachdem er aber in dem darob entstandenen Krieg von den Gepiden, denen diesmal auch die Römer beigestanden hatten, besiegt worden, war er gezwungen, den Gegenstand seiner Liebe wieder herauszugeben. Dieser doppelte Verlust stachelte seine Rache noch mehr an; er verband sich mit Bajan, dem Khagan der Avaren, mit dem die Gepiden in Folge ihres römischen Bündnisses ebenfalls in Feindschaft standen. Im Vertrage wurde den Avaren der zehnte Theil sämmtlichen

Viehes der Langobarden zugesagt, und überdies im Falle des Sieges
die Hälfte der Beute und das Land der Gepiden. Die Gepiden, von den
Römern verlassen, erlitten eine totale Niederlage. Auch König Kunimund fiel, (560) und aus seinem Schädel liess Alboin sich eine Trinkschale anfertigen. [135] Rosamunde aber wurde gezwungen oder freiwillig
Alboins Gemahlin. Die zur Beute verfallenen Gepiden theilten die Sieger unter sich zu gleichen Theilen und Bajan nahm Besitz vom Gepidenlande, d. i. von der heutigen Moldau und Walachei, Siebenbürgen
und den Theilen Ungarns jenseits der Theiss.

Durch die Vernichtung der Gepiden gewann Alboin grossen
Kriegsruhm (noch zu Karl des Grossen Zeiten besangen die germanischen Völker in ihren Liedern seine Heldenthaten und Rosamundens
Schönheit), weshalb allerlei kriegs- und beutelustiges Volk seine Schaaren vermehrte, so dass er seine Augen auf das vielbegehrte Italien
werfen konnte, auf jenes Italien, das allen Völkern ein ersehntes Beute-
ziel gewesen und auch ihm nicht unbekannt war, weil vor 15 Jahren
in Narses Kriegsheeren auch eine Langobardenschaar daselbst gedient
hatte. Jetzt aber, so erzählt Paulus Diakonus, berief ihn mit seinem
Heere Narses selbst, dass er den armen, ausgesogenen Boden Pannoniens (pauperrima Pannoniae rura) verlassen und nach Italien ziehen
solle, wo er alles im Ueberflusse finde. Alboin zog dahin im Jahre 568
und es nahmen die Avaren von Pannonien und dem übrigen Ungarn
Besitz.

Wirft man einen Blick auf den Zustand Ungarns und Siebenbürgens von 375—568, so bemerkt man in diesen zwei Jahrhunderten nichts
als ein fortwährendes Drängen und Stossen der Völkerfluten. Die alte
Kultur in den ehemaligen römischen Provinzen geht völlig zu Grunde,
die auf einander folgenden Völker bewahren davon nicht einmal eine
mündliche Ueberlieferung, wenigstens ist hievon nirgends eine Spur zu
entdecken. Aber auch diese Völker selbst hinterlassen gar nichts, was wir
in unseren Museen als bestimmte Denkmale der Gothen, Hunnen, Gepiden oder Langobarden zeigen könnten. [136] Die Ostgothen und Langobarden nahmen später in Italien allerdings eine höhere Kultur an;
allein so lang sie an der Donau und Theiss wohnen, bekunden sie alle
Rohheit und alles Elend des Barbarenthums.

In der Walachei fand man im Jahre 1837 im Ardschischflusse
bei Petrossa einen bewunderungswürdigen Schatz von Gold- und Silber-
gefässen und Schmuckgegenständen: auf einem Ringe befindet sich auch
eine Runeninschrift die verschiedenartig gelesen wird. Dieser Schatz,
mag er nun einstens dem Könige Athanarich oder einem andern gehört
haben, ist offenbar ein gothisches Ueberbleibsel und das einzige bestimmte
Andenken an die germanisch-hunnische Periode in Ungarn. [137]

IV. Die Avarenzeit.

§ 27.

«Die Bulgaren sind durch unsere Sünden sehr bekannt geworden», ruft Jordanis aus, als er sein geo- und ethnographisches Bild von Ost-Europa entwirft. Damals (um 550) wohnten diese oberhalb des schwarzen Meeres (supra mare Ponticum), von wo sie ihre Einfälle, die Jordanis für göttliche Strafe der römischen Sünden erklärte, ins morgenländische Römerreich unternahmen. Wie es scheint, überschritten sie im Jahre 487 zum ersten Male die Donau (s. o. S. 79), wurden aber vom Gothenkönig Theodorich zurückgeschlagen. Nach dem Abzuge der Gothen überfielen sie im Jahre 493 Thrakien; im Jahre 499 verwüsteten sie abermals die Provinzen jenseits der Donau. Im Jahre 535 nennen die byzantinischen Schriftsteller als Führer der verwüstenden Bulgaren *Vulger* und *Dronga*, welche unter Anderen der Christ gewordene Hunne und römische Feldherr *Akum* besiegte. Die Bulgaren griffen jedoch nicht nur allein, sondern auch im Vereine mit Hunnen und Slaven das römische Gebiet an. Bei Erwähnung des Vernichtungskampfes zwischen Uturguren und Kuturguren gedachten wir des kuturgurischen Zabergan. Dieser vereinigte im J. 559 hunnische, bulgarische und slavische Schaaren und stürzte sich mit solcher Kraft auf das oströmische Reich, dass er selbst Konstantinopel anzugreifen wagte; nur der greise Feldherr Belisar befreite die Stadt vom Schrecken und schlug den unbeholfenen, wilden Feind. Die Schriftsteller jener Zeit betrachten Bulgaren und Hunnen als ein Volk, aber die Slaven (Sklavinen) unterschieden sie von jenen. [138]

Ein Jahr früher · im Jahre 558 zeigte Justinus, ein Neffe Justinians, als Statthalter von Lasica, in Konstantinopel das Auftreten eines neuen Volkes an, das auf Anempfehlung des alanischen Fürsten Sarosius oder Sarodius[139] die Bekanntschaft des römischen Kaisers zu machen wünsche. Die Bitte wurde gewährt und die Gesandtschaft der *Avaren*, deren Redner Kandik war, erregte in ihrer hunnischen Kleidertracht und mit den auffälligen Haarflechten die anstaunende Neugierde der Bewohner Konstantinopels. Kandik versprach in einer hochmüthigen Rede, dass die Avaren gegen Sold und Land das römische Reich gegen alle seine Feinde schützen wollen und der alte Justinian schickte in der That Gesandte zu den Avaren, welche mit ihnen ein Bündniss schlossen. Später erfuhren die Römer Griechen durch türkische Gesandtschaften, woher diese Avaren gekommen waren. In der Gegend des Goldgebirges (ὄρος χρυσοῦ[14]) war die Macht der Türken so gross gewesen,

6*

dass sie auch das tapfere Avarenvolk im Zaume hielt. Später wendete
sich der türkische Khagan gegen die *Ogoren* (Ugren) und besiegte auch
diese. «Dieses Volk war gross an Zahl und durch seine kriegerische Ge-
wandtheit sehr mächtig. Es wohnt gegen Osten, wohin der *Til* [141] fliesst,
den die Türken den «Schwarzen» nennen. Die einstigen Fürsten dieses
Volkes hiessen *Uar* und *Cheunni* und von ihnen wird der eine Theil
(des Volkes) die «Uaren» (Varen) der andere die *Chunen* genannt. Zur
Zeit des Justinian trennte sich eine Schaar (ὀλίγη μοίρα', ungefähr
20.000, von dem Stammvolke und kam nach Europa, nannte sich «Avaren» und ihren Führer «Khagan». Die Sarselter, Unoguren, Sabiren
und andere hunnische Völker erschracken sehr, als diese Varchuniten
auf ihre Gebiete flüchteten, denn sie dachten, es seien die echten Avaren über sie gekommen. Darum empfingen sie diese mit reichen Geschenken und grossen Ehren. Als die Varchuniten sahen, dass ihre List
ihnen gelungen, behielten sie den avarischen Namen, und doch sind
sie nur Pseudo-«Avaren» (Ψευδαβαζοι).[142] Nachdem die Avaren von Justinian
empfangen worden und ein Bündniss mit dem Kaiser geschlossen hatten, unterwarfen sie sich die *Uiguren* oder *Uturguren*, die *Sabiren* und
Kuturguren und mit diesen oder nach ihnen die *Bulgaren*, indem sie
diesen Völkern ihre einheimischen Fürsten beliessen, wie das einstens auch
die Hunnen gethan hatten. Auf solche Weise kamen sie in die Nachbarschaft der Slaven (Anten , deren Gesandten Mezamir sie auf den
Rath Kotragers, wahrscheinlich der Fürst der Kuturguren, tödteten und
sodann ihr Land verwüsteten. Im Jahre 562 baten diese Avaren abermals durch eine Gesandtschaft vom Kaiser Land, allein vergeblich, ja
die zurückkehrenden Gesandten wurden von den römischen Feldherrn
geplündert. Damit gieng das avarisch-römische Bündniss zu Ende. Nach
dem Tode Justinians suchten sie auch Justinus den Jüngern oder II.
im Jahre 564 durch eine drohende Gesandtschaft auf; aber der neue
Kaiser gab eine trotzige Antwort und so hielten sich die Avaren vor-
läufig noch fern von den römischen Provinzen, um so mehr, als ihr
Khagan, *Bajan*, um den Nordfuss der Karpaten mitten durch slavisches Gebiet seine Schaaren gegen die Franken führte, diese besiegte
und mit Sigisbert im Jahre 565 ein Bündniss schloss. Alboin der Langobardenkönig war (nach seiner ersten Gemahlin) ein Schwager Sigisberts und Letzterer mochte etwa auf diesem Wege mit Bajan bekannt geworden sein : denn in
demselben Jahre (565) suchte seine Gesandtschaft den Avaren-Khagan auf,
der mit seinem Volke bereits in die östliche Nachbarschaft der Gepiden
gekommen war. Wir wissen, unter welchen Bedingungen der Vertrag
zwischen Avaren und Langobarden gegen die Gepiden zu Stande
gekommen war. (s. o. S. 81) Nach dem Siege der Verbündeten nahmen
die Avaren von dem Gepidenlande Besitz : die Gepiden aber wurden

eine Beute der Sieger; denn in Zukunft ist von gepidischen Königen keine weitere Erwähnung.[143] Die Gepiden geriethen demnach den Avaren gegenüber in ein ganz anderes Verhältniss, als die Hunnen oder Bulgaren, welche ihre eigenen Fürsten behielten und auch Antheil nahmen an den Siegen ihrer Herren. Als Alboin mit seinem Heere, in dem sich nicht nur Gepiden, sondern auch Bulgaren, Slaven und andere Volkselemente befanden, Pannonien verliess, übergab er dasselbe an die Avaren mit der Bedingung, dass er es von ihnen zurücknehmen könne, falls das Kriegsglück ihm nicht günstig sein sollte.[144] Allein das Glück lächelte ihm und so blieben die Avaren die Herren des ganzen Landes zwischen der Enns und dem Don; im Norden wurde es durch eine unbestimmte Grenze von slavischen Völkern, im Süden von den römischen Provinzen eingeschlossen. Indessen kennt man den eigentlichen Wohnsitz Bajans vielweniger als die einstige Residenz Attila's; denn obwohl auch zu ihm oftmals griechische Gesandte kamen, so fand sich darunter kein Priscus, der die Erlebnisse einer solchen Gesandtschaft niedergeschrieben hätte.[145] Auf diese Weise wurden seit dem Jahre 568 die Avaren in Ungarn und Siebenbürgen herrschend; byzantinische und lateinische Schriftsteller nennen dieselben überall auch «Hunnen».

Die Blüthezeit des avarischen Reiches dauert bis zu Ende der langen Herrschaft Bajans, der im Jahre 582 Sirmium, im Jahre 597 Singidunum (Belgrad) eroberte und die Städte jenseits der Donau nach einander verwüstete. In seinem Kriegsheere befinden sich auch bulgarische oder hunnische und slavische Schaaren, die er zuweilen abgesondert auf Beute oder zur Unterstützung verbündeter Fürsten aussendet; so schickte er z. B. dem langobardischen Könige Agilulf eine Slavenschaar, mit deren Hilfe Agilulf Cremona einnahm.[146] Zur Entgegnung erhielt er von den Langobarden schiffbaukundige Handwerker.[147] Manchmal verwüsten Avaren, Langobarden und Slaven im Vereine die Besitzungen der römischen, d. i. der byzantinischen Kaiser. Mit seinen westlichen Nachbaren, den Langobarden und Franken, steht Bajan zumeist in guten Beziehungen, doch fehlt es auch hier nicht an Streit und Krieg.[148] Von seinem südlichen Nachbar, dem römischen (byzantinischen) Reiche, erpresste der Avarenfürst jene Jahresgelder heraus, welche vordem die Fürsten der Uturguren und Kuturguren als Geschenk oder Sold bezogen hatten; ebenso hatte er auf Grund der Ansprüche nach den Gepiden die Herausgabe der Stadt Sirmium gefordert. Gegen die unabhängigen Slaven führt er zuweilen über Aufforderung des Kaisers Krieg; manchmal benützt er jedoch die Kriegsvorbereitungen gegen die Slaven als Vorwand, um sich dann plötzlich auf das byzantinische Reich selbst zu stürzen.

Um das Jahr 597 trennten sich auch die zu den Varchuniten

gehörigen Stämme der Tarnier und Koczager, der Zahl nach 10.000, von den Türken und kamen nach Europa, wo sie sich dem avarischen Khagan anschlossen.[149] Allein Bajan ist nicht immer ein glücklicher Krieger.

Im Jahre 600 siegt des Kaisers Mauritius Feldherr Priscus bei Viminacium und bricht über die Donau nach Avarien, was des Khagans vier Söhne, denen er die Bewachung des diesseitigen Ufers anvertraut hatte, nicht verhindern konnten. Der siegreiche Priscus verfolgt den fliehenden Khagan bis an die Theiss, wo er demselben ebenfalls mehrere glückliche Gefechte liefert. Aber der Kaiser, irregeleitet durch die avarischen Gesandten, entlässt frei die grosse Zahl der gefangenen Avaren.[150] (Auf diesen Theissfeldzug kommen wir noch zurück.) Nicht lange darauf sehen wir Bajan abermals in der Nähe von Konstantinopel siegen; doch die in seinem Heere ausgebrochene Pest, rafft sieben seiner Söhne dahin, so dass sich die Siegesfreude in grosse Trauer verwandelt.[151]

Bajan starb im Jahre 602. Den Namen seines Nachfolgers kennen wir nicht; überhaupt begegnen wir bis zum grossen fränkisch-avarischen Kriege (791—803), welcher der avarischen Herrschaft ein Ende machte, keinem einzigen Namen der Khagane. Jener Khagan, der im Jahre 611 in venetianisches Gebiet einbrach und durch den Verrath der Fürstin Romilda die Stadt Foriojulium (Friaul) einnahm, war ein Jüngling, konnte also Bajans Sohn oder Enkel sein.[152]

Die Macht der Avaren erreichte ihren Höhepunkt zur Zeit des Kaisers Heraklius; nach derselben begann sie zu sinken. Heraklius war erstlich im persischen Kriege und dann durch die soeben aufgetauchten Araber beschäftigt. Der persische Feldherr Sarbarus forderte, wie Theophanes berichtet, die westlichen Hunnen, die sogenannten Avaren, Slaven und Gepiden auf, dass sie sich mit ihm gegen Konstantinopel vereinigen möchten. Die Verbündeten belagerten auch die Stadt im Jahre 626, jedoch mit wenig Glück. Bei dem Sturme auf die Stadt giengen sehr viele Slaven zu Grunde; denn diese richteten ihre Angriffe von der Seeseite her und sanken mit ihren elenden Schiffen ins Meer. — Allein diese Schlappe hielt die Avaren nicht ab, im Jahre 630 Dalmatien in Besitz zu nehmen.

Wie Heraklius sich vordem gegen die Perser mit den östlichen Türken, den sogenannten Chazaren, verbündet hatte, so forderte er jetzt die Kroaten und Serben zum Bündnisse gegen die Avaren auf, damit sie Dalmatien den Avaren entreissen und die nordwestliche Grenze des Reiches schützen mögen. Hier begegnen wir also zum ersten Male einerseits den Chazaren, andererseits den Kroaten und Serben.[153] Und da weiterhin die Kriegszüge der Avaren gegen das östliche

Kaiserreich aufhören, scheint es uns angemessen, an dieser Stelle unsere Aufmerksamkeit auf jene Völker zu richten, welche ausser den Avaren damals in Ungarn und Siebenbürgen gelebt haben.

§ 28.

Bei der Erzählung von dem Theissfeldzuge (im Jahre 600' gibt der griechische Schriftsteller Theophylaktus ein ziemlich deutliches Bild von den verschiedenen Bewohnern des avarischen Reiches, ja er deutet zum Theil auch deren numerische Verhältnisse an. Der römische Feldherr Priscus richtet von den Städten Singidunum und Viminacium aus seine Angriffe auf Bajan. Jene Stadt lag an der Stelle des heutigen Belgrad, diese östlicher jenseits des Margus (der serbischen Morava) an der Donau, wo heute Kostolatz liegt. Gegenüber von Viminacium vertheidigten Bajan's vier Söhne das linke Donau-Ufer; aber das römische Kriegsheer überschreitet siegreich den Strom, vielleicht in der Richtung des heutigen Dubovácz, und verfolgt das avarische Heer gegen den Tissus, unter welchem Flussnamen wir wohl nicht die Temes, sondern die Theiss zu verstehen haben. Der Kriegszug ging also durch die heutigen Comitate Temes und Torontál. Nachdem Priskus an der Theiss gesiegt hatte, bereiteten sich die beiden feindlichen Heere zu einer neuen Schlacht vor. Der römische Feldherr sendet 4000 Mann Soldaten über die Theiss, also auf das rechte Ufer derselben, um die Bewegungen des Feindes zu erkundschaften. Die Späherschaar traf drei gepidische Ansiedelungen, deren Bevölkerung, ohne Kenntnis von dem, was auf dem andern Ufer geschehen war, in grosser Versammlung irgend ein nationales Volksfest gefeiert hatte und nach dem nächtlichen Trinkgelage in tiefem Schlafe versunken war. Diese Menge wurde nun am Morgen von der römischen Streifschaar überrascht, welche unter ihnen ein entsetzliches Blutbad anrichtete und mit reicher Beute zurückkehrte. Nach zwanzig Tagen siegt Priscus in einer neuen Schlacht abermals. Von dem Heere Bajan's kommen Viele, namentlich der grösste Theil der Slaven, in der Theiss um; die Römer machten zu Gefangenen 3000 Avaren, [54] 6200 andere Barbaren und 8000 Slaven. Wir begegnen somit hier ausser den Avaren noch den Gepiden, dann anderen Barbaren und endlich den Slaven, namentlich den Slovenen (Σκλαβηνοι, Sclavini).

Ein anderes Ereigniss zeigt uns, wie weit und über welche Slaven Bajan's Macht sich erstreckte.

Zur Zeit des ersten thrakischen Kriegszuges (um 597) fanden sich beim römischen Heere drei unbewaffnete Männer ein, welche nur eine Leier auf der Schulter trugen. Vor den Kaiser Mauritius geführt, antworteten sie auf die Frage: Wer sie seien und was sie wollen? dass sie Slovenen (Σκλαβηνοι) von der Küste des westlichen (Baltischen Meeres seien, dass die Abgesandten des Khagan bis dahin kamen mit Geschenken zu den Fürsten (θναρχης) des Volkes, um Krieger zu werben; dass die Fürsten die Geschenke zwar angenommen hätten, die Kriegsleute aber wegen der zu grossen Entfernung nicht schicken konnten; deshalb seien sie (die drei Männer) zum Khagan gesendet worden, um diese Unterlassung zu entschuldigen. Sie hätten 15 Monate auf der Reise zugebracht, jetzt aber wolle der Khagan sie nicht nach Hause entlassen. Nachdem sie von der Macht und Grossmuth des Kaisers Kunde erhalten, kamen sie hierher nach Thrakien. Sie trügen eine Leier, weil sie der Waffen nicht gewohnt seien. Bei ihnen zu Lande gebe es kein Eisen, dort lebe man im Frieden und da sie keine Kriege führen, so unterhielten sie sich mit Musik. Dem Kaiser gefiel diese Geschichte und der hohe Wuchs der Fremdlinge; er liess sie wohl verpflegen und schickte sie nach Heraklea.[155]

Bajan fand also bis an das Baltische Meer keine Macht, welche seine Ansprüche einschränken konnte; in seinem grossen Reiche wohnten Völker verschiedener Abstammung, deren Verhältnisse und Schicksale wir, so weit es möglich ist, kennen lernen wollen.

Die *Gepiden* wurden, wie wir wissen, die Kriegsbeute der verbündeten Langobarden und Avaren und letztere nahmen auch deren Vaterland Gepidien (das alte Dacien) sogleich in Besitz. «Die Gepiden selbst, welche Alboin nicht mit sich führte, seufzen bis zum heutigen Tage (sagt Paulus Diaconus um das Jahr 790) in harter Knechtschaft der Hunnen», d. i. der Avaren (vgl. oben S. 84). Worin diese «harte Knechtschaft» bestand, geben die Quellen nicht an. Was sie jedoch anderseits von den Gepiden mittheilen, deutet auf keine «harte Knechtschaft» hin. Wir sehen das auch an den drei gepidischen Ansiedelungen, von denen weiter oben die Rede war. Würden diese in avarischer Knechtschaft geschmachtet haben, wie Paulus berichtet, so hätte das wahrscheinlich auch der römische Heerführer in Erfahrung gebracht und auch gegen die Avaren benützt. Die Gepiden wären dann nicht niedergemetzelt, sondern aufgefordert worden, die Waffen gegen ihre Unterdrücker zu ergreifen. Das würde die Pflicht eines klugen römischen Heerführers, und als solchen kennt man den Priskus aus der Geschichte, gewesen sein. Auch die gepidische Volksmenge selbst, mag sie sich nun zum Markte oder aus religiösen Motiven versammelt haben, zeigt auf kein unterdrücktes, schmachtendes Volk, sondern vielmehr auf ein solches, das die Avaren, während sie auf Leben und Tod kämpften, im völligen Frieden sich unterhalten liessen.[156] Ein Priester (von dem nochmals die Rede sein wird) wollte von Bajan flüchten und beredete sieben seiner gepidischen Leibeigenen, dass sie ihn nach der

Urheimat der Avaren im Osten bis an die persische Grenze begleiten.[157] Wenn dieser Priester seine gepidischen Unterthanen sehr schlecht behandelt hätte, würde er ihnen sein Leben wohl nicht anvertraut haben. Einzelne Gepiden dienen als Kundschafter im römischen Heere gegen die Slaven, z. B. gegen den slavischen Fürsten Muzok, dessen Lager Priskus zerstörte.[158] Allein ich finde nirgends, dass die Gepiden irgendwo gegen die Avaren als Spione gebraucht worden wären. Aus solchen Thatsachen folgt also nicht, dass die Gepiden von den Avaren härter behandelt worden wären, als dies nach den Sitten des Landes und jenes Zeitalters üblich gewesen.

Interessant wäre es zu wissen, in welchem Verhältnisse die Gepiden zu ihren Herren gestanden, ob als Feldbauer oder als Hirten? was sie ihren Herren bezahlen mussten? Allein von all dem findet man nichts bei den Schriftstellern. Dass sie auch häusliche oder Dienstboten-Leistungen verrichteten, ist gewiss; denn je unentwickelter die socialen Verhältnisse sind und je ungebildeter der Herr ist, desto mehr Dienerschaft pflegt er um sich im Hause zu behalten. Aus dem Unterthanen-Verhältnisse der Gepiden kann man folgern, dass mit ihren avarischen Herren auch sie über das ganze Avarenreich zerstreut wohnten. Alboin führte überdies Gepiden nach Italien. Die drei gepidischen Ansiedelungen, von denen oben die Rede war, lagen im heutigen Bácser Comitate und die grosse Menge der getödteten Gepiden weist wiederum auf eine dichte gepidische Bevölkerung in dieser Gegend hin. Indess im Laufe der Zeit verschwinden die Gepiden, d. h. sie verschmelzen mit anderen Volksstämmen. In der Mitte des neunten Jahrhunderts gedenkt ihrer zum letzten Male ein anonymer Schriftsteller, indem er sagt: Die Hunnen vertrieben die Römer, die Gothen und die Gepiden. Von diesen Gepiden wohnen auch jetzt noch einige daselbst.[159] Zeuss[160] zählt die Gepiden zu den Gothen; mit ihnen verschwand also das gothische Germanenthum aus dem heutigen Ungarn und Siebenbürgen.

Die *Bulgaren* unterwarfen sich im Jahre 558 dem Avaren-Khagan (siehe oben S. 84,; eine Bulgarenschaar folgte übrigens auch Alboin nach Italien. Der Name der Uturguren und Kuturguren verschwindet bald; doch der hunnische und der bulgarische Name besteht fort, und zwar derart, dass z. B. Procopius bei Erzählung der bulgarischen Einfälle nur den Namen der Hunnen erwähnt.[161] Man kann also annehmen, dass die uturgurischen und kuturgurischen Hunnen, falls sie auch anfänglich nicht Eines Stammes mit den Bulgaren gewesen, dennoch mit diesen bald verschmolzen. Aber die Bulgaren stehen in einem anderen Verhältnisse zu den Avaren, als dies bei den Gepiden der Fall war. Jene sind Bundesgenossen der Avaren, haben daher ihre eigenen

Fürsten, die in derselben Weise jetzt unter der Hegemonie des Khagans stehen, wie ehedem die gothischen und gepidischen Fürsten der Oberhoheit Attila's untergeordnet waren. Wenn in der Schlacht an der Theiss ausser 3000 Avaren noch 6200 andere Barbaren in Gefangenschaft geriethen (die Slaven führt der griechische Schriftsteller besonders auf), so konnten diese «*anderen Barbaren*» nur bulgarisch-hunnische Stämme gewesen sein. Wir entnehmen ferner den historischen Erzählungen, dass die Bulgaren an zwei Orten in grösserer Anzahl wohnten : an den Ufern des Don, also in ihrer ursprünglichen Heimat, und in den Theilen jenseits der Donau im heutigen Ungarn, also im alten Pannonien. Das gute Einvernehmen zwischen Avaren und Bulgaren hörte drei Jahrzehnte nach Bajan's Tod auf; den Vorgang erzählt der abendländische lateinische Chronist Fredegarius in folgender Weise : «Zu Pannonien, im Reiche der Avaren oder Chunen, entstand um das Jahr 630 ein grosser Krieg um die Oberherrschaft, ob nämlich ein Avare oder ein Bulgare in der (Königs-) Macht folgen solle. Zuletzt siegten die Avaren und vertrieben 9000 Bulgaren mit Weib und Kind aus Pannonien. Diese suchten beim Frankenkönige Dagobert um einen Ansiedelungsplatz auf fränkischem Boden an. Dagobert liess ihnen sagen, sie möchten den Winter über bei den Bayern verweilen; alsdann werde er für ihre Ansiedelung Sorge tragen. Den Bayern gab er aber den Auftrag, dass sie die bei ihnen zerstreut wohnenden Bulgaren in einer Nacht ermorden sollen. Das geschah auch; nur *Alticeus* konnte sich mit 700 Männern sammt deren Weibern und Kindern zu den Wenden flüchten.» [162] Das sind vielleicht jene Bulgaren, welche einige Jahre später unter dem Führer *Alzecus* (wohl identisch mit *Alticeus*) zum Langobardenkönig Grimoald ziehen, der sie in Süd-Italien ansiedelte, «wo sie bis zum heutigen Tage wohnen», sagt Paulus Diaconus, «und obgleich sie schon lateinisch sprechen, so haben sie doch ihre eigene Sprache noch nicht vergessen.» [163] Nach den byzantinischen Historikern erhob sich *Kubrat*, der Fürst der onogurischen Bulgaren (um das Jahr 624) gegen den Khagan der Avaren und vertrieb dessen Volk (d. i. die dort lebenden Avaren) aus seinem Lande, schickte dann Abgesandte zu Heraclius und schloss mit demselben einen Frieden, den er auch bis an sein Lebensende einhielt. Theophanes nennt diesen Kubrat «Fürst der Unogunduren, Bulgaren und Kotrager» und setzt seinen Wohnsitz oberhalb des schwarzen und Mäotischen Meeres zwischen die Flüsse Atal (Wolga) und Don. [164] Diese beiden Nachrichten sprechen also deutlich von zweierlei Bulgaren, von pannonischen und donischen; jene wenden sich an die Franken, diese an den Kaiser in Constantinopel; der Anführer jener ist Alticeus (oder Alzecus), der Fürst dieser Kubrat; beide bulgarische Abtheilungen gerathen wegen der Oberherrschaft mit den Avaren in

Conflict, aber mit entgegengesetztem Erfolge: denn die östlichen Bulgaren vertreiben aus ihrem Lande die Avaren, indess die westlichen Bulgaren von den Avaren vertrieben werden. Daraus ist klar, dass die Bulgaren in Pannonien in der Minderzahl, die Avaren in der Majorität waren; am Don bestand das umgekehrte Zahlverhältniss. Indess dieser Conflict entwickelte sich keinesweg zu einem unversöhnlichen Hasse zwischen beiden Völkern. Denn Theophanes setzt die Erzählung der Geschichte der östlichen Bulgaren also fort:

«Vor seinem Tode ermahnte Kubrat seine fünf Söhne, dass sie beisammen bleiben sollen, dann werden sie mächtig sein. Allein diese trennten sich nach des Vaters Tod. Der älteste, *Batbajas*, blieb im ererbten Lande; der zweite, *Kotragus*, setzte über den Don und liess sich auf dessen rechtem Ufer, gegenüber dem Bruder, nieder; der dritte, *Asparuch*, zog westlicher, überschritt den Dnjeper und Dnjester und siedelte sich in der Nähe des Olgus, nördlich von der Donau, an; noch weiter nach Westen als dieser dritte Bruder wanderten der vierte und fünfte, so dass Ersterer in Pannonien unter der Oberhoheit des avarischen Khagans verblieb, der Letztere aber neben Ravenna die Pentapolis unter einem christlichen Könige einnahm. Nachdem auf solche Weise die bulgarische Macht geschwächt war, kam das grosse Volk der Kozaren (Chazaren) aus dem Innern des ersten Sarmatien, aus Berzilien, hervor und machte Batbajas tributpflichtig. Gegen Asparuch wendete sich Constantinus Pogonotus, war aber nicht glücklich; ja Asparuch überschritt die Donau und unterwarf dort in Mösien die sogenannten sieben slavischen Stämme seiner Gewalt.»[165] Auf solche Weise entstand im Jahre 678 Bulgarien, dessen nördliche Grenze die Donau, die westliche das Avarenreich, die südliche der Hämus oder Balkan war.

Slaven. Das ursprüngliche Gebiet der Slaven war ungefähr bis zum Jahre 450 n. Chr. (vgl. die Nachricht des Jordanis' o. S. 75) von dem Ursprunge der Weichsel bis zur östlichen Spitze des Baltischen Meeres; im Norden bis zur heutigen Stadt Nowgorod und bis an die Quellen der Wolga und des Dnjesters; im Osten beinahe bis an den Don und von da muss man die Südgrenze am untern Dnjeper und Dnjester bis an die Karpaten und die Quellen der Weichsel ziehen. Die Westgrenze wird durch die Wasserscheide der Weichsel und Oder bezeichnet. Die älteren Namen der Slaven waren *Winden* und *Serben*;[*]

---

[*] KOESLER, über den Zeitpunkt der slavischen Ansiedlung an der untern Donau (Sitzungsber. d. k.k. Akad. d. Wiss. in Wien, Bd. LXXIII., S. 77 ff.), findet die Ansicht, dass die «Spalei» des Plinius (Hist. nat. 6, 22) den einheimischen Namen der Slaven bezeichne und die Erklärung dieses Wortes als «Stammgenosse, Mitbruder» für sehr beifallswürdig.

später wurden die westlichen Slaven *Slovenen* (Sklavinen), die östlichen
Anten genannt; doch erhielt sich der Name der Anten nur von 550—770.
Aus der obumgrenzten Urheimat der Slaven begannen sie die Auswanderung in westlicher und südlicher Richtung, der Elbe und der Donau
zu. Doch siedelten sie sich früher an den Ufern der Elbe als an der
Donau an; denn jene Landstriche waren nach dem Abzuge der ger-
manischen Völker leer geworden, indess an der Donau die Hunnen,
Bulgaren und Avaren die Wege versperrten. Entlang der Elbe und an
der westlichen Küste des Baltischen Meeres drangen die Slaven bis
in die Nachbarschaft der Sachsen und Dänen vor. Im Anfange des 6.
Jahrhunderts besetzen sie Mähren und Böhmen und um dieselbe Zeit
erscheinen sie auch an der untern Donau, von wo sie sich bald nach
Mösien, Thrakien, Makedonien, ja bis in den Peloponnesus verbreiten.
In der zweiten Hälfte desselben Jahrhunderts, nach dem Wegzuge der Langobarden, dringen die Slovenen an der Donau durch Pannonien bis
nach Noricum, Oberösterreich, Steiermark, Kärnten und Krain (etwa
um 592—595)[166] In der ersten Hälfte des 7. Jahrh. wandern, wie schon
erwähnt haben, die Croaten von jenseits der Karpaten aus Weiss-Cro-
atien im heutigen westlichen Galizien und die Serben aus Weiss-Ser-
bien im heutigen Ost-Galizien, jenseits der Save bis zum Adria-Meere.
Später, im Jahre 678, nehmen von Osten her die Bulgaren Mösien in
Besitz, indem sie zugleich die daselbst wohnenden Slaven ihrer Gewalt
unterwerfen; allein unter dem Einflusse ihrer slavischen Unterthanen
werden sie selbst slavisirt, namentlich seitdem sie um das Jahr 850 das
Christenthum angenommen haben. Die Slaven umgiengen also beiihren-
Wanderzügen augenscheinlich die Karpaten, indem ihre Auswanderungen
sich erstlich nach dem Westen und Süden hielten, im Süden der Strom sich
wieder westwärts wandte wo er mit dem westlichen Strome abermals zusammentraf. Zwischen diesen slavischen Ausströmungen und Wanderzügen lagen
Ungarn und Siebenbürgen inselförmig vom grossen slavischen Völker-
strome umschlungen; zum mindesten dringen ähnliche slavische Volks-
wellen wie die mährischen, böhmischen, kroatischen, serbischen, karni-
schen, kärntischen, steierischen, slovenischen etc. weder vom Norden
noch vom Osten über die Karpaten herüber. Denn Ungarn und Siebenbürgen befand sich seit dem Auftreten der Hunnen bis zum Untergang der Avaren stets im Besitze kräftiger, kriegerischer Völker; gerade
in dieser Zeit, besonders aber zur Zeit der Avarenherrschaft geschah
die grosse Ausbreitung der Slaven. Ein Theil der südöstlich vordringenden Slaven gerieth zuerst in das Joch der Gothen; aus diesem wurden sie durch die Hunnen befreit und diese wohnten mit den Slaven
ziemlich friedfertig beisammen, wobei letztere jedoch die Hunnen als
ihre Herren anerkannten. [167] Allein dieses war, wie es scheint, blos am

Pontus, Dnjeper und Dnjester der Fall; in Dacien und Pannonien konnten zur Zeit der Gothen, Gepiden, Heruler und Langobarden nur wenige Slaven vorhanden sein, jedenfalls weniger als in der Zeit der Avaren.

Weil die Hunnen die Slaven gut behandelten, meint SCHAFARIK, dass diese *wahrscheinlich* in Gesellschaft mit den Hunnen nach Dacien und Pannonien, das seiner Ansicht zufolge ohnehin ihre alte Heimat gewesen (s. o. S. 64—65), gekommen seien. Zum Beleg führt SCHAFARIK die Aussage des Jordanis an, dass neben den Hunnen noch andere, unterworfene Völker im heutigen Ungarn gewohnt haben; ferner folgert er aus dem Gesandtschaftsberichte des Priscus, dass hier Slaven gewohnt haben müssen, da das Volk die griechischen Abgesandten mit Hirsebrei und Meth (Honigbier) empfangen habe; ebenso, weil Jordanis Attilas Leichenschmaus «strava» nenne, was im Slavischen diese Bedeutung habe, und endlich weil nach Procopius die Slaven von so roh und schlecht zubereiteten Speisen leben wie die Massageten und ebenso im Schmutz stäken wie diese; allein sie wären nicht falsch und hinterlistig und bewahrten in Allem die hunnischen Sitten. Natürlich, setzt SCHAFARIK hinzu, müsse man Procopius Worte dahin verstehen, dass nicht die Slaven die Hunnen nachahmten, sondern umgekehrt: die ungebildeten Hunnen beobachteten die Sitten der gebildeteren Slaven. [168] Indess all das beweist nicht das massenhafte Vorhandensein der Slaven im heutigen Ungarn während der Herrschaft Attilas. Die Aussage des Jordanis ist richtig, nur waren jene unterjochten Völker Gothen, Gepiden etc. aber keine Slaven. Priscus erwähnt der Hirse und des Meths; allein Hirse bauten auch die alten Pannonier (s. o. S. 62); das Wort medos (μέδος), [169] das Meth bedeutet, kann nicht blos slavischer, sondern auch gothischer Herkunft sein. Das Wort «strava» ist in der That ein slavisches; doch lässt sich schwer erkennen, ob dasselbe wirklich aus der hunnischen Zeit abstamme, oder das Product einer spätern Periode sei. Was schliesslich die Worte des Procopius betrifft, so beziehen sich diese auf die Hunnen und Slaven *seines* eigenen Zeitalters und dazu gar nicht auf die Hunnen und Slaven in Ungarn; man kann deshalb aus denselben durchaus nicht das herauslesen, was SCHAFARIK darin finden wollte. — Im Heere Bajans dienten, wie wir wissen, zahlreiche Slaven; diese kamen jedoch weit eher von der untern Donau als aus dem eigentlichen Avarenlande, d. i. aus Dacien und Pannonien. Die hier befindlichen Slaven, welche allerdings unbemerkt über die nördlichen und östlichen Karpaten hereingedrungen sein mochten, waren wohl auch eher Ackerbauer als Krieger.

Die Geschichtschreiber wissen, gestützt auf die Zeugnisse Fredegars und Nestors, viel zu erzählen von der Grausamkeit der Avaren gegen die Slaven. Fredegar erzählt, dass die Wenden (Vinidi, die mäh-

Sodan und *Jugur* auf, deren Bedeutung man jedoch ebenfalls nicht kennt, weil man auch nicht weiss, welchem Zweige die avarische Sprache angehörte. Der griechische Schriftsteller findet dieselbe unschön;[179] allein welche Barbarensprache klang dem griechischen Ohre wohllautend?

Ueber die Religion der Avaren kann man Einiges dem Eide Bajans entnehmen, welchen er den Römern geleistet, dass er nicht aus feindseliger Absicht gegen sie die Brücke über die Save schlagen lasse. Mit entblösstem, erhobenem Schwerte verfluchte er sich selbst, indem er sagte: «Wenn er aus feindseliger Absicht die Brücke erbaue, so solle ihn und sein Volk Tod durchs Schwert treffen, der Himmel dort oben und der Gott, der im Himmel ist, Feuer auf sie regnen, Berg und Wald, der sie umgibt, herabstürzen und sie begraben und die Wasser der Save sie verschlingen.»[180] Die Emporhebung des Schwertes, die Berufung auf Himmel, Feuer, Erde und Wasser machen den Eidschwur aus; diese Dinge waren also Gegenstände religiöser Verehrung. Als solche dienten auch, wie wir sehen werden, Götzenbilder. Allein der Khagan legt den Eid auch nach christlicher Form ab, d. i. er fällt vor der Bibel auf die Knie und schwört zu jenem Gotte, der sich in diesem Buche geoffenbart habe. Man hat an dieser Doppelgläubigkeit Bajans vielfach Anstoss genommen, dabei aber vergessen, dass das Heidenthum überhaupt keinen alleinseligmachenden Glauben kennt. Bajan leistete einen falschen Eid; allein unter den damaligen und späteren Christen des Ostens und Westens waren falsche Eide und Eidbrüche nichts Seltenes. Uebrigens ist Bajan ein gewaltthätiger, hochmüthiger Mann; sein Charakter ist ganz verschieden von dem der Avaren in den folgenden Jahrhunderten. Hören wir nur die Aeusserung des Langobardenfürsten Bertaridus (nach 640): «Nachdem ich in meiner Jugendzeit aus meinem Vaterlande flüchten musste, hielt ich mich bei einem heidnischen Hunnenkönige auf, der mir bei seinem Götzenbilde in deo suo idolo) schwur, dass er mich meinen Feinden nicht verrathen werde. Nach einiger Zeit kamen deren Abgesandte zu ihm und versprachen ihm einen Scheffel Gold (solidorum aureorum modium plenum), wenn er mich auslieferte. Dieser aber antwortete ihnen: «Die Götter mögen mein Leben auslöschen, wenn ich jene Frevelthat, meinen Eid zu brechen, begehen würde.»[181] Aus dieser Stelle ist demnach ersichtlich, dass die Avaren auch Götzenbilder besassen.

Ebenso hatten sie auch Priester, die sie «Bocholabren» nannten. Das berichtet Theophylactus an jener Stelle, wo er die Flucht des avarischen Priesters, welche dieser mit Hilfe seiner gepidischen Knechte vollbracht hatte, erzählt (vgl. o. S. 88—89). Derselbe führt auch an, dass der Name «Βοχολαβρά» (Bocholabra) gleichbedeutend sei mit «Zauberer»

«Magier». [182] Bei der vorhin beschriebenen Eidesleistung Bajans inter-
venirte nach Menander kein Priester; [183] auch sonst findet sich keine
Andeutung über die Functionen der Bocholabren, deren Zaubererhand-
werk uns somit ganz unbekannt ist.

Unter allen avarischen Eigenthümlichkeiten sind wohl die sogenannten «*Ringe*» (Avarenringe) das Merkwürdigste.

*Nach dem Berichte eines Augenzeugen Namens Adalbert, der im
Heere Carl des Grossen gegen die Avaren gedient, schreibt der Mönch
von St. Gallen darüber Folgendes: „Adalbert sagte mir wiederholt, dass
das Land der Hunnen (terra Hunnorum) — so nennt er die Avaren —
durch neun Gehege geschützt war. Und als ich, der blos geflochtene
Zaungehege gesehen, fragte: „Herr, was für Gehege waren das?" antwortete er: „Nun, solche Hecken (hegin, hagen)." Und da ich keine anderen
Hecken kannte, als womit man die Saatfelder zu schützen pflegt, so erklärte
er mir es also: „Ein solches Gehege ist so gross wie die Entfernung von
Turicum (Zürich) bis Constantia (Konstanz). Zwischen Pfählen aus
Eichen, Buchen oder Tannen befindet sich aus Stein und Lehm ein Damm,
zwanzig Fuss breit und zwanzig Fuss hoch und mit andauerndem Rasen bedeckt. Innerhalb des Geheges sind die Dörfer und Wohnungen derart vertheilt, dass man von einer Ansiedelung zur andern die menschliche Stimme
vernehmen kann. In den unbezwinglichen Steinmauern aber, gegenüber den
Gebäuden, befinden sich Thore, durch welche man ein- und ausgehen kann.
Von dem zweiten Gehege, das übrigens wie das erste gebaut war, befand
sich in einer Entfernung von 10 deutschen oder 40 italienischen Meilen
der dritte Ring und so fort bis zum neunten, obwohl nicht alle von gleicher
Grösse waren. Zwischen den Gehegen sind auch die Besitzungen und Wohnungen (possessiones et habitacula) nach allen Richtungen so geordnet,
dass sie durch Trompetenstösse einander Zeichen geben können. In diesen
Gehegen häuften die Avaren ihre Schätze auf, die sie durch zwei Jahrhunderte von den westlichen Völkern geraubt hatten." [184]*

Aus dieser Nachricht geht hervor, dass diese Avarenringe nicht so
sehr Erdfesten als vielmehr Umzäunungen, vielleicht die Grenzlinien der
einzelnen Stammesbesitzungen waren; obwohl ein anderer Schriftsteller
dieselben wiederum «regia» d. i. Wohnsitze oder Lager nennt. [185] Allein
aus der Natur der Sache folgt, dass sie auch als Befestigungen dienten.
Aus der obigen Mittheilung des Mönches von St. Gallen geht ferner
hervor, dass inner- und ausserhalb dieser «Ringe» Wohnungen, Dörfer
und Besitzungen waren, was auf das Verlassen der nomadischen Lebensweise hindeutet. [186] Daraus lässt sich wieder folgern, dass diese berühmten Ringe nicht gleich in der ersten Zeit des avarischen Reiches entstanden sind, wie Schafarik meint, [187] sondern später, vielleicht in Folge
eines Ereignisses, das wir nicht kennen. Dass diese Befestigungen erst nach
Bajan erbaut wurden, bestätigt auch das gänzliche Schweigen der byzantinischen Schriftsteller über diese Ringe. Kein Einziger unter ihnen kennt
derlei Ringe und doch rückte, wie wir wissen, bei Lebzeiten Bajans ein
griechisches Heer bis an die Theiss und darüber im Avarenlande vor. Es
scheint also, dass diese Gehege keine befestigten Lager gegen äussere Feinde
gewesen sind, sondern vielmehr eingeschlossene, grössere Ansiedelungen.

Endlich geht aus den Mittheilungen des Mönches von Sanct Gallen noch hervor, dass damals zwischen den verschiedenen Volksstämmen des Avarenlandes kein anderer Unterschied mehr bestand, als jener zwischen Herr und Knecht. Das wird die Geschichte jenes Krieges, der dem Avarenreiche ein Ende machte, noch deutlicher beweisen.

Die avarischen Ringe hatten einen weitverbreiteten Ruf und die Archäologen suchen bis heute deren Spuren. Was aber hinterliessen sonst noch die Avaren? Während der dritthalbhundertjährigen Dauer ihres Aufenthaltes in Ungarn und Siebenbürgen sollten sie gar nichts gearbeitet und geschaffen haben, was als Zeugniss von ihren Sitten und Gebräuchen, von ihrer häuslichen Lebensweise, ihrem Geschmacke oder von ihren geistigen Fähigkeiten dienen könnte?

Das ungarische National-Museum besitzt drei Funde, deren Zeitalter und Ursprung die mitaufgefundenen Münzen bestimmen lassen. Diese sind : der Fund von Kunágota im Csanáder Comitate mit einem Goldstücke aus der Zeit Justinians I. (527—565); der Fund von Sct.-André im Piliser Comitate mit zwei Goldstücken Justins I. (518—527) und Phokas' (602—610) und der Fund von Ozora im Stuhlweissenburger Komitate mit einem Goldstücke aus der Zeit Constantinus Pogonatus (668). — „Unter den drei Funden, welche aus der Avarenzeit stammen, ist augenscheinlich der von Kunágota der älteste, obgleich ein Goldstück Justinians auch in einen Schatz aus späterer Zeit gelangen konnte. Derselbe ist interessant durch einige Gefässe und Armspangen aus Silber mit unedler Legirung; von den letzteren ist eine an beiden Enden trichterförmig. Solche trichterförmige Armspangen hat auch der Sct.-André Fund. Dessen hauptsächlichste Merkwürdigkeit sind jedoch zwei Steigbügel aus dem 6. oder 7. Jahrhundert. Die Griechen und Römer kannten dieses Geräth nicht; auch auf den Reliefwerken der Sassaniden findet man davon keine Spur; es sind also die Steigbügel des Fundes zu Sct.-André bisher die ältesten Geräthe dieser Art. — Der Ozoraer Schatz hat viele Schmucksachen, welche uns eine besondere Technik kennen lehren. Der Fund zeigt goldene Spangen, Ringe, Haarnadeln, Schnallen, deren goldene Verschlüsse theils mit Granaten, theils mit dunkelrothen Glasstücken besetzt sind. Diese Technik war in Byzanz unbekannt, wohl aber war sie in ganz Westeuropa verbreitet und kennzeichnet die zweite Hälfte der Völkerwanderungs-Periode. Die Steigbügel scheinen aber insbesondere avarischen Ursprunges zu sein ; und diese sowie das Hufeisen eröffnen die Ritterzeit, gleichwie die Flinte und das Bajonnet die Neuzeit." *

Ich weiss nicht, ob man dem Steigbügel und Hufeisen soviel Einfluss zuschreiben darf, namentlich da die Kriegsheere nomadischer Hirtenvölker hauptsächlich aus Reiterei bestanden, was somit auch schon bei Hunnen und Gothen der Fall war; das Schmiede- und Kürschnerhandwerk aber war bei allen Reitervölkern einheimisch und man kann sich kaum vorstellen, dass diese beiden Handwerke nicht auch bei den Avaren existirt haben sollten.

Im Jahre 1820 fand man bei Grafenegg, nicht weit vom Einflusse des Kampflusses in die Donau, einen sehr auffällig geformten Schädel, den man für einen avarischen hielt, weil daselbst eine Hauptfeste dieses Volkes gewesen. (s. o. S. 97) — Im Jahre 1846 wurde 1¼ Meilen

* »Magyarországi avar leletekről« d. i. über avarische Funde in Ungarn von FRANZ PULSZKY. Academische Abhandlung, 1874.

von Wien bei Atzgersdorf ein dem Grafenegger vollkommen ähnlicher Schädel aufgefunden. Auch in der Krim, bei Kertsch, fand man derartige Schädel. Wenn dieselben alle avarischer Abkunft sind, dann gehörten die Avaren zu den brachycephalen Orthognathen.

Die auffällige Form besteht darin, dass der Schädel in eine Spitze gepresst ist. Daraus ginge hervor, dass die Avaren die Schädel ihrer Kinder ebenso künstlich zu formen pflegten, wie dies andere Völker in alter Zeit gethan und manche Stämme Amerikas auch bis heute thun.

In den meisten Sammlungen trifft man eine Münze, welche, wie es scheint, zur Erinnerung an die Zerstörung Aquilejas wiederholt geprägt wurde; denn es finden sich solche mit der Jahreszahl 441 und mit 451. Das rohe Werk kann aus der Mitte des 16. Jahrhunderts stammen und existiren davon Abdrücke in Gold, Eisen, Bronce und Eisen. Der Revers zeigt die Ruinen von Aquileja, der Avers Attila's Brustbild. Der Kopf Attila's hat dieselbe Form wie die aufgefundenen avarischen Schädel. Der Künstler fertigte also seine Zeichnung nicht aus der Phantasie, sondern nach einem Avarenschädel. *

§ 29.

Nachdem die Avaren das Land von der Enns bis zum Don in Besitz genommen hatten, konnte ihnen auch das oströmische Reich südlich der Save und jenseits der Donau keinen Widerstand leisten. Im Norden befand sich aber bis zum Baltischen Meere keine staatliche Macht; im Westen standen sie mit den näher wohnenden Langobarden und den entfernteren Franken zumeist in guten Beziehungen. Im Laufe der Zeit veränderten sich allerdings diese äusseren Verhältnisse. Südlich bildeten Croaten und Serben und später (seit 678) das neue Bulgarien einige Schranken, nach Südwesten hatten sich die krainischen und kärntischen Wenden und in deren Rücken die Bayern staatlich consolidirt. Im Nordwesten wurden die Avaren während der Zeit der Herrschaft Samo's 627—662) nur vorübergehend bedrängt. Im Ganzen blieb aber die avarische Macht nach Aussen hin ziemlich ungeschmälert. Die Enns bildete fortdauernd die Grenze zwischen Avaren und Bayern. Nachdem bei dem letztern Volke das Christenthum Wurzel gefasst hatte, kamen christliche Missionäre auch in das Land der Avaren, wo sie unbehelligt, doch ohne merkbaren Erfolg, ihre Wirksamkeit fortsetzen konnten. Die innere Geschichte des avarischen Reiches kennt man jedoch nicht, seitdem im Jahre 670 abermals eine bulgarische

---

* Ueber die Schädel der Avaren. Von L. F. FITZINGER. In den « Denkschriften der kais. Academie der Wissenschaften » Mathem.-Naturwissenschaftl. Classe. Wien, 1853 — « Ethnologische Schrif en » von AND. RETZIUS, pag. 25 und 125.

Volksschaar sich unter ihnen niedergelassen hatte (siehe S. 84, 89—90)
und allmählig in dem Avarenthum so völlig aufging, dass ihre Spur
nicht wahrzunehmen ist.[188] Um die Mitte des 8. Jahrhunderts vollzog sich bei den Franken eine
merkwürdige Veränderung. *Pipin der Kurze* schickte nämlich den letzten
Frankenkönig aus dem merovingischen Hause, Childerich III., ins
Kloster und machte sich selbst zum Könige der Franken, was Papst
Stefan im Jahre 754 auch bestätigte. Derselbe salbte auch Pipins Söhne,
Carl und Carlmann, als er vom neuen Könige Hilfe gegen die Langobarden sich erbat. Zu dieser Zeit stand Bayern ebenfalls unter fränkischer
Oberhoheit und das neue Reich verbreitete Christenthum und Franken-
herrschaft nach allen Seiten siegreich unter Sachsen und Slaven. Pipin
besiegte schon im Jahre 755 die Langobarden und Thassilo der Bayern-
herzog huldigte ihm im Jahre 755. So näherte sich die Herrschaft der
Franken stets mehr der avarischen Grenze. Pipin's Sohn, Carl der
Grosse, wurde im Jahre 768 König der Franken; er eroberte im Jahre
774 Pavia und machte dem langobardischen Königreiche ein Ende.
Desiderius, der letzte Langobardenkönig, wurde in ein Kloster gesperrt.
Dessen Tochter, Luitberga, war die Gemahlin des Bayernherzogs Thassilo und hetzte diesen wetterwendischen, charakterschwachen Fürsten,
der sich auch mit den Avaren verbündet hatte, gegen Carl den Grossen
auf. Die Avaren schienen jedoch die aufsteigende Gefahr zu ahnen;
denn schon im Jahre 782 schickten sie Abgesandte in das Lager Carl
des Grossen an der Lippe, um mit demselben Frieden zu schliessen.
Bei dieser Gelegenheit erfahren wir, dass bei den Avaren ausser dem
Khagan noch die Würde des *Jugur* bestand.[189] Was sie bewog, dass
sie nach der Gesandtschaft des Jahres 782 dennoch im Jahre 788 mit
Thassilo gegen Carl den Grossen ein Bündniss schlossen, ist nicht
bekannt. Sie entsendeten zwei Kriegsheere, das eine in die Friaulische
Mark, das andere nach Bayern; überall hatten sie jedoch Missgeschick;
denn die Bayern selbst verliessen ihren Herzog. Carl der Grosse kam
nach Regensburg, damit er die Grenzorte gegen die Avaren sichere.
Im Jahre 790 treffen wir abermals eine avarische Gesandtschaft in
Worms bei dem grossen Carl und dessen Sendboten begeben sich dann
der Grenzberichtigung wegen zu den avarischen Fürsten, mit denen sie
aber zu keinem Einverständnisse kommen. Dieser Grenzstreit war die
Ursache des folgenden Krieges.[190] Carl der Grosse zog im Jahre 791
mit zwei Heeren gegen die Avaren; das eine am rechten Donau-Ufer
führte er persönlich an; das andere zog am linken Ufer des Stromes
vorwärts; die Bayern aber führten auf Schiffen den Proviant den Heeren
nach. An der Enns (Anesus, Anisa), dem Grenzflusse zwischen bayeri-
schem und avarischem Lande,[191] schlug Carl Lager und bereitete sich

durch dreitägiges Fasten und Beten auf das Unternehmen vor. Von hier
aus kündigte er den Avaren den Krieg an. Die erste avarische Befestigung am Kampflusse (der von Böhmen her unterhalb Krems in die
Donau fällt) und die zweite bei der Stadt Comagena (Königsstädten)
— jene lag demnach am linken, diese am rechten Donau-Ufer —
fielen auf leichte Weise in Carl's Hände. Das siegreiche Heer schritt
vorwärts bis an die Mündung des Raabflusses, wo es sich umwendete
und über Sabaria den Rückzug antrat. Das Heer am linken Donau-
Ufer kehrte über Böhmen in die Heimat zurück. Der Feldzug im westlichen Theile des Avarenreiches hatte 52 Tage gedauert. Die Avaren
wurden, wie es scheint, durch innere Wirren an jeder kräftigen Vertheidigung ihres Gebietes verhindert.

Nachdem Carl anderweitig in Anspruch genommen war, setzte er
in den nächsten drei Jahren den Krieg nicht fort. Als er im Jahre 795
gegen die Elbe-Slaven zu Felde war, kamen die Gesandten eines avarischen Häuptlings, den sie *Tudun* nannten, zu ihm, um die Ankunft
dieses Häuptlings und dessen Absicht, das Christenthum anzunehmen,
dem mächtigen Frankenkönige zu melden. «Tudun» bezeichnete eine
Würde und war kein Personenname. In demselben Jahre sendete Carl
abermals zwei Heere gegen die Avaren, das eine unter Anführung des
Friaulischen Herzogs Erich, dem sich der Wende Woinimir mit seinen
Slaven anschloss, das andere unter der Leitung von Carl's Sohn *Pipin*.
Nachdem der Khagan und Jugur infolge inneren Zwistes ihr Leben verloren
hatten, konnte auch der neue Khagan den Feind nicht abwehren, der
die befestigten Ringe erstürmte und ungeheure Schätze erbeutete. Die
Franken eroberten jenseits der Raab Unter-Pannonien in der Gegend
des Plattensees [192] bis zur Mündung der Drau in die Donau und unterwarfen sich sämmtliche avarische Fürsten (Häuptlinge). Wie es scheint,
unternahm Pipin zwei Feldzüge gegen die Avaren, jenen, in welchem
er Pannonien eroberte, und einen zweiten, bei welchem er auch die
Donau überschritt, die Avaren bis hinter die Theiss zurückdrängte und
die daselbst befindlichen Verschanzungen in seine Gewalt bekam.

Den avarischen Krieg beschreibt ein Zeitgenosse, Eginhard, in fol-
gender, allgemeiner Weise: Nach dem Sachsenkriege war jener der grösste,
den Carl der Grosse gegen die Avaren oder Hunnen mit grösserem Eifer
und umfassenderer Vorbereitung führte. Persönlich war er nur in einem
Feldzuge anwesend; die übrigen Feldzüge liess er durch seinen Sohn
Pipin und die Statthalter seiner Provinzen (Marken) führen. Diese
kämpften mit möglichst grosser Tapferkeit und beendigten im achten
Jahre den Krieg. Wie viele Schlachten geschlagen, wie viel Blut ver-
gossen worden, das bezeugt das menschenleere Pannonien und die Ver-
wüstung jener Gegend, wo des Khagans Wohnsitz gewesen und wo heute
von menschlicher Wohnung keine Spur anzutreffen ist. In diesem Kriege
fielen alle Edeln der Hunnen und all ihr Ruhm ging verloren. Die seit
so langer Zeit angehäuften Schätze wurden sämmtlich Kriegsbeute. Man

erinnert sich keines Krieges, in welchem die Franken sich derart berei-
chert hätten wie in diesem; bis dahin waren sie arm, allein jetzt gelang-
ten sie zu Reichthum. Die Franken aber nahmen mit Recht, was die
Hunnen vordem ungerechter Weise von anderen Völkern zusammenge-
rafft hatten." Carl vertheilte die avarischen Schätze unter seine geist-
lichen und weltlichen Grossen, bereicherte damit Klöster und Kirchen
und schickte auch eine reiche Gabe nach Rom dem neuen Papste (Leo III.)
Wie es scheint, verlor Pannonien zumeist an Einwohnern; hier wurde
also auch das Avarenthum hauptsächlich vernichtet; andernorts erhielt
sich dasselbe eher.

Während die besiegten pannonischen und (sagen wir auch die
dacischen Avaren im Jahre 796 den Franken huldigten, ging der Tudun
mit einem bedeutenden Theile der Avaren diesseits der Donau zu
Carl dem Grossen, um dem geleisteten Versprechen gemäss die Taufe
anzunehmen und kehrte dann reich beschenkt in sein Land zurück.
Carl der Grosse verfolgte die Absicht, die Avaren dem Christenthume
und seiner eigenen Oberhoheit zu unterwerfen. Die Unterwerfung und
Bekehrung konnte aber nicht ohne Rückschlag erfolgen; die getauften
Fürsten und ihre Avaren mussten entweder ihren neuen Glauben
abschwören oder sie verloren ihr Leben. Schliesslich verschwindet
allerdings jedweder Widerstand; die Avaren unterwerfen sich und nehmen
die christliche Taufe an.

V. Die Periode der fränkisch-deutschen Herrschaft.

§ 30.

Carl der Grosse wurde im Jahre 803 Herr des Avarenlandes.
Noch während des Avarenkrieges im Jahre 797 hatte Herzog Erich von
Friaul die liburnischen und dalmatinischen Slaven sowie die Croaten
unterworfen und als er zwei Jahre später bei der Belagerung von Tersat,
einer liburnischen Stadt (in der Nähe des heutigen Fiume), gefallen
war, setzte sein Nachfolger, *Kadolach*, die fränkischen Eroberungen fort.
Das Gebiet zwischen Save und Drave, insbesondere das alte Sirmium,
wurde in Hinkunft von den Griechen «*Frankenland*» (Franko-Chorion)
genannt. Als ob Carl die Politik der römischen Imperatoren befolgen
wollte, so dehnte auch er die Ostgrenze seines Reiches nicht weiter
als bis zur Donau, also über das alte Pannonien, aus. In dem westlichen Landstriche, am linken Ufer der Donau, wo einst die Markomannen und Quaden sassen, hatten sich schon seit geraumer Zeit, wie
wir wissen, (siehe oben S. 91 ff.) czechische und mährische Slaven verbreitet, die sich nach den Siegen Carl des Grossen gleichfalls aus dem
Joche der Avaren befreiten. Ihre Verhältnisse zu Carl dem Grossen,
als dieser gegen die Avaren rüstete, sind unbekannt; nur so viel ersehen
wir, dass jener Theil des fränkischen Heeres, der auf dem linken

Donau-Ufer gegen den Feind zog, ohne Hindernisse das Gebiet der Czechen und Mährer durchzieht. [19] Die Bewohner waren also bereit, Carl den Grossen in seinem Kampfe gegen die Avaren zu unterstützen. Unsere Quelle gedenkt zu dieser Zeit blos des Landes *Behaim* 'Böhmen : der Name «Mähren» erscheint im Jahre 822 zum ersten male bei den abendländischen Historikern, * woraus deutlich hervorgeht, dass das heutige Böhmen und Mähren zu jener Zeit noch eine sehr unbedeutende Rolle in den öffentlichen Ereignissen spielt, vielleicht gerade in Folge der Avarenherrschaft. Nach der Besiegung der Avaren erkennen auch diese Völkerstämme die Oberhoheit Carl des Grossen an. Man weiss nicht, wie weit sich diese Bevölkerung nach Osten ausdehnte; die heutige Bevölkerung der Nordkarpaten ist nur bis in die Zips slovakisch und es ist noch die Frage, ob die Slovaken in der That die Nachkommen der alten Mährer sind.

Um die neuerworbenen Ländergebiete dem Reiche zu sichern, errichtete Kaiser Carl die Grenzgrafschaften oder Marken und zwar wurden deren zwei, eine *östliche* und eine *südliche* Mark errichtet. Zur Ostmark («im Ostlande» gehörten Unter-Pannonien nördlich von der Drau, ganz Ober-Pannonien und die eigentliche Ostmark, das spätere «Oesterreich» mit dem Traungau. Der Hauptort derselben war zur Zeit Carl des Grossen *Lauriacum* (Lorch). Die südliche Mark war die *Friaular*, zu welcher Friaul 'Forojulium' selbst, dann Kärnten, Istrien, Liburnien, der fränkische Theil von Dalmatien und das untere Pannonien zwischen Sau und Drau gehörten. Kärnten Karantanien) umfasste nebst dem westlichen Theil der Steiermark noch Krain und den östlichen Theil von Tirol. Hauptort dieser Mark war *Aquileja*. Jede Markgrafschaft zerfiel wieder in Gaue und Untergaue. An der Spitze der militärischen und civilen Verwaltung der Markgrafschaft stand der Markgraf (oder dux, Herzog); die Verwaltung des Gaues leitete der Gaugraf (comes). Nachdem aber das Frankenreich gleich unter den nächsten Nachfolgern Carl's fortwährenden Theilungen ausgesetzt war, so begegnen wir auch in den Mark- oder Grenzgrafschaften und deren Unterabtheilungen unaufhörlichen Veränderungen.

Obgleich nun Carl der Grosse die Verwaltung der Marken den Markgrafen übertrug, so beliess er doch anfänglich den einheimischen Völkern dieser Länder ihre eigenen Fürsten, also behielten auch die unterworfenen Avaren ihre Khagane, natürlich unter der Ueberwachung des betreffenden Markgrafen. Auf solche Weise gewöhnten sich diese Völker leichter an die neue Ordnung der Dinge. Die Namen der mährischen Häuptlinge werden uns zwar noch nicht genannt; dennoch

---

* Vgl DUDIK, Mährens Allgem. Geschichte, Bd 1 82.

lesen wir, dass die Slaven die Avaren diesseits der Donau bedrängen:
weshalb im Jahre 805 der Khagan vor dem Kaiser Klage erhebt und
bittet, dass man ihm gestatten möge, sich mit seinem Volke zwischen
Sabaria und *Carnuntum* niederzulassen, da sie in ihren alten Wohnsitzen der Slaven wegen nicht verbleiben können. Der klagende Khagan
ist Christ und führt den Namen Theodor. Der Kaiser empfing ihn
gnädig, erfüllte seine Bitte und entliess ihn beschenkt in seine Heimat.
Als bald nach seiner Rückkehr Theodor starb, setzte man einen andern
Khagan ein, der eine Gesandtschaft Vornehmer zu Carl entbietet mit
dem Ansuchen, dass er ihm jene alte Würde, welche der Khagan bei
den Avaren (Hunnen) besass, verleihen möge. Carl that dies und befahl,
dass der Khagan nach altem avarischem Gebrauche die volle Würde
eines Khagans haben solle. [194] Wie es scheint, wurde dieser Khagan im
Jahre 805 im Flusse Fischa getauft und erhielt dabei den Namen
Abraham. [195] Ein bemerkenswerther Umstand ist es, dass diese Avaren
vom linken Donau-Ufer nach dem rechten gezogen waren. Dieser
Landstrich war nämlich durch den Feldzug Carl's im Jahre 796 verwüstet und entvölkert worden, darum fanden die Avaren hier Ansiede-
lungsraum. «Heerführung» und «Verheerung» ging übrigens auch später
miteinander, was schon die sprachliche Verwandtschaft beider Ausdrücke
anzeigt. Noch sei daran erinnert, dass die Gegend zwischen Sabaria und
Carnuntum schon früher als «Bojerwüste» bekannt war (siehe oben S. 44).

Die Uebersiedelung machte indess den Streitigkeiten zwischen
Avaren und Slaven kein Ende; denn der Kaiser war im Jahre 811
gezwungen ein Heer zu ihrer Beilegung zu entsenden. [196] Was die
Heerführer gethan, ist unbekannt; vielleicht überliessen sie die endgiltige
Entscheidung dem Kaiser; denn in demselben Jahre erschienen der Khagan, Tudun und andere Vornehme (primores) der Avaren und die
Fürsten der Slaven auf Geheiss der Befehlshaber jenes Heeres im
kaiserlichen Palaste zu Aachen (Aquis). Bei dieser Gelegenheit begegnen
wir zum letzten male dem «Tudun». Eine gewisse Selbständigkeit
bewahren die Avaren auch später noch einige Zeit; auf einem Reichs-
tage zu Frankfurt am Main erscheinen nämlich im Jahre 822 vor Ludwig dem Frommen auch avarische Gesandte mit Geschenken, wie das
bei tributpflichtigen Völkern Gewohnheit ist. [197] Das ist die letzte avarische Gesandtschaft, von welcher die Chroniken Erwähnung thun. Es
ist wahrscheinlich, dass es hernach keinen Khagan mehr gab, weil ein
solcher zur Leitung der christianisirten Avaren nicht mehr nöthig war. Die
Avaren dauerten aber noch als Christen und Ackerbauer fort und gleich
den übrigen Bewohnern mussten auch sie den Bodenzins (Zehent) bezahlen,
waren also der Kirche zinspflichtige Leute geworden. Aber ausser dem
zweifelhaften «Vetvár», von welchem später die Rede sein wird, kennen

wir keinen einzigen avarischen Ortsnamen; ihr Gebiet wird jedoch in dem berühmten Vertrag von Verdun im Jahre 844, ja noch bis gegen das Ende des neunten Jahrhunderts häufig «Hunnien» oder «Avarien» genannt. [198] Unter-Pannonien war im avarischen Kriege noch mehr verwüstet worden. Dort verschwanden alle Edeln der Avaren; was an gemeinem Volke vorhanden geblieben, bebaute natürlich gegen Königszins noch um 870 den Acker. [199] Die bayerischen Deutschen und karantanischen Slaven nahmen nach Belieben Grund und Boden in Besitz; am eifrigsten erwiesen sich darin die bayerischen Klöster. Der Kaiser bestätigte ihnen dann von Zeit zu Zeit diese Occupationen. «Unser Herr Grossvater Carl», so heisst es in einem Diplome Ludwig des Deutschen für Nieder-altaich, «ertheilte seinen Getreuen die Erlaubniss zur Vermehrung des Kirchenbesitzes in Pannonien Land zu nehmen und zu besitzen, was bekanntlich an vielen Orten und auch zu Gunsten dieses Klosters geschehen ist.» [200] Die Ansiedler waren also theils Deutsche, theils Slaven; letztere ebenfalls meist neu eingewandert, weil die unter den Avaren vordem sesshaften Slaven im Kriege gleich ihren avarischen Herren zu Grunde gegangen waren. Unter den neuen Bewohnern ent-wickelt sich bald ein bedeutsamer Unterschied; die Deutschen, ins-besondere die Herren und Geistlichen (Kirchen und Klöster), betrach-teten bald die Slaven als Knechte und daher kommt es, dass schon in einer Urkunde Kaiser Ludwig's des Frommen vom Jahre 828 der Name der Slaven zur Bezeichnung der Leibeigenschaft (Slaven = Sklaven gebraucht wird. [201]

In der südlichen Markgrafschaft folgte, wie erwähnt, auf Erich Kadolach 799—819), auf diesen Baldrich, der mit dem Markgrafen in der Ostmark, Gerold, gemeinsam als «Wächter der avarischen Grenze» bezeichnet wird. [202] Kadolach (Cadolaus) scheint die Slaven zwischen der Drau und Save ungewöhnlich hart behandelt zu haben: deshalb empörte sich deren Häuptling Liudewit, der zu Sissek seinen Sitz hatte. Carl's Nachfolger, Ludwig der Fromme, sendete in Folge dessen im Jahre 819 ein Heer gegen die empörten pannonischen Chorwaten. Liudewit blieb jedoch in diesem Jahre vielfach siegreich gegen die Franken und deren dalmatinischen Vasallen, den Chorwatenfürsten Borna in Dalmatien. Darum wurde im Jahre 820 ein grosser Feldzug gegen Liudewit unternommen. Und da der chorwatische Fürst Borna in Dal-matien den Franken fort die Treue bewahrte, konnte Liudewit den drei Heeren nicht lange Widerstand leisten, ja er selbst wurde im Jahre 823 von einem Verwandten des Borna, bei dem er Zuflucht gesucht hatte, getödtet. Liudewit's Nachfolger ward Ratimir oder Ratimar, dem wir noch später begegnen werden. Allein nicht nur die pannonischen und dalmatinischen Chorwaten (Croaten) hatten sich den Franken unter-

worfen, sondern auch die Slaven am Timokflusse (Timotschaner); ferner
schickten die Ostabotriten oder Branitschewzer und andere slavische
Volksstämme an der untern Donau Gesandtschaften zum Kaiser Ludwig
dem Frommen (822) und waren geneigt, fränkischer Oberhoheit zu
huldigen. Durch diesen Anschluss der niederdanubischen Slavenvölker
breitete sich das Frankenreich bis in die Nachbarschaft Bulgariens aus
und es entstand auch eben wegen dieses Anschlusses Krieg zwischen
Franken und Bulgaren. Das fränkische Reich erstreckte sich nämlich
in dem sirmischen Frankochorion bis nach Singidunum, von den slavisirten Bulgaren Belgrad (Bjelogrado, Weissenburg) genannt, wo es mit
dem Bulgarenreiche zusammentraf.

§ 31.

Wir haben oben (S. 91) gesehen, dass der vierte Sohn des Bulgarenfürsten Kubrat mit seinem Heere nach Pannonien zog und sich daselbst
unter der Oberhoheit des Khagans niederliess. Theophanes, der uns
dies berichtet, erzählt die Geschichte also: «Zwei von den Söhnen
Kubrat's überschritten den Fluss Ister oder Danuvius, der eine wendete sich nach dem avarischen Pannonien und unterwarf sich dem
Avaren-Khagan, der andere zog nach Italien etc.»[203] Der Historiker
ENGEL verstand dieses dahin, dass der vierte Sohn Kubrat's als avarischer Vasall in Pannonien blieb; dass jedoch die Gegend *zwischen der
Theiss und Maros* sein Hauptsitz wurde, wo er auch über die daselbst
wohnenden Slaven herrschte, ja, um seinen Rücken zu decken, diese
sogar von der Donau weg in die gebirgigen Theile Oberungarns übersiedelt habe.[204] Auf solche Weise, meint ENGEL, habe er ein neues
Capitel der Geschichte Ungarns, nämlich *«das Theiss-Bulgarien»* entdeckt.[205] Indess steht von alledem bei Theophanes kein einziges Wort.
Nachdem dieser Geschichtsschreiber († 817) das Pannonien Avariens
so deutlich hervorhebt,[206] darf man darunter keineswegs das avarische
Dacien verstehen. Dass damals zwischen Theiss und Maros auch schon
Slaven wohnen konnten, kann man nach Theophanes weder behaupten
noch verneinen; dass aber Kubrat's Sohn diese Slaven in die Karpaten
angesiedelt habe, ist ein deutlicher Zusatz ENGEL's. Nichtsdestoweniger
wird seine Entdeckung von den Historikern festgehalten. SCHAFARIK
schwächt dieselbe anfänglich noch etwas ab, indem er sagt, dass der
vierte Sohn Kubrat's sich in Pannonien dem Avarenkhagan unterworfen
und, *wie es scheint*, an den Ufern der Theiss und Maros angesiedelt
hätte.[207] Später behauptet er jedoch diese Ansiedelung entschiedener
und dehnt dieses Bulgarien sehr weit aus, wie wir das sogleich sehen
werden. DUDIK hält es schon für gewiss, dass eine Horde der Bulgaren

bis jenseits der Theiss gelangt sei und die hier wohnenden Avaren unterjocht habe. [208] Nach der Auflösung des avarischen Reiches flüchteten ohne Zweifel viele von den besiegten Avaren zu den Bulgaren, über welche damals 803—815 Krumus oder Kremus herrschte; denn in dessen letztem Feldzuge gegen Constantinopel (814) bestand sein Heer aus Bulgaren, Avaren und anderen Slaven. [209] Nach der Auffassung Engel's war der Sieg der Franken im Jahre 798 der Todesstoss für das avarische Reich, für das »Theiss-Bulgarien« aber der Weckruf zum Leben, da er annimmt, dass Kremus erstlich dieses »Theiss-Bulgarien« beherrschte, bis er dann unter dem Namen Krumus auch Herr über die thrakischen Bulgaren wurde. [210] Kremus wäre also bis zum Siege der Franken Unterthan, dann Beherrscher der Avaren an der Theiss gewesen, so betrachtet Engel die Sache. Woher er jedoch diese Ansicht genommen, weiss ich nicht; er selber deutet dies auch nicht an. Aus den byzantinischen Quellen ist nur bekannt, dass nach Czerigos der Bulgarenfürst Kardamus fünfzehn Jahre (785—800) mit den Kaisern in Constantinopel kämpfte und auf Kardamus folgte Krumus oder Kremus. Alle diese Fürsten eröffnen jedoch ihre Kriegszüge stets aus dem Bulgarien jenseits der Donau. Schafarik acceptirt das von Engel gefundene »Theiss-Bulgarien« und schreibt ohne Berufung auf eine Quelle, wie folgt: »Die Herrschaft des Krumus erstreckte sich auch über das östliche Ungarn und die Walachei; letztere gehörte *wahrscheinlich* vom Anbeginn zum bulgarischen Reiche; das östliche und südliche Ungarn aber gelangte erst nach der Vernichtung des avarischen Khanates (im Jahre 798) an die Bulgaren. *Es ist wahrscheinlich*, dass nach dem Falle des Avarenreiches auch die Theiss-Bulgaren sich ihren Brüdern jenseits der Donau anschlossen und dadurch vergrösserte sich das bulgarische Reich bis nach Pest und in die Berge der Mátra und Karpaten.« [211] Gemäss dieser grundlosen Annahme erklärt sodann Schafarik auch folgende Thatsachen. Krumus eroberte im Jahre 811 die Stadt Debelos am schwarzen Meere und siedelte deren Einwohner sammt ihrem Bischofe in *eine andere Gegend* (in aliam regionem) an, d. i., bemerkt Schafarik, nach Ungarn. [212] Und doch ist von einer Stadt am schwarzen Meere die Rede; weshalb dann die »andere Gegend« gerade Ungarn sein sollte, ist nicht einzusehen. — Als Krumus im Jahre 813 die Stadt Adrianopel einnahm, schleppte er eine grosse Menge Gefangener in das Bulgarien jenseits des Isters, [213] also nach Ungarn, meint Schafarik. Im Verhältniss zur Lage Adrianopels ist aber »Bulgarien jenseits des Isters« die heutige Walachei. Schafarik setzt hinzu: »Die Ansiedelung so vieler Christen, unter denen sicherlich auch Geistliche waren, beförderte ungemein das Christenthum in Bulgarien«, [214] wobei er jedoch nicht bemerkte, dass er selbst diese Aeusserung auf das transdanubische, d. i. das eigentliche Bulgarien bezog, welches auch in der That bald nachher christlich wurde, indess von dem Christenthume des vorgeblichen «Theiss-Bulgariens» kein Mensch etwas weiss. Ueber dieses «Theiss-Bulgarien» äussert sich auch DÜMMLER folgendermassen: «Aus Einem und Anderem lässt sich schliessen, dass die Bulgaren ausser ihrem eigenen Lande, das von ihnen den Namen führte, auch das alte Dacien auf dem linken Ufer der Donau in Besitz nahmen, sich also den grössten Theil des avarischen Erbes angeeignet hatten.»[215] Wir haben jedoch gesehen, dass man einen solchen Schluss nicht ziehen kann.

In neuester Zeit erwähnt noch ein Schriftsteller der Theiss-Bulgaren, indem er die Furchtbarkeit der Magyaren dadurch hervorhebt, dass er bemerkt, *selbst die mächtigen Theiss-Bulgaren seien gezwungen gewesen*, ihnen als ihren Herren Gehorsam zu leisten; und zur Bekräftigung dieser Ansicht beruft er sich auf das Werk des Constantinus Porphyrogenitus (De administrando imperio 13, 38, 40).[216] Allein Herr MÜLLER lebt entweder diesbezüglich in einer argen Täuschung oder hat die citirte Quelle nie gelesen, in welcher von «*Schwarz-Bulgarien*» (μαῦρα Βουλγαρία), d. i. von dem Bulgarien an der Wolga die Rede ist, in das die Russen einzufallen pflegten. Eines Theiss-Bulgariens gedenkt Constantin mit keinem Worte.

Es ist in der That interessant zu untersuchen, was ENGEL zu einer solchen Interpretation der citirten Stelle des Theophanes veranlasst haben konnte; denn alle übrigen Historiker folgen nur ENGEL oder SCHAFARIK. ENGEL wurde *durch die heutige Existenz der Walachen in den Theilen diesseits der Theiss* auf jene Erklärung des Theophanes geleitet. «Die Byzantiner», sagt er, «versetzten die neuen Ansiedelungsorte in das Bulgarien jenseits des Isters, d. i. in die *Gegend an der Theiss*. Ich glaube nicht zu irren, wenn ich annehme, dass auf diese Weise zahlreiche Dako-Romanen, die in Adrianopel und sonst in Thracien wohnten, nach Ungarn und Siebenbürgen gelangt sind und von diesen Colonien stammen die heutigen Walachen in Ungarn und Siebenbürgen ab.»[217] Allein diese Annahme widerlegt die walachische Sprache selbst, die erst nach der Slavisirung und Christianisirung der transdanubischen Bulgaren sich jenseits der Donau gebildet und darum von diesen Bulgaren auch die cyrillische Schrift angenommen hat. Wenn die von Krumus hierher angesiedelten Dako-Romanen die Vorältern unserer heutigen Walachen gewesen wären; dann würden diese nicht nur die lateinische Schrift beibehalten, sondern namentlich in Siebenbürgen auch die Traditionen an die Römerzeit erneuert und fortgesetzt haben, wovon jedoch keine Spur zu entdecken ist.

Was bezeugen also die byzantinischen Chroniken; denn die abendländischen Schriftsteller reichen noch nicht bis hierher? Sie bezeugen, dass in der Mitte des siebenten Jahrhunderts sich die Bulgaren in Pannonien, d. i. (für uns) in Ungarn jenseits der Donau unter avarischer Oberhoheit niedergelassen haben und alsdann mit den Avaren völlig verschmolzen sind; denn zur Zeit der Eroberung Carl des Grossen erscheinen hier keine Bulgaren. Auch darüber besitzen wir historische Zeugnisse, dass die Bulgaren nicht in die Gegenden an der Theiss, sondern in die heutige Walachei ihre griechisch-romanischen Gefangenen geschleppt haben. «In den Tagen des Theophilus war Kordyles Statthalter in Macedonien. Dieser liess seinen Sohn Wardas unter den macedonischen Gefangenen jenseits der Donau (in der heutigen Walachei : er selbst begab sich nach Constantinopel, um dem Kaiser seine Absicht zur Befreiung der Gefangenen mitzutheilen. Damals war Krumus' Sohn, Waldimer, Fürst der Bulgaren. Diese wollten die Heimführung der Gefangenen verhindern und baten die *Ungarn* um Hilfe. Mittlerweile langten aus Constantinopel die Schiffe für die *Gefangenen* an (die Schiffe kamen also zur See in die Donau nach dem östlichen Theile der heutigen Walachei). Aber plötzlich erschienen daselbst die *Hunnen* in grosser Anzahl und erklärten, die Macedonier könnten gehen, wohin sie wollten, doch müssten sie all ihre Habe zurücklassen. Nachdem die Macedonier darauf nicht eingingen, ergriffen sie die Waffen und vertrieben die *Türken*.»[218] Dies geschah im Jahre 836. Daraus ist ersichtlich, dass die macedonischen Gefangenen in der That nach der heutigen Walachei geschleppt worden waren, von wo sie zu Schiffe auf der Donau und dem schwarzen Meere in die Heimat flüchten wollten. Wir können darum getrost annehmen, dass die Bulgaren ihre Gefangenen auch zu anderer Zeit dahin brachten, weil dieses Gebiet ihnen nahe lag und der Verkehr mit demselben für sie jederzeit ungehindert war. Gegen die Theiss zu wäre das kaum der Fall gewesen; denn hier trafen sie auf dem Wege ihre westlichen Nachbarn, die Serben, welche ihnen entgegen treten konnten. Die obcitirte Stelle des Leo Grammaticus setzte ich übrigens auch deshalb wörtlich hierher, weil in derselben die Magyaren zum ersten Male mit sämmtlichen drei Namen: *Ungarn, Hunnen* und *Türken*, womit sie bei den Byzantinern benannt werden, aufgeführt sind.

Mit historischer Gewissheit kann man nicht angeben, was jenseits der Theiss und in Siebenbürgen während der fränkisch-deutschen Herrschaft in Ungarn geschehen ist. Nur aus den Ortsnamen lässt sich folgern, dass jene Landestheile allmälig und unbemerkt von Slaven besetzt wurden. Es verdient die grösste Beachtung, dass von den römischen Ortsnamen in ganz Dacien kein einziger erhalten blieb,

was ein völliger Beweis davon ist, dass die römische Tradition gänzlich
erloschen war. Weiters bezeugt dieser Umstand aber auch, dass die
römisch oder lateinisch redende Bevölkerung, die Aurelianus etwa
zurückgelassen hatte (siehe oben S. 49), in der Zeit der aufeinander
folgenden Gothen-, Hunnen-, Gepiden- und Avarenherrschaft derart
umgestaltet wurde, dass sie auch nicht die kleinste Erinnerung an die
Römerzeit bewahrte, sondern deren zahlreiche Denkmale gleichgiltig
und ohne Verständniss betrachtete. Auch die vorrömischen, dakischen
Namen lebten nicht wieder auf, ein entscheidender Beweis von dem
gänzlichen Verschwinden der Dacier nach der Römerperiode. Auf den
Trümmern der dakischen Hauptstadt *Sarmizegethusa* und der römischen
Ulpia Trajana steht heute am Fusse des herrlichen Retyezát ein walachisches Dorf, dessen einer Name, Gredistye, slavischen, der andere,
Várhely, magyarischen Ursprunges ist, beide Namen bedeuten so viel
als «Burgflecken». Die walachischen Bewohner von heute umgrenzen
ihre Gärten mit Bruchstücken römischer Steine und Ziegel; ihre
Schweine fressen aus Trögen von römischem Mosaik und ihre Kinder
spielen auf den begrasten Mauern des römischen Amphitheaters;
welch ein Wandel in den ethnographischen Verhältnissen und zugleich
welch vielsagender Beweis von der tiefgehenden Veränderung in der
ursprünglichen Bewohnerschaft Daciens! Die dakische Bevölkerung
würde den Namen «Sarmizegethusa», die römische «Ulpia Trajana»,
forterhalten haben; «Gredistye» stammt von Slaven, die weder von den
Daken, noch von den Römern etwas wussten; die heutigen rumänischen oder walachischen Einwohner aber bekamen die letztere Benennung von den Slaven. Nach dieser Disgression, welche wir des vorgeblichen «Theiss-Bulgariens» wegen machen mussten, kehren wir abermals
zur Fortsetzung unserer historischen Erörterung zurück.

Wir haben gesehen (siehe oben S. 106), dass nicht nur die
Croaten, sondern auch die am Timok (Grenzfluss zwischen Serbien und
Bulgarien) wohnenden Bodriczen und Kutschanen sich von den Bul-
garen lossagten und im Jahre 818 den Franken anschlossen.[219] Der
erwähnte Borna war auch mit seinen Kutschanen von den Bulgaren zu
den Croaten in die Nähe der Franken gezogen.[220] Der bulgarische
Fürst Mortagon oder Omortag wollte die Abtrünnigen zurückbringen.
Deswegen flechten diese im Jahre 822 und 824 bei Kaiser Ludwig dem
Frommen um Hilfe. Es verkehrten auch in den Jahren 824 und 826
Gesandte zwischen dem Kaiser und den Bulgaren; allein die Einigung
kam nicht zu Stande. Demzufolge brachen die Bulgaren im Jahre 827
auf der Drave in Pannonien ein und vertrieben die fränkischen Beamten.
Der Kaiser entsetzte zwar deshalb den Nachfolger Kadolach's, Balderich,
im Jahre 828 seines Amtes; aber die Bulgaren wichen durch mehrere

Jahre nicht. Dennoch macht sich *Ratimir* oder *Ratimar*, der Nachfolger
des Liudewit, unabhängig von den Bulgaren um 836) und sowohl die
Slaven als auch die Bulgaren leben in den Jahren 842 und 852
in gutem Einvernehmen mit Ludwig dem Deutschen (dem Sohne
Ludwigs des Frommen). Als der zweite Nachfolger Mortagon's, Bogoris
oder Boris, Christ geworden war (im Jahre 859), wobei er den
Namen «Michael» angenommen hatte, entwickelte sich zwischen Bulgaren und Franken ein ganz neues Verhältniss. Die bisher erzählten
Vorfälle geschahen an den Ufern der Save und Drau, also in Pannonien,
nicht in Dacien.

§ 32.

Die erobernden Römer brachten ihre staatliche und gesellschaftliche Ordnung den unterjochten Völkern, welche dadurch mehr weniger
romanisirt wurden. Die erobernden Franken besassen keine eigenthümliche Civilisation: sie ahmten jedoch die Römer darin nach, dass sie
den christlichen Glauben unter die von ihnen besiegten Völker verbreiteten. Ihre Eroberungen gingen daher Hand in Hand mit der
Bekehrung zum Christenthume; dies beweisen nicht blos die Kriege
der Franken gegen die Sachsen, sondern auch ihre Kämpfe mit den
Slaven und Avaren. Schwert und Kreuz traten hier stets vereint auf.
Alte Grenznachbarn der Avaren und Slaven waren die Bayern (Bagoa-
ren, Bavuaren); bei diesen war das Christenthum der Frankenherrschaft vorangegangen. Zur Zeit des Fürsten Theoto (um 696) begann
der heilige Rupert, Bischof von Worms, die Verbreitung des Christenthums unter den Bayern und nachdem er vernommen, dass am Ivar-
flusse (die heutige Salzach) in Juvavum sehr schöne alte Gebäude
wären (auch in Norikum war die Erinnerung an die Römerzeit gänzlich
erloschen) und er den Ort persönlich besichtigt hatte, liess er sich
denselben vom Fürsten schenken. Dort erbaute er zu Ehren des heiligen
Petrus eine Kirche und stiftete so das Bisthum von Juvavum oder
Salzburg. Als im Jahre 796 Pipin, der Sohn Carl des Grossen, das
transdanubische Avarien von der Raab bis zur Drau unterworfen hatte,
«übertrug er kraft der ihm verliehenen Gewalt das hunnische und slavische Volk der Fürsorge und dem Unterrichte des Bischofs Arno von
Juvavum, bis sein Vater eine andere Verfügung treffen würde», also
berichtet eine Geschichtsquelle.[221] Carl kam im Jahre 803 nach Bayern
und bestätigte die Verleihung seines Sohnes, ja er erklärte selbe für
unabänderlich.[222] Demgemäss wetteiferte Arno mit Paulinus, dem
Bischofe von Aquileja, in der Bekehrung der Avaren und Slaven.
Zwischen dem salzburgischen und aquilejischen Bisthum bildete die

Drau die Grenze ; [223] ostwärts erstreckten sich beide Diöcesen bis an die Grenze des fränkischen Reiches, d. i. bis zur Mündung der Drau und Save in die Donau. Aber die alte Hauptstadt Pannoniens, Sirmium im sogenannten «Frankenlande» (Frankochorion), lebte nicht wieder auf, wiewohl sie im vierten Jahrhundert der Sitz eines Erzbischofs und nicht selten der Aufenthalt der Kaiser gewesen und darum auch der sirmische Erzbischof nach der Metropolie in Illyricum gestrebt hatte. Die Bedeutung dieser Stadt war zu jener Zeit um so grösser, als man den heiligen Andronikus, den Gefährten des Apostels Paulus, für den ersten Bischof von Sirmium hielt. Nachdem aber die Hunnen unter Attila die Stadt erobert hatten und diese nach einigem Wiederaufleben später in die Hände der Gepiden und endlich im Jahre 582 in die Gewalt des Avarenkhagans Bajan gerathen war (wobei ihre Bewohner, also auch der Bischof, die Stadt verliessen), konnte sie sich nicht wieder erholen. [224]

Das Bisthum Salzburg wurde zur Zeit Carl des Grossen zum Erzbisthum erhoben ; zwischen diesem und dem Passauer Bisthum wurde im Jahre 829 der Raabfluss zur Grenze bestimmt. [225] Die Salzburger Erzdiöcese umfasste also in Avarien oder Nieder-Pannonien das Land von der Raab bis zur Drau ; zum Passauer Bisthum aber gehörte das Gebiet vom nordwestlichen Ufer der Raab angefangen soweit, als im Westen Ungarns jenseits der Donau sich die Macht der Avaren erstreckt hatte. Die weiteren Theile dieser Diöcese umfassten Oesterreich und Mähren diesseits der Donau, doch war in letzterem Lande das Recht der Passauer Kirche unbestimmt.

Hier (in Mähren) treten um das Jahr 830 zwei Männer in hervorragender Weise auf den historischen Schauplatz: *Priwina* in Neitra (Nitrawa) und Mojmir oder Mojmar jenseits der March (Morawa) mit unbekanntem Aufenthaltsorte ; es sind die ersten mährischen Häuptlinge, deren Namen die Geschichte kennt. [226] Allein wir treffen sie auch sogleich in Zwietracht. Priwina flüchtet sich zu Radbod, dem Markgrafen in der Ostmark. Dieser stellt ihn dem Könige Ludwig vor, lässt ihn im Christenthum unterrichten und taufen. Adalram, Erzbischof von Salzburg, dessen Suffragan der Passauer Bischof war, consecrirte eine Kirche in Neitra, [227] die somit die erste christliche Kirche unter allen nordwestlichen Slaven, also auch in Ungarn diesseits der Donau war. Man weiss nicht, weshalb Priwina mit seinem Sohne Kozel sich auch von Radbod erstlich zu den Bulgaren und von diesen zu *Ratimir* oder *Ratimar* flüchtete. Gegen diesen schickte der bayerische König Ludwig im Jahre 838 ein Kriegsheer ; denn Ratimir scheint nach Unabhängigkeit gestrebt zu haben. Priwina und dessen Sohn mussten neuerdings die Flucht ergreifen und zwar flohen sie zu Salacho, dem Grafen in Karantanien. Dieser versöhnte sodann den Mährerfürsten sowohl mit Radbod als mit dem Könige. Bei Letzterem gewann der umhergetriebene Priwina besondere Gunst und König Ludwig überliess ihm zur Nutzniessung in beneficium' einen Theil von Nieder-Pannonien[228] am Flüsschen Zala oder Szala. Priwina nahm daselbst seinen Wohnsitz, erbaute am Szalaflusse in einem waldigen Sumpfe eine Veste munimen', in die er von allerwärts Einwohner sammelte. Um die Burg herum entstand allmälig eine Stadt, die anfänglich «Priwina-Stadt» civitas Privinae', später *Mosapurk* genannt wurde. Als eifriger Christ erbaute Priwina in seiner Stadt drei Kirchen, eine durch Bauleute, die ihm der Erzbischof von Salzburg geschickt hatte. Ausserdem liess er Kirchen erbauen zu *Salapiug* 'Salabug', Dudleipi, Ussiti, Businica, Pettau ad Bettoviam', Stepilberg, Lindolfskirch, Keis, Wiederhers- oder Weitersherrs-kirch, Isangrims-kirch, Beatus-kirch, Ottakars-kirch, Paldmunts-kirch und «ad Quinque Basilicas», anders «Quinque Ecclesiae», also im heutigen Fünfkirchen (magyarisch «Pécs»).[229] König Ludwig war mit dem Verhalten Priwina's derart zufrieden, dass er im Jahre 848 demselben als Eigenthum verlieh, was er ihm vordem blos zur Nutzniessung überlassen hatte, mit Ausnahme der Besitzungen, welche der Salzburger Erzbischof dort hatte.

Mojmir war nicht so treu als Priwina, darum führte Ludwig im Jahre 846 ein Kriegsheer gegen denselben, brachte den Mojmir in seine Gewalt und setzte anstatt seiner dessen Neffen Rastiz oder Rastislaw ein, der seinen Oheim verrathen hatte. Aber Ludwig musste bald darauf, im Jahre 855, auch gegen Rastiz das Schwert ergreifen, doch mit wenig Erfolg. Im Jahre 856 übertrug der König die Ostmark seinem Sohne Carlmann, der sich jedoch gegen seinen Vater empörte und mit Rastiz ein Bündniss schloss. Vielleicht mochten die Empörer den getreuen Priwina als ein bedrohliches Hinderniss betrachtet haben; denn im Jahre 859 wurde Priwina von den Mährern ermordet. Sein Sohn Kozel suchte Schutz bei dem Könige und wurde im Jahre 861 der Nachfolger seines Vaters, doch nicht in dessen ganzem Besitzthum, da ein Theil davon als Gau Dudleipa abgetrennt wurde. [230] Bei Kozel in Mosapurk verweilte noch im Jahre 865 zu Weihnachten der Salzburger Erzbischof Adalwin, der in diesem Jahre auch eine Kirche dort consecrirte. Adalwin konnte sagen, dass «die Kirche zu Salzburg schon seit 75 Jahren die pannonischen Kirchen leite, als ein Grieche namens Methodius die slavische Schrift erfand und die lateinische Sprache, die Wissenschaft der römischen Kirche, die lateinischen Briefe des Papstes sowie das Ansehen Derer, welche die Messe, das Evangelium und den Gottesdienst in lateinischer Sprache lesen und halten, mit seiner aufgeblasenen Philosophie bei dem slavischen Theile des Volkes verächtlich machte.»[231]

Das Herzog- oder Fürstenthum (ducatus) Priwinas und Kozels, denn also wurde es genannt, ist ein wichtiges Moment für die Ethnographie Ungarns. Die Grösse dieses Territoriums lässt sich daraus erkennen, dass einerseits Pettau (Bettovia) an der Drau in der heutigen Steiermark, anderseits Fünfkirchen (ad Qulnque Basilicas oder Quinque Ecclesiae) im jetzigen ungarischen Comitate Baranya innerhalb seiner Grenzen lagen. Die Gegend am Szalaflüsschen bildete den Kern des Fürstenthums. Die hier ansässig gewesenen Avaren hatte der Markgraf Erich im Jahre 796 besiegt und Carl des Grossen Sohn, Pipin, bei seiner Rückkehr vom Feldzuge an der Theiss in demselben Jahre die zwischen der Raab und Drau, also in der Gegend des Pelissa- oder (Platten-) See's wohnenden Avaren und Slaven der geistlichen Fürsorge der Salzburger Kirche anvertraut. Die unter den Avaren wohnenden Slaven geriethen also jetzt mit ihren einstigen Herren in denselben politischen und socialen Zustand, ja, wie es scheint, wurden sie, entweder in Folge der gleichmässigen Kleidertracht oder weil sie ebenfalls Heiden waren, für identisch mit den Avaren gehalten.. Zahlreich war das übriggebliebene Volk keineswegs; denn wir lesen, dass nach den vertriebenen Hunnen, d. i. Avaren, die einwandernden Slaven hier und dort ihre Wohnungen aufzuschlagen begannen. [232] Mit den Geistlichen und Klöstern der Salzburger Bischöfe zogen auch bayrische Deutsche in diese Gegenden und vermehrten sich daselbst so sehr, dass, nach den Kirchorten zu schliessen, sie fast die Majorität ausmachten. Unter diesen Namen befindet sich auch « Salapiug » = *Salabug*. Zur Zeit der Römer gab es auch eine Stadt *Flexum* oder *ad Flexum* an der Leitha; der Name stammt offenbar von der Gestalt des Flusses. Auf dieselbe Weise bildete sich bei den bayrischen Deutschen der Name «Salabug» = «Bug, Biegung der Sala»; wie es z. B. auch heute im Szolnoker Comitate jenseits der Theiss zwischen Vársány und Martfü einen Ort *Tiszahajlat* (= Theiss-Bug) gibt. — Das Szalaflüsschen fliesst von « Szalafej » (= Kopf, Ursprung der Szala) angefangen, bei «Szalalövö» (Szala-Schützen) und « Szala-Egerszeg» bis « Szalabér » nordöstlich; hier bildet es eine Biegung oder Krümmung von Norden nach Süden und wendet sich nach Szent-Grót, Szala-Szent-László, Szalaapáti und Szalavár, bis es in dem Sumpfe des Plattensees verschwindet. Das alte « Salabug » stand demnach unfraglich an der Stelle des heutigen Szalabér. Priwinas Stadt wurde später *Mosapurk*, d. i. im Althochdeutschen = *Morburg* genannt. [233] Auch dieser Ortsname ist der moorigen, sumpfigen Beschaffenheit der Umgebung entlehnt. Moor oder Morast heisst im Magyarischen « sár », daher die magyarischen Ortsnamen: «Sárvár» (= Koth- oder Morastburg), « Sár-vásár » (= Kothmarkt), « Sárszeg » (= Kothwinkel), « Sár-sziget » (= Moorinsel), « Sár-rét » (= Kothwiese),

«Sár-vize» (= Moor- oder Sumpfwasser) u. s. w. «Mosapurk» oder
«Moorburg» ist also im Magyarischen = Sárvár, gewöhnlich «Szalavár».
Von den in der Gegend angesiedelten Slaven stammt der Name des
«Platten-Sees»; slavisch «blato» = Sumpf oder Morast: im Magyarischen wird der See «Balaton-tava» = «Sumpf-See» genannt. Der Verfasser der «Conversio Bagoariorum» gebraucht (um 871) noch das lateinische «Pelissa»; das «balaton» der Bauern war noch nicht in die
Schriftsprache des Lateinischen aufgenommen.* Die Namen «Moorburg»
und «blato» beweisen zugleich, dass die Bevölkerung der Städte bay-
risch-deutsch, die des offenen Landes aber slavisch war. Indess wollen
wir uns erinnern, dass Kaiser Galerius die Moräste und Gewässer des
Pelso-Sees ableiten liess (vgl. oben S. 62); die Ueberreste davon sind
der Sumpf «Sárrét» und die «Sárviz» im heutigen Stuhlweissenburger
Comitate. — Die übrigen deutschen Ortsnamen, als: Stepilberg, Lindolfskirch, Wiederhers- oder Weitersherrskirch, Isangrimskirch, Beatus-
kirch, Paldmuntskirch sind zahlreicher als die Nichtdeutschen: Dudleipi, Ussiti, Businica. Bemerkenswerth ist noch «ad Quinque Basilicas»
oder «Quinque Ecclesiae». Selbst in Mosapurk waren nur drei Kirchen;
hier nun beurkundet der Name fünf Kirchen; die Ursache wissen wir
nicht. Nur sei noch erwähnt, dass sowohl in dem Deutschen «Fünfkirchen» wie in dem ungarischen «Pécs» (vom slavischen «pet» = fünf)
die Erinnerung an die Fünfzahl vorhanden ist. Endlich beweist der
Name «Pécs», dass auch dieser Ort von Slaven bewohnt war.

Der heutige Name des Platten-Sees stammt also aus der Zeit Priwinas
und Kozels (840—870) und gelangte von da zu den Magyaren: um so
merkwürdiger ist es, dass der magyarische Name des Neusiedler-Sees
Fertö) weder slavisch noch deutsch, sondern ungarisch ist. In dessen
Umgebung hatten sich die Avaren am längsten erhalten, so dass unmittelbar nach ihnen die Magyaren folgen konnten. Ob die Avaren wohl
dem schönen See keinen Namen gegeben hatten und derselbe bis zur
Niederlassung der Magyaren unbenannt geblieben war? Oder ob das
Wort «fertö» von den Avaren herstammt? Der Name «Vetvár» wird
an seiner Stelle ganz ähnliche Fragen hervorrufen.

§ 33.

Das siebente Jahrzehent des 9. Jahrhunderts zeigt eine eigenthüm-
Bewegung auf dem Gebiete der Religion und Kirche. Die Fürsten

---

* Etwa siebzig Jahre später finden wir jedoch diesen Namen schon bei dem Griechen Constantinus Porphyrogenitus, der von Venedig sagt, dass dessen Stelle früher leer,
unbewohnt und sumpfig (= baltodes ῥιλτώδηϛ) gewesen sei. Vgl. «De Admin. Imperio»
in der Bonner Ausgabe, p. 123 Bei diesem Schriftsteller kommen übrigens noch andere
slavische Bezeichnungen vor, z. B. voevod, zakon, kral, župan (zupan) und andere.

der Chazaren an den Gestaden des Azow'schen Meeres, die Mährer und die Bulgaren jenseits der Donau senden um Priester, damit diese ihre Völker im christlichen Glauben unterrichten. Mit diesem Verlangen ist aber bei den Mährern und Bulgaren ein gewisses politisches Ziel verbunden, was sich von den Chazaren nicht behaupten lässt. Diese Letzteren sahen nämlich in jener Zeit ihre Macht durch Niemanden bedroht.

Unter den Chazaren hielten sich jüdische, mohammedanische und christliche Glaubensprediger auf; der Khagan wendete sich nun direct an den Kaiser Michael III. in Constantinopel und bat um vertrauenswürdige christliche Lehrer. Zu der selben Zeit hatten zwei Brüder aus Thessalonich, Constantin und sein älterer Bruder Methodius, grossen Ruf erlangt. Der Kaiser sandte deshalb den Constantin in Begleitung seines Bruders zu den Chazaren. Constantin hielt sich um das Jahr 860 in der Stadt Cherson auf, um die chazarische Sprache zu erlernen, damit er um so erfolgreicher wirken könne. Der Khagan entliess ihn dann im Jahre 862 mit grossem Lobe nach Constantinopel zurück, gleichwohl trat er (der Khagan) zum Judenthum über.

Zur selben Zeit trafen die Gesandten des Rastislaw und Swatopluk in Constantinopel ein und sprachen nach der Legende also zum Kaiser: «Durch die Gnade Gottes befinden wir uns wohl. Es kommen aber zu uns christliche Lehrer aus Italien, Griechenland und Deutschland und lehren uns auf widersprechende Weise. Wir sind einfache slovenische Leute und haben Niemanden, der uns in der Wahrheit unterrichte und uns den Sinn (der Schrift) erkläre. Wir bitten Dich deshalb, Herr, sende uns einen solchen Mann, der uns alle Wahrheit lehre.» [234] Der Kaiser forderte Constantin auf, zu den Mährern zu gehen. Er konnte keinen tauglichern Mann finden. Da die Umgebung von Thessalonich slavische Bevölkerung hatte, so erlernten auch die Griechen in der Stadt die slavische Sprache; dazu kam, dass Methodius ein slavisches Amt bekleidet hatte, [235] bevor er seinem jüngern Bruder ins Kloster gefolgt war. Constantin, durch die Erfahrung bei den Chazaren belehrt, erkannte, dass er ohne eine Schrift nicht reussiren werde und stellte noch in Constantinopel ein slavisches Alphabet zusammen. Zugleich begann er die Uebersetzung des Evangeliums Johannes ins Slavische. So vorbereitet begab er sich mit Methodius im Jahre 862 zu Rastislaw. Dieser und sein Neffe Swatopluk hatten zwar auch nach Rom um Lehrer geschickt, von daher jedoch keine erhalten. Die mährischen Fürsten waren nämlich bemüht, entweder vom Papste oder aus Constantinopel christliche Lehrer zu gewinnen, um auf diese Weise dem Einflusse des deutschen Episcopats, wodurch die Abhängigkeit vom deutschen Königthume befördert wurde, zu entgehen. Indem

Constantin und Method auch der slavischen Sprache kundig waren, fand man in ihnen eben die gewünschten Männer. Diese sammelten auch allsogleich Schüler und predigten allerorten. Da sie jedoch der oberhirtlichen Vollmacht entbehrten, so begaben sie sich im Jahre 867 nach Rom. Auf ihrer Reise verweilten sie auch bei Kozel, wo sie fünfzig Schüler in slovenischer Sprache unterrichteten. Sie kamen nach dem Tode des Papstes Nicolaus I. († 14. November 867) in Rom an.

Unterdessen schickte der Bulgarenfürst Bogoris, der im Jahre 859 in der Taufe, vielleicht nach Kaiser Michael III., den Namen Michael erhalten hatte, im Jahre 866 sowohl an den Papst Nicolaus I. wie an Ludwig den Deutschen Sendboten um christliche Lehrer. Nicolaus beeilte sich zwei Bischöfe nach Bulgarien zu schicken mit mündlicher Instruction und schriftlicher Antwort auf jene Fragen, welche der Bulgarenfürst dem Papste vorgelegt hatte. [236] König Ludwig sandte den Passauer Bischof Ermenrich nach Bulgarien (denn die Erwerbung einer neuen Provinz vermehrte stets Einfluss und Einkommen); als dieser aber die Sendlinge des Papstes daselbst fand, kehrte er zurück. Allein auch der Papst konnte die Bulgaren nicht gewinnen. Indem er zögerte, ihnen sogleich einen Patriarchen zu geben (das wünschte aber der bulgarische Fürst, um von Constantinopel unabhängig zu sein), noch die gewünschte Person zum bulgarischen Bischof erheben wollte, wendete sich Fürst Michael durch denselben Peter, der in Rom sein Gesandter war, an die Synode in Constantinopel und vereinigte sich schon am 16. März 870 mit der orientalischen Kirche, welche der Patriarch Photius (seit 855) von der römischen Kirche getrennt hatte (Schisma). — In unseren Tagen, also 1000 Jahre später, herrscht in Bulgarien abermals Bewegung und Neigung zur römischen Kirche zurückzukehren oder sich wenigstens vom Patriarchate in Constantinopel unabhängig zu machen.

Nach Nicolaus I. bestieg Hadrian II. den päpstlichen Thron. Dieser billigte nicht nur die Lehrthätigkeit der Brüder Constantin und Methodius, sondern auch die Uebersetzung der Bibel ins Slavische. Am 6. Jänner 869 weihte er beide Brüder zu Bischöfen; damals nahm Constantin den Namen Cyrillus an, daher nennt man die von ihm erfundene Schrift die »cyrillische«. Als aber Cyrillus bald darauf starb, schuf der Papst für Method ein neues Bisthum, das pannonische, wodurch das alte sirmische Bisthum wieder aufleben sollte. Zum ersten Erzbischofe dieses wieder errichteten Kirchensprengels ernannte er den Method mit der Vollmacht, die Messe in slavischer Sprache lesen zu können; nur müssen jedesmal Epistel und Evangelium zuerst in lateinischer Sprache gelesen werden. Jetzt berief Kozel den Methodius aus Rom zu sich und Letzterer begann auch im Jahre 870 in Pannonien, d. i. in Kozels Fürstenthum seine Wirksamkeit. Vielleicht kennen wir

nicht alle daselbst vorhanden gewesenen Kirchen; so viel Namen derselben wir aber kennen, so war die Mehrzahl davon deutsch. Es ist
daher begreiflich, dass die deutschen Geistlichen, die dem Salzburger
Erzbischofe unterstanden, zögerten, das Erzbisthum des Methodius,
insbesondere die slavische Liturgie anzuerkennen; ja es erhob sich eine
offene Opposition. Ebenso begreiflich ist es, wenn die bayrischen
Bischöfe diese Bewegung unterstützten. Es hielten auch in Gegenwart
des Königs der Salzburger Erzbischof Adalwin, die Bischöfe Ermenrich von Passau, Hanno von Freisingen u. A. eine Synode ab, zu der
auch Methodius einberufen ward. Da dieser nicht gutwillig weichen
wollte, so warf man ihn ins Gefängniss und hielt ihn zwei und ein halbes
Jahr lang gefangen. Mittlerweile schickten die bayrischen Bischöfe eine
Beschwerdeschrift an den Papst Johann VIII. und übergaben dem Könige
im J. 873 jene Schrift, welche Adalwin über die Bekehrung der Bayern und
Karantanen hatte abfassen lassen. [237] Adalwin starb den 14. Mai 873,
Ermenrich am 2. Jänner 874; [238] mit ihnen schieden die beiden grössten
Gegner des Methodius aus der Welt. Unterdessen hatten sich auch die
politischen Verhältnisse sehr verändert.

Swatopluk verbündete sich im Jahre 870 mit Carlmann, dem
ältesten Sohne des Königs Ludwig und verrieth seinen Oheim Rastislaw,
den er in Fesseln nach Regensburg schickte. Der Kaiser liess diesem
grausamerweise die Augen ausstechen und ihn in ein Kloster sperren; Carlmann verwüstete aber Mähren und nahm auch den fürstlichen Schatz mit
sich. Swatopluk wurde tributärer Fürst des fränkischen Reiches. Als er
aber bei den Franken gleichfalls in Verdacht kam, führte man auch ihn
gefangen nach Regensburg, von wo er dann mit einem deutschen Kriegsheere nach Mähren zurückkehrte; denn es war zwischen den Mährern und
Deutschen ein Aufstand ausgebrochen, den er zu dämpfen versprach.
Allein der schlaue Swatopluk verband sich mit den Aufständischen.
liess die Führer des deutschen Heeres meuchlings ermorden und dieses
selbst vernichten. Deshalb entbrannte ein Krieg, in welchem Swatopluk
Sieger blieb; der im Jahre 874 zu Forchheim geschlossene Vertrag
beliess ihn in seiner Macht. Um dieselbe Zeit starb Fürst Kozel. Sein
Land kam an Carlmann zurück, der es seinem Sohne Arnulf übertrug;
dieser besass es noch im Jahre 884 ungestört. Auf solche Weise gelangte
das Szalader Fürstenthum von den slavischen Herrschern wieder unter
die Herrschaft der Franken.

Nach dem Abschlusse des Forchheimer Vertrages vertrieb Swatopluk die deutschen Geistlichen und übertrug an den aus deutscher
Gefangenschaft befreiten Methodius alle mährischen Kirchen. Methodius lehrte von 874—885 und setzte auch die Uebertragung der heiligen Schrift fort, worin ihn seine slavischen Schüler unterstützten.

Indessen beschuldigten ihn die deutschen Bischöfe im Jahre 878 in Rom der Ketzerei, weil er nicht das »filioque« singe. [239] Der Papst lud deshalb den Methodius im Jahre 879 vor sich und dieser ging mit einem Günstlinge Swatopluks, mit Wiching, dahin. Schon im folgenden Jahre (880) kehrte er siegreich als neubestätigter Erzbischof, Wiching aber, sein geheimer Gegner, als Bischof von Neitra, nach Mähren zurück. Die Messe konnte er auch fernerhin slavisch singen; wenn es aber der Fürst oder jemand Anderer wünschen sollte, so war er verpflichtet, dieselbe auch lateinisch zu halten. Swatopluk scheint nämlich die lateinische Messe vorgezogen zu haben. Papst Johann VIII., der Methodius wohlgesinnt war, wurde im Jahre 882 ermordet; sein Nachfolger war Stefan V. Im Todesjahre des Methodius ging Wiching abermals nach Rom und brachte von dort ein angeblich gefälschtes Breve mit, welches die slavische Messe verbietet; denn diese dürfe nur in der griechischen oder lateinischen, nicht aber in einer barbarischen Sprache gesungen werden; predigen sei jedoch auch in dieser Sprache erlaubt. Und der wankelmüthige Swatopluk vertrieb im Jahre 886 die slavischen Priester, namentlich die Schüler des Methodius, Gorazd, Clemens u. s. w., welche auch die heiligen Schriften in slavischer Sprache mit sich nahmen. Die Vertriebenen flüchteten zu dem Bulgarenfürsten jenseits der Donau, in dessen Reich sie die aufkeimende slavische Literatur fortsetzten. Auf solche Weise nahm das wiedererstandene pannonische Bisthum und die slavische Liturgie in Ungarn und Mähren ein rasches Ende. Von den heiligen Schriften ist keine einzige übrig geblieben; ja selbst die Existenz und der Ruf von Methodius war derart in Vergessenheit gerathen, dass man im 14. Jahrhundert auf literarischem Wege das Andenken der beiden Slavenapostel wieder ins Bewusstsein bringen musste. [240]

§ 34.

Im fränkisch-deutschen Reiche sank das herrschende Geschlecht, d. i. die Nachkommen Carl des Grossen in Folge der fortgesetzten Zwietracht immer tiefer. Arnulf, der illegitime Sohne Carlmanns, seit Kozels Tode Herrscher in Pannonien, intriguirte gegen seinen Oheim, Carl den Dicken. Swatopluk neigte sich bald auf diese, bald auf jene Seite. Im Jahre 883 stand er zur Partei des Kaisers gegen Arnulf und verwüstete Pannonien aufs grausamste: dasselbe wiederholte er im nächsten Jahre (884) im Vereine mit dem chorwatischen Fürsten Braslaw, der zwischen der Drau und Save herrschte. Sie wütheten von der Raab bis zur Enns »gleich Wölfen«. Carl der Dicke ging in seinem Zorne gegen Arnulf so weit, dass er im selben Jahre 884 den Swatopluk in Treue nahm und ihm den grössten Theil Pannoniens als Lehen übertrug. Braslaw aber trat in die Leibwache des Kaisers. Swatopluk herrschte demnach auch über Pannonien, wenigstens als Lehensfürst, und seine Macht erstreckte sich bis Sirmium. [241] Wie sehr jedoch Carl der Dicke seinen Halbneffen Arnulf hassen mochte, dieser wurde dennoch nach Carls Tod im Jahre 888 König und Kaiser. Anfänglich bestand ein anscheinend gutes Verhältnis zwischen dem neuen Kaiser und Swatopluk: denn sie trafen sich im Jahre 890 in einer sonst unbekannten Ortschaft Pannoniens, in Omunsterberg, um, wie man annimmt, wohl auch gegen die vordringenden Magyaren Verfügungen zu treffen.

Aber bereits im Jahre 892 finden wir Arnulf im Kriege gegen Swatopluk, gegen den auch Braslaw kämpft, der für sein Fürstenthum gerechte Besorgniss hegen musste, falls der mächtige Mährenfürst seine Macht in Pannonien dauernd befestigt. Bei dieser Gelegenheit nahmen die Gegner Swatopluks auch die Magyaren als mitkämpfende Bundesgenossen an. Swatopluk starb im Jahre 894 und liess drei Söhne (Mojmir II., Swatopluk und einen dritten unbestimmten Namens) zurück, die gleich nach ihres Vaters Tode mit einander in Zwist geriethen. Arnulf übertrug im Jahre 895 Pannonien sammt der Moosburg der Vertheidigung Braslaws [242], sowie er schon 888 die Besitzungen des Salzburger Erzbischofs daselbst bestätigt hatte. Da diese Donationsurkunde eine der letzten der fränkisch-deutschen Kaiser gewesen, theilen wir deren Inhalt etwas ausführlicher mit. König Arnulf übergibt (tradimus) darin dem Salzburger Erzstuhle, was dieses Erzbisthum zu Sabaria, Panwhabe und Mosapurch besessen; in letzterem Orte namentlich die Abtei zum h. Hadrian; sodann in Salapiug einen Hof (curtem) mit 300 Mansen (Hufen), mit ebenso vielen Weingärten und Allem, was es bei den Kirchen zu Quartana, Güns (Gensi) und Fünfkirchen (ad V. Ecclesias) an Eigenthum besass, mit allen Abgaben, Weingärten und Wäldern. [243] Nachdem Arnulf schon im Jahre 899 starb, bestieg sein sechsjähriges Söhnlein, Ludwig das Kind, den Thron der Carolinger.

Mojmir wollte die kirchliche Unabhängigkeit seines Reiches erneuern, um so mehr, als der Bischof von Neitra, Wiching, im Jahre 893 Arnulfs Kanzler geworden war, und als solcher im Jahre 899 auch den Passauer Bischofsitz einnahm. Der Erzbischof Dietmar von Salzburg und seine Suffragane sahen in dieser Besetzung des Passauer Stuhles eine kirchliche Unregelmässigkeit und setzten den Wiching nach einem Jahre ab; und zwar ohne Gefahr, denn sein mächtiger Kaiser ruhte im Grabe. [244] Die mährische Kirche war somit verwaist. Mojmir ersuchte deshalb Papst Johann IX., dass er die Kirche Mährens ordnen wolle und der Papst betrachtete Mähren allerdings so, als ob es zu keinem deutschen Bisthume gehören würde, denn er sendete einen Erz-

bischof und zwei Bischöfe dahin, damit diese die kirchlichen Angelegenheiten regeln. [245] Diese päpstlichen Sendboten theilten das Land
in ein Erzbisthum und drei Bisthümer. Dadurch erregten sie aber den
ganzen Ingrimm der Bayern und veranlassten den Erzbischof Theotmar
oder Dietmar von Salzburg mit seinen Suffragan-Bischöfen Waldo von
Freisingen, Eichenbald von Eichstädt, Zacharias von Säben (in Tirol,
jetzt Bisthum Säben-Brixen), Tuto von Regensburg und Richarius von
Passau zu einem leidenschaftlichen Schreiben an den Papst, in welchem
sie die Anhänglichkeit der Mährer an den Gottesdienst in slavischer
Sprache als einen Abfall vom Christenthume hinstellen und behaupten,
dass die Mährer Angehörige der Passauer Diöcese seien, und «weil wir
sie», heisst es darin wörtlich, «mit Gewalt bezwangen und in Knechtschaft brachten, deshalb mussten und müssen wir sie von Rechtswegen
zu Unterthanen haben und unserem Reiche werden sie angehören,
mögen sie nun wollen oder nicht.» Sodann heisst es weiter: «Die Vorgänger unseres erlauchten Herrn Ludwig, Kaiser und Könige, gingen
aus dem allerchristlichsten Volke der Franken hervor, die Slaven des
Mojmar dagegen stammen von Heiden und Ungläubigen ab. Jene
erhöhten mit kaiserlicher Macht das römische Reich, diese schädigten
es. Durch den Rath jener ist der apostolische Stuhl mächtig geworden,
über die Verfolgung dieser trauerte die Christenheit» ... «Die Falschheit
dessen, was uns die besagten Slaven Schuld geben, wir hätten mit den
Ungarn den katholischen Glauben verletzt und durch einen Hund oder
Wolf und andere abscheuliche und heidnische Dinge den Frieden
beschworen und ihnen Geld gegeben, damit sie nach Italien zögen,
würde offenbar werden, wenn unsere Sache vor dem allwissenden Gott
und vor euch, seinem Stellvertreter, zur Prüfung käme. Denn weil sie
unsere fern von uns wohnenden Christen stets bedrohten und ihnen
durch heftige Verfolgung zusetzten, haben wir ihnen nicht Summen
Goldes gegeben, sondern nur eine Anzahl unserer leinenen Gewänder, damit
wir einigermassen ihre Wildheit besänftigten und sie von der Verfolgung
zurückhielten» ... «Aber jene (die Slaven) selbst haben das Vergehen,
dessen sie uns einmal bezichtigten, seit (oder vor?) vielen Jahren (multis
annis) verübt. Sie selbst haben eine beträchtliche Zahl von Ungarn zu
sich genommen und nach deren Weise auf heidnische Art ihr Haupt
ganz abgeschoren und sie über unsere Christen losgelassen, die sie
theils zu Gefangenen machten, theils erschlugen, theils vor Hunger und
Durst umkommen liessen, unzählige aber schleppten sie in die Verbannung, brachten vornehme Männer und angesehene Frauen in Sklaverei, steckten die Gotteshäuser in Brand und zerstörten alle Gebäude,
so dass in ganz Pannonien, unserer grössten Provinz, fast keine Kirche
mehr zu erblicken ist, wie euch eure Bischöfe melden könnten, wenn

sie gestehen wollten, wie viele Tage sie hindurchreisten und das ganze Land als Einöde trafen».

Welchen Erfolg die Beschwerdeschrift der bayrischen Geistlichkeit bei dem Papste hatte, ist gänzlich unbekannt, da derselbe auch bereits im Juli 900 starb; ebensowenig wissen wir von den weiteren Schicksalen der neu eingesetzten mährischen Bischöfe; denn das Mährenreich, seine Kirche und das fränkische Ostland wurden bald von der magyarischen Sturmflut überdeckt.

Die Magyaren brachen schon im Jahre 900 auf beiden Seiten der Donau in die Ostmark ein und drangen tief in altbayrisches Gebiet jenseits der Enns, wo sie unter Anderem die Besitzungen des Klosters St. Florian verheerten. Als ein Theil des bayrischen Heerbannes unter Führung des Grafen Liutbold und des Bischofs Richar von Passau gegen sie rückte, zogen sie sich rasch zurück; nur ein Theil ihrer Nachhut wurde am linken Donauufer erreicht und geschlagen. Eine andere Magyarenschaar erlitt im Jahre 901 (am 11. April) in Kärnten eine Niederlage. Gegen sie erbauten Graf Liutbold und sein Heer am Ennsflusse die Feste Ennsburg, welche von den Ungarn nie erobert wurde. Noch besass das fränkische Reich den Landstrich zwischen Enns und Leitha, wie dies zahlreiche Güterschenkungen und Gütertausche sowie die Existenz von Gaugrafen dieser Gegenden bezeugen. Allein dieser Besitz war schon unsicher geworden, er ging völlig verloren in Folge einer blutigen That, welche die bayrischen Grossen gegen die Magyaren begingen. Jene luden nämlich einen Führer der Ungarn zu sich ein und brachten ihn mit seinem Gefolge beim Mahle um (904). [246] (Es war eine Wiederholung jener Treulosigkeit, die man vordem an den Bulgaren verübt hatte.) Doch diesmal rächte sich die Unthat in schrecklicher Weise. Zwar erfolgte die Rache der Ungarn nicht allsogleich; diese befanden sich damals gerade auf einem Zuge in Italien; andererseits lagen sie mit den Mährern im Entscheidungskampfe. Swatopluk's Reich erlag im Jahre 905 oder 906, das Jahr ist nicht verzeichnet; wir wissen nur so viel, dass die Magyaren im Jahre 906 zum ersten Male an der mittlern Elbe erschienen, wohin sie von den slavischen Dalaminziern gegen den Sachsenherzog Heinrich zu Hilfe gerufen worden waren. Dahin konnten sie aber nur über Mähren gelangen; dieses Reich musste somit damals bereits den ungarischen Angriffen erlegen sein. Das Mährenreich verschwand derart aus der Geschichte, dass die historischen Quellen durch ein Jahrhundert nicht einmal des mährischen Namens Erwähnung thun.

Und jetzt war auch der Moment der Rache gegen die treulosen Bayern gekommen. Am 28. Juni 907 fand auf einem unbekannten Schlachtfelde der Entscheidungskampf statt, in welchem die Ungarn die Sieger blieben. Der bayrische Heerführer Markgraf Liutbold, vielleicht seit 805 Markgraf in Ober-Pannonien, der Salzburger Erzbischof Theotmar, die Bischöfe Uto von Freisingen und Zacharias von Säben sowie viele bayrische Grosse mit dem grössten Theile des Heeres fielen. «Durch diese Schlacht», sagt BÜDINGER, «war die Niederlassung der Ungarn in dem Lande, das sie noch heute bewohnen, gesichert.» Sie begnügten sich übrigens mit der alten Avarengrenze an der Enns, über welche hinaus nach Westen ihre Herrschaft sich nie erstreckte. [247]

§ 35.

Unter Carl dem Grossen und seinen Nachfolgern lebte mancher alte geographische Name wieder auf, so Unter- und Ober-Pannonien, Siscia (Sziszek , Sala, Sabaria und Carnuntum; allein Bregetio, Aquincum und die übrigen Ortsnamen entlang der Donau erstanden nicht wieder; ebenso blieb Sirmium in Vergessenheit. An diesen Orten mochten also die neuen Ansiedelungen sehr schwach gewesen sein oder gar nicht bis dahin gereicht haben. In dem «Szalader Herzogthum» (wenn es gestattet ist, das Lehensfürstenthum Priwinas und Kozels so zu nennen mochte die Cultur am meisten vorgeschritten sein ; denn in demselben treffen wir nicht blos die Stadt Mosapurk (Moosburg) und die Abtei St. Hadrian, sondern auch die meisten Ortschaften, darunter Fünfkirchen (Quinque Ecclesiae, magy. Pécs); von der Rebencultur daselbst sprechen die Donational-Urkunden, um so eher darf man auch Pflege des Ackerbaues annehmen. Wir werden sehen, ob von dieser Cultur etwas die magyarische Sturmflut überdauert, was sodann König Stefan der Heilige fortsetzen konnte.

Jenseits der Donau tritt Neitra als Bischofssitz hervor. Neitra ist nach der Römerzeit der erste neue Ortsname, dem wir begegnen und den bekanntlich auch Stefan der Heilige wieder auffrischte. Swatopluk's Herrschaft jenseits der Donau dauerte nur kurze Zeit (kaum 6—8 Jahre ; von einem «Pannonischen Mährenreiche» kann deshalb kaum die Rede sein, obgleich slavische Historiker (SCHAFARIK, PALACKY, DUDIK darauf grosses Gewicht legen. Im heutigen Ungarn, diesseits der Donau, war die Macht Swatopluks von längerer Dauer; doch auch hier erhebt sich die Frage: Wie weit reichte diese nach Osten, bis zum Hernad-Sajó oder bis an die Theiss? Das lässt sich nicht bestimmen. Das Zwischenstromland zwischen der Donau und Theiss, sowie das heutige Siebenbürgen sind zur Zeit der fränkisch-deutschen Herrschaft ebenso unbekannt wie zu Herodots Zeiten. Die Ursache dieser völligen Unbekanntschaft ist wohl dieselbe, aus welcher wir auch von den Slaven jenseits der Karpaten bis zum Baltischen Meere und von dem soeben (862)

entstehenden Russenreiche nichts wissen. Nach den Avaren erhob sich
nämlich im alten Dacien keine Gewalt, welche den angrenzenden Völkern fühlbar geworden wäre.

Auch das Christenthum wagte nicht, die Donau und Theiss zu
überschreiten; wir besitzen nicht die leiseste Spur davon, dass Glaubensboten aus Pannonien in jenes unbekannte Land zu fremden Völkern
gegangen wären. Als Swatopluk die slavischen Priester aus Mähren
vertrieb, wandten sich diese nicht zu den «Theissbulgaren» — die Viele
jenseits der Theiss vermuthen, — gewiss deshalb, weil dort weder
Bulgaren noch Christen überhaupt existirten; sondern sie flüchteten zu
den mösischen Bulgaren, wo unter Simeon (regierte von 893—927)
Clemens Bischof von Welicza wurde und in Achrida seine Grabstätte
fand; sein Gefährte Naum wirkte an seiner Seite, Gorazds Gebeine
wurden aber in Albanien im Kloster am Berat bestattet. [248] Also
weder fränkische noch mährische Priester besuchten das alte Dacien,
dessen natürlicher Salzreichthum den Nachbarvölkern ebenfalls unbekannt war.

Kaiser Arnulf sandte im Jahre 892 Gesandte an den Bulgarenkönig Wladimir, den Oheim Simeons, um das alte Friedensbündniss zu
erneuern und den Bulgarenfürsten zugleich zu bewegen, dass er den
Mährern den Salzkauf nicht weiter gestatte. [249] In Siebenbürgen hatten
die Römer auch die Salzbergwerke ausgebeutet. Die römische Stadt
Salinae lag an der Stelle des heutigen Torda. Eine natürliche Folge
dieses Salzbergbaues war, dass auch der Salzhandel schon in der Römerzeit betrieben wurde. Die darauffolgenden Gothen, Hunnen, Gepiden
und Avaren benützten sicherlich dieses Salz der Solen und Salzteiche
sowie das zu Tage tretende Steinsalz; den eigentlichen Salzbergbau
betrieben sie jedoch ebensowenig als den Bergbau überhaupt. Desgleichen war der Handel, den sie Fremden überliessen, keineswegs
ihre Sache. Der siebenbürgische Salzreichthum war somit im 9. Jahrhundert ganz unbekannt geworden; denn hätte man denselben gekannt,
dann hätten Swatopluk und seine Mährer das Salz aus Siebenbürgen
auf weit kürzerem Wege, nämlich auf den Flüssen Aranyos, Maros,
Theiss und Sajó, beziehen können und würden keineswegs aus Bulgarien Meersalz bezogen haben. Auch der Salzreichthum der Nordkarpaten war noch nicht bekannt, denn erst im Jahre 1136 und 1145
begegnet man dem «Magnum Sal» (das heutige Wieliczka) in der Nähe
Krakau's. Dass auch die Auffindung der Salzniederlagen von Sóvár erst
in einer spätern Zeit erfolgt ist, bekundet schon der magyarische Name
dieses Ortes. Man darf sich also nicht wundern, dass die Mährer ohne
Kenntniss vom Salzreichthum der Karpaten dieses unentbehrliche
Gewürze von anderwärts bezogen.

Aus dem lehrreichen Büchlein HEHN's über »das Salz« Berlin, 1874 ist ersichtlich, dass die alten Griechen und Römer nur Meersalz benützten, und die Kelten in Europa die Ersten waren, welche den Salzbergbau betrieben. Die unterjochenden Römer beliessen deshalb die keltischen Salzarbeiter auch in ihren Bergwerken, so z. B. in Hallstadt. Den keltischen Ursprung der Salzgewinnung bezeugen auch alle jene Orte, in deren Namen das keltische »hal« (Salz) erscheint; so: Hallstadt, Hallein, Halle u. s. w.; die Flüsse an diesen Orten aber erhielten die entsprechenden deutschen Benennungen, wie die Salzach ehemals Ivarus) bei Salzburg, Saale bei Halle u. a. In der Periode der fränkisch-deutschen Herrschaft war das bayrische Salz von grosser Bedeutung und man darf annehmen, dass der Einfluss des Salzburger Erzbisthums nicht wenig durch den Salzhandel befördert wurde. Auch die Mährer kauften grösstentheils bayrisches Salz; nachdem sie jetzt mit Arnulf im Kriege waren, verbot wahrscheinlich der Kaiser diesen Salzkauf und um die Mährer noch härter zu bedrängen, wollte er ihnen auch den Bezug von Meersalz aus Bulgarien entziehen. Das ist eine überaus interessante Thatsache, denn sie beweist, dass das siebenbürgische Salz, welches die Römer auch bergmännisch gewonnen hatten, in der Periode der fränkisch-deutschen Herrschaft dem Auslande ebenso unbekannt war wie der Salzreichthum am Nordabhange der Karpaten.

Erst unter den Árpáden öffnen sich wieder die Salzgruben Siebenbürgens. Meines Wissens geschieht die erste Erwähnung des siebenbürgischen Salzes in der Legende des h. Gerhard, wo bei Gelegenheit der Erzählung des Krieges, den Stefan der Heilige im Jahre 1007 gegen den in der Marosburg hausenden mächtigen Häuptling Achtum führte, angeführt wird, dass dieser trotzige Stammesfürst sich unter Anderem erkühnt habe, auch von dem königlichen Salze, das auf der Maros verfrachtet wurde, Zoll zu erheben.[250] Später lesen wir in einer Donations-Urkunde des Königs Geisa vom Jahre 1075 zu Gunsten der Abtei des h. Benedict am Granflusse (Abbatia S. Benedicti de juxta Gron): »Ich habe überlassen bei der Burg Turda die Hälfte der königlichen Salzsteuer an jenem Orte, der magyarisch *Aranyas*, lateinisch *Aureus* genannt wird.«[251] Vom ethnographischen Gesichtspunkte aus wäre es besonders wichtig zu wissen, was für Bewohner schon in den Jahren 1007 und 1075 die Salzgruben von Torda ausbeuteten. Der Name »Aranyos«, welcher offenbar den dortigen Fluss bezeichnet, bekundet magyarischen Besitz; darf man aber auch magyarische Salzbergleute annehmen? Gewiss ist, dass wenn auch nicht schon in den Jahren 1007—1075, so siedelten sich doch hernach deutsche Bergleute in diesen Gegenden an, was auch die deutschen Ortsnamen »Salzburg« (magyarisch Vizakna und »Thorenburg« magyarisch Torda) zweifellos machen.

Auffällig bleibt es jedenfalls, dass, obwohl die Heere Carl des
Grossen höchstens bis an die Theiss, niemals darüber hinaus gelangt
sind und sowohl er als seine Nachfolger ihre cultivirenden Besitzergreifun-
gen sogar nur bis an die Donau ausgedehnt haben: dennoch in den unberührt gebliebenen Theilen des Avarenlandes, im alten Dacien, unter
Anführung der daselbst verbliebenen Avaren sich keine neue Macht
erhoben hat. Es scheint, dass hier am Ende des 8. Jahrhunderts
nur wenige Avaren gewohnt haben; dass die avarische Hauptstärke
im Westen, in Pannonien, gelegen war. Jene wenigen Avaren wurden
entweder slavisirt oder lebten unbeachtet unter den Slaven. Die Existenz
dieser Letzteren bezeugen die slavischen Flussnamen Kraszna, Bistritz,
Bistra, Cserna, Csernawoda, Biela-Reka u. a. Dass aber diese Slaven
kein Staatswesen gründen konnten, darf nicht auffallen, wenn man
bedenkt, dass auch die Slaven jenseits der Karpaten im 8. und
9. Jahrhunderte dazu nicht fähig gewesen und auch die Russen
ihren Staat nur mit Hilfe der germanischen Waräger errichteten, gleichwie die Czecho-Slaven ihren ersten Versuch einer Staatsgründung dem
Franken Samo verdanken.

Ungarn und Siebenbürgen nach der Einwanderung der Magyaren.

§ 36.

Weder in der Römerzeit noch später bis zur avarischen Periode befand sich Ungarn und Siebenbürgen in der Herrschergewalt *eines* Volkes in der Weise, dass man nach diesem Volke das Land selbst benannt haben würde. Die Avaren fassten während der 250jährigen Dauer ihrer Herrschaft zum ersten Male Ungarn und Siebenbürgen als Ein Ganzes zusammen und darum wurde dieses auch als *«Avarenland»* bezeichnet. Die Schriftsteller jener Zeit nannten es «Hunnia» in der Erinnerung an Attila und dessen Fortleben in der deutschen National-Sage, weshalb in den abendländischen Chroniken auch die Avaren zumeist als «Hunnen» erscheinen. Unter der fränkisch-deutschen Herrschaft zerfiel das Avarenland oder Hunnien wieder in mehrere Theile, von denen nur Pannonien und jener Theil des Landes diesseits der Donau, der zu «Mähren» gehörte, vom Lichte der Geschichte heller beleuchtet werden.

Diesem schwankenden Zustand macht die Einwanderung und Niederlassung der Magyaren ein Ende. Sie gründeten hier jenes Reich, das die Europäer *«Ungarn»* ('«Hungaria» im Latein des Mittelalters'), sie selber aber *«Magyarország»* (d. i. «Magyarenreich») nennen und an das sich bald auch *«Siebenbürgen»* (magy. «Erdélyország», d. i. Transsylvania, das «Land jenseits des Waldes») anschliesst. Beide Länder bilden dann den Keim und Kern einer politischen Macht, welche die Kraft der Entwickelung besass, und bis heute fortbesteht, obwohl sie an ihrer ehemaligen Grösse manche Einbusse erlitten hat und auch äusserlich in engere Grenzen eingeschränkt worden ist.

Allein soweit unsere Kenntnisse der Geschichte Ungarns und Siebenbürgens zurückreichen, überall begegnen wir der Thatsache, dass diese Länder niemals nur von *einem* Volke bewohnt waren, sondern stets hatten hier *mehren*, oft sehr mannigfaltige Völker ihre Wohnsitze aufgeschlagen, obwohl unter ihnen immer *ein* Volk als das herrschende hervortritt.

So finden wir denn auch nach der Niederlassung der Magyaren neben der herrschenden Nation noch verschiedene Volksstämme. Die Beschreibung derselben ist der Gegenstand der heutigen Ethnographie von Ungarn und Siebenbürgen.

Diese Beschreibung kann jedoch keine gleichmässige sein. Wenn wir den Ursprung der Magyaren darlegen wollen, müssen wir unbedingt auch die ältere Geschichte dieses Volkes erforschen, und darum zeitlich weit zurückgreifen. Dagegen ist ein Gleiches bei den Deutschen, Slaven u. a. Volksstämmen nicht von Nöthen. Eine Untersuchung der Abkunft und Verwandtschaft dieser Völker kann nicht Aufgabe einer Ethnographie Ungarns sein; zudem besitzt man hierüber schon entsprechende Leistungen der europäischen Wissenschaft. Nur die Rumänen (oder Walachen) werden eine Ausnahme machen; bei deren Beschreibung müssen wir auch ihre Herkunft untersuchen, denn das erfordert sowohl das ethnographische wie auch das historische Interesse.

ERSTES CAPITEL.

Die Magyaren.

I. Die Urgeschichte der Magyaren nach dem Zeugnisse der Geschichtsquellen.

§ 37.

Während das fränkisch-deutsche Reich in Folge der Theilungen und Streitigkeiten der Carolinger, sowie das Mährenreich durch den fortwährenden Zwist seiner Fürsten und die Auflehnung gegen die deutsche Herrschaft stets mehr geschwächt wurden und tiefer sanken, erhoben sich gegen beide Reiche zwei mächtige Feinde, die erstlich nur die Grenzländer beunruhigten, bald aber auch verwüstend in das Innere derselben eindrangen. Es waren das im Norden die Normannen (Nordmänner, Dänen und Norweger), im Osten die Magyaren. Jene liegen ausserhalb der Sphäre unserer Betrachtung; diese nehmen aber in einer Ethnographie von Ungarn die erste Stelle ein.

Die erste sichere Kunde über die Magyaren haben wir bereits oben S. 109) gemeldet. Um das Jahr 836, also unter der Regierung des byzantinischen Kaisers Theophilus (829—842), wurden nämlich die Magyaren von den Bulgaren gegen deren macedonische Gefangene zu Hilfe gerufen, als diese von der Donau über den Pontus Euxinus nach Hause flüchten wollten. Der griechische Schriftsteller Leo Grammaticus nennt die Magyaren «Ungern», «Türken» und «Hunnen»; wir vernehmen also hier sogleich alle drei Namen, mit denen die Byzantiner auch später die Magyaren bezeichneten. Zu jener Zeit hielten sich die Magyaren schon nahe an der Donau auf, sonst hätten die Bulgaren sie ja nicht um ihre Hilfe ansuchen können.

Der griechische Missionär Constantin gerieth nach der Legende vgl. oben S. 116 auf seiner Reise zu den Chazaren in die Hände der Magyaren, die ihn mit grossem Geschrei und unter Drohungen empfingen; allein der Heilige besänftigte sie durch sein Gebet. [252] Später fand Constantin's jüngerer Bruder, Method, bei ihnen eine bessere Aufnahme, was die Legende also berichtet:

«Als der ungrische König (ungricus rex, Korolju ungrskomu) in die Gegenden an der Donau kam und jenen (Method) sehen wollte, da widerriethen es viele (Menschen), indem sie sagten, er (Method) werde vom Könige unverletzt nicht wiederkehren; dennoch ging Method dahin, der König aber empfing ihn mit Ehren, sprach mit ihm freundlich, beschenkte ihn und reichte dem Methodius beim Abschiede einen Kuss mit den Worten: «Ehrwürdiger Vater, gedenke meiner stets im Gebete!»[253] Nicht blos diese Legende, sondern auch die abendländischen Geschichtsquellen nennen zuweilen die einzelnen magyarischen Anführer «Könige». In der Zeit zwischen den Besuchen der beiden Brüder erschien nach der Kunde Hincmar's im Jahre 862 das vordem unbekannte Volk der «Ungarn» («Ungri») in Deutschland und verheerte zugleich mit den Dänen (Normannen) das Reich Ludwigs des Deutschen.

Gegen das Ende des Jahrhunderts gibt uns ein arabischer Schriftsteller, Ibn Dasta, die erste ausführliche Kunde über die damaligen Wohnsitze und inneren Verhältnisse der Magyaren, welche wir besser verstehen, wenn wir sie im Verein mit der Geo- und Ethnographie des Verfassers geben. Ibn Dasta beschreibt nämlich die Länder und Sitten der Chazaren, Burtasen, Bulgaren, Slaven und Russen; es wird jedoch genügen, wenn wir daraus nur die Beschreibung der Chazaren, Bulgaren und Magyaren mittheilen.

Das Land der Chazaren liegt zehn Tagreisen weit vom Lande der Petschenegen; das Gebiet zwischen beiden Völkern ist theils Wald, theils Sumpf. Das Land der Chazaren hat eine grosse Ausdehnung und wendet sich dessen eine Seite dem (Kaukasus-) Gebirge zu. Der Name des Chazarenkönigs (melik) ist Isá; allein der oberste Herr ist der Khakan.

Doch herrscht dieser nur dem Namen nach; die eigentliche Macht besitzt der Isa. Dieser schaltet und waltet mit dem Kriegsheere wie mit seinem Eigenthum und legt davon Niemandem, der höher stünde als er, Rechenschaft ab. — Der grösste Theil der Chazaren bekennt sich zum jüdischen Glauben; das ist die Religion des Isa, der Heeresanführer und überhaupt der Vornehmen; ehedem war die Religion der Chazaren dem Glauben der Türken ähnlich.

Ihre Hauptstadt ist Sara-Schen; allein sie haben auch noch eine andere Stadt, Hab-Nela. Im Winter wohnen sie in diesen beiden Städten; aber mit dem Herannahen des Frühlings ziehen sie auf die Steppe und bleiben daselbst bis zum Eintritte der kalten Jahreszeit. In beiden Städten wohnen auch Moslims, welche ihre Moscheen, Imame und Muedzins haben.

Die Steuer und die Zahl der Kriegsleute vertheilt der Isa auf die Vermöglicheren in solcher Menge, wie er es für nothwendig hält; denn die Chazaren führen jedes Jahr Krieg mit den Petschenegen. Ihre Reiterei beläuft sich auf 10.000 Mann. Bei der Vertheilung der Kriegsbeute nimmt der Isa als seinen Theil, was ihm gefällt; das übrige vertheilen die Kämpfer unter sich.

Das Land der Bulgaren grenzt an das Land der Burtasen. Die Bulgaren wohnen an den Ufern des Itil-Flusses, welcher in das Chazarische (Kaspische) Meer mündet und zwischen den Slaven und Chazaren dahinfliesst. Der Name des Königs ist Almuš (eigentlich Elmüssen oder nach Ibn Fozlan Almuš, Almš), der sich zum Islam bekennt. Im Lande der Bulgaren breiten sich Moräste und dichte Wälder aus, in denen sie wohnen. Sie zerfallen in drei Stämme: in den Stamm der Berzulen, der Essegeln und der (eigentlichen) Bulgaren. Die Chazaren stehen mit ihnen im Handelsverkehr; desgleichen bringen auch jene Rossen (Russen), welche an dem genannten Flusse wohnen, ihre Waaren zu ihnen, als: die Felle des Edel- und Steinmarders, des Hermelins u. A. Das bulgarische Volk bebaut den Acker und erzeugt allerlei Getreidearten: Weizen, Gerste, Hirse u. s. w. Der grösste Theil desselben bekennt sich zum Islam: in ihren Dörfern sind Moscheen, Schulen u. s. w. Jene, welche Heiden sind, verbeugen sich vor jenen verschiedenen Götzenbildern, die vorhanden sind.

Zwischen den Bulgaren und Burtasen liegt eine Entfernung von drei Tagreisen; diese pflegen sie anzugreifen und zu verwüsten. Die Bulgaren sind ein Reitervolk. Ihr König erhebt Pferde und Anderes als Steuer; jedes Ehepaar muss ein gesatteltes Pferd liefern; die moslemitischen Kaufleute aber den Zehnten ihrer Waaren. Uebrigens gleichen die Bulgaren im Aeussern sehr den Moslims; auch muselmännisches Geld ist bei ihnen im Umlaufe.

Zwischen dem Lande der Petschenegen und den Essegel-Bulgaren liegt die erste Region der Magyaren. Die Magyaren sind türkischer Abstammung. Ihr Fürst zieht mit 20.000 Reitern in den Kampf; er nennt sich Kende, das ist eine Würdenbenennung, sein Eigenname ist Dschilé. Jeder Magyar gehorcht dem Dschilé, mag dieser sie zum offensiven oder zum defensiven Kampfe auffordern. Sie wohnen unter Zelten und wandern von Ort zu Ort nach der Fülle an Viehweiden. Ihr Land hat grosse Ausdehnung: auf der einen Seite reicht es bis zum römischen (schwarzen) Meere, in das zwei grosse Flüsse sich ergiessen; der Name des grössern ist Dschejhun. An den Ufern dieser beiden Flüsse wohnen und wandern (nomadisiren) die Magyaren. Mit dem Eintritte der kalten Jahreszeit ziehen die nahe am Flusse Verweilenden dahin und betreiben den Fischfang, so lang der Winter dauert. Im Lande der Magyaren sind Wälder und Gewässer reichlich vorhanden, der Boden ist sumpfig, doch gibt es auch fruchtbares Getreideland.

Ihrer Religion nach sind sie Heiden (Götzenanbeter). Sie beherrschen alle benachbarten Slavenstämme, legen diesen eine schwere Steuer auf und behandeln sie gleich Kriegsgefangenen. Von Zeit zu Zeit fallen sie über dieselben her und schleppen die gemachten Gefangenen in einen Hafen des römischen Meeres (Karch), wo sie dieselben an griechische Sklavenhändler verkaufen. Der Handelsverkehr geht hierbei also vor sich, dass die Magyaren griechische Waaren, als Sammt, bunte Wollstoffe und Anderes gegen ihre (slavischen) Kriegsgefangenen austauschen.

Man sagt, dass die Chazaren sich ehedem durch aufgeworfene Gräben gegen die Magyaren und andere Nachbarn, vor denen sie sich fürchteten, geschützt haben.

Ibn Dasta's Nachricht schildert uns den Zustand der Länder und Völker zu seiner Zeit. Damals und später wohnten die Chazaren an der untern Wolga Itil; nach ihnen heisst bei den arabischen Schriftstellern das Kaspische Meer das »Chazarische«. Da wir die Bulgaren an beiden Ufern der Wolga antreffen, so müssen wir dieses Volk an den Mittellauf dieses Stromes versetzen, wo dieser sich mit dem Kama vereinigt und seinen westöstlichen Lauf nach dem Süden richtet. Daselbst finden wir auch später «Gross-Bulgarien». Erinnern wir uns, dass die Bulgaren früher oberhalb der Mäotis und an den Ufern des Don gesessen hatten, also auf knturgurischem und uturgurischem Boden ; dass sie hier den Avaren gehuldigt, sich dann unter Kubrat befreit, nach dessen Tode aber in fünf Theile gespaltet hatten, von denen zwei Theile am Don verblieben, indess drei Theile auswanderten, um in Mösien ein neues Bulgarien zu begründen (vgl. oben S. 91). Die Don-Bulgaren wurden später von den Chazaren mehr gegen Norden an die Wolga gedrängt und tributpflichtig gemacht. Ibn Dasta beschreibt diese Wolga-Bulgaren, welche sich zum Islam bekannten, während die mösischen oder Donau-Bulgaren bereits das Christenthum angenommen hatten.

Die Bulgaren waren also die nördlichen Nachbarn der Chazaren ; von diesen gegen Nordosten sassen noch zu Ibn Dasta's Zeit die Petschenegen. Wie es scheint, leisteten die Bulgaren damals den Chazaren keinen Tribut mehr, was auf ein friedliches Verhältniss zwischen beiden Völkern hinweist ; allein gegen die Petschenegen führten die Chazaren alljährlich Krieg. Die chazarische Macht erstreckte sich sehr weit nach dem Westen ; denn auch die Kiewer Slaven am Dnieper waren den Chazaren tributpflichtig.

Das Land der Magyaren lag nach Ibn Dasta westlich von den Chazaren und zwar so, dass dessen eine nördliche Region von Petschenegen und Essegel-Bulgaren eingeschlossen war ; die südlichen Theile aber das römische oder schwarze Meer berührten. Die Slaven waren ihnen steuerpflichtig und sie tauschten ihre slavischen Gefangenen als Waare an die griechischen Kaufleute aus. Es scheint also, dass die Magyaren vielmehr die südwestlichen als die nordwestlichen Slaven bedrückten. Nach Ibn Dasta hatte das Land der Magyaren zwei grosse Flüsse, welche in das schwarze (romäische) Meer münden. Der eine, grössere, den der Araber Dschihun nennt (ebenso heisst auch der in den Aralsee fliessende Amu-Derja), ist offenbar der *Dnjeper*; der andere, kleinere, demnach der *Bug* (bei den Alten «Hypanis»). Die Hafenstadt aber, wohin die slavischen Gefangenen durch die Magyaren zu Markte gebracht werden, ist wahrscheinlich das alte Carcina, denn dieses mag das arabische «Karch» des Ibn Dasta bezeichnen. Die Tributpflichtigen der Magyaren sassen also am Bug und Dnjester, oder vielleicht noch weiter westlich am Prut und Seret oder waren etwa gar in Siebenbürgen sesshafte Slaven ; wissen wir doch, dass im Westen bis zu den Gebieten des Rastislaw und Swatopluk keinerlei staatliche Macht vorhanden war. Dass von jenen Sitzen am Dnjeper und Bug und dem schwarzen Meere die Magyaren sowohl an die untere Donau wie im Rücken der Karpaten nach Westen bis ins Reich der Franken Streifzüge unternahmen, bestätigen die bereits mitgetheilten historischen Nachrichten. Beachtenswerth ist, dass Ibn Dasta von einer Abhängigkeit der Magyaren von den Chazaren gar nichts zu wissen scheint; im Gegentheile berichtet er, dass ehedem die Chazaren sich gegen die Magyaren zu schützen suchten, also dieselben fürchteten. Wenn der Araber sich endlich nicht getäuscht, so besass das Magyaren-Heer 20,000, das der Chazaren aber nur 10,000 Reiter.

Ibn Dasta theilt uns auch Einiges über die Regierungsweise der beschriebenen Völker mit. Bei den Chazaren übt nicht der *Khakan*, sondern der *Isa*, sowie bei den Magyaren nicht der König, der *Kende*, sondern der *Dschila* die Macht aus; nur bei den Bulgaren liegt Würde und Macht in einer Hand. Die mögliche Erklärung dieser Verhältnisse werden wir weiter unten versuchen.

In Bezug auf die Religion dieser Völker ist bemerkenswerth, dass bei den Chazaren der Glaube des Moses, bei den Bulgaren die Lehre Muhameds die herrschende Religion gewesen, neben welcher jedoch auch andere Bekenntnisse vorhanden waren; so bei den jüdischen Chazaren der Islam und das Christenthum, bei den muhamedanischen Bulgaren das Heidenthum; die Magyaren sowie die angrenzenden Slaven und die entfernter wohnenden Rossen (Russen) waren zu Ibn Dasta's Zeit noch Heiden. Nachdem jedoch bei ihren Grenznachbarn der jüdische, muhamedanische und christliche Glaube öffentliche Geltung besass, ist es unmöglich, dass diese Religionen den Magyaren ganz unbekannt geblieben sein konnten.

Wir haben gesehen, dass um das Jahr 860 der chazarische Fürst von Kaiser Michael III. christliche Lehrer erbeten hatte, dass aber die jüdischen Lehrer über die christlichen den Sieg davon trugen. Das verkündigt uns ein um 957—961 geschriebener hebräischer Brief des Chazarenfürsten Josef mit genügender Ausführlichkeit. [254] Obgleich die Bulgaren schon in den Tagen Ibn Dasta's Moslims, d. i. Muhamedaner waren, so sendete doch König Almus im Jahre 920 eine Botschaft an den Khalifen nach Bagdad, um von diesem Lehrer zu erhalten, welche die Institutionen des Islams bei den Bulgaren vollkommener einrichten sollten. Bei der vom Khalifen im Jahre 921 geschickten Gesandtschaft befand sich *Ibn Foslan*, der, wie einst Priscus über die Hunnen und Attila, nun über die Wolga-Bulgaren ebenso werthvolle Nachrichten niederschrieb. [255] Die Cultur eines Volkes hebt sich mit dessen Religion. Die Chazaren und Bulgaren waren halb Nomaden, halb Ackerbauer; allein bei dem letzteren Volke war die Agricultur entwickelter. Auch der

Handel blühte bei ihnen am besten, was uns beweist, dass auch ihre gesellschaftlichen Verhältnisse geordneter sein mussten als bei den anderen Völkern ihrer Nachbarschaft. In der Cultur waren die Magyaren weniger vorgeschritten als die Chazaren oder Bulgaren; sie führten noch hauptsächlich ein heerdenweidendes oder nomadisches Leben, das mit ihren kriegerischen Streifzügen selbst in entfernte Länder sich ganz wohl vertrug. Daher kam es, dass bei ihnen im Winter die Fischerei und sicherlich im Sommer die Jagd — obwohl Ibn Dasta dies nicht erwähnt — mehr gepflegt wurde als der Ackerbau, welcher, wenn auch nicht von den Magyaren, so doch gewiss von deren slavischen Unterthanen schon betrieben wurde. Beachtenswerth erscheint, dass Ibn Dasta die Magyaren zwar zum türkischen Stamme zählt, sie selbst aber nicht Türken, sondern Magyaren nennt. Dieser Name war also gegen das Ende des neunten Jahrhunderts bei den pontischen Völkern schon bekannt.

Kaiser Leo VI., der Weise (886—911), der Zeitgenosse Ibn Dasta's, beschreibt die Kampfesart der Magyaren, woraus wir ebenfalls Einiges über deren Lebensweise erfahren.

«Unter den skythischen Völkern», sagt Leo, «beobachten nur die Bulgaren und Türken (Magyaren) eine stärkere Heeresordnung und die Kampfesweise beider Völker unterscheidet sich wenig von einander.»

«Die Türken sind ein zahlreiches und freies Volk; ihr Hauptbestreben ist die Tapferkeit. Kälte, Hitze, Anstrengungen und Entbehrungen ertragen sie gleichmässig. Sie leben unter einem Fürsten, der sie in strenger Disciplin erhält und es bändigt sie mehr die Furcht als die Liebe. Die Türken sind vorsichtig, zurückhaltend, aber auch geldgierig und halten wenig auf Verträge. Sie erkundschaften geschickt die passende Gelegenheit und überraschen den Feind. Ihre Waffen bestehen in Schwert, Panzer, Pfeil und Lanze; die Pferde der Vornehmen sind auch durch einen Panzer geschützt. Grossen Eifer verwenden sie auf das Pfeilschiessen vom Pferde, worin sie eine vorzügliche Sicherheit erlangt haben. Sie leben nach Geschlechtern und Stämmen vertheilt. Ihre Pferde weiden im Sommer und Winter. Zur Zeit des Krieges halten sie die Pferde gefesselt in der Nähe ihrer Zelte bis zur Ordnung des Kampfes. Wenn sie ihre Gegner in die Flucht treiben, verfolgen sie dieselben unbarmherzig so lange, bis sie dieselben vollständig geschlagen haben u. s. w.»[256]

§ 38.

Ungefähr 50—60 Jahre später schrieb der «im Purpur geborne» (Porphyrogenitus) Kaiser *Constantin* (um 950) ein für die Politik Con-

-stantinopels sehr lehrreiches Buch, in welchem wir auch die meisten Nachrichten über die Magyaren finden. Als eigentliche historische Quelle leitet dieses Buch in die älteste Zeit zurück, ja die daselbst vorkommende traditionelle Benennung der «Dentumoger» führt uns noch tiefer ins Alterthum; überdies beleuchtet es auch die Nachrichten bei Ibn Dasta. In der Zeit von Ibn Dasta bis Constantin waren sehr bedeutende Veränderungen an den Gestaden der Donau eingetreten, so dass Regino, Abt von Prüm, zum Jahre 889 schreiben konnte: «Das sehr wilde und alle Raubthiere an Grausamkeit übertreffende Volk der Hungarn zog von den skythischen Reichen, vertrieben von den Pecinacen (Petschenegen), und durchwanderte zuerst die Einöden der Pannonier und Avaren und suchte seine tägliche Nahrung auf der Jagd und Fischerei; dann brechen sie häufig in die Gebiete der Karantanen, Maraher (Mährer) und Bulgaren ein.» Regino weiss auch, dass die Ungarn «das Haar bis auf die Haut mit dem Messer abschneiden.» [257] Allein wodurch diese grossen Veränderungen in den Donaugegenden hervorgerufen wurden, das erfahren wir von Constantin dem Purpurgebornen.

Zu dessen Zeit (um 950) treffen wir die Petschenegen im Vordergrunde der Völkertafel an der untern Donau, während Ibn Dasta dieselben noch weit rückwärts, hinter den Sitzen der Chazaren und Magyaren aufführt. Jetzt bildet die Behandlung derselben eine Hauptsorge der kaiserlichen Politik in deren Verkehr mit den nördlichen Barbarenvölkern.

„Wir müssen", schreibt der Kaiser, „mit dem Volke der Petschenegen in Frieden leben, zu ihnen Gesandte und entsprechende Geschenke schicken und dafür wiederum von ihnen Abgesandte und Geiseln empfangen und dieselben in Constantinopel gut behandeln. Denn dieses Volk grenzt an die Stadt Cherson, welche es angreifen kann; es ist auch den Russen benachbart, die von ihm Pferde, Rindvieh, und Schafe kaufen, woran sie (die Russen) Mangel haben. Die Russen können nur wegen der Petschenegen nicht in die benachbarten Länder und in die Gegend von Constantinopel einbrechen. [258] Auch die Türken (Magyaren) fürchten sich vor den Petschenegen, von denen sie öfters besiegt und nahezu vernichtet wurden. Wenn also der Kaiser mit den Petschenegen in Frieden lebt, können weder die Türken noch dem Reiche ein Unheil zufügen; ja alsdann hält der Kaiser auch die (mösischen) Bulgaren im Zaume, da auf seinen blossen Wink die Petschenegen plötzlich in das Land der Bulgaren einfallen können.
Jener Theil der Petschenegen, der nahe bei der Stadt Cherson haust, verrichtet gegen Sold des Kaisers Dienste sowohl in Russland wie im Lande der Chazaren. Der andere Theil wohnt nahe bei Bulgarien an den Ufern des Dnjepr, Dnjester u. a. Flüssen. Auf der Reise der kaiserlichen Gesandten nach Bulgarien gelangen diese früher zu den Petschenegen, welche nach ihrem Gebrauche unter Eidschwur gegen Sold die Wünsche des Kaisers sowohl gegen die Russen als auch gegen die Bulgaren und Türken erfüllen. Die Macht der Petschenegen wird auch dadurch bewiesen, dass, als einmal der Kaiser den Mönch Gabriel zu den Türken

(Magyaren) sandte mit der Aufforderung, diese mögen die Petschenegen
angreifen und von ihren Sitzen vertreiben, da ja das Land ehedem ihnen
gehört habe, die Häuptlinge (Fürsten) der Türken einstimmig ausrie-
fen: „Wir mischen uns nicht darein; denn wir kämpfen nicht mit den
Petschenegen; das sind arge Leute, ihr Land ist gross und zahlreich
ihr Volk! Wir wollen kein Wort davon mehr hören!"
    Die Uzen können nicht nur mit den Petschenegen, sondern auch
mit den Chazaren kämpfen; ebenso vermag der Fürst von Alanien die
Chazaren anzugreifen. Wenn der Kaiser also mit dem alanischen Für-
sten in Frieden lebt, so sind die Chazaren genöthigt, sich ebenfalls fried-
lich zu verhalten; denn die Alanen können sie (im Norden) bis zur
Stadt Sarkel und (im Süden) bis zur Stadt Cherson angreifen.
    Auch Schwarz-Bulgarien können die Chazaren angreifen."[259]

Hierauf zählt der kaiserliche Schriftsteller auf, was für Geschenke
man den Chazaren, Türken, Russen und anderen nördlichen Barbaren
geben könne, und welche man ihnen nicht geben dürfe. Wenn sie dennoch solche begehren sollten — denn die Barbaren verlangen ja Alles
— so muss man ihnen antworten, Gott verbiete es, ihnen dies oder
jenes zu schenken. Es ziemt sich nicht, mit ihnen in Ehebündnisse
zu treten. Einmal wagte es freilich Kaiser Leo aus Tollkühnheit
(ἀβούλη τολμη) die Tochter des chazarischen Khakans zur Frau zu nehmen; allein er musste es schwer büssen.[260] Wenn man dagegen ein-
wenden wollte, dass ja der römische Kaiser mit den (mösischen) Bulgaren in verwandtschaftlichem Verhältnisse stehe, denn er gab seine
eigene Tochter dem Bulgarenkönige Peter zur Gattin, so wird das schon
dadurch entschuldigt, dass diese Bulgaren Christen, also mit uns eines
Glaubens sind.

Nach diesen Allgemeinheiten interessiren uns am meisten jene
speciellen Nachrichten, welche Constantin über die Chazaren, Petschenegen und Magyaren mittheilt.

A. Von den Chazaren.

    „Das Land der Petschenegen (Paczinaciten) reicht von der untern
Donau jenseits Distra (Silistria) bis zur Chazaren-Veste S a r k e l, was
„Weissenburg" (ἀσπρον οσπιτιον) bedeutet. Diese Veste hatte Petronas erbaut.
Denn der Chazaren-Khagan sowie der Beg des Chazarenlandes[261] *schickten*
Gesandte zu Kaiser Theophilos (829—842), damit dieser ihnen einen Bau-
meister sende; und der Kaiser schickte den Petronas. Derselbe traf in
Cherson die chazarischen Ueberfahrtsschiffe, auf diese lud er seine Ar-
beiter und schiffte den Don aufwärts bis zu dem Orte, wo der Bau er-
richtet werden sollte. Nachdem daselbst keine Steine vorhanden waren,
liess er Ziegel- und Kalköfen errichten und verfertigte also das nöthige
Baumaterial. Auf diese Weise entstand Sarkel."

So viel über die Chazaren, was durch die Nachrichten des Ibn
Dasta und die Mittheilungen des Chazarenkönigs Josef ergänzt wird.
Nach Ibn Dasta (siehe oben S. 130) war im Lande der Chazaren zwar
der Khagan der Herrscher, allein nur der nominelle; die eigentliche

Macht besass der König Iša. Constantin unterscheidet den Khagan von dem Beg (πέχ); beide Benennungen sind türkisch. In Ungarn (und dem übrigen Europa) ist die Bezeichnung «Beg» (oder «Bey», wie man das Wort jetzt ausspricht) bekannt geworden; sie bedeutet «Herr». Der «Beg» Constantins ist also der «Iša» Ibn Dasta's. Der Chazare Josef (957—961) nennt sich «König», doch gedenkt er auch des «Gross-fürsten», [262] der offenbar dem Khagan entspricht; Josef war also nach Constantin der «Beg» der Chazaren. Dieses Wort und diese Würde wird auch «Bak» geschrieben, was dem altmagyarischen «bágy» («jó-bágy», jetzt: «jobbágy» = Lehensmann) nahe kommt. Auf dieses Wort kommen wir noch zurück.

Nach Ibn Dasta heisst die Hauptstadt der Chazaren «Sara-Schen»; Konstantin nennt die am Don erbaute chazarische Stadt «Sar-kel» mit der Erklärung, dass dies «Weissenburg» bedeute. Wie wir sehen wer-den, bedeutet das Wort in der That «weisses Haus». Das «Sara» des Ibn Dasta und das «Sar» bei Constantin sind offenbar gleichbedeutend = «weiss».

Ibn Dasta nennt das Land der Chazaren von grosser Ausdehnung. Der Chazarenkönig Josef rühmt sich dessen, dass die nach Westen am Constantinopeler Meere wohnenden Völker ihm tributär seien; dass sein Reich im Norden bis zum Jaik-Flusse reiche, wo die Leute in Dörfern ohne Mauern wohnen und in der ganzen Steppe umherziehen bis an die Grenze der Jugrier. [263] «Ich aber», schreibt Josef, «wohne an der Mündung des Stromes und dulde nicht, dass die Russen mit ihren Schiffen den Fluss abwärts gehen, denn sonst würden sie das ganze Land Ismael bis Bagdad verwüsten.» Ferner berichtet Josef, dass er in seinem Königreiche drei Residenzen habe; in der einen wohne die Königin mit ihren Dienerinnen und Verschnittenen, dazu gehören viele Dörfer und Weiler und es wohnen darin Juden, Ismaeliten (Muhame-daner), Christen und andere Nationen von anderen Sprachen. Die zweite Stadt ist mit ihren Umgebungen acht Quadrat-Parasangen gross und die dritte bewohne ich selbst mit Fürsten und Knechten und allen Dienern. Sie ist klein, der Strom (die Wolga) fliesst hindurch und wir wohnen darin den ganzen Winter; im Monate Nisan (April) aber ziehen wir heraus und jeder geht auf sein Feld und seinen Garten, um diese zu bebauen. Jedes Geschlecht besitzt sein Erbgut, wohin es zieht und in dessen Gebiet es wohnt, mit Freude und Jubel u. s. w. Alle diese Nachrichten stimmen mit den Aussagen bei Ibn Dasta überein.

B. Von den Petschenegen.

„Die Petschenegen (Paczinaciten) wohnten ursprünglich an den Flüssen Atel (Wolga) und Geich (Geech, Jajk, Ural), wo sie den Maza-

ren und Uzen benachbart waren. [264] *Als vor fünfzig Jahren die Uzen
mit den Chazaren sich verbündeten, griffen sie die Petschenegen an und
vertrieben sie aus ihren Wohnsitzen, welche die Uzen in Besitz nahmen
und bis zum heutigen Tage bewohnen. Die Petschenegen suchten nun neue
Ansiedelungsplätze und trafen dabei auf die Türken (Magyaren), welche
sie besiegten und aus ihrem Lande verjagten; sie selber nahmen die
Wohnsitze der Türken ein und wohnen daselbst seit 55 Jahren bis zu
diesem Tage.*

„*Man muss wissen, dass die Petschenegen in acht Stämme zerfal-
len unter ebenso vielen Grossfürsten (Stammeshäuptlinge, μεγάς ἀρχων).
Die Namen der Stämme sind: Ertem, Tzur, Gyla, Kulpei, Charoboi,
Talmat, Chopon, Tzopon. In jener Zeit, als die Petschenegen aus ihren
Wohnsitzen vertrieben wurden, war Martza Fürst des Stammes Ertem,
Kuel der des Tzur, Kurkuta des Gyla, Ipaos des Kulpei, Kaidum des
Charoboi, Kosta des Talmat, Giaze des Chopon und Vata (Bata) des
Tzopon. Nach ihrem Tode folgen ihnen ihre Oheime; denn bei ihnen
übergehen nach Gesetz und Sitte die Würden nicht vom Vater auf die
Söhne oder Enkel, sondern auf die Oheime (Vatersbrüder).*

*Wissen muss man, dass vier Petschenegen-Stämme, nämlich der
Kuartzi-Tzur, der Syru-Kulpei, der Boro-Talmat und der Bulat-Tzopon
jenseits des Dnjeper nach Osten und Norden wohnen und an die Lande
der Uzen, Chazaren und Alanen und an die Stadt Cherson grenzen. Die
übrigen vier Stämme wohnen diesseits des Dnjeper gegen Westen und
Norden. Der Stamm Giaze-Chopon ist also nahe zu Bulgarien, der tie-
ferwohnende Stamm Gyla zu den Türken, der Stamm Charoboi zu den
Russen und der Stamm Jabdi-Ertem nahe zu den russischen Tributvöl-
kern; als: Wiltinen, Derbleninen, Lenzeninen und anderen Slaven.*

„*Das Land der Petschenegen liegt fünf Tagreisen von den Uzen und
Chazaren, sechs Tagreisen von den Alanen, zehn Tagereisen von Mordien.
eine Tagreise von den Russen, vier Tage von den Türken und eine halbe
Tagreise von den Bulgaren entfernt. Es ist nahe bei Cherson, noch näher
zum Bosporus.*

„*Wissen muss man, dass bei der Vertreibung der Petschenegen aus
ihren Wohnsitzen ein Theil von ihnen zurückgeblieben ist und bis zum
heutigen Tage dort mit den Uzen zusammen wohnt; man kann sie aber
an den Kleidern erkennen, die nur bis an die Knie reichen und ärmel-
los sind.*

„*Auch das muss man wissen, dass in dem Theile diesseits des Dnjeper, der gegen Bulgarien liegt, bei den Flussübergängen verlassene Befestigungen sind. Die erste wird von den Petschenegen ihrer weisslichen
Steine wegen „Weissenburg" genannt; die zweite heisst Tung-gata, die
dritte Krakna-kata, die vierte Salma-kata, die fünfte Saka-kata, die
sechste Giau-kata. In diesen alten Befestigungen findet man Ruinen von
Kirchen, Kreuze aus Tuffstein u. a., weshalb Viele glauben, dass dort
einstmals die Römer gewohnt haben.*

„*Endlich muss man wissen, dass der Name der Petschenegen
„Kangar" ist; doch heissen nicht alle so, sondern nur die drei Stämme:
Jabdi-Ertem, Kurtzi-Tzur und Chabuxin-Gyla, welche tapferer und edler
(denn das bedeutet der Name „Kangar") als die Uebrigen sind.*"

Wir werden sehen, dass die politische Organisation der Petschenegen der magyarischen sehr ähnlich war, mit Ausnahme des Umstandes,
dass sie keine einheitliche Obergewalt anerkannten wie die Magyaren.
Die Ansiedelungen der Petschenegen-Stämme kennt Constantinus besser
als die der Magyaren. Von jenen Befestigungen sagt er, dass sie leer
oder verlassen seien und sich in denselben die Ruinen alter Baulich-

keiten befanden, die er den Römern zuschreibt. Nachdem jedoch die Namen dieser Festungen nicht römisch, sondern petschenegisch sind: lässt sich annehmen, dass die Petschenegen ihre Burgen an die Stelle älterer Befestigungen anlegten, wie das auch bei anderen Völkern üblich war. Unter den Eigennamen fallen drei auf: *Gyla*, *Giaze* und *Vala* oder *Bala*, welche ähnlichen magyarischen Namen entsprechen. Denn die griechischen Schriftsteller pflegten den Namen Géza oder Gejza (Geisa) auch «Giaze» zu schreiben. Und nachdem der Stamm Gyla vier Tagereisen weit vom Lande der Türken angesiedelt war, so würde diese Entfernung bis Siebenbürgen reichen, wenn Constantin nicht ganz Siebenbürgen zu Ungarn gerechnet hätte.

C. *Von den Magyaren.*

„Das türkische (magyarische) Volk wohnte vormals in der Nähe der Chazaren in dem Lande Lebedia, das von ihrem ersten Wojewoden (Führer, Fürsten) Lebedias den Namen erhalten hatte; daselbst ist der Fluss Chidmas oder Chingylus. Damals wurden die Türken aus irgend einem Grunde „Sabartoiasphalen" genannt. Sie bestehen aus sieben Stämmen unter ebenso vielen Wojewoden, unter denen, wie erwähnt, Lebedias der erste war. Drei Jahre wohnten sie bei den Chazaren und waren deren Bundesgenossen in allen Kriegen. Der Chazaren-Khagan gab eine vornehme chazarische Frau dem Lebedias, der jedoch von ihr keinen Sohn empfing. Als zwischen den Chazaren und Petschenegen ein Krieg ausbrach, wurden die Letzteren besiegt, mussten ihr Vaterland verlassen und sich eine andere Heimat suchen. Sie stürzten sich auf das Land der Türken, deren Lager sich in Folge dessen in zwei Theile spaltete; der eine Theil wanderte gegen Osten nach Persis und behielt bis heute den alten Namen „Sabartoiasphalen"; sie schicken Gesandte und Nachrichten an die westlichen Türken und empfangen dasselbe wiederum von diesen. Der andere Theil (nämlich die westlichen Türken) liess sich aber mit Lebedias in der Gegend von Atelkuzu nieder.

„Bald nachher berief der Chazaren-Khagan den Lebedias zu sich und sagte ihm: „Ich will dich, weil du vornehm, klug, tüchtig und der Erste (Angesehenste) unter den Türken bist, zum Fürsten deines Volkes machen, wenn du meinen Rath und Befehl annimmst." Lebedias dankte für das Wohlwollen des Khagans, erklärte aber, er sei zur Annahme des Antrages unfähig; er empfahl hiezu den zweiten Wojewoden Salmutzes oder dessen Sohn Arpád, die in ähnlicher Weise gehorchen würden. Dieser Vorschlag gefiel dem Khagan und er schickte mit dem Lebedias Gesandte zu den Türken, welche nach vorheriger Berathung lieber den Arpád als den Salmutzes wählten. Hierauf hoben sie nach chazarischer Sitte und Gesetz den Arpád auf dem Schild in die Höhe und machten ihn so zu ihrem Fürsten; vordem hatten sie nie einen Fürsten gehabt.

„Nach einiger Zeit griffen die Petschenegen abermals die Türken in Atelkuzu an und vertrieben sie von dort sammt (ihrem Fürsten) Arpád. Die vertriebenen Türken suchten nun anderwärts Wohnsitze und nahmen Gross-Mähren in Besitz, wo sie bis zum heutigen Tage wohnen. Seit dieser Zeit war zwischen Petschenegen und Türken kein Krieg mehr."

Bevor die Magyaren sich in Ungarn niederliessen, wohnten sie nach dem Berichte des kaiserlichen Schriftstellers erstlich in Lebedia und dann in Atelkuzu; aus beiden Wohnsitzen wurden sie durch die Petschenegen vertrieben. Nach Ibn Dasta lag die erste Ansiedelung der Magyaren zwischen den Petschenegen und einem Stamm (Essegel) der Nord- oder Wolga-Bulgaren, — was dem «Lebedia» Contstantins entsprechen würde. Atelkuzu aber, das Constantin auch «Etel» und «Kuzu» nennt, [266] hatte nach ihm seinen Namen von den dortigen fünf Flüssen erhalten, von denen «Brutus» und «Seretus» deutlich der heutige Prut und Seret sind. Ungarische Historiker halten «Atelkuzu» für «Etelköz»; Constantinus nennt aber unter den Flüssen, die ins schwarze Meer münden, keinen einzigen «Etel» oder «Atel»; dieser Name gebührt auch bei ihm nur der Wolga. Es scheint mir gewiss zu sein, dass diese Namen Atel, Etel und Kuzu sich auf jenen Wohnsitz der Magyaren beziehen, den sie an der Wolga inne hatten, * bevor sie südwärts an die Flüsse des schwarzen Meeres gelangten. Hier fand sie auch Ibn Dasta an den Ufern des Dnjeper, den er Dschihun nennt, und anderer westlicher Flüsse.

Nach Constantin hätten die Magyaren sowohl in Lebedia wie in Atelkuzu nur kurze Zeit verweilt, da ihnen jedesmal die Petschenegen auf der Ferse waren. Aus der Darstellung Ibn Dasta's geht das Entgegengesetzte hervor. Denn ein oder zwei Jahre hätten nicht hingereicht zur Unterjochung der Slaven am Prut und Seret und zur Betreibung eines Sclavenhandels mit den Griechen. — Constantin benachrichtigt uns von einem Clientel-Verhältnisse der Magyaren zu den Chazaren, wovon Ibn Dasta gar nichts meldet. Es ist auch auffällig, weshalb die Chazaren die Magyaren gegen die Petschenegen, ihren gemeinsamen Feind, nicht vertheidigt haben, sobald sie über die Magyaren in der That die Oberhoheit besessen hatten. Die historische Wahrheit besteht wohl darin, dass die Magyaren von der Wolga her südwärts gegen das schwarze Meer zogen, und dass die Petschenegen nach ihnen dieselbe Richtung (gleich den Hunnen und Avaren) einschlugen, was die Chazaren nicht verhinderten oder auch nicht verhindern konnten; dass ein Theil der Magyaren in den alten Wohnsitzen verblieb, was wir auch von den Avaren vernommen haben und endlich, dass die sieben Stämme der Magyaren zu ihrem grössten Glücke den Árpád zum Fürsten wählten, noch bevor sie in ihr heutiges Vaterland eingewandert waren. Indessen geht auch aus der folgenden Darstellung Constantins selbst deutlich hervor, dass die Oberhoheit der Chazaren

---

* CASSEL. Magyarische Alterthümer, p. 202, ahnt dasselbe, und will Atel-Kuzu «Atel-Guz» lesen und darunter den «Atel der Guzen» (Usen) = Land der Guzen verstehen. Wenn der Name «Guz-Atel» wäre, könnte man diese Erklärung acceptiren.

über die Magyaren keine besonders bedeutende sein konnte. Denn der
kaiserliche Schriftsteller fährt also fort:

*„Wissen muss man, dass die sogenannten Kabaren chazarischer
Abkunft sind. Als einst wegen der Herrschaft (bei den Chazaren) eine
Empörung entstand, siegte in diesem innern Kriege die alte Macht und
ein Theil der Aufständischen wurde niedergemetzelt, der andere Theil floh
zu den Türken und vereinigte sich mit ihnen. Sie lehrten den Türken die
chazarische Sprache und behielten bis zum heutigen Tage diese ihre eigene
Sprache; allein sie erlernten auch die Sprache der Türken. Nachdem die
Kabaren sich durch Stärke und Tapferkeit auszeichneten, kämpften sie
in den Schlachten als erster Stamm in den vordersten Reihen; die Kabaren bestehen aus drei Geschlechtern, die bis heutigen Tages einen gemeinsamen Stammeshäuptling haben.“*

Wenn die Chazaren in einem solchen Hoheitsverhältnisse zu den
Magyaren gestanden wären, wie das aus der Darstellung Constantins
hervorgeht, so würden die Ersteren wohl kaum gestattet haben, dass die
flüchtigen Kabaren sich mit diesen verbünden. Indess in Bezug auf unsere
Ethnographie ist es von weit grösserer Wichtigkeit, dass sich den
Magyaren noch vor ihrer Niederlassung in Ungarn ein fremder Volksstamm angeschlossen und sich mit ihnen verschmolzen hatte. Solchen
Beispielen werden wir im Verlaufe unserer Untersuchungen mehrmals
begegnen. Hören wir Constantin weiter!

*„Jetzt sind also bei den Türken der erste Stamm die Kabaren,
der Name des zweiten ist Neke, des dritten Megere, des vierten
Kurtygermatu, des fünften Tarjanu, des sechsten Genach, des
siebenten Kase. — Durch Leo (VI. oder den „Weisen“, 886—911) berufen,
überschritten sie die Donau, und besiegten den bulgarischen König Simeon;
bis Presthlaw streiften sie und zwangen den Bulgarenkönig in der
Festung Mundraga Schutz zu suchen. Nachdem Simeon mit den Römern
Frieden geschlossen hatte, verband er sich mit den Petschenegen gegen die
Türken und als diese auf einem Kriegszuge fern waren, überfielen die
Verbündeten die Daheimgebliebenen und vernichteten sie. Nach Hause
zurückgekehrt, sahen die Türken ihr Land verwüstet und zogen in jenes
Land, das sie bis heute besitzen. Die Türken wohnen also von Belgrad
bis jenseits der Donau; aber auch diesseits der Donau, zwischen der
Donau und Save. Ferner wohnen sie an den Flüssen Timeses (Temes),
Tutes (?), Moreses (Maros), Krisus (Körös) und Titza (Theiss)
sowie in „Gross-Mähren“, da wo ehedem Swatopluk (Sphendopluk) geherrscht hatte. Die Türken grenzen im Osten, wo die Donau fliesst, an
Bulgarien; im Norden an die Petschenegen; im Westen an die Franken
und im Süden an die Croaten.[267] Jeder Stamm hat seinen besondern
Häuptling (Führer, Fürsten), ist aber nicht Unterthan desselben; wird
ein Stamm vom Feinde angegriffen, so müssen ihm alle Stämme mit
ganzer Kraft zu Hilfe kommen. Der Grossfürst stammt nach dem Erb-
rechte aus dem Geschlechte Arpád's. Ausserdem gibt es noch den Gylas
und Karchas (Karchan). Das sind keine Eigennamen, sondern Würz-
den, welche ein Richteramt bezeichnen; aber der Gylas steht höher (ist
vornehmer) als der Karchas.“*

Die abendländischen Schriftsteller, welche uns über den Avaren-
krieg benachrichtigen, erwähnen zwar die Theiss, darüber hinaus reicht

aber ihre Kenntniss nicht. Während der ganzen fränkisch-deutschen Herrschaftsperiode hören wir gar nichts vom Gebiete jenseits der Theiss. Der griechische Kaiser mochte es vielleicht von den Magyaren selbst erfahren haben,[265] dass sie ausser im ehemaligen Mähren und in den Theilen jenseits der Donau sowie zwischen der Donau und der Save, noch an den Flüssen *Temes, Maros, Körös* und *Theiss* wohnen. Die Marosufer führen nach Siebenbürgen; es ist also nicht unwahrscheinlich, dass sie sich um das Jahr 950 auch schon nach Siebenbürgen verbreitet hatten.

Noch interessanter sind die Mittheilungen Constantins über die politischen Zustände der Magyaren. Jeder Stamm hatte sein besonderes Oberhaupt, dem jedoch die Stammesgenossen nicht als Unterthanen untergeben sind; diese konnten somit in öffentlichen Dingen auch mit dreinsprechen. Die Würden der Stammeshäuptlinge, welche Constantin «Fürsten» *ἄρχων* oder vielmehr «Anführer» Herzoge nennt, waren vielleicht ebenso erblich wie die drei obersten Würden des gesammten Volkes. Unter diesen war die erste die des «*Grossfürsten*» *μέγας ἀρχων*, von dem Constantin ausdrücklich bemerkt, dass er aus dem Geschlechte Árpád's stamme, also nach dem Erbrecht seine höchste Würde besitze. Die Gewalt und die Rechte der Grossfürsten erfahren wir nicht, ebenso wenig den magyarischen Namen dieser Würde; denn das Wort «*Wojwoda*», womit Constantin den Grossfürsten öfters bezeichnet, ist slavisch; man kann jedoch annehmen, dass die oberste Würde ebenso wie die beiden anderen National-Würden eine originale Bezeichnung gehabt hat. Ibn Dasta berichtet s. o. S. 131, dass dieser Name «*Kende*» gelautet habe. Sollte etwa das magyarische Wort «Kend» «Ihr» als Anredewort, womit heutzutage nur die Dorfbewohner einander apostrophiren, so hohen Ursprunges sein? Unmöglich wäre es nicht: wissen wir doch, dass auch das Wort «jóbágy» erstlich die Grossen des Reiches, als die dem Könige zunächst stehenden Vasallen, später aber, mindestens bis zum Jahre 1848, nur die den Grundherren contribuirenden Bauern bezeichnete.

Die zweite Nationalwürde der Magyaren war nach Constantin die des *Gylas* oder *Gyla*. Diesen Namen bestätigt Ibn Dasta, der ihn arabisch *Dschile* schreibt, obgleich er darin irrt, dass er denselben als den «Eigennamen» des Kende bezeichnet. Uebrigens war nach Ibn Dasta der *Gyla* der Anführer im Kriege, was sehr wahrscheinlich ist. Der Name lautete im magyarischen wohl «*Gyula*» und erhielt sich am längsten bei dem siebenbürgischen Geschlechte der Gyula, welche das Amt eines Vicekönigs bekleideten. Von ihnen stammt auch der Ortsname «Gyula-Fejérvár» Weissenburg, Carlsburg. Später verwandelte sich auch dieser Würdenname gleich anderen in persönliche Eigennamen: Gyula, Gyulai; gleich «Király» von «király = König. «Kenéz»

(= Richter u. a. Ob die Würde des «Gyula» erblich war, wird nicht gemeldet; doch ist es sehr glaublich.

Dasselbe gilt wohl auch von der dritten Nationalwürde, dem *Karchas*; denn Constantin sagt von Bulcsu, dass er Karchas und der Sohn des Kalé war, der ebenfalls Karchas gewesen (siehe die Anmerkung[268]. Ibn-Dasta macht von dieser Würde keine Erwähnung; ihre Existenz wird uns jedoch nicht blos von Constantin gemeldet, sondern auch in einem Gesetze des Königs Ladislaus des Heiligen vom Jahre 1092 (Decretum III. 2) bestätigt; daraus erfahren wir zugleich die Natur dieser Würde. Das Gesetz lautet: «Wir befehlen, dass der königliche Herold Jedermann, Adeligen, Nichtadeligen, insbesondere aber den Bischöfen, Aebten, Gespanschaftsgrafen und niedrigeren Amtsleuten verkünde: Derjenige, bei welchem sich noch nach dem Urtheile des Richters Carchas aus der Zeit des Königs Andreas und Herzogs Béla einer jener Stadt- oder Dorfbewohner vorfinden sollte, die «Orek» oder «Sclaven» genannt werden, — der solle denselben am Tage Mariä Himmelfahrt dem Könige vorführen. Wer denselben mit Gewalt zurückhält, zahlt den doppelten Werth der Person; wer aber sein Anrecht beweisen will, der erscheine am genannten Tage und beweise es.»[269]

Zum Verständnisse dieses Gesetzes muss man sich erinnern, dass Stefan der Heilige die christlichen Sclaven befreit hatte, was bei den heidnischen Herren gewiss eine arge Schmälerung des Eigenthums-Rechtes und ebenso lästig war wie die Entrichtung des anbefohlenen Kirchenzehenten. Die Rückkehr von Andreas und Béla im Jahre 1046 bot dann den Vorwand zum Wiederaufleben des Heidenthums, womit natürlich auch die Wiederherstellung der früheren, socialen und rechtlichen Verhältnisse verbunden war; der Kirchenzehent wurde abgeschafft und die befreiten Christen-Sclaven neuerdings der Sclaverei unterworfen. Mit dem Heidenthum erstand auch die alte heidnische Richterwürde des *Carchas* denn der «Sarchas» im Decrete Ladislaus kann niemand Anderer sein als der «Karchas» Constantins, den man lateinisch «Carchas» schreiben musste, wobei dann die Abschreiber das «C» für ein «S» lasen, — erstand also auch dieses altheidnische Richteramt wieder, welches offenbar von König Stefan dem Heiligen abgeschafft worden war, weil man seiner nach der Restauration des Christenthums nicht weiter gedenkt. Der Karchas urtheilte demnach in privatrechtlichen Dingen, war also der wirkliche Richter des Volkes. Ladislaus annullirte die Richtersprüche des Karchas, gestattete aber, dass, falls Jemand ein anderweitiges Recht auf seine Sclaven hätte, er dieses beweisen dürfe.

Was weiss nun Constantin über die Besitzergreifung Ungarns durch die Magyaren?

„Man muss wissen", sagt er, „dass Sphendupluk, der Fürst von Mähren, tapfer und gefürchtet war bei den benachbarten Völkern. Vor seinem Tode theilte er das Reich unter seine drei Söhne, indem er jedem Sohne einen Theil gab, doch so, dass der älteste der Grossfürst sein, die beiden anderen aber dessen Oberhoheit anerkennen sollten, indem er sie durch das Beispiel mit dem Ruthenbündel zur Einigkeit ermahnte. Allein jene lebten nach des Vaters Tod nur kurze Zeit in Eintracht; sie geriethen bald in Streit und bekämpften sich gegenseitig. Als nun auch die Türken sie angriffen, gingen sie völlig zu Grunde und jene nahmen ihr Land in Besitz, das sie bis heute inne haben. Die übriggebliebenen Mähren flohen zu den Bulgaren, Türken, Croaten und anderen benachbarten Völkern."

Wenn irgend Jemand unter den Schriftstellern des 10. Jahrhunderts es gewusst hat, was für Mächte die Magyaren bei der Besitzergreifung ihres neuen Vaterlandes besiegen mussten, so war das sicherlich Kaiser Constantin, der «Purpurgeborne». Er nennt aber blos die Söhne Swatopluks; eine andere Macht kennt er nicht und doch lagen die östlichen Gebiete Ungarns, deren Flüsse er aufzählt, ihm räumlich näher als die westlichen, entfernteren Landestheile, deren Herrscher er kennt, weil es solche gab. Im Osten war jedoch keine Herrschermacht vorhanden, also konnte Constantin auch keine kennen oder nennen.

Die Geschichte der Besitzergreifung selbst und deren Einzelheiten kennt Constantin ebenso wenig als die abendländischen Geschichtsquellen. Wir lesen nur in dem Klageschreiben der bayrischen Bischöfe (s. o. S. 121), dass damals in Pannonien kaum eine Kirche erhalten war, und dass die Mährer ihre Haupthaare beschnitten und sich den heidnischen Magyaren anschlossen, um im Vereine mit ihnen zu kämpfen. Es ist sehr wahrscheinlich, dass die christlichen Priester wo möglich vor den neuen Ankömmlingen flüchteten, und dass die christlichen Deutschen und Slaven dem Beispiele ihrer Geistlichen gefolgt waren. Indess war die Bevölkerung schon während der letzten Zeit der fränkisch-deutschen Herrschaft in Pannonien nicht besonders dicht, da ja Swatopluk, wie wir sahen, die Gegenden jenseits der Donau wiederholt verwüstet hatte. Nach der magyarischen Besitzergreifung ahmten von der zurückgebliebenen Bevölkerung wohl viele, namentlich die vorhandenen Avaren, das Beispiel der Mährer nach und fanden es vortheilhafter mit den Magyaren zu vernichten, statt selber vernichtet zu werden. Was diesseits der Donau zu Mähren gehört hatte, fiel auch mit leichter Mühe in die Hände der Magyaren; die Theissgegenden aber waren herrenlos und gehörten dem, der sie nehmen wollte: die Magyaren nahmen sie.

Die Hauptstärke der Avaren lag im westlichen Theile Pannoniens; es scheint, dass die Magyaren auch darin das Vorbild ihrer avarischen Vorgänger befolgten, indem sie das Land bis an den Ennsfluss besetzten. Später wurden sie allerdings wieder mehr nach Osten in die heutigen Grenzen diesseits der Leitha gedrängt; dennoch blieb die Hauptmacht der Magyaren im Westen ihres Landes; hier entwickelte sich unter dem Grossfürsten Geisa wie unter dessen Sohn Stefan der Kern des ungarischen Königthums.

II. Urgeschichte der Magyaren nach dem Zeugnisse ihrer Sprache.

§ 39.

Sprache, Religion und Sitte gestalten ein Volk, und wenn sich auch die beiden letztern ändern, so besteht das Volk dennoch so lange, als seine Sprache fortdauert. Die Sprache ist die Seele des Volkes; die Geschichte der Sprache somit die Geschichte der Seele eines Volkes. Die Sprache beweist auch die Zugehörigkeit, die Verwandtschaft eines Volkes, sie weist demselben untrüglich seine Stelle unter anderen Völkern an. Die körperlichen Merkmale können den einzelnen Menschen nur nach seiner leiblichen, thierischen Seite hin charakterisiren; aber niemals ein ganzes Volk kennzeichnen, welchem Individuen der verschiedensten Körpergestaltung angehören können, sobald sie nur dieselbe Sprache reden und dieselben moralischen und socialen Eigenthümlichkeiten haben. In der Ethnographie ist das Zeugniss der Sprache der einzig sicher weisende Führer.[270]

Allein eine Sprache allein kann für sich noch kein verständliches, genügendes Zeugniss ablegen; dies wird nur möglich unter Mithilfe der verwandten Sprachen. Die verwandten Sprachen erklären, beleuchten einander; sie zeigen zudem den Ursprung und die Entwickelung des betreffenden Volkes; ohne die Kenntniss der verwandten Sprachen kann also auch die Urgeschichte eines Volkes nicht aufgehellt werden. Und doch geht jene Geschichte, die wir dem Zeugnisse der Sprache und ihrer Verwandten entnehmen, der eigentlichen Geschichte sehr weit voraus. Jene Vorgeschichte zeigt uns die Wiege und jugendliche Entwickelung des Volkes; es ist das in Wahrheit die «Urgeschichte» desselben. Sobald ein Volk auf dem Schauplatz der eigentlichen Geschichte auftritt, hat es seine jugendliche Entwickelungszeit schon zurückgelegt. Der lehrreichste und interessanteste Theil des Volkslebens liegt also eigentlich hinter dem Schauplatze der Geschichte.

Die geschichtlichen Aufklärungen, welche uns eine Sprache und ihre Verwandtschaft bietet, schöpfen wir aus dem gemeinsamen Lexikon und aus der gemeinschaftlichen Grammatik derselben. Die erste Frage bei unseren Untersuchungen ist also: welche sind die Verwandten der magyarischen Sprache? Diese Frage werden wir durch eine Reihe von Thatsachen beantworten. Wer nach Aufführung dieser Thatsachen unsere

Ansichten noch in Zweifel zieht, der muss durch ebenso triftige Belege aus anderen Sprachen unsere Beweisführung zu widerlegen suchen. Die Verwandtschaft der Sprachen zeigt sich in gewissen Lautveränderungen, die nach einer bestimmten Regel vor sich gehen. Das bezeugen die unten folgenden Beispiele. Diese Beispiele beziehen sich aber vor Allem auf natürliche Gegenstände, als: auf die Theile des Körpers, auf das natürliche und sittliche Leben, auf die Dinge in der äusseren Natur, auf die Zahlen, die Familie und die ersten Elemente des gesellschaftlichen Lebens, endlich auf die ursprüngliche religiöse Anschauung. Ausser den Wörtern werden wir auch die Gemeinsamkeit des grammatikalischen Baues nachweisen und auf diese Weise das Entstehen und Werden des ungarischen Volkes und seiner Sprache wenigstens in den Hauptmomenten beobachten.

Das so entstandene Volk blieb nicht an einer Stelle haften: es wanderte und auf seinen Streifzügen lernte es und sammelte Erfahrungen. Wir werden sehen, wie die ursprüngliche Sprache erstlich unter türkischem, dann in noch grösserem Masse unter slavischem Einflusse gestanden ist (abgesehen von den Einwirkungen des Lateinischen, Deutschen und anderer europäischen Sprachen in neuer und neuester Zeit). Das magyarische Volk und seine Sprache weist also *drei Entwickelungsperioden* auf: *a)* die *Zeit des Ursprunges*, der Entstehung, in welcher ihr Wesen, ihr eigenthümlicher Charakter gestaltet wurde; — *genetische Periode; b)* die Zeit des *türkischen* und *c)* die des *slavischen* Einflusses: diese beiden letzten Perioden zeigen die Schicksale, die Erwerbungen und Verluste, welche Volk und Sprache auf der langen Wanderschaft von der Urheimat in die jetzigen Wohnsitze zu erleiden hatten. Jene erste Periode der Entwickelung verlebten die Magyaren unter verwandten Volksstämmen, die beiden letzten unter fremden Völkern (bei Türken und Slaven).

1) *Die genetische Periode der Magyaren.*

§ 40.

Die Periode des Ursprunges oder der Entstehung des magyarischen Volkes und seiner Sprache brachte dasselbe inmitten stammverwandter Völker zu. Welche sind diese? Es sind die *finnischen* Völker, und zwar: die *eigentlichen Finnen* oder *Suomi*, die *Esten*, *Karjalanen*, die *Watjen*, *Wepsen* und *Liven*, die insgesammt eine geschlossene Sprach- und Volkseinheit, das Finnenthum, ausmachen. Ferner die *Ugren*, als: die *Permier*, die *Syrjänen*, die *Wotjaken;* die *Wogulen*, die *Ostjaken;* die *Tscheremissen* und *Mordwinen*. Diese machen keine solch geschlossene Einheit wie die finnischen Völker aus; sie waren also grösseren äusseren Schicksalen ausgesetzt. Endlich gehören hierher die *Lappen* (Lappländer), deren Sprache die Mitte hält zwischen Finnen und Ugren; einige ihrer Formen treten dem Magyarischen am nächsten.

Die nachstehenden Beispiele sind nicht aus sämmtlichen verwandten Sprachen entlehnt, sondern hauptsächlich aus dem Wogulischen, Ostjakischen und dem eigentlich Finnischen. Besonders hervorragende Thatsachen werden indess auch aus anderen Dialecten nachgewiesen werden.

a) *Die Körpertheile.*

Magyarisch	Wogulisch	Ostjakisch	Finnisch
fej, fö, föv (Kopf)	pong	—	pää
agy (Schädel)	—	og	aju
szem (Auge)	sem	sem	silm [27]
fül Ohr	päl	pal	—
fog (Zahn)	ponk	penk	pii
száj (Mund)	sop	—	suu
nyelv (Zunge)	nelm	ńalim	—
tor-ok (Kehle)	tur	tor	tur-kku
íny (Gaumen)	egn	angen	—
fan Schamhaare)	pun	pun	—
kéz (kez, Hand)	kat	—	kät
öl (Schoss	täl	tel	syl
arasz Spanne)	tarasz	—	—
újj Finger	tul'e	luj	—
mell (Brust	majl	mejl	—
máj Leber)	majt	mugol	maksa
velö Mark)	valem	velim	—
vér (Blut	ver	vir	ver
szü, sziv Herz,	sim	sam	syöm, sydäm

u. s. w.

Nachdem jedes Volk und seine Sprache allerlei äusserliche Schicksale zu ertragen hatte, in denen es von seinen Eigenthümlichkeiten Manches verlor, Anderes vergass und an deren Stelle Fremdes aufnahm, so lässt sich dieses auch an der magyarischen Sprache nachweisen. Wir führen beispielsweise nur an, dass in der magyarischen Bibelübersetzung vom Jahre 1466 das Wort »tügy« vorkommt, welches »Wange« bedeutet; dem entspricht das finnische »tyk« (ö) = »Seite«, »nebenan«. Heute existirt das magyarische »tügy« nicht mehr.

Schon in den obigen Beispielen erkennen wir eine Regelmässigkeit in den Lautveränderungen. Das magyarische « f » entspricht dem p in den verwandten Sprachen, gleichwie das deutsche f dem lateinischen und griechischen p, (z. B. Fuss = lateinisch pes (von dem Stamme ped, ped-is), griechisch pus (von pod, pod-os). Die magyarischen « fej, fül, fog, fan » entsprechen in den verwandten Sprachen dem « pong, pää, päl, pal, ponk, penk, pii, pun ». — Der magyarische Auslaut « z » klingt in den verwandten Dialecten « t » (d), wie das « ƥ » im Deutschen Fuss einem « d » im Lateinischen (ped) und Griechischen (pod) entspricht: im Englischen ist noch heute ein « t » (foot). — Der magyarische Auslaut « v », mag derselbe verschmolzen, wie in « szü, velö » (velev, velej) oder offen sein, wie in « szív, nyelv », entspricht stets einem « m » in den verwandten Sprachen; z. B. « nyelv = ńelm, szív = sim, velö = velim » u. s. w.

Die auffälligste, aber sehr häufige Erscheinung ist, dass in dem An- oder Auslaute des betreffenden verwandten Wortes « t, l oder s » vorkommt, woraus auch hervorgeht, dass « t » nicht blos in « s » (z), sondern auch in « l » übergehen kann. Also: « öl, újj, máj » lautet in den verwandten Sprachen « täl oder syl, tul'e oder tul, majt oder mugol. »

b) *Natürliches und sittliches Leben.*

Magyarisch	Wogulisch	Ostjakisch	Finnisch
lél-ek (Seele)	lil	lil	—
ész (Vernunft)	us	us'	ais-t
él-ni (leben)	ol	vol	el
val (lenni, sein)	ol	ul	ol
hal (-ni, sterben)	kal	kal, hal	kuol
hall (-ani, hören)	kul, hul	kul, hul	kuul
hál (-ni, schlafen)	kúl'	hal	—
men (-ni, gehen)	men	man	men
ikt (-at, einführen)	joht	jogod	—
áll (-ani, stehen)	l'ul	lol	—
ül (-ni, sitzen)	unl	unl	— nisch)
lát (sieht)	uont	vant	vaat (est-
néz (schaut)	—	ni	näh
té tev (tenni, thun)	—	—	teh
e' ev (enni, essen)	te	li	syö
i' ív (inni, trinken)	aj	ja	juo
ví' vív (vinni, tragen)	vi	vi	vie
ve' vev (venni, nehmen)	vi	vi	ot
le' lev (lenni, werden)	jejm-t	ji	lie

Magyarisch	Wogulisch	Ostjakisch	Finnisch
hí hív (hinni, glauben)	aü-t, ag-t	ev-l	—
ú-sz (-ni, schwimmen)	uj	uj	uj
hív (hívok, ich rufe)	vau	vog	—
szül (-et, geboren werden)	tel	ti, til	synt
nyel (-ni, verschlingen)	—	nel	niel
nyal-ni (schlecken)	—	ṅol-id	nuol
fú-ni (blasen)	—	pu	puh
fáz-ni (frieren)	—	pot	—
kel-ni (aufstehen)	—	kil	käy
öl-ni (tödten)	āl	vel	—
lö (schiessen)	li	jou-t	luo
vesz-ni (verloren gehen)	uos	uš	—
veszt-eni (verlieren)	uos-t	uš-t	—
nev-et (lachen)	mau-int	noch	—
álom (Schlaf)	ulem	ulim, olim	—
hág-ni (steigen)	kang	hang	—

Bemerkenswerthe Lautveränderungen sind hier: Der magyarische Anlaut h entspricht einem k in den verwandten Sprachen, vgl. die Wörter hal-ni, halla-ni, hál-ni; die Regel zeigt, dass das k der tief-lautenden Wörter im Magyarischen zu h sich verwandelt, indess das k der hochlautigen Wörter auch im Magyarischen beibehalten wird; vgl. das magyarische kéz mit dem finnischen kät, dem wogulischen kat; das magyarische kel mit dem ostjakischen kil, dem finnischen käy u. s. w.

Das Wort «tor-ok» der vorigen und «lél-ek» dieser Beispielreihe zeigt, dass das k hier Bildungslaut ist; denn die entsprechenden ver-wandten Wörter sind «tur» und «lil». — Das magyarische «lát» und seine Verwandten «uont, vant, vaat» lehren, dass l und v wechseln können, wofür man übrigens auch in der magyarischen Sprache selbst Beispiele hat, z. B. das alte «vép» lautet jetzt «lép» (schreitet). Aus den Wörtern lát, vant sehen wir ferner, dass in dem ostjakischen Worte ein n erscheint. Diese Lautvermehrung ist sehr häufig, man vergleiche ül und unl, nev-et und mau-int, hág und kang u. a. Weiter unten treffen wir jég (Eis) und die entsprechenden jang (wog.) und jong (ostj.). Hierher gehört auch das altmagyarische urdung und das heutige ördög (Teufel). Vor den Lippenlauten pflegt ein m eingeschoben zu werden; z. B. magyarisch eb (Hund) und wogulisch amp; magyarisch hab (Welle, Schaum) und wogulisch kump u. s. w.

Bei den Wörtern tenni (thun), enni (essen) und den übrigen die-ser Art fällt auf, dass im Präsens der Stamm te(-sz-ek) und e(-sz-em), im Imperfectum aber tev(-ék), ev(-ém) ist. Das Wort u-sz-ni zeigt, dass bei diesem und ähnlichen der Stamm nur u' gewesen, aber der Präsentiallaut sz hat sich mit der Zeit auch in die übrigen Temporalformen eingeschlichen. Ein anderes Beispiel dieser Art ist ját-ék (Spiel) und ját-sz-om (ich spiele), ját-sz-ám (ich spielte); nach dem Zeugnisse der alten ungarischen Grammatiker ist ein solches Wort auch von-ni (ziehen), das nur im Präsens von-z lautete, im Präteritum aber von-ék. Auch met-sz (schneiden) gehört hierher, denn es bestanden die Formen metetni (schneiden lassen, beschneiden), metetlen (unbeschnitten); auch heute sagt man « metélni » (circum-cidere).

c) *Die Dinge und Erscheinungen der äussern Natur.*

Magyarisch	Wogulisch	Ostjakisch	Finnisch
név (Name)	nim	nem	nimi
víz (Wasser)	vit	—	vete
tüz (Feuer	tut, taut	tût, tuget	tuli
kő, köv (Stein)	kav	kev	kívi
hegy (Berg)	aut, aht	aut	—
felhö, felleg (Wolke)	—	pali-ng	pilvi
ég (Wolkenhimmel, Atmosphäre)	l'eang	—	—
szél (Wind)	—	—	tuuli
füst (Rauch)	posim	puzing	—
hugy (Stern)	kus	kus, hus	—
tél (Winter)	tal	tel	talvi
ősz (Herbst)	täkus	sús, sugus	syys, syksy
tav-asz (Frühling)	toja, tuoja	tovi	suvi
jég (Eis)	jang	jong	jää
fagy (Frost)	—	pot-im	—
lom (Reif)	—	luń-z	lumi
tó, tav (Teich, See)	tur	tu	—
láp (Morast)	—	—	lampi
jó (Fluss)	ja	jog-an	joki
hab (Welle)	kump	hump	—
hol-val (Morgen)	hol-ejt	hol-ejt	—
est (Abend)	iet	jet-n	ehtoo
hó, hold (Mond, Monat)	(jongep)	—	kuu
arany (Gold)	sarni	sorne	—
ezüst (Silber)	ezis (syrjän.)	—	—
ón (Zinn)	aln	uln	—
ólom, ólm (Blei)	—	lolpi	—
fa (Baum, Holz)	—	—	puu
fü, füv (Gras)	pum	pom	—
ló (Pferd)	lu	lovi	—

Magyarisch	Wogulisch	Ostjakisch	Finnisch
eb (Hund)	amp	amp	—
nyuszt (Baummarder)	ńohs	ńogos	—
nyest (Steinmarder)	—	—	näätä
vaj (Butter, Schmalz)	voj	voj	voi
egér (Maus)	tänger	tenger	hiiri
lúd (Gans)	lunt	lunt	lintu
hattyú. (Schwan)	kateng	hading	—
daru (Kranich)	târi	tor	—
varju, varnyu (Krähe)	—	voringa	varekse
fecske (Schwalbe)	—	—	pääski
fész-ek (Nest)	piti	—	pesä
mony (Hode)	mau	—	muna
nyü (Made)	ning	—	ning
tetü (Laus)	tahm	tevdim	täi
hal (Fisch)	kul	hul	kala
só, sav (Salz)	čah, čeh	—	—

Die Gesetze der Lautveränderungen wird der aufmerksame Leser hier selbst erkennen. Nur das Wort «jó» (Fluss) wollen wir mit einigen Bemerkungen begleiten. Dieses Wort kommt in dieser Bedeutung heute nur in Zusammensetzungen vor; so in Sajó (sav-jó) = Salzfluss, darum slavisch «Slaná», bei den Dobschauer Deutschen «Salz-ach»; diese nennen auch die Orte «Felső-Sajó» = Ober-Salz-ach, «Alsó-Sajó» = Unter-Salz-ach. So «Héjö» (statt «hé-jó, hév-jó») = warmer Fluss; «Berek-jó» (jetzt «Berettyó») = Waldstrom, «Kükül-jó» (jetzt Küküllő), in der Chronik der Székler = aqua Kükül; endlich »Si-jó» (Sió), «Táp-ió».

d) *Familie und gesellschaftliches Leben.*

Magyarisch	Wogulisch	Ostjakisch	Finnisch
{ atya (Vater)	aže	azi, aže	—
{ is	jis	is	isä
{ anya (Mutter)	angve	anki	—
{ em	—	imi	emä
hím (Mann)	kum	hoj, hó	—
nő (Weib)	ne	ne	nai
gyer-ek (Knabe)	kär-kve [272]	—	—
gyerm-ek (Kind)	kārem-kve	—	—
fi, fiú (Sohn)	pi	pog	pojk-a
lány, leány (Tochter)	aj	evi	—
ipa (Schwiegervater)	up	up	appi

Magyarisch	Wogulisch	Ostjakisch	Finnisch
napa (Schwiegermutter)	anip	—	anoppi
ángy (Schwägerin)	uń	—	—
nén (Tante)	nin	—	—
öcs (Neffe, jüngerer Bruder)	apši	—	—
vö (Eidam)	vap-s	veng	vävy
meny (Schwiegertochter)	mäń	meń	miniä
fél (Hälfte, Ehehälfte)	pal	pal	puoli
feleség (Ehegespons, Gattin)	—	—	puoliso
ház (Haus)	kvol	kat, kot	koti
úr (Herr)	jor	jor u. uort	uroh, uros
őr (Diener, Wächter)	ort	ort	orja
tolvaj (Dieb)	tulmah	lolmah	—
tolvaj-lani (stehlen)	tul	lol-imt	—
falu (Dorf)	paul	pogol	—
(vár-)os (Stadt)	uos	uš	—
kert (Garten)	kart	kart	kartano
fed-ni (decken)	pänt	—	—
fedél (Dach)	päntil	—	—
aj-t-ó (Thür)	aui	ovi	ovi
íjj, ív (Bogen)	jaj-t, jau-t	jug-ol	jou-tse
nyíl (Pfeil)	ńal	ńol	nuoli
had (Heer)	kant	kant	kunta
nyél (Stiel)	ńāl	nal	—
lő-ni (schiessen)	li	jou-t	luo
tegez (Köcher)	täget, täut	—	—
vág-ni (schneiden)	vuong	vong	—
kés (Messer)	kes-äj	keži	—
él (Spitze)	el'm	—	—
két élü kés (Scheere)	kit elmip kesej	·	—
háló (Netz, halász, Fischer)	kul'p	holup	—
vész (Senkreuse)	uosem	vožim	—
poné (Fischerausdruck)	pon	pon	—
fon-ni (spinnen)	pan	—	pun
fonó csalány (Weberdistel)	puln	puln	—
len (Lein)	rus puln	rus puln[273]	—
sző-ni (weben)	säg, säu	sevi	—
öl-t-ö (Oberkleid)	ulem	ulam	—
mez (Hülle)	mäs	—	—
öv (Gürtel)	—	—	vyö
szer (Gesetz, Art und Weise)	ser	sir	—
sör, ser (Bier)	sar	sur	—

Das magyarische Wort «ház» warf man oft mit dem deutschen «Haus» zusammen, bedachte aber nicht, dass die ursprüngliche Form des magyarischen Wortes «haz» (haz-a, haz-ul) war, welchem in den verwandten Sprachen das Wort kat, kot entspricht. Ferner, dass aus dem deutschen Diphthonge «au» im Magyarischen «ó» wird; z. B. «Bauer» = magyarisch «por». Der Personenname «Pál» entstand nicht aus dem deutschen «Paul», sondern aus dem slavischen «Pavel». — Das Wort «ajtó» (Thür) bedeutet «Oeffnung» und sein Stamm ist «aj». — Ein bemerkenswerthes Culturwort ist «sör, ser» (Bier), wogulisch sar, ostjakisch sur. Die Magyaren bereiteten also schon in ihrer Urheimat ein derartiges Getränk entweder aus Beeren oder aus Getreide, obgleich hiervon in dem gemeinsamen Sprachschatze keine Spur vorhanden ist. Den Wein lernten sie erst später kennen.

c) *Zahlwörter.*

Magyarisch	Wogulisch	Ostjakisch	Finnisch
egy (eins)	äkve, aük	i, it	yht, (yksi)
két, kettö (zwei)	kit, kiti	kad, kadn	kaht (kaksi)
három (drei)	kórom, horom	kolom, holim	kolm
négy (vier)	ńile	nel, nil	nelj
öt (fünf)	āt	vet, vuet	viit (viisi)
hat (sechs)	kat	hot, hut	kunt (kuusi)
hét (sieben)	sât	labit	seitse-män
nyol-tz (acht)	ńol-lu	ńiil	kahde-ksan
kilen-tz (neun)	antel-lu	jert-jang	yhde-ksän
tíz (zehn)	lau, lu	jang	kymmenen
húsz (zwanzig)	kus	hus	kaksi kymmentä
harmin-tz (dreis-sig)	vát	nolim-jang	kolme kymmentä
negy-ven (vierzig)	neli-men	nel-jang	neljä kymmentä
öt-ven (fünfzig)	ät-pen	vet-jang	viisi kymmentä
hat-van (sechzig)	kat-pen	hot-jang	kunsi kymmentä
het-ven (siebzig)	sât-lau	labid-jang	seitsemän kymmentä
nyoltz-van (achtzig)	ńol-sat	niil-sot	kahdeksan kymmentä
kilentz-ven (neunzig)	antel-sat	jert-sot	yhdeksän kymmentä
száz (hundert)	sat	sot	sata
ezer (tausend)	sater	sór-is, tór-es	— tuhannen)

Die Zahlwörter sind gewichtige Zeugnisse. Von 1—7 sind dieselben bei Finnen und Ugren einfach und gleich. Die stammverwandten Völker rechneten also im Anfange nach dem Siebener-System (wie solches auch bei den Türken und anderen Völkern der Fall ist), und wohnten in dieser Periode des Siebener-Systems beisammen ; das beweisen die gleichartigen Ausdrücke für die Zahlen von 1—7. Aber auch in jener Periode des Beisammenwohnens schieden sich bereits die Magyaren, Wogulen und Ostjaken von den Finnen ; denn bei jenen findet man die Form két, kit, kad, die nur attributiv stehen kann : két nö (zwei Weiber), kit ne, kad imi und die dualistische, darum allein-stehende Form kettö (zwei), kiti, kadn. Auf die Frage : Wie viele Frauen sind hier? antworten diese Sprachen : kettö (zwei), kiti, kadn. In der finnischen Sprache existirt diese Unterscheidung nicht. Irgend ein Ereigniss, das wir nicht kennen, bewog diese finnisch-ugrischen Völker zur Annahme des dekadischen Zahlensystems. Zu dieser Zeit lebten sie aber nicht mehr beisammen. Sie trafen deshalb je eine besondere Wahl der Ausdrücke für acht, neun, zehn u. s. w.; aber auch diese neuen Zahlwörter stimmen bei den benachbarten Völkern mit einander überein, indess sie von den Bezeichnungen der entfernter wohnenden Verwandten erheblicher abweichen. Dennoch gingen diese Völker bei dieser Wortbildung nach demselben Gesetze vor. Die Acht und Neun bildeten sie durch Subtraction (8 = 10 — 2 nyol-tiz, nyol-lu ; 9 = 10 — 1 kilen-tiz, antel-lu) ; die mehrfachen Zehner wurden natürlich durch Multiplication geschaffen. Achtzig und Neunzig gestalteten die Wogulen und Ostjaken nach der Analogie von acht und neun, ohne zu bedenken, dass nol-sat, antel-sat, eigentlich = 100 — 2, 100 — 1, nicht 100 — 20, 100 — 10. Beachtenswerth ist ferner, dass das Zahl-wort 100 bei diesen Völkern übereinstimmt. Viele wollen das magya-rische száz (hundert), wogulisch sat, ostjakisch sot vom russischen «sto» ableiten ; allein jenes Wort bestand schon, bevor der slavische Einfluss die Ugren berühren konnte. Die Wörter ezer (tausend), sater, sôr-is, t'ôr-es betrachten Manche als dem Persischen entlehnt, was ebenfalls unmöglich ist ; denn aus dem persischen «hezar» hätte zwar das magya-rische ezer, aber niemals die übrigen verwandten sater, sôr-is, t'ôr-es, die in Bezug auf «ezer» den gesetzlichen Lautwechsel zeigen, entstehen können.

Die Ordinalia zeigen auch einiges Grammatikalisches; deshalb setze ich dieselben aus dem Magyarischen und Wogulischen hierher:

Magyarisch	Wogulisch	Magyarisch	Wogulisch
elöl, elölsö (elsö, erste)	elol	hatod (sechste)	katit
ketted (zweite)	kitit	heted (siebente)	sâtit
harmad (dritte)	kormit	nyolczad (achte)	nolluit
negyed (vierte)	nelit	kilenczed (neunte)	antelluit
ötöd (fünfte)	ätit	tized (zehnte)	lauit, luit.

Als Fortsetzung der grammatikalischen Belege folgen nun einige Beispiele aus den nominalen Post-Positionen und aus der Conjugation des Verbums.

f) *Nominale Postpositionen.*

Magyarisch	Wogulisch	Ostjakisch	Finnisch
al (unten, Fuss)	jol	il	ali
alá (unter, Sublativus)	jole	illi	alle
alatt (unter, Locativus)	joln	illi	alla
alól (von unten hervor, woher?)	jolel	ilta	alta
el (weg, fort)	el	jel	et
elé (vor, hin)	ele	jelli	etehe
elött (vor, wo?)	eln	jelli	edellä
elöl (von vorne weg)	elol	jelta	edeltä
ki, kü (aus, hinaus)	kvon	kam	—
kive (hinaus)	kvone	kamne	—
kin (draussen)	kvonu	kamen	—
kivöl (von aussen)	kvonel	kamelta	—
köz (die Mitte)	kvot'	kut	keski
közzé (zwischen — hinein)	—	kuda	keskelle
között (dazwischen, wo?)	—	kutna	keskellä
közöl (von dazwischen hervor, woher?)	—	kudelta	keskeltä
hoz (Approximativus)	—	hoź	—
hozzá (zu ihm)	—	hoźa	—
hosz (Länge, Dauer)	kosä	hù	kau(-ka)
hosszára (auf lange)	kozäi	huva	kauos
hosszan (lange)	kosän	huna	kaukana
	kosänl	hulta	
fél (Seite, Hälfte)	pal	pel	puol
felé (gegen, nach, wohin?)	pali	pela	puolle
felett (über, wo? Superessivus)	paln	pelna	puolla
felöl (von, über — her, woher?)	palel	pelta	puolta
u. s. w.	u. s. w.	u. s. w.	u. s. w.

Die Nomina mit Besitzsuffixen lauten im Magyarischen und Wogulischen also:

Magyarisch	Wogulisch	Magyarisch	Wogulisch
szem-em (mein Auge)	semem	szem-ünk (unser Auge)	semu, semov
szem-ed (dein Auge)	semen	szem-etek (euer Auge)	semän
szem-e (sein Auge)	semä	szem-ök (ihr Auge)	semünl
szem-eim (meine Augen)	semänen	szem-eink (unsere Aug.)	semänu

Magyarisch	Wogulisch	Magyarisch	Wogulisch
szem-eid (deine Augen)	semän	szem-eitek (euere Aug.)	semän
szem-ei (seine Augen)	semänl	szem-eik (ihre Augen)	semänl

Noch ein Beispiel aus der lappischen Sprache:

Magyarisch	Wogulisch	Magyarisch	Wogulisch
kez-em (meine Hand)	gietta-m	kez-ünk (unsere Hand)	gietta-mek
kez-ed (deine Hand)	gietta-d	kez-etek (eure Hand)	gietta-dek
kez-e (seine Hand)	gied'as	kez-ök (ihre Hand)	gied'asek
kez-eim (meine Hände)	gied'aidam	kez-eink (unsere Hände)	gied'aidamek
kez-eid (deine Hände)	gied'aidat	kez-eitek (euere Hände)	gied'aidadek
kez-ei (seine Hände)	gied'aides	kez-eik (ihre Hände)	gied'aidasek

Die Form «kezünk» (unsere Hand), nach dem altmagyarischen «vagymuk» (jetzt «vagyunk», wir sind) beurtheilt, lautete ursprünglich «kezmük» oder «kezemük» und das entspricht dem lappischen «giettamek». In den meisten finnisch-ugrischen Sprachen ist der nominale Plurallaut «t», z. B. «szem-ek» (Augen) lautet im Wogulischen sem-et, im Südwogulischen šam-et, im Ostjakischen sem-et, im Finnischen silmä-t; allein im Lappischen sind die Pluralzeichen: t, h und k; z. B. szem (Auge) = čalbme, im Pluralis: čalmet, čalmeh und čalmek. Diese letztere Form findet man bei den norwegischen Lappländern.

Das magyarische Verbum zeichnet sich durch eine zweifache Conjugation, die *subjective* (unbestimmte) und *objective* (bestimmte) aus. Diese Eigenthümlichkeit fehlt der finnischen Gruppe, ist jedoch bei den Ugren vorhanden; insbesondere trifft man sie im Wogulischen, Ostjakischen und Mordwinischen und in diesen Sprachen sogar noch vollständiger als im Magyarischen. Letzteres setzt das Object in die zweite und dritte Person, wobei jedoch Singular und Plural nicht unterschieden werden kann; im Wogulischen und Mordwinischen findet jedoch diese Unterscheidung statt. Das magyarische «követem» heisst sowohl «ich folge ihm» als auch: «ich folge ihnen»; «követlek» = «ich folge dir» und «ich folge euch». Sehen wir nun ein magyarisches und wogulisches Beispiel:

Magyarisch	Wogulisch
követek (ich folge)	kietem
követsz (du folgst)	kieten
követ (er folgt)	kieti
követünk (wir folgen)	kieteu
követtek (ihr folgt)	kieteen
követnek (sie folgen)	kietet
követtem (ich bin gefolgt)	kietsem
követtél (du bist gefolgt)	kietsen
követett (er ist gefolgt)	kietes

Magyarisch	Wogulisch
követtünk (wir sind gefolgt)	kietsu
követtetek (ihr seid gefolgt)	kietsen
követtek (sie sind gefolgt)	kietset
követem (ich folge ihm)	kieti-l-em
követed (du folgst ihm)	kietil-en
követi (er folgt ihm)	kieti-**tä**
követ-j-ük (wir folgen ihnen)	kieti-l-u
követ-i-tek (ihr folgt ihnen)	kieti-l-en
követik (sie folgen ihnen)	kietiänl
követtem (ich bin ihm gefolgt)	kietis-l-em
követted (du bist ihm gefolgt)	kietis-l-en
követte (er ist ihm⁄gefolgt)	kitis-**tä**
követtük (wir sind ihm gefolgt)	kietis-l-u
követtétek (ihr seid ihm gefolgt)	kietis-l-än
követték (sie sind ihm gefolgt)	kietis-**änl**

Im Wogulischen kann man ferner noch ausdrücken:

Wogulisch	Magyarisch	
kietiäum	követem a kettöt	= ich folge den Beiden
kietiän	követed » »	= du folgst » »
kietiägä	követi » »	= er folgt » »
kietiän	követjük » »	= wir folgen » »
kietiäen	követitek » »	= ihr folgt » »
kietiänl	követik » »	= sie folgen » »
kietiänem	követem a sokat	= ich folge den Vielen
kietiän	követed » »	= du folgst » »
kietiänä	követi » »	= er folgt » » .
kietiänu	követjük » »	= wir folgen » »
kietiän	követitek » »	= ihr folgt » »
kietiänl	követik » »	= sie folgen » »
kietsäum	követtem a kettöt	= ich bin den Beiden gefolgt
u. s. w.	u. s. w.	
kietsänem	követtük a sokat	= wir sind den Vielen gefolgt
u. s. w.	u. s. w.	

Der Leser wird aus diesem Beispiele erkennen, dass im Wogulischen die objective Conjugation weit reichhaltiger und deutlicher ist als im Magyarischen.

g) Die ursprüngliche Religion.

Der Ursprung eines Volkes ist gleichzeitig mit dem Ursprung seiner Sprache. Sobald mit der Sprache zugleich das Volk entsteht, entwickeln sich nicht nur dessen Kenntnisse von der äussern Welt, sondern auch von den Wünschen und Ahnungen des menschlichen Geistes, von seinen Ideen. Man darf kühnlich annehmen, dass die eigenthümliche Mythologie eines jeden Volkes in der Periode der Bildung seiner Sprache entstanden ist, in jener Zeit, wo sich dasselbe am Beginne seiner gesellschaftlichen Entwickelung befunden hatte. Die Mythologie der Finnen ist aus der «Kalewala» und aus den in ihren Kreis und in ihr Zeitalter gehörigen Mythen in ganz Europa bekannt. Auch die Mythologie der Wogulen und Ostjaken wurde aus dem werthvollen Nachlasse des magyarischen Sprachforschers REGULY schon soweit dargelegt, dass man sie mit der finnischen Mythologie vergleichen kann. [274] Nachdem das magyarische Volk in dem Zeitalter seiner Entstehung unzweifelhaft in der Nähe, um nicht zu sagen in der Gesellschaft seiner Stammverwandten lebte: so muss man annehmen, dass dasselbe auch damals schon manche Vorstellungen und Begriffe von religiösen Dingen besessen habe; da uns zudem die Erfahrung gelehrt, dass kein Volk ohne jedwede religiöse Ahnung oder Vorstellung angetroffen wurde. Wenn aber die Urmagyaren solche Ahnungen, Vorstellungen und Begriffe hatten, so drückten sie diese gewiss auch in Worten aus und es fragt sich, ob nicht derlei Worte auch noch auf unsere Zeit vererbt worden seien.

1. Bei den Wogulen bezeichnet das Wort «Tarom» den Himmel, die Zeit und das Wetter und personificirt endlich auch die Gottheit, in welch letzterem Falle ihm das Epitheton «numi» = «oberste» beigefügt wird. Es heisst alsdann: «Numi Tarom aže, numi Tarom jäg» = «Der höchste Vater Tarom». Beide Worte: «aže» und «jäg» bedeuten «Vater». Die Finnen und Ugren (Wogulen, Ostjaken etc.) wenden in ihren Märchen und Liedern gerne den Parallelismus und die Alliteration an. Parallelismus und Alliteration sind das äusserliche Gewand der finnisch-ugrischen Volksdichtungen. Bei den Ostjaken bedeutet «torem» Gott und «turum» den Himmel, das Wetter; beide Wörter sind offenbar identisch. Auch sie apostrophiren in ihrem Gesange Gott auf folgende Weise: «Num Torem aži, num Jelem jig», was mit der obigen Ansprache der Wogulen ganz übereinstimmt; denn «torem» = «jelem», d. i. Gott.

Das magyarische «terem» (entstehen, wachsen) entspricht dem wogulischen «tarom» und dem ostjakischen «torem»; doch ist die Bedeutung insoferne verschieden, als das magyarische «terem» (schaffen, erschaffen) im Wogulischen durch «tar-et» ausgedrückt wird. Wir sehen aber daraus, dass die Stämme dieser Wörter «tar», «ter» lauten, «tarom, torem, terem» aber Ableitungen durch «m» sind. Im Wogulischen bedeutet terem-l = magyarisch terem (entsteht, wächst), aber tar-et = magyarisch terem-t (erschafft). Das magyarische «teremtö»

(Schöpfer) ist also dasselbe, wie das wogulische «tarom», von dem man sagt: «tarom ma taretestä» = «Tarom (Gott) hat die Erde erschaffen» (magyarisch: «a Tarom [Isten, Gott] a földet teremtette»); wiewohl nach der wogulischen Schöpfungsmythe Elmpi = magyarisch égfi (Himmelssohn) die Erde aus dem Meere emporgehoben habe, doch nach der Weisung des Tarom. Vom magyarischen «terem» (entsteht, wächst) ist das Nomen «természet» (das Entstandene, die Natur) abgeleitet. In den Worten «terem, természet, teremtö» finden wir also die ersten Reste der altmagyarischen Mythologie.

2. In den ostjakischen Gesängen wird Torem (Gott), wie erwähnt, also angeredet: «Num Torem aži, num Jelem jig»: «jelem» ist demnach identisch mit «torem»: beide bedeuten Gott. In der altmagyarischen «Leichenrede» (Allocutio super sepulchro) sind die Worte: «quanta gratia dominus Deus gratificaverat primum Adam patrem nostrum» folgendermassen übersetzt: «Menyi milostben terumteve Eleve miv isemucut Adamut». In diesem altmagyarischen Satze ist das Wort «eleve» = dominus Deus, «isemucut = isünk (finnisch isä) = primum patrem. «Elev» oder «eleve» bedeutete also zur Zeit der Abfassung der «Leichenrede» «Gott», war also von gleicher Bedeutung mit dem neuern Worte «isten» (= Gott).

Das magyarische Verhältniss-Suffix «el» (vgl. oben S. 153) lautet im ostjakischen «jel»: der wogulisch-ostjakische Auslaut m entspricht aber, wie wir gesehen haben (siehe oben S. 148), dem magyarischen v: «elev» ist also vollkommen conform dem ostjakischen «jelem», das zuweilen auch als «jielem» erscheint. Diesem ostjakischen Worte entspricht ferner das finnische «ilm», welches Himmel, Lufthimmel (Atmosphäre) und in der Personification Gott bezeichnet: gleich dem Worte «Tarom». Das finnische «ilm» ist im Syrjänischen «in», was ebenfalls Gott bedeutet. Es ist also klar, dass das ostjakische «jelem, jielem» dieselbe Bedeutung hat wie das Wort «torem» und demzufolge das «eleve» in der altmagyarischen «Leichenrede» in ähnlicher Weise ebenfalls «Gott» bezeichnet. Wir werden später sehen, dass das heutige Wort «isten» (Gott) nicht der genetischen Periode der Magyaren angehört und wahrscheinlich dem türkischen Einflusse seine Aufnahme verdankt. Vielleicht ist es diesem Umstande zuzuschreiben, dass im Magyarischen die Redensarten vom «öreg isten» (dem «alten Gott»), dem «magyarok istene» (dem «Gotte der Magyaren») sich erhalten haben* und wäre dann «Elev» oder «Eleve» jener «alte Gott», jener

---

* Uebrigens sind ähnliche Redensarten auch bei anderen Völkern üblich; so sagt man im Deutschen: «Der ‚alte Gott‘ lebt noch» und redet ebenso von einem «Gott der Deutschen» oder, dass «Gott keinen Deutschen verlasse» u. s. w.

«Gott der Magyaren» im Gegensatze zu «Isten», dem neuaufgenommenen Gotte, der allmälig den alten «Eleve» aus dem Sprachgebrauche verdrängte. [275]

3. In der «Leichenrede» lesen wir die Verbalformen: «vimádjuk, vimádjamuk, vimádjonok» statt «imádjuk (= wir beten ihn an). Ich halte das Wort «imádni» (anbeten) für ein Compositum von «vim» und «áldani» mit der Bedeutung «deum benedicere, deo sacrificare, ad deum preces facere». Diese Analyse rechtfertigt das Tscheremissische, in welchem «jumo» = Gott, «jum-ulden, jum-oltem» = imádkozni (beten), jum-uldomaś = magyarisch: imádság (Gebet), was im Magyarischen nach Obigem «vim-áldomás» lauten würde, jedoch ungebräuchlich ist. Allein im Gebrauche ist «áldomás» (Segen, Gabe, Kauftrunk), welches Wort mit dem tscheremissischen «ultemáś» identisch ist. [276] «Jumo» ist die abgekürzte Form des finnischen «jumala»; dem «jumo» oder «jum» entspricht ferner im Magyarischen «vim», heute nur «im», in dem Worte «imádni» = anbeten. Im Ersa-Mordwinischen ist «in-aldom» = bitten; hier ist «jom» («jumala») zu «in-» geworden, was ebenfalls dem magyarischen «im» entspricht. Wie jenes magyarische «elev, eleve» durch Vermittlung des ostjakischen «jelem, jielem» mit dem finnischen «ilma» sich als identisch erwiesen hat; so stellt sich das magyarische «im, vim» mit Hilfe des tscheremissischen «jum» und des mordwinischen «iń» als dasselbe Wort mit dem finnischen «jumala» (= Gott) heraus.

4. Das finnische «ukko» bedeutet jetzt den «Hauswirth», den «Herrn des Hauses»; vordem war «yli-jumala» = ein Haupt-Gott, und zwar der Gott des Wetters und der Fruchtbarkeit. Darum betet Wäinämöinen zu ihm, als er die erste Saat ausstreut (vgl. Kalewala, II. Rune, 317—330). Die heidnischen Finnen opferten nach der Frühlingsaussaat aus dem Becher (der Schale) Ukkos (Ukon malja). Jacob Grimm vergleicht den Becher Ukkos mit dem Kelche Thors. [277]

Etwa im Jahre 1866 gelangte die ungarische Academie der Wissenschaften in den Besitz eines Bündels magyarischer Urkunden, welche über Kauf und Verkauf von Weinbergen in der Hegyalja (der Heimat des Tokajer Weines) handeln. In einer dieser Urkunden gibt der Oberrichter Thomas Ivó von Rátkai in seinem und im Namen seiner Genossen sowie 15 anwesender Bürger kund und zu wissen, dass Andreas Pócsay und Andreas Veres von Balla zu ihnen gekommen seien, um wegen des Verkaufs eines Weinberges den «áldomás» zu trinken («jövénck mielönkben *áldomás-innia* egy szölö örökség felöl»). Und nachdem die Lage des Weinberges, der Kaufpreis sowie der gegenseitige freie Entschluss des Käufers und Verkäufers, sowie die Erklärung, dass der Weinberg für ewige Zeiten in den vollen Besitz des Käufers übergegangen sei, constatirt wird, fährt die Urkunde also wörtlich fort: «Mü eskütt birák és polgárok ez két félnek igyenlő akaratját megértöttük volna ez szölőnek eladásából és megvételéből, mü ennek áldomását ivók. *Ukkon poharát mutatta föl Kis András;* ennek ellenzöje senki nem volt.» (d. i. «Wir beeidete Richter und Bürger haben bei dem Verkaufe und Kaufe dieses Weinberges den zustimmenden Willen beider Theile erkannt und dessen «áldomás» Kauftrunk) getrunken. *Den Becher Ukkons erhob Andreas Kis;* dem widersetzte sich Niemand.»)

In einem Briefe vom 12. März 1612 zu Tállya wird erwähnt, dass bei einem Weinbergtausche vor den Richtern «nach dem bestehenden alten Gebrauche der Vorfahren» der «áldomás» und der «Ukkon-Becher» getrunken worden und der Aufheber (Vorweiser) des «Ukkon-Bechers» sei der Geber des «áldomás» selbst gewesen. Desgleichen beurkundet aus demselben Tállya ein Actenstück vom 28. Dec. 1623, dass zur «grösseren Bezeugung» eines abgelegten Geständnisses vor den Richtern und Geschwornen diese «nach dem bestehenden alten Gesetze unserer Vorfahren» den «áldomás» getrunken hatten, wobei Johann Kantuk von Liszka der «*Aufheber des Ukkon-Bechers*» gewesen sei. Derselbe erscheint in derselben Function auch in einer Urkunde vom 23. Mai 1624. Dieser Gebrauch lebte in Tállya noch im Jahre 1660, denn in einer Urkunde vom 13. December dieses Jahres wird abermals erwähnt, dass man «zur grössern Bekräftigung» auch den «áldomás» getrunken habe, wobei für das Becher-Recht des Ukkon zwei Halbe Wein gezahlt wurden und Thomas Pávaj der «Vorweiser des Ukkon-Bechers» war.

Der finnische Agricola verwarf 1551 das «Trinken des Ukkon-Bechers» als abergläubischen Gebrauch der alten Finnen; die Winzer in der Hegyalja erkannten den Trunk aus Ukkons [278] Becher noch in der Zeit von 1596—1660 als ein «altes Gesetz» und «bestehenden Brauch», der als Bekräftigung des Kaufes und Verkaufes galt.

Wer etwa geneigt wäre, die finnisch-ugrische Mythologie aus dem skandinavischen Germanenthum abzuleiten, der könnte den «Becher Ukkons» (Ukon malja) für eine Nachahmung von Thors Trinkschale nehmen. Allein in der Mythologie ist die Benennung die Hauptsache; «Ukko» ist kein germanisches Wort. Das magyarische «Ukkon» (Ukon) reicht somit in die genetische Periode der Magyaren zurück. Es ist unbekannt, in welchem Jahrhunderte die Magyaren sich von ihren finnisch-ugrischen Stammverwandten getrennt haben; nachdem wir die Ersteren aber bereits in den Jahren 836—840 in der Nähe des schwarzen Meeres antreffen, so können wir die Zeit der Trennung füglich in das siebente oder höchstens in das achte Jahrhundert verlegen. Wie viele Jahrhunderte nöthig waren zur Entwickelung der finnisch-ugrischen

Sprache und damit der Mythologie der Finnen und Ugren — wer vermag das zu bestimmen? Was aber aus dieser gemeinsamen Mythologie im Magyarischen bis heute vorhanden ist: das stammt Alles aus jener Periode, in welcher die finnisch-ugrischen Völker noch eine gemeinsame Heimat bewohnten; also aus der Periode des Siebener-Zahlensystems (vgl. oben S. 153). Denn bei Annahme des dekadischen Zahlensystems waren die Ugren, und somit auch die Magyaren, von den Finnen bereits getrennt. Nach dem Zeugnisse der Geschichte kamen die Gothen zuerst mit den Finnen (auch mit den Ugren?) in Berührung; doch die Mythologie der Gothen kennen wir ebensowenig als die der Hunnen, es ist also nicht zu bestimmen, ob Thor eine Gestalt der gothischen Mythologie sei oder nicht. Der finnisch-ugrische Ukko bestand aber wahrscheinlich schon im vierten Jahrhundert; denn vom siebenten Jahrhundert rückwärts müssen wir der Entwickelung der finnisch-ugrischen Sprache und Mythologie mindestens drei Jahrhunderte Zeitraum gewähren.

Was im Deutschen durch die beiden fremden Wörter «opfern» (vom lateinischen offerre) und «segnen» (lateinisch signare sc. cruce) ausgedrückt wird, das bedeutet im Magyarischen das Wort «áldani». Wir hörten soeben von der «Aufhebung», «Vorweisung» des «Ukkon-Bechers»; jetzt werden wir sehen, was dieser Act bedeutete. Aus einer Urkunde vom Jahre 1573, welche einen Weingartenverkauf zu Miskolcz ratificirt, erfahren wir am Schlusse, dass bei dem «Áldomás-Trinken» der erste Trinker der Oberrichter Demeter Varga gewesen, ihm folgte der «Wein-Opferer» («bor-áldó») Peter Tomda u. s. w. Was also in den Urkunden aus der Hegyalja der «Vorweiser», «Aufheber» des «Ukkon-Bechers» war, das war in Miskolcz der «Wein-Opferer», Weinsegner.

Das Derivatum von «áldani» ist «áldomás» (= sacrificium und benedictio, nach dem Zeugnisse des tscheremischen «ultemaš» auch «preces»). Letzteres Wort ist der bekannteste Rest der altmagyarischen Mythologie und nicht nur bei sämmtlichen Volksstämmen Ungarns, sondern auch in den Nachbarländern bekannt. Die auf gewöhnlichen Jahrmärkten geschehenen Käufe und Verkäufe werden durch einen «Áldomás» besiegelt. Auch im mährischen Kreise Ungarisch-Hradisch herrscht der «oldomaš pit» = «Áldomás-Trunk» welcher Brauch offenbar durch die ungarischen Slaven dahin verpflanzt wurde. Jetzt ist das ein blosses Trinken, vordem war es ein gesetzliches Zeugniss, wie das aus dem Verböczianischen «Tripartitum» (P. III. Tit. 34. S. 2 und 3) hervorgeht. Eine magyarische Uebersetzung vom Jahre 1566 gibt die Stelle: «Verum fur ille si dixerit in foro libero et communi vel alibi se emisse (sc. equum v. bovem) et evictorem (quem nos expeditiorem appellamus) non potuerit statuere, neque hospitem vel alium quempiam, qui *mercipotum*, hoc est *victimam emptionis et venditionis more solito benedixisset*, producere, patibulo reus erit», auf folgende Weise wieder: «De az orv azt mondandja, hogy szabad vásáron vagy közhelyen avagy valahol vette, és szavatosát (i. e. evictor, Gewährsmann) nem adhatja vagy *gazdáját*, vagy pedig mást, ki *az vételnek áldomását szokás szerint megáldotta* (d. h. «der nach alter Sitte den Áldomás gesegnet, geopfert»), elö nem hozhatja és nem állathatja, akasztó fára leszen méltó (d. i. sei des Galgens werth). Hier ist also der «alten Sitte» wie in den Hegyaljaer Urkunden des «bestehenden alten Gebrauches unserer Vorfahren» gedacht.

6. Das *Zaubererwesen* spielt in den natürlichen Religionen eine grosse Rolle. Die Verzückung oder Extase ist das Kennzeichen des echten Zauberers. Die Lappen sind bis zum heutigen Tage treue Anhänger der Zauberkunst und zur Herbeischaffung verlorener Dinge oder zur Entdeckung von Geheimnissen wenden sich sowohl Finnen als Russen von weither an die lappischen Zauberer. Als LÖNNROT [279] im Jahre 1836 Lappland bereiste, war das Dorf Akkala durch seine «weisen Meister» oder Zauberer berühmt. Er erzählt seine dortigen Erlebnisse in nachstehender Weise : «Kommt ein fragsüchtiger Mann nach Akkala, dann erhebt der Zauberer, sobald er erfahren, zu welchem Zwecke jener sich eingefunden, einen Gesang und setzt diesen so lange fort, bis er vor Ermüdung einschläft. Im Schlafe, meinen sie, befreit sich des lappischen Zauberers Seele von seinem Leibe und geht an jene Orte, auf welche derselbe während des Zaubergesanges seine Gedanken gerichtet hatte. Der Schlaf dauert oft die ganze Nacht hindurch; beim Erwachen redet der Zauberer von allerlei und macht es glaubhaft, dass er im Schlafe Auskunft gesucht habe. Dieses Einschlafen nennt man in *Verzückung* gerathen (in extasim abripi). Von dem verzückten Lappländer behauptet man, dass er nie Salz geniesse, denn die gesalzenen Speisen berauben ihn der Zauberkraft.» Aus dieser Mittheilung geht hervor, dass bei den Lappen das Zauberwesen älter ist als die Kenntniss und der Gebrauch des Salzes. Andernorts trifft man das Gleiche. Homer gedenkt bei dem Opfern des Salzes nicht: «auch jetzt», sagt ein Schriftsteller des Alterthums, «verbrennen wir zur Erinnerung an die Vorzeit, in welcher das Salz unbekannt gewesen, zu Ehren der Götter die Eingeweide der Opfer ungesalzen.» [280] Von dem verzückten lappischen Zauberer wird erzählt, dass seine Seele während des Schlafes sich auf den Weg mache, um die gewünschte Kunde zu erhalten. — In den altungarischen «Legenden der Heiligen» («Szentek legendáji»), welche der ungarische «St. Stefans-Verein» herausgegeben hat, finden wir folgende Stelle: «Felile az koporsóban, és akkik ott valának mind kifutának, megijedvén az nagy csuda dolgon. Monda az szegény jámbor, *mintha hoszju utról jött volna, nagy fohászkodással: Oh szent atyám, hidd be azokat! is, kik kive futának, mert réjülés (réülés) nem*

vagyok» (d. i. Er richtete sich im Sarge auf und alle Anwesenden liefen hinaus, erschrocken über das grosse Wunder. Der arme Fromme aber sagte *mit einem schweren Seufzer, als ob er von einer langen Reise zurückgekehrt wäre: O heiliger Vater, rufe auch Jene, die hinausgelaufen sind, denn ich bin kein Gespenst*». [281] Klingt das nicht, als ob von der Reise der Seele des verzückten lappischen Zauberers die Rede wäre? Was aber bedeutet das Wort «réjülés»?

Der wogulische Zauberer schlägt so lange seine zauberische Kessel-Trommel (kvojp), bis er in Extase geräth, was sich durch Zuckungen des Körpers kund gibt; dann sagt man von ihm: «Tarom rej täuen johtes» = Gottes Wärme (Glut, réj) hat ihn erfasst (ist über ihn gekommen), oder: «Tarom jäni rej täuen johtes, láting täuen ti pini» = Gottes grosse Wärme hat ihn ergriffen und nöthigt ihn jetzt zum sprechen. Die Wogulen nennen die Extase die «Wärme, die Glut Gottes»; durchströmt ja bei einem Ohnmachtsfalle Hitze den Körper; die Extase ist aber im Grunde nichts Anderes als eine Ohnmacht, ein Schwinden der Sinne. Im Wogulischen heisst diese «Wärme Gottes» = tarom rej; dieses «rej» ist aber auch der Stamm des magyarischen «réjülés» oder «révülés». Das magyarische Wort bedeutet also «Ohnmacht mit Wärmeempfindung» und die Gesichte während der Ohnmacht oder Verzückung nennt die magyarische Sprache «rém».

Es ist ein Verdienst des ungarischen Historikers FLORIAN MÁTYÁS zuerst auf die Bedeutung folgender altmagyarischer Wörter hingewiesen zu haben: «*reültetik* valamivé» = transformatur, z. B. «Istenasszonnyá *reültetött*» (sie wurde zur Mutter Gottes verwandelt); «elréüttetik, elrüttetik = in extasim rapitur, z. B. «mikoron ájojtatos imádságának idejin ö elméje szerint *elréüttetik* és *elragadtatik* vala; ime legottan *elrütteték* lélökben és láttatik vala neki, hogy egy szép egyházba volna» d. i. «Als zur Zeit seines andächtigen Gebetes sein Geist in Extase gerieth und verzückt wurde; verwandelte sich auch sogleich seine Seele und es erschien ihm, als ob er in einer schönen Kirche sich befände»); — «elrittetik, elröjtetik, elrévöltetik» haben alle dieselbe Bedeutung; «réület» = phantasma, species. [282]

Der Stamm aller dieser Wörter ist «réj» oder «rév», das dem wogulischen «rej» entspricht, also auch «göttliche Wärme» (Begeisterung) bedeutet; gleich dem «buz», wovon «buzog» (eifern), «buzgó» (eifrig) und andere abstammen. Das erste Derivatum von «réj» oder «rév» ist «réj-em» oder «révem», contrahirt «rém», visio, Gesicht; jetzt bedeutet es dessen Wirkung, nämlich «Schreck». Weitere Derivata sind: «rémül, rémit», ursprünglich: «vor eingebildeten Erscheinungen erschrecken», oder «mit solchen in Schrecken setzen». Dass aber «rém» wirklich = visio, Erscheinung, beweist das heutige magyarische «rém-

lik» = es scheint, dünkt mir. — Fernere Ableitungen von «réj, rév»
sind: «réjül» oder «révül», «réjült» oder «révült», zusammengezogen :
«réjt» («rít», wovon «*rittetik*» (wird entzückt); «révez», «révedez»
er phantasirt»; «révezet» (bei den Széklern ein schreckhaftes Skelett :
«révezetes» (skelettartig). Noch andere Derivata sind: «rejtezik»
oder «rejtözik» = bewusstlos, ohnmächtig werden. In dem «Nagy
Szótár» («Grosses Wörterbuch») der ungarischen Academie der Wissenschaften schreibt unter «rejtezik» JOHANN FOGARASI Folgendes: «Bei
den Széklern versteht man unter rejtezés, elrejtezés auch den Schein-
tod, daher die Redensart: «nem holt meg, csak *elrejtezett*» d. i. er ist
nicht gestorben, sondern nur scheintodt». Und weiter: «Bei den Széklern bedeutet rejtözik auch: «in Gedanken verzückt sein» in welchem
Falle das Wort mit «rittetik» oder «rüttetik» eines Ursprunges ist». Diese
ursprüngliche Bedeutung des Wortes «rejtezik» ist wohl zu beachten
und dasselbe von dem ähnlich lautenden «röjt, röjtezik» = abscondit
absconditur zu unterscheiden.

7. Das magyarische Wort «Egy-ház», das heute ecclesia, Kirche,
bedeutet, ist aus der christlichen Auffassung nicht erklärbar: dasselbe
entstammt unbedingt der Sprache des altmagyarischen Glaubens. — Im
Comitate Oedenburg heisst der magyarische Ortsname «Hegy-kö» zu
deutsch «Heiligenstein»; «heilig» wäre also hier eine Uebersetzung
des magyarischen «hegy», d. i. «Berg», was wir für unsinnig halten.
Allein in einer Urkunde des Palatins Konth vom Jahre 1366 finden
wir den Namen als «Eg-ki», in einer Handschrift der Csornaer Probs-
stei «Eg-kü, Ig-kü»: in der Gegend jenes «Hegy-kö» oder «Heiligenstein» fliesst ein Bach Namens «Ik-va». Es ist also deutlich, dass jenes
«hegy-kö» ursprünglich «egy»- oder «igy-kö» gelautet und dieses «egy,
igy» 'eg, ig' die Bedeutung «heilig» (magyarisch szent) hatte: «hegy-
kö» soll also soviel heissen als «Szent-kö», d. i. «Heiliger Stein»; und
jener Bach: «Szent-patak» (d. i. «Heiligen-Bach»; vom Worte «va»
wird weiter unten bei den geographischen Namen die Rede sein).
Darnach ist «Egy-ház» = heiliges Haus und wir verstehen, weshalb die christlichen Magyaren dieses Wort für ecclesia, Kirche
gebrauchten. *

Es mag sein, dass die magyarische Sprache noch mehr mythologische Reste besitzt, wie z. B. die Worte táltos (Zauberer), tátos (das.)
manó (Teufel), welche wir nicht verstehen, weil der erklärende Schlüs-
sel noch unbekannt ist: andere mögen wir noch gar nicht wahrgenommen
haben oder es sind dieselben in Redensarten verborgen, wie etwa «se

* Vgl. «Nyelvtudományi Közlemények» d. i. «Sprachwissenschaftliche Mittheilungen.» Bd. VII. S. 120 Mittheilung von STEFAN FÁBIÁN.

hire se hamva» (es ist weder sein Ruf noch seine Asche, also keine Spur von ihm vorhanden), was sich auf die Verbrennung der Leichen zu beziehen scheint, * die bei den Magyaren auch üblich war. Der Mönch von St. Gallen bezeugt es, dass bei diesem Kloster die Magyaren zwei Leichen verbrannten.

Die volksthümlichste mythologische Gestalt in den magyarischen Märchen ist «tündér» (Fee), dessen Abstammung noch immer nicht deutlich ist, ob tün-dér oder tünd-ér; wiewohl es auf die Verbalwurzel «tün-ik, tün-d-ik» (scheint, erscheint) hinweist. Es ist möglich, dass «dér» die Bildungssylbe ist, wie im Finnischen «tar, tär» in zahlreichen mythologischen Namen, z. B. luonno-tar = Fee der Natur, päivätär = Sonnen- oder Tages-Fee u. s. w. Wenn das Wort «ukko» sich im Magyarischen erhalten konnte, wie sollte das Verbleiben des finnischen «tar, tär» unmöglich sein? «Tündér» nennt man im Magyarischen solche Personen oder Thiere, die in sichtbarer Gestalt vor uns erscheinen und entweder ihr Antlitz rasch verändern oder vor uns ganz verschwinden, dass auch das schärfste Auge sie nicht wahrnehmen kann.

«Tündéres vagy, mert nem látlak,
ha látnálak, megfognálak» —

(«Feenhaft bist du, denn ich seh dich nicht, würde ich dich sehen, möchte ich dich fangen» heisst es im Volksliede.)

«Ich glaube nicht», sagt ein magyarischer Schriftsteller des vorigen Jahrhunderts, ** «dass es eine Nation gibt, die so viele Märchen und leeres Geschwätz vom Reiche der Feen besitzt als die Magyaren. Davon erzählen die Mädchen in der Spinnstube wie auf dem Tanzboden.» «In der Volkssprache ist Siebenbürgen die Heimat der Feen».

Mit den religiösen Dingen steht im Zusammenhange die Zeitrechnung und die äussere Form der Sagen in Wort und Lied. Wir dürfen also auch diese Dinge nicht übergehen.

8. Wir haben bei den Zahlwörtern gesehen, dass das wogulische «sât» sieben bedeutet; dasselbe bezeichnet aber auch gleich dem magyarischen «hét» die Woche (hepdomas, septimana). Desgleichen ist das ostjakische labid = sieben und septimana. Die doppelte Bedeutung des magyarischen «hét» (sieben und Woche) stammt also noch aus der Urheimat oder aus der genetischen Periode der Magyaren. Da bei den heidnischen Wogulen «sât» = sieben und septimana ist; bei den heidnischen Ostjaken «labid» (bei den Südostjaken «tabit») dieselbe

---

* Vgl. Le Comte A. OUVAROFF, Les Meriens, p. 32 ff
** Vgl. die Leichenrede des GEORG TSÉRI von Verestó aus dem Jahre 1733 u «Holtakkal való barátság», d. i. «Freundschaft mit Verstorbenen», 1. Stück Klausenburg, 1783, S. 90 u. 125.

Doppelbedeutung hat: so geht daraus hervor, dass die Magyaren die Wocheneintheilung nicht von dem Christenthum erhalten, sondern dieselbe aus der Urheimat mitgebracht haben.

Erinnern wir uns, dass im Wogulischen «pong» dem magyarischen «fö» (Haupt, Kopf, Spitze) entspricht, und nun sehen wir, auf welche Weise der Wogule die Namen der Tage der Woche (sât, magyarisch hét) aufzählt.

Wogulisch	Magyarisch
Sât-pong	hét-fö (der «Woche Haupt» oder «Wochenanfang», Montag)
kitit (katel)	kedd, d. i. ketted-nap (= der «zweite Tag», Dienstag)
kormit (»)	szerda (Mittwoch)
nelit (»)	csütörtök (Donnerstag)
ätit (»)	péntek (Freitag)
katit (»)	szombat (Samstag)
jäni o. jeming (katel)	vasárnap (Sonntag)

Der Wogule benennt also die Tage der Woche nach ihrer numerischen Folge: «Wochenanfang», der zweite, dritte, vierte, fünfte, sechste (nämlich Tag) und der «grosse» oder «heilige Tag». Jeder Name der Wochentage stammt aus dem Wogulischen. Die magyarischen Namen der Wochentage dagegen bekunden einerseits die Abkunft und andererseits auch die äusserlichen Schicksale des Magyarischen. «Hét-fö» (Montag) und «Kedd» (Dienstag) sind *originale* Benennungen; «szereda (szerda, Mittwoch), csütörtök, péntek und szombat» sind *slavischen* Ursprungs; «vasárnap» ist das *türkische* bazár-güni» = «vásár-nap» (d. i. Markttag). Die estnische Sprache benennt die Wochentage in folgender Weise: erster, zweiter, dritter, vierter (Tag); die Namen für Freitag und Samstag sind fremden Ursprungs: «rēde» = Freitag; «lau»-(paev), finnisch «lauvantai» = Samstag; «püha paev» = heiliger Tag, Sonntag, ist wieder estnisch.

Es ist gewiss, dass alle verwandten finnisch-ugrischen Völker anfänglich auf obige Weise gezählt und die Wochentage benannt haben; wenn sie auch jetzt statt der originalen Benennungen fremde gebrauchen, wie z. B. das magyarische Volk.

Im Wogulischen bedeutet «kit sât» = zwei Wochen, soviel als einen halben Monat; «nile sât» = vier Wochen, einen ganzen Monat, der somit im Wogulischen nur 28 Tage hat, also 13 Monate ein Jahr ausmachen. Diese Zeiteintheilung besteht auch bei den Ostjaken,[283] und bestand auch bei sämmtlichen verwandten Völkern. Etwaige Zweifel werden durch Nachstehendes zerstreut. In der Beschreibung Liv- und Estlands von HUPEL (1782) heisst es: «Obgleich man für die estnischen

Bauern jedes Jahr wohlfeile Kalender in estnischer Sprache herausgibt, so fertigen dennoch die estnischen Bauern auf der Insel Oesel für sich einen besondern Kalender an, wobei sie sich, da sie nicht schreiben können, gewisser bestimmter Zeichen bedienen. Auf einer Schnur werden sieben kleine Holzbrettchen aufgereiht und deren 13 Seiten in roher Weise mit Farben bestrichen. Jede Seite zeigt einen Monat mit 28 Tagen. In diesem Kalender finden sie jeden Wochen- und Feiertag oder die vom Aberglauben bezeichneten merkwürdigen Tage schnell heraus; denn jeder Tag hat sein eigenthümliches Zeichen. Das Jahr fangen sie jedesmal mit einem Tage später zu zählen an.»[284] HUPEL hatte keine Ahnung von dem finnisch-ugrischen Jahre mit 13 Monaten; er theilt den Kalender der Oeseler als ein Curiosum mit, das nur in Bauernköpfen entstehen könne; für uns ist seine Nachricht jedoch ein sehr werthvolles Zeugniss. Wir ersehen daraus, wie diese einfachen Menschen das Jahr mit 13 Monaten zu 28 Tagen ergänzen konnten. Diese 13 Monate geben nämlich nur 364 Tage: wenn sie jedes Jahr um einen Tag später beginnen, also einen Tag überspringen, dann macht dies 365 Tage. Auf diese Weise konnten sie, wenn es nöthig war, auch zwei Tage überspringen. Und wie nannten die Esten diesen einen oder diese zwei (übersprungenen) Tage? «ülle-astja» = Ueberschreiter. Die Finnen nennen das Schaltjahr «karkaus-vuosi», wozu RENVAL bemerkt: «vox male ficta» (ein schlecht gebildetes Wort). Die Magyaren aber heissen das Schaltjahr «szökö-év» («springendes Jahr») und den Schalttag «szökö-nap» («springender Tag», von jedem dieser Worte gilt die obige Bemerkung RENVAL's: «vox male ficta». In Bezug auf den julianischen und gregorianischen Kalender sind die Bezeichnungen «übergehend» («átlépö») oder «springend» («szökö») schlecht gewählte Bezeichnungen; allein mit Rücksicht auf das ursprüngliche finnisch-ugrische Jahr, wie wir dieses aus dem Kalender der Oeseler kennen gelernt, ist das nicht der Fall. Dort (in dem julianischen und gregorianischen Jahre) kann eigentlich nur von «eingeschalteten», eingeschobenen Jahren und Tagen die Rede sein, was die deutschen Worte «Schaltjahr» und «Schalttag» ganz richtig bezeichnen. Bei dem Ueber-tritte der finnisch-ugrischen Völker zum Christenthume mussten sie die christliche Zeitrechnung annehmen, wobei sie aber jene alten Bezeichnungen von «übergehenden», «springenden» (d. i. ausfallenden) Tagen und Jahren beibehielten, wiewohl diese ihrer Bedeutung nach gar nicht dahin passten.

Aus diesen finnischen und magyarischen Benennungen geht aber des Weiteren hervor, dass das ursprünglich dreizehnmonatliche Jahr bei den alten Finnen und Magyaren schon in deren gemeinsamer Urheimat bestand, obschon wir ausser dem sprachlichen Zeugnisse hievon keinen andern Beleg mehr besitzen.

Endlich lernen wir aus dem Gesagten, dass die finnisch-ugrischen Völker ihre Wochen, Monate und das Jahr nach den Mondesphasen eintheilten ; wornach sie auch ihr Siebener-Zahlensystem gestaltet hatten. Das finnisch-ugrische Mondjahr war zudem glücklicher constituirt als das Jahr der alten Griechen und Römer. [285]

9. Der Parallelismus sowie die Alliteration kennzeichnen wie bei den übrigen finnisch-ugrischen Völkern, so auch bei den Magyaren die Volkssprache und Volksdichtung. Zum Beweise wollen wir einige Sprüchwörter und Volkslieder betrachten.

Für die *Alliteration* :

> «Szegény ember szándokát,
> boldog isten birja.»
> (Des Armen Anwalt ist Gott.)

> «Hátán háza, kebelében kenyere.»
> Auf seinem Rücken sein Haus, im Busen das Brot.)

> «Ki mindennek barátja,
> mindennek bolondja
> (Jedermanns Freund, aller Welt Narr) u. s. w.

«Azután hamar vigyed kapranczi kakasnak
kopornyaki kappannak, bihari bagolynak
rakamazi rokának, az szegszárdi szarkának,
szikszói szajkónak» etc. [286]

«Alsdann sollst du es schnell bringen dem Hahn von Kapranez, dem Kapaun von Kopornyak, der Eule von Bihár, dem Fuchse von Rakamaz, der Elster von Szegszárd, der Krähe von Szikszó» u. s. w.

Für den *Parallelismus* :

> «Tizenkét kőmijes, esszetanakodék
> magos Déva várát hogy fölépitenék ;
> hogy fölépitenék fél véka ezüstért,
> fél véka ezüstért, fél véka aranyért.

> Déva városához megis megjelöntek,
> magos Déva várhoz hezzá is kezdöttek ;
> a mit raktak délig, leomlott estére,
> a mit raktak estig, leomlott röggelre.» [287]

> «Zwölf der Maurer hielten lange Rath,
> wie sie erbauten Dévas hohe Stadt ;
> ein halber Scheffel Silber sei ihr Sold,
> ein halber Scheffel Silber und auch Gold.

Als sie kamen an bei Dévas Stadt,
bauten sie das Schloss auf hohem Grat:
was sie bauten bis zum Mittag,
stürzte ein des Abends;
und was bis Abends sie erbauten,
stürzte ein zum Morgen.»)

Woher konnte das magyarische Volk die Alliteration und den
Parallelismus entlehnt haben? Weder von den Slaven noch von den
Deutschen, welch' letztere in ihrer Volkspoesie zwar die Alliteration aber
nicht den Parallelismus besassen; allein die Alliteration war bei ihnen
schon stark im Verschwinden begriffen, als die Magyaren mit den Deutschen näher bekannt wurden. Dagegen begegnet man in der finnischen
Kalevala vom Anfang bis zum Ende der Alliteration und dem Parallelismus; desgleichen sind die finnischen Sprichwörter alliterirend. Die
Kalewala beginnt z. B.

Mieleni minun tekevi	Es treibt der Geist, die Lust ist gross,
aivoni ajattelevi	Die Gedanken drängen mich,
lähteäni laulamahan	Dass ich zum Liede greife, zum Gesang,
saa'ani sanelemahan	Dass ich die Mähre nun beginn.

Aus diesem Beispiele ist ersichtlich, wie im finnischen Alliteration
und Parallelismus vereinigt sind.

Im Wogulischen und Ostjakischen enthält auch die Apostrophe
an Gott einen Parallelismus (vgl. oben S. 158). Allein dass hier auch
Alliteration und Parallelismus verbunden sind, wollen wir durch einige
ostjakische Citate belegen.

iski turpi turing vuat = ein kalter Wind mit kaltem Rachen,
melch turpi turing vuat = ein warmer Wind mit warmem Rachen,
l'om pahlep pahling entep enteptelä = ein mit Lindenknöpfen verse-
                          hener knöpfiger Gürtel wird umgürtet,
anzi [288] pahlep pahting entep jersetelä = ein mit Dornen-Knöpfen ver-
                          sehener knöpfiger Gürtel wird aufgebunden,
vuah nirpi niring kat lipelnä = im Innern eines von Kupferfarbe far-
                          bigen Hauses,
sarńi ulpi ulung kat lipelnä = im Innern eines von Goldfarbe gefärbten
                          Hauses. [289]

Im Magyarischen wurde meines Wissens bisher noch kein altes
Sprachdenkmal aufgefunden, in welchem Alliteration und Parallelismus
vereinigt wäre; nichtsdestoweniger kann man behaupten, dass die
ursprünglichen finnisch-ugrischen Gesänge durch Alliteration und
Parallelismus charakterisirt waren.

Aus dem Vorangelassenen geht nun mit Evidenz hervor, dass das magyarische Volk und seine Sprache zu dem finnisch-ugrischen Völker- und Sprachenstamme gehört; dass es also in seiner ersten Jugend und in der Zeit seiner ersten Entwickelung, d. i. in der Periode des Siebener-Zahlensystems, in Gesellschaft der übrigen Finnen und Ugren lebte und unter Antheilnahme an den gemeinsamen Eigenthümlichkeiten und in deren Geiste heranwuchs. Ferner ergibt sich daraus, dass der grösste Theil der Ugren zu einer gewissen Zeit sich von den Finnen getrennt hat; denn als diese Völker das dekadische Zahlensystem annahmen, lebten sie nicht mehr beisammen; dass ferner die Finnen auch nach dieser Trennung in engerer Verbindung blieben, weil sie bis heute eine geschlossene Einheit ausmachen, während die Ugren weiter auseinander rückten, weshalb sie heute keine so geschlossene Volks- und Sprach-Einheit bilden wie die Finnen. Aus der obigen Darstellung ergibt sich endlich, dass nach dem Zeugnisse der Sprachen die Magyaren am längsten in der Nähe der Ostjaken und Wogulen, der Syrjänen, Permier und Wotjaken gewohnt haben, weshalb man von diesen Wohnsitzen aus ihre Auswanderung nach dem Süden annehmen kann. Auch in der genetischen Periode der magyarischen Sprache lassen sich zwei Abschnitte unterscheiden: der erste Zeitabschnitt ist der finnisch-ugrische, der zweite der ugrische. Im Verlaufe dieser beiden Zeitabschnitte, deren Jahrhunderte wir nicht bestimmen können, bildete sich jene Individualität des Volkes und der Sprache, welche die Seele derselben gewesen und für alle folgenden Zeiten geblieben ist. Die damalige Lebensweise des Volkes bestand hauptsächlich in der Jagd und Fischerei; denn die betreffenden Werkzeuge haben gemeinsame finnisch-ugrische Benennungen; als: íjj (Bogen), nyil (Pfeil), tegez (Köcher), lö (er schiesst), háló (Netz), vészháló (Fangnetz), póné-háló (Handnetz). Nichtsdestoweniger gelangten auch in dieser Periode die socialen Verhältnisse zu einiger Entwickelung, was die Familien und Verwandschaftsnamen: ipa (Schwiegervater), napa (Schwiegermutter), vö (Bräutigam, Schwiegersohn), meny (Braut, Schwiegertochter), úr (Herr), ör (Knecht); ferner die Namen: ház (Haus), falu (Dorf), ja auch város (= eingefriedigter Wohnplatz, Stadt); endlich einige hausgewerbliche Beschäftigungen, wie: fonás (Spinnen), szövés (Weben) und kötés (Stricken) bezeugen. Unter den Hausthieren waren bekannt: der Hund (eb) und das Pferd (ló), dieses Hauptthier nomadischer Völker. Von Rindvieh findet sich in dem gemeinsamen Sprachschatze der finnisch-ugrischen Völker keine Spur. Man kann überhaupt annehmen, dass die Magyaren in der genetischen Periode ihrer Entwickelung ungefähr dieselbe sociale und culturelle Stufe errungen hatten, wie die Germanen zur Zeit des Tacitus; wobei man allerdings die Verschiedenheit des Klima's, welche die Lebensweise und die gesellschaftlichen Verhältnisse bestimmt, in Betracht ziehen muss. [290]

2) Die Periode des türkischen Einflusses.

§ 41.

Insoweit wir mit der Leuchte der Geschichte in das Dunkel des Alterthums eindringen können, treffen wir die ugrischen Völker jederzeit an den beiden Abhängen des Uralgebirges, westlich an den Ufern der Flüsse Petschora, Kama und der mittleren Wolga, im Osten am Ob, am untern Irtisch und obern Jajk (Uralfluss). Die östlichen und südöstlichen Nachbarn der Ugren waren von Beginne an türkische Völker. Wir glaubten die älteste Spur der Ugren in dem Gebirgsnamen Rep, Rip (Riphaeus) und in dem Flussnamen Rav (Rha, Wolga) zu erkennen (s. o. S. 76); das Wort «rep» lebt bis heute im Ostjakischen wie «rav» bei den Mordwinen. Bei Jordanis finden wir schon zahlreichere Spuren. Er nennt (s. o. S. 69) die «Mordwinen» und «Merier», welche zum Reiche des Gothen Hermanrich gehören; die «Merier» sind bereits im Russenthume aufgegangen (man hält dafür, dass sie zu den Tscheremissen gehörten, denn deren Volksname ist «mari»); allein ihre Alterthümer brachten russische Gelehrte erst kürzlich ans Tageslicht. [291] Die Mordwinen bestehen bis heute in zwei Zweigen, *Ersa* und *Mokscha*, sammt ihrer Sprache fort. [292] Jordanis rühmt die *Hunuguren* nicht nur wegen ihrer Tapferkeit, sondern auch deshalb, weil sie werthvolle Thierfelle in den Handel bringen (s. o. S. 75). In der Bezeichnung «hunugur» ist der *ugrische* Name vorhanden; die Composition des Wortes liesse vermuthen, dass Jordanis die Hunnen auch zu den Ugren rechnete, wenn man anders der Schreibung dieser Stelle völlig vertrauen könnte. [293] Im 7. Jahrhundert begegnet man diesem Namen bei dem Auftreten der Avaren abermals; Theophylaktus Simokatta (612—640) nennt nämlich diese Avaren ebenfalls «Ogoren» oder «Ugoren» (s. o. S. 84) Constantin kennt diesen Namen nicht; er erwähnt nur der «Mordia» (der Mordwinen), aber der Chazarenkönig Josef (um 957—961) nennt das Land «Ugorien» oder «Jugorien» (s. o. S. 137), welches von seinem Reiche gegen Norden liege. Seitdem die Handelsleute von Nowgorod auch die Uralgegenden besuchen (v. J. 1096 ab) wird das Land «Ugrien» oder «Jugrien» wieder bekannt. Die Mongolen verwüsteten im Jahre 1235 die Gegenden an der Wolga und Kama; im Jahre 1236 unterwarfen sie die Mordwinen und Bulgaren; von 1237—1239 beugten sich die russichen Fürsten bis Twer und Jaroslaw unter das mongolische Joch; Nowgorod unterjochten sie zwar nicht, machten es jedoch tributpflichtig. Nachdem die Mongolen von ihrem Verwüstungszuge in Ungarn 1242 zurückgekehrt waren, drangen sie durch das Gebiet der Mordwinen, Bulgaren und Baschkiren auch nach Ugrien. An der untern und mittlern Wolga gründeten sodann die Nachfolger Batu-Khans das Land «der goldenen Horde der Kiptschak» dem auch die Fürsten von Nowgorod zinspflichtig waren. Das Reich der Kiptschak-Horde zerfiel im 14. Jahrhunderte in mehrere Khanate, unter denen sich auch das *sibirische* Khanat befand, welchem die Fürsten der Wogulen und Ostjaken unterworfen waren. Im Jahre 1455 verwüstete *Aszik*, Fürst der Wogulen, die Provinz Witschegda diesseits des Urals, bei welcher Gelegenheit auch der Bischof von Perm, Pitirim, ums Leben kam. Im Jahre 1467 zog eine grössere Kriegsschaar von Wiatka und Perm aus, um diesen verwüstenden Einfall zu rächen; Aszik selbst wurde zum Gefangenen gemacht.

Bald nachher, im Jahre 1477, wurden die dortigen Verhältnisse durch den Fürsten von Moskau, Iwan den Schrecklichen, umgestaltet. Er vernichtete die Freiheit der Nowgoroder und eignete sich deren Handelsrechte im Lande der Ugren an. Im Jahre 1483 entsendete er gegen die Ugren ein Kriegsheer; in Folge dessen ging Asziks Sohn, *Jumsan*, mit einigen fürstlichen Genossen nach Moskau, um dem gefürchteten Herrscher zu huldigen; die anderen Fürsten der Wogulen und Ostjaken setzten aber den Vertheidigungskampf fort. Im Jahre 1499 zog ein neues Heer an den Ural und eroberte Läpina, Jujl, Munkes oder Munkos und andere wogulische Städte, im Ganzen 32 an der Zahl, und schleppte fünfzig Fürsten (Häuptlinge) und mehr als tausend vornehme Gefangene mit sich in die Gefangenschaft nach Moskau (1500). Iwan nahm von da an das Reich Ugrien oder Jugrien in seinen Fürstentitel auf. [294]

Siegmund Herberstein, der Gesandte der Kaiser Maximilian II. und Carl V. und des Königs Ferdinand I. (1516 und 1529) erfuhr in Moskau, dass die Magyaren unter Attila's Anführung aus Jugarien oder Juharien gekommen wären und man dort noch magyarisch spreche; allein er konnte keinen Menschen aus Jugrien in Moskau antreffen, mit dem sein magyarischer Diener gesprochen hätte. [295] Dieses Land Jugrien oder Ugrien [296] dehnte sich nach den Untersuchungen LEHRBERG's vom 56. Grad bis zum 67. Grad nördlicher Breite aus, da hierher die Gebiete am untern Irtisch, an der Tawda, Tura und Tschussowaja gehörten; das Land umfasste somit zum grossen Theile die heutigen Gouvernements Tobolsk und Perm. St. Petersburg liegt bekanntlich unter dem 60. Grad nördlicher Breite; die Südgrenze Ugriens lag also um 4 Grad südlicher. Nachdem die Russen etwa vierzig Städte, d. i. umschlossene Wohnorte (russisch: Gradi) eingenommen und so viele vornehme Gefangene gemacht hatten: so geht daraus hervor, dass am Ende des 15. Jahrhunderts die Wogulen und Ostjaken (denn diese bildeten die hauptsächlichste Bewohnerschaft Ugriens) ganz anderer Art waren als ihre Nachkommen, welche der magyarische Reisende Reguly im Jahre 1844—45 und der Finne Ahlquist im Jahre 1858 angetroffen haben. [297]

Da die Magyaren einstens gleichfalls auf dem Gebiete der ugrischen Völker gewohnt haben, so erhebt sich die Frage: Wo ist diese ihre Urheimat zu suchen? Auf diese Frage antwortet das Zeugniss der Sprache. Bei den Ostjaken heisst das Meer «s'aras», bei den Wogulen saris, bei den Permiern sarič oder saridj, bei den Wotjaken auch zariz oder zaridz; weshalb findet sich dieses Wort nicht im Magyarischen vor? Wahrscheinlich deshalb, weil die Urheimat der Magyaren auf ugrischem Gebiete vom nördlichen Eismeere sehr weit entfernt war; dort konnte also das magyarische Volk jenen Gegenstand, den seine Stammverwandten saras, sarič u. s. w. nennen, nicht kennen lernen. Daraus folgt des Fernern, dass man die Ursitze der Magyaren in die südlichen Theile des ugrischen Gebietes verlegen muss. Dort begegneten sie sogleich türkischen Völkern. Auch später, nachdem sie schon diesseits der Wolga gezogen und nach der Beschreibung Ibn Dastas (siehe oben S. 130 ff.) die westlichen Nachbarn der Chazaren geworden waren: sehen sie sich dem türkischen Einflusse ausgesetzt, vorausgesetzt, dass die Chazaren selbst türkischen Stammes gewesen sind. Es dünkt mich aber, dass die Byzantiner, insbesondere Kaiser Constantin, die Magyaren nicht deshalb «Türken» nennen, weil diese mit den Chazaren in Berührung und Verbindung gestanden sind; sondern in Folge ihrer früheren Verhältnisse, welche die Geschichte zwar nicht kennt, die wir jedoch aus der magyarischen Sprache herauslesen. Bevor nämlich die Magyaren mit den Slaven zusammentrafen, hatten sie das Wort «tenger» (Meer) von den Türken entlehnt, bei denen dasselbe «dengiz» lautet. Da die Magyaren, wie wir von Ibn Dasta wissen, schon in der Nachbarschaft der Chazaren über slavische Völker geherrscht und slavische Gefangene auf den Sklavenmarkt geschleppt haben, so wäre es sehr wahrscheinlich, dass sie zur Bezeichnung des Meeres das slavische Wort angenommen haben würden, wenn sie nicht bereits das türkische «dengiz» = «tenger», Meer, ihrer Sprache einverleibt hätten.

Nachdem ferner die Magyaren in ihrer ugrischen Urheimat die Thiere der südlichen Erdstriche nicht kennen lernen konnten, so entnahmen sie deren Benennungen gleichfalls dem Türkischen, so: oroszlán (türkisch: arslan, Löwe), teve (türkisch: deve, Kameel), borz (türkisch: borč, burč, Dachs), tuzok (tschuwaschisch: tugdak, Trappe); so entstand auch das magyarische «búza» (Weizen) vom türkischen «bogdaj».

In der magyarischen Urheimat war Jagd und Fischerei die Hauptbeschäftigung des Volkes; die Zucht des Rindviehes lernten die Magyaren von den Türken; das bezeugen die Worte: ökör (türkisch: öküz,
tschuwaschisch: vigur, Ochs), borju (türkisch: buzagu, tschuwaschisch:
puru, Kalb), tinó (türkisch: dana, tschuwaschisch: tina, Rind, junges
Rind), ünö (türkisch: inek, tschuwaschisch: ina, Färse, Kuhkalb), turó
(tschuwaschisch: turak, Topfen, Käse), tulok (tschuwaschisch: turak,
Farren, junger Ochs), kos (türkisch: koč, Widder), ürü (tschuwaschisch:
ürü, Hammel), tokló (türkisch: tokli, einjähriges Lamm), disznó (tschuwaschisch: sisna, Schwein), tyúk, tik (türkisch: tauk, Henne) u. s. w.

Da die Magyaren in ihrer Urheimat vorwiegend Jagd und Fischerei
betrieben, so pflegten sie auch den Ackerbau nicht, und zwar entweder
wegen der Rauhheit des Klimas oder wegen der Unentwickeltheit des
gesellschaftlichen Lebens. Sie lernten deshalb von den Türken die Feld-
früchte und das Obst des Südens kennen; das bekunden die aus dem
Türkischen entlehnten Benennungen: alma (Apfel), árpa (Gerste), búza
(türkisch: bogdaj, Weizen), borsó (türkisch: burčag, tschuwaschisch:
purža, Erbse), tarló (Stoppelfeld, türkisch: tarla = Acker), gyümölcs
(türkisch: jemis, Obst), dara (türkisch: dari, Gries), sarló (tschuwaschisch: sorla, Sichel); ferner örl-eni (tschuwaschisch: avr = ör, das
«l» ist das Frequentativum im Magyarischen, örleni = mahlen), szór-ni
gabonát (= Getreide worfeln, vom türkischen savur, saur), arat-ni
(= ernten, türkisch: ara, das «t» ist im Magyarischen Bildungslaut),
seper-ni (= kehreň, fegen, türkisch: süpür); auch der Wein (magyarisch: bor, scheinen die Magyaren durch die Türken kennen
gelernt zu haben; denn das magyarische «bor» weist auf das tscheremissische «pura» hin, und dieses ist ursprünglich eine tschuwaschische
Form; «pura» bedeutet allerdings «Bier»; es kann sein, dass das magyarische «bor» anfänglich nur «saures Getränke» bezeichnete, wie man in
Siebenbürgen noch heute sagt: «bor-viz» = Sauer-Wasser das heisst:
Weinwasser.

Von den Türken entlehnten die Magyaren auch verschiedene
Hausgeräthschaften und deren Namen; so z. B. balta (Beil), bicsak
(Taschenmesser), kapu (Thor), buzogány (türkisch: buzdogan, Streit-
axt), tengely (= Achse, türkisch: tingil, tschuwaschisch: töngül), teknö
(= Trog, Mulde, türkisch: tekne), tiló (= Schwinge, Breche, tschuwa-
schisch: tila), tükör (= Spiegel, tschuwaschisch: tügär), tömlö, beim
Anonymus tulbou, (= Schlauch, türkisch: tulum), karó (= Pfahl, Spiess,
türkisch: kazik, kazuk), gyüszü (= Fingerhut, türkisch: jükszük), gyürü
(= Ring, türkisch: jüzük, tschuwaschisch: šürü), gyöngy (= Perle,
tschuwaschisch: jinžü), kalpag (= Mütze, türkisch: kalpag) u. s. w.

Auch Benennungen geistiger und religiöser Begriffe und Beziehungen gelangten aus dem Türkischen ins Magyarische, wie z. B. báj (Liebreiz, Zauber), bájol-ni (zaubern, bezaubern, türkisch: bag, tschuwaschisch: baji, bajla), bü (Zauber), büv-öl (zaubern, hexen, türkisch: büjü), bölcs (weise, türkisch: beliži = gelehrt, wissend), érdem (Verdienst, im Ujgurischen: ertem, auch im Mongolischen), ír-ni (schreiben, türkisch: jaz, tschuwaschisch: sír), ördög (Teufel, im Kirgisischen: erteng, im Altmagyarischen: urdung), tanu (Zeuge, türkisch: danik, tschuwaschisch: tanuk). Von dem Worte «isten» (Gott) wurde schon oben erwähnt, dass es wohl auch türkischem Einflusse zuzuschreiben sei. Denn in den übrigen finnisch-ugrischen Sprachen findet sich davon keine Spur; es muss also aus einer fremden Sprache in das Magyarische gekommen sein. Viele wollen das Wort vom persischen «jezdan» ableiten. Wenn diese Herleitung richtig ist, dann können die Magyaren das Wort dennoch nur durch türkische Vermittlung erhalten haben. Eine bestimmtere Ableitung des Wortes kenne ich auch nicht; die Vermuthung, dass «isten» ein Compositum (is-ten), wovon die erste Sylbe das alte is = Vater, die zweite aber eine Verstümmelung des türkischen tanrï sei, empfiehlt sich weniger. *

Familiennamen, wie atya (Vater), anya (Mutter) gehören zu jenen gemeinsamen Wörtern, die sowohl in den finnisch-ugrischen wie in den türkischen Sprachen vorhanden sind. Zu diesem gemeinschaftlichen Sprachschatze gehören auch manche Zahlwörter, z. B. das türkische on, tschuwaschisch: vonna = zehn, welches in den magyarischen Compositen negy-ven (vier-zig), öt-ven (fünf-zig), hat-van (sechzig), sowie im Wogulischen men, pen (neli-men, ät-pen u. s. w.) vorhanden ist; allein das magyarische iker (Zwillinge) ist ein Lehnwort vom türkischen ikiz, tschuwaschisch: iger, jigir. [298]

Die Entlehnungen aus dem Türkischen verdienen besondere Aufmerksamkeit, insofern sie ethnographische Bedeutung haben. Wie das Wort «iker» (Zwilling) zeigt, so entspricht demselben das türkische «ikiz» und das tschuwaschische «iger, jigir»; ja dieses Letztere stimmt mit dem magyarischen Worte sogar besser überein als das Türkische. Und dies gilt von allen magyarischen Wörtern mit «r», denen im Türkischen Wörter mit «z» entsprechen, z. B. tenger (Meer), ökör (Ochs), borju (Kalb), karó (Pfahl), gyürü (Ring), ír (die Salbe) u. s. w. Diese Entlehnungen stammen daher aus keinem solchen türkischen Dialecte,

---

* Nichtsdestoweniger fand diese Vermuthung bei ROESLER Beifall. Er sagt (Romänische Studien S. 168): «Das magyarische Wort Isten (Gott) ist in den verwandten Sprachen noch erhalten, wenn die Theilung in Is-ten, die ich vorschlage, richtig ist. Is, Es ist bei den Jenissei-Ostjaken, den Kabalen u. a. der Himmelsgott.»

wie dem heutigen osmanischen oder kasanischen noch aus anderen sogenannten «tatarischen» Sprachen; denn nachdem im Magyarischen der
Auslaut «z» gewöhnlich ist (z. B. víz, Wasser, tüz, Feuer, so hätte dieses
auch Wörter wie «dengiz» mit dem z-Auslaute übernommen; sondern es
müssen diese Entlehnungen einem Dialecte gleich dem heutigen tschuwaschischen angehören. Die Tschuwaschen wohnen jetzt in der Nachbarschaft der Wotjaken und Tscheremissen; es erhebt sich die Frage,
ob deren Vorfahren auf die Magyaren Einfluss geübt haben.

Nach der Darstellung Constantin's siehe oben S. 141 brach bei
den Chazaren wegen der Oberherrschaft eine Empörung aus einem
ähnlichen Aufstande begegneten wir auch bei den Avaren, siehe oben
S. 95`: die Aufständischen wurden jedoch besiegt und die sich durch
die Flucht retten konnten, vereinigten sich unter dem Namen Kabaren
oder Kavaren mit den Magyaren. Seinem Berichte fügt Constantin die
interessante Mittheilung bei, dass die Kabaren ihre Sprache den Magyaren gelehrt, aber auch ihrerseits die magyarische Sprache erlernt
hätten und so bis zur Zeit Constantin's in zwei Sprachen redeten.
Man pflegt unter diesen zwei Sprachen nur zwei Dialecte des Magyarischen zu verstehen; allein Fremden, wie es Constantin und seine
Quellen den Magyaren gegenüber gewesen, fallen dialectische Verschiedenheiten nicht auf. Der Fremde ist nicht im Stande, die Dialecte
im Deutschen oder Slavischen zu unterscheiden. Constantin hatte
unzweifelhaft von zwei verschiedenen Sprachen Kunde erhalten. Es
empfiehlt sich die Annahme sehr, dass die türkischen Elemente im
Magyarischen von den Kabaren abstammen. Daraus folgt, dass die
Sprache dieser Kabaren tschuwaschisch-türkisch war; es folgt daraus
aber auch, dass die Chazaren gleichfalls dieselbe Sprache redeten und
somit wären die heutigen Tschuwaschen die ärmlichen Reste des einst
so mächtigen chazarischen Volkes. Diese Annahme wird unterstützt:
erstlich durch das Wort «Sarkel», das einzige übriggebliebene chazarische Wort, welches nach dem Zeugnisse Constantin's soviel als
«Weissenburg» bedeutet; im Tschuwaschischen ist «sara-kil» und «sor-
kil» = weisses Haus; sodann durch die Titel der Fürsten: «Khagan»,
«Bey»; der Fürstinnen «Khatun» = türkisch: «Frau» und drittens
durch die Behauptung Ibn Dasta's, dass die Religion der Chazaren,
bevor sie das Judenthum angenommen hatten, dem Glauben der Türken
ähnlich gewesen sei (siehe oben S. 130—131, was auch ein anderer
arabischer Schriftsteller behauptet. [299] Allein es besteht auch eine andere
Ansicht, welche sich auf die Aussage des Arabers Ibn Haukal stützt,
wornach nämlich die Sprache der Chazaren wohl von der Sprache der
Türken verschieden, dagegen mit dem Bulgarischen übereinstimmend
gewesen sei, die Chazaren aber zu den Ugren zählen. Diese Ansicht theilt

auch Cassel, der sich dabei auf den Brief des Chazarenkönigs Josef bezieht, in welchem dieser sein Geschlecht von dem biblischen Togarma und dessen zehn Söhnen ableitet, unter denen *Ogur, Avar, Kozar, Bolgar* und *Savir* sind. Ogur, Avar, Bolgar und Savir sind Personificirungen ugrischer Völker, also sind auch die Chazaren Ugren.[300] Und nachdem das Wort «Sarkel» auch durch das Wogulische erklärbar ist, nämlich: «Sajr(-eng) kel, kvel = weisses Haus, so vindicirt Cassel den Chazaren eine wogulische Sprache, wie Klaproth,[301] und behauptet, dass durch die Kabaren wogulisches d. i. finnisches Sprachelement in das Magyarische gelangt sei, dessen Kern eigentlich «indogermanischen» Ursprung habe. Dass diese letzte Behauptung nicht stichhältig ist, hat unsere gesammte bisherige Darstellung genug deutlich nachgewiesen; die Kabaren brachten kein wogulisches oder finnisches Element in das Magyarische; denn die Quellen Constantin's wären kaum im Stande gewesen, das Wogulische von dem Magyarischen zu unterscheiden, da noch 4—5 Jahrhunderte später fremde Ohren beide Sprachen für *eine und dieselbe* hielten. Die Kabaren mussten also das Magyarische mit anderen, und zwar, wie wir gesehen, mit türkischen Wörtern bereichert haben und das Türkische drängte sich nothwendiger Weise auch dem fremden Ohre als eine vom Magyarischen verschiedene Sprache auf.

Vom ethnographischen Gesichtspunkte ist es aber eine überaus bedeutungsvolle Thatsache, dass die Magyaren sich bereits vor ihrer Niederlassung in Ungarn durch einen fremden Volksstamm, der ganz mit ihnen verschmolz, vermehrt hatten. Vielleicht bewahren die Orts- und Familiennamen «Kozár», «Kazár» die Erinnerung an diesen einstigen chazarischen Volksstamm bis zum heutigen Tage.

Einige Gelehrte, wie z. B. Kunik in St. Petersburg, sind der Meinung, dass die ugrischen Magyaren erst durch die Berührung mit den Türken ein Reitervolk geworden seien. Constantin sagt zwar, dass die mit den Magyaren vereinigten chazarischen Kabaren als eine besonders tapfere Schaar in der ersten Schlachtlinie zu kämpfen pflegten; aber wir finden weder bei Leo dem Weisen noch bei Ibn Dasta die leiseste Spur, welche uns vermuthen liesse, dass die Kabaren die erste Reiterei der Magyaren gewesen seien. Auch das Zeugniss der Sprache spricht gegen diese Annahme. Das Wort «ló» (Pferd) ist ugrischer Abstammung (im Wogulischen lu, im Ostjakischen lau, lovi); eben so das Wort «kengyel» (Steigbügel, keng-el = Stiefel-Untersatz), wenn wir diesem Pferdezeug einige Wichtigkeit beilegen wollten (vgl. oben S. 98); desgleichen gehören demselben Sprachstamme an «nyereg» (Sattel, wogulisch «najri») «sarkantyu» (Sporen) u. dgl. Dieses Zeugniss aus der Sprache wird durch die Ueberbleibsel der Merier verstärkt, in deren Gräbern Steigbügel und Reitersporen vorkommen. Die in Gräbern gefundenen arabischen Münzen beweisen, dass die Merier schon im siebenten Jahrhundert blühten. Also nicht nur die Magyaren waren ein Reitervolk, sondern auch andere finnisch-ugrische Völker. deren Land sich zur Pferdezucht eignete. Das Hauptsächlichste jedoch, was die Magyaren zur Zeit des türkischen Einflusses gewannen, war die Vereinigung der Stämme unter die einheitliche Obergewalt, welche der Grossfürst, der Gylas (Gyula ? vielleicht der Stellvertreter des Grossfürsten) und der Karchas (Oberrichter) ausübten.

Die Periode des slavischen Einflusses.

§ 42.

In das Land an der Donau und Theiss brachten die Magyaren eine kriegerische Verfassung, in welcher neben dem Bestande der Stämme und Geschlechter, die einheitliche Obergewalt die obrigkeitlichen Verfügungen traf. Diese Organisation war unter den damaligen europäischen Verhältnissen sowohl zum Angriff als zur Vertheidigung trefflich geeignet. Allein ausser dieser kriegerischen Verfassung brachte das magyarische Volk noch mancherlei Kenntnisse und Geschicklichkeiten mit und diese bildeten dann die Elemente der neuentstehenden staatlichen Gesellschaft. Die Worte: arany (Gold), ezüst (Silber), réz (Kupfer, ón (Zinn), ólom (Blei), ³⁰² vas (Eisen) sind ursprüngliche magyarische Wörter, welche nicht blos die Kenntniss der Metalle, sondern auch deren Behandlungsweise bezeugen; hierher gehört auch das Wort «ötvös», das heute allerdings nur einen Gold- und Silberarbeiter bezeichnet, ehedem aber eine weit umfangreichere Bedeutung haben mochte. * Ohne Zweifel gab es auch solche Handwerker, welche das Eisen bearbeiteten, wiewohl ihr magyarischer Name später durch das slavische «kovács» (Schmied) verdrängt wurde. Die Worte varga (Schuster, auch Lohgerber), szücs (Kürschner), ács (Zimmermann, ferner szabó Schneider), kerék-gyártó (Radmacher, Wagner, szij-gyártó Riemer), kötél-verő (Seiler) bekunden, wenn sie auch spätern Ursprunges sein sollten, dennoch das Vorhandensein der durch sie benannten Gewerbszweige, was auch durch die Wörter tü (Nadel), ár (Pfrieme, olló (Scheere, fúrú (Bohrer, fürész Säge, gyalu (Hobel), enyv Leim, fejsze (Axt, ferner durch varrni (nähen, ölteni (anziehen, ankleiden, aber auch einfädeln) u. s. w. bestätigt wird. Stricken magyarisch: kötés, Spinnen fonás und Weben szövés war den Magyaren

---

* Etwa «öntvös» = Giesser, Metallgiesser; von öt-ni, önt-eni = giessen.

auch nicht unbekannt. Desgleichen bezeugen die Wörter buza (Weizen), árpa (Gerste), zab (Hafer), köles 'Hirse', dann szántani (pflügen), örleni 'mahlen' die Kenntniss des magyarischen Volkes vom Ackerbau, den es also, mag es denselben wo immer erlernt haben, schon mit sich in die neue Heimat brachte. Nur der Roggen (rozs) war ihm fremd. Auch die Namen für Bier (ser) und Wein bor, brauchten die Magyaren nicht zu entlehnen. Die Namen ház (Haus), falu (Dorf), vár (Feste, Schloss), város (Stadt) sprechen ferner dafür, dass die Magyaren auch die Unterscheidung der Wohnorte von niemand Anderem erlernen mussten; endlich hatte das Wort «egy-ház» (Kirche), das offenbar ehedem das Haus der Götzenbilder bezeichnete, im Sprachgebrauche so feste Wurzeln geschlagen, dass man es auch auf die christliche Kirche übertrug, was weder die Deutschen noch die Slaven mit ihren ursprünglichen Benennungen zu thun gewagt hatten. [303] Man kann demnach nicht behaupten, dass die Magyaren bei ihrer Einwanderung auf der untersten Stufe der Cultur gestanden haben, wie solches von verschiedener Seite her so gerne angenommen wird. [304] Anderseits darf man aber auch nicht verschweigen, dass die fünfzig Jahre andauernder kriegerischer Einfälle und Streifzüge in die benachbarten und ferneren Länder die Sitten der Magyaren keineswegs zu mildern vermochten. Sie waren für Europa eben solche Räuber und Wölfe wie die gleichzeitigen Normannen. Wenn diese in der Fremde auch Länder in Besitz nahmen, so geschah es, weil ihnen ihre Heimat keinen hinlänglichen Raum bot; die Magyaren hatten jedoch in ihrem Lande genügend Platz, ja sie konnten denselben gar nicht ausfüllen. Wenn ferner die Normannen sich in ihren neuen Ländern früher als die Magyaren civilisirten, so darf man das nicht ihren sanfteren Sitten, sondern nur jenen eroberten Ländern zuschreiben, in denen die Cultur weit höher gestanden als in dem von den Magyaren in Besitz genommenen Lande.

Nichtsdestoweniger kamen diese Letzteren hier in ganz neue Verhältnisse, insbesondere durch die wachsende Macht, welche das Christenthum schon unter dem Grossfürsten Geisa, vielleicht auch schon früher, theils mittelbar durch die christliche Bevölkerung, theils unmittelbar durch Bekehrungen bei den Magyaren gewonnen hatte. Die hier wohnenden und neu hinzukommenden christlichen Einwohner waren aber *slavischen* Stammes; von daher datirt der Einfluss des Slavischen auf das Magyarische.

«Es ist eine schwierige Frage», sagt MIKLOSICH, [305] «welcher slavischen Sprache jene Wörter entstammen, die wir im Magyarischen finden. Wenn wir die These annehmen, dass die Worte mit den Dingen, die sie bezeichnen, in eine Sprache gelangen; so muss das entlehnende mit dem gebenden Volke in unmittelbarer Berührung stehen.

Wir werden hierbei nach der Niederlassung der Magyaren an die Slovenen, und zwar an die westlichen denken, die nach dem Verluste ihrer Selbständigkeit sich mit den Magyaren vereinigten und grössten-theils auch magyarisirten, ein Umstand, der nach dem Zeugniss der Geschichte die Aufnahme fremder Wörter insbesondere befördert. Nach-dem diese westlichen Slovenen (Karantaner) bereits durch bayerische Glaubensboten, dann durch Cyrill und Method zum Christenthume bekehrt worden waren, besassen sie auch schon eine gewisse Cultur. Weniger kann man an die südöstlichen Slovenen, d. i. an die Bulgaren denken, die einen selbständigen Staat gebildet hatten und mit den Magyaren in keinem so engem Verhältnisse standen. Ob die östlichen Bewohner des ehemaligen Mährenreiches zum slovenischen oder čechi-schen Stamme gehörten, ist eine noch unentschiedene Frage; allein es gibt mehr Gründe, welche für das Slovenenthum derselben sprechen. Aus dem Serbischen konnten damals keine Entlehnungen stattfinden; denn die Serben wurden erst später, nach der Verdrängung der Bul-garen, unmittelbare Nachbarn der Magyaren. Desgleichen kommen die Klein-Russen oder Ruthenen nicht in Betracht. Indess geschahen auch in späteren Zeiten noch Entlehnungen aus dem Čechischen oder Slovakischen, Serbischen und Ruthenischen.» [306] Die slavischen Wörter, welche zur Zeit der Gründung des ungarischen Staates in das Magya-rische aufgenommen wurden, sind schon durch ihre äussere Form als slovenische Wörter zu erkennen.

Man sieht also, was für ein gewichtiges historisches und ethno-graphisches Zeugniss in den fremden (hier slavischen) Wörtern liegt. Die karantanischen Slaven oder Slovenen haben wir in den Theilen jenseits der Donau oder im alten Pannonien, in dem Fürstenthume Priwina's und Kozel's angetroffen (siehe oben S. 113 ff.), und zwar am Szala-Flüsschen, in der Gegend des Plattensees, bis Fünfkirchen und Pettau. Und gerade in diesem Landstriche keimte auch das ungarische Königreich; hier entstand das erste Kloster auf dem Martinsberg, hier das erste Bisthum zu Gran. Den Einfluss der Sprache dieser hier woh-nenden Slaven erkennt man im Magyarischen; keineswegs aber einen Einfluss der Bewohner an der Theiss oder gar Siebenbürgens.

Die Slaven jenseits der Donau verschmolzen mit den Magyaren und gingen in denselben unter, d. i. sie «magyarisirten» sich, wie MIKLOSICH sagt, was auch die heutigen thatsächlichen Zustände bezeu-gen, denn dort, wo einstens Slaven gewohnt hatten, wohnen jetzt Magyaren, mit Ausnahme der später zugewanderten Deutschen. Aber wenn auch die Bevölkerung der östlichen Theile des Mährenreiches (d. i. der westlichen Comitate des heutigen Ungarn) nach der Meinung MIKLOSICH's eher Slovenen als Čechen oder Slovaken gewesen waren;

so gingen diese Bewohner ebenfalls unter den Magyaren verloren, d. h. sie «magyarisirten» sich gleichfalls und die jetzigen Slovaken sind, so wie die Ruthenen, Einwanderer aus späterer Zeit. Dadurch erhält manche ethnographische Erscheinung ihre Erklärung.

Betrachten wir nun die slavischen Fremdlinge im Magyarischen nach der sachlichen Eintheilung, die wir bei MIKLOSICH finden.

Kirchliche und religiöse Dinge und Personen : keresztyén (Christ), pogány (Heide), pap (Priester), püspök (Bischof), apát (Abt), apácza (Nonne), barát (Mönch), deák (Schüler, Cleriker), koma (Gevatter, Taufpathe), oltár (Altar), kereszt (Kreuz), krizma (Chrisma), karácson (Weihnacht), szerda (Mittwoch), csütörtök (Donnerstag), péntek (Freitag), szombat (Samstag), szent (heilig), alamizsna (Almosen), babona (Aberglaube), varázs (Zauber), bálvány (Götzenbild), ábrázat (Antlitz, Gesicht), kurva (Hure, meretrix), parázna (Kebsweib), pokol (Hölle) u. s. w.

Staatliche Dinge und Personen: tokma (Vertrag), zálog (Pfand), zsellér (Häusler), rab (Sklave, Diener), robot (Frohndienst), dézsma (Zehent), kamat (Zins), szabad (frei, Freier), szolga (Knecht), császár Kaiser), király (König), udvar (Hof), udvarnok (Höfling), nádor (Palatinus), asztalnok (Truchsess), tárnok (Schatzmeister, Tavernicus), vajda Wojwode, Anführer), ispán (Gespan, Comes), kenéz (Richter), porosztó [jetzt poroszló] (Trabant, Häscher), porkoláb (Castellan, dann Kerkermeister), tömlöcz (Kerker) u. s. w.

Münzen und Mass: pénz (Geld), peták (Siebner, Siebenkreuzerstück), poltura (altungarische Münze), pint (Mass), akó (Eimer), veder (Schaff, Wassereimer), köböl (Kübel) u. s. w.

Krieg, Lager und Militär : csata (Schlacht), harcz (Krieg), bajnok (Kämpfer), vitéz (Held), tábor (Kriegslager), sisak (Helm), pajzs (Schild), kópja (Spiess), puzdra (Köcher), zstrázsa (Wache), sátor (Zelt) u. s. w.

Thiere: kabala (Stute, alte Stute), kancza (Mutterpferd), bival (Büffel), szamár (Esel), bárány (Lamm), czáp (Ziegenbock), marha (Rind), szeléndek (Dogge), vizsla (Spürhund), macska (Katze), kaczér (Kater), kan (Männchen, Eber), medve (Bär), kakas (Hahn), jércze (Vogelweibchen, Henne), kappan (Kapaun), kácsa (Ente), hörcsök (Hamster), patkány (Ratte), vidra (Otter), páva (Pfau), bibicz (Kibitz), csiz (Zeisig), czinege (Meise), esztrág (Storch), szarka (Elster), galamb (Taube), kánya (Weihe), csík (Grundel), harcsa (Wels), pisztráng Forelle), rák (Krebs), ikra (Rogen), bolha (Floh), raj (Schaar, Schwarm) u. s. w.

Pflanzen : rozs (Roggen), gabona (Getreide), murok (Möhre), czékla rothe Rübe), retek (Rettig), tök (Kürbis), dinye (Melone), lencse Linse), bab (Bohne), paszuly (Fisole), mák (Mohn), len (Lein), szilva Zwetsche), baraczk (Pfirsich), cseresnye (Kirsche), nászpolya (Mispel), berekenye (Vogelbeere), málna (Himbeere), gesztenye (Kastanie), gomba (Pilz), boróka (Wachholder), bodza (Hollunder), topoly (Silberpappel), jávor (Ahorn), belénd (Bilsenkraut), konkoly (Kornrade, Lolch), kömény (Kümmel), moh (Moos), szalma (Stroh), kalász (Aehre) u. s. w.

Ackerbau: iga (Joch, Anspann), járom (Ochsenjoch), patkó (Hufeisen), taliga (Karren), kolomáz (Wagenschmiere), pating (Achsenriemen), csoroszlya (Pflugmesser, Sägeisen), gerendély (Pflugbaum), borona Egge), asztag (Fehm, Feim, Triste), petrencze (Heuhaufen), guzsaly Spinnrocken), gereben (Hechel), abrak (Pferdefutter), garád (Zaun, Damm), dorong (Stange, Knüttel), pálcza (Stab, Stecken), istáp Stütze), barázda (Furche), patak (Bach), róna (Ebene), morotva (Sumpf, Morast) u. s. w.

Gewerbe, Handel und Werkzeuge: gerencsér (Töpfer), kádár (Küfer), kollár (Wagner), bodnár (Binder), molnár (Müller), mészáros (Fleischer), kupecz (Krämer), takács (Weber), mester (Meister), beretva (Rasirmesser), szekercze (Beil), topor (Breitbeil, Schrotaxt), villa (Gabel), malom Mühle), borda Rippe, Weberkamm), osztovát (Weberstuhl), kalitka (Käfig), tár (Speicher), abroncs (Reifen), lapát (Schaufel, csév Spule), mohola Haspel), láncz (Kette), pecsét (Petschaft, Siegel) u. s. w.

Schifffahrt: csolnak (Kahn), ladik (Fähre), kormány (Steuer), naszád (Rennschiff, Corvette), vitorla (Segel) u. s. w.

Gebäude und Wohnungen: ablak (Fenster), akol (Stall), asztal Tisch), eszterha (Vordach), garádics (Treppe), katlan (Kessel), kémény Schornstein), konyha (Küche), oszlop (Säule), pakrócz (Kotze, rauhe Wolldecke), pincze (Keller), pitvar (Vorzimmer), polcz (Fach, Stufe), szövétnek Fackel, Windlicht), vánkos (Polster), abrosz (Tischtuch), tányér Teller) u. s. w.

Kleidung: sapka (Kappe), csuha (Kutte, Schafpelz), darócz (grobes Tuch, gatya (Unterhose), guba (zottiger Wollmantel), gunya (Bauernkleid, Kleid überhaupt), harisnya (Strumpf), kapcza (Socken), kapocs Spange, palást (Mantel), pántlika (Band, Bändchen), ruha (Kleid), táska (Tasche), zubony (Kinderrock, kurzer Oberrock) dunyha (Federdecke) u. s. w.

Speisen: brenza (Schafkäse), eczet (Essig), galuska (Klösse), kalács (Kuchen), káposzta (Kopfkraut), kása (Brei), kocsonya (Sulz), kolbász (Bratwurst), kovász (Sauerteig), szalonna (Speck), pecsenye Braten), tészta (Mehlspeise), zákla (weiches Brod, Brodkrume), ebéd Mittagessen), vacsora (Abendmahl), uzsonna (Vesperbrod), pálinka Branntwein) u. s. w.

Gefässe: csésze (Schale), pohár Becher), korsó (Krug), csutora Holzflasche, kas (Korb), kosár (Korb, karabó (Korb), dézsa (Schaff), kád (Kufe, Zuber), zsajtár (Melkgeschirr, Gelte), cserép (Hafen) u. s. w.

Familie und Hausgesinde: déd (Ahne), bába (Hebamme), unoka (Enkel), mostoha (Stief-), dajka (Amme, Kindsweib), pesztonka (Kindsmagd), mátka (Braut), barát (Freund), társ (Camerad, Genosse), drusza (Namensbruder), család (Familie), szomszéd (Nachbar) u. s. w.

Berufe: kulcsár (Beschliesser), szakács (Koch), szolga (Knecht, Diener), tolmács (Dolmetscher), komorna (Kammerdiener) u. s. w.

Körpertheile: potroh (Wanst), ikra (Wade), méh (Schoss), nádra (Gebärmutter) u. s. w.

Krankheiten: gelyva (Kropf), görcs (Krampf), nátha (Schnupfen), merégy (Drüse), tályog (Geschwür), túr (Satteldruck), hiba (Gebrechen), giliszta (Spulwurm), nyavalya (Krankheit, speciell Epilepsie) u. s. w.

Unter den angeführten Wörtern sind viele, welche man aus dem Lateinischen oder Deutschen ableiten kann; allein nicht davon ist hier die Rede, sondern es handelt sich darum, dass die Magyaren diese Wörter durch Vermittelung der slovenischen Sprache, nicht aber directe aus dem Lateinischen oder Deutschen erhalten haben. Unter der grossen Fülle slavischer Wörter findet sich kein einziges Verbum; denn Worte wie pecsételni (siegeln), abroncsolni (bereifen), uzsonnálni (das Vesperbrot nehmen) u. s. w. sind *magyarische Bildungen* von den aufgenommenen slavischen Substantiven. Deshalb sind die Fremdlinge auch nicht im Stande, die Sprache zu verändern; wohl aber unterliegen sie selbst einer Umgestaltung, indem die Sprache das fremde Wort nach den eigenen Lautgesetzen modificirt.

Das Zeugniss der magyarischen Sprache in Bezug auf die Urgeschichte der Nation geht also dahin, dass das magyarische Volk aus der Gemeinschaft der Finn-Ugren entsprossen ist; dass dasselbe mit den Ugren vereint sich von den eigentlichen Finnen getrennt und in einem südlicher gelegenen Gebiete der Ugren hauptsächlich als Fischer- und Jägervolk seine nationale Entwickelung fortgesetzt habe. Damals hatten die Magyaren jedoch bereits das dekadische Zahlensystem angenommen. Des Weitern beweist die Sprache, dass die Magyaren hierauf mit Völkern türkischer Zunge in Berührung kamen, von denen sie die Viehzucht und wenigstens theilweise den Ackerbau erlernten. Zu derselben Zeit sammelten sich die Stämme und Geschlechter zu einer compacteren Nation, die ihre Landesangelegenheiten gemeinsamen einheitlichen Oberbehörden anvertraute. Ferner, dass die Magyaren, auf diese Weise national gefestigt und durch den Anschluss des Kabarenstammes verstärkt, nach Ungarn und Siebenbürgen gelangten, welche Länder sie mehr in Besitz nahmen als eroberten; denn ausser dem zerfallenden mährischen Fürstenthume war keine Macht vorhanden, von welcher sie diese Gebiete hätten erobern müssen. Endlich, dass die hier wohnenden Slovenen sich mit ihnen amalgamirten und durch diese Vereinigung eine grosse Menge slovenischer Wörter in die magyarische Sprache aufgenommen wurden.

Diese Sprache bereicherte sich aber sowohl unter türkischem als slavischem Einflusse blos mit Substantiven (einige türkische Verba ausgenommen); der Geist der Sprache, welcher hauptsächlich in dem Verbum lebt, blieb unverändert. Und diese Sprache gebraucht, so weit sie verbreitet ist, in allen ihren Dialecten dieselben türkischen und slovenischen Wörter, ist also überall vollkommen dieselbe Sprache.

III. Die Urgeschichte der Magyaren nach den magyarischen Chroniken.

§ 43.

Die magyarischen Chroniken, welche hier in Betracht kommen, sind die des Simonis de Kéza, des Marcus, des Thuróczi und endlich die des Anonymus. Kéza widmet sein Buch, das die ungarischen Geschichten bis 1282 erzählt, dem König Ladislaus III., dem Kumanier; Marcus [307] begann seine Chronik im Jahre 1358 und führte die Geschichte bis zum Jahre 1330; Thuróczi [308] verfasste seine Chronik, die bis zum Jahre 1464 reicht, zur Zeit des Königs Mathias (Corvinus). Verfasser und Zeit der Entstehung dieser drei Chroniken sind somit bekannt. Der Anonymus nennt sich: «P. dictus Magister ac quondam bonae memoriae gloriosissimi Belae regis Hungariae Notarius». Nachdem es vier ungarische Könige Namens Béla (Béla I. 1061—1063; Béla II. 1131—1141; Béla III. 1173—1196; Béla IV. 1235—1270) gegeben, so kann man aus dieser Benennung das Zeitalter des Anonymus nicht bestimmen.

Nach Kéza, Marcus und Thuróczi sind *Hunor* und *Magor* Söhne das Nemrót (Nimrod); von ihnen stammen die Hunnen und Magyaren. Anfänglich wohnten Hunor und Magor an der Mäotis und alle drei Chronisten erzählen die Sage, welche Procopius von den Uturguren und Kuturguren mittheilt (siehe oben S. 80). Nachdem sich die Nachkommen des Hunor und Magor vermehrt hatten, zogen sie nach Scythien, wo sie drei Reiche: Barsatia oder Bascartia, Dentia und Mogoria, gründeten. [309] Marcus erklärt uns auch die Benennung «Dentia» vom lateinischen «dens» (Zahn). Weil, also fabelt er, die Hunnen und Magyaren alles zermalmten, wurden sie die «Bissigen» (Gezähnten, dentos) genannt. In Skythien gibt es zwei grosse Flüsse; den Don, welchen die Magyaren *Ethul* nennen und den *Togata* (nur bei Kéza Togara), der in das Eismeer fliesst. Nach Thuróczy und Kéza grenzen ferner alle drei Reiche im Osten an das Land *Joria* (regnum Jorianorum). Allen drei Chroniken zufolge scheint dort die Sonne so selten, dass sie selbst in den Monaten Juni, Juli und August nur drei Stunden sichtbar ist.

Aus diesem Lande (Skythien) kamen die Hunnen oder Magyaren das erste Mal, nach Kéza, im Jahre 700 n. Chr., nach Marcus im Jahre 473, nach Thuróczy im Jahre 373, als sie Kadar, aus dem Geschlechte Turda, zu ihrem Oberrichter eingesetzt hatten. Bei ihrem Auszuge gelangten sie durch das Gebiet der Petschenegen und weissen Kumanen nach Susdal, Ruthenien und in das Land der schwarzen Kumanen, von da an die Theiss und nach Pannonien. Hier herrschte im Namen der Römer der aus Steinamanger gebürtige Langobarde Macrinus oder Matrinus; der Alemanne Detrik (Dietrich) aus Verona aber stand ihm hilfreich zur Seite. Die Hunnen griffen beide an; nach Kéza wurden die Schlachten im Tavarnok-Thale und bei Cezumaur; nach Marcus bei dem österreichischen Tuln und Cesumaur geschlagen; Thuróczy dagegen weiss zu erzählen, dass dieselben bei Százhalom und Kevenháza stattfanden und in denselben die Hunnen siegten. Hierauf wurde Attila König der Hunnen, dem jetzt Detrik (Thuróczy nennt ihn den »unsterblichen Detre») mit allen deutschen Fürsten huldigen. Alle drei Chroniken wissen unter Vermischung von Geschichte und Sage sehr viel von Attila zu erzählen, bis dieser endlich bei seinem letzten Hochzeitsmahle stirbt. Unter seinen Söhnen kämpfte der von der deutschen *Krimhilde* (Crumheld, Kremheylt) geborene *Aladar* mit *Csaba*, dem Sohne der Tochter des Honorius, um das Erbe; diese grosse Schlacht, genannt die « Schlacht der Kriemhilde » vernichtet die Hunnen. Nur drei Tausend flüchten sich und damit die Feinde sie nicht erkennen, leben sie unter dem Namen *Szekler* verborgen in Siebenbürgen, von wo sie bei dem zweiten Auszuge der Magyaren oder Hunnen aus Skythien diesen bis Ruthenien entgegen gehen. Die Chronik des Marcus erzählt das folgendermassen; »Als die Székler (Zekul) erfuhren, dass die Magyaren zum zweiten Male nach Pannonien kommen, giengen sie ihnen bis Ruthenien entgegen und nachdem sie mit ihnen vereint Pannonien unterworfen hatten, blieben sie, wie sie vordem gewesen. Die Magyaren wollten aber nicht, dass sie in der Ebene wohnen, deshalb erhielten sie ihr Erbe an der Grenze des Reiches im Gebirge, unter den Walachen, von denen sie, wie man erzählt, auch die Schrift angenommen hatten.» [310] Noch ausführlicher berichtet Thuróczi: »Ausser jenen Hunnen, die Csaba folgten, flüchteten sich aus der genannten Schlacht noch dreitausend und liessen sich anfänglich in Pannonien auf dem Cziglamezö (Ziegelfelde) nieder, später aber zogen sie aus Furcht vor den westlichen Nationen, die Attila bei seinen Lebzeiten unterdrückt hatte, nach Erdö-elv (Erdély, Transsylvania, Siebenbürgen), d. i. in die Grenzorte Pannoniens. Damit man sie nicht erkenne, nahmen

sie statt des hunnischen oder magyarischen Namens den Namen Székler
zekel) an. Dass diese Székler der erstangekommenen Hunnen bis
zum heutigen Tage fortbestehen, sagt Thuróczi, ist kein Zweifel; denn
ihr Geschlecht mischte sich mit keinem fremden Blute, sie sind strenger in Sitten und auch in der Vertheilung ihres Grundbesitzes unterscheiden sie sich in Vielem von den übrigen Magyaren. Auch haben
sie die alte skythische Schrift nicht vergessen, gebrauchen diese aber
nicht gemalt oder auf dem Papiere, sondern in eingekerbten Stäben
Runen). Sie waren bereits zahlreich geworden als sie die Nachricht
von dem zweiten Auszuge der Magyaren vernahmen und mit grosser
Freude diesen bis ins Land der Ruthenen entgegen giengen. Und nachdem die Magyaren Pannonien neuerdings in Besitz genommen hatten,
wählten sich die Székler mit deren Einwilligung wieder denselben Theil
des Landes 'zum Wohnsitze), wo .sie vordem gewohnt hatten. ³¹¹

Nach Kéza und Marcus war Pannonien nach dem Untergange
der Hunnen zehn Jahre ohne König; es wurde damals von Slaven,
Griechen, Deutschen, Mösiern und Walachen bewohnt. Alsdann erhob
sich der aus Polen stammende Swatopluk, Sohn des Morot, und begann
über die Bulgaren, Mösier und in Pannonien zu herrschen. — Thuróczi
weicht hier nur insofern ab, als er die Zahl der »königlosen» Jahre
nicht angibt. — Alle drei Chronisten stimmen auch darin überein, dass
Einige meinen, die Magyaren hätten bei ihrem zweiten Auszuge nicht
den Swatopluk, sondern dessen Vater als Herrscher in Pannonien vorgefunden.

Der zweite Auszug der Hunnen oder Magyaren erfolgte nach
Kéza im Jahre 872, nach Marcus 677, nach Thuróczi 704. Alle drei
führen die Magyaren durch das Land der Bessen (Petschenegen) und
weissen Kumanen; von hier lässt Kéza sie direct nach der Stadt Kiew
und dem Hungflusse eilen, wo sie sieben Burgen erbauen, Swatopluk
tödten und nachdem sie sich in sieben Schaaren getheilt, Árpád zum
ersten Anführer erwählen. Nach Marcus kamen die Magyaren durch
das Land der Petschenegen und weissen Kumanen nach Susdal und
nach Kiew, sodann aber durch ein Gebirge, wo Adler ihnen keine Ruhe
liessen, an die Grenze des Reiches und nach Siebenbürgen, wo sie sieben Burgen erbauen. Daher stammt der deutsche Name des Landes
»Siebenbürgen». Thuróczi lässt die Magyaren auf demselben Wege
ziehen; nur führt er sie, bevor sie nach Siebenbürgen gelangen, wo sie
die sieben Burgen bauen, von denen der deutsche Name «Siebenbürgen»
kommt, auch nach Schwarz-Kumanien, welches, wie er sagt, das jetzige
Moldavia sei. Die Besitzergreifung des Landes geschieht nach Marcus
und Thuróczi in der Weise, dass eine Gesandtschaft Árpáds den Swatopluk überlistet, wobei auch ein Pferdegeschenk eine Rolle spielt;

Swatopluk fällt dann in der Schlacht. Uebrigens, meint Marcus, kam
Árpád mit seinen sieben Anführern nicht als Gast, sondern als Erbe
(in dieses Land).[312]

Die drei Chroniken stimmen also in allem Wesentlichen (einige
Kleinigkeiten abgesehen) vollkommen überein,

Dagegen unterscheidet sich der Anonymus von ihnen in Vielem.
Nach ihm ist Skythien auch ein grosses Land: östlich von demselben
liegt Dentu-Moger, das unter Anderem sehr reich an Mardern ist; so
dass dort auch die Rinder-, Schweine- und Schafhirten in Marderpelzen
gekleidet sind. Von Magog stammt Moger, von diesem Attila, der im
Jahre 451 von dort auszog und nachdem er die Römer vertrieben, an
der Donau, oberhalb der heissen Quellen (iuxta Danubium supra cali-
das aquas) seinen Sitz aufschlug. Die alten Gebäude liess er wieder
herstellen, eine feste Mauer erbauen und nannte die Burg «Budavár».
Die Deutschen aber hiessen sie: «Ecil-Burg». Ebenfalls aus dem Geschlechte des Magog stammt Ugek, der Vater des Álmos. Ugek nahm
nämlich im Jahre 819 im Lande Deutu-Moger Emesu zur Frau, welche
ihm einen im Traume vorher angezeigten Sohn gebar, der deshalb Álmos (vom magyarischen álom = Schlaf, Traum) genannt wurde. Die
«Hetu-Moger» oder die sieben (magyarisch hét) Anführer der Magyaren wählten durch einen mit Eid bekräftigten Vertrag den Álmos zum
Grossfürsten, damit er ihr Volk führe, wohin es ihm beliebe, nur solle
er ihnen Antheil gestatten im Rathe und an der Beute. Im Jahre 884
zogen also die Magyaren aus und nachdem sie die Wolga durchschwom-
men gelangten sie in das russische Land Susdal und vor Kiew. Hier
riefen die russischen Fürsten die Kumanen zu Hilfe; allein die Magyaren siegen und die Kumanen schlossen sich ihnen an. Die ratheni-
schen Fürsten von Kiew und Susdal bitten die Magyaren, sie mögen
in das Land Attilas jenseits der Karpaten ziehen. Als diese zur Stadt
Lodomer gelangen, begleitet sie deren Fürst in die Stadt Galicia, selbstverständlich nachdem er ihnen gehuldigt und Tribut geleistet hatte.
Hier bittet man die Magyaren neuerdings, dass sie in das ehemalige
Besitzthum Attilas gehen mögen. Daselbst wohnen jetzt: in Pannonien
bis zur Donau römische Hirten, das Land zwischen der Donau und
Theiss hatte der bulgarische Grossfürst Kean, der Grossvater des jetzt
herrschenden Zalán, ganz bis an die Grenzen der Polen und Ruthenen
in Besitz genommen und darin Slaven und Bulgaren angesiedelt. Morot
(Morout) hatte das Land zwischen der Maros und Szamos bis nach
Siebenbürgen seiner Macht unterworfen, hier herrschte dessen Enkel
Menmorout über das Volk der Kozaren; zwischen der Maros und Orsova
hatte der aus Budun (Bödön, Widdin) gekommene Glad mit Hilfe der
Kumanen sich ein Fürstenthum erworben; Glads Nachkomme war

Ahtum (Ohtum), der lange nachher longo post tempore) von Stefan
dem Heiligen besiegt wurde.

Die Magyaren kamen sodann nach Hung, woher ihr Name «Hungarn», und nennen den ersten in Besitz genommenen Ort Munkács,
weil sie nur mit vieler Mühe und Arbeit (magyarisch «munka») in ihr
auserwähltes Land gelangt seien. Als die Slaven erfuhren, dass Álmos
der Nachkomme Attilas sei, huldigten sie demselben sogleich, obschon
sie Zalán's Unterthanen waren; ja, um ihre Huldigung zu rechtfertigen,
erzählen sie, wie nach Attilas Tod der aus Bulgarien kommende Kean
unter Beihilfe und nach dem Rathe des griechischen Kaisers dieses
Land in Besitz genommen und auch die Slaven aus Bulgarien hierher an die ruthenische Grenze angesiedelt habe. In Hung legt Álmos
die Herrschaft nieder, und erhebt Árpád zum Grossfürsten. Dieser
beschwichtigt durch einige Geschenke (12 weisse Pferde, 12 Kameele
etc.) den Zalán, der ihm bis an den Sajófluss das Land überlässt.
Hierauf setzt Árpád den in Bihar hausenden Mennorot durch eine Gesandtschaft in Schrecken; dieser vertraut zwar auf seinen Herrn, den Kaiser in
Constantinopel, allein vergeblich. Die Magyaren rücken jetzt bis an die
Pforten Siebenbürgens vor. Siebenbürgen (Ultrasilvania) besass ein Walache Namens Gelou (Gyalu). Tuhutum erfährt durch seine Spione,
dass die Bewohner dieses Landes, Walachen und Slaven, erbärmlicher
seien als die übrigen Völker, dass somit Gelou ihm keinen besonderen
Widerstand leisten könne, da er keine guten Streitkräfte habe; übrigens hätten die Einwohner viel zu leiden von den Kumanen und
Petschenegen. Was aber das Land betrifft, so besitze es gute Flüsse,
das beste Gold und Salz. Am Kapusflusse kommt es zur Schlacht, in
welcher Gelou fällt; die Bewohner des Landes leisten deshalb bei
Eskülö von eskü = Schwur, Eid durch einen Eid dem Tuhutum Gehorsam, der nach seinem Sohne Horka zwei Enkel hatte: Geula
(Gyula) und Zombor. Gyula besitzt zwei Töchter: Karolta und Sarolta;
die Letztere wurde die Mutter Stefan des Heiligen. Der Sohn Zombors,
der jüngere Gyula, wird der Vater von Bue und Bukne; alle drei führte
Stefan der Heilige später gefangen nach Ungarn, weil sie das Christenthum nicht annehmen wollten; ihr Land aber nahm er in Besitz.

Die Ausbreitung und Besitzergreifung geht unausgesetzt fort;
Szabolcs, Eger Erlau, Neograd, Bars werden zu neuen magyarischen
Burgen. Bei Neitra angekommen, erzählt der Anonymus, dass nach dem
Tode Attilas unter einem čechischen Fürsten Slaven und Čechen das
Gebiet an der Waag und Gran von der Donau bis zur March besetzt
hatten; gegenwärtig sei von Gnaden des böhmischen Fürsten Herrscher
in Neitra Zubur (Zobor), den die siegreichen Magyaren hernach aufhän-
gen. Jetzt kommt die Reihe auch an Zalán. Diesen unterstützen Griechen

und Bulgaren, aber die Heerschaar Árpáds siegt; Árpád selbst wählt
für sich die Insel Csepel. Nachdem am Temesflusse auch Glad besiegt
worden war, wendet sich Árpád zur Besitzergreifung Pannoniens, wo
Weszprim, Eisenburg und andere feste Orte sind. Hierauf berichtet der
Fabulist den Fall Menmorot's, der eher auf die Flucht nach Griechen-
land als auf Vertheidigung bedacht war. Árpád's Heerführer und ihre
Schaaren schwimmen über die Theiss und schlagen am Kórógyflusse ihr
Lager auf. Hier kommen zu ihnen die Székler, welche ehedem zum Volke
Attila's gehörten und nachdem sie ihre Söhne als Geisel gegeben,
welche die Führer zu Árpád senden, kämpften sie in erster Reihe gegen
Menmorout. Dieser ergibt sich; Árpád aber überlässt ihm die Burg
Bihar und gab dessen Tochter seinem Sohn Zoltan zur Frau. Árpád
stirbt im Jahre 907 und überlässt das Land diesem Sohne Zoltan. —
Das genüge aus der Erzählung des Anonymus.

Wie man sieht, bewegen sich die ungarischen Chronisten in einer
Sagenwelt, in welcher sie Dichtung und Wahrheit nicht zu unterscheiden
vermögen. Sie wissen gar nichts von der Geschichte der Magyaren im
heutigen europäischen Ost- und Südrussland, sondern führen dieselben
aus ihrer Urheimat, die sie Dentu-Mogeria oder Dentia und Mogeria
nennen, directe in das Karpatenland. Sie wissen ferner nichts von
dem Zustande Ungarns und Siebenbürgens vor der Ankunft der Magyaren; denn Kéza, Marcus und Thuróczi wissen selbst das nicht
mit Bestimmtheit, ob die einwandernden Magyaren den Swatopluk
oder den geschichtlich sonst unbekannten Vater desselben an der Regierung fanden; Anonymus kennt nicht einmal den Namen Swatopluks,
um so weniger ist ihm etwas vom Reiche der Mährer bekannt; denn
nach ihm herrschte zu Neitra der Vasalle des Herzogs von Böhmen.
Dass jenseits der Donau und Neitra ehedem schon christliche Civilisation bestanden habe, davon träumen die Chronisten in ihrer Sagenwelt gar nichts. Da ihnen von diesem Lande also gar nichts Geschichtliches bekannt ist, (auf die Dichtungen des Anonymus kommen wir noch
zurück), so ist es kein Wunder, dass unsere Chroniken auch gar nichts
erzählen von dem Zustande jener Länder, durch welche sie die Magyaren führen. Kéza, Marcus und Thuróczi besitzen so wenig historisches Gefühl, dass sie die Hunnenschaaren dieselben Reiche (nämlich
der Petschenegen, weissen Kumanen, Susdal u. s. w.) durchziehen
lassen, welche später die Schaar des Álmos oder Árpád durchzog. Und
doch existirten diese Reiche im 4. Jahrhunderte überhaupt noch nicht und
im 11. Jahrhunderte lagen sie, mit Ausnahme von Susdal, in ganz anderer
Gegend. Unsere Chroniken behandeln die Zeitrechnung nach Willkür
wie das Märchen; Marcus lässt die Hunnen oder (wie er meinte) die
Magyaren das erste Mal im Jahre 473, Thuróczi im Jahre 373 aus

ihrer Urheimat ziehen. Ja unsere Chronisten sind für die Wirklichkeit so unempfindlich oder so unwissend, dass selbst Thuróczi in der Zeit des Königs Mathias (Corvinus), als bei uns doch schon einige geographische Kenntnisse verbreitet waren, nicht ansteht, jene Geschmacklosigkeit nachzuschreiben, dass in jenem nördlichen Lande, woher die Magyaren gekommen, der längste Tag des Sommers nur drei Stunden dauere. Und doch verkehrten zur Zeit des Königs Mathias schon Gesandte zwischen Moskau, Ofen und Wischegrad; auch Handelsleute erhielten von dort manche Kunde, so dass es fast unmöglich war nichts zu erfahren über diese auffällige Tageskürze im Sommer. [313] Dem Mangel an Gefühl für historische Wirklichkeit muss man es auch zuschreiben, dass z. B. Kéza mit seinen Fabeleien über den Ursprung der Magyaren von Hunor und Magor und über ihre erste Ankunft als Hunnen dreissig Seiten (nach der Ausgabe von JOSEF PODHRACZKY) ausfüllte, indess er für die Zeit von Béla II. bis zu Stefan V. nur drei Seiten zur Verfügung hat. Von jenen Dingen fand er fertige Märchen vor, von diesen hätte er geschichtliche Thatsachen erzählen sollen. Es ist in der That charakteristisch, dass er sein Buch dem Könige Ladislaus III. widmete und es dennoch nicht für nothwendig oder lehrreicher gefunden hatte, von dem Urahnen (Andreas II.), Grossvater (Béla IV.) und Vater (Stefan V.) des Ladislaus mehr zu berichten als blos ein paar Namen und Zahlen.

Unsere Chroniken wissen ferner kein Sterbenswörtlein von den Avaren, die 250 Jahre hier geherrscht haben; wohl aber singen und sagen sie Vieles von den Hunnen, nur kennen sie auch von diesen und deren Ländern nicht die wirkliche Geschichte. Nach ihnen war bei Ankunft der Hunnen der *Langobarde* Macrinus oder Matrinus römischer Statthalter in Pannonien und Theodorich von Verona, der Gothenkönig, der zwei Jahre nach dem Tode Attila's geboren wurde (siehe o. S. 79), der Bundesgenosse jenes Macrinus; Theodorich aber huldigte hernach dem Attila! — Endlich kennen unsere Chroniken, wie wir gesehen haben, keine Zeitrechnung, leben also in einer echten Märchenwelt, in der Dichtung und Wahrheit sich bunt mengen. Ihre einzigen Quellen sind die mündlichen Traditionen und Sagen, die allerdings auch einen historischen Kern haben können; nur verstanden es die Chronikenschreiber nicht, diesen aus der dichterischen Umhüllung herauszuschälen.

Von der Urheimat der Magyaren mochte wohl zur Zeit der Árpáden noch einige Erinnerung im Volke leben. — «Dentu-Mogeria» oder «Dentia» und «Mogeria» grenzen an das Land «Joria», in welchem unsere Chroniken den Fluss *Togata* erwähnen, der in das nördliche Meer fliesse. In dem Flussnamen «Togata» erkennt man den

heutigen Fluss «Tangat» (denn also nennen die Süd-Ostjaken den Irtisch[314]),
welcher in den Ob und mit diesem in das nördliche Eismeer mündet.
Zwischen dem ostjakischen «tangat» und dem «togat» der magyarischen
Chroniken bildet blos das «n» den Unterschied; der Wegfall oder die
Aufnahme dieses Lautes entspricht aber nicht nur den verwandten
Sprachen (siehe oben S. 149), sondern dieser Laut ist auch in den
Wörtern derselben Sprache bald vorhanden, bald fehlt er; z. B. magyarisch «harmincz» (dreissig) neben «harmicz»[315], «pénz», pínz (Geld)
neben dem dialectischen «píz» u. s. w. Der Flussname «Togat» in
unseren Chroniken versetzt also die Urheimat der Magyaren an die
Ufer des Irtisch. Setzt man statt «Togat» das ostjakische «tangat», so
bedeutet wohl das Land «Dent» (Dentia, Dencia) nichts anderes als
«Land am Irtisch».[316] Es ist ein unstatthafter Gebrauch unserer modernen Historiker, das «Dentu-Moger» im Magyarischen «Don-tö magyar» («Don-Magyaren») zu schreiben und zu lesen; «dentu» kann doch
neumagyarisch nur «dent» lauten, wie aus «hetu» «hét» geworden ist.[317]
Die Urheimat der Magyaren lag aber nicht am Don, sondern jenseits
der Wolga, an den Ufern des Togat, Tangat oder Irtisch. Der Anonymus kennzeichnet die magyarische Urheimat durch den Reichthum
an Mardern, indess die übrigen Chronisten angeben, dass sie an das
Land «Joria» gegrenzt habe. In diesem Namen begegnet man der
bekannten Benennung des Landes «Jugra» oder «Ugra». An die Ufer
des unteren Irtisch und an die Grenzen des Landes Ugra oder Jugra
führte uns auch das Zeugniss der magyarischen Sprache; nach dieser
Richtung reisend fanden die glaubenseifrigen ungarischen Mönche im
Jahre 1237[318] «Gross-Hungarien»;[319] von dorther beabsichtigte König
Mathias die zurückgebliebenen Sprachverwandten holen zu lassen;[320]
von dorther kamen, so vernahm auch HERBERSTEIN, in der That die
Magyaren (siehe oben S. 173). Unsere Chroniken entnahmen also den
alten mündlichen Traditionen Namen und Beschreibung jenes entfernten Landes; denn aus einer anderen Quelle konnten sie diese gar nicht
schöpfen. Den directen Weg von dieser Urheimat der Magyaren in
ihr jetziges Vaterland erfand die Tradition und das Volkslied erst später,
als durch die Beziehungen der ungarischen Könige mit dem russischen
Reiche die Kenntnisse über das letztere sich bei uns mehr verbreitet
hatte. Kiew war das erste russische Fürstenthum, sodann gelangte
Susdal und Wladimir zur Macht; jenes lag westlich am Dnjeper,
dieses östlich im Lande der Merier. Wenn die Magyaren auf dem
von den Chroniken bezeichneten Wege hieher gekommen wären,
dann hätten sie die stammverwandten Merier angetroffen (denn von
Susdal war damals noch keine Rede[321]) und wären vielleicht durch

diese ihre Anzahl ebenso vermehrt worden wie durch den Anschluss der Kabaren.

Von der Besitzergreifung Ungarns wissen Kéza, Marcus und Thuróczi sehr wenig zu berichten. Die verschiedenen Eigennamen entlehnten sie sicherlich der mündlichen Ueberlieferung, ebenso das, was sie von Swatopluk wissen. Um so mehr weiss der Anonymus über die damaligen Fürsten des Landes und von deren Unterjochung durch die Magyaren. Woher konnte er diese Nachrichten geschöpft haben?

Unter unseren neuesten Historikern machte sich die Ansicht geltend, dass der Anonymus Notar des Königs Bela 1. gewesen sei und darum reichliche Kunde von solchen Dingen besessen haben konnte, welche die späteren Chronisten schon nicht mehr wussten. Allein es ist unmöglich, den Anonymus zum Notar des ersten Bela zu machen. Als Beamter dieses Königs hätte er das Wiederaufflammen des magyarischen Heidenthums, die Ermordung der Geistlichen, die Verwüstung der Kirchen sehen und erfahren müssen und in seiner Eigenschaft als Priester sollte er gegen alle diese Dinge so gleichgiltig geblieben sein, dass er derselben mit keiner Silbe gedenkt, ja dass er das Heidenthum sogar wohlwollend behandelt!? Es wäre Unsinn, solches von einem christlichen Priester aus der Zeit Bela 1. vorauszusetzen! Der Anonymus nennt im 9. Capitel einen Bischof Turda aus altmagyarischer Familie. Für das Zeitalter des h. Gerhard würde ein Bischof aus einem urmagyarischen Geschlechte ein wahres Wunder gewesen sein; allein ein noch grösseres Wunder wäre es, dass dessen keine einzige Legende Erwähnung thun sollte. Indessen ist auch der Name « Turda » nur ein traditioneller ; denn die anderen drei Chroniken nennen den « rector » der Hunnen aus dem Geschlechte Turda entsprossen. Daraus dichtete nun der Anonymus seinen « Bischof » Turda. Denn dieser «unbekannte Notarius» ist mehr Dichter und Fabulist als Historiker und dazu auch noch ein mittelmässiger Dichter; es war gewiss Schade, dass er die Volksdichtung verwarf, um an deren Stelle seine eigenen Fabeleien zu setzen !

Er führte die Magyaren auch, wie wir gesehen haben, nach Susdal und von dort vor Kiew. Nach dem russischen Chronisten Nestor zogen die Magyaren im Jahre 898 bei Kiew vorbei, als daselbst *Oleg* oder *Olaf*, Rurik's Nachfolger, regierte; von anderen russischen Fürstenthümern` ist in dieser Zeit noch keine Rede. Dem Anonymus zufolge riefen aber die russischen « Fürsten » (duces Ruthenorum) die Kumanen zu Hilfe, während doch erst im Jahre 1061 die Kumanen zum ersten Male erscheinen; in Ungarn treten sie auch noch später auf. Allein die Magyaren siegen und die sieben kumanischen Stämme vereinigen sich mit ihnen. (In einer Urkunde Ladislaus III. oder des « Kumaniers » vom Jahre 1249 ist von sieben Geschlechtern der Kumanen die Rede, worauf wir später noch zurückkommen.) Die Fürsten von Kiew und Susdal huldigen den Magyaren und bitten sie, weiter zu ziehen. (Fürsten von Susdal existirten vor dem Jahre 1150 nicht. Siehe die Note 320.) Von Kiew führt der Anonymus die Magyaren nach den Städten Lodomeria (Wladimir) und Halics (Galicia), obgleich Halics erst im Jahre 1113 zum ersten Male erwähnt wird. [322] Die Fürsten von Lodomerien und Halics wissen es gleich denen von Kiew und Susdal, wo das Erbe Attila's sei und senden die Magyaren dahin und doch trifft man nirgends davon eine Spur, dass bei den slavischen Völkern irgend welche Erinnerung an Attila erhalten geblieben wäre.

Nach dem Anonymus bestanden auch in Ungarn und Siebenbürgen bei der Einwanderung der Magyaren mehrere Fürstenthümer; aber wo? Weder jenseits der Donau und doch gab es gerade hier solche Fürstenthümer zur Zeit der fränkisch-deutschen Herrschaft; noch diesseits der Donau, obzwar auch daselbst das mährische Fürstenthum bestand; jetzt (bei Einwanderung der Magyaren) setzt der Anonymus nur Zobor, den böhmischen Vasallen von Neitra, hierher. [323] Dagegen zählt uns der fabelreiche Notar zwischen der Donau und Theiss ein bulgarisches, jenseits der Theiss ein chazarisches, in Siebenbürgen ein walachisches Herzogthum auf und von all dem weiss Kaiser Constantin gar nichts, obgleich er die Flüsse Temes, Maros, Körös und Theiss nennt und anführt, dass an denselben die angesiedelten Magyaren wohnen; er berichtet deutlich den Sturz der Söhne Swatopluk's und weiss, was in entfernteren Gegenden geschieht. Und von diesen weit näher gelegenen, angeblich mit Hilfe der Griechen errichteten und von ihnen unterstützten Fürstenthümern sollte der Zeitgenosse und Kaiser Constantin nichts gewusst haben? Man sieht also, dass der Anonymus alle diese Fürstenthümer und deren Geschichten selbst erfunden hat, wozu ihm theils die Ortsnamen, theils spätere Ereignisse Anlass boten. Dies geht auch hervor aus den erdichteten Geschichten von Glad und Zalán: zu jener ist die Grundlage das Geschick Achtums in der Zeit Stefan des Heiligen, zu dieser, was sich in den Tagen von 1161—1200 zwischen den ungarischen Königen Geisa II., Ladislaus II., Stefan III. und IV. und Béla III. und den griechischen Kaisern aus dem Hause der Komnenen ereignet hat. Wenn zur Zeit Árpáds zwischen der Donau und Theiss irgend welche bulgarische Macht bestanden hätte: dann würde sich der Bulgarenfürst Simeon nicht nur mit den Petschenegen, sondern auch mit diesen Bulgaren gegen die Magyaren verbunden haben, und diese Letzteren hätten dann vielleicht in die Gegenden an der Donau und Theiss gar nicht einwandern können.

Allein zu welchem Zwecke erdichtete der Anonymus alle diese Geschichten? Denn auch der Fabelschreiber pflegt gewisse Zwecke zu verfolgen. Es scheint mir, als ob der Anonymus die Kumanen bei den Magyaren im möglichst günstigen Lichte darstellen wollte: darum lässt er sie schon mit Álmos einwandern, auf dass sie als ursprüngliche Bewohner erscheinen; darum spielen bei der Besitzergreifung des Landes die kumanischen Helden eine bedeutende Rolle; deshalb erhalten diese kumanischen Helden die meisten Donationen. Aber der Dichter ist auch vergesslich. Da er die Kumanen mit Álmos einwandern lässt, durfte er nicht schreiben, dass sie und die Petschenegen Siebenbürgens Einwohner bedrängten (Cap. XXV) und dass Glad von Kumanen, Bulgaren und Walachen Hilfe erhalten habe (Cap. XLIV). Allein das sind eben die *historischen* Kumanen, jene aber, welche bei der Besitzergreifung des Landes figuriren, die auf Grund der Ortsnamen des 13. Jahrhunderts *erfundenen* Kumanen. Der Anonymus ist also nur für die Ortsnamen dieses Jahrhunderts belehrend; als *historische Quelle für die Urgeschichte der Magyaren ist er unbrauchbar.*

Sämmtliche Chroniken und auch der Anonymus setzen Attila und seine Hunnen mit den Magyaren in ein solches Verhältniss, wornach diese directe Nachkommen, ja die Erben jener in diesem Lande wären. Woher konnten das unsere Chroniker genommen haben? Aus der alten mündlichen Tradition, von wo die Nachrichten über Togat, Dent, Joria und andere stammen? Nachdem sie dieser Tradition nicht die kleinste Kunde entnahmen über die Avaren, welche zwei Jahrhunderte nach den Hunnen ihr nördliches Vaterland verlassen hatten und fast bis zur Ankunft der Magyaren dieses Land an der Donau und Theiss bewohnten: so kann man vernünftiger Weise nicht annehmen, dass unsere Chroniken das, was sie von den Hunnen erzählen, aus irgend einer vaterländischen Ueberlieferung als einer primären Quelle entnommen hätten. Ja ihre gesammten Kenntnisse über die Hunnen konnten sie (falls wir uns diese Chronisten auch noch so gelehrt denken) selbst aus den lateinischen und griechischen Schriftstellern nicht geschöpft haben. Denn diese Kenntnisse und Nachrichten werden durch solche Eigennamen und Verhältnisse charakterisirt, welche entschieden auf *deutsche* Quellen hinweisen. Die charakteristischen Nachrichten der magyarischen Chroniken über die Hunnen stammen somit weder aus einheimischen oder traditionellen Quellen, noch aus den lateinischen und griechischen Historikern: sondern sind den *deutschen* Geschichtsschreibern und Chroniken entlehnt. Diese Nachrichten gelangten mit der Verbreitung des abendländischen Christenthums unter die Magyaren. Nicht der *heidnische*, sondern der *christliche* Magyare hörte, und zwar von seinen *christlichen deutschen* Geistlichen zuerst etwas von Attila und

13*

den Hunnen. Christliche deutsche Priester erfanden die hunnisch-ma-
gyarische Verwandtschaft, sie verfassten die sogenannte «hunnisch-
magyarische» Geschichte.

Die besiegten Avaren kamen erstlich unter die Salzburger (siehe
oben S. 111) und Passauer (siehe oben S. 112) Bischofsgewalt; später
erneuerte der Papst für Method das alte syrmische Erzbisthum (siehe
oben S. 117). Jener Theil des Avarenreiches, welcher zur fränkisch-
deutschen Herrschaft gehörte, stand, wie wir wissen, in kirchlicher
Beziehung etwa 70 Jahre unter der Salzburger Erzdiöcese, deren Me-
tropolitanrechte der Passauer Bischof, als Suffraganeus, anerkannte und
achtete. Nach der kurzen Dauer von Method's Erzbisthum wurden
sowohl die Rechte der Salzburger wie der Passauer Diöcese wieder
hergestellt und wir haben gesehen, mit welchem Eifer die bayerischen
Bischöfe das vermeintliche Recht des Passauers gegen die Mährer vertheidigten. Die Siege der Magyaren über die Mährer und Bayern
liessen den kirchlichen Streit für längere Zeit verstummen. Allein sobald die Deutschen anfingen die Magyaren zu besiegen, wurden auch
die verwüsteten Kirchen wieder aufgebaut: noch mehr geschah dieses,
als der Grossfürst Geisa Neigung zum Christenthume bezeugte. Damals
schien es, als ob die Rechte des Salzburger und Passauer Bischofs
abermals aufleben würden. Allein der damalige Salzburger Erzbischof
Friedrich besass keinen solchen Eifer wie sein Passauer Suffragan, Bischof Pilgrim, dessen bischöfliche Regierungszeit (971—991) gleichzeitig war mit der Herrschaft Geisa's (971—995 oder 997). Der eifrige
Bischof wollte seinem Bisthume nicht nur das im Jahre 829 festgestellte
Territorium zurückgewinnen, sondern demselben das ganze neue Magyarenreich einverleiben; denn dieses war nach deutscher Auffassung
ebenso «Hunnia» wie das einstige Avarien und deshalb die Ansprüche
des Bischofs um so mehr beachtenswerth. Damit er aber die berechtigten Forderungen des Salzburger Erzbischofs ausschliessen könne,
bestrebte sich Pilgrim, die Bekehrung der Magyaren sich selbst und
seinen Geistlichen vorzubehalten; deshalb berief er auch den aus einer
anderen Diöcese stammenden Wolfgang, der im Jahre 972 den Magyaren zuerst das Evangelium predigte, zurück. Hierauf schickte er im
Jahre 974 an den Papst Benedict VII. ein Schreiben (da er, wie er
sagt, wegen der Bekehrung des magyarischen Volkes persönlich nicht
nach Rom kommen könne), worin er sich den «demüthigen Diener
der *Lorcher* Kirche» (sanctae Laureacensis ecclesiae humilis servitor)
nennt und mittheilt, mit welch' grossem Erfolge er unter den Magya-

ren gepredigt habe, dass von «den Vornehmeren beiderlei Geschlechts
ungefähr fünftausend im katholischen Glauben unterwiesen und durch
die heilige Taufe Christo zugeführt worden seien.» Dass die aus allen
Weltgegenden dahin geschleppten christlichen Gefangenen, welche die
grössere Zahl des Volkes ausmachte, ihre Kinder nun «um die Wette
ohne Furcht zur Taufe bringen», nach christlicher Weise Gotteshäuser
erbauen dürfen; «denn die Barbaren selbst, obgleich ein Theil von
ihnen noch im Heidenthume befangen ist, verbieten keinem ihrer Unterthanen sich taufen zu lassen, und den Priestern verwehren sie nicht
zu reisen, wohin sie wollen; vielmehr leben Heiden und Christen ein-
trächtig und in inniger Freundschaft, mit einem Worte: fast die ganze
ungarische Nation ist bereit, den heiligen Glauben anzunehmen.» Allein
für so viel Arbeit seien der Arbeiter nur wenige; deshalb bittet er den
Papst, dass er «daselbst einige Bischöfe weihen lasse, da auch *einst
zur Zeit der Römer und Gepiden* das nämliche östliche Pannonien und
Mösien seine *eigenen sieben Bischöfe hatte, welche der Lorcher Kirche,* deren
unwürdiger Diener er (Pilgrim) sei, *unterworfen waren.*» Der Papst
wolle ihm also in Gnaden das Pallium und die priesterliche Inful
schicken, welches besondere Ehrengeschenk den Metropoliten ertheilt
wird und das seine Vorgänger als Lorcher Erzbischöfe zu empfangen
pflegten.» Endlich möge der Papst «die apostolischen Privilegien»
seiner (Pilgrims) Kirche, die er durch dieselben Botschafter dem Papste
vorgewiesen habe, durch seine apostolische Sanction bestätigen. [324] Die
erwähnten Privilegien will Pilgrim aber aus jenen päpstlichen Bullen
nachweisen, welche die Metropolie der Lorcher Kirche bezeugen sollen.
Unter ihnen befindet sich nebst anderem eine Bulle Papst Eugen II. aus
dem Jahre 826, welche für Bischof Urolf das Lorcher Erzbisthum wieder
herstellt. Dasselbe sollen nämlich die Bischöfe blos aus Ungunst der
Zeitverhältnisse verloren haben, als sie von Lorch (Laureacum) nach
Passau übersiedeln mussten. Jene Bulle Eugen II. setzte aber zugleich
den Lorcher Erzbischof zum päpstlichen Vicarius ein. Die Bulle spricht
unter Anderem von einem Alewin, Bischof von *Neitra,* und Anno,
Bischof von *Vetvár;* ferner von dem avarischen Fürsten Tuttund und
dem mährischen Mojmar. [325]

Pilgrim wollte sich auf solche Art der Salzburger Metropolie entziehen, die Würde eines Metropoliten für sich erwerben und sein kirchliches Recht auf ganz Ungarn ausdehnen. Indessen sind alle Bullen,
welche von einem Lorcher Erzbisthum handeln, nichts als Fälschungen
Pilgrims. [326] Derartige Fälschungen, durch welche der Ruhm irgend
einer Kirche erhöht werden sollte, erschienen im Mittelalter durchaus
nicht in dem verwerflichen Lichte wie heutzutage. Niemand tadelte
Pilgrim wegen dieser Thaten; er blieb in den Augen seiner Zeitgenos-

sen ein ganz achtbarer und ehrenwerther Mann. Der eifrige Bischof interessirte sich übrigens auch in anderer Weise um das neue Hunnien, indem er vielleicht auch dadurch seine kirchlichen Pläne fördern wollte. Er liess die deutschen Sagen von den Burgundern und Hunnen sammeln und zum ersten Male in lateinischer Sprache niederschreiben. Diese Sagen bildeten dann die Grundlage für das am Ende des 12. oder am Anfang des 13. Jahrhunderts verfasste grosse deutsche National-Epos, für das *Nibelungenlied*.

Nach diesen Sagen steht im Bayerlande zwischen Donau und Inn eine alte Feste mit Namen Passau: dort sass ein reicher Bischof, der Pilgrim hiess; sein Lob, seine Ehre und sein Hof waren weithin bekannt. Zu ihm gelangte die Kunde, dass seine Nichte Kriemhild, Ute's Tochter, die Schwester der burgundischen Könige zu Worms, gen Osten zöge, sich mit dem Hunnenkönige Etzel (Attila) in Ungarn zu vermählen. Der Bischof ritt den Kommenden mit allen seinen Dienstmannen entgegen, bereitete ihnen Herbergen und geleitete sie durch die Mark Rüdigers von Bechelaren, die an der Enns begann und schon König Etzel unterthan war, bis an die Grenze des Osterlandes oder Oesterreichs, welches erst unterhalb Wels bei Mautern (Mutaren) seinen Anfang nahm. Dort verabschiedete Pilgrim sich von seiner Nichte und ermahnte sie dringlich, ihren künftigen Gemahl, den Hunnenkönig, zum Christenthume zu bekehren; denn er war schon fünf Jahre ein Christ gewesen und später wieder abgefallen: an seinem Hofe aber wurden Anhänger jedes Glaubens geduldet und lebten verträglich beisammen. Kriemhild zieht von Mautern nach Zeissenmaur, Tuln und Wien, wo die Vermählung mit Etzel stattfindet. Zu Misenburg [327] stieg man zu Schiffe und gelangte nach Etzelnpurc (Gran), dem Wohnsitze Etzel's.

Kriemhild erfüllte die Bitte ihres Oheims; als sie nach sieben Jahren einen Sohn gebar, ward dieser nach christlicher Sitte getauft. Sechs Jahre später entsendete Etzel auf Andringen Kriemhildens die beiden Spielleute Wärbel und Schwemmel nach Worms am Rheine, die burgundischen Könige und ihre Recken zu einem grossen Hofgelage nach Ungarn einzuladen. Kriemhild sann nämlich Rache an dem Tode ihres ersten Gatten, ihres geliebten Siegfried. Die Eingeladenen erschienen, Kriemhild erregt Streit zwischen Hunnen und Burgunder und diese Letzteren gehen in einem grössen Blutbade unter. Etzel schickt abermals den Spielmann Schwemmel als Boten an den Rhein, die Trauerkunde nach Worms zu berichten. Dieser kehrte auch zu Passau wieder ein, wo er erzählt, was sich zugetragen: Pilgrim aber lässt aus Liebe zu seinen Neffen durch seinen Schreiber, den Meister

Konrad, die Mähre in lateinischen Buchstaben aufzeichnen, dass man sie für wahr halten sollte.

Das Bezeichnende in den Nachrichten der ungarischen Chroniken von den Hunnen besteht in den Eigennamen Kriemhild, Ditrich oder Detre von Bern Theodorich von Verona, Zeissenmaur, Tulna u. s. w., welche diese Chroniken nur aus deutschen Sagen und von christlichen Priestern erhalten konnten. Das Charakteristische dieser Nachrichten geht ferner aus jenem ungeschichtlichen Verhältnisse hervor, nach welchem die Burgunder mit den Hunnen, Pilgrim mit den Ereignissen früherer Jahrhunderte und Attila selbst in dem Lichte der Zustände Ungarns am Ende des zehnten Jahrhunderts dargestellt werden. Der Grossfürst Geisa, wie ihn Pilgrim kennt oder wie er wünscht, dass er sein möchte, ist das Vorbild für den Etzel des Nibelungenliedes. [328] Ja Alles deutet darauf hin, dass die Hunnensage von Beginn an bei keinem andern Volke, also auch bei den Magyaren nicht bekannt war, sondern einzig allein bei den skandinavischen und den deutschen Germanen, wo sie entstand. Die Magyaren wussten es gar nicht oder bekümmerten sich wenig darum, wofür sie von den deutschen Geistlichen gehalten wurden. Bei den Römern und den romanischen Völkern überhaupt war die Sage stark verbreitet, dass das Erscheinen des Papstes Leo den Hunnenfürst Attila zum Rückzuge von Rom bewogen habe; was für ein treffender Anlass zu einer glänzenden Phrase wäre das gewesen für die Bulle Sylvester II., womit dieser die Widmung (des Reichs) Stefan des Heiligen lobpreist und mit grossen Gnaden zurückgiebt! Attila und seine Hunnen wollten Rom und das Christenthum vernichten; und siehe da! jetzt bekehrt dessen Nachfolger Stefan das gesammte Hunnenvolk zur römischen Kirche und verherrlicht Rom! Aber weder die Anfertiger der Bulle noch Stefan und seine Boten wissen etwas von der hunnisch-magyarischen Verwandtschaft. Davon ist in den magyarischen Geschichtsquellen des elften Jahrhunderts gar keine Spur, weder in den Urkunden noch in den Legenden oder in den Gesetzen des heiligen Stefan oder anderswo. Dagegen weiss eine deutsche Geschichtsquelle zu erzählen, dass die Mutter des Königs Salamon im Jahre 1071 Attila's Schwert dem bayrischen Otto schenkte; welches Schwert Jeden, der es trug, unglücklich machte. [329] Das Schwert Attila's hätte man im ungarischen Königshause gewiss als das kostbarste Kleinod, als die heiligste Reliquie der magyarischen Nation verehren müssen; dennoch wird dasselbe verschenkt und die ungarischen Legenden, Urkunden oder irgend ein anderes Denkmal erwähnen gar nicht den grossen Verlust. In diesem Schweigen, in dieser Gleichgiltigkeit liegt doch offenbar das Zeugniss, dass jenes Schwert, welches Salamon's Mutter verschenkt hatte, Niemand im Lande für das Schwert Attila's hielt, gleichwie sich kein

Magyare als «Hunne» betrachtete; nur die Deutschen, bei denen die Magyaren für Hunnen galten, rühmten sich auch mit dem Schwerte Attila's.

§ 45.

Wer immer der erste Verfasser der hunnisch-magyarischen Chroniken, welche dann von Mehreren nachgeschrieben wurden, gewesen, der fügte jenen entlehnten Geschichten die Sage von Hunor und Magor und Anderes bei, was in der burgundisch-hunnischen Sage nicht enthalten war. Unter Anderem bereicherte er diese Sagengeschichten auch mit der Fabel vom *hunnischen Ursprunge der Székler*. Nachdem die hunnische Sage überhaupt fremden Ursprunges ist, daher aus der Fremde in die ungarischen Chroniken gelangte, so entbehrt sie auch in der Gestalt, wie wir sie besitzen, der historischen Grundlagen; sie ist reine Dichtung. Es ist daher deutlich, dass auch Alles, was die Chronisten aus dieser Sage ableiten, in das Reich der Fabel gehört, folglich auch der hunnische Ursprung der Székler. Die Geschichte berichtet deutlich, dass Ardarich, König der Gepiden, der Erste war, der sich gegen die Söhne Attila's erhob (siehe oben S. 74); dass die Gepiden in Dacien, also im heutigen Siebenbürgen, welches damals «Gepidia» genannt wurde (siehe oben S. 78), blieben; und diese Gepiden sollten die hunnischen Székler nicht bemerkt haben! Und doch hätten diese als Hunnen, also als ein den Ackerbau nicht treibendes, sondern von Viehzucht und Beute lebendes Volk, keineswegs sich ruhig verhalten können; ihre Existenz würden sowohl die Gepiden als die Byzantiner empfunden haben. Als sodann die Gepiden den Kampf auf Leben und Tod mit den Langobarden kämpften und in ihrer Bedrängniss selbst die an der Mäotis hausenden Kuturguren im Jahre 548 um Hilfe anriefen (siehe oben S. 80), sollten sie sich nicht eher an die in ihrer nächsten Nachbarschaft oder gar unter ihnen lebenden hunnischen Székler gewendet haben!? Es wäre unbegreiflich, falls daselbst wirklich Székler gewesen wären. — Das Land der Gepiden nehmen die Avaren in Besitz und herrschen hier 250 Jahre; wo konnten während dieser Zeit die Székler stecken, dass sie sich weder mit den Avaren verschmolzen, was nach unserer historischen Erfahrung unzweifelhaft hätte erfolgen müssen, weil zwischen Hunnen und Avaren einige Verwandtschaft bestehen mochte, — noch aber, falls sie in der That als besonderer Volksstamm fortlebten, in keiner andern Weise auf die Avaren irgend welchen Einfluss ausübten? Und als die Macht der Avaren verfiel, wie konnte es geschehen, dass die Székler sich auch dann noch nicht zeigten?

Endlich werden die Magyaren als Nachkommen der Hunnen (im
Sinne unserer Chroniken), daher als Blutsverwandte der Székler, deren
unmittelbare Nachbarn am Prut, Szeret und anderen Flüssen; wo
steckten auch damals diese Székler, dass man von ihnen selbst jetzt
nicht das Geringste vernimmt und sie die Magyaren nicht dort aufsuchen, wo sie ihnen unmittelbar die Hand reichen konnten, sondern
warten, bis deren Ruf aus Ruthenien zu ihnen dringt? Und ganz
zuletzt, als Tuhutum Siebenbürgen in Besitz nimmt, auch dann sind
die Székler so schwerhörig oder in so tiefen Schlaf versunken, dass
sie noch immer nicht die Magyaren aufsuchen, sondern wiederum
warten, bis die Reihe der Unterjochung an den von ihnen entfernt
wohnenden Glad kommt; erst dann treten sie aus ihrem Versteck hervor. Man sieht, was für ein wundersames Märchen der hunnische Ursprung der Székler im Lichte der Geschichte ist.

Allein dieses Märchen widerlegen am treffendsten die Székler
selbst und zwar durch ihre Sprache, dem untrüglichsten Beweise. Die
Sprache der Székler ist vollkommen dieselbe wie die der Magyaren;
sie hat also mit der magyarischen Sprache die genetische, die türkische und slavische Sprachentwickelung durchgemacht und ist deshalb
von der magyarischen in gar nichts verschieden. Darin liegt der deutlichste Beweis, dass die Székler sich bereits nach der vollständigen
historischen Ausgestaltung der magyarischen Sprache aus dem heutigen
Ungarn an dessen östliche Grenze angesiedelt haben. Denn wären die
Székler wirklich directe Nachkommen der Hunnen, so würde ihre
Sprache (selbst zugestanden den identischen Ursprung von Hunnen
und Magyaren) sich dennoch unbedingt von der magyarischen in allen
jenen Ausdrücken und Bezeichnungen unterscheiden, welche diese dem
türkischen und slavischen Einflusse verdankt. Es ist aber Absurdität,
die Identität der hunnischen und magyarischen Sprache vorauszusetzen.
Sprachengleichheit, wo sie vorhanden war, kann einzig durch die gleiche
sociale und culturelle Entwickelung bewahrt werden; wer aber kann
behaupten, dass die Societät und Cultur der Hunnen und Magyaren unter
gleichen Verhältnissen und gleichen Umständen denselben Verlauf
genommen habe? Nur die Unbekanntschaft mit der Geschichte der Sprachen konnte den Gedanken erzeugen, dass die Sprache der Hunnen und
Magyaren identisch gewesen sei. Die Sprache der Székler ist also an
sich das unwiderlegbarste Zeugniss dafür, dass die Székler keine Hunnen, sondern ebensolche Magyaren wie die übrigen sind; denn ihre
Sprache wurde durch dieselben socialen und culturellen Entwickelungen gebildet.

Und das bezeugt auch der Name der Székler (magyarisch székely = szék-elv, szék-elö), der im Magyarischen so viel bedeutet, als

«jenseits», «hinter dem Besitze» (also = Mark, Grenze); gleichwie das Land Siebenbürgen im Magyarischen «Erdély», d. i. «erdö-elv», «jenseits, hinter dem Walde» (Transsylvania) heisst. Dass im Magyarischen «székely» wirklich die «Mark» (das Land an der Grenze) bezeichnete, beweist die ältere magyarische Sprache. Denn es gab «Székler», d. i. Grenzer, Grenzbewohner auch an der westlichen Grenze des Landes in den Comitaten Oedenburg, Pressburg, Neitra. Insbesondere treten hervor die «Székler» des Ortes Vág (Siculi de Wagh) im Oedenburger Comitate bei Árpás, das einst ein Sitz der Petschenegen war; der Grundbesitz der Tyrnauer Nonnen erstreckte sich bis zu einem grossen Walde den «Széklern» zu u. s. w.; [330] diese westlichen «Székler» waren jedoch Petschenegen. Das Wort «Székler» (magyarisch «székely») bezeichnet also keinen besonderen Volksstamm, sondern heisst so viel als «Grenzwächter», «Grenzhüter», mögen diese welch immer Nationalität angehört haben.

Man könnte fragen: Wie kam die erste Chronik darauf, ohne jede historische Grundlage die siebenbürgischen Székler für Hunnen zu erklären? Die Chronik selbst gibt auf diese Frage die Antwort. Wie sie die Personen Hunor und Magor, die Abkunft Attila's von Nimrod oder Magog, die Abstammung Árpád's von Attila erdichtet hatte; so erdichtete sie auch das Hunnenthum der Székler. Beide Erdichtungen haben dieselben Motive: Was die Geschichtschreiber jener Zeit nicht wussten, das erfanden, erdichteten sie. Der erste Chronikschreiber wusste nicht, woher die im fernen Osten des Landes wohnenden Székler gekommen waren; darum lässt er sie von den Hunnen abstammen; und ihm folgten seine Abschreiber, denn auch ihnen war die Abkunft der Székler unbekannt. Diese historische Dichtung war eine sehr leichte Sache nicht blos zur Zeit Pilgrim's, des Passauer Bullenschmiedes, sondern auch noch in den Tagen des Bonfinius. Was dieser italienische Gelehrte nicht weiss (und er weiss Vieles aus Ungarns Geschichte nicht), das erfindet er ganz ungescheut; so z. B. den Ursprung der Städte. Er weiss nicht, woher die Sachsen nach Siebenbürgen gekommen seien; flugs dichtet er, dass Carl der Grosse sie dahin versetzt habe und zwar zur Strafe aus jenen Sachsen, mit denen er so oft gekämpft hatte. [331] Weil es aber Historiker gegeben, die den Ursprung der siebenbürgischen Sachsen historisch erforschten, deshalb konnte die Fabel des Bonfinius keine Wurzel fassen. Den Ursprung der Székler dagegen wagte man schon deshalb nicht kritisch zu untersuchen, weil unsere Historiker sich an dem Hunnenthume der Magyaren ergötzten und heute jeder Székler stolz darauf ist, dass er aus dem Volke Attila's abstamme; mit Wonne betrachtet er Attila's

Bild, das er in der alten Raaber Ausgabe der Heltai'schen Chronik
neben den magyarischen Anführern findet.

Die Ansiedelung der Székler in Siebenbürgen lässt uns auch die
Zeit der ersten Abfassung der magyarischen Chronik vermuthen. Diese
Ansiedelung geschah sicherlich nicht vor Ladislaus dem Heiligen;
sondern entweder durch Ladislaus selbst, der auch Siebenbürgens
Landespatron ist, oder durch seine unmittelbaren Nachkommen. Das
Patronat Ladislaus' ist ein Beleg, dass er Siebenbürgen kirchlich regelte;
mit der kirchlichen Regelung ging die politische parallel. Der Name
und die Existenz der Székler ist somit zugleich ein klarer Beweis davon,
dass der sogenannte Anonymus unmöglich der Notar Bela I. gewesen
sein konnte. Aber auch zur Zeit des heiligen Ladislaus konnte er sein
Buch nicht geschrieben haben; denn damals hätte er den Ursprung
der Székler genau wissen müssen. Wir haben uns also die erste Abfassung der magyarischen Chronik unbedingt in einer Zeit zu denken, da
man nicht mehr wusste, durch wen und wann die Székler an der Ostgrenze des Reiches angesiedelt wurden. [332]

*„Ueber die ursprünglichen Wohnsitze der Magyaren" (A magyarok
eredeti lakföldéről) schrieb* HAMMER-PURGSTALL *eine Abhandlung,* [333]
*in welcher er die Glaubwürdigkeit des Anonymus über die Einwanderung
der Magyaren durch die Existenz des Volkes der Uzen zu kräftigen
versuchte. Wir haben gesehen (s. o. S. 138), dass die Chazaren im Bunde
mit den Uzen die Petschenegen angriffen, und diese aus dem Gebiete der
Wolga und des Jajk vertrieben, wodurch sie die Auswanderung der Magyaren insofern veranlasst hatten, als nun die verjagten Petschenegen
sich auf das Land der Magyaren warfen. „Uz" oder „Guz" ist der türkische Name der Kumanen, bemerkt* HAMMER-PURGSTALL *ganz richtig;
demnach, so folgert er, waren die Kumanen bereits dort, als die Magyaren aus Lebedia verdrängt wurden und sind somit auch die Kumanen
des Anonymus glaubwürdig. Allein der verdiente Historiker folgert viel
zu viel aus seiner These. Als die Magyaren von Lebedia auswanderten,
da sassen jene Kumanen oder Uzen an der Wolga und dem Jajk, wo
vordem die Petschenegen gehaust hatten und dort befanden sie sich nach
dem Zeugnisse Constantins noch um das Jahr 950. Sie folgten also nicht
den Magyaren gleich wie die Petschenegen; noch weniger konnten sie
denselben vorangegangen sein. Das müsste aber nothwendig stattgefunden haben, falls die Darstellung des Anonymus glaubwürdig wäre; sollen
doch nach dessen Erzählung die Kumanen bereits die Freunde der russischen Fürsten gewesen sein als die Magyaren vor Kiew ankamen! Die
Uzen oder Kumanen wären also darnach weit früher als die Magyaren südwärts gelangt, was mit allen historischen Daten und mit den
ethnographischen Verhältnissen des 10. Jahrhunderts im Widerspruche
steht.*

*HAMMER-PURGSTALL versetzt in seiner Abhandlung das magyarische
Gebiet „Lebedia" in das heutige russische Gouvernement Wiatka, wo der
Fluss Kilmas ist, der bei Constantin „Chidmas" heisse; weil die Abschreiber das griechische l leicht für d nehmen konnten. Das „Atelkuzu"
des kaiserlichen Historikers liest* HAMMER-PURGSTALL *„Atel" und „Uzu"
und versetzt dasselbe zwischen Wolga und Dnjeper, denn „Atel" bedeutet
auch ihm zufolge nichts anderes als die Wolga, „Uzu" aber sei auf türkisch der Dnjeper. — Den türkischen Namen „Uzu" erhielt der Dnjeper*

ohne Zweifel erst später, insbesondere wenn derselbe von den „Uzen" oder „Kumanen" herkommt, die, wie HAMMER-PURGSTALL *selber bemerkt, bei den Byzantinern, im Jahre 1060 zum ersten Male vorkommen. Sodann sind Wolga und Dnjeper von einander sehr weit entfernt, nur in ihrem Oberlaufe nähern sich diese Flüsse im Gouvernement Smolensk; hier müsste man also das Binnenland „Atel-Uzu" aufsuchen.*

Wenn wir die Ansicht HAMMER-PURGSTALL*'s über die geographische Lage von Lebedia und „Atel-Uzu" acceptiren, dann wären die Wohnsitze der Magyaren vor ihrer Ankunft nach Ungarn folgende gewesen: Am Unterlaufe des Irtisch, an der Südgrenze des Reiches Ugra, im heutigen Gouvernement Tobolsk (Fluss „Togat", Land „Joria") war die Urheimat der Magyaren; von dort setzten sie über den Ural und schlugen im Gouvernement Wiatka (in „Lebedia") ihren zweiten Wohnsitz auf; von hier gelangten sie zwischen die obere Wolga und den obern Dnjeper im heutigen Gouvernement Smolensk („Atel-Kuzu" oder „Atel-Uzu"), als in ihren dritten Wohnsitz. Von hier ziehen sie endlich aus und gelangen natürlich vor Kiew und dann entlang des Dnjeper dem schwarzen Meere zu (an die Flüsse Prut, Seret &c.), als in ihren vierten Wohnsitz. Für die beiden ersten Wohnsitze spricht das Zeugniss der Sprache; beide Wohnsitze befinden sich unter ugrischen Völkern.* [334] *Den dritten Wohnsitz kennen wir nur aus dunklen Andeutungen Constantins, seine Lage ist jedoch am ungewissesten. Der vierte Wohnsitz am untern Dnjeper, Bug, Prut, Seret und an den Gestaden des schwarzen Meeres ist sowohl durch die Nachrichten bei Constantin (s. o. S. 139) wie durch die Beschreibung Ibn Dastas (s. o. S. 131) sichergestellt.*

Indess ist es schwer in derlei Dingen die geographische Genauigkeit zu erreichen.

IV. Das Christenthum und Königthum bei den Magyaren.

§ 46.

Glaube und Religion sind wichtige Momente in der Ethnographie, selbst dann, wenn sie aus der Fremde stammen und durch Fremde bei einem Volke verbreitet werden. Ebenso bedeutungsvoll ist die von Aussen eingeführte staatliche und gesellschaftliche Ordnung; denn mit dem neuen Glauben geht auch die Veränderung der öffentlichen Dinge Hand in Hand; freilich verletzen beide im Anfange durch ihr fremdes Wesen die alten Gebräuche und die herkömmliche Ordnung. Glaube und Religion, Staat und Gesellschaft verschmelzen im Laufe der Zeiten mit einem Volke derartig, dass die neuen Ideen vollständig aufgenommen und angeeignet werden. In einer Ethnographie Ungarns besitzt zudem das religiöse Bekenntniss eine weit grössere Bedeutung als irgend anderswo; denn dasselbe ist bei einigen ungarischen Volksstämmen mit der Nationalität identisch geworden. Aus diesem Grunde müssen wir zum besseren Verständnisse der Vergangenheit und Gegenwart die religiösen Verhältnisse mehr hervorheben, als dieses sonst nothwendig erscheint.

Dem magyarischen Volke mochte das Christenthum schon vor
seiner Niederlassung im alten Avarenlande nicht ganz unbekannt sein.
Zu dieser Zeit war aber in der Christenheit schon jener Zwiespalt eingetreten, der die christliche Kirche in eine abend- und morgenländische
schied, jede mit einem besonderen geistlichen und weltlichen Oberhaupte. Das weltliche Oberhaupt der orientalischen Kirche war der
Kaiser in Constantinopel, ihr geistliches der Patriarch daselbst; an der
Spitze der occidentalen Kirche stand der römische Papst, ihr weltliches
Haupt wurden die römischen Kaiser deutscher Nation. Die Sprache
der orientalischen Kirche war zwar die griechische; allein diese Kirche
duldete in ihrem Schosse auch die Sprache der bekehrten heidnischen
Völker, z. B. das Slovenische; die Kirchensprache des Westens war die
Lateinische, dabei war diese Kirche unduldsam gegen die Volksspra-
chen, weshalb in ihr die lateinische zur alleinherrschenden wird.
Rom war älter als Constantinopel; von Rom aus strahlte die Macht
der Römer über ganz Europa und verlieh auch dem daselbst befindlichen christlichen Patriarchen jenes Ansehen, dass man ihn als den
Ersten in der Christenheit betrachtete; diesen Vorrang bestritt selbst
der Patriarch von Constantinopel nicht. [335] Als aber mit dem Einbruche
der barbarischen Völker Rom zu sinken begann, da concentrirte sich
die politische Macht des Römerreiches mehr und mehr in Constantinopel. Daraus folgte, dass auch der Patriarch von Constantinopel in
der Kirche nicht mehr der Zweite sein wollte, sondern gleichen Rang
mit dem von Rom, ja sogar den Vorrang für sich in Anspruch nahm. [336]
Daraus enstand zwischen den beiden Patriarchen, respective zwischen
der morgen- und abendländischen Kirche ein Rivalitätsstreit, in welchem indessen der römische Papst, in Folge vieler Umstände, der
Sieger blieb. Denn der historische Vorrang wurde auch noch durch die
kirchliche Tradition erhöht. Man glaubte nämlich, dass je heiliger der
Beginn irgend einer Kirche sei, desto grösser müsse auch deren Ansehen sein sowohl in Bezug auf äusserliche Rangstellung wie hinsichtlich
des Glaubens. Ein Beispiel dieser Art haben wir schon bei der Kirche
von Sirmium (siehe oben S. 112) gesehen.

*Als der Bulgarenkönig in Rom anfragen liess, wie viele wirkliche
Patriarchen es gebe, antwortete ihm Papst Nikolaus I.: „So viele als von
den Aposteln Kirchen gestiftet wurden, nämlich das römische, ale-
xandrinische und antiochische Patriarchat; das erste verdanke
seine Entstehung den Apostelfürsten Petrus und Paulus, das zweite dem
Apostel Markus und das dritte leitete Petrus, bevor er nach Rom kam;
die Kirchen von Constantinopel und Jerusalem haben jedoch kein
solches Ansehen, obzwar auch sie den Titel von Patriarchen führen.“*

Der römische Papst erhielt auch früher eine günstige Gelegenheit, seinen Vorrang zu beweisen. Als nämlich der griechische Kaiser

Michael III. den Patriarchen Ignatius absetzte und im Jahre 858 den Photius an seine Stelle erhob, entstand deshalb in Constantinopel eine Spaltung und Kaiser Michael forderte den Papst Nicolaus I. auf, dieselbe zu beseitigen. Dieser trat jedoch nicht als Vermittler und Friedensstifter, sondern als *Richter* auf, verurtheilte die Absetzung des Ignatius, weil diese ohne Einwilligung des Papstes geschehen sei und tadelte die Erhebung des Photius, der als Laie den bischöflichen Stuhl einnahm. Schliesslich annullirte die im Jahre 863 zu Rom abgehaltene Synode die Beschlüsse der Synode zu Constantinopel vom Jahre 861, welche im Gegensatze zu Ignatius den Photius gerechtfertigt hatten. Den gegenseitig entbrannten Zorn vermehrte noch das Auftreten der Bulgaren. Wir haben gesehen (oben S. 117), dass der bulgarische König, obwohl er durch griechische Geistliche zum Christenthume bekehrt worden war, dennoch im Jahre 866 eine Gesandtschaft an den Papst Nicolaus I. schickte mit der Bitte um einen Patriarchen, weil er sich von der Kirche und dem Kaiser in Constantinopel unabhängig machen wollte. Der Papst beeilte sich auch, dem Wunsche nachzukommen und sendete zwei Bischöfe nach Bulgarien, damit sie die kirchlichen Verhältnisse dort regeln, und gab diesen auch die Antworten auf die theologischen Fragen des Bulgarenkönigs mit. Darob ereiferte sich Photius und berief die morgenländischen Bischöfe zu einer Synode zusammen. In dem Einberufungsschreiben (Encyclica) machte er der römischen Kirche bittere Vorwürfe, dass sie die Bulgaren, welche er bekehrt habe, an sich locke und diese auch noch in Bezug auf die samstägige Faste, dann auf die Priester-Ehe, ja — was noch schrecklicher sei — sogar in Bezug auf die Glaubenssätze (Dogmen) in Irrthümer verleite, da sie lehre, dass der heilige Geist auch vom Sohne ausgehe. Die Synode zu Constantinopel verurtheilte im Jahre 867 den römischen Papst und so wurde die Encyclica des Photius die unübersteigliche Scheidewand zwischen der morgen- und abendländischen Kirche. Den Papst beleidigte überdies, dass die Bulgaren sich im Jahre 870 dennoch mit der griechischen Kirche vereinigten.[337] Seitdem setzen die orientalischen Bischöfe Zweifel in die Rechtgläubigkeit der römischen Kirche und halten sich für die allein «Rechtgläubigen» (Orthodoxen); der Papst hingegen und seine Kirche betrachten die Anhänger der orientalischen Kirche als «Schismatiker», als sträflich Losgetrennte und gelang es dem Bischofe zu Rom sich durch die Gunst der Verhältnisse, insbesondere auch durch die pseudo-isidorischen Decrete zu einer kirchlichen Machtstufe emporzuschwingen, die ihn weit über den Patriarchen von Constantinopel und über sämmtliche christliche Bischöfe des Erdkreises erhebt.[338]

Indessen diese Rangstreitigkeiten unter den Patriarchen interessirten die zum Christenthume übertretenden heidnischen Völker weit weniger als ein anderer Unterschied zwischen dem rivalisirenden Osten und Westen. In der abendländischen Kirche wurde nämlich die Zehent-Abgabe von der Ernte und dem Vieh der Gläubigen zum Gesetz erhoben; im Morgenlande konnte die Geistlichkeit dieses Recht und dadurch gleich grosses Einkommen nicht erlangen. [339] Das macht es begreiflich, weshalb die heidnischen Völker des Westens sich so sehr gegen das Christenthum sträubten; es war nicht die christliche Lehre, sondern vielmehr die Zehent-Abgabe, die sie zurückschreckte. Andererseits macht das Zehent-Gesetz auch erklärbar, warum die abendländischen oder lateinischen Bischöfe einen so grossen Eifer in der Heidenbekehrung entfalteten. Vor der morgenländischen Kirche schreckten die heidnischen Völker nicht so sehr zurück; allein hier waren auch die Bischöfe keineswegs mit solchem Eifer in dem Missionswerke bemüht. Wir finden nirgends eine Spur, dass z. B. ein bulgarischer Missionär zu den Magyaren gekommen wäre, um das Evangelium zu predigen; weder in der Zeit Simeon's (893—924), als die staatliche Macht des Bulgarenthums zum Kaiserreiche, die kirchliche Selbständigkeit zum Patriarchate sich erhob; noch zur Zeit unseres Königs Stefan d. H. ist dies der Fall, als die Bulgaren, obgleich sie unter griechische Oberhoheit gelangten (Kaiser Basilius II. 976—1025), dreissig Bisthümer hatten, worunter sich eines zu Widdin, also in Ungarns Nachbarschaft befand. Der Sitz des bulgarischen Metropoliten war zu Ochrida (Achrida). [340] Die heidnischen Völker Europas konnten somit zwischen der griechischen und lateinischen Kirche wählen; allein die Wahl wurde doch hauptsächlich durch die örtlichen oder geographischen Verhältnisse bestimmt.

Als die Magyaren ihr jetziges Land in Besitz nahmen, fanden sie dies- und jenseits der Donau im Westen christliche Bevölkerung, die zu drei kirchlichen Diöcesen: der Salzburger, Passauer und Neitraer, insgesammt aber zur Salzburger Metropolie gehörten. Zwischen der Donau und Theiss, ferner in dem Theile jenseits der Theiss und in Siebenbürgen, also im alten Dacien, treffen wir in dieser Zeit keine Spur von Christenthum. Darum flüchteten sich auch die von Swatopluk vertriebenen slavischen Priester nicht hierher, sondern nach Bulgarien an der unteren Donau (siehe oben S. 119). Wenn die magyarische Besitzergreifung das Christenthum, wo sie es vorfand, auch nicht völlig ausgerottet hatte: machte sie jedenfalls der Wirksamkeit bayerischer Bischöfe für das Ende des 9. und die ersten 6 Decennien des 10. Jahrhunderts ein Ende (in Neitra gab es seit Wiching, d. i. seit dem Jahre 899 ohnehin keinen Bischof mehr, siehe oben S. 120).

Aus der Mitte des 10. Jahrhunderts ist bei den Byzantinern die Nachricht erhalten, dass zwei magyarische Häuptlinge (Anführer),

Bulcsu (Bolosudes) und Gyula (Gylas) sich in Constantinopel (um 950) taufen liessen; dass Kaiser Constantin den Neubekehrten die Patricier-würde verlieh und sie mit reichen Geschenken auszeichnete oder vielmehr belohnte; endlich dass Gyula einen Mönch, Namens Hierotheus, mit sich brachte, den der Patriarch Theophylaktus zum Bischof von Turcien, d. i. von Ungarn geweiht hatte. Die Historiker fügen noch bei, dass Bulcsu vom Glauben wieder abgefallen und von Gott dafür bestraft worden sei, dass ihn der deutsche König Otto in der Schlacht bei Augsburg oder auf dem Lechfelde im J. 955 aufhängen liess. 341 Gyula blieb dem Chri-stenthume getreu und trug auch Sorge für die christlichen Gefangenen, denen er die Freiheit schenkte. 342 Dieser Gyula wurde der Schwieger-vater des Grossfürsten Geisa und dessen Hauptrathgeber, so dass man dessen Einfluss auf Geisa in Bezug auf das Christenthum nicht leugnen könne. 343 Nichtsdestoweniger finden wir von der Wirksamkeit des Hie-rotheus keine Spur in der Geschichte; wir sehen weder bei den Bulga-ren noch bei den Griechen ein Bestreben, die alte sirmische Metropolie wieder aufzurichten; Hierotheus hätte aber weit eher darnach streben sollen und können als Pilgrim um die Wiederaufrichtung der Lorcher Erz-diöcese (s. o. S. 196 ff.). War doch jene Metropolie historiche Wirklichkeit und zur Zeit des Methodius für einige Zeit wieder ins Leben zurück-gerufen worden; indess diese letztere nur das Erzeugniss der ehrgeizigen Phantasie Pilgrims gewesen.

Von Seite der abendländischen Kirche wurde das Christenthum erstlich durch Wolfgang, dann durch Pilgrim bei den Magyaren ver-breitet. Es existirt auch eine Bulle Papst Benedict VII., welche die Bitte Pilgrim's vom Jahre 974 erfüllt, indem sie erklärt, dass die Lor-cher Erzdiöcese älter sei als die Salzburger, folglich das Recht der Metropolie zu Lorch sich wie ehedem über ganz Avarien und Mähren (Moravien) erstrecke; Pilgrim aber sei päpstlicher Vicar sowohl in Avarien, Mähren, Unter-Pannonien und Mösien, wie auch bei den an-grenzenden Slaven. Es ist ferner eine Urkunde Kaiser Otto II. vom Jahre 977 vorhanden, worin dieser den Pilgrim als Erzbischof von Lorch «inthronisirt» und ebenso hat man bei uns ein Siegel (Petschaft) gefunden, welches angeblich Anno, Bischof von Vetvár, geführt haben solle, wodurch also die Bulle des Papstes Eugen II. vom Jahre 826 und damit die Wiederherstellung des Lorcher Erzbisthums gerecht-fertigt worden wäre. Allein auch alle diese Beweisstücke sind unecht. 344 Denn Papst Benedict ernannte eben gegen Pilgrim den Salzburger Erz-bischof Friedrich zu seinem Vicar in ganz Noricum, Ober- und Unter-Pannonien und droht Jedem mit Amtsentsetzung, der ohne Einwilligung seiner Diöcese und Suffragane das Pallium oder andere erzbischöfliche Privilegien vom Papste erbitten würde. 345 Gleich der päpstlichen Bulle hatte Pilgrim auch die Urkunde Otto II. erdichtet; das Siegel aber, wenn es vorhanden ist, kann auch das Werk einer späteren Fälschung sein, um so mehr, als selbst von bestehenden Bisthümern vor dem 11. Jahrhundert keine Siegel vorfindlich sind und dieses Siegel des Anno, des angeblich *ersten und letzten Bischofs von Vetvár*, wäre erhalten geblieben?

Es ist nicht bekannt, ob dieses Vorgehen Pilgrim's den Zorn der Magyaren erregt habe, wie man denn nur schwer annehmen kann, dass Geisa von dessen Fälschungen überhaupt Kunde besessen haben sollte: gewiss ist aber, dass die Magyaren die Besitzungen des Bischofs verwüsteten und seine Missionsthätigkeit unter ihnen aufhörte. An seiner Stelle wurde das Werk von dem Prager Bischof Adalbert und dessen Freund Radla, mit seinem Mönchsnamen Anastasius oder Astricus, fortgesetzt. Adalbert taufte Geisa und dessen Familie, also auch seinen Sohn Waik, der in der Taufe den Namen Stefan empfing.

§ 47.

Gleichwie das neue Ungarnland, nämlich das alte Unter- und Ober-Pannonien, früher in kirchlicher Beziehung zur Salzburger und Passauer Diöcese gehörte: ebenso hatte der Bischof von Regensburg seine kirchliche Jurisdiction über Böhmen ausgedehnt und gleichwie die bayrischen Bischöfe die Losreissung der Mährer nicht dulden wollten: ebenso weigerte sich jetzt der Regensburger Bischof, Michael, zuzugestehen, dass Böhmen seinen eigenen Bischof erhalten solle. Erst nach Michael's Tode † 972 gab endlich der neue Bischof Wolfgang, der erste christliche Glaubensbote bei den Magyaren, trotz dem Widerstande seines Capitels seine Einwilligung zur Errichtung des Prager Bisthums. Sowohl der Bischof als der böhmische Herzog Boleslaw begaben sich dieserhalb im Jahre 973 zum Kaiser und auf diese Weise wurde das Bisthum gestiftet; allein man ordnete dasselbe nicht der Salzburger sondern der Mainzer Erzdiöcese unter. Indess ob es dieser oder jener Metropolie unterstellt worden wäre — in jedem Falle kam das böhmische Bisthum an die deutsche Kirche. — Der erste Prager Bischof wurde der Sachse Dietmar und nach seinem Tode 982 der Čeche Adalbert, der mit Radla schon im Jahre 984 Geisa in Gran besuchte. [346] Wann er die Familie des Grossfürsten getauft, ist nicht bekannt. Nach Geisa's Tode folgte ihm sein Sohn in der Herrschaft; dessen Gemahlin war Gisela, die Tochter Herzog Heinrich III. oder des Zänkers von Bayern. Stefan wurde im Jahre 1000 oder 1003 zum Könige gekrönt und ordnete nun frei und unabhängig von der Kirche Deutschlands die Kirche seines Landes. Dies mag demjenigen auffällig erscheinen, der den Nationalitätsstreit unserer Tage in das Ende des 10. oder in den Anfang des 11. Jahrhunderts verlegen wollte, was jedenfalls unstatthaft ist. Das Prager Bisthum wurde allerdings einer deutschen Metropolie untergeordnet, allein gerade dieser Umstand, dass Stefan sich um die deutsche Kirche nicht bekümmerte, beweist, dass sowohl der deutsche Kaiser als Papst Sylvester II. Ungarn unter ganz verschiedenen Gesichtspunkten betrachteten als Böh-

men. Es genügte, das «wilde» Magyarenvolk dem Christenthume zu
gewinnen. Eine gleiche kirchliche Unabhängigkeit trat im Jahre 1000
auch in Polen ein, als Kaiser Otto III. zum Grabe Adalberts nach
Gnesen pilgerte und darein willigte, dass Boleslaw Chrabry das Erzbisthum Gnesen und die Bisthümer Kolberg, Krakau und Breslau unabhängig von der deutschen Kirche stifte. Boleslaw erhielt aber erst
später (1024) vom Papste die Königskrone. Was in Polen geschah,
obwohl dieses Land im Jahre 963 unter Otto I. in ein Lehensverhältniss
zu Deutschland gelangt war: warum sollte das in Ungarn nicht geschehen, in Ungarn, das niemals in einem Lehensverbande mit Deutschland gestanden war?

Stefan fand bei seinem Volke nicht überall Bereitwilligkeit zur
Annahme des christlichen Glaubens und des Königthums, wodurch die
Rechte der Stammesfürsten beschränkt, die Gebräuche des Volkes verändert wurden. Den Sümegher Kuppa (oder Kuppan), den Csanáder
Ahtum, ja nach den Legenden seinen eigenen Oheim Gyula musste er
mit Waffengewalt bezwingen, wobei dem Könige grossentheils die deutschen Ritter behilflich waren. Diese sowie die christlichen Priester,
mögen sie Deutsche oder Italiener (wie der h. Gerhard) oder Böhmen
(wie Astricus) gewesen sein, bildeten die Hauptstützen des neuen Königthums und der neuen christlichen Kirche in Ungarn. [347]

Die kirchlichen Stiftungen Stefan's treten namentlich in jenen
Theilen des Landes hervor, in denen das Christenthum und damit die
gesellschaftliche Ordnung schon vor der Ankunft der Magyaren einige
Wurzel geschlagen hatte.

*Zur Zeit der fränkisch-deutschen Herrschaft fanden wir in den
Theilen jenseits der Donau deutsche und slavische Kirchengemeinden.
Nach Moorburg (Mosapurk 348) zu urtheilen, mochte die Bevölkerung der
Städte und Burgen deutschen, die der Dörfer slavischen Stammes gewesen sein, obgleich die meisten bekannten Ortsnamen deutsch waren. Die
Niederlassung der Magyaren veränderte die ethnographische Situation
dieser Landestheile. Die früheren Ortsnamen verschwanden, die slavische
Bevölkerung blieb, aber verschmolz mit den Magyaren; dasselbe Schick-
sal erlitten wohl auch jene Deutschen, welche sich mit ihren Priestern
nicht geflüchtet hatten. Das kann man insbesondere von der Bevölkerung
im Innern des Landes annehmen; an der Grenze hingegen, in der Nähe
des aufkeimenden Oesterreich, wo die deutsche Bevölkerung bereits die
Slaven zu absorbiren begann, und also auch das Deutschthum in der
Nachbarschaft zu stützen vermochte, erhielt sich auch in Ungarn das
deutsche Element. Darauf weist unter anderem das Misenburg des
Nibelungenliedes hin, wo Etzel und Kriemhild die Schiffe bestiegen, um
nach Etzelnburg (Gran?) zu fahren. Das deutschnamige Misenburg bestand schon zur Zeit Geisa's; deshalb kam es in die von Pilgrim gesam-
melten Sagen (s. o. S. 198); seine historische Existenz bezeugt eine
Urkunde 100 Jahre später; in dieser kommt auch meines Wissens der
Name „Fertö" (magyar. Benennung des Neusiedlersees) zum ersten
Male vor. 349 Neue Ortsnamen sind also: M i s e n b u r g, wahrscheinlich
das heutige „Wieselburg", mit deutscher Bevölkerung; F e r t ö, welcher*

Name von der magyarischen Einwohnerschaft herstammt; Esztergom (Gran), Geisa's Wohnsitz. Dieser Name ist ein Compositum: „Eszter-gam" oder „Eszter-gom", gleichwie „Eszter-házar", „Eszter-gár", „Eszter-gál", „Eszter-ág" alles Ortsnamen von jenseits der Donau. Ausser Eszter-gam sind noch Beszprém (Weszprím), Fejérvár (Alba, Stuhlweis-senburg) solche Namen, welche zur Zeit der fränkisch-deutschen Herr-schaft nicht vorhanden waren, die also nach der Niederlassung der Magyaren entstanden sein mussten. Sowohl die Legenden als auch die ältesten historischen Quellen halten dafür, dass schon der Grossfürst Geisa den Bau der Abtei auf dem Martinsberge begonnen, Stefan ihn nur beendigt habe. Die von kirchlichen Heiligen entlehnten Ortsnamen beweisen gar nichts in Bezug auf die Sprache der Bevölkerung: denn alle christlichen Völker haben diese Heiligen angenommen. Aber Fejér-vár, Bakon-bél, Pécs-várad u. a. sind ungarische Ortsnamen; die beiden letztgenannten Benedictiner-Abteien leiten ihre Stiftung bis auf König Stefan den Heiligen zurück.

Die Legenden berichten, dass Stefan das Land in zehn Bisthü-mer getheilt und das Graner zur Metropolie bestimmt habe. [35] Allein obgleich die Volksmeinung dieses schon zu König Koloman's Zeiten (1095—1114) glaubte (Hartwig schrieb damals seine Legende des h. Stefan), so fällt es doch schwer, diese Ansicht historisch zu bewei-sen. Gleichwie in der gesammten Christenheit das Bestreben wahr-nehmbar ist, die betreffenden Kirchen auf eine Stiftung oder Grün-dung durch die Apostel zurückzuführen und man selbst Documente fälschte, um diesen apostolischen Ursprung belegen zu können: ebenso suchten und fanden in Ungarn die Bisthümer und Abteien darin ihre besondere Würde und ein ausnehmendes Verdienst, wenn sie es glaubhaft machen konnten, dass sie durch den heiligen König Stefan gestiftet worden seien. Gewiss ist nur, dass die kirchlichen Stiftungen Stefan's vor Allem jenseits der Donau hervortreten; diesbezüglich ist jedoch das Kalocsaer, insbesondere aber das Csanáder Bisthum eine Ausnahme. Auch die Nachfolger des h. Stefan bis zu König Ladislaus d. H. wen-deten ihre Aufmerksamkeit bei geistlichen Gründungen hauptsächlich den Theilen jenseits der Donau zu. So stiftete Andreas I. die Abtei Tihany, Béla I. die zu Szegszárd. Die Kirchen aus der fränkisch-deut-schen Periode erstehen nicht wieder; wenigstens nicht unter ihrem alten Namen; nur allein die Abtei zu Szalavár und das Fünfkirchner Bisthum erneuern das Andenken an die Kirchen jenseits der Donau vor der Magyarenzeit. Stefan der Heilige stiftete nämlich im Jahre 1010 zu Ehren des h. Hadrian das Kloster zu Szalavár und obgleich in der Urkunde darin keine Erwähnung geschieht, dass daselbst schon früher (siehe oben S. 120) eine Abtei des h. Hadrian bestand, [35] so waren wahrscheinlich die Spuren oder Ruinen dieser Abtei noch vorhanden. Das Fünfkirchner Bisthum, welches den Namen «Quinque Ecclesiae» (siehe oben S. 113 und 115) wieder auffrischte, soll Stefan schon im Jahre 1009 gestiftet haben. [35] Allein das Neitraer Bisthum diesseits

der Donau wurde zur Zeit Stefan d. H. nicht erneuert, sondern weit
später, vielleicht auch unter Koloman noch nicht, sondern höchstens unter
König Geisa II. (1141—1161.)[353] Die Abtei auf dem Berge Zobor soll
bereits vor Stefan d. H. in der Gegend von Neitra bestanden haben;
denn darin wohnte der h. Zoerardus oder Andreas, den Maurus, der
erste Bischof von Fünfkirchen, noch als Knaben kannte.[354]

Nach den Legenden machte Stefan auch im Auslande Stiftungen,
namentlich in Rom, Jerusalem und selbst in Constantinopel, wo er eine
Kirche erbaut haben soll. Hier bestand, wie wir sehen werden, ein
lateinisches Kloster; die von Stefan erbaute Kirche würde also zu diesem
Kloster gehört haben.

Uebrigens lebte zur Zeit Stefan d. H. sicherlich noch nicht jene
Abneigung oder jener Hass zwischen der morgen- und abendländischen
Kirche, wie solches nach der gänzlichen Trennung (im Jahre 1054, ins-
besonders aber in der Zeit der Kreuzzüge der Fall war. Stefan erbaute im
Jahre 1011 für griechische Nonnen ein Kloster im «Weszprimer Thale»
und bedachte dasselbe in dem griechisch abgefassten Stiftungsbriefe
mit reichen Schenkungen.[355] Man könnte annehmen, dass die Existenz
dieser griechischen Nonnen eine Folge der Missionsthätigkeit des
Hierotheus gewesen sei; allein ein anderes historisches Ereigniss bezeugt
das Gegentheil.

*Die Legende des h. Gerhard erzählt, dass Ahtum als Anhänger
der griechischen Kirche in seiner Stadt Maros (in urbe Morisena) zu
Ehren des h. Johannes Baptista ein Kloster erbaut und in dasselbe aus
Widdin einen Abt und griechische Mönche gebracht hatte. Als der Krieg
zwischen König Stefan und Ahtum ausbrach und der letztere besiegt
wurde, liess der Heerführer des Königs die in der Schlacht Gefallenen
im Friedhofe des griechischen Klosters bestatten, denn, so sagt die Legende,
„dort gab es damals noch kein anderes Kloster"; die griechischen Mönche
aber, denen ein Drittheil der Stadt gehörte, beliess er in ihrem frühern
Zustande. Als sodann im Jahre 1030 König Stefan das Bisthum Csanád
gründete, versetzte er die griechischen Mönche mit ihrem Abte nach
Oroszlámos.[356] Daraus geht nicht blos hervor, dass der König die orientalische Kirche duldete, sondern auch, dass die Gläubigen dieser Kirche
nicht aus Siebenbürgen, wo man sich das Bisthum des Hierotheus denkt,[357]
sondern von jenseits der Donau, aus Bulgarien, hierher gekommen waren. Die Legende des heiligen Gerhard ist zwar ziemlich lange nach der
Zeit Stefan des Heiligen verfasst worden; allein dennoch erkennt man
in derselben die Züge jener Tage. Ahtum wagte es, von dem auf der Maros verfrachteten Salze des Königs einen Zoll zu erheben (s. o. S. 125),
er kannte also Siebenbürgen und die Siebenbürger, oder wenigstens die
siebenbürgischen Salzverfrachter kannten ihn. Wenn dort in Siebenbürgen Anhänger der griechischen Kirche, ein griechischer Bischof und
griechische Priester gewesen wären, so hätte sie der an der Maros wohnende Ahtum gewiss nicht übersehen und nicht erst aus Widdin Priester
und Mönche kommen lassen.*

Der Eifer Stefan's für das Christenthum offenbart sich nicht blos
in seinen kirchlichen Stiftungen, sondern auch in seinen Gesetzen.

Je zehn Dörfer mussten eine Kirche erbauen und diese mit zwei
Wohnhäusern, zwei Knechten, zwei Pferden, sechs Ochsen, zwei Kühen
und dreissig Schafen oder Schweinen (minutis bestiis) versehen; der
geistliche Stand wurde zum ersten Reichsstand erhoben, der kirchliche
Zehent unnachsichtlich eingefordert [358] und die Feier der Sonn- und
Festtage streng anbefohlen. Die Verfassung der christlichen Kirche
veränderte natürlich auch die politische Constitution des Landes. Der
zum König erhobene Grossfürst, welcher das Recht besass, Bisthümer
nach Belieben zu stiften und die Bischöfe zu ernennen, die er zu den
obersten Ständen des neuen Königreiches gesetzt hatte: dieser König
konnte keine andere unabhängige, politische Macht neben sich dulden.
Stefan beseitigte also die frühere Eintheilung des Landes, welche wahrscheinlich nach den angesiedelten Stämmen geschehen war, und ordnete die Comitate gemäss den darin befindlichen Burgen, deren Befehlshaber Vögte er selbst ernannte. Seinen Hof und die Reichswürden
organisirte er nach dem Muster des deutschen Hofes und Reiches.

Die Gegner der neuen politischen Constitution wendeten sich
natürlich auch gegen das Christenthum und die kirchlichen Institutionen: denn diese waren ja Ausgangspunkt und Veranlassung jener.
Eine derartige Reaction brach nach dem Tode Stefan's (1038, in den
Jahren von 1049—1061 und öfters herein. Die neue christliche Societät konnte erst unter Ladislaus I. (1077—1095) festen Stand fassen;
dieser König erhob zugleich das ungarische Königreich zum ersten im
östlichen Europa.

§ 48.

Den ursprünglichen oder heidnischen religiösen Glauben der Magyaren können wir noch aus den vorhandenen Resten in der Sprache
erkennen; sodann zur Zeit der Reaction dieses Heidenthums aus den
Gesetzen, welche die Ceremonien des wieder auflebenden heidnischen
Glaubens verbieten. Die in der Sprache aufbewahrten Reste (siehe
oben S. 158 ff.) bezeugen, dass die magyarische Religion, gleich allen
Naturreligionen, polytheistisch war und demnach mehrere Götter ver-
ehrte. Den «vim» («vim-áldani»), den «ukko» (ukkon-pohár), den «elev»
und den «isten»: letzterer wurde schliesslich der alleinherrschende:
denn das Wort «isten» (= Gott) stammt noch aus dem Heidenthume.
Die heidnische Religion der Magyaren hatte auch ihre furchtbaren
Götter; von einem derselben blieb die Spur in magyarischen Redensarten: «egye meg az íz» («der ,íz' möge es verzehren»), «az íze» (der
unbekannte, unbenannte — Gott —), «ízélni» (des Unbekannten öfters
erwähnen); im Finnischen ist «hite — íz» = Teufel. Die andere Spur

einer schreckhaften Gottheit der Magyaren ist «urdung», jetzt «ördög»,
d. i. Teufel, der ebenso herrschend wurde wie «Isten». Man kann
demnach im Gegensatze zum Zeugnisse der Sprachdenkmäler nicht
mehr behaupten, dass die Urreligion der Magyaren ein *Monotheismus*
gewesen sei; einen solchen gab es überhaupt in keiner natürlichen
Religion, kann es nicht geben. Jene Urreligion der alten Magyaren
hatte auch ihre Götzenbilder, obwohl meines Wissens die magyarische
Archäologie kein einziges derselben aufzuweisen vermag. Allein ihre
Existenz wird zweifellos bezeugt durch das Wort «egyház» (Kirche).
Die heidnischen Magyaren bewahrten darnach die Gegenstände ihrer
religiösen Verehrung nicht blos in Hainen, unter freiem Himmel, sondern auch in Gebäuden; denn sie hatten «heilige Häuser» («egyház»
= heil. Haus, Kirche), Tempel. Ihre Opfer pflegten sie übrigens auch
an Brunnen und Quellen, bei Bäumen und Steinen zu bringen; es gab
also heilige Brunnen und Quellen, heilige Bäume und Steine. [359] Die
heidnische Gottesverehrung bezeugen in der Sprache noch die Ausdrücke «áldani» (segnen), «áldozni» (opfern), «áldomás» (Opfertrank,
Segens- oder Kauftrunk), «böjt» (Faste), «böjteni» (fasten), denn auch
diese beiden letzten sind alten Ursprunges. [360] Der Naturcultus belebt
die Phantasie ungemein und verschmilzt mit den Sitten; darum kann
ein Volk demselben nur schwer entzogen werden. Die christliche Religion selbst musste sich allmälig den alten heidnischen Gebräuchen
zuneigen. Doch bei ihrem ersten Auftreten verletzte die christliche Religion die Magyaren ohne Frage ebenso wie alle heidnischen Völker;
ja sie verletzte jene um so mehr, weil sich mit ihr das Königthum
verband und daraus den grössten Nutzen und Einfluss zog. Die Bischöfe
und Aebte wurden zum ersten Reichsstand erhoben; die Häupter der
Stämme und Geschlechter konnten also nicht mehr des Fürsten erste
«jó-bágyai» (d. i. «guten Vettern», Freunde und Rathgeber) sein. Wurden dadurch die alten Magnaten beleidigt, so reizte die Zehent-Ent-
richtung fortwährend das Volk. Nach Stefan's Tod konnte die Regierung Peter's und Aba's oder Samuel's diese Gereiztheit nicht beseitigen,
ja diese wurde sogar noch gesteigert. Die einzelnen Menschen sind
sehr geneigt, ihre besonderen Uebel einer allgemeinen, gemeinsamen
Ursache zuzuschreiben; die unzufriedenen Magyaren fanden damals in
dem Christenthume die Ursache alles Unglückes. Als sie im Jahre 1046
die Sprossen der Árpáden, Andreas und dessen Verwandte, zurückberie-
fen, da war der Wunsch und die Hoffnung natürlich, dass diese jene
vermeintliche Quelle alles Unglückes beseitigen sollten. Und dieser
Wunsch, diese Hoffnung gestaltete sich bald zur dringlichen For-
derung.

„Nachdem Andreas und Levente in Ungarn angekommen waren, versammelte sich eine grosse Menge der Magyaren in Pest und von teuflischer Begierde getrieben verlangten diese von den Fürsten, dass das Volk wieder nach heidnischer Art leben dürfe, dass die Bischöfe und Priester getödtet, die Kirchen niedergerissen werden sollten, widrigenfalls würden sie die Waffen für Andreas nicht ergreifen. Vata ergab sich auch sogleich der Sünde, indem er sein Haupt nach heidnischer Sitte scheeren liess; dies thaten auch mehrere Andere, brachten den bösen Geistern (daemonibus) Opfer, begannen Pferdefleisch zu essen, die Bischöfe und Priester zu tödten, die Kirchen niederzureissen und liessen durch Herolde verkünden, dass man nach dem offenen Befehle des Andreas und Levente das Christenthum ausrotten könne." [361]

Diese Wiedererstehung des Heidenthums verschwand augenscheinlich nicht so schnell und leicht, wie es die weit später verfasste Legende des h. Gerhard und die Chroniken erzählen. Gewiss ist, dass selbst Béla Antheil hatte an den Concessionen, welche auch die alten Besitzverhältnisse, wenigstens in Bezug auf die Leibeigenen, wieder herstellten. Die glaubwürdigsten Zeugnisse sind in dieser Beziehung die Gesetze des h. Ladislaus (1077—1091) und Koloman (1095—1114). Insbesondere wichtig ist jene Verordnung des h. Ladislaus, aus welcher wir erfahren, dass zur Zeit des «Königs Andreas und des Herzogs Béla» (tempore regis Andreae et ducis Belae) die alte richterliche Würde des *Karchas* wieder erstanden war und die Verfügungen dieses Richters bis in die Zeit des h. Ladislaus fortbestanden hatten (vgl. o. S. 143).[362] Es scheint demnach historisch begründet zu sein, dass das Wiederaufflackern des magyarischen Heidenthums von 1046—1077 das ungarische Christenthum beunruhigte.

Im Laufe dieser Zeit wurde der Bruch zwischen der abend- und morgenländischen Kirche vollständig. Je mächtiger der römische Papst geworden war, desto entschiedener wies die orientalische Kirche seine Ansprüche zurück; nur die Hoffnung der byzantinischen Kaiser, dass sie von den abendländischen Völkern Hilfe gegen die Mohammedaner erhalten werden, verzögerte den endlichen vollständigen Bruch.

Aber im Jahre 1053 erliess Michael Cerularius, Patriarch von Constantinopel, und Leo, bulgarischer Erzbischof in Ochrida, eine Epistel an Johann, Bischof von Trani in Apulien, in welcher sie den schon im Rundschreiben Photius vorgebrachten Ketzereien noch eine neue hinzufügten, dass nämlich die occidentalische Kirche bei der Communion sich des ungesäuerten Brodes bediene, was eine jüdische Ketzerei sei. Das wahre Brod werde durch die Wärme des Sauerteigs und durch das Salz belebt; das ungesäuerte Brod sei gleich dem Steine oder wie getrockneter Koth. Wer also die samstägige Faste und das ungesäuerte Brod behalte, sei weder Jude noch Christ, sondern bunt gefleckt wie die Leoparden. „Dass Ihr dieses nicht sehet", so spricht der Brief zu den abendländischen Bischöfen, „und Ihr Euch selbst und Eure Völker nicht bessert!" Sie (die Briefschreiber) bitten daher den Bischof von Trani, er möge ihr Schreiben an die Bischöfe senden und sie veranlassen, sich zu bekehren und die Ketzereien zu verlassen. [363]

Kaiser Constantin X. (Monomachus, von 1042—1054) wollte um
jeden Preis den Bruch verhindern und bat deshalb beim Papste Leo IX.
um Nachsicht; allein die Forderungen der römischen Legaten [364] sowie
die Unbeugsamkeit des Cerularius vereitelten die Aussöhnung. Die
Legaten sprachen am 15. Juli 1054 in der Sophienkirche zu Constantinopel über die orientalische Kirche den Bannfluch aus, welchen Cerularius mit einem gleichen Bannfluche erwiderte. Nachdem die östlichen
Patriarchen sich ihm anschlossen, so trennte sich die orientalische
Kirche auf immer von der occidentalischen. Diese, die abendländische
Kirche, nennt diese Trennung «Schisma» und die Anhänger der morgenländischen Kirche «Schismatiker»; diese Kirche aber hält sich für
die «orthodoxe», d. i. die rechtgläubige, christliche Kirche. Die defi-
nitive Trennung zwischen den beiden Kirchen erfolgte also im Jahre 1054,
im achten Jahre der Regierung des ungarischen Königs Andreas.

In Ungarn scheint diese Trennung anfänglich keinen besonders grossen Einfluss geübt zu haben; wenigstens stiftete Andreas im J. 1055 die
Abtei Tihany und zu derselben Zeit oder früher zu Sanct André bei
Visegrád auch ein griechisches Kloster. Nichtsdestoweniger empfand
man auch hier den Unterschied zwischen den zwei Kirchen. Schon der
heilige Stefan befahl die samstägige Faste, welche, wie er sagt, «in
der ganzen Christenheit» gehalten werde; damit konnte er nur die
abendländische Kirche gemeint haben. [365] Noch deutlicher wurde die
Zugehörigkeit zu dieser Kirche unter dem heiligen Ladislaus; denn
dieser befahl: «Wer sich dem magyarischen Brauche nicht anschliesse
und am Dienstag und Mittwoch Fleisch esse, obgleich die Magyaren
die Enthaltung vom Fleische beobachten, weil er unseren besseren
Gebrauch nicht annehmen könne; der kann von hinnen gehen, wohin
es ihm beliebt, nur muss er das hier erworbene Geld zurücklassen,
wenn er sich nicht bekehrt und mit uns die Enthaltung vom Fleische
beobachtet.» [366] Darin ist also schon ein Zwang zur Beobachtung des
römischen Fastengebotes ausgesprochen. In Bezug auf die Priester-
Ehe war jedoch die ungarische Kirche nachsichtiger, wie' dies das
Gesetz Königs Ladislaus I. und die Beschlüsse der Graner Synode
unter König Koloman beweisen. [367]

Die Nachwirkungen der heidnischen Empörung dauerten, wie wir
gesehen haben, bis in die Zeit Ladislaus des Heiligen. Die aus Empörung niedergerissenen oder niedergebrannten Kirchen mussten durch
die kirchlichen Gemeinden wieder aufgebaut und auf Kosten des Königs
mit Messgewändern und Kelchen versehen werden, die Bücher aber
solle der Bischof geben; also spricht Ladislaus' Gesetz (Decret I., 7).
Die heidnischen Gebräuche und Ceremonien tauchen selbst zu Koloman's Zeiten wiederholt auf; denn auch die erwähnte Graner Synode

sah sich genöthigt zu erklären, dass Niemand wagen solle, heidnische
Gebräuche zu verrichten; wer das thue, hat, wenn er ein Vornehmer
ist, eilf Tage strenge Kirchenbusse zu üben; ist es ein Gemeiner, so
dauert diese Busse nur sieben Tage, wird jedoch mit körperlicher
Strafe verbunden. [368]

Man kann überhaupt Ladislaus I. als den Wiederhersteller des
Christenthums und Befestiger des Königthumes oder vielmehr Ungarns
selbst betrachten; ferner muss es als ein besonders günstiges Geschick
angesehen werden, dass sein Neffe Koloman ihm in allen Stücken ein
würdiger Nachfolger war. Nachdem Ladislaus den Strich zwischen
Drau und Save, das sogenannte Slavonien, dem Lande einverleibt hatte,
gründete er das Bisthum Agram im Jahre 1085 und gewann oder erhielt
dadurch die Bewohner Slavoniens, die zur orientalischen Kirche hin-
neigten, der abendländischen Kirche. [369] Er war es auch, der Siebenbürgen enger mit Ungarn verband, indem er auch dort ein Bisthum
errichtete. Es ist schade, dass man von dieser Errichtung keine glaub-
würdigen Urkunden besitzt, welche Zeit und Umstände der Gründung
bekannt geben; für die Ethnographie Siebenbürgens wäre dies von
unschätzbarem Werthe. Man schreibt die Errichtung des siebenbürgischen Bisthums gewöhnlich Stefan dem Heiligen zu, was jedoch sehr
zweifelhaft erscheint. Vielmehr zeugt der Umstand, dass Ladislaus der
Kirchenpatron Siebenbürgens ist, dafür, dass er der Stifter des siebenbürgischen Bisthums, also auch der erste Ordner Siebenbürgens in
politischer Hinsicht gewesen. Denn die politische Organisation ging
damals mit der kirchlichen stets vereint. Wenn wirklich König Stefan
der Heilige das siebenbürgische Bisthum gestiftet, aus welchem Grunde
wurde nicht er, sondern Ladislaus der Patron Siebenbürgens? Ladislaus
vertheidigte im Jahre 1089 Siebenbürgen gegen die Kumanen, sicherte
also das Land, versah es auch mit einem Bisthum; darum wurde er
auch dessen Kirchenpatron. Ich weiss nicht, ob ich irre, wenn ich
behaupte, dass auch der magyarische Name Siebenbürgens «Erdély»
(«Hinter dem Walde») erst unter der Regierung Ladislaus' und nach derselben in Aufnahme gekommen ist. Zur Zeit Stefan des Heiligen nannte
man diesen Theil «Schwarz-Ungarn», welchem Namen wir öfters begegnen. [370] «Schwarz» und «weiss» haben bei Orts- und Ländernamen eine
besondere Bedeutung; der letztere Ausdruck bezeichnet die Herrschaft,
den Vorrang, der erstere die unterworfene Stellung, die Unterthan-
schaft. Solange Siebenbürgen «Schwarz-Ungarn» hiess, konnte es auch
kein «Gyula-*Fejér*-vár», d. i. Gyula-*Weissen*-burg» (heute: «Carlsburg»)
geben.

§ 49.

In Ungarn lebten schon unter den ersten árpádischen Königen nicht blos Christen, sondern auch *Mohamedaner* und *Juden*. Von den Juden wird an anderer Stelle besonders die Rede sein; dieser Volksstamm ist bis heute im Lande vorhanden und hat daselbst eine grosse Bedeutung; von den Mohamedanern müssen wir aber schon hier sprechen; denn diese sind heute als erheblicher Bruchtheil der Bevölkerung im Lande nicht mehr vorfindlich.

Die Mohamedaner wurden «Ismaeliten» genannt; von ihnen geschieht unter Ladislaus I. die erste Erwähnung; es waren Kaufleute, die man zum Christenthume bekehren wollte. Denn Artikel IX des Ladislaus'schen Gesetzes vom Jahre 1092 lautet also: «Die Kaufleute, welche Ismaeliten genannt werden, sind, wenn sie nach der Taufe zu ihren alten Gebräuchen zurückkehren, aus ihren Wohnorten zu entfernen und in andere Dörfer zu übersiedeln; diejenigen aber, welche das Gericht nicht schuldig findet, können in ihren eigenen Wohnorten verbleiben.» Es ist schwer zu erkennen, was das Gesetz mit dieser Uebersiedelung beabsichtigte und was für Strafe darin gelegen war: allein deutlich ist, dass man die Ismaeliten bekehren wollte. Dasselbe beabsichtigen auch die Anordnungen Koloman's, aus denen eine noch grössere Intoleranz hervorgeht. «Wenn ein Ismaelite ertappt wird, dass er zur Fastenzeit Fleisch isst, sei dieses auch Schweinefleisch, oder dass er sich nach ismaelitischer Sitte wäscht oder andersartige ismaelitische Gebräuche ausübt, so ist derselbe zum Könige zu senden; der Ankläger bekommt aber aus dem Vermögen des Geklagten seinen Lohn.» — «Wir befehlen, dass jedes ismaelitische Dorf eine Kirche erbaue und diese mit dem Erforderlichen versehe. Sobald jedoch die Kirche erbaut ist, soll die Hälfte der Bewohner des ismaelitischen Dorfes auswandern und sich an einem andern Orte niederlassen, die andere Hälfte aber verbleibe mit uns in einerlei Sitten in derselben Kirche Christi.» [37] Auch hier ist der Zweck der Uebersiedelung dunkel: jedenfalls wollte man mit derselben strafen; die Bekehrung wird übrigens auch schon durch Gewalt erzwungen. «Der Ismaelite wage es nicht, seine Tochter einem seiner Stammesgenossen zum Weibe zu geben, sondern nur einem Solchen, der aus unserem (d. i. magyarischen) Stamme ist.» «Wenn ein Ismaelite Gäste erhält oder er Jemanden zu Gaste ladet; so dürfen sie nichts Anderes als Schweinefleisch essen.» Nachdem der Ankläger belohnt wurde, kann man sich denken, welchen Plackereien die Ismaeliten ausgesetzt waren.

Welchem Volksstamme gehörten diese Ismaeliten an? Wir wissen, dass die Magyaren in einem ihrer früheren Wohnsitze den wolgaischen

Bulgaren benachbart gewesen (siehe oben S. 131) und dass diese Bulgaren den mohamedanischen Glauben hatten; auch daran sei erinnert,
dass die Magyaren ebenfalls vordem Nachbarn der Chazaren gewesen,
ja dass in diesem ihrem früheren Wohnsitze ein Stamm der Chazaren,
die Kabaren, sich mit ihnen vereinigt hatte. Die Chazaren bekannten
sich jedoch theils zur jüdischen, theils zur mohamedanischen Religion.
Demzufolge ist es sehr wahrscheinlich, dass die Mohamedaner oder
Ismaeliten aus der Zeit Ladislaus' und Koloman's theils Bulgaren,
theils Chazaren gewesen sind; aus den citirten Gesetzen ist zugleich
ersichtlich, dass einige dieser Mohamedaner Handel trieben, andere
dagegen in den ismaelitischen Dörfern den Ackerbau pflegten.

Der Zweck dieser Gesetze, nämlich die Bekehrung der Ismaeliten,
wurde nicht erreicht. Nach hundert und mehr Jahren treffen wir sie
noch in Ungarn theils als Handelsleute, theils als Ackerbauer und die
ungarischen Ismaeliten besuchen die Lehranstalten ihrer Glaubensgenossen in Asien.

*Als ein arabischer Schriftsteller, Jakut,[372] sich um das Jahr
1220 in Aleppo aufhielt, „sah ich, (so erzählt er) eine grosse Schaar
Baschkiren, deren Haupthaar und Antlitz sehr braun war und die zu
dem Glaubensbekenntnisse Abu-Hanifas gehörten. Einen von ihnen redete
ich an und fragte ihn um seine Heimat und Lebensweise. Derselbe antwortete folgendermassen: Unsere Heimat ist jenseits von Constantinopel im Lande eines Volkes, welches unter den Franken wohnt und
„Hungarn“ genannt wird. Obgleich wir Moslims sind, so gehorchen wir
doch ihrem Könige. Wir wohnen an der Grenze dieses Landes in ungefähr dreissig Dörfern, von denen jedes seiner Grösse nach einer kleinen
Stadt ähnlich ist; aber der König der „Hungarn“ gestattet nicht, dass
wir dieselben mit einer Steinmauer befestigen, weil er fürchtet, wir könnten uns gegen ihn erheben. Von allen Seiten sind wir von Christen umgeben. Wir sprechen die Sprache der Magyaren, kleiden uns wie sie,
dienen in ihrem Kriegsheere und kämpfen mit ihnen gegen alle ihre
Feinde.“ Auf die Frage, wie die Baschkiren mitten unter Christen den
Islam annehmen konnten, erwiederte er: „Von mehreren unserer Alten
habe ich gehört, dass vor Zeiten sieben Moslims aus Bulgarien zu uns
gekommen seien und sich bei uns niedergelassen haben. Die belehrten uns
über das Falsche in unserer Religion und zeigten uns den geraden, wahren Weg des Islams. Durch die Gnade Gottes öffneten sich unsere Herzen dem Glauben und wir alle wurden Moslims. Wir kommen hierher,
um die Gesetze Gottes zu lernen. Sobald wir in unsere Heimat zurückkehren, empfängt man uns mit Ehren und vertraut uns die Angelegenheiten des Glaubens.“ Ich fragte ihn noch, weshalb sie nach fränkischer
Sitte ihren Bart abscheeren. Darauf gab er zur Antwort: „Jene, welche
unter uns Waffen tragen, scheeren sich den Bart und kleiden sich nach
Art der Franken; aber nicht so die übrigen.“[373]*

Der arabische Schriftsteller nennt die ungarischen Ismaeliten
«Baschkiren» und unterscheidet sie genau von den «Hungarn» oder
Magyaren. Aus jener mündlichen Tradition aber, dass sieben bulgarische Männer die ungarischen Baschkiren zum Islam bekehrt hätten,
geht hervor, dass vordem auch die Baschkiren wie die Tschuwaschen

der Herrschaft der mächtigen Wolga-Bulgaren unterthänig waren und so wie wir nach dem Zeugnisse der Sprache siehe oben S. 177, die Tschuwaschen den alten Chazaren zugetheilt haben, ebenso kann man nach dem Zeugnisse Jakut's auch die magyarischen Baschkiren demselben Volke anreihen und sie darnach für Reste der Chazaren halten. Demzufolge waren also die ungarischen Moslims (Ismaeliten, Mohamedaner) des 13. Jahrhunderts die Nachkommen der ursprünglichen Bulgaren und Chazaren, die allmälig mit dem magyarischen Volke verschmolzen. [374] Moslemitische Kaufleute mochten gleich den Juden auch später Ungarn durchzogen und sich daselbst niedergelassen haben; aber Ackerbauer, welche ganze Dörfer oder kleine Städte erfüllten, konnten nur von älteren, massenhaften Ansiedlern herstammen.

Was der Anonymus von den bulgarischen Anführern *Bila*, *Bocsu* und *Heten* erzählt, die zur Zeit des Grossfürsten Taksony aus dem Bulgarenlande (de terra Bular) mit grossem Gefolge hierher gekommen wären und sich in Pest niedergelassen hätten; [375] so kann darin noch irgend welche Erinnerung an die wolgaischen Bulgaren verborgen liegen; allein die Nachricht des Anonymus bezieht sich offenbar auf eine neuere bulgarische Einwanderung von jenseits der südlichen Donau, welche unter Stefan dem Heiligen erfolgte, als die griechischen Kaiser die Macht der Bulgaren brachen. Vielleicht fällt auch der «Heten» des Anonymus mit jenen «sieben» (magyarisch: hét) Männern zusammen, die nach der Erzählung des ungarischen Ismaeliten in Aleppo deren Vorfahren vor Zeiten zum Islam bekehrt haben sollten. Dass jedoch der Anonymus die später von jenseits der Donau eingewanderten Bulgaren wirklich in die Zeit Taksony's versetzt, beweist deutlich deren Ansiedelungsort «Pest», das ein slavisches Wort ist und so viel als «Ziegel- oder Kalkofen» bedeutet, gleich dem deutschen «Ofen». [376] Die dort angesiedelten Bulgaren waren also slavischer Abkunft, konnten also nur von jenseits der Donau, nicht aber von dem wolgaischen Bulgarenreich hierher gekommen sein.

Nachdem die Ismaeliten theils Kaufleute, theils Ackerbauer waren, so war es leicht möglich, dass sich unter den Kaufleuten auch einzelne Mohamedaner aus anderen Volksstämmen befinden konnten. Das Capital war zu allen Zeiten beweglich und der Capitalist geht stets dahin, wo er das Meiste verdienen kann. Die genug harten Gesetze der Könige Ladislaus und Koloman waren, wie wir gesehen haben, nicht im Stande, bis zur ersten Hälfte des 13. Jahrhunderts die ackerbautreibenden Ismaeliten zu vernichten; um so weniger konnten sie den Handel und die Bereicherung der Ismaeliten verhindern. In mancher Hinsicht accomodirten sich dieselben auch den christlichen Gebräuchen; so nahmen z. B. die Ismaeliten der Nyir das Gottesurtheil des glühenden Eisens zu

Grosswardein in Anspruch.* Wie man heutzutage häufig die jüdischen Capitalisten angreift, so erhob man sich zur Zeit Andreas II. gegen die ismaelitischen und jüdischen Geldmänner.

Im Jahre 1232 leistete König Andreas im Walde Bereg behufs der Reformation des Landes einen Eidschwur, dass er in Zukunft weder einen Juden noch Ismaeliten oder Sarazenen zum Vorsteher der Kammer-, Finanz-, Salz- oder Steuerämter ernennen, noch anderen Vorstehern zur Seite geben, überhaupt irgend ein öffentliches Amt weder einem Juden noch einem Ismaeliten oder Sarazenen verleihen werde. Vielmehr verpflichtete er sich, dass diese auch durch äusserliche Abzeichen von den Christen unterschieden werden sollen. Ebenso werde er nicht dulden, dass ein Jude, Ismaelite oder Sarazene einen Christen in Dienst nehme oder in seinem Dienste behalte; um so weniger werde er die Ehe zwischen Christen und Juden, Ismaeliten oder Sarazenen gestatten. Zur Garantie der strengen Beobachtung dieser Gelöbnisse wird der König jährlich einen eifrigen christlichen Magnaten ernennen, der auf die Bitte des Bischofs, in dessen Sprengel Juden, Heiden oder Ismaeliten wohnen, daselbst Umschau halte und die christlichen Knechte und Frauen ihren Händen entreisse und die Schuldigen, welche der König überdies zur Sklaverei verurtheilen wird, mit Entziehung ihres Vermögens bestrafe.

Es war vielleicht weniger dieses königliche Gelöbniss und die darauf basirte neue Verordnung als vielmehr die in Folge des Mongolen-Einfalles veränderten Landesverhältnisse, wodurch die Existenz der Ismaeliten vernichtet wurde; denn unter Béla IV. und seinen Nachfolgern ist von ihnen keine weitere Erwähnung. Die Kaufleute verschwanden wahrscheinlich zugleich mit jener Mongolenfluth; die ackerbautreibenden Ismaeliten aber, welche nicht so leicht auswandern konnten, nahmen entweder für sich oder im Vereine mit den zugekommenen Petschenegen und Kumanen allmälig das Christenthum an und verschmolzen so mit den Magyaren wie die Kumanen.

§ 50.

Das Königthum war in Ungarn wie in allen übrigen Königreichen Europas vielen Erschütterungen ausgesetzt; dennoch wurde es unter

* Das »Regestrum de Várad« 1201 – 1235 (dessen lehrreiche Zeugenschaft für das 13. Jahrhundert wir noch andernorts kennen lernen werden), theilt das 38. Urtheil folgendermassen mit: »Die Nyirer Ismaeliten, Elias und Peter, klagen, auch auf das Zeugniss Anderer gestützt, vor dem Richter und Gespan Bank und vor dem Herold Bola die Bewohner des Dorfes Salamon, als: Johann Kosta und Miko des Diebstahls an. Diese wurden auch vom Eisen gebrannt (predicti Joannes, Kosta et Mikon combusti sunt), d. i. sie waren wirklich schuldig.« Das 41. Urtheil lautet: »Die Nyirer Ismaeliten, Elias und Pentek, klagten, auch auf das Zeugniss Anderer gestützt, vor dem Richter Bank und dem Herold Bola die Unterthanen des Dorf-Ispans Martin von Vámos (folgen 10 Namen) sowie die Unterthanen des von dem Geschlechte Mizitáez gestifteten Klosters Tapolcza (folgen 9 Namen) des Diebstahls an. Egidius und Benedict trugen für sich und Andere das Eisen und wurden freigesprochen.« — Egidius trug es nämlich für die angeklagten Bewohner von Vámos, Benedict für die von Tapolcza

den Árpáden das mächtigste in Ost-Europa. Schon Koloman (1095 bis 1114, erwarb Croatien jenseits der Save und Dalmatien, sowie einen Theil Bosniens, Rama, und nannte sich «König von Ungarn, Dalmatien, Croatien und Rama» (Hungariae, Dalmatiae, Croatiae, Ramaeque rex). Dieser Titel wurde unter Emerich (1196—1205) mit Serbien, unter Andreas II. (1205—1235) mit Galizien und Lodomerien, unter Béla IV. (1235—1270) mit Kumanien, d. i. mit der Moldau und Walachei oder dem heutigen «Rumänien», und unter Stefan V. (1270—1272) mit Bulgarien bereichert, so dass Ladislaus der Kumanier (1272—1290) sich nennen konnte: «König von *Ungarn, Dalmatien, Croatien, Rama, Serbien, Halics, Lodomerien, Kumanien* und *Bulgarien.*»[377] Der Titel bezeichnet zwar nicht immer den wirklichen Besitz, sondern oft nur einen Rechtsanspruch oder gar nur eine Erinnerung; nichtsdestoweniger kennzeichnet der obige Titel des ungarischen Königs deutlich den Umfang des Machtkreises des ungarischen Königthums und ist darum von historischer Bedeutung. Bemerkenswerth ist hierbei, dass weder Siebenbürgen noch Slavonien, d. i. das Land zwischen der Save und Drau, dessen Bischofsitz Agram war, in dem obigen Titel aufgeführt erscheinen. Daraus geht hervor, dass man zur Zeit der Árpáden diese beiden Länder durchaus nicht als blos «zugehörige» (partes adnexae), sondern als *einverleibte Theile* (partes incorporatae) des Reiches betrachtete. Auch die kirchliche Organisation Ungarns lehrt dasselbe. Nachdem der Erzbischof von Gran Primas von Ungarn wurde, unterstand ihm die gesammte ungarische Kirche, also auch der zweite Erzbischof, der von Kalocsa. Die Bischöfe von Agram und Siebenbürgen waren aber Suffragane des Kalocsaer Erzbischofs.[378]

Da Stefan der Heilige der Gründer des ungarischen Königthums gewesen, so betrachtete ihn die Nachwelt auch als den Schöpfer des politischen und socialen Rechts, auf den man sich berufen muss, so oft ein Gesetz nothwendig ist oder man den alten Rechtszustand wieder herstellen will. Schon eine Bestimmung Koloman's lautete also: «Dem Könige und der ganzen Versammlung gefiel es (zu entscheiden), dass das Besitzthum aller Klöster und Kirchen, welche der heilige König Stefan gestiftet, unverletzt bleiben soll.»[379] Eine andere Entscheidung lautet wie folgt: «Alle Besitzthümer, welche aus einer Schenkung des heiligen Stefan abstammen, gebühren, falls sie unter Erbschaft fallen, allen Nachkommen oder Erben.»[380] König Andreas II. motivirte im Jahre 1222 seine berühmte «Goldene Bulle» damit: «Weil die *von Stefan dem Heiligen geregelte Freiheit der Edeln und der anderen Einwohner des Landes* wiederholt verletzt worden, darum muss das Land reformirt werden.»[381] Unter Anderem wird darin auch bestimmt, dass die Burgunterthanen neben dem Genusse ihrer von Stefan dem Heiligen verhehenen Freiheit dienen müssen. Diese Unterthanen (jóbágyak, waren aber, wie wir sogleich sehen werden, verschieden; denn Einige waren *natürliche*, d. i. Unterthanen des heiligen Königs, oder die »Söhne der Unterthanen des heiligen Königs«, wie sie sich nannten; und diese pflegten aus ihrer Reihe alle jene Jóbágyen, denen dieses Vorrecht nicht zukam, auszuschliessen. Auch das Decret vom Jahre 1261 begannen der ungarische König Béla IV. und sein Sohn Stefan als »jüngerer König« ‚rex junior‘ und Fürst von Siebenbürgen sowie sein zweiter Sohn, der jüngere Béla, als Herzog von ganz Slavonien, in folgender Weise: »Wir geben kund, der gesammte Adel Ungarns habe uns unterthänig gebeten, dass wir Alle in jener Freiheit belassen mögen, welche Stefan der Heilige angeordnet und bestimmt hat.«[382] Ob man zur Zeit Andreas II. und Béla IV. noch eine deutliche Kenntniss hatte von dem Umfange der von Stefan dem Heiligen herstammenden Privilegien und Anordnungen, ist aus den historischen Denkmälern nicht zu ersehen. Der Clerus war allerdings stets bemüht, dafür zu sorgen, dass die ihm verliehenen Donationen und Privilegien (letztere nennt er seine »Freiheit«, »libertas« stets erneuert würden; und darin ahmte ihm auch der weltliche Adel möglichst nach; bestehen doch die historischen Denkmäler aus der Árpádenzeit grösstentheils aus Donational-Urkunden für den Clerus und Adel. Was aber hätte die Rechte der verschiedenen Stände im Reiche beschützen sollen, da doch die alte Gewohnheit und Uebung sich von Generation zu Generation langsam verändern? Nichtsdestoweniger beriefen sich auch diese Stände, und zwar nicht blos die Burgunterthanen, auf die Verfügungen Stefan des Heiligen, welche vielleicht kein Mensch gesehen hatte. Ein treffendes Beispiel hievon finden wir in jener Vereinbarung, welche die magyarischen und die rumänischen Bauern einerseits und die Adeligen und der Bischof Siebenbürgens anderseits am 6. Juli 1437 vor dem Convent zu Kolosmonostor schlossen, worin die unterzeichneten Bauern beurkunden, dass sie sich nicht aus Empörung gegen Gott und dessen Gerechtigkeit oder gegen die heilige Kirche, die heilige Krone oder gegen den Adel, sondern einzig und allein dazu verbündet hätten, damit sie ihre von den *heiligen Königen* vor langer Zeit erhaltenen Freiheiten, welche man ihnen durch viele Missbräuche entzogen hatte, wieder zurückgewinnen. In dieser Urkunde erklären sie auch, dass ihr Bündniss so lange bestehen solle, bis sie die Urkunden des *heiligen Königs Stefan oder seiner Nachkommen*, in denen ihre Freiheiten und Verfassung (libertates et statutes enthalten sind, werden aufgefunden haben.[383]

Die gefahrvollen Erschütterungen, denen das ungarische Königthum ausgesetzt war, wurden hauptsächlich durch die Unbestimmtheit der Thronerbfolge hervorgerufen. Gleich nach dem Tode Stefan des

Heiligen zeigen sich diese Bewegungen (1038—1046). Sodann konnte
Andreas I. Sohn, Salamon, seinem Vater nicht auf den Thron folgen
wegen seines Oheims Béla: auch auf Geisa I. folgte nicht dessen Sohn
Koloman, sondern sein jüngerer Bruder Ladislaus, und damit Koloman
seinem Sohne, Stefan II., den Thron sichere, liess er seinen jüngeren
Bruder, Álmos, blenden. Nach Geisa II. wiederholen sich die Zwistig-
keiten in der königlichen Familie; diese werden von einem byzantinischen Schriftsteller, Cinnamus, in folgender Weise erzählt:

„*Geisa hatte zwei Brüder, Ladislaus und Stefan* (Βλαδισθλαβος
τε και Στεφανος). *Ich weiss nicht, sagt Cinnamus, wodurch diese ihren
älteren Bruder beleidigt hatten; allein dieser hasste sie ungemein.
Nach vielem Umherschweifen wandten sich diese endlich an den Kaiser
(in Constantinopel) und flehten um dessen Schutz. Hier nahm der Eine,
Stefan, die Nichte des Kaisers, Marie, die schöne Tochter des Sebasto-
krators Isak zur Gemahlin; der andere blieb unvermählt. Als nach dem
Tode Geisas den Einen das gesetzliche Herkommen auf den Thron berief
(denn es ist bei den Magyaren Gesetz, dass die Krone im-
mer auf die lebenden Brüder übergehe), so bestrebte sich der
Kaiser, sie in ihr Vaterland zurückzuführen. Geisa hatte nämlich, unter
Missachtung des alten Gesetzes, die Herrschaft seinem
Sohne (Stefan III.) übertragen. Deshalb beraubten die Magyaren theils
aus Achtung vor jenem Gesetze, theils aus Furcht vor der Invasion des
Kaisers den Stefan, Geisas Sohn, der Herrschaft und verliehen diese
einem der Brüder, dem Ladislaus; dem andern Bruder, dem ältern
Stefan, gaben sie aber als Antheil die Würde des „Uram". Dieser
Titel pflegte bei den Magyaren den Nächsten nach dem Könige zu
bezeichnen.* [384]

Nach der Erzählung des Cinnamus überging somit bei den Magyaren die Krone nicht von dem Vater auf den Sohn, sondern vom
Bruder auf den Bruder und diese Mittheilung wird auch durch die
Geschichte bestätigt. Ein ähnliches Gesetz finden wir merkwürdiger Weise
auch bei den Petschenegen, bei denen die Stammeswürden nicht auf
die Söhne, sondern auf deren Oheime übergehen (siehe oben S. 138).
Diese Erbfolge-Ordnung bestand also nicht blos bei den Magyaren,
sondern auch bei ihnen verwandten Volksstämmen. Den Nachrichten
des Cinnamus entnehmen wir auch, dass dem jüngeren Bruder des
Königs der Titel oder die Würde des «Uram» (= «mein Herr») gebührte,
welche Mittheilung schon deshalb bemerkenswerth ist, weil hier ein
griechischer Schriftsteller die magyarische Benennung beibehalten hatte,
die wir sonst in den einheimischen ungarischen Chroniken vergebens
suchen. — Auffällig ist das Zusammentreffen dieses «Uram» mit dem
französischen «Monsieur», welch letzteres, wenigstens bei den Bour-
bonen, ebenfalls der Titel des jüngeren Bruders des Königs war:
dieses Zusammentreffen ist auffällig, weil von einer Entlehnung hier
schwer die Rede sein kann. — Dieser Titel «Uram» ist nahezu die
einzige unter den wenigen ursprünglich magyarischen Würdenbenen-
nungen, die wir verstehen. Das bei Ibn Dasta vorkommende «Kende»

(siehe oben S. 131, welches im neunten Jahrhunderte die oberste Würde bei den Magyaren bezeichnet haben soll; ferner der «Gylas» (Gyula', den wir bei demselben Schriftsteller und bei Kaiser Constantin finden; endlich der «Karchas», der gleichfalls bei diesem und auch in den ungarischen Gesetzen vorkommt (siehe oben S. 143), sind unverständliche Würdenamen.

Die Vornehmen des ungarischen Königreiches nennt das Gesetz Stefan des Heiligen «principes», das Gesetz des heiligen Ladislaus «optimates»: aber in einer Urkunde vom Jahre 1082 für den Wessprimer Bischof nennt sie derselbe Ladislaus «Jóbágyen»: «In Gegenwart unserer Jóbágyen (coram jobagionibus nostris) bat Bischof Johann uns, dass» etc. (vgl. Katona, II. p. 418.) Später wurde die Benennung «jóbágy» allgemein. Eine unrichtige Worterklärung schreibt das Wort «jobbágy» und trennt es «jobb-ágy» (von «jobb-ág = melior ramus, stirps nobilior: heute ist jobbágy = subditus, tributarius, colonus, villicus). [385] In den alten Quellen, den Urkunden und Gesetzen, findet man das Wort ausnahmslos «joubágy», «jóbágy» geschrieben, demzufolge muss dasselbe in folgender Weise analysirt werden: «jou-bágy», «jó-bágy».

Wo man «jobbágy» geschrieben findet, dort wurde eine neuere Schreibung gebraucht. Nachdem wir oben gesehen, dass die «Jóbágyen» die Vornehmen des Landes gewesen, so lässt sich daraus nach rückwärts folgern, dass diese Benennung bereits vor Stefan dem Heiligen bestanden und die Häupter oder Vornehmen der Geschlechter bezeichnet habe. Unter Stefan und seinen Nachfolgern wurde dann diese Benennung zum Titel einer Reichswürde. Da diese Würde vom Könige verliehen ward, so waren die Träger derselben die «Jóbágyen des Königs». Allmälig wurde Jedermann, der von einem Anderen ein Amt und statt der Besoldung Grundbesitz erhielt, zum «Jóbágy». In dieser Bedeutung finden wir dieses Wort z. B. in einer Urkunde des Königs Andreas II. vom Jahre 1211, in welcher die Güter der Abtei von Tihany aufgezählt und bestätigt werden. Darin heisst es, dass der König durch seine eigenen lieben und getreuen «Jóbágyen», d. i. durch den Hofkanzler und Palatin (Pfalzgrafen), die Freiheiten, Pflichten und herkömmlichen Verbindlichkeiten der Unterthanen, *Jóbágyen*, Hofleute und aller Hörigen des Klosters habe zusammenschreiben lassen. [386] Also: des Königs «Jóbágyen» sind der Hofkanzler und Palatin; allein auch das Kloster hat seine «Jóbágyen». — Wer überhaupt verleihbaren Grundbesitz hatte, für dessen Benützung er Dienstleistungen erhielt oder Bezahlung erhob, der konnte auch Jóbágyen haben. Wir finden darum Jóbágyen des Königs, der Königin, des Tavernikus, der Burgen, der Bischöfe, Klöster u. s. w. Endlich nannten die Grundherren auch ihre Bauern oder Grundholden «Jóbágyen».

Unter den «Burg-Jóbágyen» finden wir jenen Unterschied, dass
im 13. Jahrhundert der «Stand der Jóbágyen des heiligen Königs»
sich von anderen «Jóbágyen» unterscheidet, was folgender Fall beweist:

*«Als der siebenbürgische Wojwode und Gespan von Doboka das
Heer inspicirte, fand er im Lager einen Jóbágyen Namens Herös aus
dem Stande der natürlichen Jóbágyen, welche sich «Jóbágyen des heiligen Königs» nennen. Es erschienen aber von den
Jóbágyen des heiligen Königs die beiden, Vanoy und Bocyta, und stiessen
jenen aus ihrem Stande, indem sie sagten, dass er nicht zum Stande
und Range der Jóbágyen des heiligen Königs gehöre. Dasselbe behauptete
auch der «hadnagy» (hodunogio, Geschlechtsältester? später Zugführer,
Lieutenant) Kevereg und der Jóbágy Kerö (et Kereu jobagio). Nachdem
der genannte Gespan sie verhört hatte, schickte er sie mit dem Gerichts-
herolde Bok de Bosk (pristaldus nomine Bocy de villa Boscu) nach Grosswardein zur Feuerprobe. Dort bekehrten sich Vanoy und Bocyta und
gestanden vor dem Herold und vor Theodor, der statt des «hadnagy»
Kevereg und des «Jóbágyen» Kerö gekommen war, sowie vor dem Capitel,
dass sie den Herös ungerechter Weise aus dem Stande der Jóbágyen des
heiligen Königs ausgeschlossen hätten.*[387] *Andernorts nennt sich dieser
Stand «die Söhne der Jóbágyen des heiligen Königs.»*[388]

Zur Zeit der Árpáden waren also, wie wir gesehen haben, die
Vornehmen des Landes oder die obersten Würdenträger des Königreiches «Jóbágyen», somit «Jóbágyen des Königs». Nach und nach
veränderte sich die Sprache und jene grossen Würdenträger erscheinen
in den lateinischen Urkunden als «Barone», welche Benennung den
Namen «Jóbágy» für diese Vornehmen verdrängte. Schon in der Zeit
Béla IV. und Ladislaus III. (IV.) macht sich der neue Name und mit
demselben ein neuer politischer Geist geltend. Béla hält im Jahre 1247
mit den Fürsten und *Baronen* des Reiches Rath (cum principibus et baronibus regni nostri) und macht demgemäss Donationen; im Art. 59 der
unter dem päpstlichen Legaten Firman im Jahre 1274 zu Ofen abgehal-
tenen Synode steht: «Könige, Fürsten, *Barone* und andere Katholiken»
(regum, principum, *baronum* et aliorum catholicorum). Ebenso begann
auch Ladislaus oder vielmehr sein Kanzler statt «joubagio» den Ausdruck «baro» zu gebrauchen.[389]

Das Wort *«jóbágy»* verstehen wir heute nicht mehr, wir sehen
nur, dass es ein Compositum von *«jó»* und *«bágy»* ist. Dieses *«bágy»*
kommt auch in Ortsnamen vor. So z. B. in älteren Ortsnamen:
Jóbágy (Joubag), *Orobágy* (Orobag);[390] in heutigen: *Jobbágyi* (Jóbágyi),
Jobbágyfalva, Jobbágy telke. Auch ein «Bágy» gibt es (im Széklerstuhl
Udvarhely), ferner: *Horto-bágy, Szaldo-bágy* (in Mittel-Szolnok, Bihar
und Szatmár), *Kis-Tor-bágy* (im Pester Comitate). Lässt sich dieses
«bágy» mit dem chazarischen «bak», «beg» (siehe oben S. 137) oder
mit dem bulgarischen «bolj» vergleichen? Ich weiss es nicht.

Unter den Amtsbenennungen erscheint häufig der Ausdruck «*bilok*»
oder «*bilot*» (bilochus, bilotus), der so viel als «Richter» bedeutet.

Artikel 5 der «Goldenen Bulle» Andreas II. vom Jahre 1222 verordnet, dass die Gauner und Uebelthäter von den königlichen Bilochen ins Verhör genommen werden sollen, doch stets nur mit Vorwissen des Burgvogtes.[39]

Die gewöhnlichsten Amtsbenennungen sind der «ispan» (comes, Gespan) und «porosztó» (pristaldus, Gerichtsbote, Herold). Das Wort «ispán» ist der magyarische Ausdruck des slavischen «zupan, zpan»; das Wort selbst bezeichnete die verschiedensten Aemter und Würden. Es gab nicht blos bei dem Könige einen «Hofgespan» (comes palatinus, woraus später die oberste Reichswürde des «Palatins» entstand), sondern solche «Hofgrafen» hatten auch die Fürsten und Herren bis herab zum einfachen Edelmanne, der noch einen «Hof» (curia) besass. Der heutige «Gutsverwalter» (magyarisch «gazdasági ispán = Wirthschaftsinspector») bildet jetzt die unterste Stufe dieser «Gespane». Vordem gab es einen «Regierungs-Gespan» (magyarisch «Kormányzó-ispán», comes parochianus), jetzt «Obergespan» (magyarisch «fő-ispán»), einen «Hofgespan» (magyar. «biró-ispán», comes curialis), jetzt «Vicegespan» (magyar. alispán = Untergespan); einen «Burggespan» (magyar. vár-ispán), dann «Gespane» oder Grafen einzelner Volksstämme, z. B. den Petschenegen-Gespan (magyar. «besenyök ispánja»), der Gespan der Zipser Deutschen (der Zipser Sachsengraf) u. A.

Das Wort «porosztó» (Gerichtsherold) ist der magyarische Ausdruck des slavischen «pristav» und bezeichnete vordem den gesetzlich Betrauten, den Executor; in vieler Beziehung entsprach es dem lateinischen «praeco», dem deutschen «Herold». Heute spricht und schreibt man das Wort «poroszló» und versteht darunter einen einfachen Amtsdiener.

Auch die übrigen Amtsnamen sind slavischen Ursprunges, vgl. oben S. 182.

§ 50.

Das ungarische Christenthum und Königthum keimte in dem Theile jenseits der Donau; die Stadt Gran und die Abtei auf dem Martinsberg waren die ersten Stätten derselben. Auch die Reaction gegen beide Institutionen entbrannte zuerst jenseits der Donau unter der Anführung Kupa's oder Koppány's. Das ist ein Zeichen, dass auch das Magyarenthum, wie vordem die Avaren, in diesen Landestheilen seine Hauptstärke besass. Desgleichen war auch die fränkisch-deutsche Herrschaft und das mit demselben verbundene Christenthum und die gesellschaftliche Bildung dort am meisten entwickelt gewesen. Das neue Land und Königreich erhielt seinen Namen von dem magyarischen

Volksstamme und wie es bei den einheimischen Magyaren als «Magyarország» (Magyarenland) genannt und geliebt wird, so nennt es der
Lateiner «Ungria», später «Ungaria», «Hungaria»; der Grieche Ουγγρια;
der Deutsche «Ungern» oder «Ungarn». Obgleich Gran der Sitz des
Grossfürsten Geisa war, obgleich auch hier die erste Krönung erfolgte:
so wurde doch nach Stefan «*Stuhlweissenburg*» (magyarisch «Fehérvár»)
zur Residenz der Könige erhoben; vielleicht deshalb, weil in dem Dome
daselbst der erste, später heilig gesprochene König bestattet ward und
auch seine Nachfolger hier gekrönt wurden. Der Beiname «weiss» war
auch bei den Chazaren im Gebrauche, «Sarkel» bedeutete bei diesen
«weisse Niederlassung», «weisses Haus» (siehe oben S. 137). Ebenso
gebrauchte man dieses Epitheton bei den Petschenegen, bei denen die
Haupt- oder erste Veste gleichfalls «Weissenburg» hiess (siehe oben
S. 138). Nicht minder nannten die Bulgaren ihre Veste am Einflusse
der Save in die Donau, an der Stelle des römischen Singidunum, slavisch «Belgrad» (= Weissenburg, magyarisch Fejér-vár), welche Stadt
später, als die Magyaren unter Anführung des Königs Salamon und der
Herzoge Geisa und Ladislaus gegen die Griechen kämpften, im Magyarischen den Namen «Nándor-» oder «Lándor-Fejérvár» erhielt. Der
russische Chronist Nestor nennt die Chazaren selbst «*weisse Ungarn*»,
als er erzählt, dass Kaiser Heraclius sich mit ihnen gegen die Perser
verbündet habe (siehe oben S. 86).[392] Das Epitheton «weiss» bezeichnete
also, wie es scheint, bei diesen Völkern so viel als «ausgezeichnet,
vorzüglich, vornehm, hervorragend».

Aus den Theilen von jenseits der Donau, aus der Gegend von
Gran, Martinsberg, Stuhlweissenburg verbreitete sich dann das ungarische Christen- und Königthum nach dem Süden, Osten und Norden.

Im Süden schlossen sich an Ungarn: jenseits der Drau Slavonien,
jenseits der Save Croatien. Diese Namen beliessen die Magyaren;
denn die Bewohner jener Länder blieben dieselben. Im Südosten
machte der Herrschaft Ahtum's schon Stefan der Heilige ein Ende;
das Gebiet Ahtum's war von Magyaren, Slaven und slavisirten Bulgaren bewohnt und hatte keinen besonderen Namen: es bildete fortan
einen integrirenden Theil des ungarischen Königreiches. Im Osten befand
sich «Schwarz-Ungarn» (Ungria Nigra), wie wir oben (S. 217) gesehen
haben. Der Name zeigt, dass man dasselbe für ein Land der Magyaren, nicht der Petschenegen hielt. Auch über dieses Land breitete sich
die Macht des ungarischen Königreiches aus, «Schwarz-Ungarn» wurde
zum «Land hinter dem Walde» («Erdö-elv = Erdély», d. i. «terra ultra
silvam»). Dieser Name bezeugt deutlich, dass dieses Land von diesseits, d. i. von dem eigentlichen Ungarn aus durch die Magyaren in
Besitz genommen wurde. Allein die Benennungen «Schwarz-Ungarn»,

« Erdély » (Transsilvania) bekunden zugleich, dass nach den Avaren dieses Land von keinem solchen Volke bewohnt war, welches demselben einen eigenen Namen hätte verleihen können. Die Bewohner des Landes denn für absolut unbewohnt kann man es nicht halten) waren also sicherlich gering an Zahl, lebten zerstreut und entbehrten aller kriegerischen oder gar staatlichen Institutionen. Jene wenigen Bewohner waren Slaven, was die Ortsnamen beweisen, als: Toplicza, Bistra, Bukova, Dobra, Glimboka, Glogovicza, Kovászna (Kvasna), Ponor, Zalatna (Zlatna), Pojana (Poljana), Prosaka, Priscop, Ribicze, Rovina, Ruda, Ostrow, Lunka cserna (Schwarzwiese) u. a. Ebenso die folgenden Flussnamen: Strela, Cserna, Bistritza, Ilova, Kraszna; die Kokel (Küküllő nennen die Rumänen «Tirnawa», was im Slavischen so viel als «Dornbach» bedeutet; also auch diesen Namen entlehnten die heutigen Rumänen von den früheren Slaven.

Nach der Besitznahme Siebenbürgens durch die Magyaren entstand sogleich *Weissenburg* (magyarisch «Fejérvár» oder «Gyula-Fejérvár») mit dem Bischofssitze.

Die Verbreitung der Magyaren von Westen nach Osten blieb in Siebenbürgen nicht stille stehen, d. h. die Magyaren überstiegen nicht blos den «Wald» (ob der Pass «Königssteig» seinen Namen nicht vom Kriegszuge des h. Ladislaus erhalten hat?), sondern auch die «Alpen», d. i. die südöstlichen Alpenberge Siebenbürgens, indem sie sich auch über dessen südöstliche Grenze hinaus verbreiteten. Dadurch entstand ein neuer Ländername: «Havas-elv-föld» oder «Havas-el-föld» = terra ultra alpes («Land jenseits der Alpen»). Wie aus der «terra ultra silvam» im Laufe der Zeit «Transsilvania» geworden ist, so wurde aus der «terra ultra alpes» Transalpina, die heutige Walachei. Der neuere Sprach- und Schreibgebrauch, welcher sich um die ältere Sprache wenig bekümmert, spricht und schreibt allerdings «Havas-*al*-föld», indem er meint, es sei hier eine Analogie mit «hegy-alja» = «Fuss des Gebirges», Vorberge; also «havas-alja» = Vorberge der Alpen. Allein es besteht ein grosser Unterschied zwischen «erdö-alja» und «erdö-elve»: ersteres bedeutet der «Fuss des Waldes», also nur den unteren Saum desselben; letzteres das jenseits des Waldes vorgelagerte Gebiet, also ein ganzes Land. Demgemäss würde auch «havas-alja» nur den untersten Theil der Alpen, deren «Fuss» bezeichnen; indess «havas-elv» das ganze Land benennt, was auch urkundlich bestätigt wird. Aus einem Schenkungsbriefe Béla IV. vom Jahre 1247 erfahren wir, dass das ganze Gebiet jenseits der Siebenbürger Alpen bis zum Meere, also die heutige Walachei, mit diesem Namen bezeichnet wurde. Die geographischen Benennungen «erdő-elv» und «havas-elv» sind somit untrügliche Wegweiser jener Richtung, nach welcher sich das ungarische

Königreich hauptsächlich ausbreitete und geben zugleich Zeugniss, dass sowohl Siebenbürgen als auch das « Land jenseits der Alpen » herrenlose Gebiete waren und deshalb leicht in Besitz genommen werden konnten. Denn wo der Besitzergreifer auf einen Herrn oder Besitzer trifft, dort hat der Besitz auch einen Namen, den alsdann der Occupator mit dem Besitze übernimmt.

V. Völkerankömmlinge, die mit den Magyaren verschmolzen.

§ 51.

Auch bisher haben wir mehrere Verschmelzungen von Völkerstämmen mit den Magyaren kennen gelernt. Vor ihrer Ankunft im heutigen Ungarn vereinigte sich mit ihnen der chazarische Stamm der Kabaren oder Kavaren und ging allmälig in ihnen auf. Nach ihrer Niederlassung an der Donau und Theiss vermehrten ihre Zahl die zurückgebliebenen Slovenen dies- und jenseits der Donau und brachten zugleich viele slavische Elemente in die magyarische Sprache. Nachdem die Magyaren das Christenthum angenommen hatten, begegnen wir bei ihnen ismaelitischen Kaufleuten und ismaelitischen Ackerbauern; jene lebten zerstreut, wie das ihr Beruf erfordert, diese wohnten compact beisammen. Aus den Anordnungen der Könige Ladislaus, Koloman und Andreas II. lässt sich zwar nicht erkennen, welchem Volksstamme diese Ismaeliten oder Mohammedaner angehörten; man kann nur vermuthen, dass es Bulgaren, Chazaren (Baschkiren) oder einzeln hierher gekommene Kaufleute anderer Nationalität, z. B. Petschenegen gewesen seien; allein welchem Stamme sie auch angehört haben, sie verschmolzen ebenfalls mit den Magyaren.

Petschenegen.

Die Petschenegen folgten den Magyaren (vgl. oben S. 138 und 139) und waren deren östliche Nachbarn in der heutigen Moldau und Walachei. Zur Zeit des Constantinus Porphyrogenitus (um 950) zählten sie zu den mächtigsten Völkern diesseits der Donau und die Magyaren mussten ihre Macht wiederholt empfinden. Allein später, während des ganzen 10. Jahrhunderts, scheint der Friede zwischen den beiden Nachbarvölkern nicht gestört worden zu sein; zum mindesten mangelt uns hievon jede Kunde. Ob in diesem Jahrhunderte Petschenegen auch in das Land der Magyaren eingewandert sind, ist ungewiss, meiner Ansicht nach auch gar nicht wahrscheinlich: obwohl unsere Chroniken solcher Einwanderungen erwähnen. Denn zu jener Zeit stand die Macht der

Petschenegen hoch; dieser Umstand musste eher Fremde zu ihnen heranlocken, nicht aber, dass sie zu Auswanderungen geneigt sein mochten. Es ist darum unwahrscheinlich, was der Anonymus erzählt, dass schon unter dem Grossfürsten Zoltán viele Petschenegen sich jenseits des Neusiedlersees im Wieselburger Comitate angesiedelt hätten, damit sie dort das Land vertheidigen, falls die Deutschen wegen der an ihnen verübten Angriffe Rache nehmen wollten.[393] Wenn der Anonymus in der That jenseits des Neusiedlersees von anderen als magyarischen Bewohnern etwas gewusst hätte, dann könnte man diese für Avaren halten, welche zur Zeit Zoltán's daselbst noch vorhanden sein konnten, d. h. mit den Magyaren noch nicht verschmolzen waren; allein der Anonymus hörte keine Silbe von den Avaren. Glaublicher ist, dass später einzelne Vornehme hierher kamen, wie z. B. unter dem Grossfürsten Taksony der « Bissene » Thonuzoba[394] sein mochte; allein wer konnte die Einwanderung solcher Einzelner selbst zur Zeit Stefan des Heiligen wissen? Geschichten, wie die des Thonuzoba, entstanden, als man zur Unterstützung des Anrechts auf das liegende Besitzthum nach Genealogien suchte und, wenn man sie nicht fand, solche erdichtete. Auch jener Umstand, dass die Chroniken die Petschenegen nicht in das ihnen benachbarte Siebenbürgen, sondern an die mittlere Theiss oder gar an die westlichste Grenze des Landes versetzen, — auch dieser Umstand macht jede petschenegische Einwanderung vor Stefan d. H. unwahrscheinlich.

Der Legende zufolge kämpfte Stefan d. H. gegen die Petschenegen im heutigen Siebenbürgen.[395] Aber zur Zeit Stefan's begann die gefürchtete Macht der Petschenegen bereits zu sinken und um das Jahr 1049 gerieth sie in gänzlichen Verfall. Die Petschenegenfürsten Tirák und Kegen erhoben sich gegen einander und boten dadurch den Kaisern in Constantinopel Gelegenheit zur Intervention. Im Jahre 1065 erscheinen dann die Kumanen, welche die Petschenegen allmälig unterwerfen und deren Land in Besitz nehmen. Die petschenegischen Einwanderungen nach Ungarn begannen zur Zeit Stefan's,[396] was wir als der Wahrheit gemäss annehmen können, weil die Petschenegen bald darauf in den Urkunden erscheinen. Insbesondere in dem Stiftungsbriefe der Abtei zu Zastyi (Zagyi? um das Jahr 1067 wird in der Gegend von Erlau, Szihalom, (Diós- Györ u. s. w. ein « Petschenegen-Brunnen », dann « Petschenegen-Leichenäcker », « Petschenegen-Ritter » u. s. w. erwähnt.[397] JERNEY hat die Spuren der Petschenegen-Niederlassungen mit grossem Fleisse gesammelt, diese nach den Comitaten aufgezählt und auch die Urkunden angegeben, in denen von ihnen die Rede ist. Grössere petschenegische Ansiedelungen waren in den Comitaten Wieselburg, Oedenburg, Raab, Stuhlweissenburg und Csanád; kleinere in den Comitaten

Arad, Bács-Bodrog, Baranya, Bars, Bihar, Borsod, Heves, Komorn, Neitra, Pest-Pilis-Solt, Pressburg, Sümegh, Szabolcs, Szala, Temes, Tolna und Torontál; dann auch in Slavonien und Siebenbürgen. [398] Die Petschenegen liessen sich somit zerstreut in ganz Ungarn nieder. Ihr Andenken ist bis heute durch zahlreiche Ortsnamen « Besenyö, Besnyö », in Slavonien «Besenovo» erhalten, wovon jedes Ortslexikon von Ungarn deutliches Zeugniss ablegt. Einige darunter sind dadurch merkwürdig, dass sie auch eine Uebersetzung haben. So heisst z. B. das « Besenyö » im Bistritzer Stuhl in Siebenbürgen bei den Deutschen « Heidendorf », ein Beweis, dass die dahin eingewanderten Sachsen die Petschenegen als Heiden betrachtet oder als solche gekannt haben. Wo also die Urkunden der « Heidengräber » (sepulchrum paganorum) gedenken, [399] dort bestanden Petschenegen-Ansiedelungen. Auch Rode-Namen bezeugen die Existenz der Petschenegen; z. B. Besenyö-tarló = Petschenegen-Feld), Besenyö-aszó (= Petschenegen-Thal), Besenyö-mál (= Petschenegen-Abhang) etc.

Die Petschenegen lebten unter ihren eigenen Gespanen (Grafen) und Richtern, deren Namen JERNEY aus den Urkunden zusammenlas; [400] ihr Oberrichter war in der Regel der Palatin. Die Privilegial-Urkunde der Bewohner von Árpás (siehe oben S. 202, aus dem Jahre 1222 bezeugt z. B. die bürgerlichen Zustände der Petschenegen.

« *Wir Gyula (Julius), Palatin und Obergespan von Oedenburg, entbieten jetzt und künftighin Allen, welche diese unsere Schrift lesen, Gruss und allen Segen., Wir wünschen Jedermann kundzugeben, dass die Petschenegen von Árpás (Bisseni de Árpás im Oedenburger Comitate), welche unter unserem Palatinate stehen, vor uns erschienen sind mit der Klage, dass ihr von uns ernannter Gespan (Graf) Lukas ihre alten Freiheiten sehr stark verringere. Nachdem wir jedoch Gesetz und Gerechtigkeit üben wollen, so bestellten wir mit Einwilligung der Petschenegen und des genannten Gespans Lukas den Martin Pöki an unsere Stelle zum Richter. Vor diesem erschienen die Parteien und die Petschenegen beschuldigten den Gespan Lukas, dass er ihre Freiheit vernichtet habe. Lukas antwortete, dass er gegen ihre Freiheit nichts begangen habe, sondern in der Eintreibung aller Rückstände (Schulden) den Anweisungen des Jóbágyen Mika, der vor ihm im Amte gewesen, gefolgt sei. Dadurch entschuldigte sich also Lukas und Mika wurde vor das Gericht citirt. Dieser konnte sich auch nicht rechtfertigen, sondern bekannte aus Mangel an Vertheidigung sich selbst als schuldig. Er wurde darum zum Verluste seines gesammten Vermögens und dazu verurtheilt, dass weder er, noch seine Nachkommen je zur Jóbágyen-Würde gelangen sollen. Auf diese Weise wurde die Angelegenheit unter den Parteien erledigt; Joachim Babuti, Sohn des Roz, war unser Gerichtsherold.*

Nachdem aber die oftgenannten Petschenegen besorgten, dass in Zukunft irgend ein Jóbágy oder Gespan das böse Beispiel befolgen und ihre Freiheiten abermals verkürzen könne, so baten sie uns inständig, dass wir dieselbe schriftlich zusammenfassen. Wir fanden die Bitte gerecht und haben ihre Freiheiten, wie uns solche aus wahren und getreuen Nachrichten bekannt geworden, in dieser unserer Urkunde in folgender Weise zusammenschreiben lassen:

In jedem dritten Jahre sind sie verpflichtet von je zwei Pferden
in mantuanischen (?) Denaren sechs Pensen zu bezahlen; wer aber
nicht in den Krieg ziehen kann, zahlt von jedem Pferde sechs Pensen.

Der Gespan kann nur einmal, wenn er ernannt wird, bei ihnen
Quartier nehmen; aber der Richter ist verpflichtet, sie jährlich oft zu
besuchen und in den ihm vorgetragenen Angelegenheiten Urtheile zu
fallen.

Sobald der neue Gespan zu ihnen kommt (bei ihnen Quartier
nimmt), sind sie nicht verpflichtet, mit ihm zu gehen, sondern einer
ihrer Jóbágyen begibt sich zu ihm und zeigt ihm ihre Rechte vor.

Der Richter kann nicht bei Jenen einsprechen (Quartier nehmen),
die persönlich zum Kriegsheere ziehen. »[401]

Der Palatin ernannte also den Verwaltungs-Gespan, den zuweilen
der Jóbágy vertritt. Bei den Petschenegen, wenigstens bei denen zu
Árpás, war somit «Jóbágy» eine Würde, ein Amt. Der Verwaltungs-
Gespan oder Jóbágy führte sicherlich die Petschenegen auch im Kriege
an, obzwar das nirgends gesagt ist. In jedem dritten Jahre erhebt er
je sechs Pensen von zwei Pferden bei solchen Petschenegen, die in
den Krieg ziehen (also kampffähig waren); von solchen aber, welche
persönlich nicht zum Kriegsheere ziehen konnten, erhob er sechs Pensen nach jedem Pferde. Der Verwaltungs-Gespan konnte nur einmal,
bei seiner Ernennung, bei den Petschenegen Quartier nehmen; alsdann
mussten diese seine Leute (Diener), Pferde etc. erhalten, darum bestand
eine ihrer Freiheiten darin, dass derlei Besuche nicht öfters geschehen.
Daraus geht auch hervor, dass der Palatin den Verwaltungs-Gespan
der Petschenegen von drei zu drei Jahren zu ernennen pflegte. Der
Petschenegen-Richter war verpflichtet, zur Erledigung der Processe jährlich öfters dahin zu gehen, durfte aber nur bei jenen Quartier nehmen,
die nicht persönlich in den Krieg zogen.

Eine ähnliche Verfassung wie diese Petschenegen von Árpás,
mochten auch die übrigen Petschenegen des Landes haben, obgleich
es darin an Unterschieden nicht fehlte. So lesen wir z. B. in der Urkunde des Königs Emerich vom Jahre 1196 für die Abtei Csikador (die
im Jahre 1142 gestiftete erste Cisterzienser-Abtei) von den Petschenegen
bei Essek in Slavonien Folgendes: «Wir verordnen auch, dass die
Ismaeliten oder Petschenegen (Hymaelitae vel Bisseni), seien sie welchen
Standes immer, auf dem Markte zu Essek und bei allen Fähren, welche
zur Abtei gehören, ohne Weigerung Zoll (Mauth) bezahlen müssen.» (Vgl.
Jerney, l. c. I. 251.) — Jene Petschenegen aber, welche Andreas II.
im Jahre 1224 in seiner Urkunde zu Gunsten der Sachsen im Vereine
mit den Walachen erwähnt, sind offenbar gleich den Walachen oder
Rumänen aus der Walachei hierher gewandert und keineswegs solche,
die als «Székler», d. i. Grenzwächter, Privilegien erhalten hätten. [402] Die
privilegirten Petschenegen waren aber ohne Zweifel, wenn auch keine
Székler, so doch zum Kriegsdienst verpflichtet.

Nach dem Ausgange des Árpádenhauses verändern sich die politischen Anschauungen: der Adel kommt empor, das allgemeine Jóbágyenthum sinkt zur Bauernschaft herab; das magyarische Wort «pór» (vom deutschen «Bauer») zeigt, dass dieser veränderte Geist vom Westen her sich nach Ungarn verbreitet hatte. Der Artikel VI des Gesetzes vom Jahre 1351 unter König Ludwig I. setzt in Ungarn die neue Richtung fest.

«*Ausserdem werden wir und die Königin*», *so lautet der Artikel, «von jedem unserer Jóbágyen, mögen sie nun in ackerbautreibenden oder in weinbauenden, in freien oder in Burghofdörfern wohnen, und was immer für Namen haben, sowie auch in den Dörfern der Königin, nur allein die mit einer Steinmauer umfangenen Städte ausgenommen, von jeder Ernte und jeder Weinlese den Neunten einheben lassen. Darum mögen auch die Grossen des Landes (barones) und die Edelleute von allen ihren ackerbautreibenden oder weinbauenden Jóbágyen, mögen diese auf welch immer ihrer Besitzungen wohnen, von jeder Ernte und Weinlese den Neunten eintreiben und zu ihrem eigenen Nutzen behalten. Auch die Prälaten und kirchlichen Personen, welche Jóbágyen haben, mögen, wie vordem den Zehnten, nunmehr auch den Neunten vom Getreide und Wein einheben.*

Wenn aber Jemand bei der erwähnten Eintreibung anders handeln würde; so werden wir gegen einen solchen Empörer und Widersacher dieser unserer Anordnung den Neunten der Ernte und des Weines ohne Verkürzung oder Nachlass für uns selbst eintreiben lassen, — damit dadurch unsere Achtung zunehme und die Besitzenden im Lande (regnicolae) uns um so getreuer dienen mögen.» [403]

Die neue Richtung verändert auch die Sprache. Unter den Árpáden gab es «Jóbágyen» des Königs; jetzt «barones [404] regni et nobiles» («Grosse des Landes und Edelleute») und diese beiden Stände zusammen wurden als «regnicolae» = die Besitzenden im Lande bezeichnet. Dagegen versteht man unter dem alten Worte «jóbágy» bereits den Bauern, der kein «regnicola», kein Grundbesitzer sein kann. Aus dem Gesetze geht aber hervor, dass die neue Richtung, insbesondere die Neunten-Eintreibung, keinen allgemeinen Beifall gefunden habe; obzwar es sehr glaublich erscheint, dass eine derartige «Empörung», welche sich geweigert hätte, das sehr bedeutende neue Einkommen zu acceptiren, gar bald verschwinden musste. Um so mehr schmerzte die Jóbágyen die neue Last, von der nur die Bewohner der mit einer Steinmauer umgebenen Städte befreit waren, und wir begreifen es, dass sie noch hundert Jahre später die von den heiligen Königen ihnen verliehenen Freiheiten suchten. Dem neuen Geiste gemäss sanken auch die Petschenegen zu gemeinen Bauern herab, ausgenommen jene Einzelne, welche den Adel erhalten hatten, also in die Reihe der Regnicolaren aufgenommen wurden. Für das Erstere sind Beispiele die von Petschenegen bewohnten Székler-Ortschaften Kanta, Karatna, Alsó- und Felső-Volál, Peselnek, Szárazpatak und Kezdi-Szent-Lélek, welche mit dem Weissenburger Comitate vereinigt wurden, als das

Geschiecht Apor dieselben und die Feste Bálványos zur Donation empfing. [405]

Ein Beispiel für die andere Erscheinung sind jene zahlreichen Urkunden, welche von Carl angefangen bis Uladislaus II. die Privilegien der Edelleute von Alt-Besenyö (Bisseni nobiles de Bessenew) bestätigen. [406] -

So lange unsere Geschichtsquellen der Ismaeliten gedenken, insolange befanden sich gewiss auch Petschenegen darunter. Allein es ist schwer anzunehmen, dass jeder Ismaelite nur Petschenege oder umgekehrt die Petschenegen, bevor sie das Christenthum annahmen, sämmtlich nur Ismaeliten gewesen wären. Das Petschenegenvolk selbst verschwand allmälig sowie ihre Privilegien in Vergessenheit geriethen: nur die adeligen Petschenegen bleiben bis in die Türkenzeit. Die Ortsnamen aber, welche das Wort «Besenyö» entweder allein oder als Epitheton führen, haben das Andenken an jenes Volk der Petschenegen bis an diesen Tag forterhalten.

Die Kumanen.

§ 52.

Unter den Völker-Ankömmlingen gehört der erste Platz den *Kumanen.* Sie bilden auch heutigen Tages noch zwei grosse Zweige: der eine wohnt innerhalb der Ausläufer des Mátra-Gebirges in den Comitaten Borsod, Heves, Neográd und Gömör unter dem Namen der *Palóczen* und der andere auf der Ebene zwischen der Donau und der Theiss, in *Gross-* und *Klein-Kumanien,* die eigentlichen *Kumanen.* Der Namensunterschied bezeugt, dass sie zu verschiedener Zeit und unter verschiedenen Umständen hierher gekommen sind, sowie sie auch in politischer Hinsicht von einander sehr verschieden wurden.

Das Volk der Kumanen drang nach den Petschenegen von der Wolga her in der Richtung des schwarzen Meeres und der Donau vor. In unseren historischen Horizont treten sie als *Uzen* — das war ihr türkischer Name — bei ihrer Vereinigung mit den Chazaren gegen die Petschenegen, welche dadurch von den Gestaden des Atel (Wolga und Gejch (Jajk, Ural) vertrieben wurden. Deren Sitze nahmen um die Zeit von 880—900 die Kumanen ein (siehe oben S. 138). Auch nach einem halben Jahrhundert sind sie noch dort, was wir von Constantinus Porphyrogenitus erfahren, welcher berichtet: «Man muss wissen, dass bei Vertreibung der Petschenegen aus ihren Wohnsitzen ein Theil dort geblieben ist und dort bis zum heutigen Tage vereint mit den Uzen wohnt» (siehe oben S. 138). Bei Abnahme der Petschenegenmacht kamen die Kumanen den Ländern der Russen und Magyaren stets näher. Im Jahre 1061 fallen sie zum ersten Male in die Besitzungen der Russen ein. «Wsewolod ging ihnen am 2. Februar entgegen und als es zur Schlacht kam, wurde er von ihnen besiegt. *Das war das erste Unglück, welches dieser heidnische und böse Feind den Russen verursachte*», schreibt der russische Chronist Nestor (lebte zwischen 1050—1114). [407] Die Russen nennen diesen ihren bösen Feind «Polowzer», nach den Russen gaben ihm auch die Polen denselben Namen. — Die Magyaren lernten die Kumanen im Jahre 1086 zuerst kennen, als Salomon im Kampfe mit König Ladislaus I. (dem Heiligen) um ihre Hilfe ansuchte. Die Kumanen («Kúnok» nennen sie die ungarischen Chronisten) dehnten ihre Verwüstungen bis an die festen Schlösser Ung und Borsva aus, bis Ladislaus sie zurücktreiben konnte. Nachdem sie aber den Weg über die Karpaten kennen gelernt hatten, brachen sie im Jahre 1089 abermals in Siebenbürgen ein und einige ihrer Schaaren drangen bis in das Gebiet diesseits der Theiss vor. Da eilte Ladislaus aus Croatien herbei und besiegte die Eindringlinge zum wiederholten Male. [408] Dass die Kumanen sowohl über die nordöstlichen wie über die östlichen Karpaten hereinbrechen konnten, beweist, dass die Macht der Petschenegen bereits gebrochen und an deren Stelle in der Moldau und Walachei die Kumanen getreten waren. Später verwüsteten Petschenegen und Kumanen vereinigt die angrenzenden Länder, insbesondere Russland, Bulgarien und das griechische Reich; von Zeit zu Zeit suchten sie auch Ungarn heim, namentlich das nahe gelegene Siebenbürgen. Ob die beiden Völker vollkommen mit einander vereinigt waren oder ob die Petschenegen nur die Oberhoheit der Kumanen anerkannten, das lässt sich nicht bestimmen. Der Name der Kumanen steigt, ohne dass jedoch die Petschenegen gänzlich verschwinden.

Das magyarische «*palócz*» ist völlig übereinstimmend mit dem russisch-slavischen «*polowz*» (bei den Deutschen kam dafür der Name «Walen» oder «Falen» zur Geltung). Jerney zeigt Schritt für Schritt, dass Alles, was die ungarischen Chroniken und die Byzantiner von den *Kumanen* erzählen, die russischen und polnischen Geschichtschreiber den *Polowzern* zuschreiben. [409] Der magyarische Name «palócz» ist also nicht blos wörtlich, sondern auch geschichtlich ganz dasselbe wie das slavische «Polowzer». Woher kam es, dass in Ungarn sowohl der Name der «Palóczen» wie der «Kumanen» einheimisch wurde? Gewiss von daher, weil, wie schon erwähnt, wir es hier mit zwei verschiedenen grossen Einwanderungs-Strömen zu thun haben; der eine kam von den slavischen Ländern, d. i. von Russland und Polen über die Nord-

ostkarpaten her; der andere vom Südosten über die südöstlichen
Karpaten.

Der Strom der Palóczen begann offenbar früher und hörte auch
eher auf als der kumanische; aber von ihm wissen wir, wie von vielem
Anderem, nichts Bestimmtes; nur der Name besagt es, dass die Magyaren denselben unbedingt von den Russen (und Polen) erhalten haben.
Dieser Umstand lässt uns zugleich die Zeit ahnen, in welcher die Einwanderung der Palóczen stattgefunden hat. Es steht nämlich unzweifelhaft
fest, dass die Palóczen nicht früher in Ungarn als bei den Russen sein
konnten; also musste auch ihr Name eher bei den letzteren bekannt
geworden sein. Die russischen Jahrbücher erwähnen im Jahre 1061 zum
ersten Male die Polowzer; König Ladislaus von Ungarn kämpft in den
Jahren 1086 und 1089 das erste Mal gegen die Kumanen. Es ist demnach eine historische Unmöglichkeit, die erste Einwanderung der Palóczen vor der Zeit des Königs Ladislaus I. zu denken. Doch schon sein
Nachfolger, Koloman, nahm im Jahre 1104 die Tochter des Kiewer
Fürsten Swatopluk, Predslawa, zur Gemahlin, welche dann den Borics
gebar, der unter der Regierung der Könige Stefan II. und Béla II.
dem Lande so viel Unheil brachte. Aus diesen Ereignissen entstanden
vielfache Beziehungen zwischen den Magyaren und Russen. Die Einwanderungen der Palóczen konnten nur unter Koloman beginnen und
während der Zeit von Stefan II. und Béla II. (1104—1141) fortdauern.
Als der Anonymus seine Chronik schrieb, da waren die Palóczen oder
Kumanen schon in den Ausläufern des Mátra-Gebirges angesiedelt.
Der Chronist, welcher die geographischen und Besitzverhältnisse seiner
Zeit in die Periode der Einwanderung und Niederlassung der Magyaren
zurückversetzt, lässt darum den Árpád an die Kumanen so viel Geschenke austheilen; aus den Besitzern seiner Zeit verschafft er auch
dem Könige Aba oder Samuel einen kumanischen Vorfahren in der
Mátra.[410] Es erscheint ferner unzweifelhaft, dass sich unter oder neben
den Palóczen auch Petschenegen ansiedelten; allein diese unterschied
der Anonymus bereits nicht mehr von jenen; denn zu seiner Zeit war
die Verschiedenheit zwischen beiden Volksstämmen wohl schon verschwunden.

Cletus, Bischof von Erlau, derselbe, welcher als Erlauer Probst
und königlicher Hofkanzler im Jahre 1222 die «Goldene Bulle» herausgab, stiftete im Jahre 1232 für die Cisterzienser die Abtei «de Beel Trium
fontium B. Mariae Virginis, alias Trium fontium de Beel Cumanorum».
Neben dem Kloster entstand allmälig ein Dorf, *Apátfalva*, der Hauptsitz der Palóczen oder Kumanen in der Mátra. Das Kloster wurde am
Fusse des «Bélkö»-Berges erbaut; unterhalb dieses Berges finden sich
die Ortsnamen «Áldozó-kö» (Opfer-Stein), «Hamu-hegy» (Aschen-Berg),

offenbare Denkmale des Heidenthums der dortigen Palóczen oder
Kumanen, sowie Belege dafür, dass dieselben noch in ihrer heidnischen
Periode sich den Magyaren einverleibt hatten, wenn sie auch ursprünglich nicht magyarischer Herkunft gewesen wären.[411] Privilegien hatten
die Palóczen zu keiner Zeit erhalten; die Ursache davon liegt wohl in
dem Umstande, dass ihre Einwanderungen ebenso unbemerkt und in
kleinen Zügen erfolgten wie die Niederlassungen der Ruthenen oder
Walachen. Heute sind die Palóczen nur durch die *eigenthümliche Aussprache des Magyarischen*, durch das sogenannte «Palóczische» und durch
einige ungewöhnliche Provincialismen, wie solche in jedem Dialecte
vorkommen, von den übrigen Magyaren verschieden. Ihr Dialect hat
keine grammaticalische Eigenthümlichkeit, die sich nicht auch im
Göcsejer, Ormányer und Székler Dialecte vorfinden würde. Man hat über
das Palóczische bisher mit besonderer Vorliebe Vieles geschrieben, weil
man in diesem Dialecte etwas Ursprüngliches vermuthete, das dem allgemein Magyarischen vorangegangen sei. Allein das Palóczische legt wie
der Székler Dialect am deutlichsten und verständlichsten für die gewöhn-
liche magyarische Sprache Zeugniss ab. Der Ursprung und Volks-
charakter der Palóczen mochte vordem welcher immer gewesen sein;
das, was sie heute sind, wurden sie erst hierzulande, in Ungarn.[412]

Die innere Geschichte der *Kumanen* kennen wir nicht einmal in
demselben Grade wie die der Petschenegen des zehnten Jahrhunderts.
So viel ist deutlich, dass sie nach der Bezwingung der Petschenegen
von der heutigen Moldau und Walachei aus Siebenbürgen und Ungarn
beunruhigten. Ebenso erzählt die Geschichte, dass sie um das Jahr 1186
in Bulgarien die Wiederhersteller des bulgarischen Königreiches Asen
und Peter kräftig unterstützten und dass sie von dieser Zeit an den
Ausschlag gaben in den fortwährenden Kriegen, welche die Aseniden
mit den griechischen Kaisern führten (1186—1257). Auf den häufigen
Kriegszügen kamen die Kumanen nicht nur mit den slavischen Bulgaren, sondern auch mit den romanischen Walachen in enge Berührung und schleppten Viele davon als Gefangene oder lockten sie als
Bundesgenossen in ihre Gebiete diesseits der Donau. Durch die Bulgaren
und Walachen lernten die Kumanen auch die orientalisch-christliche
Kirche kennen. Allein die Kreuzfahrer des Abendlandes, die Venetianer
und Franken, eroberten Constantinopel (1204) und begründeten daselbst
das lateinische Kaiserthum, welches bis zum Jahre 1261 bestand.
Während dieser Zeit gelangte auch die occidentalische oder römische
Kirche im griechischen Reiche zu einiger Herrschaft, ja der Bulgarenfürst Kolojan, Neffe von Asen und Peter, schloss schon im Jahre 1202
mit der römischen Kirche die Union, die freilich von keiner langen
Dauer war. Als die Kumanen Christen werden wollten, wählten sie

demnach lieber die abendländische als die gedemüthtigte orientalische Kirche.

Magister Paul Magwar (Magister Paulus Ungarus), der bei uns für den neuen Dominikaner-Orden das erste Haus zu Raab errichtete,[413] begab sich, als er in Bosnien die Patarener oder Katharier[414] bekehrte, mit einigen Genossen auch zu den Kumanen. Daselbst gewann er einen grossen Theil des Volkes und auch zwei Fürsten zur Annahme des Christenthums. Einer dieser Fürsten, Membrok oder Borics, sandte darum seinen Sohn mit zwölf anderen Kumanen zu Robert, dem Erzbischof von Gran, als dieser sich zu dem Kreuzzuge nach dem heiligen Lande rüstete. Der Fürstensohn sprach: »Herr! taufe mich und meine zwölf Begleiter; mein Vater wird auch bald mit zweitausend Menschen nach Siebenbürgen (Ultra silvas) kommen, die alle von dir die Taufe zu erhalten wünschen.« Als Robert dies hörte, bat er im Jahre 1227 den Papst um Enthebung vom Kreuzzuge und nachdem er diese erhalten, begab er sich nach Siebenbürgen zu dem Kumanierfürsten, wo er 15,000 Kumanen taufte.

Die Bekehrung war von solchem Erfolge begleitet, dass Erzbischof Robert unter den Kumanen ein Bisthum gründete und den Theodorich, der gleichfalls ein Dominicaner war, zum ersten Bischof der Kumanen einsetzte. Papst Gregor IX. ernannte Robert im J. 1229 zu seinem Legaten[415] mit der Vollmacht, die neue kumanische Kirche zu ordnen; ja nachdem dieses Volk bisher keine festen Wohnsitze hatte, jetzt aber zuerst Städte und Dörfer verlangte, in denen es wohnen und auch Kirchen erbauen könne: so verkündete Robert einen hunderttägigen Ablass allen Jenen, welche den zu erbauenden kumanischen Kirchen Beisteuer leisten. In solcher Weise war der Papst voll Eifer in der Bekehrung der Kumanen. Er forderte auch den ungarischen König Béla im Jahre 1234 auf, dass er für den kumanischen Bischof eine Kathedralkirche erbauen und das Bisthum mit Donationen bereichern möge. — Wie es scheint, gefiel den Széklern der «kumanische» Name des neuen Bisthums nicht; denn der Bischof der Kumanier, Theodorich, schrieb Jenen, der Name thue nichts zur Sache: in der Kirche können Wölfe und Lämmer beisammen wohnen, weshalb nicht auch *Székler, Kumanen* und *Walachen?*

Ebenso bemerkenswerth ist das Schreiben des Papstes Gregor IX. vom Jahre 1234 in Bezug auf die Walachen.

«Wie wir vernommen haben», heisst es daselbst, «befinden sich im kumanischen Bisthume Bewohner, welche sich Walachen nennen und, obzwar dem Namen nach Christen, dennoch solche Ceremonien befolgen und Handlungen verüben, die dem Christenthume widersprechen. Sie verachten die römische Kirche und empfangen die Sacramente nicht von unserem kumanischen Bischofe, der daselbst der Diöcesan-Bischof ist: sondern von falschen Bischöfen des griechischen Ritus; ja auch aus Ungarn schliessen sich Magyaren, Deutsche und andere Rechtgläubige, weil sie unter den Walachen wohnen, diesen an, als ob sie mit ihnen eines Volksstammes wären und empfangen deren kirchliche Sacramente. Darum befehlen wir dem kumanischen Bischofe, dass er für sie einen tauglichen Vicar walachischer Nationalität bestelle, damit sie keinen Vor-

wand haben, sich an schismatische Bischöfe zu wenden. Nachdem aber, also wendet sich der Papst an den König, Du als katholischer Fürst auch durch einen Eidschwur verpflichtet bist, die Ungehorsamen in die römische Kirche zurückzutreiben: so zwinge die Walachen zur Annahme jenes Bischofs, den die Kirche ihnen zusendet. [416]

Wie vordem der Graner Erzbischof Robert, so dispensirte der Papst im Jahre 1231 auch die Bischöfe von Erlau und Raab von der Verpflichtung zum Kreuzzuge in das heilige Land, weil sie daheim der Kirche nützlichere Dienste leisten könnten. Denn ausser den Kumanen erschien auch die Bekehrung der Ismaeliten oder Mohamedaner als sehr nothwendig. Wir wissen, dass in dieser Zeit die Ismaeliten nicht nur als zerstreut wohnende Handelsleute, sondern auch als in ganzen Dörfern wohnende Ackerbauer zahlreich vorhanden waren (siehe oben Seite 219); ebenso kennen wir das im Jahre 1232 geleistete Gelübde Andreas II., womit er versprach, gegen die Ismaeliten und Juden die Inquisition anzuwenden (siehe oben S. 221). Allein wenn es auch schwieriger war, diese zu bekehren oder wenigstens in dem Vermögenserwerb zu beschränken; so mochte die Bekehrung der Kumanen um so leichter gelingen, als sich diese weder durch den Koran noch durch das Alte Testament gegen das Evangelium schützen konnten. [417] Wären die Kumanen in dem damaligen Kumanien, d. i. in der heutigen Moldau und Walachei geblieben und hätten sie in Folge der Missionsthätigkeit der ungarischen Kirche das Christenthum angenommen; alsdann würden sich in Ungarn und an der untern Donau ganz andere Verhältnisse entwickelt haben. Allein der Strom der Weltgeschichte nahm einen andern Lauf.

Die Mongolen, welche das damalige Europa Tartaren nannte, verwüsteten schon im Jahre 1235 die Gebiete an der Kama und Wolga; von 1237—1239 unterjochten sie die russischen Fürsten. Damals, im Jahre 1237, brachte der Mönch Julian, der die magyarische Urheimat «Gross-Hungarien» aufgesucht hatte und zu Weihnachten des genannten Jahres in die Heimat zurückgekehrt war, die Kunde von der Ausbreitung der Mongolen. Die Kumanen waren die Verbündeten der russischen Fürsten. Nach Besiegung dieser warfen sich die unbesieglichen Mongolenschaaren auf die Kumanen. Der kumanische Fürst *Kötöny* (Kuthen) konnte ihnen keinen erfolgreichen Widerstand leisten und sandte eine Botschaft an König Béla IV., dass, «wenn dieser ihn in sein Reich aufnehmen wolle, er und sein Volk bereit seien, sich ihm zu unterwerfen und mit allen ihren Verwandten und Freunden, mit allem Vieh und der gesammten beweglichen Habe nach Ungarn zu kommen und auch den katholischen Glauben anzunehmen.»

Der König liess ihn und seine 40,000 Kumanen kommen und wies ihnen im Jahre 1239 in der Mitte des Landes Wohnsitze an.

«*Als der Kumanenkönig und seine Edeln und Bauern Ungarn zu durchstreifen begannen, denn sie hatten ungeheure Viehherden, verübten sie an den Weiden, Saaten, Gärten, Wäldern, Weingärten der Ungarn grossen Schaden. Was aber Letzteren noch schrecklicher war, das war die Rohheit, mit der die Kumanen die Töchter der Armen schändeten und, wenn es leicht geschehen konnte, auch die Ehebetten der Vornehmen befleckten; wiewohl die Magyaren die kumanischen Weiber als niederträchtig verachteten. Wenn ein Magyare einen Kumanen am Eigenthum oder an der Person beleidigt hatte, wurde er sogleich bestraft, so dass ein Anderer Gleiches nicht zu thun wagte; beleidigte jedoch ein Kumane einen Magyaren, dann fand dieser keine Gerechtigkeit. Suchte er um solche an, dann erhielt er statt des Richterspruches — Schläge.*»[418]

In lebhaften Farben sehen wir hier den grossen Unterschied dargestellt zwischen einem an liegendes Besitzthum gewöhnten Volke und einem nomadisirenden, mit seinen Herden umherschweifenden Stamme; jenes kann sich nie und nirgends mit diesem vertragen,[419] um so weniger, wenn der Nomade auch noch Gewaltthätigkeiten verübt, wie solches die Kumanen unter der Nachsicht des Königs Béla, nach dem Bericht unserer Quelle, gethan haben.

Die Tartaren folgten im Jahre 1241 den Kumanen und verwüsteten bis zum Jahre 1242 das Reich, das sie dann wieder eben so rasch verliessen. Obgleich die Magyaren (mit oder ohne Grund) die Kumanen des Einverständnisses mit dem Feinde beschuldigt hatten; so liess Béla dennoch die zurückgebliebenen Kumanen sammeln und siedelte sie in den entvölkerten Orten an, indem er sie zugleich der Jurisdiction des Palatins unterstellte. Nachdem ferner Béla auch den Titel eines «Königs von Kumanien» angenommen, verlieh er den Johannitern oder Hospitalrittern (Hospitalarii Jerosolymitani) im Jahre 1247 den District Severin mit den walachischen Knesschaften von den (siebenbürgischen) Alpen bis an die Aluta mit Ausnahme einiger Strecken, welche dem walachischen Wojwoden Litwa verblieben. Die Johanniter sollten 25 Jahre sämmtliche Einkünfte beziehen, später aber die Hälfte an die königliche Schatzkammer abliefern. Auf gleiche Weise verlieh er ihnen auch das Gebiet jenseits der Aluta, d. i. ganz Kumanien von den Alpen Siebenbürgens angefangen (a fluvis Olth et alpibus Ultrasilvanis totam Cumaniam), mit Ausnahme des Gebietes vom Wojwoden Szeneszlai, das er ebenfalls den Walachen beliess. Für diese Gebietsverleihung mussten die Ritter sich verpflichten, jene Landestheile zu vertheidigen und im königlichen Kriegsheere mit einer bestimmten Anzahl Streitkräfte zu dienen. Sie sollten die verliehenen Landstrecken bevölkern; jedoch hiezu keinerlei Bauern, welch' immer Standes oder Stammes diese sein mögen, noch Sachsen oder Deutsche aus Ungarn als Colonisten berufen.[420]

Béla war so sehr bemüht, die Kumanen mit den Magyaren zu verschmelzen, dass er seinem Sohne Stefan eine Kumanierin zur Ge-

mahlin gab und Stefan' nannte sich als «jüngerer König» zugleich
«Herr der Kumanier». [421] Auch die Bekehrung der Kumanier zum
Christenthume nahm, wie es scheint, anfänglich einen guten Verlauf;
denn der Papst erwähnt in einem Schreiben vom Jahre 1252, dass täg-
lich Kumanen in die Kirche eintreten, sowie der König auch die Ruthenen zum Gehorsam gegen den h. Stuhl bewege. Nichtsdestoweniger
war selbst unter dem Enkel Béla IV., unter Ladislaus III. (IV.), genannt «der Kumanier», die Ansiedelung und Bekehrung der Kumanen
noch nicht beendigt.

*«Auf Andringen des päpstlichen Legaten, des Bischofs Firman,
bewog Ladislaus die kumanischen Fürsten Uzak und Tolon, sowie ein
andermal Alpra und Uzur, dass diese kumanischen Herren im Jahre
1279 im Namen der Edlen und des Volkes versprachen, dass alle diejenigen, welche noch nicht getauft sind, die Taufe annehmen und die
Satzungen der römischen Kirche beobachten; dass sie ihre Zelte verlassen und nach dem Gebrauche der Christen in festen Gebäuden wohnen;
dass sie sich ferner von allem Blutvergiessen enthalten und selber den
päpstlichen Legaten bitten werden, er möge zu jedem kumanischen Stamme
und Geschlechte vertrauenswürdige Inquisitoren senden, damit diese sich
überzeugen, ob Alles nach diesen Versprechen geschehen und diejenigen,
welche dagegen handeln, zur Bestrafung anzeigen. Endlich versprachen
sie Alles zu ersetzen, was sie den Kirchen, Klöstern, Edelleuten oder
anderen Christen genommen hatten.»*

*Auf dem Landtage wurde im selben Jahre nachstehende Verfü-
gung getroffen:*

*«Nachdem die kumanischen Fürsten (Alpra und Uzur), sowie die
übrigen kumanischen Herren und das gesammte kumanische Volk neuerdings gelobt haben, dass sie die heidnischen Gebräuche verlassen, zur
römischen Kirche sich bekehren und Alle, ohne Unterschied, die Sacramente der Kirche annehmen werden; so belässt anderseits der König die*
sieben kumanischen Stämme [422] *in jenen Sitzen, wohin sie nach der Berathung mit den Grossen und Edeln des Reiches angesiedelt worden waren,
nämlich zwischen der Donau und Theiss, Körös und Maros, der Maros
und Temes und an den Ufern der Körös, welche Sitze sie schon von
König Béla erhalten hatten. In den bezeichneten Gegenden verleiht der
König alle, seit dem Mongolen-Einfalle leer gewordenen Grundstücke den
Kumanen, damit die kumanischen Herren und Edlen, mögen sie aus
welch immer Stamm oder Geschlecht sein, diese Landstriche unter sich,
je nach Stand und Rang, vertheilen. Aber die zwischen diesen Grund-
stücken befindlichen anderen Besitzer können mit Zustimmung der Kumanen im Frieden daselbst wohnen, damit in Folge dessen allmälig
Freundschaft und Verwandtschaft unter beiden Theilen entstehe.*

*Die kumanischen Herren und Edelleute sind gleich den ungari-
schen Adeligen, Vasallen des Königs (regales servientes), und als solche
verpflichtet, im königlichen Kriegsheere persönlich zu dienen.*

*Die kumanischen Herren, Edelleute und Gemeinen stehen unter
der Jurisdiction des Palatins, dem als Stellvertreter der jeweilige Richter
oder Fürst der Kumanier zur Seite steht; wenn aber zwei Kumanen
Streit führen wegen einer Blutschuld oder wegen eines anderen Verge-
hens, dann urtheilt nur der aus dem Stamme des Angeklagten entspros-
sene kumanische Richter; wird aber die Klage bis vor den König
gebracht, dann urtheilt der König selbst in Gemeinschaft mit dem kumanischen Richter. Es wird indess hinzugefügt, dass in einem solchen Falle,
wenn ein kumanischer Edelmann aus Furcht vor der Todesstrafe zum*

*Königs flüchtet, er dieser Strafe zwar entgeht, dafür aber zur Verban-
nung verurtheilt ist und ausserhalb des Landes die Erlaubniss zur
Rückkehr von denjenigen erbitten kann, die er beleidigt hat; so lange
er diese Erlaubniss nicht erhält, muss er als Verbannter in der Fremde
bleiben. Aber auch von der Verbannung kann er sich also befreien,
wenn kumanische Herren oder Edelleute sogleich zu seinen Gunsten beim
Könige Fürsprache einlegen und er die beleidigte Partei aus seinem
Vermögen befriedigt.*

*Die Kumanen sind verpflichtet, ihre einheimischen Gefangenen
frei zu lassen; können jedoch die ausländischen behalten; sie verlassen
nach ihren weiteren Gelöbnissen ihre Zelte und werden wie die Christen
in Dörfern in festen Häusern wohnen und sich den christlichen Gewohnheiten unterwerfen. Auf die Bitte des Königs gestattet ihnen übrigens
der päpstliche Legat, dass sie in Bezug auf das Abnehmen des Bartes,
das Scheeren der Kopfhaare und auf die kumanische Kleidertracht bei
ihrer bisherigen Gewohnheit bleiben können.*

*Auch wurde beschlossen, dass weder der König noch sonst irgend
ein Grosser des Reiches oder Edelmann einen Knecht, der seinem kumanischen Herren entlaufen ist, aufnehmen, sondern vielmehr denselben
zu seinem Herrn zurücksenden solle. Und nachdem die kumanischen
Herren und Edlen dieselbe Freiheit geniessen wie die übrigen Adeligen
des Landes, so werden der König, die Königin oder die Würdenträger
des Reiches auch bei ihnen nicht gewaltsam Quartier nehmen.* » [423]

Die Ansiedelungen der sieben kumanischen Stämme (VII gene-
rationes Cumanorum) gehörten zu den Kirchen-Diöcesen von Kalocsa,
Grosswardein, Erlau, Csanád und Waitzen; deshalb gingen die betreffenden Bischöfe mit je einem Reichswürdenträger von Zeit zu Zeit
unter die Kumanen, um nachzuschen, ob und wie diese die geleisteten
Versprechungen erfüllen. Dass die Kumanen sich nur sehr schwer in
die Schranken fester Ansiedelungen und an christliche Sitten gewöhnen
konnten, geht auch aus jenen Wirren hervor, welche die Regierung
Ladislaus III. beunruhigten, so dass es im Jahre 1282 am « Mondsee »
(Hódos-tó) zu einer Schlacht kam und der König die flüchtigen Kumanen selbst von den Tartaren zurückbrachte. [424] Insbesondere geht
aber jener Widerstand aus der weiteren Thatsache hervor, dass die Bekehrung der Kumanen erst unter Ludwig I. (1342—1382) vollständig
beendigt werden konnte. [425]

Die Privilegien der Kumanen wurden auch durch die folgenden
Könige bestätigt; nur während einer kurzen Frist (1702—1745) waren sie
dem deutschen Orden (Ordini Teutonico) und dem Pester Invalidenhaus
übergeben, resp. verpfändet; durch die Gesetzartikel 34:1715 und
36:1751 gewannen sie jedoch ihre politische Stellung wieder zurück;
ja der Gesetzartikel 29:1791 verleiht ihnen auch einen Sitz im Landtage und behielten die Kumanen diesen Privilegialzustand bis zum
Jahre 1848. Der Palatin wurde aber schon durch den Gesetzartikel
11:1485 amtlich verpflichtet, als Obergespan und Richter der Kumanen über ganz Kumanien das Richteramt auszuüben, demzufolge der
Gesetzartikel 26:1751 anordnet, dass dem Titel des Palatins beigefügt

werde: «Obergespan und Richter der Jazygier und Kumanier» (comes et judex Jazygum et Cumanorum). Die besondere autonome Verwaltung der Districte von « Gross- » und « Klein-Kumanien » bestand somit bis auf unsere Tage.

Die Ortschaften in Gross-Kumanien sind: Kardszag-Ujszállás (14,486 Einwohner), Kún-Madaras (7076 Einwohner), Kún-Hegyes (7272 Einwohner), Kis-Ujszállás (10,376 Einwohner), Kún-Szent-Márton (10,036 Einwohner), Túr-Keve (10,969 Einwohner); die Puszten: Asszony-Szállás, Köd-Szállás, Mester-Szállás, Magyarka, Bolcsa, Orgonda-Szent-Miklós, Kis-Turgony, Márialaka, Csorba, Kis-Kába, Fabiánka, Kápolnás.

Die Ortschaften in Klein-Kumanien: Halas (13,127 Einwohner), Kis-Kún-Félegyháza (21,313 Einwohner), Kún-Szent-Miklós (5593 Einwohner), Laczháza (3632 Einwohner), Szabad-Szállás (5176 Einwohner), Fülöp-Szállás (3816 Einwohner), Dorosma (9688 Einwohner), Majsa (7333 Einwohner); die Puszten: Fejér-Tó, Füzes, Balota, Zsana, Tajó, Bodoglás, Mérges, A tok-háza, Üllés, Kigyós, Agas-Egyháza, Pálos, Csólyos, Szent-László, Móricz-gátja, Ferencz-Szállása, Kis-Szállás, Jakab-Szállás, Jakabháza, Pálka, Orgovány, Mézse, Lajos, Bene, Kerek-Egyháza, Kis-Balás, Bösztör, Bábony, Kátó, Csókás, Kacsa, Kocsér. [426]

In früherer Zeit gab es auch in anderen Theilen des Landes kumanische Ortschaften, insbesondere im Stuhlweissenburger Comitate, wo eine Donational-Urkunde des Königs Johann (Szapolya) vom Jahre 1537 die kumanischen Ortschaften *Elö-Szállás, Karácsonszállás, Ujszállás, Jakabszállás* u. s. w. aufführt. (Totales possessiones nostras Cumanicales, Hontorszék appellatas, videlicet Elewzallas, Karathonzallas, Wjzallas, Jokabzallás etc.) *

Die Jazygier.

Der magyarische Name der Jazygier ist «jászok»; dieses Wort lautet im Singularis «jász» und ist gleichbedeutend mit «ijász» = Bogen- oder Pfeilschütze. Solche Bogenschützen konnten für das königliche Kriegsheer entweder nur aus den Kumanen oder auch aus anderen Volksstämmen genommen werden. In den lateinischen Urkunden und Gesetzartikeln werden diese Bogenschützen «jassones» genannt. [427] Das lateinische Wort «jasso» rief bei den Gelehrten bald das alte Volk der Jazygen ins Gedächtniss zurück, namentlich war das bei dem Italiener Ranzanus, der am Hofe des Königs Mathias (Corvinus) lebte, [428] der Fall; hatten doch auch jene alten Jazygen ihre Wohnsitze zwischen der Donau und Theiss (siehe oben S. 44), somit natürlich auch das Gebiet des jetzigen Jazygien eingenommen. Allein die gelehrte Spitzfindigkeit tüftelte schon früher einen noch wunderlicheren Namen heraus. Der Bogenschütze entsendet den Pfeil (magyarisch «íj»), im Alt-

---

* Vgl. JERNEY, «Keleti Utazása» (d. i. «Reise nach dem Osten») Bd. I. S. 269.

hochdeutschen « phil ». Zur Zeit des Königs Sigismund (1387—1437)
bewies nun ein des Deutschen kundiger Schreiber seine Wissenschaft-
lichkeit dadurch, dass er die « jassones» als « Philistäer» aufführte. [429]
Die « philistaei » und « jazyges metanastae » boten dann ein weites
Feld für ethnographische und historische Phantasmen. Nachdem auch
der Name und das Volk der *Kumanen* (Cumanus) in einige Dunkelheit
gehüllt war, so wurde dasselbe leicht mit den « Philistäern » identificirt,
was aus den Urkunden deutlich hervorgeht. [430] Selbst in den Landes-
gesetzen treten « Philistäer » und « Jazyger » vereint auf; [431] die ungarischen Gesetze hielten aber auch Kumanen und Jazygen für dasselbe
Volk, ja *Jász-Berény* war der Hauptort der drei privilegirten Districte:
Jazygien, Gross- und Klein-Kumanien. Eine ursprüngliche Verschiedenheit finden wir also zwischen Jazygiern und Kumaniern nicht; auch
die Ortsnamen, in denen die Bezeichnung « szállás » (Ansiedelung, Niederlassung) besonders hervortritt, verkünden die Identität des Jazygen-
und Kumanenthums.

Die Ortschaften in Jazygien sind: Jászberény (20,233 Einwohner), Jász-
Apáti, vormals: Jász-Apáti-Szállás (9231 Einwohner), Árok-Szállás oder
Jász-Árok-Szállás (9625 Einwohner), Fénszaru (4582 Einwohner), Felsö-Szt.-
György (?), Alsó-Szt.-György (5013 Einwohner), Dózsa (3037 Einwohner),
Jákóhalma (3037 Einwohner), Mihály-Telek (2100 Einwohner), Jász-Ladány
(6321 Einwohner), Jász-Kis-Ér (5039 Einwohner), Négy-Szállás, Ágó, Bol-
doghája, vormals Boldogfalva u. s. w.

Tartaren.

Nebst den Kumanen und Jazygen erwähnen sowohl die ungarischen Gesetze als die Urkunden auch der *Tartaren.* Der Landtag vom
Jahre 1451, welcher für die Zeit der Minderjährigkeit des Königs
Ladislaus V. den Johann Hunyady zum Landesgubernator ernannte,
regelte auch das Kriegsheer, wobei bestimmt wurde, mit wie viel Mannen jeder hierzu Verpflichtete ins Lager ziehen müsse. Dabei wird im
Artikel 9 unter Anderem gesagt: « In derselben Weise sind auch die
Philistäer (Jazygen), Kumanen, Walachen und *Tartaren* zu conscribiren
und ebenfalls zum Kriegsdienste verpflichtet. » [432] Als unter König
Mathias im Jahre 1459 vom ungarischen Kriegsheere die Rede ist, bestimmt der Landtag, dass die Kumanen, Philistäer (Jazygen) und *Tartaren*
nach altem Gebrauche zum Kriegsdienste verpflichtet seien, sowie auch
die Siebenbürger Sachsen. [433] Der Legat des Papstes schreibt im Jahre
1480: « Es wohnen in einzelnen Theilen des Landes *Tartaren,* die ihre
besondere Religion haben und *Kumanen* genannt werden. [434] » Der türkische Schriftsteller Ali, welcher in der Gegend von Ofen verweilte,
schreibt im Jahre 1588: « Unter der magyarischen Nation findet man
in der Gegend der Stadt Ofen in Dörfern zerstreut Viele, die in Klei-

dung und Sitten *Tartaren* sind; ein Theil derselben spricht auch die *tartarische Sprache.*[435] Der Ort «Kún-Szt.-Miklós» hiess ehemals «*Tatár-Szt.-Miklós.*» Es ist also gewiss, dass in den Zeiten vor der Türkenherrschaft auch Tartaren in Ungarn wohnten und zwar unter den Kumanen. Diese Tartaren wanderten nach den Kumanen, ins Land ein; heute ist von ihnen keine Spur mehr vorhanden.

Die Siebenbürger Székler.

In politischer Beziehung nehmen die Székler in der Geschichte Siebenbürgens eine hervorragende Stelle ein; sie bildeten nach der früheren siebenbürgischen Verfassung die dritte Nation des Landes. So wie der Palatin Ungarns zugleich der Obergespan und Richter der Jazygen und Kumanen war: ebenso nannten sich die siebenbürgischen Wojwoden «Grafen der Székler», welchen Titel auch die Fürsten Siebenbürgens führten.[436] Die Könige aus dem Geschlechte der Árpáden siedelten die Székler als «Grenzwächter» an der Ostgrenze Siebenbürgens an und verliehen ihnen gleichwie den später dahin angesiedelten Sachsen namhafte Privilegien. Denn obgleich wir über die Zeit der Ansiedelung der Székler kein historisches Zeugniss besitzen, so scheint doch gewiss zu sein, dass sie den sächsischen Colonisten vorangegangen waren. Nachdem sich die Zahl der Székler vermehrt, verbreiteten sie sich weiter landeinwärts, d. i. nach dem Westen, wie z. B. der «Széklerstuhl Aranyos» (magyarisch «Aranyosszék») am Flusse Aranyos zwischen den Comitaten Torda und Weissenburg bezeugt. Das Privilegium dieser Aranyoser Székler vom Jahre 1289 steht unter den «Privilegien und Constitutionen der edlen Székler-Nation» («Nemes Székely Nemzetnek Constitutiója és Privilegiumai») als das älteste bekannte Székler-Privilegium an der ersten Stelle.[437] Allein was immer für Wichtigkeit die Verfassung und Geschichte der Siebenbürger Székler für die Geschichte selbst besitzt, für die Ethnographie ist das nicht der Fall. Die Székler können als ein Theil der allgemeinen magyarischen Nation keine besondere ethnographische Behandlung in Anspruch nehmen.

Nachdem wir jene Völker, welche mit den Magyaren verschmolzen sind, in Kürze aufgeführt haben, müssen wir auch deren *Nationalität* nach Möglichkeit zu bestimmen suchen. Dies wird leichter geschehen können, wenn wir vor Allem die geographischen Namen betrachten, welche nicht blos die Beherrschung eines Landes durch ein bestimmtes Volk bekunden, sondern auch lehren, was die neuen Besitzergreifer von ihren Vorgängern übernommen haben und was wir aus den geographischen Benennungen in Bezug auf die Nationalität des betreffenden Volkes entnehmen können.

§ 53.

In den Mittheilungen über die Niederlassungen der Petschenegen, Palóczen, Kumanen und Tartaren führten wir auch Ortsnamen an, welche zum Theil die Geschichte dieser Völker erzählen. Der Name *Apátfalva* (= Abtsdorf) lehrt z. B., dass diese Ortschaft einem Kloster und dessen Abte seinen Ursprung verdanke; die in jazygischen und kumanischen Ortsnamen häufig vorkommende Benennung *szállás* (= Niederlassung) verkündet, dass die Kumanen als Nomaden sich an gewissen Orten, die nachher ihre festen Wohnsitze wurden, niedergelassen haben. Jeder geographische oder Ortsname spiegelt irgend welche natürliche Eigenthümlichkeit oder irgend eine Geschichte wieder; obgleich wir in den meisten Fällen das zurückgeworfene Bild nicht mehr verstehen und zwar entweder deshalb, weil jener Name aus alter Zeit herstammt und seine Bedeutung bereits dunkel geworden ist; oder darum, weil wir selbst die Ursachen der Entstehung neuer Namen nicht kennen. Die Ortsnamen stehen demnach sehr häufig als Zeugen vor uns, deren Sprache uns unverständlich geworden ist.

Die Flüsse sind von besonderer Wichtigkeit nicht blos für das wandernde Nomadenvolk, sondern auch für den angesiedelten Ackerbauer; deshalb haften die Namen der Flüsse am dauerndsten, mögen ihre Anwohner auch noch so häufig wechseln. Sobald das Licht der Geschichte Ungarn und Siebenbürgen zu erhellen beginnt, begegnen wir allsogleich den Flussnamen Donau, Theiss, Maros, March (Morava), Kulpa, Save und Drau und diese Namen verschwinden auch in Zukunft nicht wieder. Zur Zeit der Römerherrschaft treten sowohl in Pannonien als in Dacien neue Flussbenennungen hinzu, insbesondere: Murius (Mur), Sala (Szala), Araba (Raab und Rábcza), Granua (Gran), Aluta (Olt), Tibisia (Temes), Samus (Szamos), Ampela (Ompolya), Borsova (Borzava), Tierna, Zierna, Tsierna (Cserna). Im 6. Jahrhundert wird noch der Fluss Gresia (Körös) bekannt. Sowohl der Platten- als auch der Neusiedler-See kommt bei den Römern unter dem Namen »Pelso« vor.

Die Flussnamen verblieben nach dem Untergange der Römerherrschaft und vererbten sich auch auf die Magyaren. Nur der See-Name »Pelso« erleidet eine Umwandlung. Der grössere See erhielt von den Slovenen, die vielleicht schon unter den Avaren hier wohnten, den Namen »*Plattensee*« (magyarisch Balaton-tava, vom slavischen »blato« = Morast, Sumpf) und dieser Name blieb dem See auch bei den Magyaren, welche die dortigen Slovenen absorbirten. Der kleinere See heisst im Magyarischen *Fertö* (deutsch »Neusiedlersee«); das Wort ist magyarisch und bedeutet dasselbe wie »Balaton«. Auch die kleineren Flüsse bekamen nach der Niederlassung der Magyaren neue Namen, so

die *Lendva* (deutsch « Limbach »), *Gyöngyös, Lapincs* (deutsch « Lafnitz »),
Marczal, Eger (deutsch « Erlau »), *Héviz, Ternova, Kanizsa, Ikva, Hanság,
Sárviz, Sió, Kapos, Almás, Fekete viz* u. s. w. Unter diesen Flussnamen
sind wohl einige slavischen Ursprunges, z. B. Ternova, Kanizsa ; die
übrigen sind jedoch deutlich magyarischer Abstammung. Das magyarische « Lajta » (deutsch « Leitha ») ist offenbar das deutsche Lit-aha =
Litfluss, Litwasser ; vordem im Magyarischen : « Sárviz », « Sárfolyó »
(= Koth- oder Sumpfwasser, Sumpffläche). [438] Die Flussnamen diesseits der Donau : *Waag, Neitra* (magyarisch Nyitra), *Eipel* (magyarisch
Ipoly) sind gleich den übrigen Flüssen in den Karpaten slavischen
Ursprunges. Dagegen hat der *Sajó* im Gömörer und Borsoder Comitate, welcher in die Theiss mündet, ferner der *Sajó* in der Marmaros,
der dort neben den Ortschaften Sajó-Polyána und Sajó vorbeifliesst und
sich mit der Iza vereinigt ; sowie die Flüsse *Héjö, Berettyó, Tapió* magyarische Namen ; desgleichen der *Sió* jenseits der Donau. Magyarische
Flussnamen sind auch : *Zsitva, Zagyva, Szinva, Bódva, Bitva, Csorva*
wie die transdanubischen Lendva, Ikva. « Eger » und « Gyöngyös » finden
sich dies- und jenseits der Donau vor.

In Siebenbürgen sind magyarische Fluss- (und Bach-) Namen die
mit der Aluta sich vereinigende *Szeg-aszó, Madaras, Szilos, Nyerges,
Kis-* und *Nagy-Fekete-Ügy, Homoród*. — Ebenso der Nebenfluss des
Szamos, der *Sajó*, welcher auf dem Berge Tamás-Homloka (= Stirn
des Thomas) entspringt und an den Ortschaften Sófalva, Besenyö, Nagy-
und Kis-Sajó, Sajó-Keresztur, Sajó-Udvarhely vorbeifliesst ; ferner die
Flüsse *Kapos, Almás, Szilágy, Lapos*. — In die Maros gehen : *Somojó,
Hal-aszó, Kis-* und *Nagy-Küküllö* (« Kleine » und « Grosse Kokel »),
Kis- und *Nagy-Nyárad, Kis-* und *Nagy-Aranyos*. Ein Bach des Kü-
küllö (Kokel) heisst *Sikaszó*.

Wir haben gesehen (oben S. 65), dass SCHAFARIK den Flussnamen *Sajó* für slavisch erklärt : *Schajawa*, weil es sehr viele slavische
Flussnamen mit der Endung « wa » gebe, wie z. B. Morawa u. s. w. ;
allein diese letzteren sind von ganz anderer Bedeutung und Herkunft.
Den Gömörer Sajó nennen die slovakischen Gebirgsbewohner « Slana »,
d. i. Salz-Wasser, -Fluss, die Dobschauer Deutschen heissen die Ortschaften « Alsó- » und « Felsö-Sajó » *Unter-Salzach, Ober-Salzach; « Salzach »*
ist aber gleichbedeutend mit dem slovakischen « Slana », nämlich :
« Salz-Fluss ». Der Anonymus, der in Bezug auf die Ortsnamen des
13. Jahrhunderts von grossem Nutzen ist, schreibt den Namen « Sou-
jou » = « Só-jó » = Salz-Fluss ; jetzt nennt und schreibt man diesen
Flussnamen im Magyarischen « Sajó ». Das Wort « sou », « só » (= Salz)
ist deutlich : « Sajó » lautete also ursprünglich « Sav-jó » oder « Saj-jó ».
Sollte diese Erklärung irgend welche Zweifel erregen, so zerstreut die-

selben der Flussname *Héjö*. Dieser erscheint beim Anonymus als «Heujou»; er entspringt in dem Bade Tapolcza bei Miskolcz und fliesst erstlich bei dem Orte Tapolcza, dann bei Aranyos und Emöd vorbei, wo er schon den Namen «Héjö» führt. «Tapolcza» bedeutet im Slavischen «warmes Wasser»; das «Heu-jou» des Anonymus ist also = «Hév-jó», woraus das «Hé-jö» entstanden ist, wie «Hé-viz» statt «hévviz» =heisses Wasser), «ünnep» statt «ün-nap» Feiertag. Was aber bedeutet das «jó» in den Worten: Sa-jó, Saj-jó, Hé-jó, Hév-jó? In den ugrischen und finnischen Sprachen lautet dieses Wort *jog, jou, jeag, jag, jaa* und bedeutet so viel als «Fluss». «Sajó» wäre also = Salz-Fluss, «Héjö» = Warm-Fluss und entspräche jenes Wort völlig der deutschen «Salz-ach», respective dem slavischen «slana» und letzterer Ausdruck dem slavischen «tapolcza».

Das Wort «jó» in der Bedeutung von «Fluss», «Bach» hat sich in der magyarischen Sprache nur in Zusammensetzungen erhalten. Es erscheint mir auffällig, dass nahe bei Miskolcz am Sajó die Ortschaften «Besenyö» und «Szirma-Besenyö» liegen. Ob der Ausdruck «jó» = Fluss wohl mit den Petschenegen in die magyarische Sprache gekommen ist? Nachdem es sich ergeben, dass Sajó = Salzfluss bedeutet, musste ein Fluss solchen Namens auch in Siebenbürgen vorkommen, und siehe! er fand sich in der That in einem Nebenflusse der Szamos, dem Sajó, von welchem, wie im Borsoder Comitate, mehrere Ortschaften ihren Namen führen und an dem ebenfalls ein «Besenyö», von den dortigen Deutschen «Heidendorf» genannt, sich befindet. Dieser Umstand verstärkt die Ansicht, dass jenes «Fluss» bedeutende «jó» vielleicht doch von den Petschenegen herstammt. Noch ein anderes ethnographisches Interesse knüpft sich an dieses Wort. Die am siebenbürgischen Sajó gelegenen Ortschaften Alsó- und Felsö-Sajó heissen im Deutschen «Unter-Schogen», «Ober-Schogen», nicht wie bei den Dobschauer Deutschen im Gömörer Comitate: Unter- und Ober-Salzach. Daraus vermuthe ich, dass das siebenbürgische Sajó in alter Zeit «sajog» (sav-jog) ausgesprochen wurde (welche Form ursprünglicher war als «sajó») und daraus machten die Deutschen «Schogen»; ferner geht daraus hervor, dass die Deutschen Siebenbürgens später an den siebenbürgischen Sajó eingewandert sind als die Dobschauer Deutschen nach Gömör; denn jene erfuhren schon nicht mehr den wörtlichen Sinn des Flussnamens «Sajó». Die Petschenegen konnten aber damals noch Heiden sein oder war doch die Erinnerung an ihr Heidenthum noch lebendig geblieben; denn die Ortschaft «Besenyö» wurde von den Deutschen «Heidendorf» genannt und heisst so bis zum heutigen Tage.

Wir haben gesehen, dass auch in der Marmaros ein Bach *Sajó*
in den Iza-Fluss sich ergiesst; es unterliegt keinem Zweifel, dass dieser
Flussname überall von dem magyarischen «só» (= Salz) herkommt,
sowie durch ihn auch bezeugt ist, dass dieser Name nur von den Magyaren oder magyarisirten Petschenegen herstammen kann.

Nachdem wir die Bedeutung des Wortes «jó» (= Fluss) kennen,
erhalten auch mehrere andere Flussnamen einen verständlicheren Sinn;
z. B. «Berettyó», in den Urkunden «Berek-jó», d. i. «Wald-Fluss»;
«Tápió» = «Táp-jó» = «Táp-Fluss»; «Sió» = Si-jó, d. i. «fliessendes
Wasser». (?)

Den siebenbürgischen Fluss Kokel, magyarisch «Küküllö» erklären
ganz richtig die Ausdrücke «fluvius Kükül», «fluvius Kükül aquae»
zu deutsch: «Kokel-Fluss»; die Composition «kükül» und «jó» ist im
Magyarischen deutlich. [438] Ja weil die Rumänen den Kokelfluss mit dem
slavischen Worte «Tirnava», d. i. «Dornbach» bezeichnen (s. o. S. 229),
so scheint in dem Flussnamen «Kükül-jó» das Wort «kökény» (= Weg-
dorn, Schlehe) verborgen zu sein.

In einigen Flussnamen kommt die Endung «va» vor, was sehr
slavisch klingt, es aber doch nicht ist. Die «Lend-va» nennen die
Deutschen «Lim-bach»; am oberen Laufe der «Zagy-va» wohnt unter
den Palóczen das Geschlecht der «Zagy» (magyarisch «Zagyi had»). [440]
Diese beiden Zeugnisse bekunden, dass die Namen «Lend-va», «Zagy-va»,
«Zsit-va» u. s. w. Composita sind. Den ersten Theil der Zusammensetzung verstehe ich nicht, wie solches auch bei «Táp-jó» der Fall ist;
allein der zweite Theil findet sich in zahlreichen Flussnamen im Lande
der Sirjänen und sonst, wo diese Handel trieben, wie z. B. bei den Wogulen. [441] Auch dieses «va» bedeutet im Sirjänischen «Wasser», «Fluss»,
wie im Wogulischen und Ostjakischen das Wort «já», «jog». Demzufolge ist «Zsit-va» = «Zsit-Fluss», «Zagy-va» = «Zagy-Fluss» (Fluss
der Zagy, welches Geschlecht an demselben seine Wohnsitze hatte),
«Lend-va» («Lend-Fluss», deutsch: «Lim-bach», d. i. «Lindenbach»).
Die etwa noch obwaltenden Zweifel zerstreut der Name «Bód-va»,
«Bold-va», zu deutsch «Mold-au», d. i. Mold-ach = Mold-Fluss.

Von besonderem Interesse sind endlich die siebenbürgischen
Flussnamen: «Kis» und «Nagy-*Fekete-Ügy*»; letzteren Fluss nennen die
Deutschen «Schwarz-Wasser», die Rumänen mit dem slavischen «Cserna
voda» (= Schwarzwasser). Das magyarische «viz» (Wasser) lautet in den
verwandten Sprachen: «vet», «vit» und «ujty, üty»; statt dès gewöhnlichen «viz» (das übrigens im Magyarischen auch in der Form «vid»
vorhanden ist, z. B. vides = vizes, wässerig, nass) finden wir in den
siebenbürgischen Flussnamen auch «üdj» (üty) = «ügy» (d. i. Wasser).

Schon aus den hier erklärten Flussnamen kann man entnehmen, dass die magyarische Sprache keineswegs das Product eines einzigen Dialectes ist; was übrigens auch die heute im Verschwinden begriffenen Local-Suffixe bezeugen. Solche sind:

örök-é	örök-(ö)n	örök-ül
(ewig, auf ewig)	(ewig)	(von Ewigkeit)
Györ-é	Györ-t	Györ-ül [442]
(nach Raab)	(zu oder in Raab)	(von Raab her)
pap-nyi	pap-nyut	pap-nyul
(zum Geistlichen)	(bei dem Geistlichen)	(von dem Geistlichen).

Die Flussnamen erhielten sich nicht nur aus der Römerzeit, sondern auch aus der Periode *vor* der Römerherrschaft. Anders ist es mit den Orts- und Städtenamen; diese verblieben nicht einmal aus der Römerzeit (das eine Sissek und etwa Zsidowin ausgenommen). Auch die Ländernamen sind bei den nachfolgenden Völkern untergegangen; nur in der gelehrten Literatur kennt man noch die Namen Pannonien, Dacien u. s. w. Aus der fränkisch-deutschen Periode haben sich jenseits der Donau die Namen der Abtei zum h. Hadrian und der Stadt Fünfkirchen (Quinque ecclesiae), diesseits der Donau nur der Name von Neitra erhalten: alle übrigen Localnamen sind also aus der Zeit *nach* der magyarischen Besitzergreifung des Landes. Und wenn die Original-Urkunden oder die Copien derselben über die ersten Donationen glaubwürdig sind: so zeigen die darin vorkommenden zahlreichen Ortsnamen, dass schon bis zur Zeit Stefan des Heiligen die Magyaren in ihrem Volksthume grosse Veränderungen durchgemacht haben.

§ 54.

Gewöhnlich nimmt man bei uns an, dass Hunnen, Kumanen, Petschenegen und Magyaren eine und dieselbe Nation ausmachen; die Avaren sind weniger beliebt, umsomehr klammert man sich aber an die Hunnen, indem man in der Abstammung von diesen einen nationalen Ruhm erblickt. Was die heutige Ethnographie von deren Nationalität hält, haben wir schon erwähnt (siehe oben S. 24 und 77); es fragt sich nun, auf welche Weise *wir* diese Frage beantworten können.

Zur vorläufigen Orientirung halte man fest, dass mit Ausnahme der Nordpolarstämme die Völker in Mittel-Europa und Mittel-Asien von Westen nach Osten in folgender Reihe aufeinander folgten: Kelten, Germanen, Slaven, Finnen, Ugren, Türken (Tartaren), Mongolen, Mandschu; — dann Tibetaner, Chinesen, Japanesen. Die Ersten, die Kelten, sind im Aussterben begriffen; die Mandschu, sowie die Tibetaner, Chinesen und Japanesen haben auf Mittel-Europa niemals directen Einfluss ausgeübt,

können also bei unserer Untersuchung ebenfalls ausser Acht bleiben.
Die übrigen Völker treten in der Geschichte und Gegenwart stets in
der Weise auf, dass nach dem Westen zu die Slaven *niemals vor* den
Germanen erscheinen; dass die finnisch-ugrischen Völker vom Norden
her mit den Germanen und Slaven, vom Osten her der Natur der
Sachlage zufolge bis in das achte und neunte Jahrhundert nur mit den
Slaven in Berührung kamen; dass ferner die Türken stets die östlichen
Nachbarn der Finnen und Ugren gewesen, und dass endlich die Mongolen nach den Türken auf dem Schauplatz der europäischen Geschichte
erscheinen. Die Urheimat der finnisch-ugrischen Völker kann man sich
von den Ufern des Ob, Irtisch und Jajk westwärts bis an die Gebiete
der Slaven ausgedehnt denken; wornach also das Uralgebirge ihr eigent-
licher Ursitz gewesen ist. Der finnische Zweig zog bis an das baltische
Meer (die Ostsee) und in Skandinavien bis zum atlantischen Ocean
und an das nördliche Eismeer, wo er sowohl den Slaven als den Germanen vorausging.

Die Frage nach der Nationalität bezieht sich unbedingt in gleicher Weise auf die Hunnen, Bulgaren, Chazaren, Avaren, Magyaren,
Petschenegen und Kumanen.

Die Geschichte der **Hunnen** wurde von vielen Historikern behandelt. DEGUIGNES[443] lässt die Hunnen von der Grenze Chinas her an
die Wolga gelangen; der ungarische Geschichtschreiber PRAY[444] folgt
DEGUIGNES, fügt jedoch die finnische Verwandtschaft der Hunnen
hinzu.[445] Der neueste Historiker der Hunnen, THIERRY, berücksichtigt
die chinesischen Forschungen von DEGUIGNES nicht, nimmt aber das
hunnische Bündniss auf jenem Gebiete an, wo Jordanis die Hunnen
gefunden hatte (vgl. oben S. 75). «Aller Wahrscheinlichkeit nach»,
sagt THIERRY, «umfasste die hunnische Herrschaft alle jene Völker,
welche sich in dem von ihnen beherrschten Gebiete bis heute vorfinden: im Osten die Türken, im Westen die Finnen; ja es ist sehr
wahrscheinlich, auch den herrschenden Stamm der Mongolen, welche
den asiatischen Körpertypus schärfer repräsentiren als die Finnen. In
der That zeichnet die Geschichte Attila und einen Theil der hunnischen Nation nach dem ausgeprägtesten kalmükischen Typus.»[446] Ob
man auch die Mongolen zu den Bundesgenossen der Hunnen zählen,
also mit Bestimmtheit behaupten darf, dass das Reich Attila's ein völli-
ges Vorbild des Reiches von Dschengiskhan gewesen, weiss ich nicht,
oder vielmehr ich leugne es. Denn erstlich kann man es nicht wagen,
aus den Historikern jenes Zeitalters den körperlichen Typus Attila's oder
eines Theiles der Hunnen derart zu beschreiben, wie das die zoologische Ethnographie von heute fordert. Und dann kommt man der Wirklichkeit wohl am nächsten mit der Annahme, dass das hunnische

Bündniss entweder nur aus finnisch-ugrischen oder aus finnisch-ugrischen und türkischen Völkern bestanden habe. Allein auch diese Bezeichnungen sind so vage Begriffe, dass sie in der Ethnographie denselben Werth haben, wie z. B. die «mongolischen Völker» Peschel's (siehe oben S. 26), vorausgesetzt, dass man unter ethnos, Volk, etwas Einheitliches versteht.

Wir haben den Ursprung jener Sage von der directen Abstammung der Magyaren von den Hunnen kennen gelernt (siehe oben S. 185 : wir wissen aber auch, dass diese Sage nicht die geringste historische Grundlage hat. Die Nationalität der Hunnen lässt sich also weder aus der allgemeinen Geschichte noch aus der Geschichte der Magyaren bestimmen. Der einzig richtige Führer und vertrauenswürdige Zeuge, die Sprache, fehlt uns aber gänzlich. «Hunnivar» und «vadon» wären die einzigen hunnischen Worte, welche uns hier zu Gebote stünden ; allein das «Hunni-var» des Jordanis bedeutet keine «Burg» (magyarisch «vár», also «Hunni-var» etwa = «Hunnenburg»), sondern einen *Fluss* (siehe Anmerkung 121). [447] Das Wort «vadon» (im Magyarischen «Wildniss, Einöde», dem man bei armenischen Schriftstellern begegnet, kann für sich allein nicht viel bezeugen. Einige Zahl- und Zeitwörter würden eine weit bessere Basis zur ethnographischen Erörterung bieten ; allein gerade solche Reste der hunnischen Sprache findet man nirgends. Die einzige Wahrheit ist, dass wir von der Sprache der Hunnen gar nichts wissen. Dennoch ist es vielleicht möglich, auf indirectem Wege zu einiger Kenntniss über die Sprache und dadurch über das Volksthum der Hunnen zu gelangen, indem wir nämlich das den Hunnen verwandtschaftlich zunächststehende Volk betrachten. Und das sind die Bulgaren.

Das **bulgarische** Volk erscheint in der engsten Beziehung zu den Horden der *Kuturguren* und *Uturguren*, diesen Ueberbleibseln des hunnischen Volkes. Wenn wir also die Nationalität der Bulgaren bestimmen könnten ; dann wäre es möglich, daraus zum mindesten die Nationalität derjenigen Hunnen zu folgern, deren Reste die Kuturguren und Uturguren gewesen. Ein Theil des bulgarischen Volkes lebte, wie wir wissen, an den Ufern der Wolga, wo Ibn Dasta und Constantinus dasselbe kannten (siehe oben S. 131 und 135).

Unter König Almus, dem Sohne Wasilko's, nahmen die Bulgaren im Jahre 921 den Islam an, bei welcher Gelegenheit Ibn Foslan (siehe oben S. 133) werthvolle Nachrichten über dieselben niederschrieb. [448] Der bulgarische König nannte sich vordem «wlatawas» ; von jetzt ab führt er als ein mohamedanischer Fürst den Titel «Emir» ; die Einwohner trinken «sidschu», d. i. Methbier ; «sidschu» kann = «sidschowka» sein. Diese drei slavischen Worte : «Wasilko», «wlatawas» und «sidschu» bezeugen, dass schon um 921 das Slaventhum die Bulgaren stark beeinflusst hatte. Allein diese letzteren prophezeien aus dem Hundegeheul; die Schlange ist ihnen ein geheiligtes Thier; eines ihrer Kleidungsstücke (Ibn Foslan bezeichnet es als Mütze) heisst «kalensuve». Dazu kommt, dass nach Ibn Foslan und anderen arabischen Schriftstellern die bulgarische Sprache sowohl von der türkischen wie von der persischen Sprache verschieden, mit der chazarischen aber übereinstimmend ist. Der Name ihrer Hauptstadt ist *Bulgar*, welche die Russen im Jahre 968 oder 969 verwüsteten; diesen Namen zerlegen wir in «bul-gar», nachdem «kar», «gar» im Sirjänischen, Permischen und Wotjakischen «Stadt» bedeutet; «bul-gar» wäre also = «Bul Stadt», «Stadt der Bulen». Alle diese Umstände zeugen für eine Nation mit ugrischer Sprache. [449] Allein andere bulgarische Städtenamen, noch aus der Zeit *vor* dem Mongolen-Einfalle, wie z. B. «Sabakula», «Cselmata», «Asli» und andere scheinen türkischen Ursprunges zu sein. Auch die Correspondenz zwischen dem Bulgarenkönig und dem Khalifen von Bagdad wurde wahrscheinlich in türkischer Sprache geführt, welche Sprache man damals, nach Fraehn's Ansicht, am Hofe zu Bagdad schon verstand. Nach dem letztgenannten Schriftsteller gehörten die Bulgaren wahrscheinlich zur finnisch-ugrischen Völkergruppe, welche sich dann mit slavischen und türkischen Elementen stark vermengte; so dass die Wolga-Bulgaren fast gänzlich zu einem türkischen, ihre Stammverwandten an der Donau aber zu einem slavischen Volke umgestaltet wurden. [450] Heute wohnen in dem Bulgarien an der Wolga Mordwinen, Tscheremissen, Tschuwaschen und Tataren.

Das älteste Denkmal der Donau-Bulgaren ist ein in neuerer Zeit aufgefundenes Verzeichniss, welches die bulgarischen Fürsten bis zum Jahre 765 aufzählt. Dasselbe ist in slavischer Sprache geschrieben, enthält aber viele unverständliche Worte, welche der ursprünglichen bulgarischen Sprache angehören. Diese suchte HILFERDING aus dem Magyarischen zu erklären, doch ohne Erfolg, wie Dr. JIREČEK, der neueste Historiker der Bulgaren, [451] meint. Die Eigennamen, wie: Avitochol, Dulo, Irnik (ähnlich dem Namen Irnak, Attila's Sohn), Tervel, Vokil, Ukil, Ugain, Umor etc. scheinen ugrischer Abkunft zu sein. Ein glaubwürdigeres Denkmal dieser Bulgaren sind aber die Antworten des Papstes Nicolaus I. vom Jahre 866 auf die ihm vorgelegten Fragen der Bulgaren (siehe oben S. 117). Aus diesem geht hervor, dass die heidnischen Bulgaren Rossschweife zur Kriegsfahne hatten; dass sie auf den Säbel den Eid ablegten und bei Verträgen Hunde opferten; dass sie ihre Haare abschnitten und einen Turban aus Linnen trugen, was ebenso altmagyarische wie türkische Sitte gewesen. [452] Das sicherste Zeugniss wäre freilich die Sprache, wenn nämlich in der heutigen slavischen Sprache der Bulgaren auch von deren früherer Sprache eine grössere Anzahl von Worten erhalten worden wären. So aber kennt man als solchen Rest nur das Wort «our»: dieses Wort, das gleich dem magyarischen «úr» Herr bedeutet, ging von den bulgarischen Herren in die slavische Sprache ihrer Unterthanen über, sagt ROESLER. Dadurch wird das Bulgarische als ein ugrischer Dialect gekennzeichnet.[453] Auch die rumänische oder walachische Sprache kann zur Lösung der bulgarischen Abstammungsfrage einige Beiträge liefern; denn man kann annehmen, dass auch in diese Sprache altbulgarische Wörter eingedrungen sind, welche ihre ursprüngliche Form behalten haben. Es ist nämlich eine bekannte Thatsache, dass die entlehnten Wörter nach einiger Accomodation an die neue Sprache ihre frühere Gestalt ziemlich unverändert behalten. ROESLER betrat auch diesen Weg der Untersuchung, indem er insbesondere die rumänischen Worte «mal» (Ufer, Küste) und «sur» (magyarisch «szür-ke» = grau) heraushob.[454]

Die alte bulgarische Staatsverfassung beruhte auf dem Adel. Der Titel des Fürsten war «Khan» (im Magyarischen des 16. und 17. Jahrhunderts «hám»), dessen Rath sechs «Boli-as» bildeten; aus diesem Würdenamen leiten Einige das slavische Wort «boljarin», «bolêrin» (Edelleute) ab, welches Wort (heute «Bojaren») nur bei Russen und Bulgaren üblich war und von diesen zu den Walachen und Albanesen gelangte.[455] Nach bulgarischer Höflichkeit erkundigte sich der byzantinische Gesandte zuerst nach dem Befinden des Fürsten, seiner Gemahlin und seiner Kinder; sodann nach dem des Kanartikin und des Tarkan der Bolias; hierauf nach dem der sechs grossen Bolias, sowie der inneren und äusseren Bolias und endlich nach dem Befinden des ganzen Volkes.[456] Die «grossen Bolias» (Βολιάδες οἱ μεγάλοι) erinnern an die «Jó-bágyen» der Magyaren, welche gleichfalls die dem Könige zunächst stehenden Würdenträger bezeichnete (siehe oben S. 225); ja sie unterstützen sogar die Meinung, dass das magyarische «bágy» (bagy) vielleicht eher mit «boli», dem Stammworte von «bolias» zu vergleichen sei als mit dem chazarischen «bak» (siehe oben S. 137).

Fassen wir Alles, woraus sich auf die Nationalität der Bulgaren ein Schluss ziehen lässt, zusammen, so ergibt sich, dass die Bulgaren ein *ugrisches* Volk waren, auf welches schon früher sowohl türkischer als slavischer Einfluss eingewirkt hat; der erstere siegte über die Wolga-, der letztere über die Donau-Bulgaren. Ganz in derselben Weise wie die bulgarische Abstammungsfrage muss auch die «Hunnenfrage» beantwortet werden. Sowohl Hunnen als Bulgaren gehörten zu den ugrischen Völkern; allein, welchem Zweige dieser Völker sie beizuzählen sind, das kann nicht bestimmt werden.[457] Wer die Hunnen für directe Vorältern der Magyaren und die Sprachen der beiden Völker

für identisch hält: der ahnt gar nicht jene vielen und grossen Klüfte,
denen man zwischen Hunnen und Magyaren begegnet.

Die Nationalität der **Chazaren** lässt sich aus nachstehenden
Momenten folgern: Der Name der Chazarenburg «Sarkel» bedeutet,
wie wir oben S. 137 gesehen haben, so viel als «weisse Niederlassung»,
«Weissenburg»; die im Briefe des Chazarenkönigs Josef (siehe oben
S. 178) enthaltene Genealogie (und diese ist ein einheimisches Zeugniss) deutet auf ugrisches Volksthum hin; Ibn Foslan und andere
arabische Schriftsteller finden die chazarische Sprache übereinstimmend
mit der bulgarischen; Tabari († 924) und der spätere russische Chronist
NESTOR nennen die Chazaren auch Ugren. [418] Nachdem das einzige
erhaltene chazarische Wort «sarkel» nicht nur im Wogulischen «weisses»
(sar, sor) «Haus» (kel, kil, magyarisch «ház») bedeutet, sondern auch
im Tschuwaschischen dieselbe Bedeutung hat: so folgern Viele daraus
und aus den übrigen Daten, dass die Chazaren ebenfalls ein *ugrisches*
Volk gewesen seien. [459] Andererseits lässt sich aus den Fürstentiteln
«Khagan», «Beg», «Bey» (Πεχ), aus dem Worte «Khatun» (türkisch
«Frau»), sowie aus dem Umstande, dass die Byzantiner die Chazaren
gewöhnlich «Türken» nennen; endlich aus der Mittheilung Ibn Dasta's
(vgl. oben S. 130), dass die Religion der Chazaren vor ihrem Ueber-
tritte zum Christenthume der türkischen Religion ähnlich gewesen
sei, die Folgerung ziehen, dass die Chazaren ein *türkisches* Volk waren.

Allein die arabischen Schriftsteller nennen einen Theil der Chazaren auch die *eigentlichen* Chazaren und machen einen Unterschied
zwischen «weissen» und «schwarzen» Chazaren, [460] woraus hervorzugehen scheint, dass die Chazaren nicht aus einem, sondern aus mehreren Stämmen, vielleicht auch aus mehreren Völkern bestanden.

Wichtiger als alle diese Momente dürfte das Zeugniss sein, welches wir im Hinblicke auf die Vereinigung der Kabaren mit den
Magyaren aus der magyarischen Sprache ableiten. Es ist bekannt, dass
ein Stamm der Chazaren, die Kabaren, sich von ihren bisherigen
Namensbrüdern trennte und mit den Magyaren verband (siehe oben
S. 141) und diesen letzteren die chazarische Sprache lehrte, daneben
auch die eigene Sprache behielt, doch zugleich die Sprache der Magyaren erlernte. Hier ist also deutlich von der Berührung, ja in gewisser Beziehung Verschmelzung zweier verschiedener Sprachen die Rede.
Nicht minder ist es aber auch bekannt, dass in der äusseren Geschichte
der magyarischen Sprache der türkische Einfluss ebenso erkennbar ist
wie der slavische. Wenn wir also die slavischen Elemente im Magyarischen ganz richtig aus der Verschmelzung der Slovenen mit dem
magyarischen Volke herleiten: so müssen auch die türkischen Worte
von der Amalgamirung eines türkischen Volksstammes mit den Magya-

ren abstammen. Nach dem Zeugnisse der Geschichte vereinigten sich Kabaren mit den Magyaren; also stammen die im Magyarischen vorhandenen türkischen Wörter von den Kabaren her. Und diese Ansicht wird durch eine gewichtige Thatsache unterstützt. Das chazarische Wort «sar-kel» lässt sich weit eher aus dem eigentlich Tschuwaschischen als aus einem anderen türkischen Dialecte erklären. In keinem türkischen Dialecte findet man das Wort «kel» in der Bedeutung von «Haus», «Niederlassung», nur im Tschuwaschischen; ferner sind die aus dem Türkischen stammenden magyarischen Wörter mit der r-Bildung, als: «tenger» (Meer), «ökör» (Ochs), «iker» (Zwilling), «borju» (Kalb), «karó» (Pfahl) ebenfalls nur im Tschuwaschischen vorhanden; in den übrigen türkischen Dialecten steht hier «z» statt «r», also: «tengiz», «öküz», «ikiz» u. s. w. Man darf somit kühnlich annehmen, dass jene magyarischen Wörter von türkischer Abkunft von einem Türkenstamme mit tschuwaschischem Dialecte herrühren; dass somit auch jene Kabaren Türken mit tschuwaschischer Sprache gewesen seien. Daraus folgt noch nicht, dass sämmtliche Chazaren diesem Dialecte angehörten, vorausgesetzt, dass zwischen den Chazaren ein Unterschied vorhanden war: nur das Eine geht daraus mit Nothwendigkeit hervor, dass ein Theil dieses Volkes, die Kabaren, diesen Dialect besass und sich, wenn sie etwa dadurch von den übrigen Chazaren verschieden waren, vielleicht eben deshalb von diesen getrennt hat. — Die Verschmelzung der Kabaren mit den Magyaren bedingt keine Blutsverwandtschaft oder Sprachgemeinschaft zwischen beiden Völkern, wie ja auch die spätere Vereinigung der Slovenen mit den Magyaren keineswegs das Resultat einer solchen Verwandtschaft. [461]

Das Andenken an die Chazaren bewahren in Russland viele Ortsnamen, wie z. B. Kazarecz, Kazaritschi, Kazarinow, Kozarowka, Kozari u. s. w. [462] *Auch in Ungarn hatte der Anonymus etwas von den Chazaren vernommen; denn im Cap. XI versetzt er zwischen die Flüsse Maros und Szamos das Reich Marot's, welches, wie er sagt, das Volk namens Kozar bewohnt. In dieser Gegend trifft man heute allerdings nur die Ortsnamen «Kozár-vár» (= Chazaren-Burg) im Comitate Inner-Szolnok und «Kozárd» im Szatmárer Comitate; allein zur Zeit des Anonymus gab es wohl noch mehrere Ortsnamen, die an das Volk der Chazaren erinnerten. Im Baranyaer Comitate sind noch die Orte: «Nagy-» (Gross-), «Kis-» (Klein-) und «Rácz-» (Raizisch-, Serbisch-) «Kozár»; im Eisenburger Comitate eine Puszta «Kozári»; im Neograder Comitate die Ortschaften «Kozárd» und «Kazár».* [463]

Noch geringere Behelfe als zur Bestimmung der Nationalität der Chazaren stehen uns zur Verfügung, sobald wir die Abstammung der **Avaren** untersuchen wollen. Aus der chazarischen Sprache besitzt man zum mindesten einen Ortsnamen «Sar-kel»; aus dem Avarischen ist ausser dem unverständlichen «bocholabra» (siehe oben S. 96) kein einziges deutbares Wort auf uns gekommen; selbst die avarischen Namen der berühmten Befestigungen (der « Hringe » oder « Ringe ») haben die Geschichtsschreiber Carl des Grossen nicht aufgezeichnet. [464] Das Andenken an die Chazaren wird ferner in Ungarn durch Ortsnamen bis zum heutigen Tage bewahrt; die Erinnerung an die Avaren, welche daselbst dritthalb Jahrhunderte herrschten, verewigt kein einziger Ortsname; denn der Ortsname «Györ» (Nagy-Györ, Kis-Györ, Diós-Györ u. s. w.) konnte nur von Jenen für ein avarisches Ueberbleibsel genommen werden, welche das deutsche Wort «Ring» unter Zuhilfenahme des magyarischen «gyürü» (= Ring) durch «györ» zu erklären versuchten. Der angebliche avarische Ortsname «Vetvár» ist gleichfalls sehr zweifelhaft. Man muss in der That staunen, dass von der langen Herrschaft eines berühmten Volkes ausser einem *Steigbügel* und *zwei oder drei Schädeln* (vgl. oben S. 98 und 98—99) nichts weiter übrig geblieben ist. — Indem wir die verschiedenen Ansichten der Historiker über die Nationalität der Avaren bei Seite lassen, wollen wir untersuchen, was man den vorliegenden Daten darüber entnehmen kann.

Die griechischen Schriftsteller nennen die Avaren ein « ogorisches » oder « ugorisches » Volk und lassen sie von den Ufern des «Schwarzen Til» (der Kama) herstammen (siehe oben S. 83 ff.). Unter den Griechen gebrauchen Menander (594) und Theophylaktus Simocatta (629) zuerst den Namen «Ogor», « Ugor », den Jordanis (550) schon in « Hun-Ugur » und ähnlichen Völkernamen erwähnt hatte. Demzufolge waren die Avaren ein *ugrisches* Volk wie die Bulgaren und Magyaren, deren lateinischer und deutscher Name (Ungria, Ungarus, Ungern, Ungarn) ebenfalls von daher kommt. [465] Wenigstens die abendländischen Chronisten *Regino* und *Liutprand*, welche der Magyaren zuerst gedenken, nennen diese darum « Ugren » oder « Ungren », weil sie aus dem bekannten Lande « Ugorien » eingewandert seien.

Auch das avarische Volk bestand aus mehreren Stämmen; wir gedachten weiter oben (S. 95) des Stammes der *Varen, Uaren* und *Chunen*, der *Tarniaken* und *Koczager*, sowie des *Zabender*-Stammes. Die Ausdrücke « var », « uar », « ur », «vör» bedeuten in den ugrischen Sprachen (im Wogulischen, Permischen u. s. w.) Berg, Wald; « kum », «chum» aber Menschen, Leute; darnach wären die « Varchuniten » oder « Varchoniten» der Byzantiner = « Bergbewohner». Nachdem jedoch auch der allgemeine Name des Uralgebirges « var », « uar », « ur », d. i. «Berg» lautet, so kann man die Namen der avarischen Stämme der « Varen » und «Chunen» auch von daher ableiten; ja der Name der «Avaren» selbst scheint nichts Anderes als jenes « uar » zu sein. [466] — Auch die Stammesnamen der «Tarniaken» und «Koczager» deuten auf ugrischen, der Name «Zabender» auf persischen Ursprung hin.

Ausser dem türkischen Würdenamen «Khagan» begegnen wir bei
den Avaren noch den Namen «Jugur» und «Tudun» oder «Sodan».
«Jugur» ist dem Worte «ogor», «ugor» sehr ähnlich; man weiss nicht,
ob dieser Name nicht den Fürsten eines besonderen Stammes bezeichnet
habe; denn bei Eginhard werden die Gesandten des «Khagans» und
«Jugurs» erwähnt. [467] Der Ausdruck «Capzanus», welcher einmal vorkommt, ist eine offenbare Verdrehung von «Caganus». — Ebenso
scheint das Wort «tudun» oder «sodan» schon seinem Klange nach
ugrisch zu sein; denn das magyarische «tud» (= er weiss) lautet im
Mordwinischen «sod» und wenn es gestattet ist, davon auf die Bedeutung des avarischen Wortes zu schliessen, würde «tudun» oder «sodan»
so viel als der «Wissende», der «Gelehrte» bedeuten, was auf einen
priesterlichen Beruf passen würde. Ob aber der «Tudun» oder «Sodan»
ein Oberpriester gewesen, das lässt sich aus den Mittheilungen der
Geschichtsschreiber Carl des Grossen nicht entnehmen.

Unter den erdichteten Papstbriefen des Passauer Bischofs Pilgrim
befindet sich auch eine Bulle des Papstes Eugen II. vom Jahre 826
(siehe oben S. 197), in welcher von dem *Vetvárer* Bisthum im Avarenlande die Rede ist. Pilgrim schickte seine Urkunden, also auch
diese Eugen'sche Bulle, im Jahre 974 an den Papst Benedict VII.
nach Rom. Nach der Darstellung Pilgrim's gehörten die Bisthümer
Faviana und *Vetvár* vordem zum Lorcher Erzbisthum. Obgleich nun
in diesen Urkunden Alles erfunden ist, so sind doch die Ortsnamen
Laureacum (Lorch), Nitria (Neitra), Faviana geschichtlich: ist es da
nicht wahrscheinlich, dass zu Pilgrim's Zeit auch ein «Vetvár» bestand
oder doch die Erinnerung an ein *früheres* «Vetvár» noch im Gedächt-
nisse jener Zeit fortlebte wie das Andenken an Faviana? «Vet-vár»
wäre aber magyarisch «Viz-vár», d. i. «Wasser-Burg»; denn wir wissen,
dass «vet», «ved» = magyarisch «viz», d. i. Wasser (siehe oben
S. 150). [468] Wären wir im Stande, auf irgend eine Art zu beweisen,
dass «Vetvár» schon um das Jahr 826 bestanden habe, vielleicht als
einer der alten avarischen «Ringe», dann würden wir ein sicheres avarisches Wort gewinnen, welches auch den magyarischen Namen des
Neusiedlersees (= Fertő) als avarischen Ursprunges bezeugen würde.

Die Reste der Avaren finden wir am längsten in der Nähe des
Neusiedlersees, an der Leitha und in der Gegend des heutigen Wien;
weshalb man annehmen kann, dass die einwandernden Magyaren daselbst noch Avaren angetroffen haben. Es ist auffällig, dass der Plattensee seinen magyarischen und deutschen Namen dem Slavischen
verdankt; bei dem Neusiedlersee ist das weder im Magyarischen noch
im Deutschen der Fall. Hätten wir auch keine anderweitige Kunde,
so liesse sich schon aus diesem Umstande folgern, dass die Magyaren

bei ihrer Einwanderung in der Gegend des Plattensees Slaven vorgefunden haben, am Neusiedlersee aber nicht. Der magyarische Name
«Fertö» für «Neusiedlersee» kann somit von den Avaren abstammen;
denn deren Existenz an diesem Orte ist bis zum Jahre 844 historisch
beglaubigt (siehe oben S. 105). Diese Wahrscheinlichkeit wird noch
dadurch verstärkt, dass es nicht denkbar sein kann, dass dieser grosse
See bis zur Ankunft der Magyaren namenlos geblieben sein sollte.
Wenn aber der Name «Fertö» von den Avaren herkommt, so kann man
ihnen auch den Namen des am Neusiedlersees gelegenen Sumpfes
«Hanság» zuschreiben. Uebrigens kommt das Wort «fertö» auch in den
verwandten ugrischen Sprachen vor; der schöne und grosse Wirz-See
in Estland ist auch ein «Fertö»: denn «Wirz», estnisch «virts» = Morast, Sumpf, also was das slavische «blato», «Balaton» (= Platten-);
«Fertö» (= Neusiedler-) und «Virts» (Wirz-See) sind demzufolge Namen
von gleicher Bedeutung. Das estnische «virts» ist identisch mit dem
magyarischen Worte «feres», «fröcs» (= sudelt, schmutzt).

Allein wenn auch die Wörter «vetvár», «fertö» und «hanság»
nicht von den Avaren abstammen würden, sondern erst zur Zeit der
magyarischen Niederlassung entstanden wären: so könnte man das
Ugrenthum der Avaren doch nicht in Abrede stellen.

Die byzantinischen Schriftsteller besassen mehr ethnographisches
Wissen oder wenigstens mehr Neugierde als die lateinischen Chronisten
des Abendlandes. Wie wir gesehen haben, fanden es die Geschichts-
schreiber Carl des Grossen nicht für genug interessant, auch nur den
Namen einer avarischen Feste zu notiren. Dagegen unterliess es der
im «Purpur geborene» byzantinische Schriftsteller Constantin nicht, die
Burgen der **Petschenegen** grösstentheils mit ihren petschenegischen
Namen aufzuzählen. In dem Theile diesseits des Dnjepers, der nach
Bulgarien zu liegt, befinden sich, so berichtet er, an den Furten des
Flusses leere Festen, in denen man Ruinen von Kirchen, Steinkreuze
u. s. w. antrifft, vielleicht Denkmäler der Römer, d. i. der Griechen.
Diese alten Festen oder Burgen bewohnten die Petschenegen; die erste
dieser Festen nennt Constantin «Weissenburg», von den weissen (Kalk-)
Steinen, wie er meint, so geheissen: dann folgen: Tung-gata, Krakna-
gata, Salma-kata, Saka-kata, Giau-kata (siehe oben S. 138). «Weissenburg» war ohne Zweifel die petschenegische Haupt- und Residenzstadt;
es ist bedauerlich, dass Constantin nicht auch ihren petschenegischen
Namen mitgetheilt hat. In den übrigen fünf Ortsnamen begegnet man
dem Ausdruck «kata», «gata», was augenscheinlich ein Appellativum ist,
das mit Eigennamen verbunden wurde. «Kat» bedeutet in den ugrischen Sprachen gleich dem chazarisch-tschuwaschischen Worte «kel»
soviel als «Haus»; «Tung-gata», «Krakna-kata» u. s. w. kann also sein:

«Haus des Tung», «Haus des Krakna», «Haus des Salma», «Haus des Saka», «Haus des Giau». Den ersten Theil dieser Ortsnamen, der Eigennamen enthält, verstehen wir nicht; wie wir z. B. auch die Bedeutung des ersten Theiles von «Eszter-háza» nicht wissen; dagegen ist der zweite Theil, das «gata», «kata» deutlich und nach dem chazarisch-tschuwaschischen «kel» zu urtheilen auch vollkommen verständlich. Auch im Magyarischen kommt das Wort «ház» (= Haus) in sehr vielen Ortsnamen vor; ausser «Eszter-háza» nennen wir noch: «Fülöp-háza» («Philipps-Haus»), «Fél-egyháza», «Had-háza», had = Geschlecht, Sippe; also «Geschlechter- oder Familien-Haus»), «Halom-egyháza», «Kerék-egyháza», «Nyár-egyháza», «Nyir-egyháza», «Egyházas Bükk», «Egyházas Füzes», «Egyházas Hollós» u. s. w.

Nachdem unter den magyarischen Flussnamen auch das Wort «jog», «jó» (= Fluss) vorkommt und wir bei diesen Flüssen petschenegische Ansiedelungen gefunden haben (s. o. S. 248—249), so erhebt sich natürlich die Frage, ob dieses «jog», «jó» (= Fluss) nicht durch die Petschenegen in das Magyarische gebracht worden sei. Wiewohl wir nun diese Frage nicht mit voller historischer Bestimmtheit beantworten können, so tritt dafür dennoch eine grosse Wahrscheinlichkeit ein, welche auch noch durch eine andere Thatsache verstärkt wird: Das Wort «kata» scheint nämlich auch mit den Petschenegen nach Ungarn gekommen zu sein; denn im Wieselburger Comitate gab es ein petschenegisches Dorf Namens «Kata». [469] Demzufolge können wir auch die in der Gegend des Tápjó-Flusses vorfindlichen Ortsnamen: «Szt.-Lörincz-Káta» (Haus des heiligen Laurentius ?), «Puszta-Boldog-Káta» boldog káta = glückliches Haus), «Puszta-Tamás-Káta», «Puszta-Egres-Káta», «Nagy-Káta» hierher zählen. Die Ortsnamen «Besenyö-tarló» (rus Bissenorum) und «Besenyö-aszó» (siehe oben S. 232) dürften in gleicher Weise petschenegische Wörter sein; «tarló» ist nämlich ein türkisches Wort und bedeutet «Feld» oder «Acker»; «aszó» = Thal. Den sehr gewöhnlichen Lautwechsel «kat», «ház» trifft man in den verwandten Sprachen; siehe oben S. 152 die Vergleichung des Wortes «ház» mit seinen Verwandten.

Auf Seite 138 haben wir gesehen, dass ein Theil der Petschenegen den Namen «Kangar» führte, was «männlich», «Held» bedeutet. Die ursprünglichen Namen der finnisch-ugrischen Völker sind zumeist von dem Lande, das sie bewohnten, oder von den Flüssen, an deren Ufer sie ihre Niederlassungen hatten, genommen. Die Esten nennen sich z. B. má-mēs, d. i. «Bewohner des Landes», «Landsleute» «Eingeborne»; ihre Sprache mā-kēl, d. i. die «Landes-», die «einheimische Sprache»; Estland selbst heisst mā = das «Land», die «Erde». Im Wogulischen wird der Mensch (Mann) ma-kum, mo-kum, ma-gum genannt; im Permischen komi-murt = Mann von der Kama; im Wotjakischen ud-murt = ein Mann von der Wiatka. Was kann also «magyar» bedeuten? Beim Anonymus und in anderen alten Chroniken lautet das Wort mo-

*ger, ma-ger (später ma-gyar). Der erste Theil des Wortes ist
das estnische, wogulische etc. «mo», «ma» = Land oder Erde; die
Bedeutung des zweiten Theiles ger oder gyer finden wir in den magyarischen Wörtern gyer-ek (Knabe), gyerm-ek (Kind), welche offenbare
Diminutiva von gyer, gyerem sind. Dem entspricht das wogulische
kär, kärem, was so viel als «Mensch», «Mann» bedeutet; und die wogulischen Diminutiva kär-kve, kärem-kve sind gleich den magyarischen gyer-ek, gyerm-ek, d. i. Menschlein, Männchen = Kind,
Knabe. Das nord-wogulische kär lautet im süd-wogulischen kar, auch
gar. Schon daraus geht deutlich hervor, dass das Wort ma-gyar dasselbe
bedeutet, was das estnische mā-mēs, und das wogulische ma-gum,
nämlich «Männer, Leute des Landes», «Landsleute», «Einheimische». Es
kann sein, dass anfänglich blos der Stamm Megere (s. o. S. 141) diesen Namen geführt hat und derselbe erst später zum allgemeinen Volksnamen wurde. Wir haben gesehen, dass das permische komi-murt
einen Mann von der Kama bezeichnet; denn im Permischen heisst die
Kama kom, komi; das wotjakische ud-murt = ein Mann von der
Wiatka; denn der Wiatkafluss heisst im Wotjakischen Ud; auch das
russische «Wot-jāk» stammt von diesem Ud (Wiatka). Sollte nicht auch
das petschenegische kangar eine ähnliche Zusammensetzung, etwa
kam-gar, kan-gar sein? Und bedeutet dieses Wort alsdann nicht
auch einen «Mann von der Kama»? Mich dünkt das sehr wahrscheinlich und wenn der Byzantiner Constantinus sagt, dass ein Theil des
Volkes diesen Namen führte, so verstehe ich das dahin, dass dieser Theil des
Volkes von den Ufern der Kama, die übrigen Petschenegen aber anders-
woher abstammten. Nun können wir auch mit grösserer Bestimmtheit
behaupten, dass, wenn auch das Wort jog, jó, welches in den magyarischen Flussnamen Sa-jó, Táp-jó so viel als «Fluss» bedeutet (im
Wogulischen, Ostjakischen kommt dasselbe auch vor), nicht von den
Petschenegen herrühren sollte; so konnte doch das «va» in den magyarischen Flussnamen Szin-va, Zagy-va u. s. w., das im Sirjänischen,
Permischen, Wotjakischen «Wasser» bezeichnet, in der That nur mit
den Petschenegen nach Ungarn gelangt sein.*

*Die Erklärung der Namen magyar, kangar macht uns auch
den Volksnamen bul-gar verständlich; denn bul-gar, bolgar =
«Mann von der Wolga». Der Name «Wolga» stammt von den Bulgaren
und bol-ga = wol-ga wie das wotjakische ud = dem russischen
wjat. Die Hauptstadt der Bulgaren hiess auch Bolgar; wahrscheinlich ist der «Stadt» bezeichnende Worttheil weggeblieben; wenn wir nicht
annehmen wollen, dass das kar, gar, welches im Permischen, Wotjakischen, Sirjänischen auch «Stadt» bedeutet, hier weggelassen wurde, so
dass Bol-gar entweder: «Bol-Stadt» oder «Stadt der Bolmänner»
heissen würde.*

*Endlich fragt es sich, ob das gor, gur in o-gor, u-gur, hun-
ugur und vielen anderen Völkernamen nicht auch auf diese Weise zu
deuten wäre. Ich wage das nicht zu behaupten; so viel scheint gewiss zu
sein, dass auch gor, gur Gemeinnamen und keine nomina propria sind.*

Alle auffindbaren Reste der petschenegischen Sprache, auch die
personalen Eigennamen (siehe oben S. 138) deuten darauf hin, dass auch
dieses Volk zu den Ugren gehörte, also dem magyarischen Volke stammverwandt war und deshalb mit demselben leicht verschmelzen konnte.

Die **Kumanen** halten die nichtungarischen Historiker vielleicht
ohne Ausnahme für ein *türkisches Volk*; die ungarischen Geschichtschreiber dagegen betrachten sie eben so ausnahmslos als *Kern-Magya-*

ren. Die letzteren Historiker folgern von dem heutigen Zustand der Dinge auf die Vergangenheit. Die Palóczen, Jazygier und Kumanen bilden gegenwärtig den Kern der Magyaren; wie sollte es da möglich sein, dass es eine Zeit gegeben habe, in der sie keine Kern-Magyaren gewesen seien? Also lautet die Argumentation, welche insbesondere durch die Palóczen eine scheinbare Stütze empfängt; denn diese sind heute im Westen und Norden von Slovaken eingeschlossen. In solcher Umgebung, meint man, wäre eine Verschmelzung der Palóczen mit den Magyaren, wenn sie vordem auch einem verwandten Volksstamme angehört haben, nicht möglich gewesen; unter Slovaken hätten sie die magyarische Sprache nicht annehmen können; sie müssen also vom Anfang an völlige Magyaren gewesen sein und sind das bis zum heutigen Tage geblieben. [470]

Wir können bei der einschlägigen Untersuchung das Zeugniss der Alten billig beiseite lassen; so z. B. die Angabe der Anna Comnena, dass die Kumanen und Petschenegen *einerlei Sprache* (ὁμόγλωττοι) hatten; [471] oder die Mittheilung bei Edrisi, wonach die Sprache der Petschenegen von jener der Baschkiren verschieden sei, wodurch nach dem Urtheile ROESLER's [472] der Unterschied zwischen Kumanisch und Ungarisch ausgesprochen sei, weil die Petschenegen und Kumanen *sprachlich* als ein Volk gelten müssen, die Baschkiren aber zu den Ungarn (Magyaren) gehören. Wir können diese Zeugnisse übergehen, denn sie sind nicht entscheidend; deshalb prüfen wir hier nur jene neueren Ansichten, welche die Kumanen entweder als ein türkisches oder als ein magyarisches Volk betrachten.

Die Ansicht über das Türkenthum der Kumanen stützt sich hauptsächlich auf ein handschriftliches Wörterbuch, welches Petrarca der Bibliothek von Venedig geschenkt hat. Dieses Wörterbuch ist 1303 geschrieben und behandelt die kumanische Sprache für die italienischen Kaufleute, welche in der Krim und in Süd-Russland mit den dortigen Kumanen grossen Handel trieben. Diese kumanische Sprache weicht als besonderer Dialect allerdings in Manchem vom osmanischen Türkisch ab; trägt jedoch den Charakter der einheitlichen türkischen Sprache vollkommen an sich. [473] Die Heimat dieser Kumanen war «Schwarz-Kumanien», dessen auch die ungarischen Chroniken erwähnen (siehe oben S. 186 und 187). Bis dahin gelangte auch König Ladislaus III. als er die besiegten flüchtigen Kumanen von dort zurückholte (siehe oben S. 243). Die Kumanen der Krim und Süd-Russlands konnten also um 1303 den Kumanen in Ungarn nicht unbekannt sein. Dass ferner die Sprache dieser ungarischen Kumanen eine von dem Magyarischen ganz verschiedene war, bezeugt auch der Grosswardeiner Domherr Rogerius, dieser Augenzeuge bei der Aufnahme der Kumanen durch König Béla IV., sowie Zeit- und Leidensgenosse im Mongolensturme. Er erzählt uns auch von dem Verdachte der Magyaren, wornach die Kumanen den Tartaren nur deshalb um ein Jahr früher vorausgezogen wären, damit sie die Zustände des Landes auskundschaften und dessen *Sprache kennen lernen*, um so die nachfolgenden Tartaren unterstützen zu können. [474] Ja, aus den einheimischen ungarischen Quellen erfahren wir nicht nur, dass die kumanische Sprache von der magyarischen verschieden war; sondern zum Theil auch, welchem türkischen Sprachzweige sie angehörte. Der Graner Erzbischof Nicolaus Oláh, der im Jahre 1531 seine Beschreibung von Ungarn herausgab, sagt unter Anderem: «Das Bier kennt man nur im kleinsten Theile des Landes; denn es ist grosser Reichthum an Wein vorhanden. In den ebenen Gegenden der Kumanen geniessen die kumanischen Bewohner ausser dem von auswärts zugeführten Wein noch ein aus Hirse und Wasser eigenthümlich zubereitetes Getränk, das sie «boza» nennen.» [475] Dieses Wort «boza», wie die Sprache der Petrarca'schen Handschrift überhaupt, zeigt, dass das Kumanische nicht wie das Tschuwaschische zu jenen Dialecten gehörte, in denen statt des s das r vorherrscht, [476] was ein weiterer Beweis davon ist, dass die Kumanen ursprünglich einen türkischen Dialect hatten und noch zur Zeit des Nicolaus Oláh ein Getränk der tartarischen Völker genossen.

Noch im vorigen Jahrhundert war das *kumanische Vaterunser* bekannt und mit Stefan Varró von Karczag soll im Jahre 1770 die Kenntniss des Kumanischen ausgestorben sein. [477] Darin liegt nichts Besonderes. Auch grosse Nationen sterben aus, d. h. ihre Sprache geräth in Vergessenheit, so dass deren Kenntniss sich allmälig auf Wenige oder auf eine einzige Person beschränkt, mit deren Tod dann auch die Sprache, wenn sie nicht in der Literatur verewigt ist, für immer verschwindet.

Jene ungarischen Historiker, welche das «Stockmagyarenthum» der Kumanen vertheidigen, bekennen sich hauptsächlich zu der Meinung, dass *Hunnen, Kumanen* und *Magyaren* ein und dasselbe Volk gewesen seien; eine Meinung, die jeder historischen Grundlage entbehrt und die nur Derjenige annehmen kann, welcher die Geschichte der Sprache ignorirt.

Durch den Erweis des Magyarenthums der ehemaligen Kumanen dem magyarischen Namen selbst in der Weltgeschichte eine hervorragendere Stelle verschaffen zu wollen, ist wahre Kinderei. [478]

Auch jene Ansicht, welche aus dem Magyarenthum der Palóczen die magyarische Abkunft der Kumanen deduciren will (nachdem die Magyarisirung unter Slovaken unmöglich gewesen wäre), auch diese Ansicht ist total irrig; denn sie versetzt den heutigen ethnographischen

Zustand in die Vergangenheit. Und doch beweisen die vordem rein-
deutschen nordungarischen Bergstädte, ferner die früher zahlreiche
deutsche Bevölkerung in den Comitaten Sohl, Neograd, Bars, Túrócz,
Liptau, Zips, Sáros und Gömör, dass daselbst das Slovakische weder
in solchem numerischen Verhältnisse noch in solcher räumlicher Ausdehnung wie heutzutage vorhanden war. Die Palóczen gelangten also
bei ihrer Niederlassung unter magyarische Bevölkerung und waren mit
dieser bereits zu einem Volke verschmolzen, als die Verbreitung des
Slovakenthums begann. Auf dieselbe Weise amalgamirten sich auch die
später anlangenden Kumanen, deren «reines» Magyarisch dieselben
slavischen und tschuwaschisch-türkischen Wörter aufweist, wie das
Gemein-Magyarische überhaupt. Ja gerade der Umstand, dass auch
die Kumanen keinen besondern Dialect haben, ist der deutlichste Beweis
dafür, dass sie erst hier das Magyarenthum und mit diesem die fertige
magyarische Sprache annahmen.

Als die Magyaren vom alten Avarenlande Besitz nahmen, hatten
sie Stammverwandte : am linken Ufer der untern Donau die Petschenegen, am rechten die mösischen Bulgaren ; weiter nach Nordosten
die Chazaren und Wolga-Bulgaren und endlich hinter diesen die Ugren
an der Kama und am Uralgebirge. Damals bewohnten also ugrische
Völker Ungarn und Siebenbürgen, das moldo-walachische Tiefland bis
zum Meere, das transdanubische Bulgarien bis zum Balkan und zum
Meere ; ferner den grössten Theil des heutigen Russland vom Dnjeper
bis zum Jajk und vom Kaspi- und schwarzen Meere bis an das nördliche Eismeer. Die Magyaren sind weder »Asiaten» noch »ohne Verwandte», wie Viele aus kindischer Prahlerei, Andere aus unverständiger
Verachtung zu behaupten lieben. Endlich geht aus den bisherigen
Untersuchungen auch hervor, dass die Magyaren ihr jetziges Vaterland
in solcher numerischer Stärke in Besitz nahmen, dass die früher daselbst
wohnenden, an Zahl weit geringeren Völkerschaften das magyarische
Volk nicht umgestalten konnten, sondern vielmehr dieses sich vermehrte durch die Aufnahme verwandter und nichtverwandter Stämme ;
denn ausser den verwandten ugrischen Volksstämmen hat dasselbe auch
noch die Kabaren und Kumanen in sich aufgenommen.

VI. Der gegenwärtige Stand des magyarischen Volkes.

§ 55.

Die Ereignisse der Vergangenheit schufen die Gegenwart. Obgleich
wir hier die Geschichte des magyarischen Volkes nicht behandeln können, so müssen wir doch soviel bemerken, dass zur Entwickelung dieses

Volkes der Einfluss der Ideen mehr beigetragen hat als die äussere Geschichte des Landes. Das Christenthum siegte erst zur Zeit Ludwig I. (1342—1382) vollständig über die kumanischen Nachwanderer; bis dahin wurde also seine Kraft mehr auf die äusserliche Eroberung des Volkes als auf die geistige Beeinflussung der neuen Christen verwendet. Nach Ludwig I. fand die čechische Reformation, der Hussitismus, auch in Ungarn Anhänger und Bekenner und das war der erste europäische Motor, der auch auf den Geist der Magyaren belebend einwirkte, obwohl nicht andauernd und auch nicht allgemein; war doch ein grosser Theil der Nation erst kürzlich zum Christenthume übergetreten und deshalb nicht im Stande, jene Ideen aufzufassen, welche Huss und seine Jünger verbreiteten. Nichtsdestoweniger mochte die Bewegung auch unter den Magyaren bedeutend gewesen sein; denn die böhmischen Stände verlangten am 4. Juli 1436, dass die *Compactaten*, d. i. die Vereinbarung zwischen den Hussiten und dem Concil zu Basel, auch in *ungarischer* Sprache bekannt gemacht werden sollten. [479] Das geschah wahrlich nicht dem König Sigismund zuliebe, der überhaupt nur sehr gezwungen die čechischen Forderungen acceptirte; sondern wegen des magyarischen Volkes, von dem ein Theil die Lehre des Huss angenommen hatte. Da jedoch die neue Lehre keine tiefen Wurzeln geschlagen, konnte sie auch leicht wieder ausgerottet werden.

Die zur Zeit des Königs Mathias (Corvinus) aus Ungarn vertriebenen magyarischen Hussiten flüchteten nach der Moldau, wo viele Denkmäler an sie erinnern; das vorzüglichste darunter ist die älteste magyarische Bibelübersetzung, deren einer Theil, die vier Evangelien, zu *Tatros* im Jahre 1466 geschrieben wurde. [480] Die Sprache dieser Uebersetzung ist derartig, dass man aus derselben auch heute noch die evangelischen Pericopen in magyarischen Kirchen vorlesen könnte; so sehr entspricht sie, ausgenommen einige veraltete Ausdrücke, der heutigen Sprache. Die nahe am Prut gelegene Ortschaft *Hus* nennt um 1550 Georg Reichersdorffer (in seiner Chorographia Moldaviae) «Huzt váras» («Hussitenstadt»); der Erzbischof Bandin aber schreibt im Jahre 1647 darüber Folgendes: «Es ist ein auf drei Hügeln ruhender Marktflecken. Seinen Namen erhielt er von den um das Jahr 1460 aus Ungarn vertriebenen Oedenburger und Pressburger magyarischen Hussiten, die auch jetzt noch die Messe und Litanei in ihrer Muttersprache singen, was wir unter Zustimmung der Gläubigen dahin eingeschränkt haben, dass die Messe, und was dazu gehört, in lateinischer, die Gesänge vor und nach der Messe aber in magyarischer Sprache abgehalten werden.» [481] Jassy wurde ehedem von den Schriftstellern auch «Jazygier-Stadt» (magyarisch «Jász-város») genannt.

Zur Zeit des Königs Mathias (Corvinus) erscheint die äusserliche Geschichte der ungarischen Nation in einem scheinbar glänzenden Lichte; allein das Magyarenthum selbst blühte nicht im Lande.

Marcus Galeoti, der am Hofe Mathias' lebte, schreibt allerdings, dass während der Mahlzeit des Königs Harfner und Musiker die Thaten der Helden in magyarischer Sprache besangen. An solchen Thaten sei auch kein Mangel; denn umgeben von verschiedensprachigen Feinden hätte Ungarn immer hinlängliche Ursache zum Kriege. Sie singen auch keine Liebeslieder, sondern besingen zumeist die Thaten gegen die Türken. Und was sie singen, verstehen Alle ganz gut, weil die Magyaren, seien sie Edelleute oder Bauern, die Wörter fast gleichförmig gebrauchen; in ihrer Sprache besteht kein Unterschied, weder in der Aussprache noch in den Worten; überall ist dieselbe Betonung. Es ist nicht so in Ungarn wie bei den Italienern, setzt Galeoti fort, wo man so viele Sprachweisen (Dialecte) antrifft, dass der Bürger in seiner Rede vom Bauern, der Calabreser vom Toscaner derart abweicht, dass Einer den Andern kaum verstehen kann. Die Magyaren sprechen aber gleichförmig oder doch nur mit sehr geringen Abweichungen; weshalb auch die Gedichte in magyarischer Sprache Jedermann, der Bauer wie der Bürger, der Gemeine wie der Magnat in gleicher Weise versteht. [482]

Von den historischen Liedern, welche am Hofe des Königs Mathias gesungen wurden, hat weder ein italienischer noch ein ungarischer Gelehrter eines aufbewahrt; bei diesen hatte die magyarische Literatur ebensowenig Werth wie bei Mathias selbst. Von Letzterem bewahrt das Prager Museum zahlreiche Urkunden in čechischer Sprache; noch zahlreicher sind die von ihm in deutscher Sprache herausgegebenen Urkunden; wir kennen jedoch keine einzige Urkunde dieses Königs in magyarischer Sprache. Das charakterisirt die Zeit Mathias' in nationaler Beziehung. Čechische und deutsche Urkunden wurden benöthigt; deshalb ertheilte solche Mathias; einer magyarischen Urkunde bedurfte Niemand, darum gab Mathias auch keine heraus. Selbst der italienische Gelehrte bemerkte diese Verläugnung der magyarischen Nationalität und erklärt sich dieselbe auch nach seiner Ansicht folgendermassen:

«Die Deutschen, Čechen und Polen schreiben zuweilen in ihrer Muttersprache, meist aber lateinisch; **in der ganzen Christenheit sind es nur die Ungarn, die allein lateinisch schreiben.** *Denn die magyarische Sprache ist schwierig zu schreiben, weil die geringste Veränderung und Verschiedenheit in der Punktation zugleich den Sinn des Ausdruckes verändert.»* [483]

Indessen zeigt das magyarische Evangelium aus dem Jahre 1466 keine schwankende, sondern eine festgestellte, bestimmte Sprache, die man eben so gut wie etwa das Italienische hätte schreiben können; allein die Gesellschaft zur Zeit des Königs Mathias wollte von einer magyarischen Literatur nichts wissen, vielleicht gerade wegen der Hussiten, die von derselben Gesellschaft verfolgt wurden.

Die erste Hälfte des 16. Jahrhunderts veränderte sehr bedeutend die ungarischen Verhältnisse. Man schrieb in magyarischer Sprache theologische Schriften, Bibelübersetzungen, Kirchengesänge, Geschichten und Anderes; der hohe Adel correspondirte nicht nur in den Theilen jenseits der Donau, sondern auch in Oberungarn, in den Comitaten Pressburg, Trencsin, Neitra, Árva, Liptau, Zips u. s. w. in magyarischer Sprache; ebenso entsendeten und empfingen auch die oberungarischen Städte magyarische Briefe.

In Siebenbürgen wurden Klausenburg und andere deutsche Städte magyarisch. Im 17. Jahrhundert erreichte das Magyarenthum, also auch die magyarische Literatur die höchste Blüthe.[484] Auch das Handwerk und die Industrie, z. B. die Tuchweberei, Kappenmacherei, das Kürschner- und Gerberhandwerk, insbesondere verschiedene jetzt kaum dem Namen nach bekannte Zweige der Gold- und Silberarbeiter blühten in diesem Jahrhunderte, was die Preistarife der Fürsten Gabriel Bethlen und Georg Rákóczy bezeugen und die alten Gold- und Silberkunstwerke veranschaulichen. Das 18. Jahrhundert war dem Magyarischen feindselig; dasselbe wurde im öffentlichen Leben vom Lateinischen ganz verdrängt; Josef II. wollte wieder das Deutsche an die Stelle des Lateinischen setzen. Da erwachte im magyarischen Volke der nationale Geist und rief auch wieder die magyarische Literatur ins Leben; diese wirkte dann wieder erweckend und belebend auf den nationalen Geist zurück. Allein die frühere einheimische Industrie konnte nicht mehr auferstehen; denn sie war durch die ausländische erstickt worden.

Das Auf- und Abwogen des nationalen Geistes zeigt sich in dem Erwachen, in der Blüthe, im Verfalle und in dem Wiederaufleben der Literatur; allein die Zahl der Magyaren in den verschiedenen Zeitabschnitten lässt sich nicht nachweisen. Denn vordem fanden keine Conscriptionen, keine Volkszählungen statt. Die erste allgemeine Volkszählung ordnete Kaiser Josef II. durch ein Intimat an den königlich ungarischen Statthaltereirath vom 16. August 1784 an. In Folge dessen wurde in Ungarn im Jahre 1785, in Siebenbürgen ein Jahr später die Volkszählung in Angriff genommen und das Resultat im Jahre 1786 und 1787 überprüft. Bei diesen Volkszählungen legte man das Hauptgewicht auf den militärischen Gesichtspunkt, wobei selbstverständlich die männliche Bevölkerung in den Vordergrund trat; das weibliche Geschlecht, ferner die Geistlichen, Adeligen, Honorationen, Beamten und Juden kamen als «Militärfreie» weniger in Betracht.* Der ungarische Adel legte diesen Zählungen manche Schwierigkeiten in den

---

* Vgl. SCHWICKER, Statistik des Königreiches Ungarn, (Stuttgart, Cotta) S. 73 ff

Weg. Auch konnte man aus den Conscriptionen nur die Zahl der Ortschaften und der Einwohner ersehen; die Nationalitäten wurden nicht berücksichtigt. Man erfuhr also, wie viel Seelen dieser oder jener Ort hatte; allein wie viel Magyaren, Deutsche, Slovaken, Walachen etc. darunter seien, war nicht ersichtlich. Aus der Anzahl der Ortschaften schätzte man denn auch die Zahl der Magyaren sehr niedrig.

Adam Kollár schrieb bereits im Jahre 1763, dass im kleinsten Theile Ungarns nur magyarisch sprechende Bevölkerung wohnte und in der That zu befürchten sei, dass die magyarische Sprache ebenso wie die kumanische gänzlich verschwinden werde. *

Noch etwa 40 Jahre später lesen wir bei Schwartner *Aehnliches. Dieser schreibt [485]: «Nach einer authentischen Liste, die ich in Händen habe, zählte man im Jahre 1787 in Ungarn, Dalmatien, Croatien, Slavonien, ausser den königlichen Freistädten, 11,408 Marktflecken und Dörfer, von welchen 3668 von Ungarn (Magyaren oder «Ur-Ungarn», wie sie* Schwartner *nennt), 5789 von Menschen slavischer Herkunft, 921 von Deutschen und 1024 von Walachen bewohnt wurden. Nun sind in den Städten die Ungarn und Slaven sich an der Zahl wohl ziemlich gleich; aber auf dem Lande sind 2121 mehr slavische Wohnorte als ungarische.»*

Aus diesem Zahlverhältnisse der Ortschaften folgerte man die Anzahl der Magyaren selbst. So schätzte z. B. noch in neuerer Zeit der Fürst Pückler-Muskau, der auf der Rückreise aus dem Orient kurze Zeit in Pest verweilte, in seinen im Jahre 1840 geschriebenen Briefen über Ungarn die Zahl der Magyaren auf höchstens *dritthalb* Millionen. [486]

Wie irreleitend es war, das Zahlverhältniss der Wohnorte zum Ausgangspunkt für die Bestimmung der numerischen Verhältnisse der Nationalitäten zu nehmen, geht aus Nachstehendem hervor:

Fényes fand im Jahre 1840, dass

von	126	Städten	46
»	783	Marktflecken	341
»	13765	Dörfern	3648; also

von 14674 Ortschaften nur 4035 magyarische Bevölkerung haben. Und doch gibt Fényes selbst für Croatien allein 3050 Dörfer an, d. i. fast soviel als die Gesammtzahl aller magyarischen Dörfer (3648) ausmacht. Die gesammte Bevölkerung von Croatien-Slavonien war aber nur 805,944, d. i. um kaum 200,000 Seelen mehr als das Pester Comitat zählte (590,000 Seelen). So hatte das Warasdiner Comitat sechs Städte, 406 Dörfer und 208 andere Wohnplätze, also zusammen 620 Wohnorte mit 151,898 Einwohnern; dagegen das

---

* Minima Hungariae portio est, quae Hungaros sive populum Hungarico solum idiomate utentem habet; verendumque profecto est, ne sermo ipse exolescat, ad eum prorsus modum, quo Cumanorum evanuit. Anmerkung Kollár's zu «Nic. Olahi Hungaria et Atila.» S. 91

Békéser Comitat ebenfalls sechs Städte, aber nur 13 Dörfer und 85 Puszten, also insgesammt 104 Wohnorte mit einer Bevölkerung von 155,256 Seelen. Die magyarischen Dörfer und Marktflecken sind im Allgemeinen weit volkreicher als die slovakischen oder deutschen Ortschaften. [487] FÉNYES war der Erste, der aus den verschiedensten Quellen, den Diöcesan-Schematismen u. dgl. die Zahl der Magyaren mit vielem Fleiss zusammensuchte. Er fand im Jahre 1840 unter den 12.880,406 Einwohnern des ungarischen Staates 4.812,759 Magyaren. [488] Und diese Ziffer wird auch durch die Volkszählung vom Jahre 1851, welche die damalige österreichische Regierung vornehmen liess, bestätigt. Nach dieser Zählung betrug die Bevölkerung in Ungarn, Croatien, Slavonien, Siebenbürgen und der Militärgrenze 13.667,868 Seelen und darunter 4.939,734 Magyaren. [489] Im eigentlichen Ungarn befanden sich unter einer Bevölkerung von 8.815,767 Seelen 4.333,997 Magyaren, in Siebenbürgen unter 1.927,173 Seelen nur 517,577; in Croatien-Slavonien 12,770 und in der Militärgrenze 4900 Magyaren. Dieses Zahlverhältniss erweckt bei dem ausländischen Politiker manches Bedenken, wobei jedoch nicht beachtet wird, dass den *fünf Millionen Magyaren* mehr als *sechs verschiedene* Nationalitäten gegenüber stehen. Und obgleich die reine Zahl Vieles ausmacht, so gibt im Völkerleben sie allein doch nicht den Ausschlag, wie auch aus· folgender Thatsache hervorgeht. Nach den österreichischen Volkszählungen befanden sich im J. 1861 innerhalb des damaligen Kaiserthums Oesterreich 15.000,361 Slaven, also gerade dreimal soviel als Magyaren; allein die literarischen Producte, welche im Jahre 1860 in sämmtlichen slavischen Dialecten und in magyarischer Sprache erschienen waren, zeigen ein ganz anderes Zahlverhältniss. Die Zahl der slavischen Bücher und Schriften betrug 471, dagegen die Anzahl der Werke in magyarischer Sprache 567. [490] Nach der Volkszählung, welche die ungarische Regierung im Anfange des Jahres 1870 vornehmen liess, betrug die *juridische* Bevölkerung in den Ländern der ungarischen Krone:

In Ungarn	10.806,521	Seelen
» Siebenbürgen	2.100,232	»
» Fiume sammt Gebiet	13,944	»
» Croatien-Slavonien	954,451	»
» der Militärgrenze	1.206,266	»·
	zusammen . 15.171,357	Seelen.

Nach den *Confessionen* schied sich die *thatsächlich anwesende* Bevölkerung in

```
römische Katholiken . . . . . . . . . . .   7.502,000 Seelen
griechische      »     . . . . . . . . . . .   1.587,485    »
armenische       »     . . . . . . . . . . .      5,104     »
Griechisch-Orientalische . . . . . . . .   2.570,648    »
Armenisch-Orientalische . . . . . . . .        605      »
Evangelische (Augsburger Confession) .   1.109,154    »
      »          (Helvet. Confession) . . .  2.072,332    »
Unitarier . . . . . . . . . . . . . . . . .       54,438    »
andere Christen . . . . . . . . . . . .        2,714     »
Juden  . . . . . . . . . . . . . . . . . .      552,133    »
andere Nichtchristen . . . . . . . . . .        214      »
```

zusammen . 15.417,327 Seelen. [491]

Die Volkszählung vom Jahre 1870 nahm auf die Nationalität keine Rücksicht. Dieses Versäumniss, mag dasselbe aus welchem Grunde immer geschehen sein, lässt sich indes durch die vorhandenen Daten gut machen. CARL KELETI hat dieses gethan und gefunden [492]

	in Ungarn	in Siebenbürgen	zusammen
Magyaren	5.504,200	652,221	6.156,421
Deutsche	1.596,630	224,289	1.820,922
Rumänen	1.249,217	1.221,852	2.470,069
Slovaken	1.817,099	126	1.817,228
Croaten	206,654	—	276,651
Serben	267,344	—	267,344
Ruthenen	469,203	217	469,420
Diverse	8,276	3,019	11,295

In dieser Berechnung der Nationalitäten wurden Croatien-Slavonien und die Militärgrenze, deren Gesammtbevölkerung 2.160,717 ausmacht, nicht berücksichtigt. Die Bevölkerung theilt sich hier in Croaten und Serben: in Slavonien und in der Militärgrenze wohnen auch Magyaren; ferner nahm KELETI die Juden nicht als besondere Nationalität, sondern theilte sie unter die Magyaren und Deutschen auf: denn die Juden bilden auch keine besondere Nationalität; endlich kamen bei KELETI auch die Zigeuner nicht als besondere Nationalität in Betracht: denn obwohl diese zum Theil ihre eigene Sprache behalten, so accomodiren sie sich doch der Sprache ihres Wohnortes und werden so theils zu Magyaren, theils zu Slovaken oder Walachen u. s. w.

Im vorigen Jahre (1875) veröffentlichte der (seither verstorbene) österreichische Ministerialrath Dr. KLUN in der Zeitschrift »Ausland« eine Abhandlung über das »Ungerland«, worin er aus den Zahlverhältnissen der Nationalitäten Ungarns und deren jährlicher verschiedener Vermehrung Folgerungen zieht, die wir zur Orientirung hier anführen wollen. Nach Dr. KLUN machen die 5.500,000 Magyaren nur 35 Percent der 15.509,400 Seelen starken Bevölkerung des ungarischen Königreiches aus; in der Zukunft werde sich aber dieses ungünstige Verhältniss noch ungünstiger gestalten. Denn von 1866—1870 haben die Geburten die Sterbefälle im Allgemeinen mit 17·93 Percent übertroffen. Und zwar :

bei den römischen Katholiken mit . . . . 16·19 Percent
» » griechischen » » . . . . 22·14 »
» » Griechisch-Orientalischen mit . . 19.43 »
» » Evangelischen A. B. » . . 14·73 »
» » » H. B. » . . 15·26 »
» » Unitariern mit . . . . 23·55 »
» » Juden » . . . . 49·30 »

«*Die Magyaren sind*», sagt KLUN, «*grösstentheils Protestanten ; die durchschnittlich u n t e r dem Mittel zurückbleibende Vermehrung dieser beweist also, dass die Magyaren den Slaven (insbesondere aber den Juden) gegenüber sich nur wenig vermehren. Stoff genug für den denkenden Staatsmann !*» [493] Denn wenn die Magyaren an Zahl weniger zunehmen als die Slaven, dann verliert das jetzige politische System, welches nolens volens gezwungen ist, sich auch auf das Zahlverhältniss der Nationalitäten zu stützen, die Grundlage seiner Existenz; denn das Magyarenthum wird von Jahrzehent zu Jahrzehent kleinere Percentual-Zahlen der Gesammtbevölkerung ausmachen. Dieser Umstand muss allerdings den Staatsmann zum Nachdenken anregen und auch deshalb ist eine Aufklärung nothwendig.

Die ausserordentliche Vermehrung der Israeliten nicht blos durch den Ueberschuss an Geburten, sondern auch durch Zuwanderung interessirt oder drückt nicht blos das magyarische Volk, sondern auch die anderssprachigen Nationalitäten des Landes. Mit Bezug auf das Uebrige ist jedoch die Schlussfolgerung KLUN's nicht ganz stichhältig. Nimmt man nur Ungarn allein, so befanden sich daselbst im Jahre 1840 nach FÉNYES 2.495,192 katholische und 1.602,471 helvetische (calvinische), aber nur 134,996 lutherische Magyaren. Diese Zahlverhältnisse haben sich auch jetzt kaum merklich verändert, selbst wenn man die siebenbürgischen Protestanten hinzunimmt. Es unterliegt keinem Zweifel, dass wenigstens die Hälfte der Magyaren der katholischen Kirche angehört. Nach KLUN wären die Bekenner der Augsburger Confession oder die Lutheraner am wenigsten propagativ ; allein dieses Zurückbleiben in der Vermehrung träfe dann nicht die Magyaren, sondern weit mehr die Slaven und Deutschen; denn im Jahre 1840 waren unter den 795,862 Lutheranern im eigentlichen Ungarn 467,562 Slaven (meist Slovaken), 180,617 Deutsche und, wie wir bereits angemerkt haben, nur 134,996 Magyaren. Nehmen wir jetzt die siebenbürgischen Lutheraner hinzu, so machen unter den im Jahre 1870 conscribirten 1.109,154 Lutheranern die Magyaren, selbst wenn man sie zu 300,000 Seelen annimmt, kaum den dritten Theil dieser Confession aus ; die Uebrigen sind Slaven und Deutsche. Wer ist demnach ausser den Juden noch im Vortheile ? Die Unitarier, welche durchwegs Magyaren sind. Auch diese Thatsache beweist, dass n i c h t d i e N a t i o n a l i t ä t, s o n d e r n s o c i a l e V e r h ä l t n i s s e, d i e W o h n p l ä t z e u n d A n d e r e s d i e g r ö s s e r e o d e r g e r i n g e r e V e r m e h r u n g e i n e s V o l k s s t a m m e s v e r u r s a c h e n. Nach den Unitariern folgen die griechischen Katholiken, deren kleinerer Theil (469,203) Ruthenen, der grössere (1.118,382) Walachen sind. Auch unter den Griechisch-Orientalischen bilden die Walachen die Majorität, die Serben aber, welche, wie bekannt, wenigstens in Ungarn sich nicht vermehren, die Minorität. Die grössere Propagation zeigen demgemäss nach den unitarischen Magyaren die Walachen und nicht die Slaven.

Die Magyaren bekannten sich vor der Reformation sämmtlich zur römisch-katholischen Kirche; nach der Reformation gewann erstlich die Lehre Luther's, dann die Calvin's und zuletzt die socinianische Kirchenlehre unter ihnen Verbreitung. Heute ist die grössere Hälfte des magyarischen Volkes römisch-katholisch, die kleinere calvinisch, lutherisch oder unitarisch. Die griechisch-orientalische Kirche zählt keine Magyaren unter ihren Bekennern; um so auffälliger ist es, dass unter den Széklern die judaisirende Secte der Sabbatharier, welche die Beschneidung beobachten, den Samstag feiern etc., Anhänger besitzt. Vor Zeiten waren diese Sabbatharier unter der Leitung des Simon Pécsi, Kanzler des Fürsten Gabriel Bethlen, eine mächtige Secte. Pécsi ist unter Anderem auch der Verfasser des Gesangbuches der Sabbatharier. Allein noch bei Lebzeiten Pécsi's, noch mehr aber später, insbesondere seit der Schaffung der Gesetze vom Jahre 1635 und 1638, wurden die Sabbatharier fortwährend verfolgt, so dass sie nur im Stillen fortbestehen konnten, jedoch niemals gänzlich verschwanden. Ihre Hauptsitze haben sie heute vorzüglich in den széklerischen Ortschaften Nagy-Ernye, Ikland, Bözöd-Ujfalu u. a. und in den Széklerstühlen Maros und Udvarhely. Dem Vernehmen nach sollen die Sabbatharier in neuerer Zeit abermals an der Zahl zunehmen. *

§ 56.

Diese sechs Millionen Magyaren haben sich, wie wir gesehen, aus verschiedenen Volkselementen gebildet und dauert dieser Einverleibungs- und Umbildungsprocess auch heute noch fort. Schon bei der ersten Niederlassung waren sie nicht eines Stammes, denn es hatten sich den Magyaren bereits die chazarischen Kabaren angeschlossen. Nach der Besitznahme ihres neuen Vaterlandes absorbirten sie die hier vorgefundenen Reste der Avaren, ferner die Slovenen dies- und jenseits der Donau, sowie wenigstens zum Theil auch die Slaven an der Theiss und in Siebenbürgen. Der grösste Theil dieser letzteren Slaven ging dann später in dem hierher gelangten Rumänenthume auf. Auch die Völkerankömmlinge, die Petschenegen, Palóczen, Kumanen und Tataren, mochten sie ugrischer oder türkischer Abkunft sein, verschmolzen gänzlich mit den Magyaren. Kann nun das magyarische Volk vom Standpunkte der zoologischen Ethnographie einen besonderen, eigenthümlichen Typus haben, der auf genetischem Wege sich auf die heutigen Magyaren vererbt hat?

* Vgl. Approbatae Constitutiones. Pars I. tit. IV. Ferner: JOSEF BENKÖ, Transsilvania. Tom. II Vindobonae. 1778, p. 241—243. Endlich: BLASIUS URBAN «Székely föld leirása» (d. i. «Beschreibung des Széklerlandes») Bd. I. S. 146 ff.

Professor Dr. Josef Lenhossék in Pest nahm im Jahre 1875 an
130 solchen Männern, welche in der That das heutige Magyarenthum
repräsentiren, Schädelmessungen vor; es waren jene Männer Politiker,
Geistliche, Gelehrte, Künstler u. s. w. aus allen Theilen des Landes.
Der kleinste Breiten-Index war 74·2, der grösste 91·6; bei sämmtlichen
130 Männern der durchschnittliche Breiten-Index 82·2. Im Einzelnen
fand sich ein Breiten-Index von 74—75 bei dreien, von 75·0 nur bei
einem, von 76—77 bei fünf, von 77—78 bei sieben, von 78 nur bei
einem, von 78—79 bei acht, von 79—80 bei sieben, von 80—81 bei
acht, von 81—82 bei zwölf, von 82—83 bei achtzehn, von 82—83 bei
sechzehn, von 84—85 bei zehn, von 85—86 bei sechs, von 86—87
bei sechs, von 87—88 bei neun, von 88—89 bei einem, von 89—91
bei zweien, darüber (91·3, 91·6) auch bei zweien vor. Also von 78—
85 sind neunundachtzig. Der durchschnittliche Höhen-Index dieser
130 Männer war 62·2, der grösste 76·9, der kleinste 50·7. Ihre körperliche Grösse wechselte von 1545 bis 1830 mm. [494]

Auf Anregung desselben Professor Lenhossék nahmen Julius
Horváth und Josef Pohl in verschiedenen Gegenden an 50 Magyaren Messungen vor. Deren niedrigster Breiten-Index zeigt 76·6, der
höchste 90·4, der durchschnittliche 83·3. Insbesondere war der Breiten-
Index von 79—80 bei vieren, von 80—81 bei zweien, von 81—82 bei
sieben, von 82—83 bei sieben, von 83—84 bei sieben, von 84—85
ebenfalls bei sieben, von 85—86 bei zweien, von 87—88 bei zweien.
von 88—89 bei zweien, von 90·4 bei einem. Also unter diesen hatten
28 einen Breiten-Index von 81—85. Der Höhen-Index schwankte zwischen 55·5 und 78; im Durchschnitte 64. Die Körpergrösse dieser 50
Männer variirte von 1560 bis 1897 mm. [495]

Vergleicht man diese Messungen mit jenen, welche wir oben
S. 8 aus dem Werke Welcker's mitgetheilt haben: so ergibt sich,
dass bei Welcker der durchschnittliche Breiten-Index 79·7, der Höhen-
Index 76·0 beträgt: dagegen zeigen die Messungen Lenhossék's bei
130 Männern einen durchschnittlichen Breiten-Index von 82·2, einen
Höhen-Index von 62·2 und die Messungen von Horváth und Pohl
bei 50 Männern einen durchschnittlichen Breiten-Index von 83·3, einen
Höhen-Index von 64·0. Die Verschiedenheiten lassen sich vielleicht daraus
erklären, dass die Messungen an den Köpfen lebender Menschen überhaupt grössere Zahlen aufweisen als die Messungen an todten haut-
und haarlosen Schädeln. Indessen trotz der Verschiedenheiten beweisen
auch die an den 180 lebenden Männern vorgenommenen Messungen,
dass die Magyaren zu den Brachycephalen gehören. (Vgl. oben S. 5.) [496]

Mit Bezug auf die Hautfarbe sind die Magyaren braun und blond,
doch überwiegt im Allgemeinen das Braun; man trifft ferner bei ihnen

starken und schwachen Bartwuchs und der körperlichen Grösse nach zählen sie zu einem Mittelschlage, der jedoch mehr hochgewachsene als zwerghafte Individuen aufweist. In Bezug auf das natürliche Temperament ist der Magyare schwerfällig; wird er aber von der Leidenschaft erfasst, heftig und aufbrausend. Uebrigens verwischt der grössere sociale Verkehr allmälig auch jene Eigenthümlichkeiten, welche die verschiedenen Glaubensbekenntnisse erzeugt hatten und denen zufolge neben dem heiter gesinnten Katholiken der Protestant sich durch Ernst und Bedächtigkeit unterschied; bei den Protestanten aber der («lugubris») Reformirte den Lutheraner an ernster Lebensanschauung und Lebensführung noch übertraf. Diese volksthümliche Charakteristik verlor ihre Wahrheit und Bedeutung ebenso sehr wie eine andere im Alföld aufgekommene Unterscheidung der einzelnen Confessionen: Der Katholik hat darnach den «römischen», der Reformirte den «magyarischen», der Lutheraner den «slovakischen» und der Grieche den «raczischen» Glauben.

Die Deutschen.

§ 57.

Die Magyaren errichteten in Ungarn den Staat, die Deutschen schufen die Städte. Wie jene die Hauptfactoren in der Besitznahme und Vertheidigung des Landes gewesen und bis heute sind, ebenso sind diese die Hauptfactoren in der Entwickelung der bürgerlichen Gesellschaft und der Industrie. Den ungarischen und siebenbürgischen Deutschen gebührt also nach den Magyaren die erste Stelle.

Die Deutschen werden in Ungarn seit Jahrhunderten in (eigentliche) «Deutsche» (teutones, magyarisch németek), in «Sachsen» (saxones) und in «Schwaben» unterschieden. In den königlichen Urkunden begegnet man neben den Ausdrücken «teuton» und «saxo» auch noch der Bezeichnung «hospites» = Gäste für die Deutschen. [497] Aelter und allgemeiner ist bei den Magyaren der Name «német»; derselbe stammt vom slavischen n'emec, n'emci; die Magyaren hatten ihn also von den Slovenen erhalten, bei denen er wahrscheinlich schon zur Zeit der fränkisch-deutschen Herrschaft üblich gewesen. Eigentlich gebührt die Benennung «Hochdeutsche» nur den Bayern und Alemannen, welche in den ungarischen Chroniken «Teutonen» genannt werden. Der Name der «Sachsen» wurde in Ungarn erst später bekannt, was durch die Geschichte erklärt wird.

Nachdem nämlich vorerst die fränkischen Könige die Sachsen und dann die deutschen Könige die an der Elbe und am Baltischen Meere wohnenden Slaven besiegt hatten: siedelten sie die Sachsen auf den slavischen Gebieten an, wodurch der sächsische Name von der Nordsee bis zum finnischen Meerbusen bekannt ward. Die Finnen und Esten nennen auch heute sämmtliche Deutschen «saksa», d. i. Sachsen. Im 12., 13. und 14. Jahrhundert gelangten die Sachsen zu einer ausserordentlichen socialen Macht. In dieser Zeit herrschte ihr Handel von Amsterdam bis Reval, Narwa und Nowgorod, und vom Baltischen

Meere bis nach Breslau und Krakau; in diese Zeit, etwa seit dem Jahre
1150, fällt auch die Einwanderung der Sachsen nach Ungarn, wo sie
sich insbesondere in den Theilen diesseits der Donau von Pressburg
bis Felsö-Bánya und in den südlichen und nordöstlichen Theilen Siebenbürgens niederliessen. In derselben Zeit (etwa seit 1240), in welcher sich unter den deutschen Handelsstädten der «Hansa-Bund» entwickelte, erwarben sich auch die ungarischen und siebenbürgischen
Sachsen oder Deutschen ihre städtischen Privilegien. Obgleich zwischen jenem Handelsbunde und diesen Städten kein sichtbarer Verband
nachweisbar ist, so waren doch beide der Ausfluss des deutschen
Industriegeistes, sind also auf eine gemeinschaftliche Ursache zurückzuführen. [8]

Die «Schwaben» bezeichnen die deutschen Ansiedler in Süd-
ungarn, welche sich nach der Vertreibung der Türken, namentlich im
Piliser Comitate, in der Umgebung von Ofen, dann im Tolnaer und
Baranyaer Comitate («schwäbische Türkei») und in noch grösserer
Anzahl im Banate und in der Bácska niederliessen.

Einzelne deutsche Abenteurer oder Glücksritter fanden sich schon
unter dem Grossfürsten Geisa, noch mehr unter König Stefan I. in
Ungarn ein, wo sie als Stützen des Königthums und der christlichen
Kirche gleich den eingeborenen magyarischen Herren «Jóbágyen» des
Königs wurden. Viele berühmte magyarische Geschlechter datiren von
diesen Einwanderern ihre Abkunft. Auch unter den folgenden Königen
geschahen fortwährend solche vereinzelte Zuwanderungen und bis zur
neuesten Zeit wurde das ungarische Indigenat durch ordentliche Gesetzartikel an ausländische Herren verliehen, während die königliche
Gnade jeden Einheimischen, mochte er welcher Zunge immer angehören, in den Stand der Adeligen und Herren erheben konnte. Der
Ahnherr des berühmten Cardinal-Erzbischofs Peter Pázmán hatte bei
der ersten magyarischen Besitzergreifung des Landes ebenso wenig
mitgekämpft, als dies bei den Ahnen der Hunyaden, Thurzonen und
Zrinyi's der Fall war; dennoch gehören diese sämmtlich zu den be-
rühmtesten Geschlechtern der Magyaren. Allein mit solchen Einzelheiten befasst sich die Ethnographie nicht.

Die Geschichte der deutschen Gemeinden und Städte im eigentlichen
Ungarn ist von denen in Siebenbürgen verschieden, deshalb entwickelten
sich auch die deutschen Colonien hier und dort in verschiedener Weise.

§ 58.

Die deutschen Ansiedler in Ungarn sind also zum Theil *Hoch-
deutsche* teutones), die Bayern und Alemannen; theils *Niederdeutsche*

(saxones), Sachsen; theils nach der Türkenvertreibung eingewanderte *Schwaben*. Indem wir die ungarischen und siebenbürgischen Deutschen nach ihrer Herkunft unterschieden haben, lassen wir die Betrachtung der schwäbischen Einwanderungen, die an dem Städtewesen ohnehin nichts veränderten, für zuletzt und heben folgende Ansiedlungsgruppen hevor. [499]

Die *Hienzen* (Henzen oder Heinzen, von Heinz, Henz = Heinrich?) sind die Deutschen des Eisenburger und Oedenburger Comitates; ihr Dialect ist dem bayerisch-österreichischen verwandt. Ihre Städte sind: *Güns* (magyarisch Kőszeg), Oedenburg (magyarisch Soprony), Eisenstadt (Kis-Márton) und Rust. Wenn das im Donationsbriefe Arnulf's vom Jahre 888 (siehe oben S. 120) vorkommende «Gensi» wirklich *Güns* bezeichnet, dann muss man annehmen, dass der magyarische Flussname «Gyöngyös» nur der magyarisirte Ausdruck für den deutschen «Güns-Bach» oder «Güns-Fluss» ist. Der deutsche Name der Stadt stammt von diesem Flusse; allein der Ursprung des magyarischen «Kőszeg» erscheint mir ebenso dunkel wie der von «Soprony» (Oedenburg) und «Kis-Márton» (Eisenstadt).

ᵟ Die «*Heidebauern*» des Wieselburger Comitates nennen die Magyaren «nyúlasok» (d. i. die «Hasen-Hegenden»); die «Heidebauern» sind alemannischer (schwäbischer) Abkunft und sucht man ihre ursprüngliche Heimat am Bodensee. Sie gehören zu den ältesten schwäbischen Colonisten in Ungarn. Der ganze «Heideboden» ist mit Ausnahme des magyarischen Ortes «Wüst-Sommerein» von Deutschen bewohnt und machen diese im Wieselburger Comitate 76 pCt. der Bevölkerung aus. ᵟ

Oberdeutsche sind auch die *Gründner* in den sechs Zipser Bergstädten: Schmöllnitz (magyarisch Szomolnok), Einsiedel (magyarisch Remete), Stoss, Schwedler, Göllnitz und Wagendrüssel. Hierher gehören dann auch die *Metzenseifer* im Comitate Abauj, die Dobschauer in Gömör, die *Krikehayer** (Deutsch-Bronner, Stubner etc.) in den Comitaten Bars, Neitra und Thurócz. Endlich sind noch Oberdeutsche die heute schon grösstentheils slovakisirten Pukanzer, Pilsener u. a.

Zu den *Niederdeutschen* oder *Sachsen* sind die nordungarischen Bergstädte zu zählen, und zwar die Deutschen in Neusohl (magyarisch Besztercze-bánya), Altsohl (magyarisch Zólyom), Karpfen (magyarisch Korpona), Bries (Breznobánya), Libethen (Libetbánya),

---

* ᵟ Den Namen «Krickehay» leitet HAEUFFLER bei CZOERNIG (l. c. II. p. 201) ab von einem altdeutschen «krik» (engl. kreek) d. i. Krümmung, Bucht, Bergkessel und «hay», d. i. Hag, Gehäge oder umzäuntes Dorf: also «Krike-hay» = geschlossenes Dorf, Kesselsdorf. ᵟ

Schemnitz (Selmecz-bánya). Kremnitz (Körmöcz-bánya), Nagy- und
Felsö-Bánya.

Weiter gehören hierher die Städte der Z i p s e r S a c h s e n , und
zwar : Leutschau (magy. Löcse), Kesmark, Neudorf (Igló), Leibitz,
Béla, Menhartsdorf (Ménhárd), Rissdorf (Ruszkinócz), Matsdorf (Ma-
theócz), Völk (Felka), Michelsdorf (Strázsa), Kirchdrauf (Váralja =
Suburbium, denn der Ort liegt am Fusse des Zipser Schlosses neben dem
Domcapitel), Wallendorf (Olaszi, villa Vallonum, villa Latina), Eulen-
bach (Welbach, Felbach), Georgenberg (Szepes-Szombat), Deutschendorf
(Poprád), Densdorf (Danisócz, villa Dionysii), Odorin, Palmsdorf
(Harigócz, villa Palmarum), Spernsdorf (villa Sperarum, Illésfalva),
Donnerstmark (Csütörtökhely, Quintoforum), Kapsdorf (villa Compo-
siti, Káposztafalva), Gross-Schlagendorf (Nagy-Szálok), Eisdorf (villa
Isaaci), Müllenbach. ³⁰⁰ *Ausserdem noch Durlsdorf (Durand) u. A.*

Das sind die Zipser Städte und Dörfer, welche nach der Tradition im Jahre 1204 einen Bund schlossen, woher ihr Name: «Bund
der XXIV königlichen Pfarreien» (Fraternitas Plebaniarum XXIV Re-
galium). Im Jahre 1412 (8. November) verpfändete König Sigismund
ausser Lublau, Podolin und Gnesen noch die *Dreizehn Zipser Städte*
Béla, Leibitz, Mathsdorf, Georgenberg, Michelsdorf, Deutschendorf,
Völk, Menhartsdorf, Durlsdorf, Rissdorf, Wallendorf, Neudorf und Kirch-
dorf an König Wladislaus von Polen um 37.000 böhmische breite
Groschen oder 155.400 ungarische Dukaten. Die übrigen eilf Zipser
Städte hatten bis 1440 einen besonderen Grafen (Comes); in diesem
Jahre nahm sie aber sammt Kesmark der Čeche Giskra in Besitz und
behielt sie bis 1462. Im Jahre 1464 verlieh König Mathias (Corvinus)
das Zipser Schloss und die eilf Zipser Städte an Emerich Szapolya,
natürlich unter denselben Bedingungen, wie diese Städte bisher der
König besessen hatte. Allmälig gingen jedoch die verschenkten Städte
ihrer Privilegien verlustig. König Ferdinand übertrug im Jahre 1527
die Szapolyai'schen Güter an Alexius Thurzo. Sowohl die verpfändeten
dreizehn, wie die bei Ungarn verbliebenen, aber verschenkten eilf Zipser
Städte schlossen sich der Reformation an ; desgleichen auch Leutschau
und Kesmark ; die Thurzonen waren ebenfalls eifrige Protestanten. Von
den Thurzonen kamen die eilf Städte an die Familie Csáky. — Auch
Kesmark hatte viele Widerwärtigkeiten zu ertragen. König Mathias I.
verlieh diese Stadt gleichfalls an Emerich Szapolya, Ferdinand I. gab
sie aber nicht an Thurzó, sondern dem Hieronymus Laszkó, dessen
Sohn sie bis 1584 besass. Damals gewann sie Sebastian Tökölyi ; auch
der berühmte Emerich Tökölyi hatte sie im Besitz. Nach dessen Sturze
gelangte Kesmark abermals an die Krone und wurde zur königlichen
Freistadt erhoben. — Die verpfändeten dreizehn Städte erwarb Maria
Theresia im Jahre 1772 bei der ersten Theilung Polens zurück, fügte
noch die Städte Pudlein, Lublau und Kniesen (Gnesen) hinzu und so

entstand die « Provinz der 16 Zipser Kronstädte », deren Gespan oder Graf (comes) bis auf unsere Zeit seinen Sitz in Neudorf (Igló) hatte.

Auch andernorts bestanden sächsische Colonien; im Thuróczer, Árvaer, Liptauer und Sároser Comitate, und zwar in letzterem nicht nur in Eperies, Bartfeld und Zeben, sondern auch in vielen anderen Ortschaften. Desgleichen in Abauj, in der berühmten Stadt Kaschau ; in Zemplin waren z. B. die « Gäste von Patak » (« hospites de Patak ») u. s. w. Ueberblickt man diese sächsischen, d. i. deutschen Städte und Ansiedlungen, welche am Fusse der Karpaten von Pressburg bis nach Siebenbürgen aufeinander folgten, so geht daraus hervor, dass in den Comitaten Oberungarns die deutsche Bevölkerung einstmals sehr zahlreich gewesen sein musste; bildeten doch die deutschen Gemeinden von Schemnitz bis in die Zips eine ununterbrochene Reihenfolge.

Unter den Städten Ungarns berühmten sich *Stuhlweissenburg* (magyarisch Székesfejérvár), in dessen Kirche der königliche Thron und die Krone aufbewahrt wurde und « wo auch die heilige Salbung der Könige geschieht, » wie König Béla IV. in einer Urkunde vom Jahre 1254 sagt, [501] und *Szatmár-Németi* des grössten Alters. Die Privilegien der ersten Stadt werden von König Stefan d. H., der Ursprung der letzteren von den mit Gisella, der Gemahlin Stefan's, eingewanderten Deutschen hergeleitet. [502] Es wäre allerdings schwierig, diesen Ursprung Szatmár-Németi's historisch zu beweisen, allein die allgemeine Meinung glaubte daran. Nachdem die Privilegien von Stuhlweissenburg nicht nur an Szatmár-Németi, sondern auch an Gran, Tyrnau, Neitra und anderen Städten verliehen wurden, besitzen dieselben ein besonderes Interesse.

« Die Bürger der Stadt wählen sich ihren Richter (villicus) und zwölf Geschworne (duodecim jurati cives) selbst. Der Richter und die Geschwornen richten und urtheilen in allen Geldstreitigkeiten sowie bei bürgerlichen und strafrechtlichen Fällen ; die Bürger sind also weder dem Palatinats-Gerichtsstuhle noch dem Richteramte des Comitats-Obergespans unterworfen. Sollten sie aber in einer schwierigen Streitsache die Entscheidung nicht treffen können (si super arduis negotiis definire forsitan ignorarent), so bringen sie dieselbe vor den König oder dessen Schatzmeister (ad Nostram praesentiam vel Magistri Tavernicorum). Auch ihre Geistlichen wählen sie nach ihrem freien Willen. Im Lande und an den Grenzen (in confiniis) sind sie steuerfrei, zahlen also nirgends weder Brücken- noch Strassenmauth. Endlich sind sie von der Einquartierung befreit oder geniessen doch diesbezüglich Ermässigungen. »

Darin bestehen im Allgemeinen die Rechte und Privilegien der « Gäste »; die Hauptsache bildet das eigene Gericht und die selbständige Verwaltung. Das drückt eine Urkunde Stefan V. vom Jahre 1271 in Bezug auf die Zipser Sachsen charakteristisch in der Weise aus: Weil sie einfache Leute sind, die sich mit dem Ackerbau beschäftigen und die adeligen Rechte nicht verstehen (in jure Nobilium nequeunt

conversari): so gestattet der König, dass sie nach ihrem eigenen
Recht und Gesetz leben können (proprio jure et lege speciali per-
fruuntur).

In Folge der eigenen Gerichtsbarkeit unterstanden sie weder dem
Palatinal- noch einem anderen adeligen Gerichtshofe, sondern wandten
sich nöthigenfalls an den König oder an den Tavernicus (Schatzmeister). Der König hatte einen Stellvertreter, der in Gerichtssachen die
Gegenwart des Königs repräsentirte (personalis praesentiae Regiae in
judiciis Locumtenens, später einfach «Personalis» genannt); in Bezug
auf die Appellationssachen wurden die Städte allmälig theils dem
«Gerichtsstuhle des königlichen Personals» (Sedes Personalis praesentiae regiae Locumtenentis), theils dem «Tavernical-Stuhle» (Sedes Ta-
vernicalis oder magistri Tavernicorum) unterstellt. [503]

Die städtischen Bürger hatten im Lande freien Handel und Wandel; dieses Recht trifft man den örtlichen Verhältnissen angemessen
in stets anderer Gestalt entwickelt. Den Bürgern von Eisenstadt z. B. gestattete König Ludwig I. im Jahre 1372, dass sie gleich den Oeden-
burgern ihre Weine nach Mähren, Böhmen und Polen zollfrei ausführen dürfen; denselben Bürgern ertheilt König Sigismund im Jahre 1397
die Freiheit, dass sie im ganzen Lande Handel treiben können (cuncta
climata Regni nostri perlustrando). In der oberwähnten Urkunde verleiht König Stefan V. den Zipser Sachsen das Recht, dass sie in den
Bergen nach Erzen suchen, dieselben zu Tage fördern und verarbeiten
können, ohne dadurch das Recht des Königs zu verletzen. In den
Bergstädten war natürlich die Gewinnung und die Verarbeitung des
Erzes das wesentlichste Recht.

Die Einquartierung war, wie wir schon öfters gesehen haben, eine
grosse Last, von welcher die Städte sich auf jede Art zu befreien suchten. So wurde die Stadt Pest im Jahre 1244 durch König Bela IV.
davon gänzlich befreit; [504] in Szatmár-Németi bedingt sich König
Andreas II. im Jahre 1230 Mittag- und Abendmahl nach jenem Mass-
stabe aus, in welchem die Stadt sich vergrössern werde. — In dem
erwähnten Privilegium der Stadt Pest steht auch, dass «keiner dieser
Gäste» (nulles hospes ex illis) einem Fremden ein Haus oder Sonstiges
verkaufen kann, sondern nur einem Solchen, der bei ihnen wohnen
und an allen Lasten theilnehmen will.

*Vor dem Mongolen-Einfalle (1242) wurde Pest für einen sehr
reichen deutschen oder teutonischen Ort gehalten.* [505] *Im Jahre 1244 begabte, wie wir oben erwähnt, Bela IV. «seine Gäste in Pest» (hospites
Nostri de Pest) mit einem Privilegium, welches sich auch auf Steinbruch
(«Kuer» = kö-ér, d. i. Steinbruch) und Klein-Pest (minor Pest ultra
Danubium) erstreckte. Damals wurde der Blocksberg «Pester Berg»
genannt, an seinem Fuss lag «Klein-Pest». Der Name «Pest» ist slavi-*

*schen Ursprunges (pest) und bedeutet «Ofen». Der Ort erhielt also sei-
nen Namen wahrscheinlich von seinen Ziegel- und Kalköfen, was auch
beweist, dass seine ersten Einwohner Slaven waren (siehe oben Seite 220);
zu diesen oder an deren Stelle kamen dann Deutsche. Später wurde auf dem
Berg des rechten Donau-Ufers eine Burg (Schloss) erbaut, daher der Name
«Festungs- oder Schlossberg» (magyarisch «vár-hegy») und diese Burg
hiess auch die «Pester Burg» (Castrum de Pest). Allmälig blieb auf
diesem rechtsuferigen «Pest» die deutsche Uebersetzung «O f e n» haften.
Woher stammt aber der magyarische Name für Ofen, «Buda»? Das
ist mir unbekannt. 506 «Lange Zeit wurde Ofen auch «Neu-Pest» genannt;
demgemäss war am linken Donau-Ufer P e s t (gleichsam «Alt-Pest»),
am rechten aber N e u - P e s t. In einer Urkunde des König Sigismund
vom Jahre 1403 wird letzteres als «Neustadt am Pester Berg oder Buda»
(Civitas nostra Nova montis Pestiensis seu Budensis) angeführt. Daraus
ist ersichtlich, dass damals schon beide Namen mit einander abwechsel-
ten. Bald nachher gebrauchte man statt «Neu-Pest» die Bezeichnung
«Neu-Ofen»; denn die an der Stelle des alten Aquincum erbaute Gemeinde erhielt den Namen «A l t - O f e n». Als «Neu-Ofen» einige Supe-
rioritätsrechte auch über das alte Pest beanspruchte, erhob dieses letztere
König Mathias I. zur königlichen Freistadt. Die also gestalteten zwei
Städte wurden sammt dem Markte Alt-Ofen durch den G.-A. 36 : 1872
zu einer Stadt vereinigt mit der officiellen Bezeichnung «B u d a p e s t».*

Die deutschen Städte wollten sich ihre Privilegien nicht nur
sichern, sondern begannen auch bald, Andere davon auszuschliessen,
wie das in der Natur des Privilegiums liegt. In der Stadt Karpfen
hatte z. B. das Zeugniss von Magyaren allein gegen die hospites keine
Rechtskraft, sondern erst in Verbindung mit dem Zeugnisse von Sachsen oder anderen Deutschen. 507 Zum Handwerk wurden nur Deutsche
zugelassen, also andere Nationale in die Zunft nicht aufgenommen.
Auch vom Handel hätten die hospites gerne jeden Andern ausgeschlossen. So wollten z. B. die Bürger von Oedenburg und Kaschau es nicht
dulden, dass die Edelleute selbst ihre Weine ins Ausland verfrachten
(vgl. G.-A. 19 : 1504). Um so weniger mochten sie es gestatten, dass
ein Nichtdeutscher irgend ein städtisches Amt bekleide. So konnte in
Ofen nur ein Deutscher Richter werden und durften in dem aus zwölf
Mitgliedern bestehenden Stadtrathe nur zwei Magyaren sein. Nachdem
jedoch die Anzahl der Magyaren sich vermehrt hatte und diese Einen
aus ihrer Mitte zum Richter wählten, erbitterte diese Wahl im Jahre
1438 die Deutschen so sehr, dass sie den magyarischen Richter in der
Donau ertränkten, was dann einen grossen Aufruhr hervorrief. 508 So
lange der Adel auf seinen Landsitzen unbehelligt wohnen konnte, trug
er keine Sehnsucht nach dem Leben innerhalb der Stadtmauern. Das
wurde jedoch anders, seitdem die Einfälle und Eroberungen der Türken
die Edelleute nöthigten, in den geschlossenen Städten Schutz zu suchen.
Der G.-A. 62 : 1563 ordnet deshalb an, dass es den durch die Türken
vertriebenen Edelleuten gestattet sei, in den Städten Häuser zu kaufen,
natürlich unter der Bedingung, dass sie alsdann auch die Steuern und

Lasten der Städter gleichmässig tragen. Weniger zu billigen war der Beisatz, dass die Adeligen in ihre Häuser auch Weine zum eigenen Gebrauche, doch nicht zum Ausschanke bringen konnten, wenn dasselbe nicht auch die übrigen Stadtbewohner thun konnten.

Mag übrigens der Grund wo immer gelegen sein, Thatsache ist, dass die Städter die Adeligen oder Magyaren nicht gerne sahen; denn der G.-A. 13 : 1608, welcher vor der Krönung gebracht wurde, lautet wie folgt:

»*Ueberaus viele Klagen erheben die Magyaren nicht nur gegen die königlichen Freistädte, sondern auch gegen die Berg- und slavonischen Städte, dass man sie in ihrem eigenen Vaterlande (in propria ipsorum patria) weder zum Hauskaufe noch zu öffentlichen Aemtern zulasse. Darum wird beschlossen, dass in Zukunft in den königlichen Freistädten die Richter und Rathsmitglieder sowie die anderen Beamten abwechselnd und gemischt aus den Magyaren, Deutschen, Čechen oder Slovaken (bohemis seu sclavis) und zwar o h n e R ü c k s i c h t a u f d a s R e l i - g i o n s b e k e n n t n i s s, gewählt werden müssen, mögen diese in welcher Stadt immer wohnen; ferner, dass es den Magyaren (hungaris nativis) erlaubt sei, in den Städten ohne allen Widerspruch Häuser zu kaufen oder zu bauen und im Sinne des G.-A. 62 : 1563 ihre Habe (res ipsorum) dahin zu bringen und dort zu behalten. Die Magyaren sind dagegen verpflichtet, alle auf ihre Häuser entfallenden öffentlichen Lasten zu tragen, sowie sie anderseits auch an allen Freiheiten, Privilegien und Immunitäten der Städter theilnehmen; indessen behalten sie in den Städten auch noch ihre eigenen gesetzlichen Privilegien. Dieselben Anord- nungen erstrecken sich auch auf die privilegirten Marktflecken.*«

Der nach der Krönung gebrachte 44. G.-A. wiederholt diese Verordnungen mit dem Beifügen, dass jene Stadt, welche denselben zuwiderhandelt, 2000 fl. Strafe zu zahlen hat. Allein, wie die Gesetz-Artikel 40 : 1613 und 12 : 1649 bezeugen, mussten diese Verfügungen erneuert werden, denn Neusohl widersetzte sich offen dem Gesetze und die Stadt Kaschau weigerte sich, nicht nur für die Katholiken, sondern auch für die Reformirten passende Plätze zum Baue der Kirche, Schule und Pfarrerwohnung anzuweisen.

§ 59.

Es gibt im weiten Ungarlande kaum eine Stadt, die nicht ganz oder wenigstens theilweise von Deutschen bewohnt gewesen wäre. So beschenkte z. B. König Béla IV. im Jahre 1247 die *Szegediner* »Gäste« (hospites de Zegedino) mit einem Gute und einem Fischteiche. König Ludwig I. begabte im Jahre 1360 die Bürger, *Gäste* und Kaufleute (cives, *hospites* et mercatores) von *Debreczin* wegen ihrer Treue gegen Carl I. mit Freiheiten und erhob ihre Stadt zur königlichen Freistadt. Sigismund befreite sie nach dem Vorrechte der meisten ungarischen Städte auch vom Zoll im ganzen Reiche (juxta libertatem civitatum regni nostri ab antiquo observatam). [509] Alle hervorragenderen Städte wurden zu königlichen Freistädten erhoben; und wo wir einer solchen begegnen, dort war sicher einstmals das Deutschthum vorherrschend. Die Lage dieser königlichen Freistädte beleuchtet also zugleich das alte ethnographische Bild Ungarns.

Wir wissen, dass gleich den Avaren auch die Hauptstärke der Magyaren in den Theilen jenseits der Donau Wurzel gefasst: dass von hier aus das Königthum und Christenthum seinen Ausgangspunkt genommen hatte. Betrachten wir nun die königlichen Freistädte nach ihrer Verbreitung, so finden wir die wenigsten derselben jenseits der Donau, die meisten diesseits des Stromes und in der Karpatengegend. [510] Das kam offenbar von daher, weil die Theile jenseits der Donau schon unter den Königen aus dem Hause Árpád's eine hinlänglich dichte Bevölkerung hatten. Das alte Pannonien, dieser längste römische Besitz in Ungarn, war mehr bevölkert als die Landestheile diesseits der Donau, besonders als die Gebirgsgegend der Karpaten. Den Beginn und Verlauf der deutschen, namentlich der sächsisch-deutschen Einwanderung können wir urkundlich nicht nachweisen; man kennt weder den König, der die Einwanderung veranlasste, noch weiss man, woher die Ansiedler kamen oder wo sie ihre neuen Wohnplätze erhielten. Man begegnet den Colonien erst dann, als die Könige sie mit Rechten und Freiheiten begaben. Allein auch davon hören wir nichts, dass die Könige oder irgend ein mächtiger Magnat oder Bischof die vorhandene Bevölkerung etwa deshalb entfernt hätte, um den neuen Ankömmlingen Raum zu schaffen. Wohin der sächsisch-deutsche Einwandererstrom gelangte und sich festsetzte, dort fand er die Gegend leer, d. h. wenn auch nicht gänzlich unbewohnt, so doch gewiss nur spärlich bevölkert. Dasselbe bezeugt auch eine Urkunde des Königs Emerich vom Jahre 1198, in welcher er den Zehnten der Einkünfte des Zipser Bodens (decimam tributorum in terra Scypiensi) dem Graner Erzbischofe verleiht, wie solches die heiligen Könige (Stefan I. und Ladislaus I.) bereits gethan haben. (FEJÉR, II. 324.) Unbegründet ist auch die Ansicht, dass die ursprünglichen Einwohner der Zips Magyaren gewesen seien, weil die Zipser Urkunden zahlreiche magyarische Namen und Wörter aufweisen, wie z. B. Füzes-pataka (= Weidenbach), Sárpataka (= Kothbach), Martun földje (= Martinsfeld), Gerlach földje (= Gerlachsfeld), Burkút (Borkút = Sauerbrunn, deutsch jedoch «Bierbrunn», ein Ortsname), Egurfa (= Erlenbaum), Fenufa (= Tannenbaum), Hársfa (= Linde) u. s. w. [511] Vor der Niederlassung der Deutschen fanden sich ohne Zweifel überall einige Bewohner, darunter mochten im ganzen Königreiche in geringer Anzahl auch Magyaren gewesen sein; dennoch muss man jede Gegend, wo neue Einwohner ohne Verdrängung einer früheren Bevölkerung sich niederlassen konnten, als eine leere, unbevölkerte betrachten. Von einer solchen Verdrängung findet man in der Zeit der Árpádenkönige nirgends auch nur die leiseste Spur. Die Anwesenheit der ungarischen Namen und Wörter in den Zipser Urkunden erklärt sich ganz ungezwungen einerseits daraus, dass es auch dort einzelne magyarische Einwohner gegeben; anderseits dadurch, dass überall magyarische Beamte vorhanden waren, endlich aber insbesondere durch den Umstand, dass die Verfasser der Urkunden (die königlichen Notare) die Ortsnamen und andere Benennungen in magyarischer Uebersetzung ausdrückten, weil ihnen das Magyarische besser geläufig war als das Deutsche. Den ersterwähnten Umstand bestätigen die Urkunden selbst; [512] die beiden anderen kann man wohl ohne Gefahr des Irrthums annehmen. Dass aber selbst die Deutschen nicht alle leeren Gegenden ausfüllten, bezeugt die Ortschaft «Sóvár» (= Salzburg) bei Eperies, die meines Wissens weder einen slavischen noch einen deutschen Namen hat. Nach alledem steht fest, dass in der Zeit der Könige Ludwig I. und Mathias I. ein sehr grosser Theil des Landes von Pressburg und Waitzen angefangen bis nach Kaschau und Bartfeld hauptsächlich von Deutschen bewohnt war.

Diese deutsche Bevölkerung blieb, wie es scheint, von der čechischen Kirchenreformation unberührt. Gleich ihren Stammesbrüdern in Sachsen und Oesterreich hielten sich auch die Deutschen in Ungarn von dem čechischen Einflusse fern; dieser konnte also auch das Slaventhum unter ihnen nicht verbreiten. Auch die čechischen Parteigänger der Königin Elisabeth, welche von 1440 bis zur Regierung des Königs Mathias I. (1462) im Lande hausten, konnten die deutschen Städte nicht schädigen, wenn sie auch auf den Dörfern die slavische Bevölkerung vermehrten. Allein ganz anders stellten sich die ungarischen Deutschen zur Reformation Luther's; dieser folgten Alle binnen kurzer Zeit. Natürlich wurde dadurch das Deutschthum nur gekräftigt. Doch die Gegenreformation, welche durch den Cardinal-Fürstprimas Pázmán eingeleitet wurde und von 1650—1781 ihren stetigen, wenn auch nicht immer gewaltthätigen Fortgang nahm, verminderte das oberungarische Deutschthum in den Bergstädten und in anderen Orten in zunehmender Weise. Man kann sich nur schwer eine Vorstellung machen von den vielfältigen Plackereien, denen die Protestanten selbst noch unter der Regierung der Kaiserin-Königin Maria Theresia ausgesetzt waren. Diese Verfolgungen bilden ein sehr dunkles Blatt in der socialen Geschichte Ungarns und auf diesem dunklen Blatte stehen auch überraschende nationale Umgestaltungen verzeichnet. In vielen Gegenden der Zips, wo unter dem Einflusse der Familie Csáky eine deutsche Gemeinde katholisch wurde, dort verfielen die Deutschen auch

der Slavisirung. Andernorts vertrieb der katholisch gewordene Grund-
herr seine deutschen oder magyarischen Bauern, wenn diese nicht zum
Katholicismus übertreten wollten. In den Städten, wie z. B. in Eperies,
ernannte man nur Katholiken zu Beamten und da sich solche unter
den protestantischen Bürgern der Stadt nicht vorfanden, so berief man
Auswärtige hiezu. [513] Nachdem die Slavisirung ihren Fortgang genommen, verliessen auch Protestanten ihre deutsche Sprache und nahmen
die slovakische an, so z. B. in den Zipser Orten Gerlsdorf, Botsdorf,
Lautschburg (heute meist «Lucsivna»): in der Liptau zu Geib (Hibbe),
Sanct Nicolaus (Szent-Miklós); im Sohler Comitate zu Briesen u. s. w.
Und diese Slavisirung schreitet bis heute ungehemmt weiter: so tritt
z. B. in Modern und überall im Pressburger Comitate, dann in den
Städten Leutschau, Kirchdrauf, Neudorf (Igló) u. s. w. das Deutschthum
mit jedem Jahre mehr in den Hintergrund. ꝺ Zu dieser Entnationalisi-
rung der Deutschen trägt das slovakische Dienstbotenwesen Vieles bei.
Der slovakischen Magd zuliebe sprechen Herr und Frau slovakisch, ja
die Kinder lernen auf solche Weise das Slovakische als ihre erste
Sprache und heute ist es nicht selten, dass selbst in sonst rein deutschen Familien der Zips die Umgangssprache die slovakische ist. *
Leider gehen mit der Sprache bei diesen Deutschen auch die socialen
Tugenden ihrer Nationalität verloren. Die slovakisirten und insbesondere die ruthenisirten Deutschen ergeben sich neben dem Laster der
Trunksucht zugleich dem der Trägheit und Unsauberkeit. Es vereinigen
sich in ihnen die Fehler beider Nationalitäten. ꝺ Die Gegenreformation
hat aber in Oberungarn nicht nur das Deutschthum geschädigt, sondern
auch das magyarische Element verdrängt; dies war namentlich in den
Comitaten Zemplin, Sáros, Abauj und an anderen Orten der Fall. **

Nach der Türkenvertreibung vermehrte sich die deutsche Bevölkerung Ungarns durch neue Ankömmlinge; diese nennt man gewöhnlich *Schwaben*. König Leopold I. hatte im Jahre 1703 sowohl Ofen als
Pest zu besonderen königlichen Freistädten erhoben. Im Geiste der
damals herrschenden Politik konnten sich in diesen Städten nur katholische Deutsche niederlassen. [514] Auch in der Umgebung von Budapest
besetzten katholische Schwaben die leeren Ortschaften, deren magyarische Bevölkerung unter der Türkenherrschaft geschwächt, bei der Rückeroberung des Landes aber gänzlich vernichtet worden war. Die magya-

---

* ꝺ Das gerade Gegentheil beobachtet man bei den südungarischen Deutschen.
Hier muss der serbische oder rumänische Knecht deutsch lernen, weil die Bäuerin
keine andere Sprache redet. Hier befinden sich aber auch die nichtdeutschen Elemente
den Deutschen gegenüber in einem continuirlichen Rückgange ꝺ

** Eine theilweise Rückeroberung findet heute durch die römisch-katholische
Geistlichkeit statt.

rischen Ortsnamen verblieben, allein die Bevölkerung wurde eine andere. Auch in den Comitaten Tolnau und Baranya wurden viele Schwaben angesiedelt. Da jedoch katholische Colonisten nicht ausreichten, musste man auch Protestanten aufnehmen. Schwäbische Ansiedelungen erfolgten auch noch in anderen Comitaten, so wurden z. B. im Zempliner Comitate zu Rátka, dessen magyarische Bevölkerung noch im Jahre 1596 eine der werthvollsten magyarischen Alterthümer aufbewahrt hatte siehe oben S. 160', nach den Rákóczy'schen Kriegen im Anfange des achtzehnten Jahrhunderts katholische Schwaben angesiedelt. Jetzt sind diese sowie die zu Rakamaz und andernorts bereits magyarisirt.

Allein insbesondere im *Banate*, d. i. in den heutigen Comitaten Temes, Torontál, Krassó und Severin, wurde nach der Vertreibung der Türken, die von 1552 bis 1716, also 165 Jahre, in Temesvár geherrscht hatten, die Bevölkerung erneuert. Der erste Militär-Gouverneur dieser wiedergewonnenen Provinz, Graf *Claudius Florimond Mercy* (1717 bis 1733), erwarb sich nicht blos dadurch unsterbliche Verdienste, dass er für die Colonisirung des menschenleeren Gebietes Sorge trug, sondern dass er auch solche weise Einrichtungen traf, welche das materielle und geistige Wohl dieses Landstriches in kurzer Zeit begründeten. Die spärliche rumänische und serbische Bevölkerung wurde durch Colonisten aus verschiedenen Theilen Süddeutschlands, dann aus Italien und Lothringen, selbst aus Spanien vermehrt. ₰ Die Italiener, Spanier und Franzosen unterlagen theils dem damals mörderischen Sumpfklima des Landes, theils wurden sie durch die umwohnenden Deutschen allmälig germanisirt. Vereinzelte Reste dieser französischen Lothringer finden sich noch 'hie und da im Banate, zahlreiche Geschlechtsnamen wie Bonnaz (jetziger Bischof von Csanád), Cherrier, Chambré, Duffaud, Leblanc, Grandjean, Grand u. A., sowie die Ortsnamen Billét, Charleville, Soultour bezeugen die Anwesenheit des französischen Elementes. ₰ Graf Mercy bestrebte sich, aus Temesvár eine neue und schöne Stadt schaffen, und es ist ihm gelungen. ₰ Die Colonisirung des Banats wurde dann unter der Regierung der Kaiserin-Königin Maria Theresia in zwei Perioden (1763—1765 und 1768—1771) eifrigst fortgesetzt. Die Ankömmlinge, welche durch kaiserliche Ausschreiben berufen wurden, kamen aus Lothringen, Trier, dem Elsasse, Schwarzwalde, Breisgau, Fürstenberg, der Pfalz, aus Vorder-Oesterreich, Mainz, Luxemburg, Nassau, Franken, Baden-Baden, Schwaben, Lamberg, Tirol, Ober-Oesterreich, dann aus der Schweiz, aus Frankreich und Piemont. Ordentlich bestellte Colonisirungs-Commissäre führten die Einwanderer theils in frühere, verlassene Ortschaften ein, theils legte man für sie neue Orte an. Jene früheren Orte behielten zum Theil ihre ursprünglichen Namen, wie z. B. Becskerek Klein- und Gross-, Besenyö (von den Deutschen «Beschenowa» genannt), Bogáros, Csatád, Gyarmatha, Gyertyámos, Perjámos, Rékás, Szakálháza, Zádorlak u. A.; theils erhielten sie neue Namen, ohne dass ihr früherer, ungarischer Name gänzlich in Vergessenheit gerieth (namentlich bewahrten die Rumänen die altungarischen Benennungen), solche Orte sind z. B. Hatzfeld (alter Name: Zsombolya), Kreuzstätten (Keresztes), Gutenbrunn (Hidegkut), Wiesenheid (Réthát), Trübswetter (Nagy-Öz), Gottlob (Kis-Öz).⁵¹⁵ δ

Von Deutschen bewohnte Orte sind: Temesvár (32,223 Einwohner, noch heute eine grösstentheils deutsche Stadt), Werschetz (21,095 Einwohner, mehr als zur Hälfte Deutsche), Gross-Becskerek (19,666 Einwohner, mindestens zwei Fünftel davon Deutsche), Weisskirchen (7490 Einwohner, hauptsächlich Deutsche), in Pancsova (13,408 Einwohner), Gross-Kikinda (18,834 Einwohner) und Karansebes (3512 Einwohner) und in den meisten grösseren Orten Südungarns machen die Deutschen eine erhebliche Minorität der Bevölkerung aus. Ganz deutsch sind die Marktflecken und Dörfer: Hatzfeld (7981 Einwohner), Deutsch-Lugos (3350 Einwohner), Banat-Komlós (5715 Einwohner), Perjámos (5215 Einwohner), Billét (circa 4000 Einwohner), Orczydorf (2448 Einwohner), Mercydorf (2030 Einwohner), Detta (2750 Einwohner), Guttenbrunn (3060 Einwohner), Uj-Besenyö (auch Neu- oder Deutsch-Beschenowa, 2090 Einwohner), Deutsch-Szt.-Peter (2520 Einwohner), Zádorlak (2080 Einwohner), Bruckenau (1700 Einwohner), Szakálháza, Gottlob, Lowrin, Csatád (Geburtsort Lenau's), Grabácz, Gross- und Klein-Jécsa, Gyertyámos, Marienfeld u. A.

δ Einen neuen Aufschwung erhielt das deutsche Colonialwesen in Ungarn unter Kaiser Josef II. Das diesbezügliche Patent wurde unter dem 21. September 1782 erlassen und hierbei namentlich auf die Gewinnung von Colonisten aus dem oberrheinischen Kreise Deutschlands, aus der Pfalz, aus Zweibrücken, Hessen und Frankfurt, das Augenmerk gerichtet. Den Ansiedlern wurde nebst Haus, Garten, Ackergrund, dem nöthigen Zug- und Zuchtvieh, sowie den Haus- und Feldgeräthschaften auch «vollkommene Gewissens- und Religionsfreiheit» zugesichert. Besondere Vortheile genossen auch die einwandernden «Fabrikanten und Professionisten». Der Hauptstrom der Einwanderung dauerte von 1784 bis 1787. Die Ankömmlinge wurden theils im Banate, theils im Bácser Comitate, theils in anderen Gegenden des Landes angesiedelt. Im Banate unterbrachte man bis Ende 1787 im Ganzen 2880 Familien. Im Ganzen betrug die Zahl der Einwanderer

im Jahre 1784 . . . . . 2,225 Familien mit 10,133 Köpfen,
» » 1785 . . . . . 4,643 » » 21,854 »
» » 1786 . . . . . 2,143 » » 9,253 »
zusammen . 9,011 Familien mit 41,240 Köpfen. *

In den Jahren 1785 und 1786 wanderten 1065 verschiedene «Professionisten» nach Ungarn. Darunter hauptsächlich Leinweber (186), Maurer (106), Zimmerleute (79), Schneider (66), Müller (60), Tischler

---

* Vgl. CZOERNIG, Ethnographie, III p. 67 und 68.

(35), Hufschmiede (34), Wagner (32) u. s. w. Auf Staatskosten wurden insgesammt 7600 Familien angesiedelt; die Ansiedelungskosten beliefen sich auf ungefähr vier Millionen Gulden. Die übrigen Einwanderer fanden auf Privatgütern oder in Städten Unterkommen.

Grössere und kleinere Nachwanderungen erfolgten auch in der späteren Zeit; insbesondere suchten in Folge der französischen Kriege viele Familien aus Elsass-Lothringen, aus Vorder-Oesterreich, Tirol und anderen Orten um die Aufnahme in Ungarn an.

Im Jahre 1829 erfolgte an alle Länderchefs die Weisung, künftig keine deutschen Colonisten über die Grenze der Monarchie zu lassen, wenn sie nicht daselbst ein Vermögen von 300 fl. in klingender Münze ausweisen konnten. δ

§ 60.

In Siebenbürgen erinnern an die Römerzeit nur einige Flussnamen wie Szamos, Maros, Aluta, welche zugleich die grössten Flüsse dieses Landes sind; ferner die Ompolya, Cserna und andere; auch der Flussname Körös (oder Keres, Gresia) ist seit dem sechsten Jahrhunderte bekannt. Allein von den sehr zahlreichen römischen Ortsnamen hat sich kein einziger erhalten; unter den aufeinanderfolgenden Völkerschaften ging das Andenken und die Erinnerung an die Römer vollständig verloren. Die zahllosen römischen Steinüberreste waren für die Gepiden und Avaren stumme Zeugen der Vorzeit. Aber auch von Gepiden und Avaren blieb weder in Ortsnamen noch sonst irgendwo die geringste Spur übrig. Da die magyarische Occupation Siebenbürgens vom Westen her erfolgte, so zogen die Magyaren natürlich den Flüssen entlang gegen Osten und wohin sie gelangten, fanden sie überall Slaven, was die slavischen geographischen und topographischen Benennungen deutlich beweisen. Unter den Gepiden, besonders aber unter den Avaren lebten gleichfalls schon Slaven in Siebenbürgen und im südöstlichen Ungarn (siehe oben S. 92 und 126 u. a. o.), ja, wie es scheint, wurden die Avaren selbst, welche mit den Slaven gemischt wohnten, slavisirt. Zu den aus der Römerzeit erhaltenen Flussnamen treten also slavische Benennungen und erst später magyarische Namen. Die erste magyarische Besitzergreifung begann ohne Zweifel an der Maros, denn hier lag die Haupt- (wenn auch nicht erste) Niederlassung, nämlich Weissenburg (magyarisch Gyula-Fejérvár, jetzt Carlsburg), zugleich Sitz des neuen Bischofs. Die Slaven nannten den Ort »Belgrad« = Weissenburg), was die rumänische Sprache bis heute bezeugt. Der erste Bischof von Weissenburg erscheint urkundlich im Jahre 1103, 516 nach Anderen im Jahre 1113. Nördlich von dieser magyarischen Ansiedelung begegnet man dem Flussnamen *Aranyos* (= der Goldführende) schon in einer Urkunde vom Jahre 1075 (siehe oben S. 125), woher auch der *Széklerstuhl Aranyos* seinen Namen führt. Im Unter-Weissenburger Comitate berührt die Kis- und Nagy-Aranyos («kleine» und «grosse» Aranyos) nicht nur die Gegend der berühmten Bergwerke, sondern auch die Salzwerke von Torda. Die Aranyos kann also hinsichtlich der Priorität der magyarischen Besitzergreifung mit der Maros rivalisiren. Auch dort war die Bevölkerung slavisch, was schon der Ortsname *Szalathna*, sowie *Kovászna* (in der Háromszék) beweist; letzterer Name hatte von den Sauerbrunnen, ersterer vom Golde seinen Ursprung. Die magyarische Besitzergreifung schritt somit entlang den Flüssen Aranyos und Maros nach Osten vorwärts und erreichte die beiden Kokel, deren magyarischer Name «Küküljö», wie wir gesehen haben (vgl. oben S. 250), «Fluss Kükül» bedeutet. Die Quellen der Maros und der beiden Kokel liegen nahe bei der Aluta-Quelle; östlich von der Aluta ist der Fluss «Fekete-Ügy». Die Maros ist seit den ältesten Zeiten bekannt (siehe oben S. 41), auch der Name des Aluta- oder Olt-Flusses war schon bei den Römern üblich; allein Küküllö (Kokel) und Fekete-Ügy sind neue, und zwar magyarische Namen. Diese beiden Flüsse hatten die Slaven «Tirnawa» (Dornbach) und «Cserna-Woda» (Schwarz-Wasser) genannt, was wir gleichfalls aus der heutigen rumänischen Sprache erfahren. Nachdem die magyarische Occupation an den Flüssen Maros, Aranyos und den beiden Kokeln ostwärts bis in die Gegend des obern Olt und in das Gebiet des Fekete-Ügy vorgedrungen war, wurden hier an der Ostgrenze des Landes die «Székler» als «Grenzwächter» angesiedelt. Wann, unter welchem Könige das geschehen ist, wissen wir nicht; dass jedoch die Székler erst nach der Bildung der magyarischen Nation dahin gelangt sind, macht ihre Sprache unzweifelhaft. Ebenso gewiss ist auch, dass die Ansiedelung der Székler in den ersten Zeiten der magyarischen Besitzergreifung erfolgte, dass somit die Székler allen deutschen Colonisten daselbst vorangegangen waren; denn schon in den allerersten Urkunden, welche zu Gunsten der deutschen Ansiedelungen in Siebenbürgen ausgestellt wurden, finden wir die Székler in ihren heutigen Sitzen angeführt. Die vormalige slavische Bevölkerung aber verschwand entweder allmälig unter den Széklern oder ging später im Rumänenthume auf. [517]

Ein anderer Hauptweg der magyarischen Besitzergreifung Siebenbürgens zog sich an der *Berettyó* (Berek-jó), *Kraszna* und *Szamos* östlich in das Thal des Sajó und der Bistritz. Die Namen Kraszna und Szolnok sind lautredende Zeugen des Slaventhums, das die Magyaren hier angetroffen haben. «Kraszna» bedeutet so viel als «schön» («schönes Wasser»); «Szolnok» (solnik) bezeichnet Einen, der mit Salz zu thun hat, also einen «Salzbeamten». [518] Wie das Salz von Torda (Thorenburg) auf der Maros, so kam das in den nördlichen Bergen Siebenbürgens vorfindliche Salz auf der Szamos und Theiss nach Ungarn. Der Name «Szolnok» bezeichnet uns jedoch zugleich den Ursprung und das Verfrachtungsziel des Salzes; denn wir treffen in Siebenbürgen die Comitate « *Inner-* » und « *Mittel-Szolnok* » und in Ungarn ein « *Aeusseres Szolnok* » (Comitat und Stadt). Diese drei Comitatsnamen und der Stadtname belehren uns also, dass in den ersten Zeiten der Magyaren dort und hier Slaven gewohnt haben, welche das Salz auf ihren Flössen damals ebenso verfrachteten, wie das heute in derselben Gegend die Walachen thun. — Ausser den Namen «Kraszna» und «Szolnok» findet man daselbst auch noch die Benennungen Berettyó (Berek-jó) und Sajó, die schon von magyarischen Einwohnern herstammen, also eine solche magyarische Besitzergreifung bedeuten, die als «erste», als primäre gelten kann. Denn die vorherige ursprüngliche slavische Bevölkerung hatte diese Gegend nicht einmal nominell occupirt.

An den Ufern der Szamos verstärkte sich die magyarische Ansiedelung, wie es scheint, in rascher Weise; denn die Wojwoden von Siebenbürgen waren in der Regel auch «Obergespäne von Szolnok» (Comites de Sounok, Zonuk). Die Ortsnamen legen aber auch davon Zeugniss ab, dass in diesem Theile Siebenbürgens sonstige Völker-Ankömmlinge Niederlassungen gefunden hatten; so liegt im Comitate Inner-Szolnok *Kozár-vár* (= «Chazaren-Burg»): ferner *Bálványos-vár* (= «Götzen- oder Heiden-Burg»), Besenyö (Heidendorf) zwischen Sófalva-alja und der Stadt Bistritz an der grossen Bistritz. Nachdem die Thäler der Szamos, des Sajó und der beiden Bistritz (der «grossen» Bistritz, welche in die Szamos fliesst, und der «goldenen» Bistritz, die ausserhalb Siebenbürgens in den Seret mündet) die Hauptstrasse nach der Moldau, also auch die Wege der Petschenegen und Kumanen nach Siebenbürgen und Ungarn bezeichneten; so musste man diese Eingänge in das Reich gegen solche Völker-Einbrüche sichern. Demzufolge stammen auch die Schlösser und Burgen Dés, Csicsó-Mihályfalva und Bálványos-Váralja ohne Zweifel aus den ersten Zeiten der magyarischen Occupation Siebenbürgens. Da jedoch das magyarische Volk nicht ausreichte, um Siebenbürgen völlig zu besetzen, so musste man auch dahin Deutsche verpflanzen. Das heutige ethnographische Bild Siebenbürgens zeigt, dass alle jene Grenzstriche, welche die Székler nicht einnahmen, von Deutschen besiedelt wurden. So im Nordosten der Bistritzer District, im Südosten das Burzenland und im Süden das Gebiet von Hermannstadt, obwohl diese beiden letzteren durch den Fogaraser District getrennt sind. Die siebenbürgischen Deutschen werden *Sachsen* genannt; es unterliegt jedoch keinem Zweifel, dass nicht Alle gleicher

Abkunft sind. Denn ein Theil kam aus Flandern, der andere aus den Gegenden des Mittel-Rheines; Andere wieder aus anderen deutschen Landstrichen, was auch durch ihre Sprache bewiesen wird. Allmälig wurde aber der *Sachsenname* für Alle gemeinsam, wahrscheinlich aus derselben Ursache, derzufolge man auch im Norden Europas die Deutschen überhaupt «Sachsen» genannt hatte.

Szatmár-Németi war, wie wir gesehen haben, als sehr alte Stadt bekannt; von hier zogen auch die ersten deutschen Colonisten nach Siebenbürgen. Der Burg Deés verlieh König Béla IV. im Jahre 1236 dieselben Privilegien, wie sie die Bewohner von Szatmár-Németi besessen hatten.[519] Ueber Radna lesen wir aber aus der Zeit des Mongolen-Einfalles bei Rogerius Folgendes:

«*Nachdem Kadan (der Tartarenkönig) einen dreitägigen Weg zwischen Ruscia und Comania (der heutigen Moldau) durch einen Wald zurückgelegt hatte, kam er zu der reichen Stadt Rudna (Rodna, Radna), welches eine grosse teutonische Stadt im Gebirge und des Königs Silberbergwerk war. Die Bevölkerung war tapfer und zahlreich und mit Kriegsgeräthen reichlich versehen. Als sie Kunde von der Annäherung Kadans erhielt, zog sie demselben im Gebirge kühn entgegen, so dass Kadan bei ihrem Anblicke scheinbar die Flucht ergriff. Die Bürger kehrten voll Siegesfreude in ihre Stadt zurück und begannen ein Trinkgelage (inebriari vino, prout Teutonicorum furor exigit, inceperunt). Die Tataren jedoch überraschten plötzlich die Bürger und obwohl dieselben tapfer kämpften, so mussten sie sich doch ergeben. Kadan nahm die Stadt in seinen Schutz, vereinigte 600 Bewaffnete derselben, an deren Spitze der Radnaer Gespan (Graf) Ariskald stand, mit seinem Heere und setzte seinen Weg weiter landeinwärts fort, bis Bochetor und andere Tatarenfürsten nach Ueberschreiturg des Seretflusses in das Land des kumanischen Bischofs einbrachen und nach Besiegung der Widerstandleistenden das ganze Land in Besitz nahmen.*»[520]

Auf diesem Wege der Tataren geschahen ehedem ohne Zweifel auch die Einbrüche der Petschenegen und Kumanen, wie wir das bereits erwähnt haben; noch König Ladislaus III. verfolgte auf diesem Wege die Kumanen und brachte die Entflohenen ins Land zurück (siehe oben S. 243). — Heute sind in Deés und Rodna oder Radna keine Deutschen mehr; die Nachkommen jener ersten Ansiedelungen haben sich also nur noch in dem Bistritzer Districte, dem sogenannten «Nösnerlande» erhalten. Dazu gehörte bis zum Jahre 1764 auch der Rodnaer Bezirk; damals wurde derselbe mit dem Hauptorte Naszód zu einem militärischen Grenzdistricte umgestaltet.

Die siebenbürgischen Deutschen spielen eine hervorragende Rolle in der Geschichte Siebenbürgens; auch heute sind die sächsischen Städte und Dörfer die Perlen des Landes «jenseits des Königssteiges». Den Glanz des Mittelalters, welchen wir in den westeuropäischen Städten bewundern, finden wir auch bei den Siebenbürger Sachsen und hier vielleicht in grösserem Masse als in irgend einer andern Stadt

Ungarns.[521] Die Zeit der deutschen Ansiedelungen in den Thälern der Szamos, des Sajó und der Bistritz lässt sich genau nicht bestimmen; man nimmt an, dass dieselben aus der Zeit vor Geisa II. (1141 bis 1161) herstammen. Allein von den südlich der Maros gelegenen Colonien sind Hermannstadt (magyarisch Nagy-Szeben), Leschkirch (magyarisch Uj-Egyház) und Schenk (magyarisch Sink) wahrscheinlich die ersten sächsischen Niederlassungen gewesen. Der berühmte *Freiheitsbrief der Siebenbürger Sachsen* (libertas Saxonum Transsilvaniae), welchen König Andreas II. im Jahre 1224 ertheilt hat, sagt, dass die Sachsen durch König Geisa hereinberufen worden seien.[522] Nach den obigen Colonien folgen Reps (magyarisch Köhalom = Steinhügel), Schässburg (Segesvár), Broos (Szászváros = Sachsenstadt), Mühlbach (Szászsebes), Reussmarkt (Szerdahely = Mittwochsort); sodann Mediasch (Medgyes) und Schelken (Selyk).

Im Jahre 1211 verlieh Andreas II. den Deutsch-Ordens-Rittern das Burzenland mit der Bedingung, dass sie diesen Theil Siebenbürgens, insbesondere aber den Tömös-Pass gegen die Kumanen vertheidigen. Nachdem die Ritter aber die ihnen gesetzten Schranken überschritten, zog Andreas nach dem Jahre 1224 mit einem Kriegsheere gegen sie und trieb sie aus dem Lande. Von diesen Rittern stammen sowohl im Burzenlande wie anderwärts zahlreiche Burgen (Marienburg, Erdenburg, Törzburg = Theodorichsburg u. a.). Vielleicht waren auch die in Ungarn und Siebenbürgen häufigen Orte «Keresztúr» (Chrützenburg oder Cruceburc) Besitzungen dieser oder ähnlicher geistlicher Ritter. Nach der Vertreibung der deutschen Ritter[523] erhob sich Kronstadt (magyarisch Brassó) als Hauptort des Burzenlandes. Früher besassen Rosenau (magyarisch Rosnyó), Marienburg (Földvár), Tartlau (Prásmás) und Zeiden (Fekete-halom) besondere Municipalrechte. Allein nicht blos die erwähnten Ortschaften und Städte, sondern auch Klausenburg (Kolozsvár), Enyed, Thorenburg (Torda), Elisabethstadt (Ebesfalva), Unter- und Ober-Winz u. a. hatten deutsche Bevölkerung. Noch in neuerer Zeit, in den Jahren 1734 und 1735, liess sich ein Theil der aus Salzburg vertriebenen Protestanten bei Hermannstadt nieder.[524] ♂ Die letzte grössere Zuwanderung von Deutschen nach Siebenbürgen fand im Jahre 1846 statt, als theils über Anregung der königlich württembergischen Regierung selbst, theils durch die Bemühungen des siebenbürgisch-sächsischen Pfarrers *Stefan Roth* in Niemesch bei Mediasch 307 Familien (1460 Köpfe) Protestanten aus Württemberg in Siebenbürgen angesiedelt wurden. ♂

Die Blüthe der siebenbürgisch-deutschen Städte begann zur Zeit Ludwig I. (1342—1380) und dauerte bis zur Eroberung Constantinopels durch die Türken und bis zur Entdeckung Amerikas. In jener Zeit ging der Handel zwischen dem Occident und Orient, also zwischen Europa und Ostindien, entlang der Donau über Wien, Ofen und Constantinopel, und die siebenbürgischen Städte waren bei diesem Handelsbetriebe in hervorragender Weise betheiligt. So verlieh z. B. König Ludwig im Jahre 1358 den Kronstädtern freien Handel bis an die Donau und im Jahre 1358 Zollfreiheit in der Moldau (in terra principis Tartarorum); im Jahre 1370 befiehlt er aber, dass sie frei und ungehindert zwischen Kronstadt und Jadra (Zara) verkehren können, wodurch er ihnen also den freien Handel nach dem Adriatischen Meere sicherte. [525]

Die Siebenbürger Sachsen waren damals in drei besondere Districte oder Provinzen getheilt: in den Bistritzer und Hermannstädter District, welch' letzterer bereits sieben Stühle hatte, und in das Burzenland; jeder District unterstand directe dem Könige. Im Sinne des im Jahre 1366 erneuerten Andreas'schen Freiheitsbriefes musste die Hermannstädter Provinz bei einem Kriege im Innern 500, nach Aussen 100 Mann stellen, wenn der König selbst das Heer anführte; im andern Falle jedoch nur 50 Mann. Ausserdem erlegte sie jährlich 500 Mark Silber und gab dem Wojwoden von Siebenbürgen jedes Jahr zweimal Quartier, d. h. bewirthete denselben (descensus). Zu derselben Zeit befreiten sich die Klausenburger durch Erlag von 52 Mark Silber von der Militär-Bequartierung. Nach dem königlichen Briefe vom Jahre 1387 war das Burzenland unter Anderem verpflichtet, dem königlichen Beamten jährlich einmal nur ein Frühstück, ein Mittagmahl und ein Pferd im Werthe von 20 fl. zu reichen. Im Uebrigen wählten die Städte und Gemeinden ihre Richter und Geistlichen frei und verwalteten ihre Angelegenheiten nach ihren eigenen Rechten. Der König wurde durch den von ihm ernannten Beamten repräsentirt; dieser war der Székler Graf oder Gespan, der häufig auch Graf des Burzenlandes gewesen, gleichwie der Wojwod von Siebenbürgen zugleich auch die Würden eines Szolnoker und Székler Grafen in sich vereinigte.

Der Name *Siebenbürgen*, den schon Simonis de Kéza durch «septem castra», d. i. sieben Burgen zu erklären vermeinte (siehe oben S. 187), stammt von der am Flüsschen Sibin (Szeben) erbauten Burg (Castrum Sibin, deutsch «Sibinbürg»), aus welcher später die Stadt «Hermannstadt» (magyarisch Nagy-Szeben) sich entwickelte. Im nordungarischen Comitate Sáros gibt es ein «Kis-Szeben» (deutsch «Zeben»). Es unterliegt keinem Zweifel, dass «Sibin» oder «Szeben» ein geographischer Name ist, der dann irrthümlicher Weise als Zahl (sieben) gedeutet und mit dem Pluralis des Wortes «bürg» verbunden wurde. *

---

* Vgl. ROESLER, «Romänische Studien».

Die Siebenbürger Sachsen schlossen als «Nation» mit den Széklern als der zweiten und mit den Magyaren (Ungarn) als der dritten «Nation» Siebenbürgens im 15. und 16. Jahrhunderte Unionen (Bündnisse). Darnach hatte Siebenbürgen bis zum Jahre 1848 drei gesetzliche «Nationen» und vier gesetzlich anerkannte Confessionen (Katholiken, Reformirte, Lutheraner und Unitarier). Uebrigens ging ein Theil der Städte, wie Deés, Klausenburg, Enyed, Thorenburg (Torda) u. s. w. schon im Laufe des 16. und 17. Jahrhunderts vom Deutschthum zum Magyarenthume über: ein anderer Theil, als Radna, Abrudbánya (Gross-Schlatten), Szalathna ,Klein-Schlatten), Szász-Szalathna (ebenfalls «Klein-Schlatten»), Víz-akna ,Salzburg) wurde theilweise oder ganz rumänisch. Siebenbürgen und mit ihm die sächsischen Städte hatte zwei schwere Heimsuchungen des ungarischen Mutterlandes nicht zu ertragen: die Türkenherrschaft und die Gegenreformation. Darum erhielt Siebenbürgen von dem Ruhme seines *Mittelalters* weit mehr als Ungarn.

Die Anzahl der Deutschen betrug nach der Conscription im Jahre 1851 in sämmtlichen Ländern der ungarischen Krone 1.221,714, davon kamen auf Siebenbürgen 200,364, auf Croatien-Slavonien 24,740, auf die Militärgrenze 38,400. [526] Damals war die Gesammt-Bevölkerung des Königreiches 13.967,868 Seelen. Nach der Volkszählung vom Jahre 1870 berechnete Carl Keleti die Zahl der Deutschen im eigentlichen Ungarn auf 1.596,633, in Siebenbürgen auf 224,289, zusammen auf 1.820,922 Seelen. [527] Keleti liess hierbei die Deutschen in Croatien-Slavonien und in der Militärgrenze ausser Acht, dennoch schätzte er schon die Zahl der Deutschen in Ungarn und Siebenbürgen weit höher als die Gesammtsumme derselben in der Volkszählung vom Jahre 1851 ausmachte. Die juridische Bevölkerung aller Länder der ungarischen Krone war nach der letzten Volkszählung im Jahre 1870 15.171,357 Seelen. Man kann also annehmen, dass in allen diesen Ländern die Zahl sämmtlicher Deutschen ungefähr *zwei Millionen* beträgt.

Die ungarischen Deutschen sind theils Katholiken, theils Protestanten, letztere wieder fast ausschliesslich Lutheraner; nur wenige Deutsche bekennen sich zur reformirten Kirche. Die siebenbürgischen Sachsen gehören ohne Ausnahme der lutherischen Kirche an. Die griechisch-orientalische Kirche hat keine Bekenner deutscher Nationalität, wie sie auch keine Magyaren unter ihren Gläubigen zählt. Schon aus diesem Grunde, weil Deutsche und Magyaren denselben Confessionen zugehören, findet man zwischen diesen beiden Nationalitäten eine grössere Eintracht als zwischen ihnen und den übrigen Volksstämmen des Landes. Es gibt keinen gebildeten Magyaren, der nicht deutsch sprechen würde und hinwiederum keinen gebildeten Deutschen in Ungarn, dem die ungarische Sprache fremd wäre.

Hier sei noch mit einigen Worten des Verhältnisses zwischen Deutschen und Nichtdeutschen in Südungarn gedacht.

§ *Deutsche und Serben vertragen sich am wenigsten, der Serbe führt einen heimlichen und offenen Krieg gegen den Deutschen, dessen Fleiss, Ordnungsliebe und Sparsamkeit den Serben allmälig aus seinem Besitzthume verdrängt. Auch sonst waltet im socialen Leben kein Anschluss, keine Verbindung zwischen Deutschen und Serben. Wechselheiraten sind selten. Es ist gewiss eine charakteristische Thatsache, dass in Orten, wo z. B. katholische Deutsche und katholische Serben (Schokaczen) beisammen leben und sowohl in kirchlicher als politischer Beziehung e i n e Gemeinde bilden, die Verkehrssprache zwischen beiden weder die deutsche noch die serbische, sondern die — rumänische Sprache ist. Der Serbe besitzt noch einige Widerstandskraft gegen das Vordringen des deutschen Elementes. Darum wehrt er sich seines Daseins. Dagegen erscheint in Südungarn der Rumäne in ethnographischer Beziehung völlig machtlos und passiv, wo er dem Deutschen social gegenübertritt. Der Rumäne ordnet sich dem Deutschen willig unter und dieser nimmt den rumänischen Burschen gerne in seine Dienste. Walachische Pferdeknechte sind in den deutschen Ortschaften des Banats eine häufige Erscheinung. Der Rumäne übt hier jedoch gar keinen entnationalisirenden Einfluss aus; vielmehr muss derselbe die deutsche Sprache erlernen, wenn er mit der Bäuerin verkehren will. Man macht die Beobachtung, dass diese «germanisirten» Rumänen sich auch durch sonstige Eigenschaften von ihren Connationalen vortheilhaft auszeichnen. Wo Deutsche und Rumänen Nachbarn sind, da schwinden letztere zusehends. Eine Generation reicht hin, um ein rumänisches Dorf durch eine deutsche Invasion zu verdrängen. Dieser Kampf geht seit Jahrzehnten ungestört vor sich. Es ist gewiss merkwürdig, dass diese südungarischen Schwaben in ihrer Zähigkeit und Propagativkraft das directe Gegentheil derjenigen Erscheinungen aufweisen, denen man sowohl bei den Zipser wie bei den Siebenbürger Sachsen begegnet. Die Schwaben des Banats haben noch kein Dorf an eine andere Nationalität verloren, wohl aber manches Dorf für sich erobert. Wir glauben, dass diese ethnographische Festigkeit der südungarischen Deutschen hauptsächlich in der fast ausschliesslich der Agricultur zugewendeten Beschäftigung zu suchen ist. Der Bauer ist ständig und conservativ; der Gewerbs- und Handelsmann schmiegt sich eher anderen Stämmen und Verhältnissen an. Die Beweise für diese letztere Behauptung liefern die deutschen Bürger in den Städten Ungarns und Siebenbürgens in reichlichem Masse. Der Deutsche zeichnet sich in Ungarn durch Fleiss, Ordnungsliebe, Sparsamkeit, Redlichkeit und Liebe zu seinem neuen Vaterlande aus. Die Schulen der Deutschen sind die besten im Lande und können vielfach die Concurrenz mit dem vorgeschrittenen Ausland bestehen. Man zählte in Ungarn und Siebenbürgen Volksschulen mit rein deutscher Unterrichtssprache: im Jahre 1869 1232, im Jahre 1872 1810, im Jahre 1873 2184, mit deutsch-ungarischer Unterrichtssprache im Jahre 1869 710, mit deutsch-rumänischer 10, mit deutsch-slovakischer 34, mit deutsch-serbischer 8, mit deutschcroatischer 43, mit deutsch-bulgarischer 1, mit deutsch-wendischer Unterrichtssprache 3; in 39 Schulen wurde ungarisch-deutsch-rumänisch, in 54 ungarisch-deutsch-slovakisch, in 16 ungarisch-deutsch-serbisch, in 33 ungarisch-deutsch-croatisch u. s. w. unterrichtet. Von den schulpflichtigen Kindern der Deutschen besuchen in Ungarn 67 Percent, in Siebenbürgen 79$_{3\,4}$ Percent die Schule. Der Schulbesuch hat von 1869—1873 mit 18^{8}_{,10}$ Percent zugenommen. Auf 100 Deutsche kommen 14·5 Schul-*

besuchende (bei den Magyaren nur 10·8, bei den Slovaken 10·9, bei den Rumänen 7 u. s. w.). * ♂

Gehören die ungarischen Deutschen in zoologischer Hinsicht zu den Dolichocephalen oder zu den Brachycephalen ? d. h. sind sie Lang- oder Kurzköpfe ? Nach den Messungen von MORIZ STEINBURG war bei 81 *sächsischen Männern* im Alter von 20—28 Jahren der Breiten-Index durchschnittlich 80·7 (die Extreme waren 72·7 und 86·8). [528] Bei jenen 15 Männern von 32—48 Jahren aus der *Umgebung von Ofen*, deren Schädel über Initiative des Professors LENHOSSÉK gemessen wurden, fand sich der Breiten-Index im Mittel zu 80·2, die Extreme waren hier 71·1 und 86. Diese beiden Messungen kommen in ihren Resultaten einander ziemlich nahe. Noch eine dritte Reihe solcher Messungen nahm Professor LENHOSSÉK an 6 *nicht in Ungarn gebornen* Deutschen im Alter von 25—56 Jahren vor und fand hier den durchschnittlichen Breiten-Index von 83·1 (die Extreme waren 75 und 85·1). [529] Angenommen, dass die Messungen STEINBURG's nach derselben Methode geschahen wie die des Professors LENHOSSÉK, so würde daraus hervorgehen, dass bei den im Auslande gebor.en Deutschen der Brachycephalismus stärker entwickelt wäre als bei den ungarischen Deutschen. STEINBURG fand unter den 81 Siebenbürger Sachsen 45 Dolichocephalen, 13 Meso- cephalen und nur 23 Brachycephalen ; indess unter den 6 ausländischen Deutschen, deren Schädel LENHOSSÉK gemessen, nur 2 Mesocephalen (Index 65 und 77·7), 1 Subbrachycephale (Index 79.7) und 3 vollkom- mene Brachycephalen (Index 82·9 und 85·7) waren.

---

* Vgl SCHWICKER, «Statistik des Königreiches Ungarn», S. 622, 623, 627 bis 628

Die Slaven.

§ 61.

In der fränkisch-deutschen Periode, d. i. also in der Zeit nach den Avaren und vor der Ankunft der Magyaren, wohnten im alten Pannonien Deutsche und Slaven; unter ihnen wohl auch noch still und unvermerkt Avaren, wenn sie nicht bereits im Slaventhum aufgegangen waren. Am Szalaflüsschen und in der Gegend des Plattensees finden wir unter fränkisch-deutscher Oberhoheit das vorübergehend bestandene Fürstenthum Priwina's und Kozel's mit der Hauptstadt Mosapurk; einen Theil dieses Fürstenthums besass später der Mährenfürst Swatopluk durch acht Jahre (884—892) als deutsches Lehen. Nördlich von der Donau, im heutigen Mähren und im westlichen Theile Ungarns um Neitra, strebten die mährischen Slaven nach kirchlicher und staatlicher Selbständigkeit; doch nur mit geringem Erfolg, zum Theil wegen der Verrätherei und der Uneinigkeit ihrer Häuptlinge, welche die Oberhoheit der Deutschen bald aufsuchten, bald verwarfen und auch die slavischen Priester einmal verfolgten und dann wieder begünstigten. Gegen diese letzteren erhob sich dann ebenfalls im heftigen Zorne die bayerische Geistlichkeit. Man kennt nicht einmal den Sitz der mährischen Fürstenmacht, während uns dieser im kleinen Fürstenthum an der Szala bekannt ist; so sehr waren im Mährerlande die Zustände dem Wechsel und der steten Veränderung unterworfen. Ebenso wenig weiss man, wie weit sich das Mährerreich erstreckt hat, ob bis an die Eipel oder bis zum Sajóflusse.

Der Landstrich zwischen der Donau und Theiss, sowie die östlichen Theile jenseits der Theiss und das alte Dacien waren zur Zeit der Frankenherrschaft in Pannonien ebenso unbekannt wie in den Tagen Herodot's. Auf jenen weiten Ebenen und in den Gebirgen Siebenbürgens begegnet man gar keinem staatlichen Gebilde; allein die Bevölkerung war auch hier, die allmälig verschwindenden Avaren ausgenommen, slavisch, was die Flussnamen und andere geographische Benennungen bezeugen.

Diese slavische Bevölkerung war jedoch am Fusse der Karpaten noch dünner als anderswo; dies beweisen nicht nur die zwei Jahrhunderte später einwandernden deutschen Colonisten, sondern auch andere Umstände. Inner-Szolnok (in Siebenbürgen) und Aeusseres Szolnok (in Ungarn) waren nach dem Zeugnisse ihrer Namen schon von ihren slavischen Einwohnern her bekannt, als von dem *Sóvár* (= Salzburg) im Sároser Comitate noch Niemand etwas wusste, sonst hätte auch dieser (durch den Reichthum seines Salzes bedeutende) Ort einen slavischen Namen erhalten. Der magyarische Name «Só-vár» ist das untrüglichste Zeugniss dafür, dass im 9. und 10. Jahrhundert keinem Menschen das Vorhandensein des Salzes daselbst bekannt war; deshalb konnte auch hier keine bemerkbare slavische Bevölkerung gewesen sein. [530]

Die Magyaren occupiren das Land. Einen ernstlichen Widerstand finden sie eigentlich nirgends; denn diejenigen, welche sich ihnen hätten widersetzen können, nämlich am rechten Donau-Ufer die Deutschen und am linken die Söhne Swatopluk's, — sie stehen selbst mit einander im Kampfe. Der übrige Theil des Landes befand sich aber in einem solchen Zustande, dass welch' immer anderes nahe wohnendes Volk sich daselbst hätte niederlassen können. Es ist also nur ein kühnes Phantasma, wenn PALACKY schreibt, dass sich im richtigen Mittelpunkte der weitverbreiteten slavischen Völker durch Rastislaw und Swatopluk ein solch fruchtbarer Kern einer eigenen nationalen und kirchlichen Cultur gebildet hatte, welcher bei gleichmässiger wohlwollender Pflege von Rom und Bysanz die grösste Entwickelung versprach; dass sich diesem Keime mit der Zeit sämmtliche Slaven freiwillig oder gezwungen angeschlossen hätten und wie im Westen unter dem römischen Einflusse das Reich der Franken heranwuchs, so wäre im Osten unter dem Einflusse Constantinopels ein slavisches Reich entstanden. Ost-Europa hätte um ein Jahrtausend früher als jetzt seine Bedeutung erlangt. Allein diese Hoffnungen wurden auf ewig vernichtet durch die Magyaren, welche in das Herz der slavischen Entwickelung eindrangen und dieses zerstörten. Die Niederlassung der Magyaren ist darum das grösste Unglück, welches die Slavenwelt im Laufe der Zeiten getroffen hat. [531]

Wenn wir dem čechischen Historiker auf diesem Gebiete der historisch-politischen Träumereien nachfolgen wollten, so könnten wir dagegen sagen, dass die Niederlassung der Magyaren für die Čechen das grösste Glück gewesen sei. Denn nachdem man weiss, was für feindseliger Geist die deutschen Priester gegen die Mährer beseelte (siehe oben

S. 118 und 122) und es bekannt ist, mit welch' andauerndem Erfolge die Deutschen die Slaven an der Elbe und an der Ostsee ausrotteten: so lässt sich billig annehmen, dass ohne die Hierherkunft der Magyaren, welche für ein halbes Jahrhundert die Aufmerksamkeit der Deutschen nach einer anderen Richtung lenkten, vielleicht auch die Čechen gleich ihren anderen slavischen Brüdern untergegangen wären und PALACKY wäre auch kein Geschichtschreiber der Čechen geworden. Träumerei wäre dies wie jenes; während aber unsere Träumerei unschuldiger Natur wäre, gilt das Phantasma des Historikers PALACKY als Dogma bei den Slaven, namentlich bei den östlichen, bei denen ja die Kritik die Dogmen überhaupt noch nicht erreicht hat. Und dieses PALACKY'sche Dogma schürt Tag für Tag den Hass gegen die Magyaren. Wir können dieses Dogma nur als « leeres Traumgebilde » bezeichnen ; müssen es aber um so mehr bedauern, dass dasselbe auch von ungarischen Schriftstellern als ein vernünftiges Urtheil betrachtet wird, aus dem sie einen nationalen Ruhm herauszulesen vermögen. [532]

Die Slaven, welche in Ungarn spärlich wohnten, waren hauptsächlich Slovenen, was man aus den in das Magyarische gelangten slavischen Wörtern (siehe oben S. 182 ff.) erkennt, und betrachteten wahrscheinlich die Niederlassung der Magyaren als kein besonderes Unglück, denn sie verbanden sich mit den neuen Ankömmlingen, wie solches die deutsche Geistlichkeit in ihrem Beschwerdeschreiben beklagt (siehe oben S. 121) und wie dieses auch durch den allgemeinen Verlauf der Geschichte bestätigt wird. Nirgends begegnet man auch nur dem geringsten Widerstand der Slaven gegen die Magyaren. Dieser Umstand ist keineswegs daraus zu erklären, dass die letzteren die ersteren ausgerottet hätten ; denn die Zahl der Slaven vermehrte sich stets. Sicherlich in der Zeit der ersten Könige entstanden Wischegrád, Csongrád, Neográd und andere dieser Burgen mit slavischen Namen. Aber auch die von den Magyaren bei ihren Streifzügen in ganz Europa erbeuteten und hierher geschleppten Gefangenen waren gewiss nur zum geringen Theile Slaven, weil ja jene Einfälle und Streifzüge kein slavisches Gebiet, sondern vielmehr deutsche, fränkische, italienische und griechische Länder heimsuchten. Noch Niemand konnte von den Magyaren lesen, was BÜDINGER der historischen Wahrheit gemäss von den Deutschen schreibt; «Kein slavischer Stamm, der in dauernde Abhängigkeit von dem deutschen Reiche gerathen ist, hat, ausser dem čechischen, seine Selbständigkeit zu behaupten vermocht; alle haben dem schweren Arme der deutschen Kriegsmänner erliegen müssen. . . . Gegen die Ungarn wie gegen die Slaven kannte man kein Erbarmen.» [533] Ebenso lag es magyarischer Auffassung und Gewohnheit ganz ferne, dass irgend welche Nationalität in Sklaverei gehalten worden wäre, wie solches bei

den Deutschen den Slaven gegenüber der Fall gewesen; denn hier
wurde Slave = Sklave. Schon das Gesetz des Königs Koloman gedenkt unter den «Gästen» auch der Slaven, [534] und diese waren gleichberechtigt mit den anderen «Gästen». Im ungarischen politischen
Rechte entwickelte sich ein grosser Unterschied zwischen *Adeligen* und
Nicht-Adeligen; allein zwischen *Magyaren* und *Nicht-Magyaren* bestand
niemals die geringste politische Verschiedenheit. Die Adeligen konnten
sich übermässiger Privilegien rühmen; doch diese Adeligen waren keineswegs blos Magyaren, sondern auch Slaven, Deutsche, Walachen, mit einem
Worte den verschiedensten Volksstämmen des Landes angehörig. Auch
die Bauernschaft, welche die Staatslasten allein ertrug und ebenso allein
an den Rechten eines Staatsbürgers keinen Antheil hatte, die «misera con-
tribuens plebs» bestand desgleichen aus Magyaren, Deutschen, Slaven,
Walachen, mit einem Worte: aus allen Nationalitäten des Landes. Und
dies weiss ein Historiker wie Büdinger nicht oder übersieht es, wenn
er sagt, dass bei der Besitzergreifung des Landes durch die Magyaren
die Slovaken in niedrige Knechtschaft gerathen sind, aus deren Fesseln sie als «tief herabgekommenes Volk erst nach fast einem Jahrtausend» befreit worden sind. [535] Als ob Büdinger die Geschichte
und das Staatsrecht Ungarns aus den Prager deutschen und čechischen
Zeitungen der Jahre 1848 und 1849 studirt hätte! [536]

A. Slovaken.

Die Magyaren nennen die *Slovaken* aus einem mir unbekannten
Grunde «*tótok*» (sing. «tót»). Wie es scheint, war das bei ihnen die
allgemeine Bezeichnung für die Slaven; denn es werden nicht blos die
nordwestlichen, sondern auch die Süd-Slaven zwischen Drau und Save
von ihnen mit diesem Namen benannt. Darum heisst auch bis heute
Slavonien im Magyarischen «*Tót-ország*» d. i. (Land der Slovaken). [537]
Die alten Slovenen waren also bei den Magyaren «tótok», d. i. Slovaken. Diese Slovenen am rechten wie am linken Ufer der Donau
verschmolzen jedoch grösstentheils mit den Magyaren; das heutige
Slovakenthum ist in Ungarn ein Volkselement von neuerem Datum;
das durch die Hussiten (mährischen Brüder) und čechischen Parteigänger (1442—1460) bereits erheblich vermehrt worden war, als die
Gegenreformation in Ober-Ungarn die protestantischen Deutschen zu
bekehren und zu decimiren begann. Seitdem dauert die Slavisirung
dieser Landestheile fort und macht stets weitere Eroberungen. Heute
sind die Slovaken von Pressburg angefangen bis in die Zips und nach
Sáros derart verbreitet, dass sie die Comitate Trencsin, Árva, Sohl und
Liptau ganz beherrschen, in den Comitaten Turócz, Bars, Neitra, Hont,

Gömör, Zips, Sáros und Abauj die Majorität, in Pressburg und Neográd aber immer noch einen sehr bedeutenden Bruchtheil der Bevölkerung ausmachen. In demselben Verhältnisse, als daselbst das Deutschthum aus irgend welcher Ursache zu schwinden begann: in demselben Masse nahm das Slovakenthum zu. Aber auch die Magyaren sind den Slovaken gegenüber im Nachtheil.[538] Die Slovaken bewohnen indess nicht blos die genannten Comitate, man findet dieselben auch in den mittleren und südlicheren Theilen des Landes: in Zemplin, Borsod, Szabolcs, Békés, Pest-Pilis-Solt, in Torontál u. a. O.; und zwar theilweise in bedeutender Anzahl; so z. B. bilden die Slovaken im Békéser Comitate 25 pCt. der Bevölkerung.[539]

Das Vorhandensein dieses Volksstammes wird durch zahlreiche Ortsnamen mit dem Beisatze « Tót » = « slovakisch » constatirt, so findet man Tótfalu (= Slovakendorf) in Szatmár und Bihar, Tót-Aradácz in Torontál, Tót-Bánhegyes in Csanád, Tót-Kér und Tót-Készi in Tolnau, Tót-Falu in Szala und Eisenburg u. s. w. Nicht in allen diesen Orten sind auch heute noch Slovaken; doch der Name beweist zum mindesten ihre einstige Existenz daselbst. Ortschaften mit dem « slovakischen » Epitheton trifft man auch in Siebenbürgen, z. B. Tót-falu in den Comitaten Mittel-Szolnok, Kolos, Doboka und Kraszna; Tót-falud in Unter-Weissenburg, Tót-háza im Koloser Comitate u. s. w. Auch diese Namen sind Reste des einstigen siebenbürgischen Slaventhums, das jedoch unter den Rumänen verloren ging.

Sasinek berechnet die Zahl der heutigen compact wohnenden Slovaken auf 2½ Millionen, die der zerstreut angesiedelten auf eine halbe Million, also insgesammt auf drei Millionen Seelen.[540] Diese Zahl ist jedenfalls übertrieben angesichts jener 1,629.737 Slovaken, welche vor 25 Jahren die österreichische Volkszählung eruirt hatte,[541] von der man doch nicht annehmen kann, dass sie die Anzahl der Slovaken absichtlich verkleinert, die der Magyaren aber vergrössert habe.

Allein Sasinek misshandelt auch die Geschichte. Er und nur er (weder Palacky noch Schafarik oder Dudik, auf deren Werke wir uns berufen) weiss etwas davon, dass die « Slovakei » « tertia pars regni » (also sagt Sasinek mit lateinischem Ausdrucke, als ob das so in den Urkunden stünde), — dass die « Slovakei » ein besonderes Herzogthum gebildet habe bis auf Mathäus von Trencsin, dem « letzten slovakischen Herzoge ».

Dem Dialecte nach stehen die Slovaken den Čecho-Mährern sehr nahe; deshalb benützen die slovakischen Protestanten auch die čechische Bibelübersetzung und die čechischen Gesangbücher. Die katholischen Slovaken halten sich natürlich nicht an die Sprache der čechischen Bibel. Uebrigens ist es allgemein bekannt, dass die slovakische Sprache gleich der deutschen in zahlreiche Local-Dialecte zerfällt. In neuerer Zeit arbeitet man an der Feststellung einer slovakischen Literatursprache. Der erste diesbezügliche Versuch geschah von katholischer Seite durch ANTON BERNOLÁK (1788—1791). Einen neuen Aufschwung erhielt die slovakische Sprache im Jahre 1845 durch LUDWIG STUR, und zwar von evangelischer Seite. Die slovakische studirende Jugend setzte dieses Neuslovakische an die Stelle des Čechischen. Nachdem aber weder das Slovakische des BERNOLÁK noch das des STUR auf philologischer Basis beruhte, verfasste MARTIN HATTALA, Professor der Slavistik an der Prager Universität, im Jahre 1850 eine slovakische Grammatik auf sprachwissenschaftlicher Grundlage und nach dieser spricht und schreibt heute jeder slovakische Schriftsteller und gebildete Slovake. [542] Zur Verbreitung der slovakischen Sprache und Literatur wurde im Jahre 1863 die literarische Gesellschaft «Matica Slovenska» (Slovakische Biene, eigentl. «Bienenmutter», «Bienenkönigin») in Thurócz-Szent-Márton gegründet. (Dieselbe ist gegenwärtig behördlich suspendirt.)

Aus der Periode der slovakischen Literatursprache *vor* STUR und HATTALA seien hier zwei Männer des Näheren erwähnt.

PAUL JOSEF SCHAFARIK * *(auch «Šafařik») wurde am 13. Mai 1795 zu Kobeljarova (ungarisch «Fekete-Patak» = «Schwarzbach»), einem slovakischen Dorfe im Gömörer Comitate, geboren, wo sein Vater evangelischer Prediger war. Seine Gymnasialstudien machte Paul Josef 1805 zu Rosenau und 1808 zu Dobschau, kam im Jahre 1812 auf das evangelische Lyceum nach Kismark, wo er bis 1815 Philosophie, Theologie und ungarisches Recht studirte. Die Professoren GENERSICH und D. MIHALIK, der erstere Historiker, der andere Philosoph, übten auf den jungen SCHAFARIK den grössten, nachhaltigsten Einfluss. Hier regte sich auch zuerst das poetische Talent SCHAFARIK'S. Von 1815—1817 studirte SCHAFARIK an der Universität Jena Theologie, Philosophie, Geschichte, Philologie und Naturwissenschaften und befasste sich schon mit mancherlei literarischen Arbeiten. In Jena wurde SCHAFARIK auch mit KOLLÁR bekannt und nachdem er sich daselbst die philosophische Doctorwürde erworben hatte, kehrte er nach Pressburg zurück, wo er bis 1819 als Erzieher eines ungarischen Edelmannes beschäftigt war. In Pressburg verband er sich mit dem slavischen Schriftsteller PALKOVICS zur Herausgabe einer Sammlung von Poesien; auch beschäftigte er sich hier mit den Liedern des slovakischen Volksstammes, die er später auch veröffentlichte. Im Herbste 1819 folgte er einem Rufe nach Neusatz als Professor der Humaniora an dem dortigen serbischen Gymnasium, mit welcher Stelle auch die des Directors verbunden war. Nachdem jedoch der Ofner Statthaltereirath den protestantischen Director nicht recht leiden mochte, legte SCHAFARIK im Jahre 1825 die Directorsstelle nieder, behielt jedoch seine Professur bis zum Jahre 1833, wo er ihr freiwillig entsagte, um in Prag ganz seinen slavischen Forschungen und Studien leben zu können. Im Jahre 1837 wurde SCHAFARIK zum provisorischen Censor im belletristischen und gemischten Fache ernannt; von 1838 bis 1842 redigirte er die čechische Zeitschrift des vaterländischen Museums von Böhmen; seit 1841 war SCHAFARIK an der k. k. Universitäts-Biblio-

---

* WURZBACH, «Biogr. Lexikon», Bd. 28, S. 53 ff.

thek in Prag angestellt und trat im Jahre 1860 als Bibliothekar mit vollem
Gehalte in den Ruhestand. Sein Tod erfolgte am 26. Juni 1861. SCHAFARIK
war auf dem Gebiete der slawischen Linguistik, Literatur, Archäologie,
Ethnographie und Geschichte überaus thätig. Seine wichtigsten Werke
sind: «Geschichte der slawischen Sprache und Literatur nach allen
Mundarten», (Ofen, 1826.) «Slavische Alterthümer», historischer Theil,
(Prag, 1837), in böhmischer Sprache erschienen; wurde von MOSIG
V. AEHRENFELD *und* WUTTKE *ins Deutsche (Leipzig, 1843, 2 Bände)*
übersetzt. Diese Uebersetzung wurde auch in dem vorliegenden Werke
citirt. Sehr werthvoll sind die Arbeiten SCHAFARIK's *über die altböhmi-*
sche Grammatik, über das alte Schriftthum der Südslaven u. a. Nach
seinem Tode erschien aus seinem Nachlasse eine «Geschichte der südsla-
vischen Literatur», herausgegeben von JOSEF JIREČEK *(Prag, 1864 und*
1865, in drei Abtheilungen). SCHAFARIK *war unstreitig ein Mann von*
hoher wissenschaftlicher Bedeutung.

JOHANN KOLLÁR * *wurde zu Mossócz im Turóczer Comitate von*
protestantischen Eltern geboren. Sein Vater war viele Jahre Richter,
dann Gemeinde-Notar. KOLLÁR *absolvirte in Kremnitz und Neusohl die*
Gymnasial-Studien und zu Pressburg den theologischen Curs. Dann
ging er an die Universität Jena, wo er anderthalb Jahre verweilte und
kehrte, nachdem er noch eine Reise durch Deutschland gemacht hatte,
im Jahre 1819 nach Ungarn zurück. Hier wählte ihn die slavisch-deut-
sche Kirchengemeinde zu Pest zu ihrem Caplan, bald zum Prediger.
Als später zwischen Deutschen und Slaven Streitigkeiten ausbrachen,
legte KOLLÁR *sein Amt freiwillig nieder. Die Slaven liessen ihn jedoch*
nicht ziehen und so blieb er und erkämpfte schliesslich für seine Con-
nationalen die Selbständigkeit der Pfarrei und die gleichen Anrechte
auf Kirche, Pfarre und Schule. KOLLÁR *blieb bis zum Jahre 1849 in*
seinem Amte. Im März 1849 berief ihn die österreichische Regierung
als Vertrauensmann nach Wien, wo er, zum Professor der slavischen
Archäologie ernannt, im Jahre 1852 am 24. Jänner starb. Von seinen
zahlreichen Schriften seien nur die epochemachenden erwähnt. Hierher
zählen vor Allem seine Gedichte, deren erste Auflage im Jahre 1811
erschien; die zweite und die folgenden drei Auflagen führen den Titel
«Slávy dcera», d. i. «die Tochter des Ruhmes» (sie erschienen in Ofen
1824, 1832 und 1845). Diese Gedichte bezeichnen eine neue Periode in der
čecho-slavischen Literatur. Seine Schrift «Ueber die literarische Wechsel-
seitigkeit zwischen den verschiedenen Stämmen und Mundarten der sla-
vischen Nation», aus dem Slavischen ins Deutsche übertragen und ver-
mehrt vom Verfasser (Pest, 1837; 2. verbesserte Auflage, Leipzig, 1844)
erregte grosses Aufsehen. Die panslavistische Tendenz tritt darin unver-
hüllt zu Tage.

In confessioneller Beziehung gehören die Slovaken grösstentheils
der katholischen Kirche, zum geringeren Theile der protestantischen
Kirche A. B. an. Einige reformirte slovakische Gemeinden trifft man im
Barser und Neitraer Comitate. Woher SASINEK die Behauptung genommen hat, dass ein Zehntel der Slovaken katholisch, ein Zehntel
evangelisch und ein Zehntel jüdisch sei, ist mir nicht bekannt; ebenso
wenig ist mir bewusst, wohin alsdann die übrigen sieben Zehntheile
der Slovaken gehören. 543

---

* WURZBACH, «Biogr. Lexikon», Bd. 12, S, 325 ff.

B. *Polen.*

Auch *Polen* fanden in den Comitaten am Fusse des Karpaten-
gebirges eine neue Heimat, insbesondere in der Zips und in Sáros,
als die Gegenreformation begann. Gleichwie in den oberungarischen
Städten, namentlich in Zeben, Bartfeld, Eperies, Alt-Lublau, Pudlein
u. s. w. an die Stelle der protestantischen Deutschen katholische Polen
kamen; ebenso wurden von glaubenseifrigen Grundherren auch in die
Dörfer gerne katholische polnische Bauern aufgenommen.[344] Heute
unterscheidet die Statistik den katholischen Polen nicht mehr vom katholischen Slovaken, wenigstens that dies weder FÉNYES noch die
Volkszählung vom Jahre 1851. Bei den slavischen Volksstämmen macht
die confessionelle Zugehörigkeit überhaupt einen weit grösseren Unterschied aus, als die sprachliche Eigenthümlichkeit. Der katholische Pole
und Slovak fühlen sich einander weit näher stehend als z. B. der katholische und der protestantische Slovak.

C. *Die Ruthenen.*

Aus dem Grunde der confessionellen Verschiedenheit treten die
Ruthenen unter den nordungarischen Slaven auch deutlicher hervor als
die Polen. Nach der Volkszählung vom Jahre 1851 betrug die Anzahl
der Ruthenen oder Russinen (Klein-Russen) 422.713 Seelen, und zwar
in der Zips 20.770, in Sáros 42.798, in Zemplin 71.819, in Ung 50.976,
in Bereg und Ugocsa 94.999, in Marmaros 97,378, in Szatmár 13.020,
in Szabolcs 5430, in Abauj und Torna 13.000, in Borsod 9800 Seelen:
kleinere ruthenische Sprachinseln sind auch sonst im Lande zerstreut.[345]
CARL KELETI setzt die Zahl der Ruthenen in Ungarn, wie wir oben
S. 271 gesehen haben, auf 469.420 Seelen.

Diese Ruthenen sind eines Stammes mit den Ruthenen in Galizien und Klein-Russland, von wo sie auch nach Ungarn gekommen
sind. Die Magyaren nennen sie «oroszok», d. i. Russen, die Türken
«urusz»: in den ungarischen Chroniken und in dem Latein der ungarischen Gesetze erscheinen sie als «Rutheni», «gens Ruthenorum». Es
erhebt sich die Frage: Wann erscheinen die Ruthenen zuerst in Ungarn? Waren dieselben hier schon vor der Ankunft der Magyaren,
sind sie mit diesen oder nach ihnen hierher eingewandert?

Vor der Niederlassung der Magyaren gab es in Ungarn kein
«russisches» Volk; denn dieser Name «Russ» (Ruots), konnte erst
nach dem Jahre 864 unter den Slaven aufkommen, da Rurik und seine
Gefährten diese «Russen» (Ruots) waren. Aber auch mit dem Magyaren-
führer Álmos konnten die Ruthenen nicht hierher eingewandert sein;

denn die Magyaren zogen im Jahre 885 bei Kiew vorbei, also zu einer
Zeit, da der russische Name die übrigen besonderen Benennungen der
Slaven noch nicht verdecken konnte; unterschied doch Constantinus
Porphyrogenitus noch um das Jahr 950 deutlich die *Russen* von den
Slaven. Wenn die Ruthenen wirklich mit Álmos nach Ungarn gekommen wären, [546] dann würden sie auch noch die skandinavische (germanische) Sprache behalten haben. Die Ruthenen konnten also nur als
« Russen », d. i. als russische Slaven zur Zeit der ungarischen Könige
hierher gezogen sein, und zwar zu einer Zeit, als die Könige von Ungarn mit den russischen Fürsten in Beziehungen traten und der Name
der *Ruthenen* bereits alle russischen Slaven bezeichnete. Noch muss
bemerkt werden, dass zur Zeit des Anonymus die Ruthenen am Fusse
der Karpaten noch nicht compact wohnen, sondern an verschiedenen
Orten zerstreut (per diversa loca, vgl. die Note 546). Das bezeugen
auch die Ortsnamen mit dem Bestimmungsworte « orosz » (= russisch
oder ruthenisch), z. B. in Siebenbürgen: « Alsó-, Felső-Orosz-Falu »,
« Orosz-Mező » (in Inner-Szolnok), « Alsó-Oroszi » (in Torda), « Orosz-
fája » (in Kolos), « Orosz-Jelecs » (in Hunyad), « Orosz-hegy » (im Stuhle
Udvarhely) u. s. w. Bei den siebenbürgischen Sachsen bezeichnet
« Reuss » den « Russen » oder « Ruthenen », darnach findet man: « Reuss-
Dorf », « Reuss-Dörfel », « Reussmarkt » (magyarisch Szerdahely) u. s. w.
In Ungarn gibt es « Oroszvár » (= Russenburg im Wieselburger Co-
mitate), « Nagy- » und « Kis-Oroszi » (in Neograd), « Nemes-Oroszi » (in
Bars), « Orosz » (im Pester und Stuhlweissenburger Comitate) u. a. m.
Sowohl der *Anonymus* als auch *Simonis de Kéza* übertragen das ethno-
graphische Bild ihrer Tage auf die Zeit der magyarischen Einwanderung,
ein Verfahren, dem wir bei den Chronisten des Mittelalters sehr häufig
begegnen.

Entlang der Karpaten, wo wir heute die Ruthenen antreffen,
waren im 12. Jahrhundert noch sehr wenige besiedelte Orte; die Urkunden erwähnen hier nur der Wälder, der Wälder der heiligen Könige
und der königlichen Jagdplätze (loca venationis nostrae). Andreas II.
leistet im Jahre 1232 « im Bereger Walde » (in silva :Bereg) den Eidschwur, das Land reformiren zu wollen; die Wächter dieses Waldes
wenden sich mit einem Gesuch nach Grosswardein zum Gottesurtheil
mit dem glühenden Eisen. Diese Wächter haben natürlich auch einen
Gespan oder Grafen. [547] In dem Gebiete von der Tátra bis ans Ende
der Marmaros, in einer Waldgegend von 30 Meilen Länge, wohnten
zerstreut Hundeführer (caniferi), wie die Zipser « Beschnuken » (siehe
Anm. 518), dann Falkner und andere beim Jagdgeschäfte betheiligte
Dienstleute. Die Zipser, Sároser und Munkácser Burg, ferner die Veste
Királyháza (= Königsschloss) im Ugocsaer und die Burg Huszt im

Marmaroser Comitate waren die grenzvertheidigenden Brennpunkte. Um diese Burgen sammelte sich die Bevölkerung dieser Gegend.

Unter der Regierung des Königs Ludwig I. kam im Jahre 1340 der lithauische Fürst Theodor Koriatovics mit seinen Ruthenen von Novo-Gorodek nach Ungarn und nachdem er im Jahre 1360 Besitzer von Munkács geworden, gründete er für ruthenische Mönche ein Kloster zum h. Nicolaus.[548] Aus diesem Kloster wurden die Munkácser Bischöfe ernannt, deren erster nach, PRAY, aus dem Jahre 1491 bekannt ist.[549] ∂ Diese Bischöfe bekannten sich zum griechischen Ritus und gehörten bis zum Jahre 1640 der nichtunirten Kirche an ; im letztgenannten Jahre wurde das Munkácser Bisthum unirt und dem Graner Erzbisthum unterstellt, dem es bis heute untergeordnet ist. ∂

Bei Munkács entstand auch die « *Krajna* », d. i. ein aus zehn Dörfern bestehender District im Bereger Comitat, dessen Bewohner das Munkácser Schloss im Nothfalle zu vertheidigen verpflichtet waren, wofür sie einige Privilegien genossen. Die Ruthenen oder Russen führten aber grösstentheils noch im 16. Jahrhundert ein Nomadenleben, betrieben also Viehzucht und entbehrten fester Wohnsitze, wie das auch durch die Anordnungen der G.-A. 3 : 1567 § 9, 4 : 1563 und 12 : 1567 bewiesen wird, wodurch die ruthenischen und walachischen Hirten, welche nicht in festen Häusern, sondern in Zelten und Hütten wohnen, aber zahlreiches Vieh besitzen, zur Erlegung der halben Steuer verpflichtet werden. Das Unger Comitat erhebt noch im Jahre 1729 die Klage, dass das umherschweifende ruthenische Volk sich so schwer an feste Wohnsitze gewöhne.[550] Man kann annehmen, dass die meisten ruthenischen Dörfer erst vor 150—200 Jahren entstanden sind.[551] Sobald jedoch die Ruthenen den Ackerbau ergreifen, nahmen sie auch in der Zips, in Sáros, Ugocsa und Marmaros die Plätze der Deutschen ein, wozu allerdings auch die Religionswirren das Ihrige beitrugen. Nachdem viele (deutsche) Protestanten zum Verlassen ihres Glaubens gezwungen wurden, wendeten sie sich lieber der griechischen als der römisch-katholischen Kirche zu, weil sie in ersterer das Abendmahl in beiden Gestalten empfangen konnten. Mit der Confession nahmen sie aber allmälig auch die Sprache ihrer neuen ruthenischen Glaubensgenossen an und so wurden Deutsche zu Ruthenen. In der Zips und in Sáros war nahezu ein Drittel jenes Territoriums, das heute die Ruthenen einnehmen, vordem im Besitze der Deutschen. In Plavnicza und Berzevicza sprach man noch im vorigen Jahrhunderte deutsch.[552] Anderwärts, namentlich in Szabolcs, Szatmár und in den Hajdukenstädten, wurden die Ruthenen zu Magyaren und diese baten schon wiederholt, dass man den Gottesdienst bei ihnen in magyarischer Sprache halten, ja dass man deshalb für sie ein magyarisches Bisthum errichten möge. [553] In confessioneller Hinsicht bekennen sich alle, oder doch der überwiegendste Theil der Ruthenen zur griechisch-katholischen Kirche, in welcher bekanntlich die Messe in der Volkssprache gelesen wird; es wäre also möglich, dass neben der rumänischen, ruthenischen und serbischen auch die magyarische Sprache als Kirchensprache dienen könnte. — Die griechisch-katholischen Ruthenen gehören in kirchlicher Beziehung zwei Bisthümern an: dem Munkácser, das seit lange her besteht, und dem Eperieser, welches erst im Jahre 1816 errichtet wurde. Vordem erstreckte sich das Munkácser Bisthum über 13 Comitate. Im letztgenannten Jahre wurde das Gebiet des Eperieser Bisthums davon ausgeschieden und zugleich ein anderer Theil mit dem Grosswardeiner griechisch-katholischen Bisthum vereinigt. Das Munkácser Bisthum hatte im Jahre 1840 399, das Eperieser 142 Pfarrgemeinden. Beide Diöcesen sind in kirchlicher Beziehung der Graner Erzdiöcese unterworfen. [554]

§ 62.

Von jenseits des Nordabhanges der Karpaten zogen um das Jahr 634—636 die Croaten und Serben in die Länder jenseits der Save (siehe oben S. 92 und 99); die Croaten nahmen die Küstenländer an der Adria in Besitz, die Serben liessen sich östlich von ihnen an den Flüssen Drina, Bosna und Werbas nieder, so dass der Timok die Grenze bildet zwischen ihnen und den später nach Mösien eingewanderten Bulgaren. Als die Magyaren sich in ihrem neuen Vaterlande ansiedelten, wohnten die Croaten ausser in den adriatischen Küstengegenden noch in dem Landstriche zwischen Drau und Save; die Serben sassen jenseits der Save im heutigen Bosnien und Serbien; die Macht der Bulgaren reichte aber bis Belgrad, das damals eine bulgarische Stadt war.

D. *Die Bulgaren.*

Die Geschichte der Serben und Bulgaren stand in vielfacher Wechselbeziehung zur Geschichte Ungarns, was schon durch die Titel der ungarischen Könige aus dem Geschlechte der Árpáden bewiesen wird. Allein in einer Ethnographie von Ungarn, welche die jetzigen Bewohner des Landes in Betracht zieht, können jene früheren historischen Verhältnisse nicht weiter berücksichtigt werden.

ᵟ Von jenen alten *Bulgaren*, deren wir oben (S. 84, 89, 91 und a. o.) gedacht haben, findet sich in Ungarn schon lange keine Spur mehr vor. Nichtsdestoweniger leben auch heute in Ungarn, und zwar im Banate, Bulgaren, welche aber erst nach der Türkenvertreibung aus dem Bulgarien jenseits der Donau hierher eingewandert sind. Im Jahre 1723 liessen sich drei bulgarische Familien in Vinga (Temeser Comitat) nieder; diesen folgten im Jahre 1739 zahlreiche katholische Bulgaren. Der damalige Bischof von Csanád, *Staniszlovics*, selber ein Bulgare, berief dieselben aus der «kleinen Walachei» und es kamen etwa 300 Familien, von denen 172 Familien mit 2000 Seelen nach Ó-Bessenyö (Alt-Bessenova im Torontáler Comitate) und die übrigen nach Vinga angesiedelt wurden. Vinga erhielt im Jahre 1740 die Rechte und Freiheiten eines privilegirten Marktfleckens. Eine dritte bulgarische Niederlassung erfolgte im Jahre 1740 in den Orten Módos, dann in Krassova, Luppák, Nermeth, Jabalska, Klokodics und Rafnik. Diese letzteren Bulgaren (vom Volke «Krassovaner» genannt) bekennen sich gleich denen zu Vinga, Bessenyö und Módos zur römisch-katholischen Kirche, wurden aber in rumänischer Umgebung fast gänzlich romanisirt. Die Bulgaren zeichnen sich körperlich durch ihre Grösse und Stämmigkeit aus, haben zum Theil auch ihre besondere Kleidertracht bewahrt und sind als ein fleissiger, reinlicher und sittlicher Volksstamm vortheilhaft bekannt. ⁵ Ihre Seelenzahl beträgt ungefähr 12.000; 555 die Conscription vom Jahre 1851 zählte deren in Ungarn 22.000, in Siebenbürgen 830. 556 CARL KELETI liess sie ihrer geringen Anzahl wegen ganz unberücksichtigt.

E. *Die Serben.*

Die Serben nehmen in einer Ethnographie Ungarns eine weit hervorragendere Stelle ein als die Bulgaren. Vereinzelte serbische Familien hat es in Ungarn wohl zu allen Zeiten gegeben, allein die Anzahl des serbischen Volksstammes vermehrte sich erst von jener Zeit an bedeutend, als die Türken ihre Angriffe erstlich auf das serbische Reich, dann auf Ungarn richteten. Insbesondere nach der unglücklichen Schlacht auf dem Amselfelde (1389) flüchteten viele serbische Unterthanen nach Ungarn; schon in den hussitischen Kriegen (1420—1421) werden unter den Truppen des Königs Sigismund «Serbier und Rascier» genannt. 557

δDie *erste serbische Colonie* finden wir unter demselben Könige auf der Insel Csepel bei Ofen, wo den Serben die Ortschaft St. Abraham eingeräumt wurde, die in der Erinnerung an das verlassene Kövin (Kubin) den Namen «Kis-Kevi» («Klein-Kevi»), später «Rácz-Kevi» (= «Raiczisch-Kevi») erhielt. Die serbischen Colonisten empfingen vom König Sigismund und seinen Nachfolgern verschiedene Freiheitsbriefe. Darunter ist von besonderem Interesse jene Privilegial-Urkunde des Königs Ladislaus V. vom Jahre 1455, worin dieser König den

Serben zu Keve (Kevi), die aus der Grenzstadt Kövin aus Furcht vor
den Türken hierher geflohen seien, ihre Freiheiten und Privilegien,
welche sie zu Kövin besessen hatten, bestätigt, mit dem Beifügen, «bis
sie nach dem Aufhören der Furcht vor den Türken in ihren früheren
Wohnort zurückkehren können.»[558] Von Kevi aus verbreiteten sich
die Serben nach Tekely, Szt.-Márton, Csepel und auch nach Ofen, wo
sie bereits im Jahre 1412 erscheinen. Eine Vorstadt Ofens heisst auch
heute die «Raiczen-Stadt» und bilden die Serben daselbst jetzt noch
eine Pfarrgemeinde [559]

Im Jahre 1427 überliess der Despot von Serbien, Georg Brankovics, die Festung Belgrad und andere feste Plätze vertragsmässig den
Ungarn und anerkannte die Oberhoheit der ungarischen Könige. Dafür
wurden er und seine gesetzlichen Nachkommen von Seite des Königs
und der Stände von Ungarn als erbliche Despoten Serbiens bestätigt
und unter die Reichsbarone Ungarns aufgenommen. Für die den Ungarn überlieferten befestigten Orte (Belgrad, Machó, Szokol, Semendria,
Golubács u. a., im Ganzen 17) empfingen Brankovics und seine Erben
in Ungarn eine Anzahl Güter und Schlösser, als Szalankamen, Világos,
Tokaj, Munkács, Becse, Kulpin, Gross-Kikinda (damals «Echehida»),
Becskerek, Aracs (Araka) u. a. und ein Haus in Ofen (pro descensu
et hospitio).[560]

Auf diese Besitzungen des serbischen Despoten, welche grösstentheils in Südungarn lagen, wo die Bevölkerung durch die häufigen
Türkeneinfälle arg decimirt wurde, siedelten sich zahlreiche Serben
an; insbesondere seit mit dem völligen Verluste Serbiens an die Türken auch der Despot in Ungarn seinen ständigen Wohnsitz nahm.
Damals erbauten die serbischen Einwanderer *Janopol* (jetzt: «Boros-
Jenö») im Arader Comitate, wo sie nach dem Falle von Semendria
(1438) Niederlassungen und von König Wladislaw I. ein besonderes
Privilegium erhielten.[561]

Unter Anführung des Stefan Brankovics, Sohn des Georg Brankovics, kamen ebenfalls zahlreiche Serben nach Sirmien und in die
damaligen Comitate Keve und Horom (jetzt südliche Theile des Torontáler und Temeser Comitats). Diese Zuwanderungen dauerten nunmehr fort. Die ungarischen Könige begünstigten dieselben; dies geht
daraus hervor, dass den serbischen Ankömmlingen Duldung ihres Kir-
chenwesens, Befreiung von den königlichen Zöllen und Erlassung des
Kammergewinnes (bei der Geldumwechslung) nebst anderen Rechten
und Freiheiten gewährt wurden.[562]

Man schätzte in diesen serbischen Einwanderern insbesondere deren
Wehrhaftigkeit; so bildeten z. B. die sirmischen Serben den Kern der

berühmten Heldenschaar des Königs Mathias (Corvinus), der sogenannten «schwarzen Legion». [563]

Eine bedeutende serbische Einwanderung erfolgte im Jahre 1481
unter dem sagenberühmten Helden Paul Kinizsy (den die Serben als
«Knjas Pavel», d. i. «Fürst Paul», zu den Ihrigen zählen), der in Gemeinschaft mit dem serbischen Despoten Wuk Brankovics (Enkel jenes
Georg I. Brankovics) einen Streifzug nach dem türkisch gewordenen
Serbien unternahm und von dort angeblich über 50.000 Serben mit
herüber gebracht haben soll, die theils in Sirmien, theils im Banate
angesiedelt wurden. [564]

Die katholische Geistlichkeit sah diese bedeutende Vermehrung
der Serben, die sämmtlich der «schismatischen» griechischen Kirche
angehörten, nicht gerne. Man bedrängte dieselben durch die Abfor-
derung des kirchlichen Zehenten. Dieser Absicht traten die Gesetzartikel 3 und 4 des Jahres 1481 entgegen.

*Darin heisst es: «Die Raiczen (rasciani) und andere Schismatiker
dieser Art sollen von der Erlegung des Zehenten befreit sein; deswegen
sollen die Vicegespäne weder sie noch die Anderen dazu zwingen. Jene
Christen, welche mit den Schismatikern zusammenwohnen, sollen deshalb nicht dem kirchlichen Interdict verfallen. Wenn die Christen mit
den Raiczen Pachtverträge schliessen, so sind sie zur Leistung des Zehenten von dem auf sie entfallenden Theil (des Grundstückes) verpflichtet;
die Raiczen jedoch sind davon befreit. Von diesem Zehent sollen aber die
Raiczen deshalb einige Jahre befreit sein, damit je mehr von ihnen aus
dem türkischen Reiche hierher flüchten mögen.»*

Dieselbe Freiheit von den Zehentabgaben wurde den Serben und
«anderen Schismatikern» («Rasciani, Rutheni, Walachi et alii Schisma-
tici in terris Christianorum») unter König Wladislaw II. durch den
G.-A. 45 : 1495 abermals bestätigt; denn die katholischen Prälaten
hatten die Gesetzesvorschriften vom Jahre 1481 häufig missachtet. Das
neue Gesetz motivirt die Befreiung vom geistlichen Zehent nicht blos
damit, dass dieser Zehent nur von den «Gläubigen Christi» und nicht
von «Schismatikern» eingefordert werden könne; sondern es erklärt
ausdrücklich, dass diese Befreiung für die «Schismatiker» auch dann
Geltung habe, «wenn sie mitten unter den Katholischen wohnen.» [565]

*Trotz dieser wiederholten und deutlichen Bestimmungen des Ge-
setzes wollte der ungarische Clerus seine Ansprüche nicht aufgeben; ja
der Kalocsaer Erzbischof, Paul Várday, wusste es dahin zu bringen,
dass der schwache König Wladislaw den Grafen von Temes, Josef Som,
beauftragte, von den Serben in Nieder-Ungarn den geistlichen Zehent
für den Kalocsaer Erzbischof einzutreiben. Und als deshalb der serbische
Despot, Johann Brankovics, Beschwerde erhob, antwortete ihm Várday:
«Du hast Recht; wir haben den unserer Kirche gebührenden
Zehenten sowohl von Dir als auch von Anderen eingefordert und thun
dies auch jetzt. Wir werden, insoweit es in unserer Kraft steht, die*

*Rechte unserer Kirche weder durch Dich, noch durch Andere rau-
ben oder zerreissen lassen. Denn da Gott selbst dieses Reich zu einem
christlichen und nicht zu einem «schismatischen» gesetzt hat; so
steht es sicherlich nichti n Deiner Macht, daraus ein «Serbien» zu
machen.»* [569]

Aus diesem Schriftstücke ist ersichtlich, welch grosse Feindschaft
zwischen Katholiken und «Schismatikern» auch in Ungarn herrschte; hatten doch selbst die Gesetze den Serben und «anderen Schismatikern» den
christlichen Namen verweigert und sie den «Christen» gegenüber-
gestellt. Die Bekenner der griechischen Kirche blieben überhaupt nur
dort unbehelligt, wo sie compact wohnten; dies war insbesondere in
Sirmien der Fall. Hier finden wir auch den Entwickelungssitz der
serbischen Hierarchie in Ungarn, welche nicht blos in kirchlicher, sondern auch in nationaler Beziehung von wesentlicher Bedeutung ist.

Der *erste serbische* Bischof in Ungarn war *Maximus*, vordem als
Despot Georg Brankovics geheissen, der im Jahre 1499 in den Mönchsstand trat und später von dem Metropoliten aus Sophia zum griechischen Bischofe in Sirmien geweiht wurde. Auf der Synode zu Ardschisch
rief man ihn zum Metropoliten der Walachei aus; weil ihn aber der
walachische Wojwode Mychna (Michael) missgünstig behandelte, zog
er sich nach Sirmien zurück, wo er in dem von ihm und seinen Verwandten gestifteten Kloster Kruschedol seinen Wohnsitz nahm (1509)
und hier auch starb (18. Jänner 1526). [567]

Allein die serbische Hierarchie konnte sich nicht continuirlich
entwickeln. Die stets näher und drohender auftretende Türkengefahr
trieb allerdings die Serben immer noch aus ihrem Vaterlande nach
Ungarn, wo sie an den Kämpfen gegen den «Erbfeind der Christenheit»
wesentlichen Antheil nahmen; auch in der blutigen Schlacht bei Mohács
(1526) hatten sie an der Seite der Ungarn mitgefochten [568] und den
Rückzug des Sultans Suleiman belästigten serbische Streifer unter
Anführung des Radovics. [569] Doch von einer Consolidirung der ethnographischen und kirchlichen Zustände des serbischen Volksstammes
konnte bei der bald darauf hereingebrochenen völligen Türkenherrschaft im eigentlichen Ungarn keine Rede sein.

Dagegen treffen wir bei den Serben in Slavonien interessante
politische und kirchliche Entwickelungen, denen wir hier schon deshalb einige Aufmerksamkeit widmen müssen, weil die Resultate jener
Entwickelungen zum Theil bis heute fortbestehen.

Das damalige «Slavonien» bezeichnet eigentlich das Gebiet des
heutigen «Croatien». Dieser Landstrich war den Einfällen der Türken
besonders ausgesetzt. Seit dem Jahre 1463 kamen die türkischen
Schaaren von Bosnien herüber, plünderten, verwüsteten und entvölkerten die Grenzgegenden. [570] Um diese Gemarkungen und das dahinter

liegende Land vor den gefährlichen türkischen Raub- und Brandhorden zu sichern, wurde als starke Schutzwehr die Institution der «Confinien» *(«Militärgrenze»)* errichtet. Indem wir auf die nähere Schilderung der Genesis dieser Institution hier verzichten müssen, [571] bemerken wir nur, dass es ein grosses Verdienst der Habsburger Herrschaft ist, nicht blos die verheerenden Einfälle der Türken allmälig eingeschränkt, sondern gerade durch die militärische Verfassung auch die in grosser Anzahl herüber geflüchteten Serben und Croaten in nützlicher Weise verwendet und diese in Folge der steten Kämpfe mit den Türken verwilderten Stämme an Zucht und Gesittung gewöhnt zu haben.

Die Militärgrenz-Bewohner gewannen von den Herrschern eine Reihe begünstigender Privilegien, welche stets mehr Flüchtlinge aus Bosnien, Serbien und Türkisch-Croatien anlockten, wodurch dann die stark erschütterte Bevölkerung zwischen der Save und Drau wieder gekräftigt wurde. Ein besonderes Privilegium bestand in der Gestattung der *freien Religionsübung;* denn die meisten Serben und Bosnier hingen der griechisch-orientalischen Kirche an ; nur die Croaten waren katholisch.

In Slavonien entfaltete sich dann auch zuerst das griechisch-orientalische Kirchenthum serbischer Nationalität in dauernder Weise. Unter Maximilian II. kamen im Jahre 1572 einige Mönche aus dem Kloster Hermel (auch «Chermlja» oder «Szermil»), am Flusse Zermagna bei Bihács gelegen, und erhielten die Erlaubniss, in dem verödeten nachmaligen Generalate von Warasdin neben dem Gebirge Kalinek (Kalnik) ein Kloster zu erbauen, nachdem sie und ihre Volksgenossen vorher die Türken und Tartaren aus dieser Gegend, sowie aus jener von Ceniz vertrieben und das «eiserne Thor» (ein Pass auf der Strasse von Kreuz nach Warasdin) besetzt hatten. Den ersten Ansiedlern folgten im Jahre 1600 unter den Führern Vukovics und Piassonics (auch «Biassionovics») viele Tausende serbischer Familien aus Bosnien und Macedonien ; unter ihnen befand sich auch der Metropolit Gabriel mit einer grösseren Anzahl (Csaplovics meint, etwa 70) Mönchen. Einige dieser Familien liessen sich dies- und jenseits des grossen Morastes, welchen der Fluss Glogonicza bildet, in der Nähe des Klosters Márcsa (auch «Marcha»), Andere auf mehreren Herrschaften des Agramer Bischofs und des Grafen Zrinyi nieder, um daselbst die Einfälle der Türken abzuwehren. In den ihnen ertheilten Privilegien wird ihnen nicht blos das von den Türken zurückeroberte Terrain als eigenthümlich geschenkt, sondern ihnen nebst freier Ausübung ihrer Religion auch für die Erhaltung ihres Bischofs zu Márcsa eine jährliche Dotation von 300 fl. angewiesen. [572] In Márcsa bestand bis zu Ende des 17. Jahrhunderts eine fortlaufende Reihe serbischer Bischöfe und war dieses Kloster bis zur grossen Einwanderung der Serben im Jahre 1690 der Mittelpunkt der griechisch-orientalischen Hierarchie. An Márcsa knüpfen sich aber auch die traurigen Erinnerungen von Gewaltthätigkeiten, welche im 18. Jahrhundert zu Gunsten der Unificirung der griechisch-orientalischen mit der katholischen Kirche von geistlicher und weltlicher Seite verübt wurden. [573]

Während so in Slavonien und in den daranstossenden Gebieten der serbische Volksstamm durch stete Zuwanderungen gekräftigt wurde, hatte auch in den südlichen Theilen Ungarns die serbische Bevölkerung mächtig zugenommen. Bereits zur Zeit des Thronstreites zwischen Ferdinand I. und Johann Szapolya erhob sich der Parteigänger «Czár Jován», auch der «schwarze Mann» genannt, der unter seiner Anführung 12,000 Serben befehligte und von beiden Kronprätendenten gesucht ward. [574] Für den König Johann (Szapolya) hielt dann dessen Anverwandter, der Bosnier Peter Petrovics, mit starker Hand seine Volks- und Glaubensgenossen in Temes und Torontál im Zaume und beherrschte dadurch zugleich die Rumänen, welche in kirchlicher Beziehung von den Serben abhängig waren. [575] Die Serben vermehrten sich überhaupt in Südungarn so sehr, dass ein Zeitgenosse aus der Mitte des 16. Jahrhunderts berichtet, die Einwohner der Landschaft Temesvár seien ausschliesslich «Ratzen», die sich zum «Khriechischen oder pauliner Glauben» bekennen, und «ir Religion fest vnnd steyff observiren vnnd halten, auch jre andacht, betten vnnd vasten gar vil vnnd offt.» [576]

Diese Serben (und Rumänen) hatten auch ihre Bischöfe, von denen uns allerdings nur wenig Spuren aufbewahrt sind. Als einen serbischen Bischofsitz kann man mit Bestimmtheit Jenopolis (Janopol, heute Boros-Jenö im Arader Comitate) bezeichnen. Ebenso wissen wir von einem serbischen Bischofsitze in Temesvár.

Von dem Bischofe in Jenopolis wird uns Kunde aus dem Jahre 1594, in welchem Jahre die Temeser Serben (und Rumänen) mit dem siebenbürgischen Fürsten Sigmund Báthory in Beziehungen traten und sich in einem blutigen Aufstande gegen die Türkenherrschaft erhoben. An der Spitze der Aufständischen stand der Vladika (Bischof) Tódor (Theodor), wahrscheinlich Bischof von Jenö, der nach dem Misslingen des serbisch-rumänischen Aufstandes zu Báthory nach Siebenbürgen floh und von diesem freundlich aufgenommen wurde. Báthory wies den Flüchtlingen Sitze in Carlsburg und Tövis an. [577]

Von dem Temesvárer serbischen Episcopate erhalten wir Nachricht bei Gelegenheit der Wiedereroberung dieses Platzes durch die kaiserlich österreichischen Truppen unter Führung des Prinzen Eugen von Savoyen. Es waren nämlich während der Belagerung der raiczische Bischof Janicius Wladislawljevics und der damalige Raiczen-Richter Nicola Muncsia aus der belagerten Festung in das Lager des Prinzen geschlichen und hatten ihm Kundschaft über den Zustand Temesvárs gebracht. [578] *Diesem Anschlusse an die kaiserliche Sache war es wohl zuzuschreiben, dass*

*nicht nur die Belagerung von Temesvár erfolgreicheren Fortgang hatte,
sondern in der Uebergabs-Urkunde der Festung auch für die Serben
und Rumänen freier Abzug mit aller Habe oder aber Verweilen in der
kaiserlich gewordenen Stadt stipulirt wurde.* 579 *Das Bisthum von Jenopolis wurde später nach Arad verlegt ; das serbische Bisthum von Temesvár blieb daselbst bis auf den heutigen Tag.*

Alle die bisherigen Ein- und Zuwanderungen des serbischen
Volkes wurden aber an Zahl und Bedeutung durch jene Einwanderung
übertroffen, welche unter ganz ungewöhnlichen Umständen und mit weit-
tragenden Folgen im Jahre 1690 vor sich ging. Es ist nothwendig, dass
wir die vor- und nebenläufigen Ereignisse dieser Einwanderung etwas
ausführlicher mittheilen.

Im Herbste des Jahres 1689 wurden durch die siegreichen kaiserlich österreichischen Waffen Serbien, Bosnien, Rumelien und die
Herzegowina bis an das Balkangebirge in Besitz genommen und ein
Theil der kaiserlichen Truppen unter General Piccolomini überwinterte
in Albanien und Macedonien. Die Türkei schien verloren, um so mehr,
als ihre christlichen Unterthanen die vordringenden kaiserlich österreichischen Heere nicht blos mit Lebensmitteln versahen, sondern
auch einen allgemeinen Aufstand und Anschluss an die kaiserlichen
Truppen anboten. An der Spitze dieser Christen stand der serbische
Erzbischof *Arsenius Csernovics* (auch « Csernovich »), Patriarch von Ipek,
am Flusse Bistricza, zwischen Skodra und Antivari gelegen.

Schon der Vorgänger des Arsen Csernovics, der Patriarch Maxim,
hatte sich den österreichischen Interessen geneigt erwiesen ; er hatte
an der Spitze des serbischen Volkes im Jahre 1663 in der Kirche zu Adrianopel den Bruder des rumänischen Bischofs in Siebenbürgen *Georg Brankovics,* zum Despoten erklärt ; der sodann die Serben gegen die Türken
befehligte und auch von Seite der österreichischen Regierung unterstützt und begünstigt wurde. 580 Patriarch Arsen Csernovics verfolgte
die Politik seines Vorgängers in noch entschiedenerer Weise. Insbesondere schaarten seine Stammesgenossen sich um Georg Brankovics, der sich den Titel eines « erblichen Despoten von Serbien,
Bosnien, Mösien, Thracien, Bulgarien und Sirmien» beilegte und auf
die Serben einen so grossen Einfluss ausübte, dass er den Verdacht
des damaligen kaiserlichen Obercommandanten, des Markgrafen *Ludwig
von Baden,* erregte. Dieser lockte ihn denn auch über Auftrag des
Kaisers durch gute Worte zu sich und nahm ihn alsdann gefangen.
In dem bezüglichen Berichte klagt der Markgraf den Despoten an,
dass er des Kaisers Diplom missbraucht und unter dem Deckmantel
desselben sich als Erbherr mit Gewalt in den Besitz der obgenannten
Länder setzen wollte. Das Heer des Despoten bestand aus einigen

Tausend Kriegern, [581] die nunmehr hauptsächlich dem Befehle des Patriarchen gehorchten.

Der Markgraf Ludwig von Baden war allerdings durch den Anschluss ungeregelter Volksmassen nicht besonders erfreut; er schlug überhaupt noch im Anfange des Jahres 1690 die Zurückziehung der kaiserlichen Truppen aus jenen fernliegenden Gebieten hinter die Donau und Save vor und meinte, man solle vor jenen abenteuerlichen Eroberungen weit eher die Rückeroberung von Temesvár und Grosswardein versuchen. Allein seine Rathschläge fanden kein Gehör, um so weniger, als nicht blos der Nachfolger Piccolomini's, der österreichische General *Veterani*, sich für die Fortsetzung der Kriegsfahrten auf türkischem Gebiete aussprach, sondern namentlich auch die damals massgebenden österreichischen Staatsmänner Graf *Ulrich Kinsky*, königlich böhmischer oberster Kanzler, und Graf *Stradtmann*, Hof- und österreichischer Kanzler, den Gedanken verfolgten, die « besonders in den an Ungarn angrenzenden und diesem Königreiche vormals einverleibten Provinzen, sodann aber auch andere, unter türkischer Botmässigkeit befindliche christliche *Einwohner* durch bewegliche, wohlverfasste, am 6. April 1690 erlassene und durch öffentlichen Druck verkündete Einladungsschreiben zu ermahnen, dass sie die Waffen gegen den Erbfeind christlichen Namens ergreifen und solchergestalt von dessen Botmässigkeit sich befreien, herübertreten und mit den kaiserlichen Truppen sich vereinigen möchten. » [582]

In diesem Aufrufe an « sämmtliche Völker von ganz Albanien, Serbien, Mysien, Bulgarien, Silistrien, Illyrien, Macedonien und Rascien » verspricht Leopold I. denselben, wenn sie seinem Rufe folgen, vor Allem Religionsfreiheit und freie Wahl ihrer Wojwoden, Aufrechthaltung der Privilegien und Rechte und Befreiung von allen öffentlichen Lasten und Steuern (mit Ausnahme dessen, was sie den Königen und Herren vor der türkischen Invasion zu leisten gewohnt waren) ; nur in Kriegszeiten sollten sie zu ihrem eigenen Wohle und Schutze nach Massgabe ihrer Kräfte zur Unterhaltung der Kriegsheere beitragen. Nach Vertreibung der Türken aber soll Alles nach dem Wunsche und zur Zufriedenheit der Völker in die gehörige Ordnung gebracht werden. Dabei verspricht der Kaiser abermals die Freiheit der Religion, der Wojwodenwahl und den Schutz der Privilegien ; ferner soll Jedermann sein Recht werden und jedweder als sein freies Eigenthum besitzen, was er an beweglichen und unbeweglichen Gütern in den Grenzgebieten von den Türken erworben habe. [583]

Ein besonderes kaiserliches Schreiben erging unter demselben Datum (6. April 1690) an den serbischen Patriarchen *Arsenius Csernovics*, dem der Kaiser vorerst seine Zufriedenheit darüber aussprach, dass er dem General Piccolomini an die Hand gegangen sei. Gleiches erwarte der Kaiser auch in Zukunft von der Treue und dem Eifer des Patriarchen, wobei der Monarch noch insbesondere die Hoffnung ausspricht, dass der Erzbischof mit seinem Ansehen, welches er bei jenen Völkern, namentlich bei «Albaniern und *Raiczen*» besitzt, kräftig dahin wirken werde, damit das Türkenjoch, unter welchem die Christen bis jetzt elendiglich geschmachtet, abgeschüttelt werde. Die Völker mögen sich mit den kaiserlichen Waffen vereinigen und so die türkische Tyrannei überall vertreiben und ausrotten. Leopold I. versichert den Patriarchen dabei seiner kaiserlichen und königlichen Gnade, die er bei vorkommender Gelegenheit auch durch Thaten beweisen werde. [584]

Diese Gelegenheit fand sich früher, als der Monarch und seine Räthe erwartet hatten. Der Feldzug des Jahres 1690 nahm ein schmähliches Ende: es wurden von Seite der kaiserlichen Truppen nicht nur keine weiteren Eroberungen in der Türkei gemacht, sondern es ging auch das bisher Eroberte, ja selbst die Festungen Semendria und Belgrad wieder verloren. Unter solchen Umständen waren die obigen kaiserlichen Aufrufe und Schreiben von keinem nennenswerthen Erfolge begleitet.

Von den griechisch-orientalischen Christen in der Türkei schlossen sich insbesondere nur die *Serben* mit ihrem Patriarchen Csernovics dem kaiserlichen Heere an; allein dieser Anschluss konnte dem Siegeslaufe des thatkräftigen und staatsmännischen Grosswesirs und türkischen Oberbefehlshabers *Köprili Mustapha* keinen Einhalt thun. Für die den Kaiserlichen folgenden Serben hatte dieser unglückliche Feldzug noch die weitere Folge, dass diese *Christen ihre Heimat verloren*. Auf welche Weise die Türken jene ihrer christlichen Unterthanen, die sich den kaiserlichen Truppen angeschlossen, behandelten, das konnten die Serben aus dem Schicksale ersehen, welches im Jahre 1689 den gefangenen Albanesen zu Theil ward. Den mitgefangenen Deutschen und Ungarn gestatteten die Türken freien Abzug, die Albanesen wurden als treulose Unterthanen niedergemetzelt. [585]

Aus diesem Grunde hatten die Serben ihre Weiber und Kinder mit aller beweglichen Habe schon früher unter Anführung des Patriarchen Csernovics an die Grenze Ungarns geschickt. Bereits einen Monat nach dem Auszuge des Grosswesirs aus Constantinopel (18. Mai 1690) treffen wir die serbischen Flüchtlinge in Belgrad, wo sie am 18. Juni eine Versammlung abhielten und den Bischof von Jenopolis, *Isaias Diakovich*, mit einem Gesuch der «Communität der griechischen Raiczen» an den Kaiser Leopold I. nach Wien absendeten. In diesem Gesuche baten die Serben bei ihrem Uebertreten auf kaiserliches Gebiet um freie Religionsübung, um den Gebrauch des alten (julianischen) Kalen-

ders, um die fortgesetzte freie Wahl des Erzbischofs durch die geistlichen und weltlichen Stände, um das freie Verfügungsrecht des Erzbischofs mit allen Kirchen des griechischen Ritus und um andere
kirchliche Rechte und Freiheiten.[586]

Leopold I., der die Anhänglichkeit der Serben an die kaiserliche Sache belohnen und sein gegebenes Schutzversprechen einlösen
wollte, ertheilte denselben unter dem 21. August 1690 ein feierliches
Privilegium, worin er ihnen die erbetenen Gesuchspunkte vom 18. Juni
gewährte und diese Gewährungen zwei Tage später in einem Gnaden-
briefe an die serbischen Notabeln, *Paul*, *Anton* und *Jakob Brankovics*,
nachdrücklich wiederholte, wobei insbesondere die unbeschränkten geistlichen Befugnisse des Erzbischofs hervorgehoben wurden.[587]

Diese kaiserlichen Schreiben trafen die Serben jedoch nicht mehr
jenseits der Donau und Save; denn Schlag auf Schlag folgten die
Niederlagen der kaiserlichen Truppen; am 8. September fiel Nissa
(Nisch), dann Semendria und am 27. September langten die türkischen
Belagerungstruppen vor Belgrad an. Die serbischen Flüchtlinge sahen
sich in Folge dessen genöthigt, die ungarische Grenze zu überschreiten.

Es war das *ein ganzes Volk*, welches nunmehr den Boden Ungarns
betrat; 36,000, nach Anderen 37,000—40,000 Familien stark kamen
diese Serben[588] unter der Führung des Patriarchen und mit allen
ihren einheimischen Wojwoden und Knesen hierher und wurden
theils in der Militärgrenze, theils im Innern des Landes, namentlich
in den Festungen und Städten untergebracht. So gelangten Abtheilungen dieser serbischen Flüchtlinge nach Arad, Szegedin, Fünfkirchen,
Mohács, Stuhlweissenburg, Ofen, Sanct-André, Erlau, Grosswardein,
Gran, Komorn, Raab und nach anderen Orten.[589]

Die Flüchtlinge lagerten zum Theil unter Zelten ausserhalb der
genannten Städte.

Schon dieser Umstand weist darauf hin, dass diese Ansiedelung
der serbischen Emigranten nur eine *vorübergehende* sein sollte. In demselben Sinne hiess es auch in dem kaiserlichen Schutzbriefe vom
21. August 1690, dass ausser dem Kaiser nur allein dem Erzbischofe
die oberste Leitung des serbischen Volkes gebühre; denn man betrachtete die Flüchtlinge nur als zeitweilige *Gäste*, bei denen die innere
Ordnung nach ihren einheimischen Gesetzen und Gewohnheiten durch
ihr geistliches Oberhaupt aufrecht erhalten werden sollte. Desgleichen
wird das Provisorische dieses Aufenthaltes der Serben in Ungarn bestätigt durch den Erlass der ungarischen Hofkanzlei vom 11. December 1690, worin den Ständen, Städten, Gemeinden und Einzelnen
aufgeboten wird, die an verschiedenen Orten des Landes «sich auf-

haltenden» Serben des griechischen Ritus in ihren ihnen ertheilten Rechten und Privilegien zu belassen und zu beschützen. Weil aber die Municipien und Gemeinden des Landes wegen der Exemtionen, deren sich die «Gäste» zu erfreuen hatten, [590] vielfach unwillig wurden ; so erneuerte der Kaiser über Ansuchen des serbischen Patriarchen unter dem 11. April 1691 die den Serben ertheilten Privilegien, wobei er auf die besondere Bitte des Erzbischofs den wichtigen Passus hinzufügte: «Wir werden auch nach Möglichkeit bestrebt sein, dass wir durch unsere siegreichen Waffen das *mehrerwähnte raiczische Volk in seine früher besessenen Gebiete oder Wohnorte je eher wieder zurückführen.* » Ausserdem genehmigte der Kaiser in demselben Decrete, dass die Serben unter ihrem «eigenen Magistrate» verbleiben ; ferner, dass die Hinterlassenschaft eines ohne Erben verstorbenen Serben dem Erzbischof und der Kirche zufalle ; dass das Erzbisthum der Erbe des Erzbischofs und der übrigen Bischöfe sein und endlich, dass sämmtliche Serben von ihrem Erzbischofe als ihrem geistlichen Oberhaupte in «*kirchlichen und weltlichen* Dingen» abhängig sein sollen. (Im Wortlaute: «Denique, ut omnes ab Archi-Episcopo, tanquam capite suo Ecclesiastico, *tam in Spiritualibus quam Saecularibus dependeant*, clementissime volumus et jubemus. ») [591]

Diese letzte Erklärung des Decretes vom 11. December 1691 gibt uns zugleich den Beleg dafür, dass die österreichische Regierung die mit dem Erzbischofe Csernovics herübergekommenen Serben als ein besonderes «staatliches» Volk betrachtete, wie denn auch ein späterer österreichischer Staatsmann, Freiherr *von Bartenstein*, in seiner für den Unterricht des nachmaligen Kaisers Josef II. bestimmten Denkschrift [592] von diesen Serben erklärt: «Es war nicht darum zu thun, vertriebene Flüchtlinge auf- und anzunehmen oder ihnen einige öde Gründe einzuräumen, sondern ansässige und vermögliche Leute, die in ihrer Religionsübung nicht gestört wurden, zu bewegen, dass sie mit Gefahr Leibs und Lebens, Habe und Guts aus der türkischen Botmässigkeit in die hiesige übertreten möchten. » Diese Serben wurden demgemäss von Beginn als «Nation» mit ihren besonderen geistlichen und weltlichen «Ständen» bezeichnet, die «per modum pacti», im Wege des Vertrages sich hierher begeben habe. [593] Dass man jedoch ihr Verbleiben daselbst nur als vorübergehend ansah, geht schon aus dem Umstande hervor, weil sonst der Erzbischof unmöglich auch als das «weltliche» Oberhaupt der von jeder anderen Gerichtsbarkeit des Landes befreiten Serben hätte bestellt werden können. Wir werden sehen, wie man später bemüht war, diese Gewährungen, welche einen wahren «Staat im Staate» errichtet hatten, allmälig wieder zurückzunehmen.

Mittlerweile hörten die Klagen der Municipalbehörden gegen die serbischen « Gäste » nicht auf, [594] weshalb man bei dem Wiener Hofkriegsrathe den Entschluss fasste, die zerstreut wohnenden Serben nach der in Folge der Türkenverheerungen verödeten und entvölkerten Bácska zu übersiedeln. Es wurden zu diesem Zwecke der Patriarch Erzbischof Csernovics und der serbische Vice-Wojwode, Johann Monasterly, [595] im Frühling des Jahres 1694 nach Wien berufen und nach geschehener Berathung an die beiden Genannten unter dem 11. Mai 1694 ein Decret des Hofkriegsrathes erlassen, worin ihnen der « klare, unbedingte Entschluss Sr. k. k. Majestät bekannt gegeben. wurde, welchem gemäss das *raiczische Volk* sowohl im Interesse Ungarns als auch der Serben selbst in die zwischen der Donau und Theiss gelegenen und ihnen nach gehöriger Weise übergebenen Landestheile übersiedeln müsse; und zwar sollte diese Uebersiedelung «sogleich» und «ohne Verzug» stattfinden. Der General-Kriegsrath und General der Cavallerie, Graf Donat *Heisler von Heidersheimb*, wurde als kaiserlicher Commissär für die Uebersiedelung der Serben bestellt. [596]

Der Hofkriegsrath hoffte, dass die Serben diese Transferirung um so freudiger begrüssen und annehmen würden, als das ihnen angewiesene Gebiet überaus fruchtbar und so ausgedehnt sei, dass sowohl mit Bezug auf die Wohnorte wie auch mit Rücksicht auf die Bewirthschaftung diese Gegend viel bequemer zum Leben sei. Ueberdies wurden den Serben bei williger Uebersiedelung und bei fernerer Bewahrung der Treue noch weitere allerhöchste Begünstigungen in Aussicht gestellt.

Nichtsdestoweniger behagte den Serben die Transferirung nach der Bácska nicht; sie baten um Ueberlassung von Ansiedelungsgründen in Kumanien und in jenem Theile von Slavonien, welcher die «kleine Walachei» genannt wurde und wo, wie wir oben (Seite 312) gesehen haben, bereits zahlreiche serbische Bevölkerung neue Wohnsitze gefunden hatte. Die Bácska mochte den Serben hauptsächlich wegen der unmittelbaren Nähe der Türken, die ja noch das Temeser Banat und die Festungen Temesvár, Peterwardein und neuestens auch Belgrad wieder in Besitz hatten, nicht sehr verlockend und sicher sein. Allein gerade dieser Punkt gab in Wien den Ausschlag; die Serben sollten einen Schutzwall gegen die Türken bilden. Deshalb gab man ihrem Ansuchen um anderweitige Ansiedelungsplätze kein Gehör, wovon der Hofkriegsrath unter dem 31. Mai 1694 den Erzbischof und den Vice-Wojwoden Monasterly verständigte, mit dem Beifügen, dass «der Dienst Sr. Majestät die Uebersiedelung an die bezeichneten Orte (d. i. in die Bácska) ohne Verzug fordere.» Es wird den Serben zwar gestattet, dass sie an ihren jetzigen Wohnorten die Ernte noch einheimsen können; doch müssen sie eine bestimmte Anzahl von Abgeordneten wählen, welche die ihnen zu übergebenden Orte und Grundstücke allsogleich übernehmen und dieselben mit Gebänden derart versehen, dass nach Beendigung der Ernte die *Gesammtheit des raiczischen Volkes* im künftigen October mit Bestimmtheit dahin übersiedeln und daselbst taugliche Wohnungen finden könne.» Um die Serben nach verschiedenen Seiten hin zu beruhigen, wurde ihnen abermals die Versicherung ertheilt, dass sie nur dem Kaiser und Könige unterworfen und sowohl von den Municipien wie von der grundherrlichen Oberhoheit befreit sein sollen; schliesslich wiederholte man ihnen die Zusage, dass «in dem Falle, wenn in dem Lande, welches die Raiczen früher bewohnt hatten, mit Gottes Hilfe der Friede und die Sicherheit hergestellt sein wird, sie *in ihre alte Heimat zurückgeführt werden sollen*.» 597

Auf solche Weise wurden dann die Serben in grosser Anzahl und compact theils in der Bácska, theils in den Comitaten Csongrád, Zaránd, Arad und Csanád angesiedelt und aus diesen so neubevölkerten Gebieten gegen die jenseits der Theiss und Maros noch herrschenden Türken die sogenannte «Theisser» und «Maroser» Militärgrenze gebildet. 598

Wie sehr die Serben selbst auch diese ihre neue Ansiedelung nur als ein anderes Provisorium betrachteten, und stets auf die Rückkehr in ihr früheres Vaterland hofften, geht aus dem Umstande hervor, dass sie lange Zeit zögerten, feste Wohnhäuser zu erbauen. Uebrigens wurde ihnen auch durch die fortgesetzten Streitigkeiten und Anfeindungen, denen sie seitens der katholischen Geistlichkeit und der weltlichen Municipien ausgesetzt waren, der Aufenthalt in Ungarn verleidet. Die katholische Geistlichkeit forderte von ihnen trotz ihrer Privilegien und trotz jener alten ungarischen Gesetze (siehe oben S. 311) den kirchlichen Zehent und die weltlichen Behörden wollten sie ihrer Jurisdiction unterwerfen. Auch dem sonstigen Volke in Ungarn mochten die an Kampf und Krieg gewohnten, rauhen serbischen Krieger keine angenehmen Nachbarn sein. Es liefen von Seite der Municipien wiederholte Beschwerden über die Gewaltthätigkeiten der Serben ein; aber auch der Erzbischof Csernovics häufte bei Hof Klage auf Klage; weshalb Leopold I. unter dem 4. März und im Juni 1695 dem Erzbischofe und den Serben überhaupt ihre Freiheiten, insbesondere die Steuerfreiheit, wiederholt bestätigte und überdies für einzelne, von Serben bewohnte Districte, noch specielle Protectionsdecrete erliess. 599

Mit dem Karlowitzer Friedensschlusse (26. Jänner 1699) wurden jedoch die Hoffnungen und Pläne der Serben auf eine Rückkehr in ihr früheres Vaterland definitiv vernichtet, da dieser Friedenstractat das serbische Gebiet jenseits der Donau und Save den Türken belässt und die geflüchteten Serben es sonach nicht wagen durften in ihre alte Heimat unter das Joch der Türkenherrschaft zurückzukehren. Erst jetzt mussten sowohl sie selbst als auch der kaiserliche Hof, wie die ungarische Landesregierung sich mit dem Gedanken ernstlich vertraut machen, dass die mittlerweile durch Zuwanderungen auf 40,000 Familien angewachsenen serbischen Emigranten auf dem Gebiete Ungarns und seiner Nebenländer *dauernd* angesiedelt und zu Bürgern des Landes gemacht würden.

Es war das keine leichte Aufgabe und ziehen sich die diesbezüglichen Verhandlungen der Regierung mit den Serben, sowie die Anordnungen und Verfügungen der jeweiligen Regenten durch nahezu ein Jahrhundert hin, bis es endlich gelang, das Kirchen- und Volksthum der Serben in den Rahmen der staatlichen Ordnung Ungarns einzupassen. Wir können diese an sich interessanten und lehrreichen Entwickelungen hier nicht weiter verfolgen, sondern müssen uns auf die Hervorhebung einzelner Hauptmomente beschränken.

Die serbischen Privilegien wurden später noch durch Kaiser Josef I. am 7. August und 29. September 1706, durch Kaiser Carl VI. (als König von Ungarn Carl III.) am 2. August 1713 und 10. April 1715 und durch die Kaiserin-Königin Maria Theresia am 24. April und 18. Mai 1743 bestätigt. Schon Kaiser Josef I. fügte aber der Confirmation die Clausel bei: «Wir verwahren das volle Recht, diese Freiheiten nach den Zeitumständen (pro temporum conditione) weiter zu erläutern und in andere Form umzugestalten, je nachdem es zum Nutzen der illyrischen Nation sein wird.» Und diese Zusatzclausel befindet sich auch auf allen darauffolgenden Confirmationen der serbischen Privilegien.[600]

Dass dieselbe kein leeres Wort geblieben, zeigen die weiteren Entwickelungen der serbischen Nations- und Kirchenverhältnisse. So wurde z. B. in einem Circular-Rescript vom Januar 1729 jener Passus der Privilegien, welcher dem Erzbischofe die Leitung der «geistlichen *und* weltlichen» Angelegenheiten des serbischen Volkes überliess, annullirt mit der bezeichnenden Motivirung: «Da diese Herrschaft (in weltlichen Gegenständen) aber dem Kaiser als unmittelbaren Herrn zukommt, so hat sich der Erzbischof in zeitliche Vorfälle (temporalia) nicht zu mischen. Die Oberherrschaft in geistlichen Dingen bleibt ihm wie bisher.»[601] Ebenso wurde im selben Jahre mittelst Circular-Rescriptes vom 7. November das Recht des serbischen Erzbischofs auf die weltlichen Caducitäten der ohne Erben verstorbenen Serben aufgehoben; diese Aufhebung konnte jedoch erst im Jahre 1769 zur Geltung gebracht werden, als ein vom 24. Juli datirtes allerhöchstes Rescript erklärt, dass die (serbische) «Nation mit der Prätension auf die weltlichen Caducitäten *gänzlich abgewiesen* werde.»[602]

Eine langwierige Procedur bedurfte auch die Regelung der Verwaltung der serbischen Kirche. Die Entscheidung über die Befugnisse und den Wirkungskreis der beiden kirchlichen Corporationen, der Bischofs-Synode und des National-Congresses, erfolgte erst unter der Kaiserin-Königin Maria Theresia und Kaiser Josef II. (durch das «Allerhöchste Erläuterungs-Rescript der Illyrischen Nation» — «Benignum Rescriptum Declaratorium Nationis Illyricae» vom 16. Juli 1779 und durch das «Consistorial-System» — «Systema Consistoriale» vom 5. April 1782).

Zur Leitung der weltlichen Angelegenheiten der Serben wurde im Jahre 1746 die «Hofdeputation in Transsylvanicis, Banaticis et Illyricis» (gemeiniglich «Illyrische Hofdeputation») als ein «independentes Hofmittel» errichtet. Bis dahin hatte der Hofkriegsrath die weltlichen Interessen der Serben besorgt. Denn diese wurden nach wie vor als ein «exemtes» Volkselement betrachtet, das nur allein dem Kaiser zur Verfügung stehe. [603] Die Serben waren bis gegen das Ende des vorigen Jahrhunderts keine ungarischen Staatsbürger. Vielmehr suchte man noch im Jahre 1790 durch die Wiedererrichtung der im Jahre 1779 aufgelassenen «Illyrischen Hofdeputation» diese privilegirte Stellung der Serben abermals fortdauernd zu machen. Damals (im Jahre 1790) wurde auch der serbische National-Kirchencongress als eine *politische* Vertretung des Serbenvolkes nach Temesvár einberufen und schien es, als ob die Isolirtheit der Serben fortdauern sollte.

Da geschah, dass der Landtag durch den Ges.-Art. 27 : 1790/91 «den griechisch-nicht-unirten Glaubensgenossen das *Bürgerrecht* (jus civitatis) in Ungarn ertheilte, gleich den übrigen Landesbewohnern die Fähigkeit zur Erwerbung und zum Besitze der Güter, sowie zur Bekleidung aller Amtsstellen in Ungarn und annectirten Ländern unter Aufhebung aller dem entgegenstehenden Gesetze einräumte, vorbehaltlich der Rechte Seiner königlichen Majestät über die Angelegenheiten des Clerus, der Kirche, der Religion, deren vollkommen freie Ausübung ihnen gestattet wurde, der Fundationen, der Lehrgegenstände und Erziehung der Jugend, nicht minder ihrer *Privilegien*, welche der Reichsverfassung (fundamentali regni constitutioni) nicht widerstreiten, sowie Seine Majestät diese Rechte von Allerhöchst Ihren glorreichen Vorfahren übernommen haben.»

Dies ist der Wortlaut jenes Gesetzes, wodurch den bisher im Ausnahmezustand befindlichen Serben 100 Jahre nach ihrer Einwanderung und Niederlassung in Ungarn die bürgerlichen Rechte gleich den übrigen Landeseinwohnern verliehen wurden. Die Serben waren jedoch damit wenig zufrieden, insbesondere deshalb, weil die Inarticulirung ihrer Bürgerrechte nur ihre Confession, nicht ihre Nationalität hervorhob. Nichtsdestoweniger wurde in Folge dieses Gesetzartikels und über Andrängen des ungarischen Landtages im Artikel 10 : 1792 (desideratum a Statibus et Ordinibus Cancellariae Illyricae sublationem) die serbische oder illyrische Hofkanzlei am 30. Juni 1792 aufgehoben und deren Agenden der ungarischen Hofkanzlei zugewiesen. Als eine Art Entschädigung hiefür erklärt G.-A. 10 : 1792, dass der Metropolit und die Bischöfe griechisch-nicht-unirter Religion Sitz und Stimme an der ungarischen Magnatentafel haben sollen und wurde ferner bestimmt, dass gleich nach erfolgter Aufhebung der illyrischen Hofkanzlei Einige von den Serben, welche die erforderlichen Eigenschaften besitzen, sowohl bei der königlich ungarischen Hofkanzlei als auch bei der königlich ungarischen Statthalterei angestellt werden sollen.

Das Nationalitätsprincips fand bei den Serben stets einen fruchtbaren Boden und so begreift es sich, dass die im Dienste dieses Princips unternommenen Agitationen seit dem Anfang der Vierziger-Jahre und dann die Erhebung im Jahre 1848 unter dem serbischen Volke vielen Beifall und rege Antheilnahme gefunden hat. Das serbische Volksthum ist jedoch mit seinem nationalen Kirchenwesen aufs Engste verbunden und darum tritt auch in den nationalen Kämpfen diese Kirche stets als mächtiger Factor in den Vordergrund. Es kann nicht unsere Aufgabe sein, den Ereignissen der Jahre 1848/9 hier nachzugehen; ebenso müssen wir uns auch die Darstellung der Geschichte des serbischen Volks- und Kirchenthums aus der neuesten Zeit versagen; nur das Eine sei betont, dass man dieses Kirchenwesen nach wie vor mit politischen Motiven und Zielen zu verknüpfen gewohnt ist.

Auf die Zustände des serbischen Volkes in der Gegenwart übergehend, schicken wir noch Einiges über dessen Benennungen voraus. Die Serben selbst nennen sich «srbli», d. i. «Serben». Dieser Name wird verschieden gedeutet und kommt allen Südslaven gemeinsam zu. [604] In den Urkunden und Gesetzartikeln Ungarns werden sie «Rasciani» (Rascier) genannt; das Volk nennt sie «Raiczen» (Raczen, magyarisch «rácz», pl. «ráczok»). Diese Benennung leitet man von der Stadt Rača (auch «Rascha», in Alt-Serbien, heute Novi-Bazar genannt) ab. Im 18. Jahrhundert erscheint in der Amtssprache statt der «Natio Rasciani» die «Natio Illyrica», «Illyrische Nation», und auch heute kann man in katholischen Diöcesan-Schematismen noch lesen «lingva illyrica» = «lingva serbica». Um die Mitte der Dreissiger-Jahre unseres Jahrhunderts fasste Dr. Liudewit Gaj den Plan, die gesammten Südslaven als «Illyrier» zu einer national-politischen Partei zu vereinigen. Dieser «Illyrismus» fand jedoch seine grössten Gegner an dem Nationalbewusstsein der Serben und Croaten selbst. — Schliesslich kommen die griechisch-orientalischen Serben in Südungarn und Slavonien noch

unter dem Namen »Wlachen« (Walachen) vor und hiess darnach, wie
wir oben gesehen haben, das spätere Warasdiner Generalat auch die
»kleine Walachei«. In der Bácska nennt der katholische Serbe (Scho-
kacze) seinen griechisch-orientalischen Stammesgenossen auch heute
noch einen »Walachen« und dessen Kirche die »walachische«.

Was nun die Verfassung dieser Kirche der Serben betrifft, so
wurde dieselbe, wie oben (Seite 323) dargestellt worden, durch Ges.-
Art. 27 : 1790 inarticulirt. Desgleichen anerkennt Ges.-Art. 20 : 1847. 8
im § 8 die Autonomie dieser »nicht-unirten Griechen« in Betreff ihrer
Religions- und Schulangelegenheiten und den Bestand eines durch
»die ganze Religionspartei zu wählenden Kirchencongresses«, dessen
Mitglieder mit Rücksicht auf die verschiedenen Sprachen der Bevölkerung in einem solchen Verhältnisse zu wählen sind, dass aus dem
geistlichen Stande 25, aus dem weltlichen 50 und von diesen aus der
Militärgrenze 25 Deputirte entsendet werden. [605]

Die »Rücksicht auf die verschiedenen Sprachen der Bevölkerung«
hatte darin ihren Grund, weil vordem der Jurisdiction des griechisch-
orientalischen Erzbischofs nicht blos die Serben, sondern auch die Rumänen unterstanden.

In dem Privilegium Kaiser Leopold I. vom 21. August 1690
wurden dem Patriarchen Csernovics alle Gläubigen des griechischen
Ritus in ganz Griechenland, Rascien, Bulgarien, Dalmatien, Bosnien,
Jenopolien und in der Herzegowina, dann in Ungarn und Croatien,
wo solche (Gläubige) vorfindlich sind, zugewiesen (»in tota Graecia,
Rascia, Bulgaria, Dalmatia, Bosnia, Jenopolia et Hercegowina, nec
non in Hungaria et Croatia, ubi de facto existunt«). Im Privilegium
vom Jahre 1695 werden ausser dem Metropoliten noch folgende sieben
Bischöfe der Griechisch-Nichtunirten aufgeführt: Die Bischöfe von
Jenopolis und Temesvár, von Carlstadt und Zrinopolis, von Szegedin, von Ofen und Stuhlweissenburg, von Mohács und Sziget, von
Werschetz, von Grosswardein und Erlau. Die Bisthümer von Szegedin, Stuhlweissenburg, Mohács, Sziget, Grosswardein und Erlau
bestehen heute nicht mehr; auch ist die serbische Bevölkerung
daselbst entweder ganz verschwunden, oder hat doch an der Zahl
sehr abgenommen. Das Bisthum Jenopolis wurde nach Arad verlegt. Eine Regelung der serbischen Diöcesen erfolgte auf den Kirchen-
congressen im Jahre 1748 und 1769. Die jetzt bestehende Eintheilung
dieser Kirchensprengel datirt von der Ausscheidung der Rumänen aus
dem Verbande des serbischen Erzbisthums und der hiernach erfolgten
Errichtung einer besonderen rumänischen Metropolie zu Hermannstadt.
Diese Trennung der beiden Nationalkirchen wurde mittelst G.-Art.
9 : 1868 gesetzlich inarticulirt und darin den beiden Kirchen zugleich

dieselben autonomen Rechte zur Verwaltung ihrer Kirchen- und Schulangelegenheiten garantirt.

Der *Erzbischof von Karlowitz*, welcher seit dem 15. December 1848
auch den Titel eines «serbischen Patriarchen» führt, leitet als «Metropolit» die «griechisch-orientalische Kirche serbischer Nationalität» im
ganzen Königreiche Ungarn und sind demselben als Suffraganbischöfe
untergeordnet im eigentlichen Ungarn : die Bischöfen von *Ofen*, *Temesvár*, *Werschetz* und *Neusatz* (Bács) ; in Croatien-Slavonien : die Bischöfe
von *Pakracz* und *Carlstadt*.

Der Metropolit leitet jedoch die Kirche nicht mehr wie ehedem
allein und ausschliesslich ; sondern in geistlichen Dingen ist ihm die
Bischofs-Synode, in weltlichen Angelegenheiten der *National-Kirchencongress* beigegeben.

Die Einberufung und Abhaltung von Bischofs-Synoden war bis
zum Jahre 1760 dem Metropoliten freigestellt. Im genannten Jahre
erschien jedoch unter dem 16. September ein allerhöchstes Rescript,
worin anbefohlen wurde, «dass künftig kein Synodus des Raitzischen
Cleri ohne Allerhöchstes Vorwissen abgehalten und die besondere
Allerhöchste Disposition darüber erwartet werden solle.» [606] Diese Anordnung wurde mit Rescript vom 14. Februar 1763 wiederholt und
zugleich die Absendung eines landesfürstlichen Commissärs zu den
Synoden befohlen. Die Bestimmungen des Declaratoriums vom Jahre
1779 (§ 21) sind in Bezug auf die Bischofs-Synode bis heute in Kraft
stehend. Darnach darf der Metropolit die Synode nur nach vorher ein-
geholter allerhöchster Genehmigung einberufen ; den nicht dogmatischen
Synodal-Verhandlungen wohnt ein landesfürstlicher Commissär bei.
Eine der wichtigsten Functionen der Synode besteht in der Besetzung
der erledigten Bisthümer durch die Wahl der vorhandenen Bischöfe ;
der Erwählte unterliegt aber noch der allerhöchsten Bestätigung des
Landesfürsten.

Der *National-Kirchencongress* besteht auch nach dem Ges.-Art.
9 : 1868 ausser den Bischöfen, die «geborene» Mitglieder des Congresses sind, aus 25 geistlichen und 50 weltlichen, also zusammen aus
75 gewählten Deputirten, welche nach einer bestimmten Wahlordnung
(vom Jahre 1871) vom Volke gewählt werden. Die Zusammensetzung
und den Wirkungskreis dieses Congresses bestimmt das unter dem
14. Mai 1875 allerhöchst genehmigte «Organisations-Statut des griechisch-
orientalischen serbischen National-Kirchencongresses.» Dieser Congress
wählt auch den serbischen Patriarchen, dessen Wahl aber gleichfalls
der allerhöchsten Bestätigung des Monarchen unterliegt. Ebenso wohnt
dem Congresse ein landesfürstlicher Commissär bei. Den Vorsitz führt
der Patriarch, den Vice-Präses wählt der Congress aus der Mitte seiner

weltlichen Deputirten. In der Regel tagt der Congress nur alle drei Jahre. Mittlerweile besorgt als sein verantwortliches Executiv-Organ der «Congress-Ausschuss» die laufenden Geschäfte. Der Patriarch ist auch Präses des «Congress-Ausschusses», der überdies noch aus einem Bischofe, zwei geistlichen und fünf weltlichen Mitgliedern, zusammen aus neun Personen, besteht. Alle Beschlüsse des Congresses müssen vor ihrer Durchführung seitens des Königs confirmirt werden.

Die serbische Kirche hat in ihren sieben Diöcesen 32 Erzdiaconate mit 627 Pfarreien; die Zahl der Seelsorger ist 729 und 38 Vicare. Die serbischen Klöster waren vordem zahlreicher; heute bestehen deren 30 (nur Mannesklöster), von denen vier den nächstgelegenen grösseren Klöstern zugetheilt sind. Die Zahl der Mönche betrug im Jahre 1871 nur 84 und dürfte heute noch geringer sein. Der serbische Mönchsstand scheint auf den Aussterbe-Etat gesetzt zu sein. Das Gesammtvermögen dieser Klöster beträgt circa drei Millionen Gulden mit einem Jahres-Einkommen von 200,000—250,000 fl. Ausserdem besitzt die serbische Nationalkirche in Ungarn reiche Kirchen- und Schulfonde, deren Status im Jahre 1868 die Höhe von 3.476,000 fl. erreicht hatte. Das Kirchen-, Kloster- und Schulvermögen der Serben beträgt also mindestens 6½ Millionen Gulden — gewiss eine sehr erhebliche Summe für die culturellen Bedürfnisse des numerisch nicht sehr bedeutenden Volksstammes.

Die Serben wohnen compact in den Comitaten Temes, Torontál und Bács; dann in Croatien-Slavonien, namentlich im Sirmier Comitate und in der croatisch-slavonischen Militärgrenze. Als Sprachgrenze für diese Serben ergibt sich eine Linie, die sich von der Grenze des Sct. Georger Grenzregiments und des Poscheganer Comitats längs der Drau bis ins Sümegher Comitat aufwärts zieht und auch den Uferstrich von Potony bis zur Grenze des Baranyaer Comitats in sich begreift. Von da folgt sie wieder der Drau, der sie auch mit Ausnahme einiger Ausbuchtungen bis Draueck, unterhalb Essegg, getreu bleibt. Hierauf senkt sich die Linie an der Donau südwärts, läuft davon etwas nördlich vom Franzens-Canal ostwärts an die Theiss, von wo sie über Mokrin und Baschahid nach der Bega hin zieht. Die fernere serbische Sprachgrenze bezeichnet die Temes südwärts bis an den Canal von Alibunár bei Hajduschitza; dann geht diese Grenze in mancherlei Windungen bis Vatina an der Morawitza, von wo aus sie über Gross-Szredistye und Werschetz an der «Römerschanze» fortzieht und im ferneren Verlaufe nach der Donau der Nord- und Ostgrenze des früheren Illyrisch- (oder Serbisch-) Banater Regiments entspricht. [607]

In diesem umschriebenen Gebiete grenzen die Serben an Magyaren, Deutsche, Rumänen, Croaten und Italiener; wohnen auch nicht unvermischt auf dem bezeichneten Terrain, sondern es finden sich neben und unter ihnen zahlreiche ethnographische Unterbrechungen durch magyarische, deutsche, rumänische, slovakische, bulgarische und andere Volkselemente. Im eigentlichen Ungarn wohnen die Serben am zahlreichsten in den Comitaten Bács (15·38 Percent der Bevölkerung), Torontál (19·45 Percent; in dem Gross-Kikindaer Districte dieses Comitates bilden sie die absolute Majorität 88·9 Percent) und in Temes (6·99 Percent). [608] Ueberwiegend ist deren Anzahl ferner in den (nunmehr aufgelösten) Theilen des Deutsch- und Serbisch-Banater Grenzregiments und im ehemaligen Titeler Bataillon. Ausser diesen compacten serbischen Sprachgebieten gibt es noch mehrere zerstreut liegende serbische Sprach-Inseln: im Baranyaer Comitate (südlich und östlich von Fünfkirchen), dann im Tolnaer, Stuhlweissenburger, Sümegher und Pester Comitate; endlich in den Comitaten Bács, Torontál und Temes. [609]

Die Gesammtzahl der Serben setzt CSAPLOVICS [610] im Jahre 1797 auf 676,613 Seelen; FÉNYES [611] gibt die Zahl derselben mit 828,365 in 884 Ortschaften an. Die Conscription von 1850/1 fand 979,952 Serben. [612] Darunter befinden sich aber sowohl griechisch-orientalische als katholische Serben. Nach der amtlichen Aufnahme des serbischen National-Kirchencongresses vom Jahre 1870 betrug die Zahl der griechisch-orientalischen Serben in ganz Ungarn und dessen Nebenländern 942,713 Seelen; rechnet man hiezu die etwa 70,000 katholischen Serben (und Bunyeváczen), [613] so beträgt der serbische Volksstamm im Ganzen etwa 1.020,000 Seelen. [614]

Die Serben sind der geistig bedeutsamste südslavische Volksstamm. Tapfer, voll des glühendsten Nationalitätsgefühles werden sie dadurch nicht selten exclusiv, gegen andere Volksstämme schroff und ungerecht. Für die eigene Nationalität sind sie zu grossen Opfern bereit; das beweisen auch die reichen Fonde und Stiftungen für nationale Kirchen- und Schulzwecke. Desgleichen hat bei ihnen unter allen Südslaven die Literatur den frühesten und blühendsten Aufschwung genommen. Die Serben sind phantasiereich; ihre Volkspoesie enthält kostbare Perlen, insbesondere wird das nationale Heldenlied mit Liebe gepflegt. Der Serbe hat eine Vergangenheit; freilich mit traurigem Ende. Darum singen und klagen die serbischen Lieder und Gesänge in rührenden Tönen von ihres Reiches und Volkes Untergang. Dies wandernde Volkssängerthum, welches die Helden des Volkes preist, waltet hier noch ebenso lebendig wie die Kunst der Volkserzähler, die dem lauschenden Volke die alten Sagen und Märchen überliefern und so in ihm Nationalbewusstsein, Nationalstolz und Hass gegen den «Erbfeind» (gegen die Türken) wach und lebendig erhalten.

Das bedeutendste literarische Institut der ungarischen Serben ist die «*Matica srbska*» («Serbische Biene») im Jahre 1826 gestiftet, aber erst im Jahre 1836 behördlich genehmigt. Bis zum Jahre 1864 war der Sitz dieser Gesellschaft Pest; in dem genannten Jahre siedelte sie mit allerhöchster Erlaubniss nach Neusatz über, wo sie auch noch besteht. Sie besitzt ein Vermögen von 105,000 fl. Ausserdem besteht noch seit 1860 die «Gesellschaft des serbischen National-Theaters» in Neusatz, welche Stadt überhaupt der geistige Mittelpunkt des Serbenthums in Ungarn ist.

Die serbische Literatur zählt in Ungarn zahlreiche Vertreter. Ein ungarischer Serbe, OBRADOVICS, war es auch, der den serbischen Dialect zur Schriftsprache erhob und letztere dadurch von den Fesseln der altslavischen Kirchensprache befreite. Dieser serbische Dialect ist heute auch die Schriftsprache der Croaten, welche sich jedoch des lateinischen Alphabets bedienen, während die griechisch-orientalischen Serben mit Zähigkeit an der Cyrillica festhalten.

DOSITHEUS (mit seinem Taufnamen «Demetrius») OBRADOVICS wurde im Jahre 1739 zu Csakova im Temescher Banate geboren. Sein Vater war Kürschner; er starb bald und Demeter kam zu einem Verwandten, der ihn, trotzdem der Knabe viel Talent und Wissbegierde zeigte, zu einem Deckenmacher nach Temesvár in die Lehre gab. Als er hier von den sirmischen Klöstern erzählen hörte, erfasste ihn solche Sehnsucht nach diesen «Asylen der Wissenschaft», dass er heimlich entfloh und im Kloster Opova als «Djak» (Student) aufgenommen wurde. OBRADOVICS war damals 14 Jahre alt. Er studirte alle vorhandenen Bücher und Schriften mit grossem Eifer, und ergab sich einer so extremen Ascetik, dass der Vorsteher des Klosters (Igumen) ihm ernste Vorstellungen machen musste. In Karlowitz zum Diacon geweiht, blieb er noch einige Zeit in Opova; floh aber dann nach Agram, wo er sich mit dem Studium der lateinischen Grammatik beschäftigte. Von hier aus ging er erstlich nach Dalmatien, wo er drei Jahre Kinderlehrer war, und von da nach Cattaro. Hier empfing er die Priesterweihe. Nach Dalmatien zurückgekehrt übersetzte er die Homilien über die Apostelgeschichte aus dem Kirchenslavischen ins Serbische. Das war der erste gelungene Versuch, das Serbische als Büchersprache zu verwenden. OBRADOVICS begann nun sein Wanderleben. Zuerst trieb ihn sein Wissensdurst nach dem Berge Athos, von da nach Smyrna, wo er drei Jahre studirte. Ueber Corfu ging er nach Albanien, Venedig, Dalmatien, Triest und Wien. Hier blieb er sechs Jahre. Hierauf unternahm er eine zweite Reise nach dem Orient, ging über Constantinopel nach der Moldau, dann über Lemberg nach Leipzig und Halle. Hier fand sein Wissensdrang reiche Nahrung. Im Jahre 1783 erschien in Leipzig das noch heute vielfach gelesene Buch: «Leben und Schicksale des Demetrius Obradovitsch, im Kloster Dositheus genannt, von ihm selbst beschrieben und herausgegeben.» Dem folgte: «Rath der Vernunft.» OBRADOVICS eiferte für die Aufklärung seines Volkes; statt der vielen Klöster solle man lieber Unterrichts-Anstalten gründen u. s. w. Von Deutschland ging OBRADOVICS nach Frankreich und England. Nachdem er von dort zurückgekehrt, wieder einige Zeit in Wien verweilt hatte, begab er sich nach Lievland, dann wieder nach Wien; dann nach Venedig, Karlowitz und Belgrad, wo er zum Senator und Ober-Schulaufseher ernannt wurde und im Jahre 1809 sein viel-

bewegtes Leben endigte. ObRADOVICS *ist für seine Nation ein Mann von grosser Bedeutung; die serbische Literatur beginnt mit ihm. Seine Schriften sind bis heute im serbischen Volke stark verbreitet und werden viel gelesen.* *

Ausser ObRADOVICS *wirkten noch zur Förderung der serbischen Sprache und Dichtung:* LUCIAN MUSCHITZKY, *Bischof von Carlstadt, trefflicher lyrischer Dichter;* MILOVAN VIDAKOVICS *(† 1841), sehr beliebter Novellist und Romanschriftsteller;* GREGOR DERLAICS, *volksthümlicher Schriftsteller, und Andere. Die «Geschichte der slavischen Völker» von* JOHANN RAICS *(1726—1801) ist bis heute eine unerschöpfte Fundgrube für die Geschichte der Südslaven.* ♪

Von den griechisch-orientalischen Serben unterscheiden sich der Confession nach die katholischen, welche **Schokaczen** oder **Bunye-váczen** [615] genannt werden und in den Comitaten Verőcze, Poschega, Sirmien, Bácska, Temes, Baranya, Stuhlweissenburg und Pest in einzelnen Ortschaften zerstreut vorkommen. In Folge der religiösen Gemeinschaft mit den Magyaren, Deutschen, Slovaken etc. schliessen sich auch diese Schokaczen oder Bunyeváczen diesen ihren nichtserbischen Glaubensgenossen weit leichter an; ein Beweis, welchen Schutz für ihr Volksthum die griechisch-orientalischen Serben in ihrer Nationalkirche erkennen. Die Gesammtzahl dieser katholischen Serben beträgt etwa 70,000 Seelen. [616]

F. *Die Croaten.*

Die Geschichte der *Croaten* zerfällt in drei Abschnitte. Ihre *Vorgeschichte* reicht von 636 bis 1091, in welchem Jahre der ungarische König Ladislaus I. das Gebiet zwischen der Drave und Save mit Ungarn vereinigte und das Agramer Bisthum errichtete, und bis zum Jahre 1102, da König Koloman das croatische Küstenland oder Dalmatien für Ungarn erwarb. Hierauf folgte die Periode der *gemeinsamen croatisch-ungarischen Geschichte* von 1091, respective 1102 bis zum Jahre 1848, also durch siebenhundert Jahre. Die *neueste Geschichte* der Croaten hebt mit dem Jahre 1849 an, d. i. von jener Zeit, wo die Croaten statt nach dem ungarischen Mutterlande zu blicken, ihre Augen vielmehr nach einer anderen Richtung gewendet haben.

Die ungarischen Könige waren bis auf Wladislaw II. (ausser Königen von Ungarn) nur Könige von «*Dalmatien* und *Croatien*»; denn das Gebiet zwischen Save und Drave gehörte unmittelbar zu Ungarn. Erst Wladislaw II. begann sich zu nennen: «König von Dalmatien, Croatien *und Slavonien*» (rex Dalmatiae, Croatiae et Slavoniae). Die Titel vermehrten sich, aber der Besitz wurde geringer. Noch im Sinne

---

* WURZBACH. «Biogr. Lexikon», Bd. 20, S. 466 ff.

des G.-A. 7 : 1573 war Agram die Hauptstadt Slavoniens; bald darauf wurden die Comitate Agram, Warasdin und Kreuz als Croatien bezeichnet, dessen Provinzial-Landtag zur ungarischen Ständetafel zwei, zur Magnatentafel einen Deputirten entsendet; die anderen drei Comitate, als: Veröcze (Veroviticze), Sirmien und Poschega entsendeten in den ungarischen Reichstag je zwei Ablegaten gleich allen übrigen Comitaten Ungarns.

»Gott weiss, warum»[617] die Ereignisse der Jahre 1848 und 1849 eintraten. In Folge deren wurde der Agramer Bischof im Jahre 1853 zum Erzbischof erhoben, dem die römisch-katholischen Bischöfe von Diakovár-Sirmien und Zengg-Modrus und der griechisch-katholische Bischof von Kreuz untergeordnet wurden. Damit hörte also der kirchliche Verband zwischen Ungarn und Croatien auf. Von jetzt an gestaltete sich Agram zum geistigen Mittelpunkte des Südslaventhumes. Im Jahre 1867 wurde die «Südslavische Academie der Wissenschaften» errichtet, welche zahlreiche und gediegene Leistungen veröffentlichte und im Jahre 1874 die bis dahin bestandene Rechtsacademie zur Universität erhoben, um auf solche Weise die wissenschaftliche Bildung nicht blos von dem magyarischen Einflusse, den man in Agram übrigens sehr gering achtet, sondern weit mehr vom Einflusse des Deutschen, vor dem man in grosser Besorgniss ist, zu befreien. Ein französischer Schriftsteller charakterisirt die croatische Gegenwart und Zukunft in nachstehender Weise: «Agram ist die geträumte Hauptstadt (capitale idéale) des (ebenfalls nur eingebildeten) südslavischen Staates, welcher an den Gestaden der Adria aus Dalmatien, Croatien und Slavonien entstehen wird; Agram ist das Centrum des Widerstandes gegen die Deutschen, Italiener und Magyaren. Die Häupter der «Omladina»* befinden sich, seitdem dieselbe zu Semlin in die communistische Richtung ausgeartet ist, in Agram, Prag und Belgrad; doch die Losungsworte gehen von Agram aus und werden überall, wo ihre Buchhändler sind, von Prag bis zur Donau, verstanden. Der Präses der Gelehrten-Academie in Agram äusserte sich kürzlich: «Zwischen Serben, Croaten, Slovenen und Bulgaren gibt es heute weder Fluss noch Berg. Auf Grund jener Sprache, welche von den Ufern der Adria bis zur Mündung der Donau von Millionen gesprochen wird, haben wir eine gemeinsame Literatur geschaffen. Das Ziel dieses geistigen Kampfes ist: Das «dreieinige» Königreich und Serbien. Das ist die Gegenwart und Zukunft der Südslaven.»[618]

Der ausgezeichnete slavische Gelehrte SCHAFARIK theilte die

---

* Die «Omladina», d. i. die «Jugend», bildete eigentlich einen «jung-serbischen» Bund mit politisch-nationalen Tendenzen.

Literatur der Südslaven in seiner von Dr. Josef Jireček in Prag (1864—65) herausgegebenen »Geschichte der südslavischen Literatur« in drei Theile: 1. in die slavonische oder glagolitische; 2. in die illyrische und croatische, und 3. in die serbische Literatur. Schafarik's Werk reicht nur bis zum Jahre 1830, gedenkt aber schon des Ludewit Gaj, der im Jahre 1809 zu Krapina geboren wurde und in den Jahren 1829—1831 an der Pester Universität die juridischen Studien betrieb, wo er mit Johann Kollár verkehrte. In Agram begann Gaj sodann die *illyrische Bewegung*, deren Ziel auch in der Begründung einer einheitlichen Literatursprache bestand. Was Stur und Hattala für die Slovaken thaten, das hatte Gaj für die Südslaven schon vor ihnen gethan.

Die Zahl der Croaten beträgt nach der Volkszählung vom Jahre 1850/1:

in Ungarn	. . . .	120,092
» Croatien-Slavonien	. . . .	537,880
» der Militärgrenze	. . . . .	540,992
	zusammen .	1.198,964 Seelen.

Nach der Berechnung Keleti's (siehe oben S. 271) sind in Croatien-Slavonien 954,451, in der Militärgrenze 1.206,206, zusammen 2.160,717 Serbo-Croaten. Ficker[619] berechnet Südslaven:

in Ungarn	. . . .	600,000
» Siebenbürgen	. . . .	1,000
» Croatien-Slavonien	. . . .	908,000
» der Militärgrenze	. . . . .	932,000
	zusammen .	2.441,000 Seelen.

ᛏ Hunfalvy[620] setzt für ganz Ungarn die Zahl der Serbo-Croaten auf 2.405,700 Seelen oder 15·6 Percent der Gesammtbevölkerung. Eine mittlere Zahl bezeichnet die Anzahl dieser Südslaven auf 2.380,985 oder 15·5 Percent der Bevölkerung. Rechnet man hievon die 1.020,000 Serben ab, so bleiben für die Croaten 1.260,000 Seelen oder ungefähr 8 Percent der Gesammtbevölkerung des ungarischen Königreiches.[621] ᛏ

G. *Die Wenden.*

Die *Wenden* oder *Winden* wohnen im Eisenburger und in anderen Comitaten jenseits der Donau; insbesondere zahlreich sind sie in den Ortschaften Tarany, Háromfa, Agarév und Aracs des Gross-Atáder Bezirkes im Sümegher Comitate. In Gross-Atád selbst und in den mit diesem vereinigten Gemeinden Henécz und Bodvicza sind sie schon magyarisirt. Ihre Gesammtzahl ist gering; bei den Volkszählungen nimmt man auf sie keine besondere Rücksicht, sondern zählt sie, wo sie noch vorhanden sind, zu den Croaten. Ihre relative Zahl beträgt im Kreise jenseits der Donau nach FICKER etwa 2·49 Percent der dortigen Bevölkerung.

Die Slaven in Ungarn sind *römische Katholiken* (Slovaken, Croaten, Schokaczen oder Bunyeváczen, Bulgaren, Wenden), *Evangelische* Augsburger Confession (Slovaken, Croaten oder Wenden), *griechische Katholiken* (Ruthenen, Serben im Kreuzer Bisthume, namentlich im «Sichelburger Districte»), [622] endlich *Griechisch-Orientalische* oder «Nicht-Unirte» (die eigentlichen Serben oder Raiczen). Die Geschichte der kirchlichen Union werden wir weiter unten ausführlicher behandeln.

In zoologischer Beziehung fand Professor LENHOSSÉK bei den Slovaken den Breiten-Index 82·7, den Höhen-Index 62·3; bei den Serben 81·5, respective 62; bei den Croaten 80·7, respective 66·7.

VIERTES CAPITEL.

Die Rumänen.

§ 63.

Die griechischen, d. i. die byzantinischen Schriftsteller bezeichnen die *Rumänen* oder *Ost-Romanen* (Walachen) mit den Namen «blah, blach, vlah, vlach»; dasselbe ist auch in unseren lateinisch geschriebenen Urkunden und Gesetzen der Fall. Daraus entstand das magyarische «oláh», d. i. «Walache», welchen Namen die Magyaren von den Slaven übernommen hatten. Denn die letzteren hatten mit den Rumänen frühere Bekanntschaft gemacht. Der Name «oláh» kommt gleichfalls in den ungarisch abgefassten Gesetzen Siebenbürgens, ja auch in lateinischen Urkunden und Gesetzen vor. Im Magyarischen nennt man also den Rumänen «oláh», den Italiener «olasz» und sind diese beiden Benennungen gerade solche Völkernamen, wie z. B. die magyarischen «német» (Deutsche), «lengyel» (Pole), «orosz» (Russe), «tót» (Slovake), «rácz» (Serbe) u. s. w. δ Wie im Magyarischen, so bedeutet auch im Deutschen der Name «Walache» nichts anderes als «Rumäne». Das Wort stammt vom althochdeutschen walah, mittelhochdeutsch walh, walch, später wal, wall und bezeichnet zunächst Gallus (einen Gallier, Kelten). Von dem Stammworte bildete man die Derivation im Althochdeutschen walahisch, walhisc, walesc, im Mittelhochdeutschen welhisch, wellisch, welsch, wälsch, im Neuhochdeutschen «wälsch», womit der Deutsche jede Sprache benannte, die ihm eine ausländische, eine fremde war, vornehmlich die lateinische, dann überhaupt eine romanische, zunächst die französische, dann meist die italienische. «Wälschen» heisst noch heute im Deutschen «fremd, unverständlich reden»; und die «Wälschen» (gleichsam die Wallischen) sind dem Deutschen die Italiener, weil sie ihm eine unverständliche Sprache reden. Wenn also die Rumänen im Deutschen als «Walachen», im Magyarischen als «oláhok» bezeichnet werden, so bedeutet dies keineswegs eine Beeinträchtigung ihrer ethnographischen Verwandtschaft, beweist vielmehr das Romanenthum dieses Volkes ebenso gewiss, wie es durch die sonst beliebten Bezeichnungen als »Romanen«, »Ost-Romanen«, »Rumänen« oder »Rumunen« nicht sicherer geschehen kann. * ᴆ

Es war nothwendig an diese etymologische Abstammung und Bedeutung des magyarischen »oláh« und des deutschen »Walach« zu erinnern, weil Viele gegen den Gebrauch dieser beiden Völkernamen Verwahrung einlegen, als ob damit eine Verachtung des rumänischen Volkes ausgedrückt würde, wobei sie allerdings vergessen, dass diese Benennungen nicht blos in Ungarn (und Deutschland), sondern auch in Rumänien (oder in der Walachei) selbst der diplomatische Ausdruck waren; denn dieses Rumänien wurde vordem und auch jetzt noch als »Ungro-Vlachia« bezeichnet. ⁶²³

Das rumänische Volk ist in den ungarischen Comitaten Marmaros, Szatmár, Bihar, Arad, Krassó, Severin und Temes, dann in ganz Siebenbürgen vorhanden. ᴆDieser Volksstamm besitzt in 20 Municipien des Landes die absolute Majorität; speciell in Siebenbürgen überwiegt er mit 7 Percent alle übrigen Völkerschaften des Landes.ᴆ⁶²⁴ Ausserhalb der Länder der ungarischen Krone wohnen die Rumänen in der Bukowina, in der Moldau und Walachei oder im heutigen Fürstenthume Rumänien und endlich auch jenseits der Donau in Serbien, Bulgarien und Rumelien, d. i. im alten Thracien und Macedonien. ** Obgleich uns nur die in Ungarn lebenden Rumänen interessiren, so können wir doch den Ursprung und die Schicksale des Rumänenthums überhaupt nicht übergehen, weil beide zu den merkwürdigeren ethnographischen Erscheinungen gehören.

Die römischen Geschichtschreiber von GIBBON bis MOMMSEN, welche die Rumänen vom entfernten Standpunkte der Universalgeschichte betrachten, halten das walachische Volk für directe Nachkommen der römischen Colonisten Trajan's in Dacien; verkündigen also die Lehre, dass auch unsere Rumänen von den römischen Ansiedlern des alten Daciens, d. i. Siebenbürgens abstammen. Wer jedoch die Geschichte der Rumänen näher untersucht hat, urtheilt ganz anders.

Schon JOSEF BENKÖ schrieb vor dem Jahre 1778 Folgendes: »Denke nicht, dass alle Walachen von den Römern Trajan's abstammen. In Mösien und Bulgarien lebten sie unter den östlichen Kaisern verborgen und verbreiteten sich von dort allmälig nach Podolien, Russ-

* Vgl. GRIMM, »Geschichte der deutschen Sprache«, 2 Aufl. Bd. I. S. 226; KEHREIN, »Onomatisches Wörterbuch«, Bd. II. S. 772; SCHWICKER, »Geschichte des Temescher Banats«, S. 435.

** BRACHELLI (»Die Staaten Europa's«, 3. Aufl. 1875. S. 50) schätzt die Gesammtzahl dieser Rumänen auf 8.030,000 Seelen.

land und Siebenbürgen, indem sie mehr von Viehzucht als von Ackerbau lebten. Es ist ein derart fruchtbares Volk, dass es mit der Abnahme
der Magyaren in Siebenbürgen und in den nahen Theilen Ungarns an
deren Stelle trat, ja seine Schaaren auch nach der Walachei und
Moldau entsendete.» [625] Aehnlich urtheilt SULZER, dass die Walachen
jenseits der Donau in Mösien, Thracien und den angrenzenden .Gegen-
den, nicht aber in Dacien sich entwickelt haben. [626] Auch ENGEL ist
der Ansicht, dass die heutigen Walachen in Ungarn und Siebenbürgen
von den Gefangenen aus Adrianopel abstammen, welche der Bulgarenfürst Krumus im Jahre 813 diesseits der Donau geschleppt hatte (siehe
oben S. 106 ff.). GUSTAV WENZEL nennt es eine «falsche Ansicht»,
wonach der historische Faden im alten Dacien weder durch die sogenannte «Völkerwanderung» noch durch die Ereignisse des späteren
Mittelalters zerrissen worden wäre und nicht weniger falsch sei auch
jene Annahme, dass man vom historischen Gesichtspunkt aus das alte
Dacien in fünf Theile theilen könne; nämlich in *Mittel-*(Siebenbürgen), *Süd-*(Walachei), *Ost-*(Moldau), *West-*(Banat und Bihar) und in
Nord-Dacien (Marmaros). Dass aus solchen künstlichen und verfehlten
Prämissen, welche mit der wahren Geschichte im diametralen Widerspruche stehen, nur falsche Folgerungen abgeleitet werden können, ist
nach WENZEL's Meinung selbstverständlich.» [627] Nachdem auch wir
über die sogenannte «rumänische Frage», die an sich sehr interessant,
für Ungarn aber von besonderer Wichtigkeit ist, ein Urtheil abgeben
müssen, so wollen wir uns vor Allem mit dem Stand der Dinge und
den hierüber gehenden Meinungen vertraut machen.

Der bekannteste, wenn auch nicht neueste Geschichtschreiber
der Rumänen, KOGALNITSCHAN, [628] betrachtete den Ursprung und die
älteste Geschichte der Rumänen, insoferne sie unsere Ethnographie
berührt, in nachstehender Weise: Trajan unterjochte Dacien; dieses
gerieth schon unter Kaiser Gallienus in die Macht der Gothen, weshalb Aurelian (um 274) die Römer aus den Städten und Dörfern weg-
führte und sie am rechten Ufer der Donau, in Mösien, ansiedelte,
welches Gebiet dann auch Dacien benannt wurde, damit der alte Name
erhalten bleibe (siehe oben S. 49).

Es ist leicht zu begreifen, sagt KOGALNITSCHAN, dass der grösste
Theil der Römer, welche fast 200 Jahre Dacien bewohnten, dieses
nicht verlassen hatte. Diese vermehrte römische Bevölkerung hatte von
den Barbaren (den Gothen) nichts zu besorgen; vielmehr waren diese
letzteren als Nomaden auf die in *den Städten wohnenden* Römer angewiesen. Denn wenn sie die romanischen Ackerbauer belästigt hätten,
dann wären diese sogleich in die Berge geflüchtet, wohin ihnen die
Barbaren, die ohne sie nicht leben konnten, nicht zu folgen vermocht

hätten. — Auch THIERRY betrachtet den Sachverhalt in ähnlicher Weise. «Als die Gothen Herren der Karpaten wurden, entschlossen sich die römischen Einwohner colons unter der Herrschaft jener zu verbleiben: letztere schonten in ihnen die Kunstfertigkeiten, welche sie selbst nicht verstanden und den Ackerbau, den sie verachteten. Aus der Macht der Gothen gelangten sie (die Romanen) bald darauf in die der Hunnen, sie wurden Attila's Unterthanen. Nach Attila herrschten über sie noch manche andere Barbaren, welche sämmtliche in den Römern die nützliche gewerbliche Betriebsamkeit schätzten. Auf solche Weise durchlebten diese Romanen siebenzehn Jahrhunderte, während welcher Zeit alle ihre Herren weggefegt wurden, sie selbst aber bewahrten unter so vielen Barbaren die Reste der römischen Cultur, die Sprache, welche eine Tochter des Lateinischen ist, und die körperliche Gestalt, die an Schönheit und Adel dem italienischen Typus gleichet.»[629]

Hören wir die Erzählung KOGALNITSCHAN's weiter: Die Daco-Romanen waren gleich den Gothen schon vor dem nicäischen Concil Christen: *Nicetas, der Apostel der Dacier, ist zugleich der Stifter des Milkower Bisthums.* Als die Avaren nach Pannonien gezogen waren und Dacien verlassen hatten: drang in das letztere kein weiteres Barbarenvolk mehr ein und die nach den Bergen geflüchteten Daco-Romanen (man muss also annehmen, dass sie vor den Gepiden in das Gebirge geflohen waren, welche unter ihren eigenen Fürsten lebten, begannen wieder, sich über die Ebene auszubreiten, wobei *sie den Namen «Walachen» empfingen.*[630]

Auch aus dem mösischen Dacien wanderten zahlreiche römische Bewohner, nachdem sie das friedliche Leben (ihrer Stammesgenossen) auf dem linken Donau-Ufer sahen, gegen das siebente Jahrhundert in die Gegend zwischen dem Olt und der Donau und setzten den aus einer römischen Familie stammenden Bassaraba zu ihrem Fürsten, welchem sie den Titel «Ban» gaben; dieses slavische Wort bedeutet so viel als «Markgraf». Das von ihm beherrschte Gebiet aber hiess das «Banat von Krajowa» (= die Krajower Markgrafschaft), dessen Hauptort erstlich Turn-Severin, später Krajowa war.

Nachdem im Jahre 648 die Bulgaren sich mit den Daco-Romanen vereinigt hatten, setzten sie über die Donau und nahmen im Jahre 683 Bulgarien in Besitz. Hierauf verbanden sich die Bulgaren sowohl mit den dacischen wie mit den mösischen Romanen. Unter Krum kämpften sie siegreich gegen Constantinopel. Der Bulgarenkönig nahm im Jahre 859 mit seinen Bulgaren das Christenthum an (siehe oben S. 117), zu welchem die Rumänen oder Walachen sich schon seit 320 Jahren bekannten. Die Bulgaren bildeten im Vereine mit den Walachen bis zum Jahre 899, bis zur Ankunft der Magyaren, ein Reich.[631]

Nachdem aber die Magyaren Pannonien in Besitz genommen und den
Bulgarenfürsten Szalán besiegt hatten, herrschten die Bulgaren nur
mehr auf dem rechten Ufer der Donau, indess die Walachen oder Rumänen in unabhängigen Fürstenthümern unter Fürsten aus römischem
Geblüte lebten. [632] Diese durch den Magyarenanführer Tuhutum und die
Magyaren besiegten walachischen Fürsten waren *Gelou*, *Menmorout* und
Glad; der Nachkomme des Letzteren war jener *Ohtum* (oder Achtum),
den Stefan der Heilige, aber nur in Folge der Treulosigkeit Csanáds,
der magyarischen Königsmacht unterwarf. Auch nach der magyarischen
Eroberung erhielten sich «die übrigen rumänischen Staaten» *Maramos*
(sic!) und *Fogaras* in Siebenbürgen, in ihrer Unabhängigkeit. [633] Endlich anerkannten auch diese die Oberhoheit Ungarns, blieben jedoch
unter walachischen Fürsten, welche stets durch die walachische Nation
gewählt wurden.

Während die Magyaren Pannonien besetzten, nahmen die mit
den Walachen vereinigten Kumanen die heutige Moldau und Walachei
in Besitz; ausser den Kumanen wohnten daselbst auch noch lange
Zeit Petschenegen. Neben diesen bestanden einige unabhängige rumänische oder walachische Staaten unter rumänischen Fürsten; in der
Walachei regierten seit 683 die Bane von Krajowa, ebenso beweist eine
aufgefundene Medaille die Existenz eines rumänischen Staates in der
Moldau. Diese Staaten waren zu keiner Zeit weder magyarischer noch
slavischer oder griechischer Oberhoheit unterworfen. Im Jahre 1042
schliessen die unter dem Namen der Petschenegen bekannten Walachen
am byzantinischen Hofe ein Bündniss gegen die Bulgaren; im Jahre
1123 ziehen die Walachen des trajanischen Dacien über die Donau
gegen die Griechen. Auch später kämpfen die Walachen vereint mit
den Kumanen bald gegen die Griechen, bald gegen die Magyaren,
bis im Jahre 1220 der Erzbischof von Gran einen kumanischen Fürsten
und viele Kumanen taufte.

Nun folgt der Mongolensturm, der überall Entsetzen hervorruft,
also auch in Siebenbürgen, wo Fogaras und Maramos die beiden
mächtigsten Städte und zugleich die Vororte der beiden rumänischen
Staaten sind. Die Fürsten dieser letzteren sind nach den magyarischen
Historikern den ungarischen Königen tributpflichtig, nach Angabe der
walachischen und moldauischen Geschichtschreiber (d'après les auteurs
valaches et moldaves) aber unabhängig. In diese beiden Städte
flüchtet sich also das erschreckte Volk, so dass der Raum zu enge
wird für so viele Menschen, und diese ein neues Land zur Ansiedelung
aufsuchen mussten. Dazu kam, dass Papst Gregor IX. im Jahre 1234
den König Béla IV. drängte, er möge die schismatischen Walachen
zur römischen Kirche zurückbringen. Da erhob sich *Rudolf der Schwarze*

Radu Negru I.) im Jahre 1241 zu Fogaras und führte sein Volk über das Gebirge nach der Walachei, wo er sich an den Quellen der Dimbowitza auf dem «langen Felde» (Campu-Lungo) niederliess. Im Jahre 1245 breitete er sein Gebiet weiter aus, indem er sich die Capitanate in der «kleinen Walachei» vom Olt (Aluta) und der Donau bis zum Sereth unterwarf. Das neue Fürstenthum wurde von den Walachen «Terra romanesca» («rumänisches Land»), von den Byzantinern «Ungro-Vlachia», von den Magyaren «Havasalföld» genannt.

Rudolf erbaute alsdann die Städte Pitescht, Argisch, Tirgowischt und Bucarest und trat auch mit dem Ban von Krajowa, Bassarab, in ein Bündniss. Schon zur Zeit Aurelian's hatte sich eine römische Familie ausgezeichnet; diese spaltete sich später in zwei Zweige, von denen der eine in Krajowa, der andere in Fogaras die Herrschaft besass; Rudolf war also mit dem Ban von Krajowa verwandt. Aus dem Gefolge Rudolf's entstanden die Bojaren, die Edeln des Landes. Mit Einem Worte: Rudolf ist der Begründer der Walachei, der sein ganzes Regierungssystem *nach dem Muster der walachischen Könige jenseits der Donau gestaltete.* [634] KOGALNITSCHAN setzt dann die Geschichte von Ungro-Wlachien und von dessen Kriegen mit den ungarischen Königen Carl I., Ludwig I. und Sigismund fort bis zu jener Zeit, da die Herrschaft der Türken beginnt.

Auch in der Moldau bestanden kleine rumänische Staaten, welche jedoch von den Tartaren mehr bedrängt wurden, weshalb dieses Land eine Zeit auch «*Schwarz-Kumanien*» genannt wurde. Diesem Zustande machte im Jahre 1354 *Dragosch*, der Sohn des Maramoser Königs Bogdan, ein Ende, indem er aus der Marmaros nach der Moldau zog und dort das bis heute fortbestehende Fürstenthum errichtete.

Jenseits der Donau lebten die durch Aurelian aus Dacien herausgeführten Nachkommen der Römer als Daco-Romanen bald unter römischer, bald unter barbarischer oder griechischer Herrschaft bis zur Ankunft der Bulgaren, welche sich mit den Walachen vereinigten. Diese als «*mösische Walachen*» Macedo- oder Kutzo-Walachen) bekannten Rumänen verwechseln viele Schriftsteller mit den Bulgaren. Die Macht der Bulgaren brach der byzantinische Kaiser Basilius II. Nahezu zwei Jahrhunderte später bewogen Peter und Asan, zwei Walachen vom Balkan, die Rumänen und Bulgaren zum Aufstand. Diese balkanischen Rumänen verbündeten sich wiederholt mit den Kumanen gegen die Griechen; aber sie blieben stets gesondert von den Bulgaren. Endlich ging ihr Königthum im Jahre 1394 durch die Türken zu Grunde. Seitdem vermochten die Walachen, welche die Schriftsteller fälschlich mit den Bulgaren vermischen, nicht, ihre frühere Selbständigkeit zu erringen. Bis zum heutigen Tage kennt man sie in Thracien und Macedonien unter den Namen *Walachen*, *Kutzo-Walachen*, *Morlachen*, *Mauro-Wlachen*, *Zinzaren*; sie leben jetzt von Viehzucht, vordem aber war der Krieg ihre Beschäftigung. [635] Doch bewahrten sie ihre Sprache, obgleich diese zahlreiche griechische und türkische Wörter aufgenommen hat; in der Schrift bedienen sie sich der griechischen Buchstaben. In dieser Beziehung unterscheiden sie sich von den Walachen diesseits der Donau. Denn auch Wlad Draku entsendete im Jahre 1439 die Metropoliten von Bucarest und Tirgowischt auf die Synode nach Florenz, wo sie die Union mit der römischen Kirche unterzeichneten. Nach ihrer Rückkehr wollte aber weder die rumänische Geistlichkeit, noch das Volk von der Union etwas hören; ja man verwarf sogar die lateinische Schrift und nahm an deren Stelle die slavonischen oder cyrillischen Buchstaben an, um sich nur desto mehr von den abendländischen Lateinern zu unterscheiden. Alle lateinischen Urkunden und Handschriften wurden verbrannt; deshalb gibt es so wenige lateinisch geschriebene Geschichtsquellen für die Geschichte der Walachen vor dem Jahre 1439. Auch die Messe wurde fernerhin weder in lateinischer noch in rumänischer, sondern in slavischer Sprache gelesen; *in dieser* schrieb man auch die Bücher, obgleich diese Sprache weder der Geistliche noch der gemeine Mann verstanden. Von daher stammt die grosse Unwissenheit und der Aberglaube unter dem walachischen Volke. [636]

Das ist das Wesentliche der historischen Erzählung KOGALNI-TSCHAN's. Das Ganze ist jedoch nichts Anderes als eine « gemachte » Geschichte, oder vielmehr ein historischer Roman, der indess ohne jene geschichtliche Wissenschaft geschrieben ist, wodurch z. B. die Romane WALTER SCOTT's sich auszeichnen. Den historischen Roman der Walachen begann PETER MAJOR DE DITSÖ-SZ.-MARTON mit seinem Buche über die Anfänge der Rumänen, das im Jahre 1812 in Ofen erschien. [637]

Nach KOGALNITSCHAN wurde die Geschichte der Rumänen von Anderen theils erweitert, theils verschönert, da man auch stets neue unbekannte Chroniken entdeckte. Wir haben bereits (oben S. 336) gesehen, wie Laureani sich die Eintheilung des alten Daciens vorstellte, obwohl die Römer hievon nichts wussten. Im Jahre 1856 erschien sodann zum ersten Male ein Heftchen, welches die angeblich aus dem Jahre 1495 stammende altrumänische Uebersetzung einer ursprünglich lateinischen Chronik (Cronica lui Hurul) enthält, worin die Entstehung des moldauschen Staates in folgender Weise erzählt wird:

Nachdem die Regierung Roms den Statthaltern und Beamten der Provinz Dacia Trajana den Befehl gegeben, wegen der immer heftiger werdenden Invasionen der Feinde die Städte und Festungen zu räumen

und mit allen Bewohnern sowie allem Volke, mit Habe und Vieh nach
Misia (Mösien) zu ziehen, ergriff Bestürzung das ganze Land und Alle
beeiferten sich nach Jassy zu gehen an den Hof der Legion Trajans des
Grossen, um über die drohende Umwälzung zu berathen. Sie fanden
Jassy in Ruinen, von den ausgezogenen «Soldknechten» in Brand ge-
steckt und verlassen. Desgleichen waren auch die anderen Miethlings-
legionen abgezogen und hatten die schönen grossen Städte des Landes
Capu-bou, Kilia und Tira niedergebrannt. Die Einwohner aber blieben
im Lande und schritten zu einer Berathschlagung, in der man beschloss,
im Lande, «welches die Ahnen mit ihrem Blute erobert hatten», zu ver-
bleiben. Nun begann man die Einrichtung des Staatswesens auf Grund
der alten römischen Gesetze. Das Land — die Moldau — wurde in drei
Gerichtssprengel eingetheilt. In jedem Vororte dieser Gerichtssprengel
sass ein Grossrichter, welchen zwölf Prätorianer, gewählt aus den Grund-
herren des Landes, als Beisitzer umgaben. So wurden auch drei Armee-
Capitanate eingerichtet. Man versah die Castelle Ojtuz, Tulgisch, Ro-
schatz, Krajule, Kajul, Katilina, Taifale und andere mit Besatzung,
erklärte alle Aemter und Würden für wählbar, ihre Dauer auf fünf
Jahre, die Wählbarkeit zu ihnen auf Grundbesitzer beschränkt. Wieder-
wahl solle gestattet sein. Unter diesen von den «Römern» eingesetzten
Aemtern begegnen wir dem «Schultuz» (Schultheiss), dem «Pur-
gar» (Bürger) und anderem Aehnlichem. Nachdem die Verfassungs-
junta auch noch die Costume der gesammten Würdenträger bis in die
kleinsten Details festgesetzt hatte, schritt man zu den Wahlen und die
wohlunterrichtete Chronik weiss alle Namen der zuerst gewählten Wür-
denträger. — Es könnte zwar auffallen, dass unter diesen römischen
Aemtern in der Moldau um das Jahr 275 auch «Schultheisse» und
«Bürger» vorkommen, allein derlei Kleinigkeiten bekümmern den Fabu-
listen nicht, der, wie es scheint, auch nichts weiss von dem Hasse der
Moldauer gegen die lateinische Sprache und Schrift (siehe oben S. 340,
wie solches KOGALNITSCHAN *zu erzählen wusste; denn sonst hätte ja*
nach dem Jahre 1439 ein Rumäne kaum eine Chronik in lateinischer Spra-
che schreiben können. Uebrigens gebührt der Ruhm, seiner Nation die
Chronik HURUL's *geschenkt zu haben, dem Herrn* GEORG KOSTAKI
(Costachi). [638]

Den älteren Historikern BENKÖ, SULZER, ENGEL u. s. w. waren
solche walachische Geschichtsquellen und die darauf gebaute rumänische
Geschichtsmacherei unbekannt; gegen diese letztere erhob sich unter den
Historikern der Gegenwart insbesondere der leider zu früh verstorbene
Geschichtsforscher Dr. ROBERT ROESLER (zuletzt Professor an der
Grazer Universität), der sich mit der Geschichte der unteren Donauländer auf das Eingehendste beschäftigt und in einer Reihe von Abhandlungen, zuletzt in seinem Hauptwerke: «Romänische Studien»,
den Beweis erbracht hatte, dass die Rumänen oder Walachen weder
in den Donaufürstenthümern Moldau-Walachei, noch in Siebenbürgen
und Ungarn ursprüngliche Eingeborne seien, wie das gemeiniglich angenommen wird; sondern, dass sie im Süden der Donau, im heutigen
Rumelien und Bulgarien, entstanden und von dort hierher übersiedelt
seien, wo sie erst seit dem Ende des 12. oder dem Anfange des 13.
Jahrhunderts als ständige Einwohner erscheinen. [639] Diese «rumänische

Frage» bildet also einen Haupttheil der ethnographischen Geschichte von Ungarn und Siebenbürgen.

ROESLER behauptet nicht nur, sondern er vermag auch mit Gründen und Thatsachen aus der Sprachwissenschaft und der Geschichte zu beweisen. Und weil es insbesondere schwierig ist, alle historischen Thatsachen insgesammt vorzubringen, so unterzog jüngstens JULIUS JUNG [640] die Behauptungen ROESLER's einer neuen Prüfung, wodurch die interessante, wichtige Frage noch deutlicher beleuchtet wurde, ohne dass jedoch die Aufstellungen ROESLER's ihre Unterlage verloren hätten, wovon wir uns überzeugen werden, sobald wir sowohl ROESLER als JUNG angehört haben. Die Resultate der Forschungen Beider werden wir dann unserseits durch solche Thatsachen ergänzen, welche der Aufmerksamkeit der ausländischen Gelehrten entgangen sind.

§ 64.

Nachdem Trajanus Dacien unterworfen hatte, wurden aus allen Theilen des Reiches Colonisten zur Bevölkerung der Dörfer und Städte in dem durch die Kriege entvölkerten Lande angesiedelt. [641] Die neuen Einwohner kamen, wie man aus den römischen Stein-Inschriften in Siebenbürgen ersieht, nicht aus *Italien* (das für sich nicht stark bevölkert war), sondern aus *Dalmatien*, aus *Klein-Asien*, selbst aus *Syrien*, waren also Stämme mit verschiedener Muttersprache; aber die Sprache der Verwaltung, des Heeres, ja auch die des öffentlichen Verkehrs war unbedingt die *römische*, welche sonach der eingewanderten Bevölkerung mehr weniger *bekannt* sein musste. Dacien bietet zu dieser Zeit ein sociales Bild wie Ungarn bis zur neuern Zeit, wo gleichfalls eine vielsprachige Bevölkerung unter lateinischer Gesetzgebung, Verwaltung und Rechtspflege lebte. Aus den Urkunden des öffentlichen Lebens in Ungarn, ja aus den Werken von FRANZ KOLLÁR, PRAY, KATONA, CORNIDES, BENKÖ und Anderen liesse sich folgern, dass Ungarns gesammtes Volk ein einheitliches, und zwar ein lateinsprechendes Volk gewesen sei. Man zieht vielleicht in derselben Weise auch aus den lateinischen Stein-Inschriften den nicht weniger falschen Schluss, dass die gemischte Bevölkerung Daciens sämmtlich lateinisch gesprochen habe. Noch mehr täuschen sich aber jene rumänischen Schriftsteller, welche sich auch in der Marmaros und andernorts eine lateinisch sprechende Bevölkerung denken. Die neuen Ansiedler besetzten hauptsächlich den westlichen Theil Siebenbürgens, dann die Kleine Walachei bis zum Oltflusse und das Banat; hier blühte auch das städtische und industrielle Leben; den Osten Siebenbürgens, oder gar die Marmaros und die Bukowina berührte die römische Colonisirung nicht, was auch der

Mangel an Stein-Inschriften beweiset; dort verblieb also das dacische
Volk (mochte es welcher Sprache immer angehören) compact beisammen.

Nach Verlauf von kaum zwei Jahrhunderten führte Aurelianus
die römischen Colonisten, die amtliche und bürgerliche Societät, aus
Dacien wieder heraus und siedelte sie in Mösien an, das gleichfalls so
entvölkert worden war, wie ehedem Dacien. Man kann annehmen, dass
während 200 Jahren die gemischte Bevölkerung, welche die römische
Provinz ausmachte, vollständig lateinisch geworden ist; allein *dasselbe*
lässt sich keineswegs von jenen ursprünglichen Dakern denken, welche
zu den Römern im Unterthanen-Verhältnisse standen; am allerwenigsten kann man dies jedoch von den frei gebliebenen Daciern annehmen, da diese den Römern gegenüber in einem feindlichen Verhältnisse verharrten. Die Auswanderung der römischen Colonisten geschah
wohl nicht bis auf den letzten Mann der lateinisch sprechenden Bevölkerung, wie ROESLER meint; [642] sondern es verblieb daselbst die Masse
des dacischen Volkes, welche die Last der römischen Herrschaft ertragen musste und dieser ein werthvolles Material sowohl für das Heer
wie für die Finanzen war. Von dieser Masse behauptet JUNG, dass an
ihr «die Römerherrschaft nur insofern nicht spurlos vorübergegangen
war, als sie während derselben *einen romanischen Bauerndialect erlernt*
hatte und seitdem mit Aufgabe des isolirten dacischen Idioms die
Sprache der einstigen Bezwinger gebrauchte und gebraucht. Diese
träge Masse hatte bei dem Wandel der Dinge nichts zu verlieren und
blieb wohl sitzen auf ihrer Scholle, dem neuen Herrn Zins zahlend
wie früher dem alten.» [643] Nach JUNG's Auffassung war also das ursprüngliche dacische Volk im heutigen Siebenbürgen bereits romanisirt, als
die Gothen dieses Land in Besitz nahmen. Diese Ansicht unterstützt
er auch durch Folgendes: In Thracien bestand noch zur Zeit Diocle-
tian's um das Jahr 304) neben der lateinischen Sprache auch die
thrakische. Man kann also ohne Zögerung, meint er, der Meinung
TOMASCHEK's beitreten, welcher in diesen Thrakern, namentlich in den
Bessiern die Anfänge der heutigen *Zinzaren* oder *Kutzo-Walachen* erblickt,
wornach die Romanisirung der Thraker oder Bessier zu jener Zeit
geschehen sei, als die Gothen ihre Ansiedelungen im Hämus und in
Thracien begannen. Das eingeborne (romanisirte thrakische) Volk war
genöthigt, in dem bereits liebgewonnenen Romanenthume eine Stütze
zu suchen gegen die Gothen. [644] Wenn dieses so fest stünde, wie
JUNG denkt, dann wäre die These ROESLER's, dass die Anfänge der
heutigen Rumänen oder Walachen nicht in Siebenbürgen, sondern in
Thracien entstanden sind, widerlegt.

Allein die erste grosse Frage ist: Von wem konnten die Dacier einen «romanischen Bauerndialect» erlernen? Nach unserer gesammten Kenntniss haben die aus verschiedenen Ländern, doch *nicht aus Italien* herstammenden neuen Bewohner in Dacien, wenn sie auch die römische Sprache angenommen haben — wie solches die Inschriftsteine beweisen — doch keinen «*romanischen Bauerndialect*», sondern die *lateinische Schriftsprache* sich angeeignet. Der Dialect oder die Sprache des gemeinen Volkes entsteht nicht bei jenen, welche die gebildete oder Schriftsprache erlernen; sondern nur bei dem ursprünglichen Volke dieser Literatursprache selbst. — Auch noch andere Fragen erheben sich gegen die Auffassung Jung's.

Darnach hätte das Walachische zwei besondere Anfänge, einen *dacischen* und einen *thrakischen* gehabt. Ist diese Ansicht annehmbar? Das kann nur die Sprache entscheiden. Nach der Auffassung von Jung und Tomaschek wäre die walachische Sprache vom dritten bis zum zwölften Jahrhundert, also durch volle *neun Jahrhunderte*, in von einander entfernt liegenden Ländern, somit unter verschiedenen Verhältnissen und unter verschiedenen Einflüssen *auf dieselbe Weise entstanden* und *hätte sich auf dieselbe Weise fortentwickelt*. Man kann zwar die Dacier und Thraker als nahverwandte Völker betrachten (siehe oben S. 63), allein die Identität beider wird Niemand zu behaupten wagen, weil wir von beiden viel zu wenig wissen. Allein selbst zugegeben diese Identität, was die gleichförmige Umgestaltung des Lateinischen sowohl im nördlichen (dacischen), wie im südlichen (thrakischen) Rumänischen erklären würde, z. B. den Uebergang des Kehllautes in den Lippenlaut wie lateinisch «aqua», rumänisch «apa», lateinisch «lacte», rumänisch «lapte», lateinisch «lingua», rumänisch «limba» u. s. w.; oder die Veränderung des l in r, wie lateinisch «sal», rumänisch «sare», lateinisch «sol», rumänisch «sore»; ferner die Nachsetzung des Artikels, wodurch das Rumänische sich von sämmtlichen übrigen romanischen Sprachen unterscheidet — zugegeben diese Identität: ist es denkbar, dass die fremden, und zwar sehr verschiedenen Völker und Sprachen dieselben Erscheinungen im Rumänischen hervorrufen konnten? Darauf müssen wir antworten, dass eine solche Annahme mit unserer gesammten historischen Erkenntniss und Erfahrung im Widerspruch stehen würde.

Nach der Ansicht Jung's waren die dacischen oder siebenbürgischen Walachen bereits vor der Niederlassung der Gothen romanisirt und doch herrschten die Römer hier nur von 107—275, also nicht völlig 200 Jahre. Nach den Gothen kam durch mehr als 100 Jahre die Herrschaft der Gepiden; sodann die dritthalbhundertjährige Herrschaft der Avaren; auf die Avaren folgten nach der Ansicht einiger Historiker

die Bulgaren, die damals noch nicht slavisirt sein konnten; nach der
Meinung Anderer — und das bezeugen auch, wie wir gesehen haben,
die Fluss- und Ortsnamen in Siebenbürgen — verbreiteten sich schon
während der Avarenherrschaft bis zur Ankunft der Magyaren die Slaven über Siebenbürgen. Dagegen südlich der Donau war ausser den
lateinischen oder römischen Legionen noch allerlei romanisches Volk
nicht blos von 107—275, sondern von der Zeit vor Christi Geburt bis
zum Beginne der Türkenherrschaft, also mindestens bis zum Jahre 1350,
d. i. ungefähr 1400 Jahre, ständige Bevölkerung. Und in diese Gebiete
wanderten ausser den vorüberziehenden Gothen und den bald slavisirten Bulgaren nur slavische Völkerstämme und nahmen davon dauernd
Besitz, so dass zur Zeit des ungarischen Königs Stefan des Heiligen
von der Donau bis an die Südspitze des Peloponnesus mit Ausnahme
der ursprünglichen thrakischen, lateinischen und griechischen Völker
nur slavisch sprechende Stämme wohnten. Wo konnte also eher ein
«romanischer Bauerndialect» entstehen, in Dacien, wo ein solches
romanisches Bauernvolk, dessen Sprache die Dacier hätten erlernen
können, gar nie gewesen ist, oder in Thracien, wo solche romanische
Bauern seit Christi Geburt immer vorhanden waren und wo die Thraker hinlängliche Zeit hatten, eine solche Sprache zu erlernen? Und
dann: Wie hätte sich die rumänische Sprache unter den ungeheuer
verschiedenen ethnographischen Verhältnissen im siebenbürgischen Dacien und in den südlich von der Donau liegenden Ländern gleichmässig entwickeln können? — Das Walachische konnte nur an *einem*
Orte, und zwar südlich von der Donau entstehen.

Das bezeugt auch der Name des walachischen Volkes selbst.
Dasselbe nennt sich «Romänen» oder «Rumunen». In Dacien bestand
dieser Name niemals; denn die Römer nannten Dacien zu keiner Zeit
das «romanische» oder «rumunische». Dagegen bezeichnete die byzantinische Amtssprache das Gebiet um Constantinopel, das alte Thracien,
als «romanische» Provinz und diese Benennung überging dann auch
an die Türken, bei denen das ehemalige Thracien heute Vilajet *Rum-ili*
oder «*Rum*», in den Geographien «*Rumelien*» genannt wird. Hier in
Rumelien entstand auch das «rumänische» oder «rumunische» Volk
und seine Sprache. Sowohl KOGALNITSCHAN als THIERRY und Andere
stellen sich vor, dass in Dacien die *gebildete städtische* Bevölkerung verblieben sei, deren Industrie und Cultur die aufeinander folgenden barbarischen Eroberer geschont hätten. Was wir von den Anfängen der
Rumänen wissen, bezeichnet diese als ein *Bauernvolk*, das sich hauptsächlich mit der Viehweide beschäftigte und von der Viehzucht lebte.
Wenn wir uns dagegen wie jene Historiker diese ursprünglichen Rumänen als ein gebildetes Städtevolk denken sollen, so bleibt es unbe-

greiflich, weshalb die alten Städtenamen nicht erhalten blieben. Waren ja doch, wie jene Schriftsteller meinen, sogar die Avaren auf den Gewerbefleiss jener dacischen Römer angewiesen und würden folglich auch die nach den Avaren folgenden Slaven diese städtischen Industriellen nicht behelligt haben und so wären uns auch die Namen der Städte unbedingt erhalten geblieben. Was sehen wir in dieser Beziehung in anderen Ländern ? Von England angefangen bis zum schwarzen Meere erhielten sich die römischen Städtenamen, obgleich hier das römische Volk gänzlich verschwand; denn es blieb die Tradition, die mündliche Ueberlieferung ununterbrochen fortbestehend. Im Gegensatze zu diesen allgemeinen Erfahrungsthatsachen findet man jedoch, dass keine einzige der Städte in Siebenbürgen ihren römischen Namen bewahrt hat, was nur durch die totale Unterbrechung der Tradition erklärbar ist. Nichtsdestoweniger solle das rumänische Volk selbst ohne Unterbrechung hier fortbestanden und die alten römischen Städte, wo wir deren Spuren finden, mit slavischen Namen belegt haben, wie z. B. die berühmte dacische Hauptstadt Sarmizegethusa, die spätere stolze Ulpia Trajana, mit dem slavischen « Gredistye »! Das wäre unerhört, aber auch unglaublich. Jung weist zur Bestätigung seiner Ansicht, dass die Rumänen in Siebenbürgen entstanden seien, auf das Beispiel der *Ladiner*, auf dieses romanisch sprechende Volk Südtirols hin, von dem die Geschichte des Mittelalters in ähnlicher Weise nichts berichtet, das aber gleichwohl existirt, also auch immer bestanden hat. Die Aehnlichkeit wird indess bedeutend durch den Umstand geschmälert, dass die Ladiner die nördlichen Nachbarn der Lombarden, somit von den übrigen Romanen durchaus nicht so abgeschieden waren, wie das bei den siebenbürgischen Walachen der Fall ist. Ferner haben sich auf *ladinischem* Boden und auch darüber hinaus die lateinischen Ortsnamen erhalten; in Siebenbürgen verblieb aber kein einziger derselben. Bei den Ladinern wurde also die Tradition nicht unterbrochen; in Siebenbürgen ist sie vollständig zerrissen. Demzufolge können die Ladiner die Nachkommen der alten römischen Colonen sein; die siebenbürgischen Walachen aber sind es nicht.

§ 65.

Nach dem Zeugniss der Geschichte erscheint die erste Spur der Walachen in Thracien im Jahre 579, als im Heere des griechischen Kaisers ein Missverständniss panischen Schrecken bewirkte. Eines der Lastthiere hatte nämlich seine Last fallen lassen und schleppte sie auf der Erde nach. Der Besitzer des Thieres ging voraus, ohne es gewahr zu werden. Da rief Jemand in seinem Rücken ihm in der Landes-

sprache zu: «Torna, torna fratre!» (Wende dich um Bruder!) Die
Soldaten des Zuges bezogen diesen Ruf auf sich, brachen in denselben
aus und stoben in eiliger Flucht auseinander. Die angeführten Worte
des Soldaten gehören einer romanischen Sprache an und legen ein
Zeugniss dafür ab, dass Soldaten, deren Muttersprache ein romanischer
Dialect war, im griechischen Heere dienten. [645]

Im Jahre 968 begegnet man zum ersten Male dem Namen
«blach»; es wird nämlich erzählt, dass ein Bulgaren-Anführer David
auf dem Wege zwischen Kastoria und Prespa bei den sogenannten
«schönen Eichen» in Macedonien durch *einige* «wlachische Wanderer»
ermordet worden sei. [646] Im Jahre 1013 machte das Heer des Kaisers
Basilius II. durch den Hauptpass «Kimba longu» (d. i. Langenfeld)
einen Einfall in das Bulgarengebiet; das ist der erste bekannte rumänische Ortsname, [647] den man dann später auch in der Walachei und
Moldau antrifft. Im Jahre 1027 erscheinen in dem griechischen Heere
gegen die Sarazenen in Sicilien auch «Wlachen». [648] Zahlreiche Walachen dienen auch im Feldzuge Alexius I. gegen die Kumanen (1091.
Die Kreuzfahrer rühmen den Reichthum des Landes «Flachia» in der
Nähe Thessalonichs. [649] Im 13. Jahrhundert führte Thessalien den Na-
men *Gross-Wlachien* ($\mu\epsilon\gamma\alpha\lambda\eta$ $B\lambda\alpha\chi\iota\alpha$); in Aetolien und Acarnanien gab
es ein *Klein-Wlachien* $\mu\iota\kappa\rho\alpha$ $B\lambda\alpha\chi\iota\alpha$; die alte Dolopia, das südöstlichste
Gebiet von Epirus, hiess *Ober-Wlachien*. [650]

Aber insbesondere unter den Bulgaren machen die Walachen
sich bemerkbar; hier waren sie die Nachkommen der in die mösischen
Städte angesiedelten alten Römer, sowie der von Aurelian herüberge-
führten dacischen Colonisten. Die Macht der Bulgaren brach Basilius II. und indem er das heutige Bulgarien in eine griechische Provinz
verwandelte, schied sich das römische Element allmälig von den slavisirten Bulgaren ab. Als dann später Kaiser Isaak II. sich im Jahre
1183 mit der Tochter des ungarischen Königs Béla III. vermählte,
wurde zur Deckung der Kosten dieser glänzenden Vermählung auf die
Bewohner der Provinz zwischen dem Hämus und der Donau eine
schwere Steuer ausgeworfen. Aus diesem Grunde empörten sich zwei
walachische Brüder, Peter und Asan, gegen die Regierung in Constantinopel. Daraus entstand ein langwieriger Krieg, während dessen
die Walachen-Bulgaren sich mit den nördlich der Donau hausenden
Kumanen gegen die Griechen verbündeten. Häufig flüchteten auch
Walachen und Bulgaren zu den Kumanen und kehrten dann mit kuma-
nischen Heerschaaren wieder zurück. Von dieser Zeit an spielten die
Kumanen auf der Balkanhalbinsel eine grosse Rolle. Das wichtigste
Ergebniss dieser Beziehungen war aber, dass stets mehr Walachen und
Bulgaren auf das linke Ufer der Donau übersiedelten. Um diese Zeit

treten die Walachen auch in Siebenbürgen auf: die erste und älteste
Erwähnung derselben in diesem Lande geschieht in dem sächsischen
Freiheitsbriefe des Königs Andreas II. vom Jahre 1224, worin sie neben
den Petschenegen angeführt werden. [651] Bis auf diese Zeit findet sich
kein historisches Zeugniss von den Walachen in Siebenbürgen, in der
Moldau und Walachei.

Diese Behauptung ROESLER's wird, so meint WILHELM TOMA-
SCHEK, [652] durch eine bisher unbeachtet gebliebene Thatsache widerlegt. Kaiser Manuel setzte seinen Neffen Andronicus Comnenus zum
Statthalter von Nisch und Branitschawo ein (Ναΐσοῦ τι καὶ Βρανιτζόβης).
Da dieser jedoch nach dem Leben des Kaisers strebte, wurde er
in Gefangenschaft gesetzt, aus der er aber entfloh und nach Halics
zu entkommen versuchte. Als er schon nahe bei dieser Stadt war,
nahmen ihn die Wlachen, die von seiner Flucht Kunde erhalten hatten,
gefangen. Das geschah im Jahre 1164. Siehe da, meint TOMASCHEK,
wir finden also schon damals Walachen in der Moldau oder in Bessarabien! — Allein diese Thatsache kann doch nur so viel bezeugen,
dass auch schon vor dem Aufstande Peters und Aschans die Auswanderung der Walachen von jenseits der Donau zu den Kumanen ihren
Lauf genommen hatte.

Die historischen Zeugnisse werden durch das Wesen der wala-
schen Sprache nicht blos gerechtfertigt, sondern auch näher beleuchtet und
unterstützt. DIEZ, dieser berühmte Kenner der romanischen Sprachen, sagt,
dass das Walachische noch nicht zur Besinnung gekommen war, als das
fremde Element bereits auf dasselbe einwirkte. Das Gefühl der Assimilation
war bei ihm so unentwickelt, dass es das Fremde im Wortlaute aufnahm.
Dieser östliche romanische Bauerndialect («Lingua rustica») ist kaum zur
Hälfte lateinisch. Das Wörterbuch weist z. B. unter dem Buchstaben
«b» nur 42 lateinische, aber 105 fremde Wörter auf. [653] Wenn die walachische Sprache derart beschaffen ist, so müsste sich in derselben
von den Gothen und Gepiden unbedingt auch germanisches Element
vorfinden, falls das walachische Volk in Siebenbürgen oder in dem
Trajanischen Dacien entstanden wäre. Allein dieses Element fehlt in
dieser Sprache vollständig; die wenigen deutschen Ausdrücke, die das
rumänische Lexikon aufweist, sind modernen Ursprungs, sind aus den
sächsischen Dialecten Siebenbürgens entlehnt worden. [654] Auch viele
türkische Wörter sind im Walachischen; doch ist es schwer zu entscheiden, ob diese direct aus dem Osmanli-Dialecte oder aus dem
Kumanischen stammen. [655] Desgleichen sind die magyarischen Elemente
im Rumänischen wie die Deutschen von neuerem Datum und kommen
auch nur bei den nördlichen Walachen vor.

Allein es gibt in der rumänischen Sprache auch eine Menge griechischer und arnautischer Elemente. Aus dem Griechischen sind nicht blos jene 20—40 Wörter entlehnt, welche durch die griechische Kirche und Geistlichkeit oder jene noch geringeren amtlichen Ausdrücke, welche durch die lange Zeit in den Donaufürstenthümern herrschenden griechischen (phanariotischen) Hospodaren (von den neueren rumänischen Schriftstellern «domni» [«Herren»] genannt) in das Rumänische gebracht worden sind; [656] sondern wir meinen hier namentlich jene vielen Wörter, Suffixe und Bildungen, die nur in Folge des langen Beisammenwohnens mit Griechen und Arnauten aufgenommen werden konnten. Einerseits der Mangel des germanischen Elements, anderseits das Vorhandensein des Griechischen und Arnautischen in der walachischen Sprache beweisen, dass das rumänische Volk nicht im Trajanischen Dacien oder im heutigen Siebenbürgen entstanden ist, sondern in den südlich von der Donau gelegenen Provinzen.

Am zahlreichsten ist im Rumänischen das slavische Element. Nach Schafarik beträgt dasselbe den fünften Theil des rumänischen Sprachschatzes. Die neurumänischen Schriftsteller suchen dasselbe allmälig auszumerzen. Dieses Element konnte zwar auch in Siebenbürgen in die walachische Sprache gelangen, da hier seit dem sechsten Jahrhundert eine slavische Bevölkerung lebte und unter und nach der avarischen Herrschaft an Zahl zugenommen hatte. Allein das Slavische im Rumänischen ist dem Altslavonischen oder Altbulgarischen ähnlich; weist somit auch auf südlichen Ursprung hin. In neuerer Zeit übt auch das Ruthenische auf die nördlichen Walachen in der Marmaros und in der Bukowina einen Einfluss aus.

§ 66.

Die siebenbürgischen Fluss- und Ortsnamen beweisen deutlich, dass die Magyaren, als sie dieses Land allmälig in Besitz nahmen, dort nur eine dünne slavische Bevölkerung angetroffen haben; deshalb konnten die ungarischen Könige im Osten Siebenbürgens die magyarischen Székler, im Nordosten, Südosten, Süden und anderwärts die deutschen oder sächsischen Colonisten ansiedeln. Zu den alten Namen treten zuerst slavische, später magyarische Fluss- und Ortsnamen. Wenn daselbst Rumänen in einer relativ grösseren Anzahl vorhanden gewesen wären, dann würden Namen wie «Szolnok», «Belgrad» das magyarische «Fejérvár» = Weissenburg) u. s. w. nicht entstanden sein. Zuletzt erscheinen die Walachen, welche überall die slavischen Benennungen acceptiren oder die magyarischen Namen unbedeutend modificiren; so nennen sie auch die berühmte Ulpia Trajana nur mit dem

slavischen «Gredistye», wie wir das schon des öftern erwähnt haben.
Darum erhalten aber auch die Berge, die ersten Aufenthaltsorte der
walachischen Hirten, falls sie ihre slavischen Benennungen nicht bewahren, rumänische Namen. Endlich ist noch ein entscheidender Umstand
vorhanden, der diese Aufeinanderfolge der siebenbürgischen Bevölkerung unwiderlegbar macht, nämlich das religiöse und kirchliche Verhältniss. Wenn in Siebenbürgen zur Zeit der Errichtung des Carlsburger
(Weissenburger) Bisthums Rumänen vorhanden gewesen wären, dann
würden diese gewiss auch der römischen Kirche zugeführt worden sein.
Wir haben oben (Seite 239) gesehen, dass Papst Gregor IX. im Jahre
1234 von Walachen im kumanischen Bisthum hörte, die nicht zur römischen Kirche gehören, sondern sich an «Afterbischöfe des griechischen
Ritus wenden»; darum befahl er dem kumanischen Bischofe, dass er
für sie taugliche Vicare rumänischer Nationalität bestelle, damit sie
keinen Vorwand haben, sich an die schismatischen Bischöfe zu wenden.
Der Papst forderte unter Einem den König Béla IV. auf, dass er die
Walachen zwinge, jenen Bischof anzunehmen, den die Kirche ihnen
zusendet. — Das kumanische Bisthum erstreckte sich, wie wir wissen,
ausserhalb Siebenbürgens über die heutige Walachei. Wenn also der
Papst schon auf diese Walachen solche Aufmerksamkeit richtete; wie
lässt sich auch nur denken, dass man im Weissenburger Bisthum, zu
welchem der grösste Theil Siebenbürgens und auch die Marmaros [655]
gehörte, sowie im Graner Erzbisthum, welchem die siebenbürgisch-
sächsischen Districte untergeordnet waren, die griechisch-orientalischen
Walachen geduldet haben sollte!?

Wir haben zwar aus der romanhaften Geschichte KOGALNITSCHAN's
erfahren, dass die Rumänen bereits vor dem nicäischen Concile Christen
gewesen seien und Nicetas ihr erster Bischof war (siehe oben S. 337).
Auch SCHAGUNA folgerte in seiner im Jahre 1860 erschienenen «Allgemeinen Geschichte der orthodoxen Kirche» aus dem Umstande, dass
weder ein kirchlicher noch ein weltlicher Schriftsteller der Zeit, in der die
Walachen das Christenthum annahmen, mit einer Sylbe gedenkt, die
Behauptung, dass die Walachen von den ältesten Zeiten her Christen
gewesen sein müssten. Allein ROESLER beweist vor Allem, dass jener
Nicetas nicht im Trajanischen, sondern im mösischen Dacien Bischof,
mit dem Sitze in Remesiana, war; dass ferner auch SCHAGUNA die
Quellen, auf die er sich beruft, missverstanden habe. [658] Mit Recht bezieht sich ROESLER auch auf das Schreiben des heiligen Bruno (s. Note 370)
an den deutschen König Heinrich II. aus dem Jahre 1006 (oder 1007?), in
welchem dieser eifrige Bischof von seinem Aufenthalte bei den Petschenegen erzählt und mittheilt, dass es ihm trotz seiner aufopfernden Thätigkeit
in fünf Monaten nicht gelungen ist, mehr als dreissig Seelen zu gewin-

nen. «Wie hätte sich Bruno's Herz», sagt ROESLER, [65] «innigst freuen müssen, wenn er inmitten der feindseligen Petschenegen eine zahlreiche romänische, im Westen überall unbekannte Bevölkerung entdeckt hätte, welche ihr Christenthum den Heiden zum Trotz durch Jahrhunderte zu behaupten den Muth bewiesen. Doch sein Bericht hat keine so frohen Erfahrungen zu melden, er weiss nichts von Christen, von Romänen, geschweige von einer organisirten christlichen Kirche mit Priestern und Bischöfen.» Bis ins 14. Jahrhundert gedenkt Niemand der rumänischen Kirche; die Walachen jenseits der Donau waren mit der übrigen Bevölkerung Gläubige des bulgarischen Erzbisthums zu Ochrida (siehe oben S. 207).

Desgleichen ist es nur ein Märchen, dass die Rumänen in der Moldau und Walachei nach dem Concil von Florenz unter Verwerfung der lateinischen Schrift die Cyrillica angenommen hätten (siehe oben S. 340, damit sie sich desto mehr von der römischen Kirche oder von den abendländischen Nationen unterscheiden.

Damals sollen sie, nach KOGALNITSCHAN's Erzählung, auch die lateinischen oder mit lateinischen Buchstaben geschriebenen Bücher und Urkunden verbrannt haben; deshalb gäbe es keine solche Quellen für die rumänische Geschichte. Gegenüber diesem erdichteten Ereignisse können wir aber ein gleichzeitiges geschichtliches Factum anführen, welches Ereigniss auf die siebenbürgischen Walachen in jener Zeit eine Folgerung gestattet. Die Forderungen der Grundherren, insbesondere die Erhebung des Neunten, sowie die auf ungerechte Weise betriebene Zehenteintreibung des Siebenbürger Bischofs Lépes veranlasste nämlich die Jóbágyen oder Bauern zur Empörung, weshalb sie der Bischof mit dem kirchlichen Interdict belegte. Aus diesem feindlichen Verhältnisse entspann sich zwischen Bauern und Herren ein socialer Krieg, in welchem jeder Theil grossen Schaden erlitt. Die empörten Bauern behaupteten, dass sie sich weder gegen den König oder das Reich, noch gegen die Kirche und die Herren erhoben haben; sondern sie verlangten einzig und allein, man möge sie im Genusse ihrer von den heiligen Königen ihnen verliehenen Freiheiten belassen, und ihren Nacken aus dem «Joche der unerträglichen Knechtschaft befreien «in dictis libertatibus Sanctorum regum se conservari et a jugo intollerabilis servitutis colla eorum exolvi»). Zuletzt schlossen beide streitende Parteien im Jahre 1437 vor dem Capitel zu Kolosmonostor ein Uebereinkommen, in welchem die Bauern neben einer festgestellten Steuer und Dienstleistung sich die Freizügigkeit bis dahin vorbehielten, bis ihre von den heiligen Königen verliehenen Freiheiten wieder ans Tageslicht gelangen würden (siehe oben S. 223. Die vertragschliessenden Parteien waren: der Adel (Uni-

352

versitas Nobilium ab una parte) und die Jóbágyen von Magyar-Bogáti,
sowie der Fahnenträger der Magyaren und Walachen. [660] Wir lesen
aus dieser in vieler Hinsicht sehr instructiven Urkunde keineswegs
heraus, dass die Walachen schon zu den Zeiten der heiligen Könige
Stefan und Ladislaus das Land bewohnt hätten, wie solches einige
Schriftsteller gethan haben; [661] sondern es geht unserer Ansicht nach
daraus nur hervor, dass es allgemeiner Brauch war, sich auf die heiligen Könige zu berufen, sobald irgend Jemand seine Rechte verletzt
glaubte. (Vgl. oben S. 223). Diese Urkunde bezeugt ferner, dass
um das Jahr 1437 auch Walachen unter der Jurisdiction des siebenbürgischen Bischofs standen, folglich der römischen Kirche angehörig
waren; sonst würde ja das kirchliche Interdict des Bischofs Lépes sie
nicht besonders berührt haben. Diesen Theil der Geschichte deckt
übrigens noch manches Dunkel. Nachdem man jedoch den Eifer der
ungarischen Könige und der Päpste in der Bekehrung der Kumanen kennt
und weiss, wie die Könige und Bischöfe bemüht waren, auch die
ausserhalb Siebenbürgens lebenden Walachen in den Schoss der römischen Kirche zu treiben; so lässt sich nicht bezweifeln, dass die erst-
angesiedelten Walachen — Katholiken waren. Daraus erklärt es sich
auch, weshalb man bis zum Jahre 1527 von einem walachischen Bischofe
in Siebenbürgen nichts vernimmt. *Barlaam* ist der erste bekannte
«Wladika», * den wir bei den Walachen in Siebenbürgen antreffen. [662]
Ich glaube nicht zu irren, wenn ich behaupte, dass mit der Verbreitung der Reformation auch die siebenbürgischen Walachen sich
von der Jurisdiction der Bischöfe von Carlsburg und Gran befreiten.
Die Magyaren, Székler und Sachsen nahmen (mit Ausnahme eines
Theiles der Székler) die Reformation an; die Walachen, wenn sie auch
bisher Katholiken waren, traten der Reformation nicht bei, sondern
blieben, als das katholische Bisthum aufhörte, sich selbst überlassen
und fielen der griechisch-orientalischen Kirche zu, welcher ja auch die
neuankommenden Walachen angehörten. Wahrscheinlich im Laufe des
16. Jahrhunderts liessen sich die Rumänen in stets zunehmender Anzahl in Siebenbürgen nieder.

Diese Einwanderung mag zuweilen massenhaft, zuweilen blos
sporadisch erfolgt sein; allein sie dauerte in Siebenbürgen und Ungarn
ununterbrochen fort. Die Einwanderung, welche anfänglich durch die
Kumanen veranlasst worden war, wuchs mit dem Erstarken der Türken-
macht. Und gleichwie die Kumanen im alten «Kumanien», das später

* «Wladika» ist ein slavisches Wort, das die Walachen zur Bezeichnung ihres
Bischofs ebenso entlehnten wie das gleichfalls slavische «Knes», womit sie ihre Fürsten
bezeichneten.

« *Ungro-Walachien*» genannt wurde, verschwinden; in demselben Masse vermehren sich dort die Walachen und absorbiren die Reste der Kumanen. Siebenbürgen und Ungarn hatten niemals so dichte Bevölkerung, dass wie unter König Béla IV. für die Kumanen, so vor- und nachher nicht auch noch für andere Zuwanderer Platz gewesen wäre. Die ankommenden Walachen absorbirten sowohl in Siebenbürgen wie in Ungarn die Slaven; darum findet man insbesondere in jenen Gegenden eine dichte rumänische Bevölkerung, wo die Ortsnamen die ehemalige Anwesenheit von Slaven bezeugen. Ausser den Rumänen gelang es nur noch den Széklern, die Slaven zu absorbiren oder zu verdrängen. Dass übrigens die Walachen wirklich von jenseits der Donau hierher gekommen sind, beweisen namentlich auch die Kronstädter Sachsen. Diese nennen ihre weit in die südlichen Berge vordringende Vorstadt, welche die Walachen von altersher bewohnen, das «*Bulgaren*-Viertel» (sächsisch: die «Belgerei»). [663] Die mündliche Ueberlieferung erzählt, dass die Kronstädter die «Bulgaren», d. i. Walachen, zum Baue der grossen Kirche hereingerufen hätten. — Wahrscheinlich kamen die Rumänen auch anderswo und öfters als «Bulgaren» sowohl nach Siebenbürgen wie nach Ungarn. Der «Bulgaren»-Name bezeugt aber gleichfalls untrüglich die Herkunft des walachischen Volkes.

Die Besiedelung der Marmaros gleicht, insoweit wir sie kennen, nicht nur der Colonisirung Siebenbürgens, sondern sie beleuchtet auch die «walachische Frage». Wenn es in einer Urkunde vom Jahre 1213 heisst, dass irgend jemand für sein und das Seelenheil seiner Eltern, die *zuerst das Evangelium angenommen hatten*, ein Grundstück der Kirche von Bihar verleiht, [664] so geht daraus deutlich die Neuheit des Christenthums in dieser Gegend hervor. Auch in der Marmaros sind die ersten Ansiedler Magyaren, dann folgen Deutsche und zuletzt kommen in die westlichen Theile derselben Ruthenen, in die östlichen Walachen. Die ersten Sammelpunkte der Cultur sind daselbst die sogenannten «fünf Kronstädte» *Visk*, *Huszt*, *Técsö*, *Hosszumezö* und *Sziget*, deren Einwohner Sachsen und Magyaren (Saxones et Hungari) gewesen, die sich derselben Privilegien zu erfreuen hatten, wie die Bürger oder Gäste von Szölös. [665] Ortsnamen wie: Barczanfalva, Batizfalva, Budfalva, Somfalva und andere; Ökörmezö (= Ochsenfeld, Keselymezö (= Geierfeld, Urmezö (= Herrnfeld) u. s. w.; Bedöháza, Fejérház (= Weissenhaus), Nyiresháza (= Birkenhaus) u. s. w.; Szarvaszó (= Hornthal, Tar-aszó (= Kahl-Thal) u. s. w.; Farkasrév — Wolfsfähre), Kövesliget (= Felsenhain) u. s. w.; ferner Bergnamen, wie: Apsa havasa, Fekete havasa (= Schwarz-Alpe), Moyses havasa (= Moses-Alpe), Stol havasa, Szép havasa u. s. w. zeugen für magyarische Niederlassungen. [666] Allein Krasznahora (slavisch = Schönspitz), Slatina,

Berezna u. s. w. sind slavische Benennungen. Die Slaven waren auch hier den Magyaren und Deutschen vorangegangen; zu ihnen kommen hernach die Walachen. Im Jahre 1284 nahm König Ladislaus III. aus den südlich der Donau gelegenen Theilen viele Walachen auf, von denen sodann die Quellen berichten, dass sie die Magyaren der römischen Kirche entzogen und in die griechische verlockt haben. [667] — Die Urkunden des 15. Jahrhunderts sprechen von *magyarischen* und *walachischen* Besitzungen (possessiones *hungaricales*, — *valachicales*) und trifft man daselbst die walachischen Wojwoden oder Knesen, welche die mit ihrem Amte verbundenen Besitzungen geniessen und bald zu ungarischen Edelleuten werden. Ein solcher Wojwode war auch Bogdan, der zur Zeit Ludwig I. aus der Marmaros nach der Moldau übersiedelte. Die Verwüstung der fünf Kronstädte durch die aufrührerischen Walachen bezeugt eine Urkunde des Königs Mathias vom Jahre 1442 und der Königin Anna vom Jahre 1504. Mit der Zunahme der walachischen (und ruthenischen) Bevölkerung verringerte sich in der Marmaros (wie wir sahen) auch die Zahl der Katholiken. Auch das Kloster zum Erzengel Michael in der Marmaros war ursprünglich katholisch, aber schon im Jahre 1391 wohnten griechische Mönche darin, deren reiche Besitzungen die Einkünfte des Patriarchen zu Constantinopel vermehrten. [668]

Auch «walachische Districte» entstehen als: der Lugoser, Karansebeser, Mihálder, Halmoser oder Halmágyer, Komjáter, Krassóföer oder Érdsomlyóer, Borzaföer, Illyéder (Illadia) im heutigen Severiner Comitate. [669] Aehnliche Walachendistricte gab es auch in den Comitaten Zaránd, Szatmár und Mittel-Szolnok. Die Unterrichter dieser Districte waren «Knesen», welche bald sämmtliche geadelt wurden; denn wir finden in den Urkunden genannt «Adelige und Knesen». Die Kastellane (Vögte) der königlichen Burgen hatten mit ihnen vielfache Beziehungen; alle waren jedoch den höheren königlichen Beamten (dem Ban von Severin, dem Grafen von Temes, dem siebenbürgischen Wojwoden) untergeordnet. In diesen Districten entwickelte sich auch ein besonderes Gewohnheitsrecht, das in den Urkunden das *alte Gesetz* der walachischen Districte (juxta antiquam et approbatam legem districtuum Volachalium) genannt wird. Ja König Ladislaus V. bestätigte ihnen im Jahre 1457 sogar das Privilegium, dass der König in diesen Districten nur demjenigen Besitz verleihen kann, den die Walachen hiezu würdig finden.

Das ungarische Mittelalter ist überhaupt erfüllt mit den verschiedenartigsten Privilegien. Wo man solche nicht aufweisen kann, da beruft man sich auf den Usus, welcher auf den «Privilegien der h. Könige» beruhe und man findet Glauben.

Das «Tripartitum», welches nach dem Bauernkriege (im J. 1514) entstand, annullirt alle nicht vorweisbaren Privilegien und durch den

Adel nicht gesicherten Exemtionen. Der Bauer wurde dadurch zum persönlichen Eigenthum des Grundherrn. Allein ausser dem ansässigen Ackerbauer gab es noch zahlreiche nomadisirende oder viehzüchtende Ruthenen und Walachen, deren Los je nach dem Wechsel der herrschenden Verhältnisse bald besser, bald schlechter war als das Geschick der leibeigenen Frohnbauern.

Die nomadischen Ruthenen und Walachen (siehe oben S. 307) werden nicht blos in ungarischen, sondern auch in siebenbürgischen Gesetzen erwähnt. Eine Anordnung der letzteren lautet: «Die im Lande herumlungernden Ruthenen, Walachen, Munteanen und dergleichen sollen gefangen genommen und verpflichtet werden.» (Approb. Constit. Pars I., edict. XXXVIII.) Die «Munteanen» sind die Gebirgswalachen, welche mit ihren Herden in den Bergen herumzogen. Die Lieblingsbeschäftigung der Rumänen bildete von jeher die Schafzucht; deshalb werden sie auch von den Türken «Tschobane», d. i. Schäfer genannt. Dieses Nomadenleben, welches ihnen auch durch Staatsverträge gesichert war, setzten die Walachen auch ausserhalb Siebenbürgens bis zur neuesten Zeit fort. Es ist das eine eigenthümliche Erscheinung, welche nicht nur beweist, dass unter den betreffenden Ländern Siebenbürgen das cultivirteste war, sondern auch den Wandertrieb der Rumänen bekundet, der unter günstigeren Umständen vordem noch weit stärker gewesen sein mochte.

Schon unter dem Fürsten Rákóczy I. wurden in Angelegenheit der in der Walachei weidenden siebenbürgischen Schafhirten Verträge geschlossen. Nachdem die Schafhirten wegen der Wirren in den Jahren von 1658—1662 ihren Herren die Einkünfte nicht abliefern konnten, so wurden unter Michael Apaffi einige Besitzer dieser Schafhirten zur Rechnunglegung verhalten, was sie, nach dem Zeugnisse eines Zeitgenossen, mit grosser Gewissenhaftigkeit zu thun pflegten. «Diese Schafhirten sind ein ganz eigenthümliches Volk», sagt derselbe Zeitgenosse. «Morgens und Abends beten sie und obgleich sie dem reformirten Glauben, d. i. der Religion ihrer Herren, angehören, so haben sie doch keine Seelsorger. Wenn sie sich verheiraten, gehen sie zu ihren Grundherrn, der ihnen den Hochzeitsschmaus gibt; dann kehren sie nie mehr nach Siebenbürgen zurück; nur der Oberhirt begibt sich jährlich im Frühjahre zu seinem Herrn, um über die ihm anvertraute Herde Rechnung zu legen. Im Anfang des Herbstes ziehen sich die Hirten zur Ueberwinterung an die Donau, wo sie einen zwanzig Meilen langen und vier Meilen breiten Strich Landes in Pacht nehmen. Die zu verkaufenden Hammel und Ziegen kaufen Händler aus Constantinopel.» Diese Vieh-Wirthschaft befand sich vordem in den Händen der siebenbürgischen Grundherren; später wurde sie von walachischen Grenzbauern betrieben; allein noch im Jahre 1728 hatte der damals verstorbene Kronstädter Richter Georg Drauth grossen Antheil bei diesem Geschäfte. — Es sind diesbezüglich mehrere Verträge bekannt, nicht nur mit den walachischen Fürsten, sondern auch mit der Hohen Pforte. Nachdem mit der zunehmenden Cultivirung der Walachei das Weidegebiet daselbst immer beschränkter ward, zogen die Schafhirten nach Bulgarien hinüber. Interessant ist in dieser Beziehung der amtliche Bericht des Consuls

in Galatz, Christian Wilhelm Huber, vom Jahre 1847. Darnach nann-
ten sich diese siebenbürgischen Schafhirten »Mokane«. Im Herbste zogen
sie aus Siebenbürgen nach der Moldau und Walachei und nachdem sie
bei Giurgewo, Kalarasch, Gura Jalomnitza, Braila und Galatz die
Donau überschritten hatten, überwinterten sie in der Dobrudscha, zwi-
schen Tuldscha und Warna. Sie standen unter der Jurisdiction des
Consuls. Im Juni trieben sie ihre Herden nach Siebenbürgen zurück;
viele von ihnen blieben aber auch den Sommer über in Bulgarien. Die
vermöglicheren Schafhirten züchteten auch Rindvieh, indem sie von den
türkischen Grundbesitzern Weide pachteten. Ausser dem Pachtschilling
(Miri) zahlten sie an die türkische Regierung noch von jeder eingetrie-
benen Herde das Zähl-Geld (saimak-para). Die Anzahl des Viehes war
nach der Zeit wechselnd. Im Winter 1846,7 waren in Bulgarien 250,000
Stück Schafe, welche im Frühjahre 332,000 Oka (á 2¹⁄₄ Wiener Pfund)
Wolle lieferten, wovon 212,000 Oka nach Kronstadt gelangten. Im Herbste
1847 setzten an den obgenannten Punkten 281 Herden über die Donau,
es waren im Ganzen 2095 Pferde, 4451 Ziegen und 473,352 Schafe; die
Zahl der Schafhirten oder Tschobanen betrug 4189. Es machte dies also
einen bedeutenden Theil des Vermögens der Siebenbürger aus. Am 1. Juli
1855 schloss das k. k. Ministerium des Auswärtigen den letzten Vertrag
mit der Pforte, welcher im Jahre 1865 ablief. Die Hohe Pforte wollte
denselben nicht mehr erneuern; denn sie siedelte Tscherkessen und kri-
mische Tartaren in Bulgarien an, in Folge dessen dem Nomadisiren
der siebenbürgischen Walachen auch dort ein Ende gemacht wurde. *

§ 67.

Im 16. und 17. Jahrhunderte erfahren wir wenig von den Walachen im eigentlichen Ungarn, denn der grösste Theil des Landes
befand sich in den Händen der Türken; die anderen Rumänen waren
den siebenbürgischen Fürsten unterthänig. Auch in kirchlicher Beziehung liegt tiefes Dunkel auf diesem Volke. Wir wissen nicht, zu
welchem Bischofe die Marmaroser Walachen um das Jahr 1472 gehörten, da König Matthias die Städte Huszt, Sziget, Hosszumezö, Visk
und Técsö wegen jener Treue belobte, die sie gegen ihn bewiesen
haben, als die Walachen und andere Aufständische die Städte angezün-
det hatten[670] und ob das Kloster zum heil. Michael auch damals noch
Eigenthum des Patriarchen zu Constantinopel war. Ebenso wissen wir
nichts über die kirchlichen Verhältnisse in den erwähnten walachischen
Districten zur Zeit der Hunyaden.

In dem abgetrennten Siebenbürgen schreiben dann die Gesetze vor,
dass »die walachischen Priester vom Fürsten einen solchen zum Bischofe
erbitten sollen, den sie einstimmig als tauglich anerkennen.« Weiter
lesen wir daselbst: »Nachdem die walachischen Geistlichen Unterthanen
der Grundherren sind, so sind sie, damit das Eigenthum der Herren
in Zukunft nicht gefährdet werde, verpflichtet, diesem jährlich ein
bestimmtes Honorarium zu bezahlen. Die Söhne der walachischen Geist-
lichen können, sobald sie sich verheirathen oder vom eigenen Brote leben,

* Vgl. «Kronstädter Zeitung», 1865, Nr. 70—72.

gleich den übrigen Unterthanen (Jobágyen), selbst wenn sie noch Kinder,
oder unverehelichte Bursche sind, wo immer man sie bei ihrem Vater antrifft,
gefangen genommen und unter Bürgschaft gestellt werden. Ausser ihrem
Vater kann jeder, sei er in welchem Alter immer (seinem Herrn)
zurückgebracht werden.» [671]

Wie wir gesehen haben, erscheint der erste Bischof von Siebenbürgen im Jahre 1527; hier erfahren wir nun, dass der Fürst den von
den walachischen Geistlichen gewählten Bischof bestätigt. Auch den
politischen Zustand des walachischen Volkes ersehen wir aus obigen Gesetzen, wonach die rumänischen Geistlichen Unterthanen der Grundherren
gewesen und ihre Kinder gleichfalls den letzteren unterthan waren.

In Siebenbürgen begegnen wir übrigens auch den ersten Spuren
der walachischen Literatur. Die erste rumänische Druckschrift erschien
um das Jahr 1570 in Kronstadt. — Fürst Georg I. Rákóczy befahl,
dass der Gottesdienst in walachischer und nicht wie bisher in bulga-
risch-slavischer Sprache gehalten werde; deshalb liess er die Liturgie
ins Rumänische übersetzen und auch die rumänische Bibelübersetzung
beginnen. Für den Protestantismus zeigten die walachischen Priester
keine Neigung; selbst die walachische Liturgie nahmen sie im Jahre
1648 nur mit grossem Widerwillen an. Da der katholische Bischofssitz
seit dem Abgange des Paul Bornemisza im Jahre 1556 nicht besetzt
war, konnte unter den siebenbürgischen Fürsten ein katholischer Bischof
in Siebenbürgen auch keine oberhirtliche Handlungen verrichten. [672]
Als aber Siebenbürgen unter Leopold I. an die ungarische Krone zu-
rückkam, wurde die Union der orientalischen mit der occidentalischen
Kirche mit grossem Eifer betrieben. Die Florentiner Synode vom
Jahre 1439 hatte die Punktationen der kirchlichen Einigung (Union)
festgestellt; auf Grund derselben bewirkte in Polen Possevinus im
Jahre 1594 die Union bei den Ruthenen. In Ungarn begann die Unificirung mit dem Munkácser Bisthum, also auch bei den Ruthenen,
und zwar im Jahre 1562. Anfänglich ging das Unionsgeschäft nur langsam, aber im Jahre 1692 liess der Erzbischof Lippai in Munkács das
Unionsdocument von 200 Popen, im Anfang des Jahres 1700 wieder
von 353 Popen unterschreiben. [673] In Siebenbürgen wirkte derselbe
Lippai und nach ihm Kollonics im Interesse der kirchlichen Union.
Im Jahre 1696 hielt der walachische Bischof Theophilus II. in Carlsburg eine Synode ab und unterzeichnete am 24. März die Union in
folgenden Punkten: Anerkennung des Papstes als kirchliches Oberhaupt; des Fegefeuers (Purgatoriums); Annahme des ungesäuerten Brodes
(siehe oben S. 215); Anerkennung, dass der heilige Geist vom Vater und
dem Sohne ausgegangen (des «Filioque» siehe oben S. 119 u. Note 239).
Dagegen behalten die Griechisch-Unirten den julianischen Kalender,
sie können den Gottesdienst in ihrer eigenen Sprache (nicht in der

lateinischen) abhalten; empfangen das Altarsacrament auch mit dem
Kelche (siehe oben S. 307) und die Popen können sich auch fernerhin
verehelichen. Nachdem die Union auch bei den Walachen erfolgt war,
wurden die Popen aller persönlichen Privilegien der katholischen Geistlichkeit theilhaftig. Viele traten indess von der Union wieder zurück.
Aber bei Aufstellung der Militär-Grenzregimenter schlossen sich die
Grenzer abermals der Union an. Anfänglich residirte der unirte walachische Bischof in Carlsburg, später wurde sein Sitz nach Fogaras
verlegt, denn da wurde im Jahre 1716 das katholische Bisthum erneuert. Nachdem aber Papst Innocenz XIII. im Jahre 1721 den unirten Bischof von Fogaras präconisirt hatte, erhielt dieser bei dem Aussterben des Geschlechtes der Apaffi im Jahre 1738 die Herrschaft
Blasendorf vom königlichen Fiscus als Donation. Seitdem residirten
diese Bischöfe in Blasendorf [674] und zwar bis in 'die neuere Zeit als
Suffragane des Kalocsaer Erzbischofs.

Für die unirten Walachen und Serben in Ungarn bestätigte Papst
Pius VI. im Jahre 1777 die Errichtung zweier Bisthümer, nämlich das
Grosswardeiner und das Kreuzer (letzteres in Croatien); die Bestäti-
gung erfolgte nur nach langem Zögern, da wiederholte Rücktritte statt-
fanden. [675] Die beiden neuen Bischöfe wurden die Suffragane des
Graner Erzbischofs.

Die von der Union zurückgetretenen Rumänen verloren ihren
Bischof und wendeten sich deshalb an die Bischöfe in der Moldau und
Walachei, wie das vordem im kumanischen Bisthume der Fall war.
Nachdem dieser Anschluss an das Ausland viel Uebelstände verursachte,
wurden diese nichtunirten Rumänen anfänglich dem *Ofner* nichtunirten
Bischofe unterstellt. Damit wurde anerkannt, dass die nichtunirten
Walachen dem serbischen Erzbischof von Karlowitz unterworfen seien.
Endlich gab Kaiser Josef II. diesen Rumänen wieder einen eigenen
Bischof, der seinen Sitz in Hermannstadt und eine Jahresbesoldung
von 4000 fl. erhielt. Kaiser Franz I. gestattete am 26. Mai 1809, dass
die Popen drei Bischofs-Candidaten vorschlagen, aus denen dann der
« Grossfürst » einen zum Bischof ernennt. Dieser kirchliche Zustand der
Walachen dauerte bis zum Jahre 1848; darnach wohnte der griechisch-
nichtunirte Bischof der Rumänen als Suffragan des Karlowitzer Erzbischofs in Hermannstadt; [676] die Bischöfe der unirten Rumänen aber
hatten ihre Sitze in Blasendorf, Grosswardein und Kreuz; davon war
der Blasendorfer ein Suffragan des Kalocsaer, die beiden anderen
Suffragane des Graner Erzbischofs.

Nach den Ereignissen der Jahre 1848 und 1849 bestätigte die
päpstliche Bulle vom 6. December 1853 sowohl die Errichtung des
Agramer Erzbisthums wie auch die Erhebung des siebenbürgischen

griechisch-katholischen Bisthums zur Erzdiöcese unter dem Titel: «Archiepiscopus Fogarasiensis et Albae-Juliensis», obgleich der Sitz des Erzbischofs auch jetzt in Blasendorf blieb. Ausserdem wurden für die Griechisch-Katholischen noch zwei Bisthümer gestiftet: zu Szamos-Ujvár in Siebenbürgen und zu Lugos im Comitate Krassó; beide sind Suffragane des neuen griechisch-katholischen Erzbischofs. Der griechisch-katholische Bischof zu Kreuz wurde dem neuen lateinischen Erzbischof von Agram untergeordnet.

Endlich confirmirte der ungarische Gesetzartikel IX: 1868 die für die nichtunirten Rumänen errichtete Metropolie zu Hermannstadt und verlieh derselben die gleichen staatlichen Rechte, welche die serbische Metropolie zu Karlowitz besitzt; dadurch wurde also die Umwandlung des Hermannstädter griechisch-orientalischen Bischofs zum Erzbischof gesetzlich inartikulirt. Zugleich genehmigte dieses Gesetz die Constituirung eines rumänischen Kirchencongresses nach Art des serbischen National-Kirchencongresses; der rumänische Kirchencongress besteht ausser den Bischöfen noch aus 30 geistlichen und 60 weltlichen Mitgliedern. ∂ Bei der Wahl des Erzbischofs entsendet die Metropolie die doppelte Zahl ihrer gewöhnlichen Mitglieder, so dass dieser Wahlcongress 120 Mitglieder zählt. Jede Diöcese besitzt ausserdem ihre Diöcesan-Vertretung, welche zugleich das Recht der Bischofswahl besitzt. Bei der Ausscheidung der Rumänen im eigentlichen Ungarn vom Verbande der serbischen Metropolie wurde das Arader Bisthum der neuen rumänischen Metropolie zugewiesen und überdies für die griechisch-orientalischen Rumänen noch ein zweites Bisthum zu Karansebes errichtet, so dass die griechisch-orientalische rumänische Kirche heute ein Erzbisthum (Hermannstadt) und zwei Bisthümer (Arad und Karansebes) zählt. ∂

Nach BENKÖ betrug im Jahre 1761 die Zahl der siebenbürgischen Walachen 547.243; dagegen waren im Jahre 1766 in Siebenbürgen

    93.135 römische Katholiken
    140.365 Reformirte
    130.365 Lutheraner und
    28.647 Unitarier
zusammen 392.190 Seelen.

Damals überstiegen also die Walachen alle übrigen Nationalitäten um mehr als 150.000 Seelen.

Im Jahre 1850 zählte man in Siebenbürgen

    1,220.901 Walachen
    354.642 Magyaren
    192.218 Deutsche (Sachsen)
    180.902 Székler

78.902 Zigeuner und
14.568 Juden.

Die magyarische Bevölkerung (Ungarn und Székler) war damals
535.844, mit der deutschen 728.060 Seelen. Die Walachen zählten also
im Jahre 1850 schon um 492.839 Seelen mehr als die Magyaren und
Deutschen zusammen.

Angenommen, dass zur Zeit BENKÖ's (um 1770) die Siebenbürger
Katholiken, Reformirten und Unitarier oder 261,825 Seelen Magyaren
gewesen, denen 130.365 deutsche Lutheraner gegenüber standen, so
hat sich die Zahl jener im Laufe eines Jahrhunderts auf 555.464 vermehrt oder mehr als verdoppelt (523.950); hingegen sind die lutherischen Deutschen in der Zahl nur von 130.365 auf 192.218 gestiegen.
Desgleichen haben die Walachen in derselben Zeit um mehr als das
Doppelte (1,094.486) zugenommen; denn ihre Zahl ist von 547.243 auf
1,220.901 gewachsen. δ Die Zunahme der Walachen übersteigt das
Doppelte ihres Status vom Jahre 1770 um mehr als 100.000 Seelen. Die Vermehrung der siebenbürgischen Magyaren von 1770—1850 beträgt 112·15 %;
die der Rumänen aber 123·12 %, indess die Deutschen nur eine Zunahme
von 45 % aufweisen. Magyaren und Rumänen vermehren sich also in
erheblichem Masse, wobei jedoch die letzteren vorangehen; die Vermehrung der Deutschen beträgt dagegen jährlich kaum ein halbes
Percent. Diese Zahlverhältnisse werden auch durch neuere Zählungen
bestätigt. δ

Nach der österreichischen Volkszählung im Jahre 1856 war die
Zahl der siebenbürgischen Bevölkerung nach den Confessionen:

Griechisch-Katholiken	648,239	} Walachen
Griechisch-Orientalische . . .	637,800	
Reformirte	295,723	}
Katholiken	219,333*	} Magyaren
Unitarier	40,008	
Lutheraner	193,774	Deutsche (Sachsen)
Juden	15,368	

zusammen . 2.055,645 Seelen.

Nach derselben Volkszählung waren Walachen oder Rumänen:

im eigentlichen Ungarn	1.171,676
in Siebenbürgen	1.286,039
» Croatien-Slavonien	50
» der Militärgrenze	140,826

zusammen . 2.598,591 Seelen.

* Unter den Katholiken Siebenbürgens befinden sich auch nichtsächsische
Deutsche.

§ FICKER [677] gibt im Jahre 1869 die Zahl der Rumänen (Ost-romanen) in folgender Weise an:

in Ungarn 1.300,800
» Siebenbürgen 1.200,400
» Croatien-Slavonien   200
» der Militärgrenze 147,000

zusammen . 2.647,400 Seelen. §

Nach der Berechnung von CARL KELETI stellt sich die Zahl des rumänischen Volkes etwas niedriger heraus (siehe oben S. 241).

Der zoologische Charakter der Rumänen ist nach den Messungen LENHOSSÉK's, welche derselbe an 20 Individuen von 25—65 Jahren vorgenommen, folgender: Breiten-Index 84·1 und Höhen-Index 62·8. [678]

FÜNFTES CAPITEL.

Die Zigeuner.

§ 68.

Die Zigeuner gehören zur indo-europäischen oder arischen Völker-
und Sprachenfamilie und trennten sich etwa um das Jahr 1000 n. Chr.
G. von ihren indischen Stammesgenossen. Im Jahre 1322 erscheinen
sie (nach Peschel «Völkerkunde» S. 41) schon auf Kreta, im Jahre
1346 auf Corfu und im Jahre 1370 in der Walachei. Dass die Zigeuner
in der That nächste Anverwandte der sanskritischen Bewohner Ost-
indiens sind, beweist nicht blos ihre Sprache, sondern zeigt auch ihr Aeusseres.[679] Welches Ereigniss diese Indier aus ihrer Urheimat fortgetrie-
ben, ist unbekannt; ebenso weiss man nicht, wo und wie lange sie
herumgewandert sind, bis vielleicht die Völkerwellen der Schaaren
Timur-Lenks (Tamerlan). oder Bajasids sie in das südöstliche Europa
vertrieben haben. Nach Ungarn kamen sie ohne Zweifel aus Bulgarien
und aus der Walachei und in Deutschland wiesen sie, wenn ich mich
nicht täusche, zuerst Reise- und Schutzpässe des Palatins Nicolaus
Gara vor. Sie wanderten unter Anführung ihrer Wojwoden; auch heute
besitzen sie solche Anführer.* Allein wer kennt ihre sonstige sociale
Verfassung, die sie ohne Zweifel besitzen? Ueberall, wo sie sich auf-
halten, befiehlt ihnen die Ortsbehörde und in dieser finden die armen
Heimatlosen weit öfter einen Gegner als einen Beschützer.

In Ungarn hat ein Theil der Zigeuner heute bereits ständige
Wohnsitze; meist hausen sie am Ende der Ortschaften in elenden
Hütten oder unter Zelten; ein anderer Theil ist nach wie vor nomadi-
sirend. Dürre Klepper ziehen die mit der Familie und der geringen
fahrenden Habe beladenen Karren von Ort zu Ort. Wo die Caravane

---

* Erst kürzlich meldeten die öffentlichen Blätter, dass ein alter Zigeuner-
Wojwode aus einer niederungarischen Stadt nach Bulgarien zurückwanderte, um
dort zu sterben und daselbst begraben zu werden.

stille steht oder Halt machen darf (denn nicht überall duldet man sie), dort verweilt sie, so lange es möglich ist. Die Beschäftigungen der ansässigen Zigeuner sind: Ziegelschlägerei, Nagelschmiederei, Kesselflickerei, mit Einem Worte das Schmiedehandwerk, welches sie besonders lieben und mit den einfachsten Mitteln überraschend geschickt betreiben. Ueberdies verstehen sie in Südungarn das Holzschnitzen und die Goldwäscherei. Die Weiber spinnen, weben, schlagen Karten und sind gesuchte Wahrsagerinnen. Wahrsagerei und Quacksalberei sind ihnen angeborne Künste, bei denen sie eben so viel Verschmitztheit und Klugheit wie Unverschämtheit und Zudringlichkeit offenbaren. Bei den Serben und Rumänen, selbst bei den Deutschen, insbesondere bei dem Frauengeschlecht, stehen sie darob in gefürchtetem Ansehen. Die besseren, vermöglicheren Zigeuner lieben den Pferdehandel; manche Zigeunerfamilie im Alfölde hat sich dadurch einen bekannten Namen verschafft. Der nomadisirende Zigeuner betreibt das Schmiedehandwerk, die Zigeunerin hilft ihm dabei oder practicirt ihre Zauberkünste; was nicht arbeitet und nicht Karten schlägt, das bettelt an den Strassen oder in den Häusern oder verlegt sich auf den Diebstahl. Darum sieht man diese «fliegenden» Zigeuner nirgends gerne und sucht ihrer möglichst bald los zu werden.

Zum Landbau zeigt der Zigeuner keine Neigung. Unter der Regierung der Kaiserin-Königin Maria Theresia und des Kaisers Josef II., denen die Civilisirung ihrer Völker besonders am Herzen lag, wurden ihnen ganze Bauerngüter ausgetheilt. Man schaffte officiell den Namen der «Zigeuner» ab und nannte sie «Neu-Bauern». Es half nicht viel. Die an einzelne Bauern vertheilten Zigeunerjungen entliefen bald ihren Pflege-Eltern und flüchteten in die verfallenen Hütten oder unter die Zelte ihrer Eltern zurück. Nichtsdestoweniger findet man verzeichnet, dass in den Comitaten Bereg und Szatmár, sowie in der Stadt Raab sämmtliche Zigeuner sich schon in den Jahren 1781 und 1782 dem Ackerbau gewidmet hätten. [680] Ob es auch jetzt noch so ist, weiss ich nicht. Wie es scheint, ziehen sie dennoch die städtischen Beschäftigungen den ländlichen vor, wie solches einzelne Zigeunerfamilien, z. B. in Debreczin und an anderen Orten bezeugen.

Eine auffällige Eigenthümlichkeit des ungarischen Zigeuners ist seine Liebe zur Musik. Von Instrumenten liebt er die Violine, die Bassgeige und das Cymbal (Schlagzither), von Blas-Instrumenten blos die Clarinette. Die Zigeuner hatten keine eigene Musik; sie machten sich aber die magyarische Musik in solcher Weise zu eigen, dass die «Zigeunermusik» heute das ungarische sociale Leben ebenso charakterisirt wie der Paprika die magyarischen Speisen. Dass die Zigeuner diese Musik nicht mit sich aus Indien gebracht, sondern erst hier erlernt haben, lässt sich aus dem Umstande folgern, weil nur die ungarischen Zigeuner solche Musiker sind. «So viel ist gewiss», sagt FÉNYES, und drückt damit eine allgemeine Ueberzeugung aus, «dass nur ein Zigeuner es versteht, die magyarischen traurigernsten Melodien eigenthümlich und ergreifend den Saiten zu entlocken.» Die Zigeunermusiker Bihari, Csöri, Bunkó, Dombi, Sági, Tapolcsai, Lóczi, Boka, Farkas u. s. w. sind berühmt. In neuester Zeit haben die ungarischen Zigeuner ihre Musik auch in Paris, London und Nordamerika bekannt gemacht.

Die Zahl der Zigeuner betrug nach der Aufnahme der österreichischen Regierung im Jahre 1856 in Ungarn 72,200, in Croatien-Slavonien 1370, in Siebenbürgen 79,960, in der Militärgrenze nur 20; also zusammen 153,750 Seelen. Seitdem hat ihre Zahl jedoch bedeutend abgenommen; denn die Cholera-Epidemie, sowie andere Krankheiten und die schlechten Ernten in Südungarn (seit 1871) haben die Zigeuner ohne Zweifel arg betroffen.

—

Die Armenier.

§ 69.

Die Armenier gehören zu den letzten Einwanderern in Ungarn und Siebenbürgen. Sie kamen im Jahre 1668 aus der Moldau nach Siebenbürgen, wo sie Fürst Michael Apaffi aufnahm. Anfangs wohnten sie zerstreut an verschiedenen Orten; später gestattete es ihnen Leopold I., dass sie sich in *Szamos-Ujvár* (Armenopolis) und *Elisabethstadt* (Ebesfalva, Elisabetopolis) niederlassen. An diesen beiden Orten wohnen sie seitdem compact; beide Orte wurden durch den siebenbürgischen Gesetz-Artikel 61 : 1791 zu privilegirten Städten erhoben. Andere Armenier findet man noch zu Szépvíz, Gyergyó-Szent-Miklós, Görgeny, Kovászna und anderen Orten. Es sind meist Kaufleute. In Ungarn wohnten sie in grösserer Anzahl nur in Neusatz, wo sie auch eine Pfarre haben. Andernorts trifft man nur vereinzelt armenische Familien, von denen mehrere als ungarische Grundbesitzer auch den ungarischen Adelsstand erworben haben.

Im Jahre 1684 vereinigte Vizireski Oxendi die Armenier, welche der griechischen Kirche angehörten, mit der römischen Kirche ; doch sollten sie die Messe in armenischer Sprache lesen dürfen. Die zerstreut lebenden Armenier gehören meist der römischen Kirche an. Uebrigens haben sich die Armenier fast überall mit den Magyaren ren verschmolzen und sind in Sprache und Sitten ganz in diesem Volksstamme aufgegangen. Zwischen Armenier und Magyar ist in den meisten Fällen gar kein weiterer Unterschied. Der armenische Grundbesitzer gleicht in Allem dem magyarischen ; der armenische Bürger zieht aber mehr als der magyarische das Handelsgeschäft vor.

Die Zahl der Armenier betrug nach der österreichischen Volkszählung im Jahre 1856 in Ungarn 1393, in Croatien-Slavonien 41, in
Siebenbürgen 8430, zusammen also 9864 Seelen. Es ist eine derart
kleine Zahl, die sich grössentheils auch nach Sprache und Confession
von den magyarischen Katholiken nicht unterscheidet, dass man sie bei
der Volkszählung heute übergeht. Auch KELETI hat sie nicht besonders
berücksichtigt.

SIEBENTES CAPITEL.

—

Die Juden.

§ 70.

Juden erscheinen bereits im 10. Jahrhunderte in Ungarn; [681] ob
sie schon vor den Magyaren hier gewesen oder ob sie gerade mit
diesen von den Chazaren, deren Mehrzahl sich zum jüdischen Glauben
bekannte (siehe oben S. 130) hierher gewandert sind, lässt sich mit
Sicherheit nicht bestimmen. Die jüdisch-confessionellen Chazaren waren
als kriegerisches Volk unbedingt ganz anderer Natur als jene Juden,
die etwa auch bei den wandernden und ansiedelnden Magyaren ihre
Handelsgeschäfte betreiben mochten. Die Gelegenheit zu letzterem
wurde ohne Zweifel noch günstiger, als die Magyaren durch ihre Streifzüge Europa plünderten und reiche Beute nach Hause schleppten, deren
Verwerthung dann Tausch und Handel belebte. Das Gesetz nennt die
ungarischen Juden von Beginn an in Gemeinschaft mit den Ismaeliten, diesen mohamedanischen Kaufleuten. König Koloman regelte einigermassen
den Verkehr zwischen Christen und Juden, indem er verordnete: Wenn
ein Jude einem Christen ein Anlehen bis zu drei Pensen gibt, so solle
das vor christlichen und jüdischen Zeugen geschehen. Beträgt das Anlehen mehr als drei Pensen, so muss die Summe sammt den Namen
der Zeugen aufgeschrieben und mit dem Siegel beider Parteien bestätigt
werden. Ebenso sind auch die Käufe und Verkäufe zwischen Christen und
Juden schriftlich abzufassen. Den Juden ist verboten, christliche Sclaven
zu kaufen, mögen diese welcher Sprache oder Nation immer angehören. [682]

Manche Veranstaltungen des Mittelalters erscheinen uns unbegreiflich; so z. B. auch das Verbot der Zinsnehmung von dargeliehe-
nen Capitalien, was das canonische Recht verwehrte. [683] Als ob das
Geld, d. i. Gold und Silber, nicht ebenso ein Erwerb der Arbeit wäre
wie jede andere Sache, deren Werth der Nutzen bestimmt und die
um so werthvoller erscheint, je nützlicher und dauerhafter sie ist, und
je mehr Menschen sie begehren. Insbesondere für die Zeit der Kreuz-

züge bleibt das Zinsverbot geradezu unfassbar, weil es damals doch zur häufigen Nothwendigkeit ward, sein liegendes Besitzthum in Gold und Silber zu verwandeln und mit sich zu tragen. Das Geld sammelt sich zu aller Zeit in den Händen der Kaufleute; zur Zeit des Königs Andreas II. sowie vor und nach derselben waren in Ungarn Juden die Kaufleute, d. i. die Geldmänner. In den ungarischen Städten konnte sich damals noch kein namhafter Handel entwickeln, folglich auch keine Capitalien anhäufen. Sobald also der König oder die Grossen der Kirche und des Staates in Geldverlegenheit waren, konnten sie solches gegen Pfand nur vom Juden bekommen. Was aber hätte Andreas II. verpfänden sollen, da jene Grossen nur darin gewetteifert hatten, vom Könige je mehr Donationen zu erpressen? Er war deshalb gezwungen, Aemter, das Dreissigst-Gefälle (d. i. die Zoll-Abgaben), mit Einem Worte: alle Arten von Kron-Einkünften den Juden in Pfand zu geben. Und wenn wir lesen, dass ein Jude Namens Jeha (oder Teha) von Andreas II. das Dorf Besenyö als Donation erhalten hat, welches er dann mit Erlaubniss des Königs um 500 Mark verkaufte; [684] so ist darunter zu verstehen, dass der Jude dieses Dorf als Zinsen für geliehenes Capital erhielt zu einer Zeit, da weder ein Bischof noch sonst ein Magnat dem Könige Geld geben wollte oder konnte. Cameral-, Finanz-, Salz- oder Steuerämter waren die einzigen verwerthbaren Güter des Königs; diese musste also Andreas II. für vorgeschossene oder geliehene Gelder an die Juden verpfänden. Dagegen erhob sich dann allerdings grosse Entrüstung unter den Magnaten, welche gerne selber die fetten Aemter, und zwar *umsonst* gehabt hätten, bei deren Verwaltung sie dann ihrerseits vielleicht ebenfalls Juden verwendeten. Im Jahre 1232 leistete Andreas II., wie wir oben (S. 221) angeführt, freilich jenen Eid, dass er künftig weder an Juden noch an Ismaeliten (Bulgaren) oder an Sarazenen (Araber) irgend ein öffentliches Amt verleihen werde. Damit war jedoch dem Lande nicht geholfen; dieses bedurfte des flüssigen Geldes, also auch des Capitals, das durch obigen Eid des Königs nicht beschaffen werden konnte, wie ja auch heutigen Tages kein Gesetz im Stande ist Geld, d. i. reellen Werth und Vermögen, herbeizuschaffen. König Andreas II. hatte durch seinen Eid nur den Nutzen derjenigen gesichert, welche sowohl die Donationen an liegenden Gütern wie auch die öffentlichen Aemter ohne weitere Gegenleistungen für sich wünschten und auch zu erlangen wussten.

Wie im Mittelalter allenthalben, so bildeten auch in Ungarn die Sklaven einen Theil der beweglichen Habe, waren also Gegenstand des Kaufes und Verkaufes. Nachdem zu Andreas II. Zeit Juden und Ismaeliten die Haupthandelsleute gewesen, so ging der Natur der Sache zufolge auch der Sklavenhandel durch ihre Hände. Der oberwähnte

Königs-Eid wollte nun nicht gestatten, dass in Zukunft weder Jude noch Ismaelite oder Sarazene einen christlichen Sklaven kaufe oder in Diensten halte. Allein der Eid war schon deshalb illusorisch, weil er nicht dahin lautete, dass es in Zukunft überhaupt keine Sklaven geben, also *auch Niemand vorhanden sein solle, der solche zum Verkaufe ausbiete.* Der König gelobt vielmehr in seinem Eide, er *werde jeden wider obiges Verbot handelnden Juden und Ismaeliten zur Sklaverei verurtheilen.* Darnach sollte es also auch in Zukunft Sklaven geben, nur keine christlichen, und vielleicht waren es gerade die Bischöfe selbst, welche solche nicht-christliche Sklaven an die Juden verkauften, falls kein anderer Käufer vorhanden war!

Die christliche Kirche verbot strenge die Ehe zwischen Juden und Christen. Wie die verkehrten volkswirthschaftlichen Verfügungen des Mittelalters das Capital in die Hände der Juden trieben: so bewahrte dieses Eheverbot das Judenthum vor dem Untergange durch Verschmelzung mit den christlichen Völkern.

Die Verordnung Béla IV. (1251 bekundet viele Einsicht in die socialen und wirthschaftlichen Verhältnisse. Nach dieser Verordnung wurde die Zeugenschaft eines Christen gegen einen Juden nicht angenommen, sondern nur die des Christen und Juden gemeinsam. Ferner bestimmt jene Verordnung das Pfandrecht und gestattet, dass der Jude das verpfändete Gut so lange benützen könne, bis der christliche Magnat es wieder auslöst. Die Juden dürfen im Lande freien Handel treiben und erlegen nur die gesetzlichen Steuern und Zollgebühren. Die Streitigkeiten unter den Juden schlichtet der König; solche sind daher vor den Richterstuhl des Königs zu bringen. Endlich wird den Juden Glaubensfreiheit gewährt; darum können sie ihre Todten von einem Orte zum andern überführen und die Synagoge zu beschimpfen ist bei Geldstrafe verboten. [635] Die zweite Hälfte des 13. Jahrhunderts bis zum Aussterben der Arpáden war somit für die ungarischen Juden eine glückliche Zeit. Während dieser Zeit kam auch der Weinhandel empor und die Ofner Bäder waren auch bei den ausländischen Juden bekannt. [636] Ludwig I., der zelotische Verfolger der griechisch-orientalischen Kirche, vertrieb auch die Juden aus dem Lande. Damit steht vielleicht die Entwickelung der ungarischen und siebenbürgischen Städte und deren Handel im Zusammenhange; denn es ist unleugbar, dass der städtische Kauf- und Gewerbsmann die Juden niemals leiden konnte und bis heute deren Gegner ist. Sigmund gestattete den Juden abermals den Eintritt in das Land und bestätigte im Jahre 1436 das Judengesetz Béla IV. Nach dem Tode Mathias (Corvinus) wurden die Juden abermals verfolgt. Im Jahre 1454 verbrannte man zu Tyrnau zwölf jüdische Männer und zwei Frauen, welche des Mordes an Christenkindern beschuldigt waren; im Jahre 1495 plünderte das Volk in Ofen die Juden. König Ludwig II. vertheidigte sie im Jahre 1520 gegen den Magistrat von Pressburg, der das Verlangen gestellt hatte, dass sie besonders gezeichnete Kleider tragen sollten; dieses sei in Ungarn ungewohnt, erklärte die Verordnung des Königs. Als aber nach der unglücklichen Mohácser Schlacht bei Annäherung Suleiman's die Herren und Bürger die Stadt und Festung Ofen feige verliessen: vertheidigten 200 Juden mit den verlassenen Kanonen die königliche Veste tapfer, so dass der Sultan ihrer schonen musste. Allein zu derselben Zeit vertheilten zu Pressburg im Angesichte des Landtages die Hofleute der Königin Maria die den Juden entrissenen Häuser unter sich.[687] Weil die Juden im Jahre 1686 den Türken tapfer beigestanden in der Vertheidigung Ofens gegen das belagernde christliche Heer, so geriethen sie in den Verdacht, überall mit den Türken im Bunde zu stehen. Deshalb gestattete man ihnen damals und auch später den Zutritt in die Grenzfestungen nicht;[688] in den übrigen Städten des Landes durften sie jedoch wohnen. Eine königliche Verordnung vom Jahre 1698 befahl die Conscription der Juden, insbesondere darum, «weil sie aus fremden Ländern mit leeren Händen nach Ungarn kommen, wo sie mit allem Möglichen, Manche auch betrügerischen Handel treiben, sich übermässig bereichern und dem Könige gar keine Steuern entrichten.»[689] Welche Steuer man ihnen nach dieser Conscription auferlegte, ist nicht bekannt; aber der ungarische Statthaltereirath bestimmte am 26. November 1749 die jüdische «Toleranz-Taxe» auf 20.000 fl.; diese wurde im Jahre 1760 auf 30.000, im Jahre 1772 auf 40.000, im Jahre 1778 auf 80.000, zuletzt auf 158.700 Gulden erhöht.[690]

Die Niederlassung war den Juden übrigens nicht aller Orten gestattet. Nach dem G.-A. 19 : 1729 wurden sie von Croatien-Slavonien, von den Grenzorten, aus den Bergstädten und aus mehreren königlichen Freistädten ausgeschlossen. — Im Schutze des Toleranz-Edictes Josef II. siedelten sie sich an vielen Orten in Ungarn an und der Gesetzartikel 58 : 1791 beliess sie in dem Zustande, in dem sie sich damals befanden. Im Sinne des Gesetzartikels 29 : 1840 konnten sie mit Ausnahme der Bergstädte überall ihren Wohnsitz nehmen, Handwerke betreiben, Gehilfen halten, doch nur aus der Reihe ihrer Glaubensgenossen; bürgerliche Grundstücke durften sie dort, wo es bisher erlaubt war, auch fernerhin kaufen, Fabriken errichten u. s. w. Allein der Ankauf adeliger oder Urbarial-Grundstücke war ihnen nicht erlaubt; ausser dem ärztlichen Berufe waren sie von jeder anderen wissenschaftlichen Laufbahn ausgeschlossen. Im Jahre 1846 wurde die Toleranz-Taxe aufgehoben und Gesetzartikel 17 : 1867 erklärt die jüdischen Bewohner Ungarns in Bezug auf die Ausübung aller bürgerlichen und

politischen Rechte für gleichberechtigt mit der christlichen Bevölkerung
des Landes. Darnach ist heute in Ungarn der Jude ebenso Staatsbürger
wie jeder andere und haben in dieser Hinsicht für ihn alle Beschränkungen
aufgehört. § Nur die Confession des Juden ist auch heute blos «tole-
rirt» und besteht nur zwischen den gesetzlich «recipirten» christlichen
Confessionen die Gleichberechtigung und Reciprocität. Der Uebertritt
zum Judenthum ist in Ungarn auch gegenwärtig ebensowenig erlaubt
als die Ehe zwischen Juden und Christen. Die Einführung der gesetzlichen Bekenntnissfreiheit und der bürgerlichen Eheschliessung (Civil-
Ehe) ist indess nur eine Frage kurzer Zeit, da der ungarische Reichstag
in dieser Richtung bereits wiederholte Beschlüsse gefasst und die Regierung auch die einschlägigen Gesetzentwürfe schon angefertigt hat. §

Die Zahl der Juden vermehrt sich in Ungarn in ungewöhnlicher
Weise. Unter der Regierung der Kaiserin-Königin Maria Theresia
wanderten viele Juden aus den polnischen Provinzen hierher und diese
Zuwanderung aus Galizien dauert bis heute fort, so dass die karpatischen Comitate mit Juden nahezu ganz erfüllt sind. «Im Jahre 1785
wurden in Ungarn nur 75.089 Juden vorgefunden; aber im Jahre 1805
conscribirte man schon 127.816 Seelen; gegenwärtig (d. i. im Jahre
1840) beträgt deren Zahl jedoch 241.632, die ungarische Judenschaft
hat sich also binnen 55 Jahren um mehr als das Dreifache vergrössert; — welch' eine entsetzlich grosse Vermehrung!» ruft FÉNYES [69]
aus. § Seitdem ist diese Zunahme nicht geringer geworden. Die Zahl
der Juden war im Jahre 1846 auf 263.030, im Jahre 1848 auf 292.000, [*]
im Jahre 1857 auf 413.118, im Jahre 1870 auf 552.133 gestiegen. Das
bedeutet also für die Zeit von 1785—1870 eine Vermehrung um mehr
als das *Siebenfache*. Vergleicht man dagegen die Bevölkerungszunahme
bei den Katholiken, so findet man, dass im Jahre 1809 die Katholiken
beider Riten 4,644.832 Seelen ausmachten; im Jahre 1870 war deren
Anzahl 9,094.689; also in länger als 60 Jahren hat sich dieselbe nicht
einmal verdoppelt; [**] die Juden vergrösserten sich in derselben Zeit
um mehr als das Vierfache. Weiter! Während alle übrigen Volkselemente des Landes in Folge der Cholerajahre 1872 und 1873 ein Be-
völkerungs-Deficit aufweisen, ergibt sich bei den Juden Ende 1873 nur
an Ueberschuss der Geburten ein *Zuwachs* mit 20.030 Seelen, so dass
schon allein auf natürlichem Wege die israelitische Bevölkerung Un-

---

[*] Die österreichische Volkszählung fand im Jahre 1850 in ganz Ungarn nur
252.665 Juden; ihre Zahl war also gegen 1848 gesunken, wahrscheinlich in Folge
der Ereignisse der Jahre 1848 und 1849

[**] Wobei man noch bemerken muss, dass die Zahl der Katholiken durch
den massenhaften Uebertritt nichtunirter Rumänen zur griechisch-katholischen Kirche
auch auf künstlichem Wege vermehrt worden ist.

garns Ende des Jahres 1873 auf 572.164 Köpfe gestiegen war. Rechnet man die fortdauernde Zuwanderung (namentlich aus Galizien) hinzu, die leider keiner statistischen Aufzeichnung unterliegt, so wird man die gegenwärtige Zahl der Juden in Ungarn auf 600.000 Seelen, d. i. ein Zehntel aller Juden in Europa schätzen dürfen. δ 692

«Seit dem Toleranz-Edicte im Jahre 1782 drängten die Juden schaarenweise nach Pest; obwohl im Jahre 1836 mit Toleranz-Patenten hier nur 224 Familien lebten, so beträgt deren Anzahl gegenwärtig (d. i. im Jahre 1842) schon 7586 Seelen.» 693 Wie sehr hat sich aber seitdem der Stand der Dinge verändert!* Schon im Jahre 1857 zählte man in der Marmaros 28.039, in Bereg-Ugocsa 17.363, in Ung 10.818, in Zemplin 25.533, in Sáros 12.194, in der Zips 3434, also in diesen sieben karpatischen Comitaten zusammen 96.385 Juden, um 11.000 mehr als im Jahre 1785 in ganz Ungarn. Im Jahre 1857 hatten die Ortschaften Alsó-Vereczke, Mártonfalva, Karácsonfalva, Ladomér rein jüdische Bevölkerung; auch in Munkács machten die Juden den überwiegendsten Theil der Einwohner aus 694 und seit dieser Zeit dürfte das auch noch andern Orts der Fall sein.

Nach der letzten österreichischen Volkszählung waren

im eigentlichen Ungarn	393.105
in Siebenbürgen	15.568
» Croatien-Slavonien	5.041
» der Militärgrenze	404
zusammen	413.118 Juden.

Nach der letzten Conscription (im Jahre 1870) vertheilte sich die jüdische Bevölkerung in nachstehender Weise:

	Zahl	in der Bevölkerung
in Ungarn	516.658	4·65 %
» Siebenbürgen	24.848	1·17 »
» Fiume s. Gebiet	71	0·40 »
» Croatien-Slavonien	8.551	0·88 »
» der Militärgrenze	2.005	0·17 »
zusammen	552.133 695	

Budapest ist seit der Vereinigung mit Ofen und Altofen wohl die judenreichste Stadt in Europa.

Ein grosser Theil der Juden lebt vom Pachte der Wirthshäuser, neben welchem er noch einen Kleinhandel (Krämerei) betreibt. Das

---

* Die Zunahme der jüdischen Bevölkerung von Pest zeigen folgende Zahlen Im Jahre 1840 waren 7771, 1842 12.800, 1846 14.320, 1848 16.512, 1857 18.222 und 1870 39.384 Juden. In einem Zeitraume von 30 Jahren hat sich also die jüdische Bevölkeung von Pest mehr als verfünffacht Vgl. SCHWICKER, «Statistik d. Königr. Ungarn», p. 168 und Dr. HUNFALVY, «Kurze Statistik etc.», p. 25.

ist für das gemeine Volk die verderblichste Classe, welche die Grundherren mit ihrem Schankrechte gross gezogen haben und noch gross
ziehen. Durch leichtgewährten Credit, der freilich auf wucherische
Zinsen geht, verlocken sie das ungebildete Volk, bis dessen Vermögen
und Verstand im Branntwein untergeht, so dass Weib und Kinder
elendiglich verkümmern müssen. Die Gemeinden machen es den
Grundherren nach; denn das Wirthshaus pachtet am theuersten der
Jude. Das Schankrecht [696] ist darum ebenso schädlich für das gemeine
Landvolk wie fruchtbringend für die Juden, die unter der nordungarischen Bevölkerung den nüchternen, stets berechnenden und deshalb
auch immer gewinnenden) Theil ausmachen. ♀ Charakteristisch ist,
dass der jüdische Wirth und Krämer am liebsten die slovakischen,
ruthenischen und rumänischen Dörfer aufsucht und hier am besten ge-
deiht; in magyarischen oder gar in deutschen Ortschaften kommt er
nicht gut fort. Beweis dessen, dass die dichteste jüdische Bevölkerung
in den von Slovaken, Ruthenen und Rumänen bewohnten Landestheilen
anzutreffen ist. ☿

Den Gegensatz zu dieser Landplage bilden die jüdischen Grundbesitzer, da sie nicht blos ihrem Vermögen nach zu den angesehensten
Schichten der Bevölkerung gehören, sondern sich auch durch die ratio-
nelle Bewirthschafung des Bodens auszeichnen. Diese Classe wurde
übrigens durch eine andere Eigenthümlichkeit oder vielmehr durch
einen anderen Fehler des ungarischen Staatsrechtes und der ungarischen
Societät geschaffen. Nach dem öffentlichen Rechte konnte in Ungarn
nur ein Edelmann Grundbesitzer werden und Steuerfreiheit geniessen.
Dieses Privilegium gewöhnte an ein sorgenloses Schlaraffenleben. Ferner besass in Ungarn nur der Edelmann volle Menschenrechte; nur
er war so zu sagen ein »ganzer« Mensch. Der Nichtadelige, mochte
er Bürger oder Bauer sein, konnte, falls er auch noch so reich war,
kein adeliges Grundstück kaufen, wenn er sich nicht vorher durch Geld
den Adel verschafft hatte, was er um so mehr zu erreichen suchte,
weil es ihm nur auf diese Weise möglich war, sich aus dem Bauern-
stande zu erheben. Dieser verkehrte Zustand hatte doppelt nachtheilige
Folgen. Der sorglos dahinlebende Grundbesitzer gerieth immer mehr
in Schulden, der Werth seines Besitzes nahm jedoch relativ nicht zu,
weil ja der Nichtadelige, also die auf Arbeit, auf Industrie angewiesene
Volksclasse, falls sie auch das Vermögen hatte, nicht als Käufer auftreten konnte. Da ferner der reich gewordene Nichtadelige, wollte er
ein »ganzer« Mensch sein, gezwungen war, sich den Adel zu verschaffen: so blieb das Capital auch nicht bei der arbeitenden Classe, es konnte
demnach auch deren Wohlstand keinen dauernden Aufschwung nehmen. Wahrlich dem »Partis I-mae Titulus nonus« fiel die gesammte

christliche Gesellschaft in Ungarn zum Opfer. Suchte der verschuldete adelige Grundbesitzer später einen Käufer für seinen entwertheten Besitz, so standen den Nichtadeligen auch keine Capitalien zur Verfügung; denn reiche Nichtadelige fanden sich keine, da diese ja einen grossen Theil ihres Vermögens opferten, um nur aus dem rechtlosen Bauern-, oder aus dem beschränkten Bürgerstande frei zu werden und sich die Adelsrechte zu erwerben.

Mittlerweile riss die jüdische Bevölkerung den Handel an sich und da sie hier (mit wenigen Ausnahmen) keine sociale Concurrenz zu besiegen hatte, so bereicherte sie sich mehr und mehr. Da trat der plötzliche Umschwung ein: der adelige Besitz wurde käuflich. Ihn erwarb aber nun nicht jener andere Theil der christlichen Bevölkerung, sondern der bisher vom Adel und Besitzthum ausgeschlossene reiche jüdische Kaufmann. Man nehme eine grosse Karte von Ungarn und verzeichne von dem Punkte an, wo die Theiss in die Ebene eintritt, bis zu ihrer Mündung die Grundbesitzungen der Juden und man wird mit Erstaunen wahrnehmen, wie viel nicht «mit magyarischem Blute erworbenen», sondern durch magyarische Schuldenmacherei verlorenen Boden das ausmacht! Dasselbe findet man entlang der Donau und andern Orts. Könnte man jedoch den jetzigen Zustand dieser Felder mit ihrem früheren vergleichen, dann müsste man auch zugestehen, dass die neuen Besitzer dessen würdiger sind, als jene früheren sorglosen und leichtsinnigen Verschwender und Schuldenmacher.

Der Handel Ungarns liegt auch heute hauptsächlich in jüdischen Händen; seitdem Wieselburg, Raab u. s. w. den Getreidehandel verloren haben, wird derselbe fast ausschliesslich von Juden betrieben. Dasselbe gilt von dem übrigen Productenhandel. — Aber ausser dem Handel ergeben sich die Juden auch mehr und mehr den (leichteren) Gewerben; insbesondere nimmt auch die Zahl jener Juden zu, welche gelehrte Studien betreiben, wobei sie sich in den verschiedenen Wissenschaften auszeichnen. [697]

In Bezug auf den zoologischen Charakter fand Professor LENHOSSÉK durch seine Messungen, welche er an 15 Juden im Alter von 26—47 Jahren vornahm, den Breiten-Index 80·5, den Höhen-Index 61·4. [698]

Rückblick.

Schon vor der Römerzeit wohnten verschiedene Völker im heutigen Ungarn und zwar in dessen östlichen Theilen oder in Siebenbürgen anfänglich die Agathyrsen, dann die Daker; in den nordwestlichen Theilen die Bojer, in den südwestlichen die Pannonier. Auf die Bojer folgen die Quaden; zwischen diesen und den Dakern nehmen die Jazyger Platz. Die Römer unterwarfen sich erstlich die Pannonier, dann die Daker; römisches Leben, römische Cultur entstand sowohl in Pannonien als in Dacien. Dagegen auf dem Gebiete der Quaden und Jazyger herrschte Roms Adler niemals. Die Römer verliessen Dacien schon um das Jahr 270 nach Chr. G., indem sie die Legionen und die nach römischem Recht lebenden Bewohner daraus wegführten. Seitdem herrschten über die ursprünglichen Einwohner oder die daselbst verbliebenen fremden Ansiedler die Gothen, die Hunnen, die Gepiden und Avaren; vermischt unter denselben mochten vielleicht schon in der Hunnenzeit auch Slaven vorkommen, welche dann unter den Avaren stets zahlreicher werden, so dass auch die Avaren, deren Hauptstärke nicht in diesen Theilen des Landes war, ebenfalls slavisirt werden konnten. Wären zu irgend einer Zeit auch Bulgaren hinzugekommen (was ungewiss ist), dann würden diese als den Avaren ethnographisch näher stehend sich eher mit diesen als mit den Slaven amalgamirt haben; denn die Bulgaren haben nur südlich der Donau das Slaventhum angenommen. Nach dem Untergange der Avaren treffen wir in Siebenbürgen nur Slaven; allein die Geschichte derselben vor der Einwanderung der Magyaren ist unbekannt.

In Pannonien wurde die Römerherrschaft durch Attila nur unterbrochen, nicht beseitigt: denn nach dem Untergange des hunnischen Reiches lebte sie wieder auf und die Gothen besassen Pannonien über Gutheissung der Römer. Auch die Langobarden wurden vom römischen Kaiser hierher berufen; erst die Avaren vernichteten den Einfluss der Römer. Wie sehr aber auch bis dahin die römische Wehrkraft geschwunden war, das zeigen am deutlichsten die Länder jenseits der Save, wohin Kaiser Heraklius zum Schutze gegen die Avaren Croaten und Serben ansiedelte. Wenn schon in diesen Gebieten die römische Wehrkraft und die nach römischen Gesetzen lebende Bevölkerung zum Schutze gegen die anstürmenden Barbaren nicht ausreichend war, so musste beides in Pannonien schon bis zur Ankunft der Avaren um so mehr gesunken sein.

Die Quaden und Jazyger verschwinden zur Zeit der Hunnen; denn diese neuen Ankömmlinge hausen hauptsächlich im ehemaligen Jazygerlande. Nach den Hunnen sassen aber nur germanische Volksstämme, als: Wandalen, Heruler und Langobarden zwischen der Donau und Theiss; sowie zwischen der March und dem Sajó.

Damals hatten Croaten und Serben ihre Wohnsitze noch im Norden und Osten der Karpaten. Sie umgingen sodann das Gebirge und gelangten an die östliche Donau und dieser und dem Saveflusse entlang zogen sie nach dem Westen. Aber ein geringer Theil von ihnen zog auch über die Karpaten herein. Während der Avarenherrschaft verbreiteten sich also über Ungarn und Siebenbürgen Slaven oder genauer «Slovenen», zu denen auch Croaten und Serben gehören. Darum finden wir in der fränkisch-deutschen Periode in dem Fürstenthume Priwina's und Kozel's, oder im alten Pannonien, Slovenen; darum waren auch die Mährer Rastislaw's und Swatopluk's Slovenen und ist es sehr glaublich, dass auch die Slaven in Siebenbürgen Slovenen gewesen. Das Christenthum gelangte von den bayrischen Deutschen zu den pannonischen und theilweise auch zu den mährischen Slovenen; allein bis zu den Slovenen an der Theiss und in Siebenbürgen, also im alten Dacien, reichte die bayrisch-deutsche Mission nicht. Methodius und seine Schüler lehrten sowohl in Pannonien als in Mähren in slovenischer Sprache und in dieser Sprache setzten letztere ihr Bekehrungswerk auch bei den transdanubischen Bulgaren fort.

Nun kommen die Magyaren und nehmen das heutige Ungarn in Besitz. Die vorgefundenen Slovenen verschmelzen mit ihnen, so dass sie gänzlich verschwinden. Denn die heutigen Slovaken in den nordwestlichen Landestheilen sind eine jüngere, čechische Bevölkerung; auch die Ruthenen im Norden sind spätere Einwanderer. Die Wenden (Winden, Slovenen) im westlichen Ungarn jenseits der Donau sind wohl auch spätere croatische Gäste. Nur an der Save ist das alte Slovenenthum verblieben, und zwar als Croaten und Slavonier. Siebenbürgen nahmen die Magyaren von diesseits, vom eigentlichen Ungarn aus in Besitz. Die besitzergreifenden Magyaren und die daselbst vorgefundenen Slovenen konnten das Land aber lange nicht ausfüllen; deshalb siedelten die ungarischen Könige sowohl im Mutterlande wie in Siebenbürgen Deutsche an. Als die Magyaren sodann das Christenthum annahmen, wendeten sie sich nicht der orientalischen, sondern der abendländischen Kirche zu; Magyaren und Slovenen, mochten diese mit jenen verschmolzen sein oder nicht, wurden sämmtlich Katholiken, so dass selbst die Bekenner der orientalischen Kirche (denn wir haben Kunde von griechischen Klöstern) zum Katholicismus übertraten, wie das auch bei den Kumanen nicht blos in Ungarn, sondern auch in der Moldau-Walachei der Fall war; haben sich doch auch Bulgaren und Serben häufig an die römischen Päpste gewendet. Die Herrschaft der abendländischen Kreuzritter in Constantinopel spornte die orientalische Kirche zu grösserem Eifer an. Denn bei den Völkern waren jetzt römische Kirche und lateinische Eroberer identisch geworden. In dieser Zeit begannen die Walachen oder Rumänen ihre Wanderungen über die Donau nach Kumanien und Siebenbürgen, sowie in die östlichen Theile Ungarns. Sie kommen hierher als Hirten (denn ein solches Volk wandert am leichtesten); ihr Erscheinen ist deshalb kaum bemerkbar und da sie anfänglich den Boden nicht bebauten, so sind sie auch zehentfrei. Das walachische Volk entstand aber unter den Bulgaren oder unter slavischen Stämmen überhaupt; seine Priester waren nur Slaven und die slovenische Sprache und Schrift wurde zur Kirchensprache der Rumänen. Desgleichen kamen auch die Ruthenen vielmehr als Hirten denn als Ackerbauer nach Ungarn; ihr Los und ihre Stellung glich also vollständig dem der Walachen. — Die letzte grosse Einwanderung eines Volksstammes war die der Serben, die zugleich eine organisirte Hierarchie der orientalischen Kirche mitbrachten. Bis dahin war es auch leichter, die Ruthenen und Rumänen in den Schoss der römischen Kirche zu bringen; die serbische Hierarchie war schon in Folge ihrer erhaltenen Privilegien eine Schutzwehr gegen die kirchliche Union. Die nichtunirten Walachen gelangten darum auch unter die serbische Hierarchie. [69] Ein Rückblick auf die neueste Geschichte ist überflüssig; da wir Alle Zeugen derselben gewesen.

Viele, namentlich unter den slavischen Schriftstellern, finden es auffällig, dass nicht auch die Magyaren unter den Slaven slavisirt worden sind, wie dies bei den Bulgaren und mit den skandinavischen Russen der Fall war, oder dass die Magyaren nicht ebenfalls die Sprache der früheren Bewohner angenommen haben, wie dies die Gothen, Langobarden, Franken, Normannen u. s. w. thaten. Wir sehen darin nichts Absonderliches. Denn die in Ungarn vorgefundenen Slovenen waren weder so zahlreich noch so civilisirt, die Magyaren hingegen weder an der Zahl so gering noch an der Cultur so tief stehend, wie jene Schriftsteller es sich einbilden. Man kann allerdings die Menge der einwandernden Magyaren nicht besonders hoch ansetzen; dennoch waren sie auch darin den Slovenen überlegen. Das Zahlverhältniss zwischen diesen beiden Völkern war ohne Zweifel ein ganz anderes als das zwischen den Russen oder den Bulgaren und den betreffenden Slaven. In Bezug auf die Cultur überragten die lateinischen Völker jedenfalls ihre Unterjocher weit mehr als dies bei den Slovenen in Hinsicht auf die Magyaren der Fall war. Allein trotzdem wären die Magyaren vielleicht dem gleichen Schicksale jener Eroberer verfallen, wenn sich nicht andere Völker-Ankömmlinge verwandter Herkunft (die Kabaren, Petschenegen, Kumanen) den Magyaren angeschlossen und deren Zahl vermehrt hätten, so dass die übrigen Völkerstämme Ungarns *zusammen* die Magyaren an Zahl allerdings übertrafen, dass die Magyaren jedoch jedem einzelnen dieser Stämme gegenüber zu jeder Zeit der Zahl nach überlegen waren.

Das Volk Ungarns ist sprachlich gemischt (polyglott); allein keiner seiner Stämme kann sich rühmen, dass er der Eingeborne, der *Autochthone* dieses Landes wäre. Alle ohne Ausnahme sind Fremdlinge, Einwanderer. Wenn man aber die Croaten, welche die Nachkommen der von Kaiser Heraklius hierher gerufenen Croaten sein können, ausnimmt, so sind unter allen übrigen Nationen des Landes die *Magyaren die ältesten Bewohner desselben*. Nahezu 1000 Jahre sind es, seitdem dieses Land den Namen «Ungarn» führt; eine solch ununterbrochene Continuität der Geschichte findet man in unserem Lande nicht, so weit das Gedächtniss Klios in das Dunkel der Zeiten zurückreicht.

Anmerkungen und Nachträge.

[1] (S. 1.) BLUMENBACH, «De generis humani varietate.» 1775. BLUMEN-BACH war Professor in Göttingen und lebte 1752—1840.

[2] (S. 1.) MORTON, von Geburt ein Schotte, wanderte nach Amerika, wo er Professor in Philadelphia ward und im Jahre 1852 starb.

[3] (S. 2.) «Types of Mankind, or Ethnological Researches» (nach SAMUEL GEORG MORTON's Tod) by J. C. NOTT and GEO. R. GLIDDON. Phila-ladelphia. Im Jahre 1854 erschien die 6., im Jahre 1870 die 8. Auflage..

[4] (S. 2.) ANDERS RETZIUS, ein schwedischer Gelehrter, lebte von 1796—1860. «Ethnologische Schriften» von A. RETZIUS. Nach dem Tode des Ver-fassers gesammelt. Stockholm 1860. — Einige Nachrichten über ihn s. auch in P. HUNFALVY, «Utazás a Balt-tenger vidékeire» (d. i. «Reise in die baltischen Länder»). II. Bd.. S. 341—423.

[5] (S. 4.) «Blick auf den gegenwärtigen Standpunkt der Ethnologie mit Bezug auf die Gestalt des knöchernen Schädelgerüstes.» Vgl.: «Ethno-logische Schriften» von ANDERS RETZIUS. S. 136—163.

[6] (S. 4.) «Ethnologische Schriften.» S. 33.

[7] (S. 4.) «Kraniologische Mittheilungen» von HERMANN WELCKER. Im «Archiv für Anthropologie.» Braunschweig, 1868. I., 75—160. Die weiter im Texte S. 6. Anm. mitgetheilten Messungen von STEINBURG würden einen Breite-Index auch von mehr als 100 aufweisen, wenn sie nach der Methode WELCKER's geschehen sind.

[8] (S. 6.) WELCKER verglich diese Zahlen mit den Ziffern der nach BLUMENBACH classificirten Menschenraçen und fand auf Grund von DANIEL's «Handbuch der Geographie» (Ausgabe 1859) folgende Zahlen:

Kaukasische Raçe . . . . . über   500 Millionen
Mongolische   » . ungefähr 300—400   »
Neger-   » 100   »
Amerikanische Raçe 13   »
Malayische   » 30   »

zusammen . 1043 Millionen.

¿ Diese Ziffern sind nach der neuesten Berechnung von BEHM theil-weise zu niedrig gegriffen. Nach BEHM beträgt:

die kaukasische Raçe . . . . über   500 Millionen
 » mongolische   » 550   »
 » äthiopische   » . . . . über 200   »
 » amerikanische Raçe 13   »
 » malayische   » 100   »

zusammen . 1363 Millionen. Vgl. DA-NIEL, «Handbuch der Geographie.» Vierte Auflage. Leipzig, 1874. Bd. I. S. 196 ff. ♂

[7b] (S. 7.) «Brachycephalia und Dolichocephalia insbesondere der deutschen Stämme.» Im V. Theile der «Kraniologischen Mittheilungen».

8b (S. 9.) «Reise der österr. Fregatte «Novara» um die Erde in den Jahren 1857, 1858 und 1859.» Anthropologischer Theil. Dritte Abtheilung. Wien, 1868.

9 (S. 10.) ὁ Um zu zeigen, wie der Naturforscher HÄCKEL sich den Ursprung dieser Menschenarten aus Einer Urform denkt, diene folgendes Schema:

Urmenschen

Schlichthaarige		Wollhaarige	
Straffhaarige	Lockenhaarige	Büschelhaarige	Vliesshaarige
5. Australier	10. Drawidas 11. Nubier	1. Papuas 2. Hottentotten	3. Kaffern 4. Neger

7. Mongolen 6. Malayen

12. Mittelländer

9. Amerikaner 8. Arktiker

10 (S. 12.) W. HUMBOLDT's Gesammelte Werke. Berlin, 1848. Bd. VI. § 17: «Ueber die Verschiedenheit des menschlichen Sprachbaues und ihren Einfluss auf die Entwickelung des Menschengeschlechtes.»

(Nachbemerkung zur S. 12 über die «*amerikanischen*» Sprachen.) Die amerikanischen Sprachen sind sehr zahlreich, natürlich auch sehr verschieden. Die Erscheinung, dass sie die zum Satze gehörigen Theile (Worte) sämmtliche in *ein* Wort zusammenfassen, wird dadurch hervorgerufen, weil sie die Zahl- und Verhältnissbezeichnungen nur einmal ausdrücken. Im Deutschen sagt man zum Beispiel: «Die Hunde haben es gethan», also die Mehrzahlbezeichnung wird sowohl dem Haupt- als dem Zeitworte (Hilfsverbum) beigefügt. Die Dakota-Indianer setzen diese Bezeichnung nur einmal und zwar am Schlusse; so: šunka ečoñ pi (von «šunka» der Hund, ečoñ thun, pi das Pluralzeichen); — «die Dakota-Indianer tödteten die Beschdeke» (die sogenannten «Fuchsindianer»), hier ist der Pluralis im Deutschen dreimal bezeichnet und «die Beschdeken» steht überdies im Accusativ. Diesen Satz drücken die Dakota also aus: «dakota-bešdeke-wiča-kte-pi» (dakota, bešdeke, wiča der Mensch, kte tödten, pi Pluralzeichen). Diese Dakotasprache ist die Sprache der Sioux-Indianer, vgl. «A Dakota nyelv» (d. i. die Dakotasprache) von P. HUNFALVY im «Berichte» der ung. Academie vom Jahre 1856.

(Zur S. 14.) Ueber die «*turanischen*» Sprachen vgl. 1. MAX MÜLLER, «On the classification of the Turanian languages», — BUNSEN: «Outlines of the philosophy of Universal History», London, 1854, vol. I., p. 263—521. Eine ausführliche Besprechung dieses Werkes siehe in «Nyelvtudományi Közlemények» (d. i. «Sprachwissenschaftliche Mittheilungen»), II. (1863), S. 381—460.

2. MAX MÜLLER: «The Languages of the Seat of War in the East, with a survey of the tree families of languages Semitik, Arian and Turanian.» London, 1855.

3. Derselbe: «Lectures on the Science of Language.» London, 1861. Sechste Auflage. London, 1871. (In deutscher Sprache: «Vorlesungen über die Wissenschaft der Sprache.» Für das deutsche Publicum bearbeitet von Dr. C. BÖTTGER. Autorisirte Ausgabe. Leipzig, 1863.) Eine ausführliche Besprechung dieses Werkes siehe in den «Nyelvtudományi Közlemények» II., p. 69—104. — Eine ungarische Uebersetzung bewerkstelligte nach der sechsten Originalauflage im Auftrage der ungarischen Academie der Wissenschaften SIGMUND STEINER. (Erschien zu Budapest, 1873—74.)

(Zur Seite 16 über «*Flexion*».) Dass in der That nur die semitischen Sprachen wahrhaft «flektirend», die arischen und altaischen

aber «agglutinirend» sind, ist so augenfällig, dass es wunders nehmen
muss, wenn die Wissenschaft noch immer den flektirenden Charakter
der arischen Sprachen aufrecht erhält und zwischen ihnen und der Bie-
gung der semitischen Sprachen keinerlei Unterschied findet. Diesen
Umstand habe ich bereits im Jahre 1854 näher beleuchtet in meiner
Abhandlung : «A Török, Magyar és Finn szók egybehasonlitása» d. i.
«Vergleichung der türkischen, magyarischen und finnischen Wörter») im
«Akademiai Értesitő» (d. i. «Academischer Anzeiger») vom Jahre 1855.

Bopp urtheilt übrigens auch folgendermassen : «Eine semitische Wurzel
ist unaussprechbar, weil man, indem man ihr Vocale gibt, sich schon zu
einer speciellen grammatischen Form hinneigt, und nicht mehr blosses
Eigenthum der über alle Grammatik erhabenen Wurzel vor sich hat. Im
indo-europäischen Sprachstamm (d. i. in der *arischen* Sprachfamilie)
aber, wenn man seinen ältesten Zustand in den am reinsten erhaltenen
Sprachen zu Rathe zieht, erscheint die Wurzel als ein fast unveränder-
licher geschlossener Kern, der sich mit fremden Sylben umgibt, deren
Ursprung wir erforschen müssen.» — Unter der Flexion versteht
Fr. v. Schlegel die innere Veränderung des Wurzellautes, oder die
innere Modification der Wurzel, die er der Anfügung von aussen entge-
genstellt. Was sind aber, wenn von δω oder δο im Griechischen διδω-μι
δώ-σω δυ-Θησόμεθα kommt, die Formen μι, σω, Θησουθα anders als
offenbare Zusätze von Aussen, an die im Innern gar nicht, oder nur
in der Quantität der Vocale veränderte Wurzel? Wenn also unter
Flexion eine innere Modification der Wurzel verstanden sein soll, so hat
das Sanskrit und Griechische etc. ausser der Reduplication, die aus den
Mitteln der Wurzel selbst genommen wird, kaum irgend eine Flexion
aufzuweisen.» Vergleichende Grammatik des Sanskrit etc. Zweite Auflage.
Berlin, 1857. § 107. 108.

11 (S. 15.) H. Steinthal, «Die Classification der Sprachen, dargestellt als
die Entwickelung der Sprachidee.» Berlin, 1850.
12 (S. 17.) H. Steinthal, «Charakteristik der hauptsächlichsten Typen des
Sprachbaues.» Zweite Bearbeitung seiner «Classification der Sprachen».
Berlin, 1860.
13 (S. 18.) Steinthal, Ebend.
14 (S. 20.) Charakteristik der hauptsächlichsten Typen des Sprachbaues.
S. 329, 330. — Schwartze, auf den sich Steinthal im Texte beruft, ist
mir unbekannt, deshalb kann ich auch über seine Ansicht bezüglich der
magyarischen Sprache kein Urtheil fällen.

Zur S. 21.) Der auf S. 10 aus Tacitus angeführte Satz, auf dessen
einzelne Ausdrücke im Lateinischen und Magyarischen sich der Text
S. 21 bezieht, lautet im magyarischen Wortlaute also : «Jeles férfiak tetteit
és erkölcseit az utódoknak adni hírül, mi hajdan szokásban volt, még a
mi korunk sem hagyta el, ámbár nem sokat gondol a maga történeteivel.»

15 (S. 22.) Nehmen wir z. B. das lappische «akka», das finnische «akka»,
das wogulische «akve» und das magyarische «asszony» («ak-szony=Frau»
deren Nominativ, Accusativ und Genitiv lautet folgendermassen :

	Lappisch:	Wogulisch:	Magyarisch:	Finnisch:
Nominativ	akka	akve	asszony	akka
Accusativ	aka-b	akva-me	asszony-t	aka-n
Genitiv	aka-n	—	—	aka-n.

16 (S. 22.) Vgl. «Etudes Accadiennes» par François Lenormant. Paris,
1873, 1874. «Es ist überhaupt eine merkwürdige historische Thatsache,
dass die Cultur nicht bei den sanskritischen, oder nach Steinthal bei
den Völkern mit der vollkommensten Sprache begonnen hat, sondern in
China, Mesopotamien, d. i. im Zwischenstromlande des Euphrat und Tigris
und in Aegypten. Der Einfluss der chinesischen Cultur erreichte das
Mittelmeer nicht; aber die mesopotamische assyrische, babylonische

382

Cultur ging der ägyptischen voraus und verbreitete sich über Phönicien, Griechenland und über die europäischen Völker. Den Anfang der mesopotamischen Cultur hat man wiederum nicht bei Assyrern und Babyloniern zu suchen, sondern bei einem diesen vorausgegangenen turanischen Volke, von welchem jene die Schrift empfangen hatten. Um das Jahr 1900 v. Chr. nahm Sargon I. statt des alten turanischen Glaubens die semitische Religion an.» (LENORMANT, «La langue primitive de la Chaldée», p. 321, Paris, 1875.) In den drei genannten Cultur-Centren reicht der Ursprung der Schrift bis in das dritte Jahrtausend vor Christus (3000—2300) zurück, indess die Schrift der Sanskrit-Völker das siebente Jahrhundert vor Christus nicht überschreitet. (Vgl. Dr. BIRCH auf der internationalen Versammlung der Orientalisten zu London, im Jahre 1874, worüber man meinen ausführlichen Bericht in «Ertekezések a Nyelv- és Széptudományok köréből» d. i. «Abhandlungen aus dem Gebiete der Sprach- und ästhetischen Wissenschaften», Bd. IV., 6. Heft, 1874, nachsehen kann).

(Zur S. 22 über das *Personalpronomen*.) Wie unmöglich es der Conjugation des Verbums ist, sich nach dem Muster einer anderen Sprache zu formen, lehrt deutlich folgendes Beispiel. Das magyarische *men*-ni (gehen), lautet im Finnischen *men*-nä, im Wogulischen *min*-ungve, im Lateinischen ire; der Conditionalis hievon ist im Magyarischen *mennć*-k, im Finnischen *menne-ne*-n, im Wogulischen *min-nu*-m, im Lateinischen irem. In den finnisch-ugrischen Sprachen ist *ne*, *nu* die Bildungssylbe des Conditionalis, zu welcher dann noch die Personalsuffixe (k, n, m) treten. Aus welcher indo-europäischen Sprache stammt nun diese Flexionssylbe? Ferner: Welche indo-europäische Sprache ist die Ursache dessen, dass das Personalsuffix im Magyarischen k, im Finnischen n, im Wogulischen m ist? Und wenn wir erst noch den Desiderativ-Potentionalis *mehetném* (= ich möchte gehen), *mehetnél* (du möchtest gehen), *mehetnék* betrachten, dessen Conjugation auf «ik» auch in der magyarischen Grammatik ein Unicum ist; welcher indo-europäische Dialekt sollte der Schaffung dieser Form als Ursache oder Antrieb gedient haben? Kein einziger dieser Dialekte ist meines Wissens im Stande den Potentialis «het» (können) und den Conditionalis «ne» (mögen) durch Suffixe auszudrücken; die Conjugation mit «ik» hat zwar in der Bedeutung ein Analogon im griechischen Medium und im sanskritischen atmane-padam; allein ein wörtliches Analogon könnte ich nicht anführen.

17 (S. 23). «Problem der linguistischen Ethnographie.» Im «Geographischen Jahrbuche» v. BEHM, 1872. Bd. IV.

18 (S. 24). «Ueber die Verschiedenheit des Menschen als Raçen- und Völkerindividuum.» Wien, 1871. — «Allgemeine Ethnographie» von FRIEDR. MÜLLER. Wien, 1873.

(Zur Seite 24.) Ueber die *Samojeden* und deren Sprache siehe «Magyar Nyelvészet» (d. i. «Magyarische Philologie»), Bd. III. Hauptquelle ist: CASTRÉN, «Samojedische Sprachen.» St.-Petersburg, 1855.

19 (S. 26.) «Völkerkunde» von OSKAR PESCHEL. Leipzig. 1. Auflage, 1874; 2. Auflage 1875. Diese zweite Auflage ist im Texte citirt.

20 (S. 26.) Völkerkunde, Seite 351, 352.

21 (S. 27.) Völkerkunde, Seite 369.

22 (S. 27.) Völkerkunde. S. 401, 403.

23 (S. 27.) CASTRÉN, ethnologische Vorlesungen über die altaischen Völker. Herausgegeben von ANTON SCHIEFNER. St.-Petersburg, 1857.

24 (S. 28.) Ueber die Drawida-Sprachen vgl. «Dravida-nyelvek.» HUNFALVY P. által (d. i. «Die Drawida-Sprachen» von PAUL HUNFALVY) im X. Bde. der «Nyelvtudományi Közlemények» (d. i. «Sprachwissenschaftliche Mittheilungen»).

25 (S. 28.) Völkerkunde, S. 487.

26 (S. 28.) Völkerkunde, S. 532.

27 S. 29.) Völkerkunde, S. 534.

28 (S. 29.) Ueber die baskische Sprache vgl. eine orientirende Abhandlung von Dr. FRANZ RIBÁRY im 5. Bde. der »Nyelvtudományi közlemények« (d. i. »Sprachwissenschaftliche Mittheilungen«).

29 (S. 30). Allgemeine Ethnographie, S. 420 ff.

30 (S. 30). Völkerkunde, S. 504 ff.

(Zur Seite 30 über *Neger und Alt-Aegypter.*) Als ich im September des Jahres 1874 von London nach Hause zurückkehrte, befand sich auf dem Dampfer von Dovre nach Calais eine grosse und gemischte Gesellschaft. Mir gegenüber sass eine Negerin, welche ihr Haupt an die Cabin-Wand lehnte, als ob sie sich unwohl fühlte, obschon das Meer ganz stille war. Ich betrachtete lange ihre Gesichtszüge, ihre Augen und Lippen und war überrascht, darin ein vollkommenes Ebenbild einer altägyptischen Bildsäule aus dem Londoner Museum zu erblicken. Auch mein Reisegefährte fand an der Negerin dieselbe Aehnlichkeit. Ich würde es nicht wagen, dies anzuführen, wenn es nicht bei PESCHEL (S. 14) heissen würde: »DARWIN erzählt uns, dass bei einem Besuche des britischen Museums ihn und zwei Beamten jener Anstalt, die er als urtheilsfähige Richter bezeichnet, die stark ausgesprochene Negerform der Statue Amunoph III. auffiel.« Eine zweite Aehnlichkeit fiel mir auf in einem Garten bei London, wo die Mitglieder der Orientalisten-Versammlung einen Nachmittag zubrachten, darunter auch eine Hindufamilie: Mann, Frau und zwei Kinder. Ich wurde nicht müde, diese zu betrachten, insbesondere die Frau und die beiden (6- und 12-jährigen) Kinder; es waren vollständige ungarische Zigeunergestalten, nicht bloss nach Gesicht, Hautfarbe, Haar, Augen und den weissen Zähnen: sondern auch in den Bewegungen.

31 (S. 30). Mir scheint, dass in Ungarn die Lebensweise Einfluss auf den Bartwuchs habe. Bei dem viel im Freien lebenden Landmanne, mag er welcher Nation oder Sprache immer angehören, sind dichte Bärte selten, dagegen um so stärker bei den im Zimmer arbeitenden Handwerkern, namentlich in den Städten. Es ist keine seltene Erscheinung, dass des Bauern Sohn, der z. B. das Schusterhandwerk erlernt hat, starken Bartwuchs aufweist, indess der Vater nur schwachbärtig gewesen; selbst der vermöglichere Landwirth, der mit Pflug und Sense weniger hantirt, nimmt nicht bloss an körperlichem Umfange zu, sondern erfreut sich auch eines strotzenden Bartwuchses.

Vielleicht kann man auch anderwärts ähnliche Wahrnehmungen machen. Prof. Dr. VÁMBÉRY brachte von seiner Reise nach Inner-Asien, von Kungrat (an der südlichen Spitze des Aralsees) einen jungen Menschen mit, welcher nur schwachen Bartansatz zeigte. Dieser Kungrate lebt gegenwärtig als Diener an der academischen Bibliothek in Budapest und besitzt heute Bart und Schnurrbart wie jeder Eingeborne des Landes. Und doch sollte nach der Ethnographie ISAK MOLLAH nur schwachen Bartwuchs haben.

32 (S. 31.) »Kraniologische Untersuchungen« im »Archiv für Anthropologie«. I., 129.

33 (S. 31.) Völkerkunde, S. 481.

34 (S. 31.) Völkerkunde, S. 14.

35 (S. 31.) Allgemeine Ethnographie, § 1.

36 (S. 31.) Völkerkunde, S. 522.

37 (S. 31.) Ibidem, S. 412.

38 (S. 31.) Ibidem, S. 31.

(Zur S. 33 über »*Nation*«.) In Ungarn kam in den Gesetzen das lateinische »natio« zur Geltung; so heisst es im G.-A. 61: 1741: »Regnorum Dalmatiae, Croatiae, Sclavoniae filii nativi sub *denominatione Hungarorum* complectuntur. Accedente benigna S. R. Majestatis resolutione, communi Statuum et Ordinum voto ultra compertum et statutum est, ut praefatorum regnorum regno Hungariae connexorum filii nativi sub denominatione Hungarorum, quoad officia et beneficia Ecclesiastica et Secularia etiam comprehensi intelligantur.» — Unter dem Ausdruck «ungarische Nation» verstand man damals den *Adel*, sobald von der Verleihung von Bisthümern oder anderen einträglicheren Aemtern die Rede war. Später bezeichnete dieses Wort das politisch gleichberechtigte Volk.

³⁹ (S. 36.) Slavische Alterthümer, I., p. 293.

⁴⁰ (S. 29.) «Mü-régészeti kalauz, különös tekintettel Magyarországra» (d. i. «Kunstarchäologischer Führer, mit besonderer Rücksicht auf Ungarn»). 1. Theil. Prähistorische Periode. Von Dr. FL. RÓMER, Mitglied der ungar. Academie. Mit 154 Holzschnitten. (Pest, 1866.)

⁴¹ (S. 39.) «Magyar Régiség-tan» («Ungarische Archäologie»). Vgl. ARNOLD IPOLYI, «Magyar műtörténelmi tanulmányok» (d. i. «Ungarische kunstgeschichtliche Studien»). Budapest, 1873. S. 557 ff.

⁴² (S. 29.) Fundnotiz. Pfahlbauten im Neusiedlersee. Von GUNDAKER Graf WURMBRAND. In den «Mittheilungen der anthropologischen Gesellschaft» in Wien. Bd. IV., p. 291.

⁴³ (S. 39.) Vgl. «Magyar műtörténelmi tanulmányok» (d. i. «Ungarische kunstgeschichtliche Studien»). S. 472 ff.

⁴⁴ (S. 39.) Vgl. CARL GOOSS, «Archäologische Analekten» im «Archiv für siebenbürgische Landeskunde.» Bd. XI. 1. Heft, 1873, S. 114 ff. Und: «Der neueste Fund bei Hammersdorf», von LUDW. REISSENBERGER im «Archiv für siebenbürgische Landeskunde.» Bd. X. 1. Heft, 1872.

⁴⁵ (S. 40.) «Die Sammlung ist wohl eine der reichsten in der Monarchie.» Dr. MATHÄUS MUCH in den «Mittheilungen der anthropologischen Gesellschaft» in Wien. Bd. IV., p. 14.

⁴⁶ (S. 40.) Pindaros (lebte 522—442 vor Christus) in der 3. Olympionike, V. 10—20.

⁴⁷ (S. 41.) Prof. CARL GOOSS, der die örtliche Situation aus eigener Anschauung zu kennen scheint, sieht den «Tiarantus» im heutigen *Teljorman*, den «Ararus», welchen *Ptolomaeus* Ἰεραςος nennt, im *Seret*, den «Naparis» in der *Jalomnitza* und den «Ordessus» im *Ardschisch*. Vgl. «Studien zur Geographie und Geschichte des Trajanischen Daciens», im Schässburger Gymnasialprogramme vom Jahre 1873, 4.

⁴⁸ (S. 41.) *Herodotus*, IV., 194.

⁴⁹ (S. 42.) *Aeschylus* (lebte 525—456 vor Christi Geb.) gedenkt schon des Gebirges *Ripe* (Ῥῖπαι oder Ῥιπαια ὄρη). Fragment 86. GODOFR. HERMANNI Edit. I., p. 327. Das Gebirge «Ripe» heisst bei den lateinischen Schriftstellern *Rhiphaei montes*=Ural. — *Herodotus* wusste, dass das Kaspimeer ein grosser binnenländischer See sei, was man später wieder vergass.

⁵⁰ (S. 42.) *Tomi*, als Verbannungsort *Ovid's* berühmt geworden, wird heute von den Moldauern *Tomischvár* genannt», so äussert sich KATANCSICH: «De Istro ejusque accolis.» Buda, 1748. p. 25. (Hodie quoque nomen antiquum retinet. Moldavis *Tomis-wára* dictum, Turcis *Pangaea*, Graecis *Puglicora*, ut notat Hasius.) — Der «Parvus Atlas in duos partes divisus, quarum prior pars repraesentat Regnum Hungariae etc. secunda pars refert Regna et provincias haereditarias Caesareas» (Augustae Vindelic. Excudit JOHANN ANDREAS PFEFFEL, ohne Jahreszahl) bringt auf Tafel IV das «Regnum Bulgariae» und daselbst ist der «Golfo de la Varna» mit der Stadt «Varna» und der «Golfo di Tomiswar» mit der Stadt «Tomiswar» verzeichnet. Dieser Atlas wurde zur Zeit Carl VI. (III.), also vor der Regierung Maria Theresia's angefertigt. Desgleichen zeigt die «Accurate Landkarte», die Königreiche: Ober- und Nieder-Hungarn, Slavonien, Croatien, Dalmatien, Bosnien, Servien, Bulgarien und Romanien, das Grossfürstenthum Siebenbürgen etc. vorstellend (gestochen und verlegt durch JOHANN JACOB

Eidl zu Wien« ebenfalls den Getto (=) Tomiswar« und die Stadt
»Tomiswar.« Daraus ist ersichtlich, dass man im 17. und 18. Jahrhundert das alte »Tomi« wirklich »Tomisvár« genannt hat. — Die »Gene-
ralkarte von der Europäischen Türkei«, gezeichnet von HEINRICH
KIEPERT (Berlin, 1870) kennt weder einen Golf noch eine Stadt »Tomiswár«, wohl aber befindet sich an deren Stelle *Margalia*, das bei
KATANCSICH als »Pangala« angeführt ist. — Der Name »Tomiswár«
verleitete zu dem Irrthume, als ob *Ovidius* nach *Tomi* »*in Niedermösien,
dem heutigen Temeswárer Banat*« (!) verbannt worden wäre. (A.
BROCKHAUS, Conversations - Lexikon, zweite Auflage im Artikel
»*Ovidius*«.)

[51] (S. 42.) *Livius* V., 34. Vgl. MOMMSEN, »Römische Geschichte«, I. Band,
S. 318 (3. Auflage).

[52] (S. 43.) SCHAFARIK, «Slavische Alterthümer», I. 387.

[53] (S. 43.) Ibid. I. 242—244 : «Seit dieser Zeit (seit 338 vor Christus) etwa,
erschienen plötzlich eine solche Menge Sklaven getischen Stammes in
ganz Griechenland, die von den keltischen Skordiskern und Bojern über
Illyrien und Makedonien verkauft worden waren, dass die Namen Geta
und Davus in dem neuern griechischen Lustspiel allgemein gang und
gäbe wurden, während sie in dem älteren und mittlern (500—338 vor
Christus) noch nicht vorkommen.« — SCHAFARIK nahm diese Nachricht aus *Strabo*, der VII., cap. 3., § 12) sagt : «Daher kommt es,
dass in Attika die Sklaven gewöhnlich Geta oder Davus genannt
werden.»

[54] (S. 44.) *Plinius* setzt die »Bojerwüste« zwischen den Neusiedlersee, den
Raabfluss und die Donau, indem er sagt : »Noricis junguntur lacus Peiso,
deserta Boiorum.« Hist. Nat. III., 24 (27). ROESLER, «Romänische Studien«, verlegt dieselbe (p. 29) zwischen die Donau und Theiss, wo seiner
Ansicht nach durch die Bezwingung der Avaren durch Carl den
Grossen die »Avarenwüste« entstand. — Wie es scheint, wanderte auch
das Bild der Einöde von einem Volk zum anderen. Nach *Strabo*
dehnte sich an den Gestaden des Pontus vom Ister bis zum Tyras
(Dniester) die »Geten-Wüste« aus (ή τῶν Γετῶν ἐρημία), eine wasserlose
Ebene, in welcher das Heer des Darius beinahe zu Grunde gegangen
wäre. (Lib. VII., cap. 3, § 14.)

[55] (S. 44.) *Julius Caesar*, «De bello gallico», VI. 25 : «Hujus Hercyniae
silvae latitudo novem dierum iter expedito patet : non enim aliter finiri
potest, neque mensuras itinerum noverunt. Oritur ab Helvetiorum et
Nemetum et Rauracorum finibus, rectaque Danuvii regione pertinet ad
fines Dacorum et Anartium ; hinc se flectit sinistrorsus diversis a flumine
regionibus, multarumque gentium fines propter magnitudinem attingit.«
— *Caesar* schrieb das in Gallien ; ihm lag also das heutige Deutschland und Ungarn im Osten, zur linken Hand war ihm Norden. Der
hercynische Wald hat, nach *Caesar's* Auffassung, von den Quellen der
Donau bis Waitzen mit dem Flusse die gleiche Richtung ; von da an
gegen Dacien wird er unbekannt, entfernt sich aber vom Strome.

[56] (S. 44.) Vgl. FRIEDR. KENNER, «Noricum und Pannonia» in den »Berichten und Mittheilungen des Alterthums-Vereines« in Wien, Band XI.,
Seite 3.

[57] (S. 45.) Vielleicht wissen diesbezüglich die Historiker mehr als *Caesar*
selbst, denn bei ihm heisst es nur : «His rebus gestis, cum omnibus de
causis *Caesar* pacatam Galliam existimaret, superatis Belgis, expulsis
Germanis, victis in Alpibus Sedunis, atque ita inita hieme in Illyricum
profectus esset, quod eas quoque nationes adire et cognoscere vellet, subi-
tum bellum in Gallia coortum est.« »De bello gall.« II. 35. — Wahr ist,
dass schon *Strabo* meldet, *Caesar* habe sich auf einen Krieg gegen
den Daker oder Geten Burevistes vorbereitet. *Strabo* VII., cap.
3, § 5.

58 (S. 45.) *Strabo*, VII., cap. 1, § 3.

5) (S. 46.) *Tacitus*, Annal. II., 63. «Marobodus undique deserto non aliud subsidium, quam misericordia Caesaris fuit . . . . idem Catualdae casus, neque aliud perfugium . . . Barbari utrumque comitati, ne quietas provincias immixti turbarent, Danubiûm ultra inter flumina Marum et Cusum locantur, date rege Vannio gentis Quadorum.» — ὁ KRONES, «Handbuch der Geschichte Oesterreichs» (Berlin, 1876) Bd. I., S. 214 nimmt den Fluss «Cusus» für die Theiss, wonach das Quadenreich sich von der March bis zur Theiss erstreckt haben würde.

60 (S. 47.) *Tacitus*, Annal. XII., 29. 30.

61 (S. 47.) *Tacitus*, Histor. III., 46.

62 (S. 48.) *Dio Cassius* LXVII., 7.

(Zur S. 48, *Friedensgesandtschaft des Decebalus*.) *Dio Cassius*, LXVIII., 9. «Decebalus (ὁ Δεκέβαλος) schickt nicht mehr wie ehedem Gesandte aus den *Bezopften* (τῶν κομητῶν), sondern aus den Vornehmen der *Hütetragenden* (τῶι πιλοφόρων τούς ἀρίστους»). Die Daker waren also nicht eines Standes, eines Ranges; die Vornehmen trugen Hüte, daher die «Hütetragenden», die übrigen waren die «Bezopften» (Langhaarigen), obgleich sie vielleicht nicht barhäuptig gingen. — Auch JORDANIS, ein gothischer Schriftsteller des 6. Jahrhunderts, kennt diesen Unterschied, den er auch erklärt: «Nomen illis *Pileatorum*, ut reor, quia opertis capitibus tiariis, quos pileos alio nomine nuncupamus, litabant, reliquam vero gentem *Capillatos* dicere jussit.» Getarum Origo. Edit. Closs, p. 52.

63 (S. 48.) *Ammianus Marcell*. XXI., 5, 16. Nicopolis, quam indicium victoriae contra Dacos Trajanus condidit imperator. — *Jordanis* p. 79. «quam devictis Sarmatis (Dacis) Trajanus et fabricavit et appellavit *Victoriae Civitatem*.»

64 (S. 49.) *Dio Cassius* (um 190 n. Chr.) erwähnt LXXI., 7., der Schlacht gegen die Jazyger, in cap. 8 der gegen die Quaden in folgender Weise: «Marcus unterwarf (ὑπέταξεν) in vielen und grossen Schlachten die Markomannen und Jazyger; auch gegen die Quaden führte er einen grossen Krieg mit *zufälligem Siege* (νίκη παραδόξα»). Julius Capitolinus berichtet: «Fulmen de coelo precibus suis contra hostium machinamentum extorsit, suis pluvia impetrata, quum siti laborarent.»

65 (S. 49.) *Marci Antonii* imperatoris τῶν εἰς ἑαυτόν libri XII. Das erste Buch schloss er also: τά ἐ. Κουάδοις πρός τῷ Γρανούα («was ich bei den Quaden an der Granua geschrieben habe»), das zweite: τά ἐν Καρνούντω.

66 (S. 49.) Dacia, quae a Traiano ultra Danubium fuerat adjecta, amissa est. Eutropii lib. IX. c. 8.

67 (S. 49.) *Eutropius* IX., cap. 15. Provinciam Daciam, quam Traianus ultra Danubium fecerat, intermisit, vastato omni Illyrico et Moesia, desperans eam posse retineri: abductosque Romanos ex urbibus et agris Daciae, in media Moesia collocavit, apellavitque eam Daciam; quae nunc duas Moesias dividit, et est in dextra Danubio in mare fluenti, cum ante fluerit in laeva.» — Man muss also zwei Dacien unterscheiden: das alte oder *Trajanische* diesseits der Donau im heutigen Temeser Banate, Siebenbürgen, der Walachei u. s. w. und das neue oder *Aurelianische* im heutigen Serbien und Bulgarien.

68 (S. 49.) Zur Zeit des *Dio Cassius* bereiteten die Pannonier nur aus Hirse und Gerste ein geistiges Getränk. Vgl. XLIX., 36.

69 (S. 50.) *Ammianus Marcellinus* erzählt (XXX., cap. 5 und 6) den Vorfall in nachstehender Weise: «Nachdem der Kaiser den Merobaudus mit einer Schaar vorausgesendet hatte, damit dieser die quadischen Dörfer verwüste und niederbrenne, bezog er selbst mit dem Heerführer Sebastianus bei Acincum (Altofen) das Lager, liess mittelst Schiffen über die Donau eine Brücke schlagen und zog hinüber. Auf diesem

raschen Einfalle liess er, soweit er in's Quadenland eindrang, ohne
Unterschied Alt und Jung niedermetzeln, die Häuser in Brand stecken
und kehrte dann ungefährdet wieder nach Acincum zurück. Da jedoch
plötzlich der Herbst eintrat, so begab er sich zur bequemeren Ueberwinterung nach Sabaria (Steinamanger); weil er dieses jedoch in schlech-
tem Zustande fand (invalida eo tempore, assiduisque malis afflicta), zog
er nach Bregetio (Alt-Szöny), wo er nach *Ammianus* durch viele unglückliche Vorzeichen an seinen nahen Tod erschreckt wurde. Auf den
Rath des Equitius traten die quadischen Gesandten beim Kaiser ein
und suchten sich zu entschuldigen, indem sie angaben, das, was vorge-
fallen, sei nicht die Schuld der Vornehmen ihres Volkes, sondern die
Ursache dessen wären einige hergelaufene Menschen und die entlang
des Flusses hausenden Wegelagerer. Uebrigens habe die ungerechte und
unstatthafte Anlage der Befestigungen allerdings die wilden Gemüther
gereizt. Auf dieses hin 'fuhr der Kaiser empor, wollte sprechen, doch
seine Stimme stockte und das Blut drang hervor. Bald darauf starb er
qualvoll.

70 (S. 51.) *Strabo*, VII., c. 5.

71 (S. 51.) Vgl. «Noricum und Pannonien» von FRIEDR. KENNER in den
«Berichten und Mittheilungen des Alterthums-Vereins» zu Wien, Bd.
XI. 1870. — Die Stelle bei Plinius lautet: «A tergo Carnorum et
Japydum, qua se fert magnus Hister, Raetis junguntur Norici, oppida
eorum Viruntum, Celeia, Teurnia, Aguntum, Vinniomina, Claudia, Fla-
vium Solvense. Noricis junguntur lacus Pelso, deserta Bojorum; jam
tamen colonia divi Claudii Sabaria et oppido Scarabantia Julia habitan-
tur.» Hist. Nat. III., 24.

72 (S. 52.) «Noricum und Pannonien», l. c. p. 25. — Ueber «Aquincum»
vgl. die fleissige Arbeit von Dr. JOSEF HAMPEL «Aquincum történetének vázlata kútfökböl» (d. i. «Historische Skizze von Aquincum nach
den Quellen»). Pest, 1872. Dr. HAMPEL weicht in einigen Details von
KENNER ab, stimmt jedoch grösstentheils mit demselben überein.

73 (S. 52.) *Ptolomaeus* (lebte um 150 n. Christus) II., c. 14. Ed. NOBBE.
«Der Geograph von Ravenna» (aus dem 8. oder 9. Jahrhundert) p. 216.
Ed. PINDER et PARTHEY.

74 (S. 52.) *Dio Cassius* in seiner Beschreibung des Feldzuges im Jahre 7
vor Christus: «Als in Pannonien die römischen Heere an vielen Orten
vorwärtsdrangen, stellten sich die Führer der Aufständischen, die Baten,
dem aus Mösien anlangenden Severus entgegen und überfielen plötzlich die Heerschaar des Germanicus, welche am Moraste Voleäus
(πρὸς τοῖς Οὐολκαίοις ἕλησι) lagerte.» LV., 32.

75 (S. 53.) FORBIGER, Handbuch der alten Geographie, III., 561.

76 (S. 53.) *Ammianus Marcell.* XVII., 12. 13. «Gerebantur haec in ea
parte Germaniae, quae *Secundam* prospectat *Pannoniam*, parique for-
tuna circa *Valeriam* opes barbaras urendo rapiendoque occurentia mili-
taris turbo vastabat. — His in barbaris gestis *Bregentionem* castra
commota sunt, ut et etiam ibi belli Quadorum reliquias circa illos agi-
tantium tractus lacrimae vel sanguis extingueret.» — Das Gebiet der
Provinz «Valeria» wurde in der That durch die Ableitung der Gewässer
des Plattensees und durch die Ausrottung der Wälder gewonnen. Der
«lacus Pelso» bedeutet sonach sowohl den Platten- als auch den Neusiedlersee. — GIBBON («History of the Decline and Fall of the Roman
Empire.» Baseler Ausgabe vom Jahre 1787. Bd. II., S. 175 und 422
erzählt nach *Aurelius Victor* (cap. 4.) die Verfügungen des Kaisers
Galerius und meint, *Aurelius Victor* habe irrthümlich den «Pelso»
genannt, während er des «Volkäischen Morastes» hätte gedenken sollen;
denn dieser sei der heutige Plattensee gewesen, der «Pelso» würde nur
den jetzigen Neusiedlersee (magy. Fertö) bezeichnen. Allein dieser letztere lag 'nicht mehr im Valerianischen Gebiete, was wir auch von

Ammianus Marcellinus erfahren; hier muss also nothwendiger Weise unter dem «lacus Pelso» der Plattensee, wie oben bei Plinius (siehe Note 54 und 71) unter derselben Benennung der Neusiedlersee verstanden werden muss. Der «palus Volocaeus», «Ulcaeus», selbst «Hiulca» lag bei Cibalis oder Cibalae (dem heutigen Vinkowcze) und entspricht dem «Palacsa»-Sumpfteiche, aus welchem das *Vuka*-Flüsschen entspringt, das bei Vukovár in die Donau fliesst. Der Name *Vuka* erinnert an das alte Volok, Ulk, Οὐλκ. — Uebrigens haben auch andere Schriftsteller, z. B. MATHIAS BÉL, den «Volcea palus» für den Plattensee gehalten. Vgl. den Atlas des MATHIAS BÉL, 2. Blatt. Pressburg 1751.

77 (S. 54.) *Strabo*, VII., cap. 3, 19, 13.

78 (54.) Plinius, Hist. Nat. IV. 12—15. In der angeführten Stelle heisst es noch, dass dort das Königreich des Vannius «a Maro sive is Durius est.» Diese Stelle will SCHAFARIK («Slavische Alterthümer», I., 507) also lesen: «a Marosio Dacia est»; und in der Stelle bei Tacitus, wo die Entstehung von dem Königreiche des Vannius erzählt wird, (siehe oben Note 49 «inter flumina Marum et Cusum) liest SCHAFARIK statt «Cusus» — «Krisus.» Offenbar mit Unrecht. Die Römer wissen zur Zeit des Plinius und Tacitus noch gar nichts von dem Lande jenseits der Theiss; bei ihnen bedeutet der «Marus» nur die westliche *March* (Morawa), niemals den Marosfluss in Ungarn. Den «Krisus» (heute «Körös») nennen meines Wissens selbst die römischen Alterthümer Siebenbürgens nicht.

79 (S. 55.) *Ptolomaeus*, III., c. 7. Er beschreibt den Lauf der Theiss von ihrer Mündung in die Donau nach den Karpaten zu gehend, wo sie sich ostwärts wendet und verschwindet, d. h. entspringt, in ihrem ganzen Laufe aber das Land der Jazyger von Dacien trennt, so deutlich, dass man billig staunen muss, wie FORBIGER (Handbuch der alten Geogr. III., 1103, Note 54) unter jenem «Tibiscum» die *Temes* verstehen konnte. *Ptolomaeus* nennt das südwestliche Gebirge Siebenbürgens durchaus nicht «Karpaten», das ist nur neuere Gewohnheit; aber die im Westen Siebenbürgens entspringenden Flüsse konnten auch nirgends das Land der Jazyger berühren. Es mag sein, dass FORBIGER durch SCHAFARIK zu diesem Irrthume verleitet wurde, der über die Ungarn oft ein hartes Urtheil aussprach und in dieser Sache sich also äusserte: «Durch die Unwissenheit späterer ungarischer Schriftsteller ward der Name Tibiscus, der dem Temesch gebührt, auf diesen (Theiss) Fluss bezogen.» Slavische Alterthümer I., 507. MOMMSEN hält in seinem «Corpus inscriptionum Latinarum» (Berlin 1873) den *Tibiscus* für die West-, den Hierasus für die Ostgrenze Daciens. Darauf bemerkt CARL GOOSS («Studien zur Geographie und Geschichte des Trajanischen Daciens», Note 32), dass MOMMSEN den Namen nach mit *Ptolomaeus* übereinstimme, nicht aber der Wirklichkeit gemäss; denn der «Tibiscus» des *Ptolomaeus* bedeutet nicht die «Temes», sondern die *Theiss* und der «Hierasus» nicht den Seret, sondern sicherlich den heutigen *Prut*. — Ueber die Lage der Stadt «Tibiscum» theilte Dr. THEODOR ORTVAY ein neueres Zeugniss in der Sitzung der «Ung. hist. Gesellschaft» vom 4. Februar 1875 mit, wonach diese Stadt eine Stunde von Karansebes, an der Vereinigung der Bistra und Temes (Tibiscus) gelegen sei, wohin sie auch schon vordem mehrere Historiker versetzt hatten. FORBIGER dachte sich die Stadt bei Temesvár gelegen.

80 (S. 55.) Die im Jahre 447 zu Attila reisende griechische Gesandtschaft überschreitet zuerst den *Ister*, dann den *Dreco* oder *Drico* (Δρικων), ferner den *Tigas* (Τιγας) und den *Tiphesas* oder *Tiphisas* (ΤιΦησας), Excerpta e Prisci historiae. Ed. Bonnae, p. 183. Hier entspricht der «Dreco» oder «Drico» wahrscheinlich der *Tierna* oder *Tsiernja* der Römer; der «Tigas» und «Tiphesas» unterscheidet schon die Theiss und Temes.

81 S. 55.) Vgl. TORMA KÁROLY. «Dácia felosztása a rómaiak alatt» (d. i. «Daciens Eintheilung unter den Römern»' im 2. Bde. der «Jahrbücher des siebenbürgischen Museum-Vereines» («Az Erdélyi Muzeum-Egylet Évkönyvei»). Klausenburg 1863. (Auch im Separat-Abdruck erschienen.)

82 S. 58.) «Dáczia feliratos emlékei és térképe MOMMSEN kiadásában» d. i. «Daciens inschriftliche Denkmäler und Landkarte in der Ausgabe MOMMSEN's»). Budapest, 1874.

83 S. 56.) «Studien zur Geographie und Geschichte des Trajanischen Daciens» von CARL GOOSS, Gymnasiallehrer. Schässburger Gymnasialprogramm vom Jahre 1873/4. Hermannstadt, 1874. — «Untersuchungen über die Innerverhältnisse des Trajanischen Daciens.» Von demselben. Im «Archiv des Vereins für siebenbürgische Landeskunde.» Bd. XII der neuen Folge. 1. Heft. Hermannstadt, 1874.

84 S. 57.) Ptolomaeus, III., cap. 1.

85 S. 57.) Germanorum confinium campos et plana Jazyges Sarmatae (tenent). Plinius, Hist. Nat. IV., 12, 25.

86 (S. 58.) «Hastae sunt longiores et loricae ex cornibus rasis et laevigatis, plumarum specie linteis indumentis innexae: equorum plurimi ex usu castrati. . . . Et per spatia discursunt amplissima sequentes alios, vel ipsi terga vertentes, insidendo velocibus equis et morigeris, trahuntque singulos, interdum et binos, uti permutatio vires foveat jumentorum vigoreque otio integretur alterno. Amm. Marcell., XVII., 4, 12.

87 (S. 58.) Amm. Marcell. (ibid.) «vicinitate et similitudine morum armaturaque concordes.»

88 (S. 58.) «Dacia provincia trans Danubinus facta in his agris, quos nunc Taiphali habent, Victoali et Theruingi». Eutropius, VIII., cap. 2.

89 (S. 59.) Ammianus Marcellinus gebraucht gewöhnlich den Namen «Moesien», selten nennt er es «Dacien»; als er z. B. von dem nach Constantinopel eilenden Julianus erzählt, dass, nachdem er im Jahre 361 in Dacien sich aufgehalten, «edixit iter in Thracias, notisque propere signis emensa declivitate Succorum Philippopolim petit» (XXII., 1, 2); oder bei der Mittheilung, dass Equitius im Jahre 365 die drei Strassen, welche in die nördlichen Provinzen führten, verlegt hatte; die eine hievon führe «per ripensem Daciam», die andere «per Succos notissimum», die dritte «per Macedonas». — Das alte oder Trajanische Dacien nennt er nie mit diesem Namen, obwohl sich ihm auch hiezu Gelegenheit geboten hätte.

90 (S. 60.) Amm. Marcellinus, XVII., 12, 13. — XIX., 11. — Die Bestrafung der Knechte geschah also «prope Acimincum». GIBBON fügt (Baseler Ausgabe 1787, Bd. III, p. 153—157) hinzu, dass dies «in a large plain near the modern City of Buda» geschehen sei. Darauf beruft sich auch Dr. HAMPEL («Aquincum történetének vázlata», d. i. «Historische Skizze von Aquincum», S. 87), nur will er statt «Acimincum» — «Aquincum» lesen. Allein nach dem klaren Berichte des Marcellinus hatten sich die jazygischen Knechte in den Buchtungen der Theiss, dort, wo diese in die Donau mündet, eingenistet. Wenn Constantinus von der Provinz Valeria aus den letzten Angriff gegen sie gerichtet, so kann man annehmen, dass er sie im Rücken fassen wollte. Die jazygischen Knechte hatten ihre Ansiedelungen offenbar in der heutigen Bácska; Acimincum (das heutige Slankament) war jener Ort, wo der römische Kaiser seine neuen Unterthanen in Eid und Treue nehmen wollte.

91 (S. 60.) Unter den vielen hierher gehörigen Stellen citiren wir nur einige:

> «Ipse mihi videor jam dedicisse Latine:
> Jam dedici Getice Sarmaticeque loqui.»

(Trist., V., 12, v. 53.)

«Ah pudet: et Getico scripsi sermone libellum:
Structaque sunt nostris barbara verba modis.
Et placui — gratare mihi — coepique poetae
Inter inhumanos nomen habere Getas.»
(Ex Ponto, IV., epist. 13, v. 19 ff.)

⁹² (S. 60.) Wenn man Dio's Nachricht genau nimmt, sagt GOOSS, dann kann «Sargetia» nicht der heutige *Strell*-Fluss sein, der mindestens zwei Meilen östlich von Várhely fliesst, sondern das *Zajkany*-Flüsschen, welches bei Hatszeg in den Strell mündet. Vgl. GOOSS, Studien etc. S. 34.

⁹³ (S. 61.) *Strabo*, VII., cap. 3, § 11.

⁹⁴ (S. 62.) *Dio Cassius* (seine historische Erzählung reicht bis 229 nach Christi Geb.), XLIX., 36.

⁹⁵ (S. 62.) *Strabo*, VII., cap. 5, § 4.

⁹⁶ (S. 62.) Ebendaselbst.

⁹⁷ (S. 62.) *Cassius*, XLIX., 36.

⁹⁸ (S. 63.) Die Flussnamen «Raab» und «Rábcza» und der Stadtname «Raab» bewahren die Erinnerung an das römische «Arabo» bis heute. Der magyarische Name der Stadt Raab «Györ» (lateinisch «Jaurinum») hat anderen Ursprung. Zur Zeit der Römer war «Arabona» ein hervorragender befestigter Platz. Vgl. CZECH JÁNOS «A györi vidék legrégibb időben és a romaiak alatt» (d. i. «Die Gegend von Raab in der ältesten Zeit und unter den Römern») in den «Jahrbüchern der ungar. Gelehrten-Gesellschaft». I. Bd.

⁹⁹ (S. 63.) Der Mithra-Cultus bestand in der Vergöttlichung der Natur und betrachtete die Person des Kaisers als die Personification der Gottheit. Vgl. KENNER, Noricum und Pannonien, S. 83. — Die im Jahre 1831 in Egyed (Oedenburger Comitat) aufgefundene *Opferkanne* mochte sich auf den Isis-Cultus bezogen haben. Vgl. «Nehány az Egyeden találtatott ékes mivről» (d. i. «Ueber einige in Egyed aufgefundene Schmucksachen») in den «Jahrbüchern der ungar. Gelehrten-Gesellschaft». I. Bd. S. 354 ff. Hier ist auch von dem Ursprunge des Wortes «ibrik» (magy. Kanne) die Rede. Das Wort stammt aus dem Türkischen und kam vielleicht mit der Sitte des Kaffeetrinkens nach Ungarn.

¹⁰⁰ (S. 64.) ROESLER, Einiges über das Thrakische, in der «Zeitschrift für die österr. Gymnasien», 1873, S. 105.

¹⁰¹ (S. 64.) CASP. ZEUSS, «Die Deutschen und ihre Nachbarstämme», S. 117 und 462.

¹⁰² (S. 64.) KATANCHICH, de Istro ejusdemque accolis, pag. 111 sqq. «Id jam ex hactenus dictis elicias, Getis Sarmatarum, qui postea in Slavos abiere, idioma usurpatum fuisse, diversa tamen dialecto.»

¹⁰³ (S. 64.) SCHAFARIK, Slavische Alterthümer, Leipzig, 1843. Bd. I., S. 333 ff. In seiner «Abkunft der Slaven» Ofen, 1828) «verwirrte» er nach seinem eigenen Geständnisse die medischen Sarmaten mit den Serben.

¹⁰⁴ (S. 64.) SCHAFARIK, Slav. Alterth. I., 223 ff.

¹⁰⁵ (S. 65.) *Jordanis*, edit. Closs, p. 92, wo dieser Historiker die Siege des Gothen Hermanarich über die Slaven (in Venetos, Antes, Sclavenus) in der Zeit vor dem Jahre 375 erzählt. — «Ein Theil derselben (Slaven) wurde den Ostgothen botmässig, aber davon von den Hunnen wieder befreit und dadurch ein ziemlich friedliches Nebeneinander eben dieser beiden Völker bewirkt; jedoch in der Weise, dass sich die Hunnen als den herrschenden Stamm betrachteten.» Vgl. GREGOR KREK, Einleitung in die slavische Literaturgeschichte (Graz, 1874), S. 64.

¹⁰⁶ (S. 65.) Wenn wir bei *Strabo* lesen, dass Pytheas (zur Zeit Alexander des Grossen) die Ufer von ganz Europa umschifft habe, von Gadeira bis zum Tanais ἀπὸ Γαδείρων ἕως Ταναίδος d. i. von Cadix bis zum Don, was Polybius und nach ihm Strabo für eine Lüge hielten, so kann dies unmöglich dahin verstanden werden, dass er die Ufer des Mittelländischen Meeres von Cadix bis zum Don umschifft habe; denn

dieser Weg war ja schon zur Zeit des Polybius (um 170 v. Chr.) und noch mehr zu Strabo's Zeit (da Kaiser Augustus regierte) nicht blos bekannt, sondern gar oft schon befahren ; dem zufolge hätte man keinen für einen Lügner erklären können, der diese Reise gemacht zu haben behauptete. Pytheas hatte daher seine Fahrt von Cadix um Spanien, Frankreich, Holland, Jütland und an der südlichen Küste des Baltischen Meeres gemacht und gelangte so bis zur Düna, welche er Tanais nannte, gewiss nach dem daselbst gehörten Namen. Polybius wollte dem Pytheas keinen Glauben schenken, weil Niemand den Spuren des Pytheas gefolgt war. Vgl. «De Pythea Massiliensi dissertatio.» Scripsit Dr. MAXI-MILIANUS FUHR. Darmstadtii 1835, p. 73. (δIm Jahre 1842 ebendaselbst auch deutsch erschienen. S. noch: CARL RITTER, «Geschichte der Erd-kunde und der Entdeckungen.» (Berlin, 1861, S. 49.δ)

107 (S. 66.) SCHAFARIK, «Slav. Alterth.», I. 252. Jener Stelle im Texte geht folgender Satz voraus : «Mit Sicherheit wissen wir, dass die Gothen, Burgunder, Wandalen, Quaden sich in jenen Ländern eben so wenig um Ackerbau bekümmerten als die Sarmaten, Hunnen, Avaren, Bulgaren, Kosaren, Plawzer u. s. w., sondern dass sie vielmehr von den Erpres-sungen und der Arbeit der Untergebenen lebten . . .» — Ein Volk, das, wie z. B. die Quaden, längere Zeit an einer Stelle wohnte, wendete sich auch dem Ackerbau zu ; wie dies bei den Germanen des Tacitus eben-falls der Fall war. So beschwerten sich auch die Quaden und Marko-mannen bei Marc Aurel (im Jahre 175 nach Chr.), dass sie wegen der römischen Militärlager weder zu weiden, noch den Ackerbau zu betreiben oder irgend etwas Anderes zu cultiviren wagen (οὔτε νέμειν οὔτε γεωρ-γεῖν οὔτ᾽ ἄλλο τι μετά ἀδίας ποιεῖν). SCHAFARIK's Ansicht, als ob nur die Slaven den Ackerbau betrieben hätten, ist nicht stichhältig. — Die Sanftmuth und Milde der Slaven hat kein Mensch gepriesen, als sie die römischen Provinzen verwüsteten; die slavische Grausamkeit übertraf die Wildheit der Hunnen und Gothen.

108 (S. 67.) Es widerspricht unserer gesammten historischen und ethnogra-phischen Kenntniss, wenn KANITZ («Die Donau-Bulgaren und der Bal-kan», I. Bd., Leipzig. 1875, S. 6) den Zug der Gothen also beschreibt: «Von den Hochebenen des Yaxartes strömte die Gothenfluth zunächst gegen die durch Trajan's dacische Kriege dem Römerreich neu gewon-nene Provinz.»

109 (S. 67.) Jordanis sagt: «Ueber einen Theil derselben (der Gothen), welcher die östlichen Gebiete (orientalem plagam) besetzt hatte, herrschte einst Ostrogotha; man weiss nicht, ob die Ostrogothen nach diesem Herrscher oder nach ihrer östlichen Niederlassung benannt worden sind (dicti sunt Ostrogothae); der andere Theil in dem westlichen Gebiete hiess Westgothen (residui vero Vesegothae) in parte occidua). Edit. Closs. p. 62, 63. — Der «Ostro-goth» hat für uns noch das besondere Interesse, dass auch der Name «austria» (Oster-reich, Oestreich) gleich-falls daher kommt, weil das Gebiet den östlichen Theil des Deutsch-thums bezeichnet. In dem Namen der «Aestier» blieb zwar das «r» der zweiten Sylbe weg, doch die Bedeutung ist dieselbe; «Aestier» = die Oestlichen. (δBei Strabo werden sie nach einem Fragment des Pytheas «Ostiaer» genannt; sie sassen an der Bernsteinküste der Ostsee. Vgl. über die «Aestier» GRIMM, «Geschichte der deutschen Sprache», 2. Aufl. S. 499 ff.δ)

110 (S. 68.) Jordanis p. 76, 77. Die ganze Darstellung ist dunkel; der Königsname «Ostrogoth» selbst sagenhaft. SCHAFARIK versteht unter dem Flusse «Auha» die Waag (Waha); wenn dies richtig wäre, dann würden die Gepiden von der Weichsel zum Dunajetz, von diesem zum Poprad (Popper) und zur Waag, also in die heutigen Comitate Zips und Liptau, gelangt sein. (SCHAFARIK, «Abkunft der Slaven», nach dem Citat bei Closs.) Woher wäre aber Ostrogoth gekommen, um an der

Waag eine Schlacht zu schlagen? — Uebrigens knüpft sich an diesen Weg der Gepiden die Fabel von dem gepidischen Ursprunge der Deutschen in der Zips, die darnach die Nachkommen jener Gepiden wären.

111 (S. 68.) *Jordanis*, S. 87—89. — Dio Cassius, 55, 1. Vgl. auch ZEUSS, «Die Deutschen», S. 445. Dio Cassius sagt, dass die Elbe (Ἄλβιος) in den «Wandalischen» Bergen entspringe. — Wenn der Wohnsitz der Wandalen in Pannonien lag, dann zeigt auch dieser eine Umstand, dass jene wandernden gothischen und nichtgothischen Schaaren nicht zahlreich waren; denn sonst würden sie ja in Pannonien grosse Umwälzungen hervorgerufen haben; anderseits lässt sich daraus auch folgern, dass diese Provinz schon damals stark entvölkert sein musste. Aber der sogenannte «Wandalismus» konnte überall grosse Verheerungen anrichten. — Die Deutungen des Flussnamens Miliare = weisse Körös und Gilpit = schwarze Körös sind nach CARL GOOSS, in dessen «Studien zur Geographie und Geschichte des Trajanischen Daciens» (siehe die dort beigelegte Karte).

112 (S. 69.) «Caucalandensis locus, altitudine silvarum inaccessus et montium.» Ammianus Marcellinus XXXI. 4, 13. — «Kaukaland» deutet ZEUSS (die Deutschen etc. p. 410) durch das gothische «hauhaland» = Hochland, — «wohl Bezeichnung des siebenbürgischen Gebirgslandes bei den Gothen.» — ROESLER, «Romänische Studien», p. 28, erklärt es durch den dacischen Stamm der «Caucoensi» und meint, «Cauca-land» bezeichne das alte Gebiet dieses Stammes und vielleicht den Theil Siebenbürgens, in dem die *Kokel* fliesst.» — Mir scheint, dass dieses «kauka» von den alten Daciern herstammt, und dass die Gothen dieses Wort als nomen proprium übernahmen und das Wort «Land» als appositum hinzufügten. Für den dacischen Ursprung von «Kauka» spricht auch der Umstand, dass ein Theil der Karpaten nach einer lateinischen Inschrift den Namen «Caucasus» führte. Vgl. GOOSS, «Beiträge zur siebenbürgischen Alterthumskunde» p. 123. δ(Die Inschrift bei ACKNER und MÜLLER, «Die römischen Inschriften in Dacien», Wien, 1865, Anhang Nr. 17, p. 239.)δ — Unter dem Namen «Caucasus» erscheinen die Karpaten auch in der russischen Chronik des NESTOR. Vgl. «Die Hypatios Chronik als Quellenbeitrag zur österreichischen Geschichte» von ISIDOR SZARANIEWICZ. (Lemberg, 1872,) p. 9 und Anm. 48. δ(Vgl. desselben Autors Schrift: «Kritische Blicke in die Geschichte der Karpatenvölker», Lemberg, 1871, S. 51.)δ — Der deutsche Flussname «Kokel» ist eine Nachbildung des magyarischen «Küküllö». Dieses magyarische «Küküllö» = «Kükül-jö» und bedeutet «Kükül-Fluss» (= Kokelfluss). Vgl. oben im Texte S. 250. Es wäre aber sehr schwierig, das magyarische «Kükül» von jenem «Kauka-Land» herleiten zu wollen. δ(GRIMM, «Geschichte der deutschen Sprache» p. 469, erklärt sich für die Ableitung des Wortes «Chauci» [nicht «Cauchi» oder «Kauki» sei zu lesen] vom gothischen «hauhai», althochdeutsch «hôhê» = excelsi, sublimes.)δ

113 (Seite 69.) *Jordanis*, der die Geschichte der Geten und Gothen durcheinander mengt, sagt, dass zur Zeit der Herrschaft *Burvista's* über die Gothen, Dicenaeus nach «Gothien» gekommen sei; p. 49. — «Hanc Gothiam, quam Daciam appellavere majores»; p. 53.

114 (S. 70.) *Jordanis*, p. 89 ff. 98, 99. «Dessen Krankheit Balambér, der König der Hunnen benützte und gegen die Ostrogothen zog, deren Bundesgenossen, die Wesegothen, wegen irgend eines Zwiespaltes fern geblieben waren (a quorum societate iam Vesegothae quadam inter se contentione seiuncti habebantur).

115 (S. 70.) Ammianus Marcellinus, XXXI., 2. — XIV., 4. XXXI., 2, 22 bis 25. — Ammianus aus dem Ende des 4., Priscus aus der Mitte des 5. und Jordanis aus der Mitte des 6. Jahrhunderts sind die Hauptquellen für die Geschichte der Hunnen. Das Zeugniss des Priscus über die Persönlichkeit Attila's und über die Wohnungen, Sitten und selbst

über die äusserliche Erscheinung der Hunnen ist glaubwürdiger als alle
Declamationen in Vers und Prosa. — Bekannt ist das Werk des französischen Historikers AMADÉ THIERRY über Attila, dessen Söhne und
Nachkommen. (Dasselbe wurde durch CARL SZABÓ ins Ungarische übersetzt. Pest, 1865.) — Auch den Auszug der Hunnen gibt KANITZ wie
den der Gothen (siehe oben Nr. 108) in eigenthümlicher Weise an. Nach
den Gothen, sagt er, drängten die aus *Bessarabien hervorbrechenden*
Hunnen vorwärts; auf sie drückten die vom Ob her kommenden Avaren.
Vgl. «Die Donau-Bulgaren und der Balcan», S. 6.

116 (S. 71.) «Im Jahre 405 treffen wir einen hunnischen König *Uldin* im
Dienste des Kaisers Honorius gegen die Schaaren des (Gothen) Rada-
gais in Italien; der Angriff der leichten Reiterei des hunnischen Königs
entschied den Sieg bei Florenz. Uldin hatte sich schon vordem dem
Kaiser Arcadius verpflichtet, als er diesem das sorgsam eingehüllte
Haupt des gegen den Kaiser rebellischen und jenseits der Donau (d. i.
auf das linke Ufer) geflüchteten kaiserlichen Generals, des Gothen Gai-
nas, zusandte.» Vgl. THIERRY (nach SZABÓ's Uebersetzung) I., p. 38.

117 (S. 72.) THIERRY-SZABÓ, I., p. 51; II., p. 73.
118 (S. 72.) *Jordanis*, p. 128, 129.
119 (S. 73.) «Excerpta e Prisci historia.» Bonner Ausgabe, p. 184, 185.
120 (S. 75.) Wo lag die Holzfeste Attila's? Die griechische Gesandtschaft
gelangte von Constantinopel nach Naissus (jetzt Nisch), von hier entlang
des Margus (Morawa) an die Donau, welche sie etwa in der Gegend
des heutigen Semendria überschritt. Nicht weit von der Donau trafen
Priscus und seine Gefährten auf Attila's Zelte, der mit einer so grossen
Begleitung jagte, als ob er zugleich einen Einfall in die jenseitige Provinz machen wollte. Nach längerem Verweilen zog Attila landeinwärts,
die griechische Gesandtschaft folgte ihm. Ausser der Donau überschritten
sie noch die grossen Flüsse Dreko, Tigas und Tiphesas, bei welchen sie
überall Fähren finden. Der Tiphesas oder Tiphisas ist offenbar die
Theiss. Nachdem sie noch einige kleinere Flüsse überschritten hatten,
kamen sie zur Holzfeste Attila's, in deren Umgebung weder ein grösserer
Baum noch ein Stein vorhanden war; solches Baumateriale musste also,
wie Priscus bemerkt, von Pannonien hierher gebracht werden. Aus diesen
Angaben geht deutlich hervor, dass die hölzerne Burg des Hunnenkönigs
in der Ebene zwischen der Donau und Theiss gelegen war; allein an
welchem Orte, das ist ungewiss. CARL SZABÓ versetzt sie in die Gegend
des heutigen Jász-Berény. Vgl. «Kisebb munkái» (d. i. «Kleinere Werke»)
I., S. 32.

121 (S. 74.) *Jordanis*, edit Closs, p. 180: «Nachdem diese (die Söhne Attila's)
Walemir, obgleich nur mit einer kleinen Schaar, lange ermüdet hatte,
schlug er sie derart, dass kaum eine geringe Anzahl am Leben blieb,
welche die Flucht ergriff und sich in jene Theile Skythiens rettete, welche
von den Armen des Dnjeper durchströmt werden, die sie in ihrer Sprache
«Hunnivar» nennen» (eas partes Scythiae peteret, quae Danapri amnis
fluenta praetermeant, quae lingua sua *Hunnivar* appellant).

122 (S. 74.) *Jordanis*, p. 176, 177. Bei dieser Gelegenheit erzählt Jordanis
auch seine eigene Herkunft. «Bei diesem Kandak war bis an sein Lebensende mein Grossvater, Paria, Notarius; Kandak's Schwester aber war
die Gemahlin des Andag aus dem Geschlechte der Amaler; und sein
Sohn Gunthigis war Magister militum. Auch ich, Jordanis, war, obgleich
ungeschult (quamvis agrammatus) vor meiner Bekehrung zum Christenthume (ante conversionem meam) Notarius.» (Der Vater des Jordanis
war Alanowamuth.) Wir sehen also, dass das alanische Geschlecht Kandak's mit den gothischen Amalern in Verwandtschaft stand, jenem war
deshalb die Geschichte der Gothen bekannt. Was Jordanis von diesen
und von den Hunnen schreibt, das mochte er durch väterliche und gross-
väterliche Ueberlieferung erfahren haben. Nachdem er jedoch Christ

geworden und die lateinischen und griechischen Schriftsteller las, eröff-
neten sich ihm ausser der nationalen Tradition noch ándere Geschichtsquellen. Aus diesen schöpfte er nun ohne Kritik ganz im Geiste seiner
Zeit, welche die Sagen und Märchen liebte. Daher kommt es, dass er
die Geschichte der alten Geten und Dacier auf die Gothen überträgt und
Burvista bei ihm ebenso ein Gothe war wie Geberich oder Hermanarich.
Jordanis beginnt demnach auch für Ungarn die märchenhafte Geschichte
und kritiklose Ethnographie, welche bis heute noch bei Vielen Gefallen
findet. Allein in Bezug auf seine Zeit und auf die von ihm gekannte
Welt ist Jordanis eine werthvolle historische und geographische Quelle.

123 (S. 75.) *Jordanis*, ed. Closs, p. 93, 94, 129, 130. — *Priscus*, ed. Bonnae,
p. 201. — Das Schwert stand als das Bild des Kriegsgottes oder als
Symbol der Macht (nach *Herodot* IV., 52) bei den Skythen in grossem
Ansehen. Dasselbe war nach *Ammianus Marcellinus* (XXX., 2) auch
bei den Alanen der Fall. «Man sieht bei ihnen weder einen Tempel
noch einen heiligen Ort; sie stecken nach Barbarensitte nur ein nacktes
Schwert in die Erde und dieses verehren sie als Mars.» Auf solche
Weise wandern auch Sagen und Gebräuche von Volk zu Volk.

124 (S. 75.) «Fluvius Tausis», an anderer Stelle «Flutausis»; vielleicht «flu-
vius Aluta»; denn bei der Beschreibung Daciens im XII. Capitel sagt
Jordanis: «Dieses Gothien, welches die Alten Dacien, die Jetztlebenden
Gepidien nennen, . . . wird im Süden von der Donau begrenzt und die
Aluta fliesst zwischen den Jazygern und Roxolanen.»

125 (S. 76.) SCHAFARIK sucht dieses *Novietuna* an der Donau und schreibt:
«Novietuna, bei Anderen Noviodunum, ist das heutige *Isaktschi* an der
Donau.» Von dem «lacus Mursianus» meint er, dass es entweder «Hal-
myris», d. h. «lacus Myris», jetzt Ramsin an dem südlichen Donau-
Ufer oder «der Sumpf bei der Stadt Mursa (Essegg) sei». Uebrigens ge-
steht er zu, dass diese Ortsverlegung im Widerspruche sei mit der
Darstellung des *Jordanis*, der «in das Land der Theiss und nach Siebenbürgen nirgends Slaven, sondern Gepiden setzt». Vgl. «Slav. Alterthümer», II., 661. Andererseits führt er zahlreiche Daten an, aus denen
der sehr frühe, dem Zusammenstosse der Hunnen und Gothen voraus-
gehende Einfluss der Skandinavier auf die nordöstlichen Länder hervorgeht. Vgl. «Slav. Alterthümer», I., 488 ff. und II., 65 ff. Auch kann
man nicht leugnen, dass *Jordanis* viele Kunde über Skandinavien besass,
er, der *Bergio* (jetzt «Bergen») *Hallin* (Hallingdal) u. a. O. nennt.
Edit. Closs, p. 18.

126 (S. 77.) Im Ostjakischen ist «rep» = Berg, «pal rep» = hoher Berg;
«rep kut-pel moza nil» = der Berg ist bis zur Mitte sichtbar. Vgl.
«Osztják nyelv», d. i. «Die ostjakische Sprache» von PAUL HUNFALVY
in den «Sprachwissenschaftlichen Mittheilungen» («Nyelvtudományi Közlemények»), Bd. XI. — Die Wolga heisst bei dem Geographen Mela (um
50 n. Chr.) «Rha», bei *Ptolomaeus* «Pα», bei *Ammianus Marcellinus*
«Ra»; letzterer berichtet: «In der Nähe des Flusses Tanais befindet
sich die *Ra*, an deren Ufern sehr viele heilkräftige Wurzeln (Rhabar-
bara) wachsen.» XXII., 8. — «Ravš šudï alganza» = die Wolga
(= Rav-š) fliesst darunter». AHLGVIST, Moksa-Mordwinische Grammatik,
S. 129. — KLAPROTH versteht unter dem «Oarus» ("Oαρος) des *Herodot*
auch die Wolga, denn «uar» bedeute in der hunnischen und in der
heutigen alanischen Sprache einen Fluss. (Vgl. SCHAFARIK, «Slav.
Alterth.» I., 499.) — Wir kennen die Sprache der Hunnen nicht, wohl
aber wissen wir, dass das «Hunnivar» des *Jordanis* die Arme des
Dnjeper bedeutet (siehe oben Note 121); ferner: *Herodot* sagt es deutlich (IV., 123), dass der Lycus, Oarus, Tanais und Syrgis in die Mäotis
münden; sein Oarus kann also nicht die ins Kaspimeer fliessende Wolga
sein.

127 (S. 77.) Von den Kutriguren und Utiguren ist weiter unten, S. 80, nach

Procopius de Rede. Auch *Agathias* (geb. um 536), der die Geschichte Justinians (von 553—58) niederschrieb, also gewissermassen den *Procopius* fortsetzte, schreibt: «Die Hunnen wohnten ehedem an der Mäotis... in abgesonderten Geschlechtern (ἰδία κατά γέος), als: *Kutiguren, Utriguren, Ultziguren* (die auch *Jordanis* nennt), *Burugunden.*»

128 (S. 77.) «Slavische Alterthümer», I., 318 ff.

129 (S. 77.) DEGUIGNES, «Histoire Générale des Huns, des Turcs etc.» Drei Bände. Paris, 1756—58.

130 (S. 77.) «Slavische Alterthümer» a. a. O.

131 (S. 77.) Ibidem nach MOSES v. CHORENE.

132 (S. 78.) *Jordanis*, p. 180.

133 (S. 79.) *Tacitus*, Germania, 40. «Für die Langobarden ist ihre geringe Anzahl ehrenvoll (nobilitat), da sie, von so vielen und mächtigen Stämmen rings umgeben, nicht durch Unterordnung, sondern durch Kampf und Krieg sich erhalten.» Die Geschichte der Langobarden schrieb *Paulus Diaconus*, dessen Urgrossvater bei der langobardischen Einwanderung nach Italien gelangte und der im Jahre 799 starb. *Procopius*, der zur Zeit Justinians lebte und schrieb, steht den hier erzählten Vorfällen um zwei Jahrhunderte näher als *Paulus*.

134 (S. 80.) *Procopius*, de bello Gothico, IV., 4, 5.

135 (S. 82.) Dieser Becher war noch zur Zeit des Paulus Diaconus, der ihn selbst gesehen hatte, vorhanden. «Ich habe ihn gesehen an einem Festtage, als Fürst Ratchis ihn mit eigener Hand seinen Gästen zeigte.» MURATORI, I., 435.

136 (S. 82.) Wenigstens ist, meines Wissens, noch nicht festgestellt, welche Denkmäler etwa den Gothen, den Gepiden u. s. w. angehören.

137 (S. 82.) Viele haben den Schatz von Petrossa beschrieben; darunter auch JOH. ARNETH, «Gold- und Silber-Monumente», Wien, 1850. Auf der Sitzung des «Congrès international d'Anthropologie et d'Archéologie préhistoriques» zu Kopenhagen theilte ODOBESCO eine «Notice sur le trésor de Petrossa» mit. Vgl. das «Compte-Rendu» des Congresses (Kopenhagen, 1875), p. 361 ff. Die Runeninschrift des Ringes liest der Eine: «gutani oewy hailag», d. i. «à Odin, la Scythie consacrée»; der Andere: «gut annom hailag», d. i. «dédié au trésor des Gots». Vgl. u. a. S. 371, 372. — Das «oewy» wäre nach *Jordanis* Scythia. — Herr ODOBESCO schickte über den Fund von Petrossa auch der ungarischen Academie der Wissenschaften 13 photographische Tafeln. Vgl. «Archaeologiai Ertesitö» d. i. «Archäologischer Anzeiger», Bd. II. p. 99.

1o (S. 83.) *Procopius*, l. c. nennt bei Erzählung der Invasionen die Bulgaren nur Hunnen.

1.9 (S. 83.) CARL SZABÓ nennt diesen Alanenfürsten ungehörig «Sáros». Vgl. TIHIERRY, Attila etc. (in der ungar. Uebers.) II., 150.

140 (S. 83.) Das «Goldgebirge» ist der Altai (altun = im Türkischen «Gold»): Menander nennt ihn *Ektag* (ἵνα ὁ χαγάνος αὐτός ἦν, ἐν ὄρει τοῖ λεγομένῳ Ἐκτάγ, ὡς ἂν εἴπη τις χρυσοῦν ὄρος Ἕλλην ἀνήρ = wo der Chagan selbst war, auf dem Gebirge Namens *Ektag*, was im Griechischen so viel als «Goldgebirge» heissen würde). Eigentlich ist *Ak-tag* = Weisses Gebirge. Das «Ektel» bei Menander ist nur eine unrichtige Schreibung statt Ekteg, Ektag.

141 (S. 84.) *Til, Etel, Idil* sind türkische Benennungen sowohl für die Wolga als für die Kama. Man weiss nicht, ob der «schwarze Til» den ersteren oder den letzteren Fluss bezeichnet. In der Beschreibung des Weges der türkischen Gesandtschaft vom Jahre 568 führt Menander an, dass sie die Flüsse *Oich, Daïch, Ich* und *Attilas* überschritten hätte; darunter sind der *Jajk* (heute Ural) und die *Wolga* deutlich zu erkennen. Demnach war der älteste ugrische?) Name der Wolga *Ra, Raz*, der türkische *Attil, Etel, Idil, Til*.

142 (S. 84.) *Theophylaktus*, VII., 8. — *Menander* schreibt den Namen «ogor» *ugur* οὔγουρ.

142 (S. 85.) *Paulus Diaconus*, I., 27. «Das Gepidenvolk war derart herab-
gesunken, dass es von da an keinen König mehr besass, sondern Alle,
die am Leben blieben, wurden entweder Unterthanen der Langobarden
oder seufzen bis heute (um 790) in der harten Knechtschaft der Hunnen,
welche das Land der Gepiden besitzen» (usque hodie Hunis eorum patriam possidentibus, duro imperio subjecti gemant).

144 (S. 84.) «Es ist gewiss, dass Alboin vielerlei Volk mit sich nach Italien
führte und die Ortschaften, in denen diese Völker wohnen, werden bis
heute die Dörfer der Gepiden, Bulgaren, Sarmaten, Pannonier, Sueven
und Noriker genannt.» *Paulus Diaconus*, II., 26.

145 (S. 84.) GIBBON schreibt, Bajan habe den Dorfpalast Attila's bewohnt
(the chagan occupied the rustic palace of Attila). Decline and Fall of
the R. E. XLVI., p. 160. Woher GIBBON diese Nachricht hat, weiss
ich nicht.

145 (S. 84.) *Paulus Diaconus*, IV., 39. «Agilulfus rex obsedit civitatem
Cremonensem, cum Sclavis, quos ei Cacanus rex Avarorum in solatium
miserat.»

147 (S. 84.) Ibidem IV., 21: «In jener Zeit schickte König Agilulf dem
Avarenkhagan Handwerker zum Bau von Schiffen, mit denen er irgend
eine Insel in Thracien eroberte.»

148 (S. 84.) Ibidem IV., 25: «Damals kehrten die Gesandten des Königs
Agilulf vom Khagan zurück mit der Botschaft, dass der ewige Friede
geschlossen sei (pacem perpetuam factam). Mit ihnen kam auch der
Bote des Khagans und ging zu den Königen der Franken, damit diese
mit den Langobarden wie mit den Avaren den Frieden halten mögen.
Inzwischen fielen aber die Langobarden mit den Avaren und Slaven in
Istrien ein und verwüsteten Alles mit Feuer und Schwert.»

149 (S. 86.) *Theophylaktus*, VII., 8.

150 (S. 86.) *Theophylaktus*, VII., 4. Der griecische Historiker nennt die
Theiss «Tissus» (Τισσύς).

151 (S. 86.) *Theophylaktus*, VII., 15.

152 (S. 86.) «Als ihr König, d. i. der Cacanus, bewaffnet und mit grosser
Begleitung die Mauern umritt, um zu untersuchen, von welcher Seite her
die Stadt am leichtesten erstürmt werden könne, sah die buhlerische
Romilda (meretrix nefaria) den blühenden Jüngling und verliebte sich in
ihn, dass sie durch einen Gesandten ihm sogleich die Stadt mit Allem
versprach, wenn er sie zum Weibe nehme.» Das geschah, doch zu
Romildens Verderben. «Rex Avarum propter jusjurandum sicut ei spo-
ponderat nocte una quasi in matrimonio habuit, novissime vero duodecim Avaribus tradidit, qui eam per totam noctem vicibus sibi succe-
dentes libidine vexarent. Postmodum quoque palum in medio campo
configi praecipiens, eandem in ejus acumine inseri mandavit, inquiens,
talem te dignam esse maritum habere.» *Paulus Diaconus*, IV., 38.

153 (S. 86.) *Theophanes*, Bonner Ausgabe p. 485, nennt die Chazaren
«Türken aus Osten, welche man Chazaren heisst.» — Die Niederlassung
der Croaten setzt ENGEL in die Jahre 610—620, SCHAFARIK aber die
«avarische Eroberung Dalmatiens» in das Jahr 630, die Einwanderung
der Croaten in das Jahr 634, die Wanderung der Serben nach Macedonien in das Jahr 636. SCHAFARIK, «Slavische Alterthümer», II., 240, 241.
(δVgl. auch DÜMMLER, «Ueber die älteste Geschichte der Slaven in Dalmatien», dann ROESLER, «Ueber den Zeitpunkt der slavischen Ansiedlungen an der unteren Donau» (Wien, 1873). Letzterer resumirt das Resultat
seiner Untersuchung in folgender Weise: «Die Slovenen, oder, wie man
später sagte, bulgarischen Slaven sind nach den im Zusammenhange
gelesenen und geprüften Berichten nicht schon im 5. oder 6. Jahrhundert in die Gegenden Mösiens eingewandert, sondern erst im siebenten.
Keinesfalls früher als unter Phokas oder Heraklios, *am wahrscheinlich-
sten aber kurz vor 657.*» Ihm stimmt neuestens auch G. FR.

HERTZBERG in seiner »Geschichte Griechenlands seit dem Absterben antiken Lebens bis zur Gegenwart.« (Gotha, 1876.) Bd. I. S. 143 ff. bei.?

154 (S. 87.) *Theophylaktus* VIII., 3, 4 gibt die Zahl der getödteten Gepiden auf 30,000 an (ἀναιϱοῦνται γὰϱ Ἰαϱβάϱων χιλιάδες τϱιάϰοντα), was sicherlich übertrieben ist. *Anastasius*, Histor. Eccles. (Bonner Ausgabe erzählt S. 132: »triginta milia Gipedorum barbarorumque aliorum occiderunt.« Hierauf sammelte nach *Anastasius* der Khagan an der Donau abermals ein neues Heer und dort erfolgte die entscheidende Schlacht, in welcher Viele in der Donau umkamen, zu Gefangenen machte man 3000 Avaren, 800 Slaven, 3000 Gepiden und 2000 Barbaren. (Vivos autem obtinuerunt Avarum quidem tria milia, Sclavinorum vero octingentos et gipedum tria milia, nec non et duo barbarorum.)

155 (S. 88.) *Theophylaktus*, VI., 2.

156 (S. 88.) Ibid. VIII., 4 »συμπόσιόν τι καθίσαντες πανηγυϱιν ἑωϱταζον ἐπιχώϱιον τας τοιουν Φϱοντίδας ἀναθέντες τῇ μέθῃ κατεπανυχιζοντο εὐωχουμενοι = sie sassen beim Mahle und feierten ein vaterländisches Fest und hatten sich sorglos die ganze Nacht dem Trunke bis zum Uebermasse ergeben.«

157 (S. 89.) *Theophylaktus*, I., 8.

158 (S. 89.) *Theophylaktus*, I. 3.

159 (S. 89.) *Conversio Bagoariorum*, welcher Schrift wir noch öfters begegnen werden.

160 (S. 89.) ZEUSS, die Deutschen etc., 441: »Nur die Ost- und Westgothen mit den Taifalen und Gepiden . . . könnten mit dem Gesammtnamen gothischer Völker bezeichnet werden.«

161 (S. 89.) ZEUSS; l. c., p. 710.

162 (S. 90.) ZEUSS; l. c., p. 716, 717.

163 (S. 90.) *Paulus Diaconus* bei MURATORI I., 484.

164 (S. 90.) *Theophanes*, Chronographia, Bonner Ausgabe, p. 546.

165 (S. 91.) *Theophanes*. l. c., p. 546—549.

166 (S. 92.) KREK, »Einleitung in die slavische Literaturgeschichte«, 1. Theil Graz, 1874. Auf S. 63 ff. folgt KREK im Grossen und Ganzen den Spuren SCHAFARIK's.

167 (S. 92.) KREK, a. a. O. p. 64. Auch SCHAFARIK sagt, dass die Hunnen niemals solch' viehische Grausamkeit an den Slaven ausgeübt hätten, wie die Gothen: »Es unterliegt keinem Zweifel, dass die Anten und die übrigen Slaven sich lieber an die Hunnen, als an die unmenschlichen Gothen angeschlossen haben, zumal von den Hunnen niemals eine solche viehische Grausamkeit ohne Noth verübt wurde.« I., 327. — Weiter unten nennt er die Hunnen dennoch »asiatische Unholde.« I., 428.

168 (S. 93.) SCHAFARIK, I., 327, 328.

169 (S. 93.) Denn im Griechischen finden wir μέδυ, im Sanskrit *madhu*, im Skandinavischen *mjöd*, im Altslavischen *medu*, im Russischen *med*, im Slovakischen *medovec*; ja man weiss, dass das Finnische *mehi-läise*, im Magyarischen *meh* (Biene), das Finnische *mete* im Magyarischen *méz* (Honig) bedeutet; deshalb kann das Wort »med« (medos) kein ausschliessliches Eigenthum der slavischen Sprachen sein.

170 (S. 94.) PRAY, Annales, 241.

171 (S. 94.) SCHAFARIK, II., 59. (†Ueber das Citat aus NESTOR vgl. BÜDINGER, Nachrichten zur österreichischen Geschichte in altrussischen Jahrbüchern, im »Jahrbuch für vaterländische Geschichte«, Wien, 1861 p. 29 ff. †)

172 (S. 94.) PALACKY, »Geschichte von Böhmen«, I., 75.

173 (S. 94.) †Uebrigens wissen von diesen Misshandlungen der Avaren auch abendländische Historiker zu erzählen. »Jedes Jahr kamen die Chunen zu den Slaven, um bei ihnen zu überwintern; dann nahmen sie die Weiber und Töchter der Slaven und schliefen bei ihnen und zu den übrigen Misshandlungen mussten die Slaven den Chunen noch Abgaben zahlen.« Fredegars Chronik, übersetzt von OTTO ABEL, Cap. 48, S. 32.†

174 (S. 94.) SCHAFARIK, II., 60.

175 (S. 95.) *Theophylaktus*, VII., 8.

176 (S. 95.) κατά γίνη και Φύλας. Mauricii strategicon bei BÜDINGER, «Oesterreichische Geschichte», S. 65, Anm. 4.

177 (S. 95.) Vgl. BÜDINGER, l. c., p. 62, Note 1 und 6.

178 (S. 95.) BÜDINGER, l. c., p. 66, Anm. 2 und 3. Auch *Menander* spricht von «*hepanzerten Reitern*» (ίππεῖς 9ωξακόΦοροι). Bonner Ausgabe, p. 405.

179 (S. 96.) BÜDINGER, l. c., p. 67. Anm. 2. Uebrigens irrt BÜDINGER, wenn er das Wort «retorna» für avarisch hält ; dasselbe ist byzantinisch-römisch und bedeutet : «kehre zurück!»

180 (S. 90.) Excepta e Menandri historia. Bonner Ausgabe, p. 335.

181 (S. 96.) MURATORI in den Noten aus Eddius zu Paulus Diaconus V., II., 3.

182 (S. 97.) *Theophylaktus*, I., 8. Wenn es erlaubt ist, in solch' dunklen Dingen eine Ansicht auszusprechen, so würde ich das Wort «bokolabra» als ein Compositum betrachten : «boko» + «labra», den ersten Theil könnte etwa das türkische «bogu», magyarisch «báj» = Zauber erklären ; aber auch dann bliebe der zweite Theil («labra») unverständlich.

183 (S. 94.) THIERRY beginnt zwar die Erzählung der Eidesleistung in folgender Weise : «Bajan trat in Begleitung edler Avaren und wahrscheinlich auch der *Priester* vor» u. s. w. Allein davon steht bei Menander nichts.

184 (S. 97.) ZEUSS, die Deutschen, p. 737. PRAY, «Annales Hunnorum, Avarorum etc.» Vindobonae, 1761, p. 282.

185 (S. 97.) «Eorumque regia, quae ut dictum est Hringus, a Longobardis autem Campus vocatus.» PERTZ, I., 183.

186 (S. 97.) BÜDINGER meint (l. c., p. 71), dass die Avaren sich zu einer ackerbautreibenden Thätigkeit nicht erhoben hätten, wobei er sich auf Constantinus Porphyrogenetus beruft, der jedoch nicht die Avaren, sondern die Magyaren (Türken) im Auge hatte.

187 (S. 97.) «Dort warfen sie ihre neuen, grossen, mit Wall und Graben umzogenen, die sogenannten Avaren-Ringe (567—568) auf und unternahmen von da aus 240 Jahre lang unerhörte Verheerungszüge in die benachbarten Länder.» «Slavische Alterthümer», II., 59. — Die avarischen Ringe sind zum Theil noch in der Bácska und im Süden des Torontáler Comitats bemerkbar. Man nennt sie im gewöhnlichen Leben «Römerschanzen.» MATHIAS BÉL verzeichnet dieselben allerdings etwas kühn auf seiner Landkarte von Ungarn. Vgl. Atlas Hungaricus Belianus. Posonii 1750 und 1751.

188 (S. 100.) Ueber die «Theiss-Bulgaren», welche ENGEL entdeckt hat, von denen jedoch die Quellen nichts wissen, wird weiter unten ausführlicher die Rede sein.

189 (S. 100.) Dort empfing er unter Anderen die Gesandten des dänischen Königs Siegfried und Jene, welche die Fürsten der Hunnen, der *Khagan* und *Jugur* des Friedensschlusses wegen geschickt hatten. Vgl. *Einhardi* Annales ad 782. PERTZ, I.

190 (S. 100.) *Einhard*, ad 790.

191 (S. 100.) «Nam is fluvius inter Boioariorum et Hunorum terminus medius currens, certus duorum regnorum limes habebatur.» *Einhard*, ad 791.

192 (S. 101.) Von hier zurückgekehrt, nahm er die Theile Unter-Pannoniens jenseits der Raab um den See *Pelissa* und bis an die Drau, wo diese in die Donau mündet, in Besitz. ZEUSS, die Deutschen etc., p. 738. Hier bezeichnet der «See Pelissa», das alte «Pleiso», «Pelso», offenbar den Plattensee.

193 (S. 103.) «Per Bechaimos, via qua venerant, reverti praecepit (Carolus)», sagt *Eginhard* ad ann. 791.

194 (S. 104.) *Einhard*, ad ann. 805. Cujus precibus imperator assensum

praebuit, et summam totius regni juxta priscum eorum ritum Caganum habere praecepit.

¹⁵ (S. 104.) 805. Abraham Caganus baptizatus est super Fiskaha. DÜMM-LER, Pilgrim von Passau. S. 154.

¹⁹⁶ (S. 104.) Alterum (exercitum) in Pannonios (misit) ad controversias Hunorum et Sclavorum sopiendas. *Einhard*, ad ann. 811. (δVgl. die grundlegende Abhandlung von DÜMMLER, »Die südöstlichen Marken des fränkischen Reiches unter den Carolingern 795—907« im Archiv für Kunde österreichischer Geschichts - Quellen. Band X., erste Hälfte, p. 5 ff.δ)

¹⁹⁷ (S. 104). In quo conventu orientalium Sclavorum . . . . et in Pannonia residentium Avarum legationes cum muneribus ad se directos audivit.» Ad ann. 822.

¹⁹⁸ (S. 105.) Vgl. ENGEL, »Geschichte des alten Pannoniens«, p. 269 und DÜMMLER, »Geschichte des ostfränkischen Reiches«, I., p. 30. In den Urkunden, welche »in terra Avarorum« Schenkungen machen, kommen folgende Ortsnamen vor: *Litaha*, *Vuahova*, *Bohbach*, *Ahornic*, *Kirchbach* u. s. w.; »in terra Hunnorum« : *Zeizzinmur*, *Tresma*, *Vuachova*, *Pelagum*, *Nardiuum*, *Asbahc*, *Vuolesruanch*, *Erlafa* u. s. w. Vgl. FEJÉR, »Codex diplom. in Urkunden Ludwigs des Frommen aus den Jahren 830—836.» Die Ortsnamen sind grösstentheils deutsch.

¹⁹⁹ (S. 105.) »Eos autem qui obediebant fidei et baptismum sunt consecuti, tributarios fecerunt regum, et terram quam possident residui, adhuc pro tributo regis retinent usque in hodiernum diem.» Conversio Bagoariorum et Carantanorum, 3.

²⁰⁰ (S. 105.) BÜDINGER, »Oesterreichische Geschichte«, p. 140.

²⁰¹ (S. 105.) Ibid. p. 161, Anm. 2 : »Territorium quod usque modo *servi* vel *Sclavi* ejusdem Monasterii ad censum tenuerunt.» δ(Ueber Slaven = Sklaven vgl. auch GFRÖRER, »Gregor VII. und sein Zeitalter«, Bd. I., p. 499).δ

²⁰² (S. 105.) »Avarici limitis Custodes« (BALDRICH et GEROLD). *Einhard*, ad ann. 826.

²⁰³ (S. 106.) *Theophanes*, Bonner Ausgabe, S. 546—549.

²⁰⁴ (S. 106.) ENGEL, »Geschichte des alten Pannoniens und der Bulgarei.» (Halle, 1767.) S. 263.

²⁰⁵ (S. 106.) Ebd. S. 314.

²⁰⁶ (S. 106.) Ὁ μὲν εἰς Παννονίαν τῆς Ἀβαρίας ὑποταγεὶς χαγάνῳ τῶν Ἀβάρων ἐμεῖν ἐκεῖ μετὰ τῆς δυνάμεως αὐτοῦ.

²⁰⁷ (S. 106.) »Der vierte zog mit seinem Volke nach Pannonien, unterwarf sich dem Avaren-Chan und siedelte sich, *wie es scheint*, in der Nähe der Theiss und Maros an.» »Slav. Alterth.«, II., 163.

²⁰⁸ (S. 107.) DUDIK, »Mährens allgemeine Geschichte«, (Brünn, 1860), I., 98.

²⁰⁹ (S. 107.) STRITTER, II., 561. »Crumus ingentem exercitum coegit, Avaresque et ex Sclaviniis cunctis ingentes copias collegit.»

²¹⁰ (S. 107.) ENGEL, »Geschichte des alten Pannoniens«, p. 324.

²¹¹ (S. 107.) SCHAFARIK, »Slav. Alterth.« II., 173.

²¹² (S. 107.) Ibid. II., 174.

²¹³ (S. 107.) Εἰς Βουλγαρίαν ἐκεῖθεν τοῦ Ἴστρου ποταμοῦ = nach Bulgarien jenseits des Isters (der Donau), was die heutige Walachei, nicht aber die Theissgegend in Ungarn bedeutet.

²¹⁴ (S. 107.) »Slav. Alterth.«, II., 174.

²¹⁵ (S. 108.) DÜMMLER, »Geschichte des ostfränkischen Reiches«, I., 35.

²¹⁶ (S. 108.) »Die Besitzergreifung· Siebenbürgens durch die das Land jetzt bewohnenden Nationen«, von FRIEDRICH MÜLLER (Landau, 1875), S. 16, 111, Anm. 13.

²¹⁷ (S. 108.) ENGEL, »Geschichte des alten Pannoniens«, p. 279.

²¹⁸ (S. 109.) *Leo Grammaticus*, Bonner Ausg., p. 233, 234. Leo Gramma-

ticus führt seine Geschichte bis zum Jahre 1013; er war also ein Zeitgenosse des Königs Stefan des Heiligen.

219 (S. 110.) SCHAFARIK, «Slav. Alterth.», II., 175.

220 (S. 110.) Ibid. II., 211.

221 (S. 111.) «Conversio Bagoariorum et Carantanorum» bei PERTZ, Scriptores XI.

222 (S. 111.) Conversio Bagoar., p. 6.

223 (S. 112.) «Provinciam Carantanam ita inter eos dividere jussimus, ut Dravus fluvius, que per mediam illam provinciam currit, terminus ambarum dioecesium esset; et a ripa australi ad Aquilegiensis ecclesiae rectorem, ab aquilonari vero ripa ad Juvavensis ecclesiae Praesulem ipsius provinciae pertineret», — entscheidet Carl der Grosse in seinem Diplome vom Jahre 812. FEJÉR, Codex Diplom., I., 154.

224 (S. 112.) Ueber das sirmische Erzbisthum, vgl. DÜMMLER, die pannonische Legende vom h. Methodius im «Archiv f. Kunde österreichischer Geschichtsg.», XIII. Bd., p. 186—187.

225 (S. 112.) «Ut regio quae ultra Comagenos montes est inter utrumque antistitem dividatur; ut aquilonarem et occidentalem oram, qua Spiraza amnis exoritur et cum altera Spiraza et Arabone confluit, Patavensis antista haberet; reliqua orientem et austram spectantia, procurarentur a Salisburgeni.» FEJÉR, Codex Diplom., I., 162.

226 (S. 112.) DUDIK, «Mährens Allgemeine Geschichte», I.

227 (S. 112.) «Ultra Danubium in sua (Privinae) proprietate, loco vocato Nitrava» . . . sagt die um das Jahr 871 in Salzburg verfasste «Conversio Bagoariorum et Carantanorum», 11.

228 (S. 113.) «Rex praestavit Privinae aliquam inferioris Pannoniae in beneficium partem, circa fluvium, qui dicitur Sala». Conversio 11.

229 (S. 113.) Conversio Bagoar., 11.

230 (S. 113.) DUDIK, l. c. I., 142.

231 (S. 113.) Conversio Bagoariorum, 12.

232 (S. 114.) «Donatio quam Privinus fecerat de sua proprietate in suo Ducatu apud Salpiugin.» Privilegium Ludovici II. d. 860, Febr. 20. In der Anmerkung zur «Conversio Bagoar.» 12 bei PERTZ. — Ferner: «Tunc vero Sclavi post Hunnos inde expulsos venientes coeperunt istis partibus Danubii diversas regiones habitare.» Conversio Bagoar., 6.

233 (S. 114.) Vgl. SANDER's «Deutsches Wörterbuch» unter «Moos».

234 (S. 116.) DÜMMLER, «Die pannonische Legende vom h. Methodius», l. c., p. 158. — Vita S. Methodii Russico-Slovenice et Latine. FR. MIKLOSICH, Vindobonae, 1870, pag. 13.

235 (S. 116.) «Postea vero etiam Graeci illum a puero amantes magni faciebant, donec imperator, sagacitate ejus cognita, *principatum Slovenicum eum tenere jubent.*» DÜMMLER, l. c., p. 158.

236 (S. 117.) Responsa Nicolai Papae I. ad Consulta Bulgarorum. — Acta Conciliorum et Epistolae Decretales ac Constitutiones Summorum Pontificium. Parisiis, Bd. V. Aus den 105 Antworten können wir auch die Fragen herauslesen, welche viele Daten in Bezug auf die Bulgaren enthalten. Wir kommen auf diese weiter unten des Nähern zurück.

237 (S. 118.) Es ist eben die oft citirte «Conversio Bagoariorum et Carantanorum» bei PERTZ, Scriptores XI.

238 (S. 118.) Die Geschichte der pannonischen Kirche und des Methodius ist nach DUDIK, «Mährens allgemeine Geschichte», I. Bd., dargestellt.

239 (S. 119.) In der abendländischen Kirche, insbesondere in der spanischen, und dann auch bei den Franken kam die Meinung auf, dass der *h. Geist vom Vater und dem Sohne ausgehe.* Vordem hiess es nur: «ausgegangen von dem Vater», jetzt wurde «und dem Sohne» = filioque hinzugesetzt. Die Synode zu Aachen behandelte im Jahre 809 zuerst diese Frage. Sie richtete an Papst Leo III. die dringende Aufforderung, er möge das «filioque» als ein von dieser Synode neulich angenommenes

und gebilligtes Dogma in das Symbolum einschalten. Leo III. konnte sich dazu nicht überwinden, sondern liess vielmehr statt dessen das nicäa-constantinopolitanische Symbolum ohne irgend welche Hinzufügung mit griechischer und lateinischer Schrift auf zwei später in der Basilica des heiligen Peter aufgestellten silbernen Tafeln eingraben, aus keinem andern Grunde, als pro amore et cautela orthodoxae fidei. (Vgl. Archimandrit *Sylvester*, Antwort auf die in dem altkatholischen Schema enthaltene Bemerkung von dem heiligen Geiste. St.-Petersburg, 1875; p. 13.)⁸ Methodius sang nicht das »filioque«, welches die fränkischen Bischöfe bereits aufgenommen hatten; daher die Klage. Wann jener Zusatz in das Symbolum der römischen Kirche aufgenommen wurde, lässt sich nicht genau bestimmen. Zur Zeit des Method galt die Nichtannahme noch als keine Ketzerei. Die orientalische Kirche bestand auf der Ablehnung des Zusatzes und bildet diese einen der Hauptdifferenzpunkte zwischen der morgen- und abendländischen Kirche.⁵ Neuestens ist diese Frage über den Ausgang des heiligen Geistes ein viel erörtertes Thema auf den jüngsten Unionsconferenzen zwischen den Altkatholiken und den Griechisch-Orientalischen.⁶

²⁴⁰ S. 119.) DUDIK, »Mährens allgemeine Geschichte«, Bd. I., 283—386.

²⁴¹ S. 120.) *Constantinus Porphyrogenitus* (um 950) unterscheidet zwei *Morawien*, ein *unteres* an der serbischen Morawa (ehedem »Margus«), das er auch »Klein-Morawien« nennt, und ein *oberes* an der westlichen Morawa (March, Marus), auch »*Gross-Morawien*« genannt. Klein-Morawien stand nur durch das pannonische Lehensgebiet Swatopluk's mit Gross-Morawien (Gross-Mähren) in Berührung.

²⁴² S. 120.) »Imperator (Arnulphus) Pannoniam cum urbe Paludarum (sic!) tuendam Braslavoni, duci suo, in tempus commendavit.« DUDIK, »Mährens allgemeine Geschichte«, I., 261, 50.

²⁴³ (S. 120.) »Arnulfus divina favente gratia rex . . . . Comperiat omnium nostrorum fidelium solertia, qualiter Venerabilis archiepiscopus noster Dietmarus postulavit Serenitatem nostram, ut quasdam res . . . ad sanctam Ecclesiam Juvavensem . . . concederemus . . . Tradimus itaque . . . ad Sabariam, ad Panwchabe, ad Mosepurch, abbatiam, ubi S. Adrianus martyr Christi requiescit. . . . Ad Salapiugen curtem cum CCC mansis et totidem vineis, vel quidquid ibidem habuimus, ecclesiam ad Quartana, ecclesiam ad Gensi (Güns?) ad V. Ecclesias cum teloneis et vineis et forestibus et cum omnibus, quae ab antecessoribus nostris antea beneficiata fuissent, firmamus in proprium. Data XII. Kalend. Decembris anno Christi incarnationis 888. Anno domini Arnolfi sacrissimi regis II. in orientali Francia regnante, indictione IX. FEJÉR, Codex dipl., I., 220. Codex dipl., Moraviae I., 01.

²⁴⁴ (S. 120.) DÜMMLER, »Südöstliche Marken«, p. 58.

²⁴⁵ (S. 121.) Es entspricht wohl kaum weder der ethnographischen noch der historischen Wirklichkeit, dass der Papst durch diese Entsendung ein starkes Slavenreich gründen wollte, wie das DUDIK (l. c. I., 322) in folgenden Worten ausdrückt: »Seitdem die Magyaren Italiens üppige Fluren verwüstet hatten, ward der alte Gedanke, längs der Donau in Pannonien ein mächtiges Slavenreich unter dem Schutze des heiligen Petrus zu begründen, wo möglich noch lebendiger geworden.« Denn die Bekämpfung und gegenseitige Aufreibung der slavischen Fürsten konnte hiezu nicht die geringste Veranlassung bieten, insbesondere in jener Zeit, als gleich dem hagelerfüllten Gewittersturme die Magyaren Pannonien bedrohten. In diesem Momente konnte auch keine Rede mehr sein von der Wiederbelebung des sirmischen Erzbisthums; die gegenwärtigen Verfügungen des Papstes betrafen also auch gar nicht Pannonien.

²⁴⁶ (S. 122.) Annales Alamann. bei PERTZ. Vgl. DUDIK, I., 352 und DÜMMLER, »Südöstliche Marken«, p. 66.

247 (S. 123.) DÜMMLER, ibid, p. 69 ff. BÜDINGER, «Oesterr. Geschichte», I., 224.

248 (S. 124.) DUDIK, «Mährens allg. Geschichte», I., 284.

249 (S. 124.) Arnulfus rex missos etiam suos ad Bulgarios et regem eorum Laodomur ad renovandam pristinam pacem cum muneribus mense Septembri transmisit, et ne coemtio salis inde Moravanis daretur, exposcit. Annal. Fuldenses, ad ann. 892.

250 (S. 125.) Vita S. Gerardi bei ENDLICHER, Rerum Hung. Monumenta Arpádiana, p. 214.

251 (S. 125.) FEJÉR, Codex Dipl., I., 327; II., 78.

352 (S. 129.) Vita Constantini bei DÜMMLER, «Südöstliche Marken», p. 53.

253 (S. 130.) DÜMMLER, die pannonische Legende vom heil. Methodius im «Archiv f. österr. Geschichtsg.», XIII., 162. Die lateinische Uebersetzung stammt von MIKLOSICH, der übrigens diese mit dem Originaltexte vereint herausgegeben hat: «Vita Sancti Methodii, Russico-Slovenice et Latine edidit FR. MIKLOSICH. Vindobonae, 1870. Die Stelle lautet:

«XVI. Cum vero in partes Danubii venisset rex Ungrorum (korolju ugrskomu), videre eum (Methodium) voluit, et quibusdam dicentibus et putantibus, Methodium non sine malo discessurum esse, tamen ad eum accessit. Rex vero, ut dominum decet, excepit eum honorifice et sollemniter et cum gaudio, et, ut talibus viris colloqui convenit, cum eo collocutus et adamatum deosculatus dimisit cum magnis muneribus, dicens ei: memento mei, Venerande pater, semper in sanctis precibus tuis.»

(Zur S. 130.) Die Stelle bei *Hincmar* lautet:

«Dani magnam regni ejus (Hludovici) partem caede et igne praedantur: sed et hostes antea illis populis inexperti, qui *Ungri* vocantur, regnum ejus populantur. Hincmari Remensis Annales ad 862. PERTZ, Vol. I., Script. I., p. 453.»

(Zur Seite 130.) *Ibn Dasta's* Nachrichten erschienen unter dem Titel:

Извѣстія о хозарахъ, буртасахъ, болгарахъ, мадярахъ, славянахъ и русахъ.

«Nachrichten des Abu-Ali Achmed ben Omar, Ibn Dasta über die Chazaren, Burtasen, Bulgaren, Magyaren, Slaven und Russen.» Herausgegeben von D. A. CHWOLSON in St. Petersburg, 1869.

(Zur Seite 131.) Zur *Götzenanbetung* der Magyaren. CHWOLSON führt an, dass Ibn Dasta's Wort «nîrân» (= Feuer) statt des Ausdruckes «autsân» (= Götzen) bei El-Bekri stehe, und hält den letzteren für den richtigern, welchen die Abschreiber in «nîrân» verwandeln konnten. Ich theile diese Ansicht CHWOLSON's und erlaube mir sie damit zu unterstützen, dass der arabische Schriftsteller die Religion der Feueranbeter wahrscheinlich mit dem Worte «medsüs» = magus benannt haben würde, welcher Ausdruck bei den Arabern jederzeit und am augenfälligsten die Feueranbeter bezeichnet hat.

254 (S. 133.) Vgl. SELIG CASSEL, «Magyarische Alterthümer» (Berlin, 1848), S. 182—219.

255 (S. 133.) Die ältesten arabischen Nachrichten über die Wolga-Bulgaren aus Ibn Foslan's Reiseberichten von CH. M. FRAEHN. Petersburg, 1832. — Die Nachrichten Ibn Dasta's gehen denen von Ibn Foslan zeitlich voran.

256 (S. 134.) *Leonis* imperat. Tactica ed. MEURSIUS, p. 287 ff.δ (Leo schrieb übrigens in seiner Schilderung der Kriegskunst der Magyaren das heraus, was ein älterer Schriftsteller Maurikios von den Avaren gesagt hatte. Vgl. BÜDINGER, «Oesterreichische Geschichte», I., 215. Auch ROESLER, «Romänische Studien», p. 164.)δ

257 (S. 135.) Reginonis Chronicon, ad ann. 889 bei PERTZ, Script. I.

258 (S. 135.) Auf Fähren oder in ausgehöhlten Baumstämmen konnten sie

auf dem Dnjeper seewärts schiffen, wenn ihnen die Petschenegen nicht den Weg versperrten.

253) (S. 136.) ἡ μιύρη λεγομίνη Βουλγαρία. Das ist Bulgarien an der Wolga, welches Ibn Dasta beschreibt. Constantin bezeichnete es vielleicht deshalb als «Schwarz»-(Bulgarien), um es von dem *christlichen* oder mösischen Bulgarien zu unterscheiden.

260) (S. 136.) Constantin ist hier im Irrthume; Constantinus V. (Kopronymus, von 741—775) nahm eine Chazarin zur Gemahlin, welche ihm einen Sohn, Leo VI. (regierte 775—785), gebar. Leo war also der Sohn, nicht der Gatte einer Chazarin. Wenn der kaiserliche Schriftsteller in solchen Sachen irrt, werden wir uns um so weniger wundern, dass er an einer Stelle den Attila «König der Avaren» nennt.

261 (S. 136.) ὁ γὰρ χαγανος ἱκῖνος ὁ καὶ πεχ χαζαρίας = wörtlich: «jener Khagan, der auch Beg von Chazarien ist». Nachdem jedoch diese beiden Würden verschiedene Personen besassen, so übersetzte ich die Stelle wie oben im Texte.

262 (S. 137.) Der Brief Josefs des Chazarenkönigs bei CASSEL, «Magyarische Alterthümer», S. 195—219.

263 (S. 137.) CASSEL, l. c. 206, 215. Josef sagt: «ha-jigra-im». Das ist nach der Notiz bei Theophylaktus die älteste Spur vom Lande *jugr*, *jugor*, welches die Sirjänen bis heute *jögra* nennen, nämlich das Land der Wogulen und Ostjaken.

264 (S. 138.) De Administr. imperio, cap. 37. Im Texte steht μάζαροι. Wenn diese Lesart richtig wäre, dann würden wir auch bei Constantinus dem Worte «magyar» begegnen und es kann dieselbe auch insofern correct sein, als auch nach Ibn Dasta die erste Region der Magyaren an die Petschenegen grenzte; und vielleicht führte anfänglich nur ein Theil der Türken diesen Namen. Nachdem jedoch dieses Wort nur einmal vorkommt, so erscheint die Form «χαζαροι» gesicherter.

265 (S. 139.) Bei der Erzählung von den Petschenegen gibt Constantinus dieses Ereigniss, wie wir gesehen haben, ausführlicher.

266 (S. 140.) Ἐτὶλ καὶ κουζοῦ. De administ. imperio, cap. 40.

267 (S. 141.) Für Constantin wohnen die Petschenegen nach Norden und er nimmt an, dass sie die ganze nördliche Grenze erfüllen.

268 (S. 142.) So sagt er z. B. von Árpád's Enkel, von Termatzus, «dass er neulich als Freund nach Constantinopel gekommen sei mit Bultzu, der die dritte Würde, nämlich die des Karchas bekleidet hatte, und der Sohn des Karchas Kale sei.» De Adm. Imper., 40.

269 (S. 143.) Precipimus eciam, ut idem regis nuncius palam faciat omnibus tam nobilibus quam ignobilibus, imprimis episcopis, abbatibus, comitibus, postea vero minoribus:

quod a tempore regis Andree et ducis Bele, et a descriptione judicis Sarchas nomine, apud quemcunque aliqui civium vel villarum, qui dicuntur *Eur-rek*, vel servi, detinentur, in assumpcione S. Marie omnes regi presententur. Quodsi quis forte detinuerit, dupliciter reddat; vel is, qui defendere voluerit, in predicta festivitate veniat ad Curiam et defendat».

ENDLICHER, Rer. Hungaricarum Monumenta Arpadiana. Sangalli, 1849. pag. 342. — In diesem wichtigen Documente findet man den magyarischen Ausdruck für das slavische «szolga» (= Knecht, Diener); derselbe hiess im Magyarischen ursprünglich «ör»; im Ostjakisch-Wogulischen *ort*, im Finnischen *orja*, im Estnischen *ori*. Gewöhnlich verstand man das Wort als «ör» — custos; allein es gibt im Magyarischen viele Homonyma mit verschiedener Bedeutung und verschiedenem Ursprung, z. B. *hó* (nix) und *hó* (luna); *verö* (verberans), *verö* (urens, assans) und *verö* (Ferkel); so ist *ör* = custos und *ör* = Knecht, Diener; im Ostjakischen *ur* (custos) *ör-iz* und *Ort* = Knecht, Diener. Das slavische «szolga» verdrängte das magyarische «ör» = Knecht, Diener; man hat noch viele Beispiele dieser Art.

hätte aus dem Slavischen noch mehr ähnliche Wörter mit dem Magyarischen aufführen können. Ich weiss es wohl, dass Nationen untergehen durch Aussterben oder durch das Aufgeben ihrer Sprache. Allein die magyarische Sprache ist das hervorragendste Zeugniss dessen, dass diese Nation ihre Sprache niemals aufgegeben hatte. Wer kann aber leugnen, dass eine Nation mit ihrer Sprache entsteht und sich entwickelt? Ohne Sprache gibt es keine Nation, kein Volk. — Wer aber die magyarischen Verbalsuffixe aus dem chinesischen Hilfsverbum erklären will, der versucht mittelst des *Fisches* das *Säugethier* zu erklären. — HORVÁTH beruft sich auf die Behauptungen mehrerer Gelehrte über die körperliche Gestalt der Finnen, Wogulen etc. Diese Behauptungen haben heutzutage gar keine Geltung mehr. Auch die aus Knochen argumentirende Ethnographie (eigentlich nur «Zoographie») geht heute anders vor als zur Zeit Pallas', Klaproth's u. A.

²⁹¹ (S. 172.) Graf UWAROW und SCHAWELJEW, nach dem Werke des Ersteren (erschienen 1869) macht AHLQUIST im «*Kieletär*» (Bd. I., Heft 6) die Merier bekannt. ASPELIN fasst die Forschungen Beider in seiner Darstellung der finn-ugrischen Alterthümer (Helsingfors, 1875, S. 280—302) zusammen.

²⁹² (S. 172.) BUDENZ, «Mordvin közlések» = «Mordwinische Mittheilungen» im V. Bde. der «Nyelvtud. Közlemények». A. AHLQUIST, «Versuch einer mokscha-mordwinischen Grammatik» (St.-Petersburg, 1861). — F. J. WIEDEMANN, «Grammatik der ersa-mordwinischen Sprache.» (St. Petersburg, 1865.)

²⁹³ (S. 172.) Diese Stelle scheint lückenhaft zu sein. *Jordanis* spricht vorher von den zwei Stämmen der Hunnen, von den Ultziagiren und den Saviren und fährt dann also fort: «Hunuguri autem hinc sunt noti, quia ab ipsis pellium murinarum venit commercium; quos tantorum virorum formidavit audacia.» Das Wort «autem» zeigt, dass hier eine Lücke sein kann.

²⁹⁴ (S. 173.) A. C. LEHRBERG, «Untersuchungen zur Erläuterung der ältesten Geschichte Russlands.» (St.-Petersburg, 1806.)

²⁹⁵ (S. 173.) «Rerum Moscovitarum Commentarii Sigismundi Lib. Baronis in Herberstein etc.» Zweite Ausg. Basel, 1554. S. 81, 85 und 86.

²⁹⁶ (S. 173.) IOrpa oder Yrpa in den altrussischen Denkmälern, wie wir von LEHRBERG erfahren.

²⁹⁷ (S. 174.) Ueber die Reisen von REGULY und AHLQUIST unter den Wogulen und Ostjaken vgl. HUNFALVY, «Vogul föld és nép = Wogulisches Land und Volk». S. 50—66.

²⁹⁸ (S. 176.) Ueber die türkischen Wörter im Magyarischen vgl. die mit der grössten Sorgfalt verfasste Arbeit von Dr. BUDENZ, «Jelentés VÁMBÉRY A. magyar-török szó-egyezéseiről» = «Bericht über die magyarisch-türkischen Wortvergleichungen von A. VÁMBÉRY» im «Nyelvtud. Közlemények», Bd. X., p. 67—135.

²⁹⁹ (S. 177.) FRAEHN, de Chasaris, p. 19. «Vor Zeiten hatten sie, sowie auch die Türken keine Religion, sondern folgten nur ihren althergebrachten Gebräuchen.»

³⁰⁰ (S. 178.) CASSEL, «Magy. Alterthümer», S. 199 ff.

³⁰¹ (S. 178.) HUNFALVY, «Vogul föld és nép» = «Wogulisches Land und Volk», p. 347, 348.

(Zur S. 178.) Ueber die *Merier* vgl. Le Comte A. OUVAROFF, Étude sur les peuples primitifs de la Russie. Les Mériens. Traduit du Russe par F. MALAQUÉ. Saint-Pétersbourg, 1875.

³⁰² (S. 179.) Das magyarische «ólom» (Blei) betrachten Einige als eine Entlehnung vom slavischen «olovo»; allein MIKLOSICH fügt bei: «m für v ist befremdend». Die magyarische Wurzel ist in «olvadni» = schmelzen; wie «álom» (= Schlaf, Traum) von «aludni» (= schlafen); so stammt

«ólom» von «olvadni». Im Ostjakischen ist «lola» = olv und «lolpi» magyarisch «olvadó» (das Schmelzende), «ólom» (= Blei).

³⁰³ (S. 180.) Sowohl das deutsche «Kirche», wie das slavische «cirkve» stammen von dem griechischen κυριακή.

³⁰⁴ S. 180.) «Die auf der tiefsten Stufe stehenden Magyaren.» MIKLOSICH, «Die slavischen Elemente im Magyarischen.» Wien, 1871. p. 5.

³⁰⁵ (S. 180.) Als Führer dient hier FR. MMIKLOSICH, «Die slavischen Elemente im Magyarischen.» Wien, 1871. Dem ausgezeichneten Slavisten MIRLOSICH kann man Vertrauen schenken; unter den aufgeführten 056 slavischen Wörtern sind allerdings auch solche, welche die Literatursprache nicht kennt; doch MIKLOSICH weiss jedes derselben zu belegen.

³⁰⁶ (S. 181.) Ibidem, p. 5.

³⁰⁷ (S. 185.) Marci Chronica de Gestis Hungarorum ab origine gentis ad annum 1330 producta. E codice omnium qui extant antiquissimo bibliothecae Palatinae Vindobonensis picto. Recensuit FRANCISCUS TOLDY. Pestini, 1867.

³⁰⁸ (S. 185.) Magister Joannis de Thurócz widmete seine Chronik dem Thomas Drág, der Kanzler und Personal des Königs Mathias (Corvinus) war.

³⁰⁹ (S. 185.) «Scythia in comprehensione una cingitur, sed in tria regna dividitur principiando, scilicet in Bascardiam, Denciam et Mogoriam. Marci Chron., V.

³¹⁰ (S. 186.) Dum ergo Hungaros iterato in Pannoniam redire cognovissent, in Rutheniam eis occurerunt, conquestrantes simul Pannoniae regionem. Qua quidem conquestrata in eadem sorte remanserunt, ut tamen Hungari voluerunt, non in plano Pannoniae sed cum Vlachis in montibus confinii sortem habuerunt: unde Valachis commixti literis eorum uti perhibentur. Marci Chr. XVII.

³¹¹ (S. 187.) Thuróczi, I., 25.

³¹² (S. 188.) Chronica Marci, p. XXI.

³¹³ (S. 191.) Uebrigens ist in Bezug auf die Urgeschichte und die Urheimat der Magyaren Bonfinius ein ebenso kritikloser Schwätzer wie unsere Chroniken, nur war er gelehrter als diese, trug also auch mehr Unsinn zusammen.

³¹⁴ (S. 192.) Vgl. CASTRÉN, «Versuch einer ostjakischen Sprachlehre.» Herausgegeben von ANTON SCHIEFNER, p. 91.

³¹⁵ (S. 192.) In den alten Sprachdenkmälern ist «harmicz» gebräuchlicher als «harmincz»: «harmicz» ist übrigens auch heute noch in einigen Dialecten jenseits der Donau üblich. Vgl. «Nagy szótár» = «Grosses Wörterbuch», Bd. II., Sp. 1421.

³¹⁶ (S. 192.) Das ostjakische tangat lautet im Wogulischen tagat (was mit dem «togat» unserer Chroniken übereinstimmt) und táget; bei Vocalisirung des g wird daraus taut, tajt, tájt; ja im Süd-Wogulischen auch taunt, was wiederum mit dem hypothetischen «dent» übereinstimmen würde. Der Kehllaut (k, g) übergeht gerne in j oder in einen Vokal, z. B. das Wogulische jäg (Vater) wird jäum (statt «jägem») = mein Vater. So wurde aus dem lateinischen «focus» (italienisch «fuoco») das französische «feu»; aus «paucus» (italienisch «poco») das französische «peu»; so auch aus «aqua» (akua) das französische «eau».

³¹⁷ S. 192.) Der Anonymus, welcher «dentu-moger» schreibt, nennt den Don Tanais; die übrigen Chroniken, in denen «Dentia», «Dencia» vorkommt, sagen deutlich, dass die alten Magyaren den Don «Etul» genannt haben; bei diesen sind also «Dentia» und «Don» zwei ganz verschiedene Dinge. Doch untersuchen wir auch die Bedeutung des vermeintlichen «Don-tö». Wenn «Zsitva-tö» so viel heisst als Mündungs-Stelle der Zsitva (in die Donau) und «Marczal-tö» den Ort bezeichnet, wo die Marczal in die Raab fliesst, wie solches das «Nagy Szótár» («Grosse Wörterbuch», Bd. VI., p. 384 unter «tö» richtig erklärt: dann

wäre auch «Don-tö» die Bezeichnung jener Stelle, wo der Don in das Meer mündet. Wer kann aber behaupten, dass die Urheimat der Magyaren an der Mündung oder an der Quelle des Don gewesen sei? Dann hätten sie bei ihrer Hierherkunft in die Gegenden an der Donau und Theiss niemals die Wolga überschreiten müssen.

318 (S. 192.) «De facto Ungariae magnae a Fr. Ricardo ordinis FF. Praedicatorum invento tempore domini Gregorii IX.» bei ENDLICHER, «Rerum Hungaricarum» p. 248 sq.

319 (S. 192.) *Bonfinius* (Dec. F. libr. II.) erzählt das in folgender Weise: «Papst Pius (d. i. der bekannte Aeneas Sylvius Piccolomini, 1458—1464) führt das Zeugniss eines Veronesers an, der zum Ursprung des Don-Flusses gelangend (auch hier steht statt der Wolga der Don, es kann jedoch bei keinem dieser Flüsse von seiner Quelle die Rede sein), dort ein magyarisch sprechendes Volk fand. Auch unser König Mathias hatte durch russische Kaufleute hievon Kunde erhalten, daher schickte er Boten dahin, welche das verwandte Volk wo möglich in das durch die fortwährenden Kriege entvölkerte Pannonien locken sollten; bisher konnte er das noch nicht durchführen, blieb er aber am Leben, dann hätte er es vielleicht ausgeführt.» — Diese Kenntniss des Papstes Pius und die Absicht des Veronesers theilt auch Thuróczi mit. Er lässt nämlich den Veroneser (homo Verona ortus) bei seiner Zurückkunft das Erfahrene dem Papste mittheilen und wollte mit magyarischen Priestern aus dem Franziscanerorden hingehen und die heidnischen Magyaren bekehren; aber der Fürst von Moskau (Dominus de Mosqua), welcher der griechischen Kirche anhing (Graecae perfidiae subditus), duldete es nicht, dass die asiatischen Magyaren sich mit der römischen Kirche vereinigen und verwehrte ihnen den Zutritt. *Thuróczi* I., 9.

320 (S. 192.) Susdal ward zum ersten Male im Jahre 1024 in den russischen Jahrbüchern erwähnt. Vgl. Les annales rapportent que Susdal existait déjà en 1024. Etude sur les peuples primitifs de la Russie. Les Mériens. St.-Pétersbourg, 1875. p. 52. (ROESLER, «Romänische Studien», p. 188, führt an, dass Susdal, der einstige Hauptort des gleichnamigen russischen Fürstenthumes, im Jahre 997 zuerst genannt werde.) Als selbständiges Fürstenthum geht Susdal im Jahre 1140 unter; damals wird es mit Rostow vereinigt; im Jahre 1155 kamen Susdal und Rostow unter das Fürstenthum Wladimir (Lodomerien). In dieses Fürstenthum schickten die benachbarten Mordwinen im Jahre 1250 um christliche Priester, wie solches die Nachrichten der magyarischen Dominikanermönche berichten. Vgl. Fr. Ricardus, De inventa Ungaria magna ap. ENDLICHER, l. c., p. 254. An die Stelle dieses Fürstenthum Wladimir trat dann i. J. 1292 das im Jahre 1147 gegründete Fürstenthum Moskau.

321 (S. 192.) Wie wenig dieser Anonymus Belae regis notarius in die Zeit von Stefan d. H., Peter, Aba (Samuel), Andreas und Béla I. passt, sagt er selbst in seiner Epistel an seinen «geliebtesten Freund»: «Dum olim in scholari studio simul essemus, et in historia Troiana, quam ego cum summo amore complexus ex libris Daretis Phrygii ceterorumque auctorum, sicut a magistris meis audiveram, in unum volumen proprio stilo compilaveram, pari voluntate legeremus, petisti a me, ut sicut historiam Troianam bellaque Grecorum scripseram, ita et genealogiam, regum Hungarie et nobilium suorum» etc. In der Schule des h. Gerhard, in welcher zuerst ein Lehrer, Walther, die Jünglinge in den grammatischen und musikalischen Künsten unterrichtete, dem man später aus Stuhlweissenburg «einen Teutonen Namens Heinrich» oder einen deutschen Unterlehrer noch beigab, so dass Heinrich im Lesen, Walther im Gesange die Schüler übte: konnte man wohl damals kaum dahin gelangen, den trojanischen Krieg zu erklären. Und wären die Schüler wohl schon zu derlei Lectüre befähigt gewesen? Diese Reminiscenz des Anonymus bezeugt ja einen so ruhigen und entwickelten Zustand, wie er, ich weiss nicht unter welchem

Könige aus dem Árpádischen Geschlechte bestanden haben mochte. Allein obiges Geständniss bezeugt zugleich, wenn auch unwillkürlich, dass der Anonymus die Geschichte des magyarischen Volkes nicht höher schätzt als die trojanische und wie es in dieser erlaubt war frei zu erfinden, so liess er auch bei der Geschichte seines Volkes der Phantasie weiten Spielraum. Nur ein solcher Fabulist konnte von seiner Arbeit selber rühmen:

> «Felix igitur Hungaria,
> cui sunt dona data varia,
> omnibus enim horis,
> gaudeat de munere sui literatoris,
> quia exordium genealogie regum suorum et nobilium habet.»

Apud ENDLICHER, p. 2.

322 (S. 194.) Die Hypatios-Chronik von ISIDOR SZARANIEWICZ (Lemberg, 1872), S. 116.

323 (S. 194.) Auch diesbezüglich versetzt der Anonymus einen weit späteren Zustand in die Zeit Arpád's. Nach dem Untergange der Söhne Swatopluk's «wird mehr als hundert Jahre Mähren in den Annalen fast gar nicht mehr genannt, und als es wieder auftaucht, ist es eine dem böhmischen Reiche unterworfene Provinz.» DUDIK, «Mährens allg. Gesch.», Bd. I., p. 354.

324 (S. 197.) «Pilgrinus Laureacensis de Conversione Hungarorum ad Benedictum VII. P. P. ap. ENDLICHER, l. c., p. 131—133.

325 (S. 197.) Eugenius episcopus, servus servorum Dei, Rathfredo S. Faviensis ecclesiae et Methodio Speculi Juliensis, quae Soriguturensis nuncupatur, atque Alewino S. Nitriensis ecclesiae, parique modo Annoni S. Vetuariensis ecclesiae episcopis, simul etiam Tuttundo nec non Mojmaro ducibus et optimatibus exercitibusque plebis Hunniae, quae et Avaria dicitur, et Moraviae. — FEJÉR, Codex Diplom., I., 158.

326 (S. 197.) Das beweist vollständig DÜMMLER in seiner Schrift: «Pilgrim von Passau und das Erzbisthum Lorch.» Leipzig, 1854.

327 (S. 198.) «Ze Misenburc der richen dá schiften sie sich an.» Vgl. «Das Nibelungenlied», herausgegeben von CARL BARTSCH (Leipzig, 1866), XXII. Aventiure, Str. 1377, p. 251. — «Misenburc» ist das heutige «Wieselburg», magyarisch «Mosony».

328 (S. 199.) Schon CASSEL hat den deutschen Ursprung der hunnisch-magyarischen Sage erkannt und hervorgehoben; nur eignet er noch viel zu viel der nationalen Quelle, dem Anonymus, zu, als dies in der Wirklichkeit der Fall sein kann. Vgl. «Magy. Alterthümer», p. 9—23.

329 (S. 199.) Lambertus, Aschaffenb. ad annum 1071 bei PERTZ, VII., 185.

330 (S. 202.) Siehe die Urkunde Béla IV. bei JERNEY, «Keleti utazása» = «Reise nach dem Osten», I., 253 ff.

331 (S. 202.) «Carolum Magnum, domita Ungaria (d. i. nach der Besiegung der Avaren) Saxonibus, quibusquam toties dimicarat, haec loca in relegationis speciem complevisse, perhibent.» Bonfinius, Decas IV., lib 1., VI. Auch noch andere Märchen erzählt Bonfin, so z. B. dass Buda (Ofen) seinen Namen von den Budinen erhalten habe, Moldavia = mollis Dacia, das zugleich ein Beispiel seiner etymologischen Spielereien, in denen auch unser Anonymus eine besondere Stärke besitzt.

332 (S. 203.) Wenigstens in dieser Note gedenken wir jener Historiker, welche in Bezug auf den Ursprung der Székler sich nicht auf die Autorität des Anonymus gestützt haben. SCHLÖZER, «Geschichte der Deutschen in Siebenbürgen», p. 208, hält die Székler für magyarisirte Kumanen, doch auch für Grenzwächter. Weder Ladislaus I. noch seine unmittelbaren Nachfolger würden es gewagt haben, Kumanen an der Grenze anzusiedeln und zwar noch Kumanen gegen die Petschenegen. — ENGEL, «Geschichte des ungarischen Reiches» (Wien, 1834, I., 61, hält die Székler für magyarische Flüchtlinge (magyarisch «szökevény»), welche vor dem Angriffe der Petschenegen und Bulgaren geflohen seien; seine

Argumentation beruht auf den Homonymen «szökevény» und «székely»,
ist also sehr hinfällig. Allein sowohl die Ansicht SCHLÖZER's wie die
ENGEL's wird durch die Sprache der Székler widerlegt, welche nicht das
sein könnte, was sie ist, wenn sie nicht aus dem eigentlichen Ungarn,
und zwar nach der historischen Entwickelung des Magyarischen, stammen würde. (δVgl. über die Székler noch ROESLER, «Romänische Studien», p. 335, und KRONES, «Geschichte Oesterreichs», I., p. 563 ff. —
DÜMMLER, «Geschichte des ostfränkischen Reiches», II., 444, acceptirt noch SCHLÖZER's irrige Ansicht vom kumanischen Ursprunge der
Székler.)δ

323 (S. 203.) Erschien in den «Jahrbüchern der ungarischen gelehrten Gesellschaft» («Magyar Tudós Társaság évkönyvei»), III., Pest, 1838, S. 130
bis 144.

334 (S. 204.) Sowohl die wogulischen und ostjakischen Sprachen im Gouvernement Tobolsk, wie auch das Sirjänische, Permische und Wotjakische
in Wiatka sind nahe Verwandte des Magyarischen. Insbesondere haben
die drei letzteren den Infinitiv auf «ni», wie die magyarische Sprache,
z. B. das permische *kor-ni*, wotjakische *kur-ni* ist das magyar. *kér-ni*
(= bitten); das permische *koš-ni*, das wotjakische *küs-ni* = magyarisch
húz-ni (= ziehen). Auch den Säbel (magyarisch *kard*) brachten die Magyaren aus diesen ihren früheren Wohnsitzen und ist dieser vielleicht
ihre älteste Eisen-Waffe; denn im Ostjakischen ist *kart, kard*, im Wogulischen *kert*, im Permischen *kört*, im Wotjakischen *kort* = Eisen;
ferner bedeutet im Ostjakischen *penking kart* = gezähntes Eisen, die
Säge; im Wogulischen *kert kat* = Beisszange u. s. w. Bei Besprechung
des ASPELIN'schen Buches (siehe oben Note 291) behauptet zwar LERCH
in der «Russischen Revue» (1876, Heft I.), dass die Ugren (östlichen
Finnen) das Wort «kart» = Eisen von den Iraniern entlehnt hätten;
denn bei diesen war «karta» das Eisen, jetzt bei den Neupersern «kerd»
das Messer; die Ugren hätten also das Eisen zuerst als Werkzeug, als
«Messer» von den Iraniern erhalten. — Es mag sein, dass es sich so
verhalte, wie LERCH behauptet; jedenfalls muss aber in Betracht gezogen werden, dass auch das magyarische *kés*, das ostjakische *kezi*, das
wogulische *kesej*, welche alle «Messer» bedeuten. unabhängig von dem
persischen «kerd» entstanden sind. Indess mag dem sein, wie es will, soviel steht fest, dass die Magyaren sowohl den *Säbel* (kard) wie das
Messer (kés) aus ihrer ugrischen Heimat mitgebracht haben.

335 (S. 205.) Das zweite ökumenische Concil, welches im Jahre 381 zu Constantinopel abgehalten wurde, bestimmte noch (Canon III.), dass nach
dem Bischofe von Rom dem von Constantinopel der nächste Rang gebühre; denn Constantinopel sei Neu-Rom.

336 (S. 205.) Schon die Synode zu Chalcedon beschloss im J. 451, dass der Bischof
von Constantinopel mit dem von Rom gleichen Ranges sein solle, «τα
ἴσα πρεσβεῖα ἀπένειμαν τῷ τῆς νέας Ρώμης ἁγιωτάτω θρόνω»; denn Constantinopel sei jetzt durch Herrscher und Senat ausgezeichnet und darum ge-
zieme es sich, dass auch die Stadt in gleicher Achtung stehe wie das
alte Rom. GIESELER, «Lehrbuch der Kirchengeschichte.» Ersten Bandes
II. Abth., § 93, Anm. 9 und 14.

337 (S. 206.) Vgl. jenen Theil der Encyclica, der sich auf die zu den Bulgaren gesendeten Lehrer bezieht, bei GIESELER, «Kirchengesch.», II.
Theiles erste Abth., § 41, Anm. 10. — Der Bulgarenkönig hatte vom
Papste einen Patriarchen verlangt; allein Nicolaus antwortete ihm (responsum LXXII.: «Requisivistis si liceat in vobis patriarchum ordinari»),
dass er ihm hierauf keine bestimmte Entscheidung geben könne, bis er
nicht von seinen zurückkehrenden Gesandten erfahren wird, wie gross
die Zahl der Christen (bei den Bulgaren) sei und ob unter ihnen Eintracht herrsche. Bis dahin mögen sie sich mit einem Bischofe begnügen
(interim episcopum habitote). Weil aber der Papst nicht sogleich den

Bulgaren einen Patriarchen geben, auch ihnen nicht denjenigen als Bischof lassen wollte, den sie gewünscht hatten: so wandten sich die Bulgaren von Rom ab und schlossen sich an Constantinopel. Vgl. oben S. 117 und die Note 236.

338 (S. 206.) 5Ein mächtiges Vehikel zur Erhöhung und Befestigung der päpstlichen Gewalt waren die *pseudo-isidorischen Decretalen*. Dieselben bestehen aus einer Sammlung von Papstbriefen, Constitutionen, Canonen und päpstlichen Decretalen, von denen die Mehrzahl *gefälscht* ist. Ueber diese Decretalen besteht eine ganze Literatur. Nach den neuesten Forschungen ist die Sammlung vor 847 nicht vorhanden gewesen, wurde im Jahre 853 schon benützt; die Entstehung ist also in die Mitte des neunten Jahrhunderts zu verlegen. Bezüglich des Entstehungsortes haben die Forschungen ergeben, dass man diesen im Frankenreiche, genauer in der Diöcese Rheims zu suchen habe. Als den angeblichen Verfasser nennt die Vorrede den heiligen Isidor, Bischof von Sevilla, was offenbar falsch ist; indessen haben die Untersuchungen den eigentlichen Autor noch nicht eruirt. Die Sammlung selbst fand zwar schon im neunten Jahrhundert Anzweiflungen, wurde jedoch bald für echt gehalten, bis im 15. Jahrhundert Nicolaus von Cus und Johannes von Turrecremata ihre Echtheit aufs Neue in Zweifel zogen. Die Fälschung hat dann insbesondere der reformirte Prediger *Blondel* (im Jahre 1628) nachgewiesen und seitdem haben zahlreiche Forscher sich auf das Eingehendste mit diesem Gegenstande beschäftigt. Die beste Leistung verdankt man HINSCHIUS, der auch die pseudo-isidorische Sammlung in musterhafter Weise edirt, eingeleitet und commentirt hat in seinem Werke; «Decretales Pseudo-Isidorianae et Capitola Angilramini. Ad fidem librorum manuscriptorum recensuit, fontes indicavit, commentationem de collectione Pseudo-Isidori praemisit PAULUS HINSCHIUS. Lips., 1863.» — Was den *Zweck* der *Fälschung* betrifft, so äussert sich FR. v. SCHULTE hierüber wie folgt: «Fasst man ins Auge, dass die Fälschungen auf folgende Punkte abzielen: 1. Die Anklage gegen Bischöfe dem weltlichen Forum zu entziehen; 2. die Bischöfe dadurch noch mehr zu sichern, dass das Strafurtheil in letzter Instanz dem Papste zugeschrieben wird; 3. den Einfluss der Bischöfe durch die Abschwächung der Macht, welche die Chorbischöfe hatten, zu heben; 4. durch verschiedene Mittel (Exceptio spolii. Bestimmungen über die Unverletzlichkeit des Kirchengutes) die geistliche Macht, insbesondere der Bischöfe zu heben, und bringt man damit in Verbindung die Vorkommnisse jener Zeit; — so ist man zu sagen berechtigt, der eigentliche Zweck ging dahin, die *bischöfliche Gewalt zu emancipiren von der weltlichen und metropolitischen durch unmittelbare Unterordnung unter die päpstliche*.» «Eine *Hebung der päpstlichen Macht* hat Pseudo-Isidor direct vielleicht nicht beabsichtigt; ebensowenig ist seine Absicht blos auf Berücksichtigung individueller Wünsche oder Zwecke gerichtet gewesen, obwohl jenes als Mittel gewählt wurde und letzteres nebenbei beabsichtigt sein kann. . . .» «Sind nun auch nicht alle Sätze neue, vielmehr manche schon factisch geübt worden oder Consequenzen aus anderen oder nur der Ausdruck von Anschauungen jener Zeit; so erhellt doch aus dem Gesagten der grosse *Einfluss* der Sammlung. Dieser liegt aber darin, dass sie recht eigentlich dazu beitrug, die *weltliche Macht in kirchlichen Dingen herabzudrücken, die selbständige Entwickelung des kirchlichen Rechts zu fördern, die Gewalt der Metropoliten zu schwächen, endlich die päpstliche zu stärken*.» Vgl. SCHULTE, «Lehrbuch des katholischen Kirchenrechts», dritte Auflage (Giessen, 1873), p. 20, 23—24. — KONEK, «Egyházjogtan kézikönyve» ± «Handbuch des Kirchenrechts», 3. Aufl. (Pest, 1871, Bd. I., pag. 66 ff.5 Papst Nicolaus I. berief sich zuerst auf diese falschen Decretalen. Wie also einerseits die Encyclica des Photius, so errichtete ander-

seits diese pseudo-isidorische Sammlung eine Scheidewand zwischen der abend- und morgenländischen Kirche.

339 (S. 207.) Nach dem Justinianischen Gesetze (c. 39, § 1. c. de episcopis et clericis 1. 3) wurde den Bischöfen die Erhebung des Zehenten verboten ; wer diesen dennoch fordert, verfällt der Excommunication. — In der occidentalischen Kirche wurde dagegen schon zur Zeit Carl des Grossen die Zehentleistung Gesetz und die Geistlichkeit behob dieses Einkommen von den neuen Christen mit grosser Strenge. (δInteressant erscheint diesbezüglich ein Schreiben des berühmten Alkuin an seinen Freund, den Salzburger Erzbischof Arno, vom Jahre 798, worin er vor der Erhebung des Kirchenzehenten warnt, welche schon bei den Sachsen so grossen Unmuth gegen das Christenthum erregt habe. In demselben Sinne richtete Alkuin auch an Carl den Grossen ein Schreiben, worin es unter Anderem heisst : «Wir, die wir im katholischen Glauben geboren und erzogen sind, willigen kaum ein, von unserem ganzen Vermögen die Zehenten zu zahlen; um wie viel mehr wird sich der schwache Glaube und der kindische Geist und der habgierige Sinn jener Besteuerung widersetzen.» Es scheint jedoch nicht, als sei man diesen Ermahnungen gefolgt und man hatte später den Verlust eines bedeutenden Theiles des neuen Sprengels (im eroberten Avarenlande) wohl vorzugsweise dem Umstande zuzuschreiben, dass es den habsüchtigen fränkischen Priestern nicht gelungen war, sich die Zuneigung ihrer slavischen Gemeinden zu erwerben. Vgl. DÜMMLER, «Südöstliche Marken» etc. p. 23—24.δ)

340 (S. 207.) Vgl. JIREČEK, «Geschichte der Bulgaren» (Prag, 1876), S. 168 und 202.

341 (S. 208.) *Scylitzes* (1057), *Cedrenus* (1130, der Abschreiber des Vorigen, und *Zonaras* (ebenfalls 1130) erzählen die Taufe und Erlebnisse Bulcsu's und Gyula's; doch König Otto ist bei *Cedrenus* (Bonner Ausgabe, II., 328), Johannes genannt. Diesbezüglich ist sehr richtig die Bemerkung ADAM FRANZ KOLLÁR's («Historia Diplom. juris Patronatus libri tres», Vindobonae, 1762, p. 6), dass im Wiener Codex «ὑπὸ ῶ τοῦ τοῦ βασιλέως (ῶτου = Otto) stehe, und dass die Abschreiber aus ῶ den Namen «Joannes» gemacht haben, da dieser zumeist durch jene Abbreviatur bezeichnet wurde; das eine «τοῦ» hielten sie für überflüssig.

342 (S. 208.) Auch die Taufe des Bulcsu und Gyula wurde durch die geographische Nähe Constantinopels veranlasst. Wenn die Hauptstärke der Magyaren im alten Dacien gewesen wäre und nicht im Westen jenseits der Donau, dann hätten sie sich wahrscheinlich gleich den Bulgaren der orientalischen Kirche zugewendet. Nachdem jedoch ihr politischer Schwerpunkt im Westen lag, so mussten sich die Magyaren auch der west- oder abendländischen Kirche anschliessen. Dazu kam, dass auch Bulgaren und Serben nach Rom blickten; denn, falls die Behauptung JIREČEK's richtig ist, sowohl Simeon wie sein Nachfolger Peter (927—968) erwarben vom römischen Papste die Czaren- oder Königskrone. Nebenbei merken wir noch an, dass dieser Bulgarenkönig Peter im J. 929 Maria, die Enkelin des Kaisers Romanus I. zur Gemahlin hatte. Vgl. JIREČEK, l. c., S. 172 und oben S. 136.

343 (S. 208.) Vgl. M. HORVÁTH, «Magyarország történelme» = «Geschichte von Ungarn» (Pest, 1871), Bd. I., p. 126.

344 (S. 208.) Die angebliche Bulle wurde im Jahre 975 fabricirt. Dieselbe findet man in voller Ausdehnung bei DÜMMLER, «Pilgrim von Passau». p. 122 ff. Schon der Umstand macht die Bulle verdächtig, dass sie im Jahre 925 Avarien, Mähren (Moravien) und Mösien aufführt, wo doch zu jener Zeit an der Stelle des ersten allgemein Ungria gebraucht, das zweite gar nicht erwähnt wurde; Mösien pflegten die Päpste aber schon Bulgarien zu nennen. Die Bulle zeigt ein geographisches Bild, das für die Avarenzeit passt; auch gedenkt sie jenes Zwistes nicht, welcher Bulgariens wegen zwischen Constantinopel und Rom bestand.

Der Brief Otto II., siehe bei FEJÉR, Cod. Dipl. Hung., I., p. 277 : «quam (S. Laureacensem ecclesiam» et praesenti nostro renovamus et roboramus, et jam saepe dictae Laureacensis ecclesiae Venerabilem Pilgrimum reinthronizamus antistitem.» Wenn dieser Brief echt und nicht gefälscht wäre, so würde er einerseits im Widerspruch stehen mit der päpstlichen Bulle, welche den Salzburger Erzbischof wirklich zum Vicar des Papstes ernennt, anderseits hätte vielleicht auch Otto III. dieses Schreibens im Jahre 1000 nicht vergessen, als Stefan, ohne Rücksicht auf das vorgebliche Lorcher Erzbisthum, die ungarische Kirche unabhängig zu ordnen begann.

Ueber das Siegel Anno's, das sich in der Sammlung des NICOLAUS JANKOVICS befand (wo ist dasselbe jetzt?), schrieb JERNEY, der ebenso wie GEORG FEJÉR («Tudományos Gyüjtemény» = «Wissenschaftliche Sammlung», 1838, Bd. II., p. 104) das Lorcher Erzbisthum als wirklich bestehend betrachtete und jenes angebliche Siegel des angeblichen Anno für das kräftigste Zeugniss hielt sowohl in Bezug auf jenes Erzbisthum wie hinsichtlich des Bisthums Vetvár.

24: S. 208.) DÜMMLER, l. c., p. 51-52.

(Zur S. 209.) *Die Verwüstung des Passauer Bisthums* bezeugt ein Brief des Kaisers Otto III. vom Jahre 985, worin er den durch die Magyaren erlittenen Schaden Pilgrim's anerkennt und denselben entschädigt: «Piligrinus, S. Pataviensis Eccl. Venerabilis praesul, Episcopatus sui pertinentiam, in orientali plaga, barbarorum limiti adjacentem, creberrima eorum devastatione infestari Nostrae conquestus est pietati; a quibus etiam barbaris moderno quoque regni tempore miserabili lamentatione adjecit, tam irreparabili se damno laesum in interfectione ac direptione Ecclesiae suae familiae, praeter innumerabilia praedationum et incendiorum dispendia, ut absque habitatore terra episcopi solitudine silvescat.» FEJÉR, Cod. Dipl. I., 273. Otto III. nennt also hier Pilgrim «Pataviensis episcopus»; folglich konnte dieser acht Jahre früher nicht «Laureacensis archiepiscopus» gewesen sein; also auch aus dieser Urkunde geht die Fälschung im Jahre 977 hervor.

24' S. 209.) Der Stiftungsbrief des Prager Bisthums, von dem jedoch weder das Original noch eine beglaubigte Abschrift vorhanden ist, sondern dessen Inhalt sich nur in der Chronik des im Jahre 1125 verstorbenen Prager Decans Kosmas vorfindet, gibt dennoch dem Historiker PALACKY Gelegenheit, das böhmische Herzogthum im Osten bis an die Mátra auszudehnen. Denn bei Kosmas sei als eine Grenze des Bisthums das Gebirge «Mudre» genannt. Später habe der Pole Boleslaus (Chrabry) den östlichen Theil Böhmens bis zur Donau erobert, welchen Theil der ungarische König Stefan erst im Jahre 1025 mit Ungarn vereinigte. Nach Palacky habe sich die Macht des Böhmenherzogs Boleslaw I. nach 955 so weit erstreckt, dass zur Zeit des Grossfürsten Geisa Gran Grenzstadt gegen Böhmen gewesen sei, und nachdem der Polenfürst Boleslaw (Chrabry = der Kühne) jenen Theil vom östlichen Böhmen weggenommen, habe sich Polen bis zur Donau ausgedehnt, was auch die Chronica Hungarorum ex Codice Warsaviensi, saeculi XIII. (bei ENDLICHER, Rerum Hung. Mon. Arpad., p. 71) beweise: «in terminis Polonie et Hungarie tentoria sua fixit, nam termini Polonorum ad littus Danubii ad civitatem Strigoniensem terminabantur». — Diese Ansicht wurde schon von GEORG FEJÉR in «Tudom. Gyüjtem.» (1838, Bd. II. p. 108, 109) dadurch widerlegt, dass er zeigte, im Briefe des Kaisers Heinrich III., der bei Kosmas mitgetheilt ist, stehe nicht «mudre», sondern «mure» («ad mediam sylvam, cui nomen est Mure, et ejusdem montis parochia tendit, qua Bavaria limitatur»). Noch eingehender widerlegt diese Anschauung CARL SZABÓ in seinen «Kleineren Schriften» (ungar., Bd. I.) gegen JONAS ZABORSZKY.

Boleslaw Chrabry hatte sein Land allerdings «usque *Danubium* (man setze hinzu «parvum»») ausgedehnt, indem er Krakau einverleibte und so sein Gebiet bis zum *Dunajecz* erweiterte. Denn dieser letztere Fluss ist jener «Danubius», welchen Martinus Gallus erwähnt (PALACKY, I. 252, Anm. 59); «Dunajecz» heisst aber so viel als «kleine Donau» sowie «Donecz» = «kleiner Don». (ðVgl. J. GREGOROWICZ, «Uebersicht der Geschichte Polens bis zum Tode Boleslaus des Grossen» in der «Zeitschrift f. d. österr. Realschulen», 1861, p. 425 ff. Daselbst heisst es auch (S. 526): Boleslaw fiel (im Jahre 999) plötzlich in das Gebiet (des Böhmenherzogs) Boleslaws III. und einverleibte Krakau mit Gross-Chrobatien bis an den San, ferner die *Slovakei*, Schlesien und Mähren, also alle *böhmischen Nebenländer*, seinem Reiche», so dass Boleslaw (Chrabry, Chrobry) jetzt «von der *Ostsee bis zur Donau* herrschte». Einer ähnlichen Ansicht ist auch KRONES, «Gesch. Oesterr.», II., S. 67.ð)

347 (S. 210.) DÜMMLER, «Pilgrim von Passau», schreibt S. 69 Folgendes: «Ungarn, in kirchlicher und staatlicher Einheit für sich bestehend, blieb bis auf unsere Tage von Deutschland politisch gesondert, indem es denen nur Hass und Widerwillen entgegenbrachte, die ihm uneigennützig die Segnungen der Cultur mittheilten, in dem Augenblicke, da sie es hätten vernichten können.» Wenn ein ernster Geschichtschreiber derartiges äussert, wie soll da die Geschichte die «magistra vitae» sein! Was ein Land dem andern ungestraft thun kann, das hat es nach dem Zeugniss der Geschichte leider auch zu jeder Zeit gethan. Wenn also etwas nicht geschah, so wurde das entweder aus Furcht oder aus Berechnung unterlassen. Grossmuth unter Völkern und Staaten kennt die Geschichte nicht, sondern nur kluge Abwägung der eigenen Interessen. Deutschland vernichtete zur Zeit Geisa's und Stefan's Ungarn deshalb nicht, weil es dies nicht konnte; schon nach Stefan's Tod hätte man es gern gethan, doch es gelang nicht. So viel und nicht mehr weiss die Geschichte. Was aber den Hass betrifft, womit die Magyaren die Gutherzigkeit der Deutschen vergolten haben sollen, so möge DÜMMLER die Geschichte unbefangener prüfen. Er wird dann vielleicht finden, dass die Magyaren nicht aus Deutschen-Hass Rudolf von Habsburg gegen den Böhmen Ottokar unterstützt oder aus diesem Gefühle die österreichischen Provinzen der Kaiserin-Königin Maria Theresia gerade gegen deutsche Angriffe vertheidigt haben. Es ist eine durchwegs unhistorische Auffassung, wenn man die Kämpfe der Magyaren zur Zeit der Ferdinande und Leopold's als gegen das Deutschthum gerichtet betrachtet. Unter Gabriel Bethlen und Georg Rákóczy waren die Magyaren aufrichtigere Freunde des Deutschthums als etwa die Oesterreicher und die Bayern. Die neueste Zeit möge man aber unberührt lassen, unter ihrem Schleier liegt Manches verborgen, das aufzudecken nicht rathsam wäre. . . . .

348 (S. 210.) JIREČEK, «Geschichte der Bulgaren» (Prag, 1876). S. 159 nennt diese Stadt «Blato», was ebenso unrichtig ist, als etwa der magyarische Name «Sárvár». Die Quellen kennen kein slavisches «Blato», sondern nur «Mosapurk». Später, erst zur Zeit der magyarischen Occupation, erscheint der Name «Balaton»; siehe oben S. 113.

349 (S. 210.) Kaiser Heinrich IV. bestätigte in einer Urkunde vom Jahre 1074 die Donation des Königs Salamon an den Bischof von Freisingen. Die Donation bestand aus 100 Mansen, zwischen den Ortschaften *Ascherichesbrugge*, *Chuingesbrunnen*, *Nowendorf* und *Hasilowe* gelegen, also von der Leitha bis zu jener Stelle, welche die Grenze zwischen der Leitha und dem Fertö (Vertowe = Neusiedlersee) ist = sicque de Litaha usque ad eum locum, qui terminus est inter Litaha et *Tertowe*. Die deutschen Ortsnamen sind offenbar an der Grenze zwischen dem heuti-

gen Niederösterreich und dem Comitate Wieselburg zu suchen. Heinrich
bestätigt die Schenkung unter der Bedingung, dass der Freisinger
Bischof Ellenhard und seine Nachfolger in allen Burgen, insbesondere
aber in der Veste *Miesenburc* (Wieselburg) für obige 100 Mansen
Kriegsdienste leisten und dem Könige in allem Uebrigen getreu bleiben
(«in quolibet castello, specialiter in *Misenburc* muniendo pro his 100
regalibus mansis nobis serviant et in aliis omnibus nobis fideliter
existant». Vgl. MEICHELBECK, Historia Freisingensis, Bd. I., 268. (Nach-
gedruckt in WENZEL. «Codex Diplom. Arpadianus continuatus» (Pest.
1800), Bd. I. 28—29). Dass hier «Vertowe» wirklich den «Fertö» (= Neusiedlersee) und nicht irgend welche Insel der Donau bezeichnet, bestätigt der Ortsname *Nowendorf*, der entweder das «Neudorf» im Neusied-
ler Bezirke des Wieselburger, oder das «Neudörfl» im Oedenburger
Comitate bezeichnet; von beiden kann es heissen: «de Litaha usque ad
eum locum, qui terminus est inter Litaha et Vertowe». Die grössere
Wahrscheinlichkeit spricht für *Neudörfl* (magyarisch Sz.-Miklós-Lajta).
350 (S. 211.) Legenda S. Stephani Major. 8. Hartvici Episcopi Vita S. Stephani
S. ap. ENDLICHER, «Rerum Hung. Mon. Arpad».
351 (S. 211.) «Quod nos divino instinctu fundavimus monasterium in insula
Szaladiensi ordinis B. Benedicti . . . . in quo jussu Nostra dedicata est
ecclesia Beati Adriani, quae est in Szala», so lautet der Stiftungsbrief
bei KOLLÁR, «Histor. Dipl. Juris Patron.» p. 84 und bei KATONA.
«Histor. Critica», I., p. 246.
352 (S. 211.) KATONA, l. c., I.. 150.
353 (S. 212.) KATONA, l. c., III., p. 672, 673. — Dass das Bisthum Neitra
noch zur Zeit Koloman's nicht bestand, bezeugt Alberich's Gesetzes-
Sammlung (Alberici Decretum Colomanni regis), Decret. 22., worin angeordnet wird, dass das Gottesurtheil durch glühendes Eisen oder sieden-
des Wasser nur an den Bischofssitzen und bei den Grossprobsteien, und
zwar an der Pressburger und Neitraer Kirche geschehen möge. — KOLLÁR.
«Histor. Dipl.», p. 118, schreibt: «Unsere Chroniken beweisen, dass Geisa II.
das *alte Bisthum von Neitra* restituirt hat». Nachdem KOLLÁR auf S. 62
seines Buches dieses Bisthum als eine Stiftung des h. Stefan angeführt,
bleibt es zweifelhaft, ob er hier unter dem «alten Bisthume» (vetus dig-
nitas Episcopalis) die Gründung Stefan des H. oder aber jenes von
880—899 bestandene ältere Bisthum meint.
354 (S. 212.) Mauri Episcopi Quinqueecclesiensis Vita St. Zoerardi seu
Andreae Confessoris et Benedicti Martyris bei ENDLICHER, l. c., p. 134
ff. «Zoerardus hanc in patriam de terra Polonorum advenit et a Philippo
abbate, cujus monasterium Zobor nominatum in Nitriensi territorio . . .
situm erat . . . eremiticam vitam agere studuit.» Daraus lernen wir
zweierlei: Einmal, dass die Gegend von Neitra auch damals ungarisch,
nicht polnisch war (siehe oben Note 246) und dann, dass der Anonymus
sein «Zobor» (siehe oben S. 189) von diesem Kloster genommen.
355 (S. 212.) Diploma graecum S. Stephani regis monialibus Coenobii Ves-
primiensis B. V. M. datum. Edidit GEORG ALOYS SZERDAHELYI.
(Budae, 1804.) Stefan nennt sich darin: Ἐγὼ Στέφανος χριστιανὸς ὁ καὶ κραλ
πάσης Οὑγγρίας = Ich Stefan, christlicher König von ganz Ungarn. Die
Donation erneuerte König Koloman im Jahre 1109. (Den griechischen
Originaltext bringt auch WENZEL, l. c., p. 347—348. Die Original-
Urkunde existirt nicht mehr, sondern nur ein Transcript in der Bestäti-
gungsurkunde König Koloman's.)
356 (S. 212.) Vita S. Gerardi ap. ENDLICHER, l. c., p. 215, 217, 219.
357 (S. 212.) SCHULLER von LIBLOY schreibt in seiner «Siebenbürgischen
Rechtsgeschichte», Bd. I., p. 346: «Das griechisch-orientalische Glau-
bensbekenntniss der altgläubigen Kirche erhielt wahrscheinlich in
Hierotheus um das Jahr 918 den ersten siebenbürgischen Bischof zu
Weissenburg, dessen Amtsfolger eine wechselnde Residenz — oft ausser

Landes — gehabt haben mögen.» Allein wer hatte sie aus Weissenburg oder gar aus Siebenbürgen vertrieben und wann geschah das?

³⁵⁸ (S. 213.) «Si cui deus decem dederit in anno, decimam deo det ; et si quis decimam suam abscondit, novem det; et si quis decimacionem episcopo separatam furatus fuerit, diiudicetur ut fur ; ac huiusmodi composicio tota pertineat ad episcopum.» Apud ENDLICHER, l. c., p. 323.

³⁵⁹ (S. 214.) Das erfahren wir aus den Gesetzen des h. Ladislaus: «De ritu gentilium. Quicumque ritu gentilium juxta puteos sacrificaverit, vel ad arbores et ad fontes et lapides oblaciones obtulerit, reatum suum boue luat. Decret., I., 22.

³⁶⁰ (S. 214.) Das magyarische «böjt» (Faste) lautet im Wogulischen «pis» oder «pic» ; das magyarische «böjtöl» (= er fastet) im Wogulischen «picel» ; im Permischen ist «vidj» = magyarisch «böjt» (= Faste), «vidjal» = magyarisch «böjtöl» (= er fastet) ; im Wotjakischen lauten diese beiden Ausdrücke «viz», «vizjal».

³⁶¹ (S. 215.) Vita S. Gerardi bei ENDLICHER, p. 228. Ungefähr dasselbe berichtet auch *Thuróczi*, II., 39.

³⁶² (S. 215.) Es ist schwer anzunehmen, dass Ladislaus die Aufhebung der Verfügungen des «Karchas» zuletzt gelassen habe ; deshalb halte ich das Decretum III. für das Decretum I., vorausgesetzt, dass die Capitel der Decrete auch ursprünglich in derselben Ordnung, in welcher wir sie heute lesen, auf einander gefolgt sind.

³⁶³ (S. 215.) Michael Universalis patriarcha Novae Romae et Leo Archiepiscopus Achridae metropolis, Bulgarorum dilecto fratri Joanni Tranensi Episcopo. *Baronius* ad annum 1053 no. 22. — Kaiser Basilius II. (979—1025), der Zeitgenosse König Stefan d. H., eroberte Bulgarien, wobei er der bulgarischen Kirche ihre Selbständigkeit beliess, nur sollte ihr Oberhaupt kein Patriarch, sondern ein Erzbischof sein. Der neue erzbischöfliche Sitz war zu Ochrida. Erzbischof Leo starb im Jahre 1055.

³⁶⁴ (S. 216.) Die Legaten des Papstes in Constantinopel waren: Cardinal Humbert, der Erzbischof Peter von Amalfi und Friedrich «Diaconus et Cancellarius ad monasterium Studii intra urbem Constantinopolitanam». Stefan's Stiftung würde also mit diesem Kloster Studium vereinigt worden sein.

³⁶⁵ (S. 216.) «Si quis in sexta feria (am Samstag) ab omni christianitate obseruata carnem manducauerit, per unam ebdomadam luce inclusus jejunet.» S. Steph. Decret. I., 11. ap. ENDLICHER, p. 314.

³⁶⁶ (S. 216.) De Dimissione Carnis, S. Ladisl. Decret. I., 32.

³⁶⁷ (S. 216.) De indulgentia presbyterorum ad tempus, l. c. 3 : Presbiteris autem qui prima et legitima duxere conjugia, indulgencia ad tempus datur, propter uinculum pacis et unitatem sancti spiritus, quousque nobis in hoc domini apostolici paternitas consilietur;» conf. ENDLICHER, l. c., p. 327. Damals hatte nämlich Papst Gregor VII. die Ehelosigkeit der Priester zum Gesetze gemacht. — Die Synode zu Gran verordnete im Cap. 11: «ut hi quia ad episcopatum promouendi sunt, si matrimonio legitimo juncti sunt, nisi ex consensu uxorum non assumantur» und in Cap. 13: «episcopi qui jam obierunt, neque ecclesie sue providerunt, sed tantum filios suos ditauerunt, placuit inde medietatem auferre et ecclesie reddere.» Ap. ENDLICHER, l. c., p. 352.

³⁶⁸ (S. 217.) «Ut nullus aliquid de ritu gentilitatis obseruet, qui uero fecerit, si de majoribus est, XI dies districte peniteat, si autem de minoribus, septem dies cum plagis.» (7.) ENDLICHER, p. 351.

³⁶⁹ (S. 217.) Dies muss man dem Inhalte jener Documente entnehmen, welche von der Gründung des Agramer Bisthums handeln, namentlich lautet eine richterliche Entscheidurg (litera adjudicatoriae) des Graner Erzbischofs vom Jahre 1131 folgendermassen: «König Ladislaus hat das Agramer Bisthum deshalb gestiftet, damit der Bischof diejenigen abermals auf den Weg der Wahrheit zurückbringe, welche der Götzendienst

von der Verehrung Gottes abgezogen hat. Darum wurde zum Unterricht des unwissenden gemeinen Volkes ein tauglicher čechischer Mann, Duh, dahin gesendet.« Weiter erklärt eine Urkunde Andreas II. vom Jahre 1277, in welcher er die Privilegien der Agramer Kirche bestätigt, Folgendes: «Venissemus ad Zagrabiensem episcopatum ac monasterium Zagrabiense, a s. Ladislao rege sanctissime recordacionis predecessore nostro constructum, *qui terrem Slavonie sive banatum*, ab errore idololatrie ad Christi veritatem convertens.» Apud ENDLICHER, l. c., p. 409. Hier bedeutet der götzendienerische Irrthum nicht das Heidenthum, sondern die Anhänglichkeit an den Ritus der orientalischen Kirche und wenn in dem Urtheilsspruche Felicians von der «ignorantia plebis» die Rede ist, so bedeutet das nichts anderes, als dass das Volk in Slavonien den Ritus der römischen Kirche nicht anerkannte.

370 (S. 217.) Ademar Chabaniensis, historiar. III., 33. «Stephanus etiam rex Ungariae, bello appetens *Ungriam Nigram*, tam vi quam timore et amore ad fidem veritatis totam illam terram convertere meruit.» KATONA (I., 191) bemerkt hiezu: «Transsilvaniam male sic appellat.» Aber dieses «Ungria Nigra» erscheint auch in dem Schreiben des h. Bruno um das Jahr 1006. Dieser Bruno hielt sich im Lande Stefan's auf (cum moram facerem in terra Ungrorum: . . . ubi diu frustra sedimus Ungros dimisimus) und ging von da zu dem «senior Rutorum» oder «Ruzorum», d. i. zu dem ruthenischen Fürsten und von diesem zu den Petschenegen. Nachdem er hier viele Pein ausgestanden und kaum 30 Seelen bekehrt hatte, begab er sich zu dem ruthenischen Fürsten zurück, um von da zu den Prussen (Preussen) zu gehen. «Audivi enim de *Nigris Ungris*, ad quos, quae numquam frustra vadit, sancti Petri prima legatio venit . . . qui conversi omnes facti sunt christiani.» In der ersten Hälfte des 11. Jahrh. konnten «Nigra Ungria», «Nigra Ungri» nirgends anders sein, als in Siebenbürgen. Die Nachrichten Bruno's sind übrigens auch sonst lehrreich. Wenn Stefan schon im Jahre 1003 das siebenbürgische Bisthum gestiftet hätte, wie man das annimmt, dann wäre Bruno auf einem kürzeren Wege aus dem Lande Stefans zu dem siebenbürgischen Bischofe und von diesem zu den Petschenegen gegangen. Allein er begab sich aus dem Lande Stefans zu den Ruthenen und von diesen zu den Petschenegen; damals war also Siebenbürgen noch sehr unbekannt, weniger bekannt als Ruthenien. Bruno hörte ferner bei den Petschenegen, d. i. in der heutigen Moldau, etwas von «Schwarz-Ungarn»; das ist also thatsächlich kein anderes Land als Siebenbürgen. — Bruno's Schreiben ist glaubwürdiger als viele Sagen, glaubwürdiger als spätere Geschichtsquellen, wie z. B. Hartwig. Den Brief selbst veröffentlichte WENZEL, l. c., p. 15 ff.

371 (S. 218.) «Unicuique villae Ismaelitarum ecclesiam aedificare, de eademque villa dotem dare pracipimus. Quae postquan aedificata fuerit, media pars villae ismaelitarum villam emigret, sieque altrinsecus sedeant, et quasi unius moris in domo nunc nobiscum in una eademque ecclesia Christi in divina unanimiter.» Alberici Decret. Colomanni regis, 47. ap. ENDLICHER, l. c., p. 366.

372 (S. 219.) *Jakut*, ein berühmter arabischer Geograph, starb im Jahre 1249.

373 (S. 219.) MICH. HORVÁTH, «Geschichte von Ungarn» (in magyarischer Sprache), I., 123, 124 nach FRAEHN in den «Mémoires de l'Académie de St-Petersbourg», 1821, Bd. VIII., p. 623.

374 (S. 220.) Von den Baschkiren meint man, dass sie türkische Finnen seien. STRAHLMANN glaubte das, weil sie blond sind; *Pallas* aber bezeichnet sie als braun (vgl. HUNFALVY, «A vogul föld és nép» = «Wogulisches Land und Volk», p. 5, 7). Auch AHLQVIST fand, dass nur derjenige, welcher die Baschkiren nicht kennt, sie für tartarisirte Finnen halten könne. Ihre Sprache unterscheidet sich nicht von der tartarischen; denn sie verstehen einander ganz wohl; die Tschuwaschen dagegen ver-

stehen die Tartaren nicht und umgekehrt. (Ebd. p. 7.) – Die Baschkiren hausen heute zwischen der Wolga und dem Ural, also am linken
Ufer der Wolga, in den einstigen Sitzen der Petschenegen und Uzen
(Kumanen); die Tschuwaschen dagegen am rechten Wolga-Ufer unter
derselben geographischen Breite.

375 (S. 220.) Anonymus, cap. LVII., ap. ENDLICHER, l. c., p. 53. . . . «Eodem
tempore de eadem regione venit quidam nobilissimus miles, nomine
Heten, cui dux (Tocsun) etiam terras et alias possessiones non modicas
donavit.

376 (S. 220.) Vgl. hierüber die Erklärung weiter unten im Texte S. 281—282.

377 (S. 222.) Ladislaus Dei gratia Hungariae, Dalmatiae, Croatiae, Ramae,
Serviae, Galliciae, Lodomeriae, Cumaniae, Bulgariaeque rex.

378 (S. 222.) Der Bischof von Agram war bis zum Jahre 1852 ein Suffragan
des Kalocsaer Erzbischofs. Im genannten Jahre erhob Papst Pius IX.
«auf Bitten der Croaten und Slavonier und über Anempfehlung des Kaisers Franz Josef I.» das Agramer Bisthum zu einem Erzbisthume und
ordnete demselben die römisch-katholischen Bischöfe von Diakovár-
Sirmien und Zengg-Modrus, sowie den griechisch-katholischen Bischof von
Kreutz unter, indem er jenen der Jurisdiction der Graner, diesen der
Kalocsaer Erzdiöcese enthob. Die Bulle drückt dies also aus : «Episco-
pales ecclesias tam Zagrabiensem et Sirmiensem . . . . a metropolitico
tam Colocensis et Bachiensis, quam Strigoniensis Archiepiscoporum jure
ac subjectione, atque adeo ab alia superioritate ac praerogativa jurisdictionali, Apostolica auctoritate perpetuo eximimus.» . . . . Ferner :
«Ut Dioecesis Antistites Graeci ritus catholici uniti . . . . a pristina,
cui antea suberant, Metropolitae Strigoniensis jurisdictione, et quavis
alia potestate et praerogativa jurisdictionali in perpetuum pariter
exemti sint.»

379 (S. 222.) Apud ENDLICHER, «Rerum Hung. Monum.», p. 361 (1).

380 (S. 222.) Ibid. p. 362 (20).

381 (S. 222.) Ibid. p. 412 : «Quoniam libertas tam nobilium regni nostri quam
etiam aliorum instituta a Sancto Stephano rege . . . . fuerunt in quam
plurimis partibus diminuta» etc.

382 (S. 223.) Ibid. p. 512.

383 (S. 223.) Graf JOSEF TELEKY, «Hunyadiak kora» = «Zeitalter der
Hunyaden», Bd. X. (Pest, 1853.) Die erste Urkunde. Es gibt kaum ein
lehrreicheres Denkmal aus der Gesellschaft des 15. Jahrhunderts, welches
aber die im Verböczianischen Geiste geschriebene Geschichte nicht zu
deuten vermag. Auch in ethnographischer Beziehung ist dieses Docu-
ment von besonderem Interesse ; wir kommen deshalb darauf zurück.

384 (S. 224.) *Cinnamus* (Kinnamos) V. I., 203. Der letzte Theil der citirten
Stelle lautet wörtlich :

*Οὖννοι τοίνυν τὸ μέν τι τούτον αἰδεσάμενοι τὸν νόμον, τὸ δὲ καὶ
τὴν βασίλεως εὐλαβηθέντες ἔφοδον, Στέφανον τὸν Ἰατζᾶ τῆς ἀρχῆς
παραλύσαντες θατέρῳ τῶν ἀδελφῶν τῶν Βλαδισθλάβῳ ταύτην ἀπέ-
δοσαν, τῷ γέ μὴν Στεφάνῳ, φημὶ τῷ πρεσβυτέρῳ, τὴν Οὐρούμ ἀπεκ-
λήρωσαν τύχην, βούλεται δὲ τοῦτο παρὰ Οὔννοις τον τὴν ἀρχὴν δια-
δεξόμενον ἑρμηνεύειν τὸ ὄνομα.*

BÜDINGER. «Ein Buch ungarischer Geschichte, 1054—1100» (Leipzig,
1866), beruft sich S. 97 auf diese Stelle des *Cinnamus* und sagt:
«Uebrigens behauptet Kinnamos, der präsumtive Thronerbe heisse bei
den Ungarn *Urumtychi* (Οὐρουμ τύχη).» Es ist auffällig, wie BÜDINGER
aus den Worten des griechischen Schriftstellers «τὴ μὴ Στεφάνῳ τὴν Οὐρούμ
ἀπεκλήρωσάν τύχην» so etwas herauslesen konnte. BÜDINGER nimmt die
beiden Worte οὐρούμ und τύχη («Mein Herr» und «Würde» oder «Klasse»)
als eines, während das Original sie durch das Wort «ἀπεκλήρωσαι» trennt.

385 (S. 225.) KRESZNERICS Wörterb. I., 273 : «*jobb-ág* melior ramus, stirps nobilior; *jobbágy* subditus, tributarius, colonus, villicus.» Das «Grosse Wörterbuch» («Nagy Szótár» der ungarischen Academie) sagt (Bd. III., Sp. 261—262): «*jobbág*», aus höherem Adelsgeschlecht entsprossen ; ferner : *jobbágy*, das mit dem hebräischen und arabischen 'abad = gedient verglichen wird.» Die Bildung «jobbág» kann schon deshalb nicht gebilligt werden, weil in den alten Urkunden «joubagiones» steht, ebenso wie «hadnagiones» (=hadnagyok, i. e. Geschlechtsgrosse = Aelteste); wie das letztere Wort im Neu-Magyarischen zu «*hadnagy*», so kann Ersteres nur zu *jobagy* oder *jobágy* werden. Noch unstatthafter ist die Vergleichung des Wortes mit dem Hebräischen oder Arabischen. Das politische Leben der Magyaren hat von den Semiten niemals etwas entlehnt.

386 (S. 225). Vgl. WENZEL, Codex Diplom. Árpád. contin. Bd. I., p. 106 sq. : «Et insuper libertates debita et consueta servicia et nomina populorum, joubagionum, udvarnicorum ac omnium condicionalium hominum ejusdem monasterii per dilectos et fideles joubagiones nostros, scilicet T. cancellarium aule nostre et P. Palatinum Comitem diligenter et sollicite a capitulo, joubagionibus, vicinis nobilibus et multis aliis populis fecimus ordinatim exquiri . . . . . et eciam quid quid ad Ecclesiam S. Marie, S. Aniani Episcopi et confessoris in loco, qui vulgo dicitur Tychon super Bolotin . . . pro sua salute tradidit.»

387 (S. 226.) «Regestrum de Várad», ap. ENDLICHER, l. c., das 304. Urtheil, p. 716.

388 (S. 226.) Ibid. das Urtheil Nr. 323, p. 720. — Dieses «Regestrum» ist die beste und reichhaltigste Quelle zur Kenntniss des socialen Lebens in Ungarn im 13. Jahrhundert.

389 (S. 226.) In dem Diplom für die Abtei Béli im Mátra-Gebirge vom Jahre 1289 sagt Ladislaus : «Der Landtag (congregatio generalis), welchen wir mit sämmtlichen Vätern (des Landes), den Erzbischöfen, Bischöfen, Baronen und dem gesammten Adel abgehalten haben» . . . (cum . . . episcopis ecclesiarum, *baronibus* ex universis nobilibus Regni nostri.) Vgl. die Abhandlung des A. IPOLYI über die Abtei zu Bél bei den drei Kumanen-Brunnen oder zu Apátfalva in den «Archaeologiai Közlemények» (= «Archäologischen Mittheilungen»), Bd. VI., 1. Heft, 1. Urkunde.

390 (S. 226.) «Regestrum de Várad» in den Urtheilen 288 und 315 «villa de Orobay», «de villa Joubag», ap. ENDLICHER, p. 712 und 718.

391 (n. 227.) Ibid. im 57. Urtheile : «judice biloto regis de Zounok», ap. ENDLICHER, p. 654.

(Zu S. 228.) Ueber Sarkel Κάστρον Ἄσπρον διὰ τὸ τοὺς λίθους αὐτοῦ Φαίνεσθαι καταλεύκους sagt *Constantinus* (de adm. imp. 37) d. i. : «Von der weissen Farbe der Steine»; allein die Steine anderer Burgen hatten auch diese Farbe und wurden Letztere dennoch nicht so benannt.

392 (S. 228.) «Hierauf kamen die *weissen Ugren* (ugre bielii) und erbten das slavische Land. Diese Ugren zeigten sich zuerst zur Zeit des Heraklius und kämpften (im Jahre 628) mit ihm gegen den Perser Czár Kosru.» NESTOR bei SCHLÖZER, II. Theil, p. 114. Weiter unten nennt Nestor die Magyaren die «schwarzen Ugren».

393 (S. 231.) «Et in eodem confinio, ultra lutum Musun, collocavit etiam Bissenos non paucos habitare, pro defensione regni sui, ut ne aliquando in posterum furibundi Theotonici, propter injuriam sibi illatam, fines Hungarorum invadere possent.» Anonymus, LVII., ap. ENDLICHER, l. c., p. 53.

394 (S. 231.) «Et in eodem tempore de terra Bissenorum venit quidam miles, de ducali progenie, cujus nomen fuit Thonuzoba.» Anonymus, cap. LVII., l. c.

395 (S. 231.) S. Stephani Legenda minor, 7. — Hartvici episcopi Vita S. Stephani, 15 bei ENDLICHER, l. c.

396 (S. 231.) Hartvici ep. Vita S. Stephani, 17 : «Sexaginta viri Bessorum cum universo apparatu suo, curribus onustis de partibus Bulgarorum egressi, ad regem venire volentes, terminis Pannoniorum appropingvaverant etc.» conf. ENDLICHER, l. c., p. 181 eq.

397 (S. 231.) Vgl. WENZEL, l. c., I., p. 24 ff.

398 (S. 232.) Vgl. JERNEY, «Keleti utazása» = «Reise im Osten», p. 227 bis 270.

399 (S. 232.) WENZEL, l. c, I., 135.
(Zur S. 232.) Ueber *Petschenegen-Namen* vgl. WENZEL, l. c., I., 332 : «a cumulis itur ad rus Bissenorum, quod vulgo dicitur *Besenyö-thorlou*.» In einer Urkunde der Abtei Bakony-Bél vom Jahre 1234 steht : «caput voraginis» quod dicitur *Churhu-feu*.» Bei JERNEY, l. c., I., 249.

400 (S. 233.) JERNEY, «Keleti utazása», I., 263, 264.

401 (S. 233.) Die Urkunde des Palatins Gyula bei JERNEY, l. c., I., 233, 234 und ENDLICHER, l. c., pag. 419—420.

402 (S. 233.) Andreas II. regis, Libertas Saxonum Transsilvaniae 1224, ap. ENDLICHER, p. 420—423 (9): «Preter supra dictam silvam Blacorom et Bissenorum cum aquis, usus communes exercendo cum predictis scilicet Blacis et Bissenis, eisdem contulimus, ut prefata gaudentes libertate, nulli inde servire teneantur.»

403 (S. 234.) Decretum Ludovici, I., Anni 1351.

404 (S. 234.) Der Titel «Baron» (baro) kommt schon zur Zeit Ladislaus III. auf, ein Zeichen, dass der neue politische Geist bereits damals zu wachsen beginnt.

405 (S. 235.) JERNEY, «Keleti utazása», I., 251.

406 (S. 235.) Ibid. I., 237 ff.

407 (S. 236.) Auch JERNEY citirt diese Stelle in seiner Abhandlung : «Palócz nemzet és Palócz Krónika, orosz és lengyel évkönyvek nyomán» = «das Volk und die Chronik der Palóczen, auf Grundlage russischer und polnischer Jahrbücher» im «Magyar történelmi Tár» = «Ungar. histor. Magazin». (Pest, 1855) I., p. 36.

408 (S. 236.) KATONA, II., 498, 553 sq.

409 (S. 236.) JERNEY im «Történelmi Tár» (s. Note 407), Bd. I.

410 (S. 237.) Wer den Anonymus mit Aufmerksamkeit liest, wird finden, dass er die Gegend um Erlau, am unteren Sajó und an der Theiss am b,esten kennt. Von Szerencs bis an die Zagyva führt er die Schaaren Árpáds von Ort zu Ort. Ueber die Theile jenseits der Donau, über das Tátragebirge, über Siebenbürgen u. s. w. ist seine Kenntniss um Vieles unsicherer. Daraus folgere ich, dass derselbe ein Priester aus der Erlauer Diöcese war und als solcher hat er die Palóczen oder Kumanen in der Mátra gut gekannt.

411 (S. 238.) «Datum per manus Cleti, aule nostre cancellarii Agriensis ecclesiae prepositi», lautet die Unterschrift in IPOLYI's Abhandlung über die Abtei «de Beel Trium fontium B. Mariae Virginis» in den «Archäologiai Közlemények (= «Archäologische Mittheilungen».) Pest, 1866, Bd. VI., 1. Heft.

412 (S. 238.) JERNEY zählt in seiner Arbeit im «Történelmi Tár» (s. Note 407) die Ortschaften der Palóczen in der Mátra nach den Comitaten auf. Es sind folgende : in *Borsod* : Apátfalva, Balatony, Bán-Horvát, Bánfalva, Beköcze, Csernely, Dedes, Noszvoj, Omány, Tardona, Velezd, ; — in *Gömör* : Gesztete, Jánosi, Szent-Simony, Uraj ; — in *Heves* : Ágas oder Akosvár, Balla, Bodony, Erdő-Kövesd, Filimes, Hasznos, Istenmezeje, - Mélykút, Parád, Pétervásár, Recsk, Szarvaskö, Szent-Domonkos, Sz.-Erzsébet, Sz.-Jakab, Sz.-Mária, Tas, Tiribes ; — in *Neograd* : Baglyasallja, Ettes, Herencséry, Hollókő, Kazár, Lapujtó, Lócz, Maczonka, Rimócz, Ság-Ujfalu, Salgó-Tarján, Sós-Hartyan, Terenye (durch seine Alterthümer bekannt, siehe oben S. 39), Teszlak, Verebély.

413 (S. 239.) KATONA, V., 417.

414 (S. 239.) Unter den Südslaven war die Secte der Bogomilen oder der Patarener, der Katharier (= der Reinen) sehr verbreitet ; es war dieselbe Secte wie die Albigenser in Frankreich. Nachdem diese antihierarchische Lehren verkündeten, waren die Päpste ihre heftigsten Gegner und forderten diese auch die ungarischen Könige wiederholt auf, dass sie in ihren Provinzen, namentlich in Bosnien, soweit dasselbe in ihrer Macht stand, und in Bulgarien diese Ketzerei ausrotten mögen. Vom griechischen »Katharus« stammt das deutsche Wort »Ketzer« und das magyarische »kaczér«, welches Wort ursprünglich dieselbe Bedeutung hatte. Heute bedeutet im Magyarischen »kaczér« keinen Abtrünnigen der Kirche, sondern einen »koketten, aufgeblasenen Modenarren«.

415 (S. 239.) KATONA, V., 532 sq.

416 (S. 140.) Ibid. V., 706 sq.

417 (S. 240.) Auch die gelehrteren Missionäre neuerer Zeit haben kein Glück in ihrem Bekehrungswerke bei Mohamedanern und Juden.

418 (S. 241.) Rogerius, Carmen miserabile, 3. ap. ENDLICHER, l. c., p. 258.

419 (S. 241.) Auch der norwegische Landmann liebt den nomadisirenden Lappländer nicht, dessen Renthierheerden oft gegen seinen Willen den Wiesen und Aeckern des ersteren Schaden zufügen.

420 (S. 241.) »Quod rusticos de regno nostro cujuscunque conditionis et nationis, ac Saxones vel Teutonicos de nostro regno non recipiant.« PRAY, »Dissertationes Historico-Criticae«, p. 134—136. — KATONA, VI., p. 95 bis 102. — Zur Aufklärung der dortigen Verhältnisse dient noch folgende Stelle der Urkunde: »Auch gestatten wir, dass von jedem Einkommen und Nutzen, welcher von den Walachen der Lityva (Lityra) für den König erhoben wird, die genannten Ritter die Hälfte für sich nehmen können. Ferner wollen wir, dass die Walachen in der Vertheidigung des Landes und in der Zurücktreibung des äusserlichen Feindes mit ihrer ganzen Kriegsstärke die Ritter unterstützen sollen ; sowie diese gegebenen Falles jenen nach Vermögen beistehen sollen. Das Salz aber, welches wir zum Gebrauche in jenem Lande oder zum Export nach Bulgarien, Griechenland und Kumanien auszuführen gestatten, können die Ritter auf unsere und ihre gemeinsame Kosten aus welchem Salzbergwerke immer brechen lassen.«

421 (S. 242.) Stephanus Dei gratia junior rex Hungariae, dux Transsilvaniae, dominus Cumanorum. KATONA, VI.; 265.

422 (S. 242.) Diese »sieben kumanischen Stämme« erinnern, sagt PRAY, sehr an das, was der Anonymus von den sieben Stämmen der Kumanen erzählt. »An id«, so fährt derselbe fort, »occasionem huic praebuerit, ut rem, quae suo tempore accidit, ad primum Hungarorum in has regiones ingressum occuparet, nolim, ne viro publicae auctoritatis derogare videar, anxie disquirere.« »Dissertationes«, p. 120. — Nicht um die »Autorität« des Anonymus, sondern um die historische Wahrheit handelt es sich. Der Anonymus entnahm seine sieben kumanischen Fürsten, resp. Stämme von den Kumanen der Könige Béla und Ladislaus ; von diesen stammt auch seine Kunde von der Barhäuptigkeit der Kumanen, deren er in seiner erdichteten Kiewer Schlacht folgendermassen gedenkt: »tonsa capita Comanorum Almi ducis milites mactabant tanquam crudas cucurbitas.« Anonymus, cap. VIII., ap. ENDLICHER, p. 10. Der gute Anonymus wusste nicht, dass die heidnischen Magyaren ihr Haupt gleichfalls glatt zu scheeren pflegten, also eben solche »Kürbisschädel« hatten wie die Kumanen.

423 (S. 243.) Ceterum quoniam praedicti domini de Cumanis et nobiles Cumanorum una ac eadem cum regni nobilibus perfruantur libertate : statuimus, ut, sicut a tempore Sanctorum regum, progenitorum nostrorum, super regni nobiles et eorum populos nec per nos, nec per regni barones descensus fieri debebit violentus ; ita et super eosdem dominos et nobi-

les de Cumanis ac eorundem populos, nec per nos, nec per dominam reginam, carissimam consortem nostram, et nostros barones descensus violentus fieri non possit nec debeat ullo modo. KATONA, VII., 803. — Man weiss, dass eine solche Einquartierung oder ein solcher Besuch auf Kosten desjenigen geschah, bei dem man eingekehrt war. Das Einkehr-Recht wurde deshalb als ein Einkommen, die Verpflichtung, die Lasten dieser Einquartierung zu tragen, als eine Art Steuer betrachtet; darum liebten es die Berechtigten, auch ausserhalb ihrer dienstlichen Functionen jenes Recht auszuüben; die Verpflichteten suchten sich aber von dieser Last wo möglich zu befreien.

424 (S. 243.) «Als das ungläubige Volk der Kumanen (am Mondsee) verwegen uns angriff» . . . «als wir wegen der Zurückführung der Kumanen von der tartarischen Grenze jenseits der Alpen (siebenbürgische Karpaten) so weit gegangen waren, wie vordem keiner unserer Vorfahren» . . . das sind die Ausdrücke der Donational-Urkunde vom Jahre 1288 bei KATONA, VII., 961.

425 (S. 243.) «Er (Ludwig) bekehrte auch das dem tartarischen Glauben an-hängende kumanische Volk (dem Beispiele des h. Königs Stefan folgend) zur christlichen Religion.» *Thuróczi*, II., 45.

426 (S. 244.) Die Ortschaften und Puszten siehe in «Commentatio de Initiis et Majoribus Jazygum et Cumanorum, eorumque Constitutionibus a PETRO HORVÁTH eorundem Jazygum et Cumanorum notario. Pestini, 1801.» — Die Bevölkerungszahlen sind nach der Volkszählung vom J. 1870.

427 (S. 244.) Vgl. die Urkunden Carl I. vom Jahre 1323 und Siegmunds vom Jahre 1393 und 1425 bei P. HORVÁTH, l. c., p. 92—100, worin die Ausdrücke «Coetus Jassonum, specialiter Regiae Majestati exercituare debentium», «pharetrarii» vorkommen.

428 (S. 244.) Der Name «Jazyges» für die königlichen Bogenschützen kam nach TIMON («Imago Antiquae Ung.» I., 13) durch Ranzanus, der am Hofe Mathias (Corvinus) lebte, auf; dieser nahm ihn von jenem Um-stande, weil «unsere Jászen in den Sitzen der alten «metanasta jazyges» wohnen.» HORVÁTH, «Commentatio», p. 101.

429 (S. 245.) Die Benennung «philistaeus» kommt schon in einer Urkunde Sigismunds vom Jahre 1393 vor; darin heisst es: «In personis *Philistco-rum seu Jassonum* universorum in descensu de Apáti vocato commo-rantium Nostrae graviter conquestum et Majestati, quomodo *Philistei seu Jassones* nostri in descensu Nagy-Szállás nuncupato» etc. HORVÁTH, «Commentatio», p. 95.

430 (S. 245.) In einer Urkunde König Wladislaw II. vom Jahre 1501: «ad reambulandas et rectificandas metas inter fideles nostros nobiles ab una, ac *Cumanos Philisteos* nostros partibus ab altera.»

431 (S. 245.) G.-A. 34 : 1715: «Obwohl die *Kumanen und Philistäer* (Cu-mani et Philistaei) in früherer Zeit (1702) für gewisse öffentliche Bedürf-nisse gegen Geldvorschüsse an den edlen Deutschen Orden verpfändet waren» u. s. w. Im weiteren Texte des Gesetzartikels «Cumani et Jazy-ges». Im G.-A. 25 : 1751 heisst es: «Nachdem die *Jazygier oder Phi-listäer und Kumanen* 15.000 fl. als Reugeld erlegt hatten, zahlten sie die im G.-A. 34 : 1715 ausgesetzten 500.000 fl. zu ihrer Ablösung und Be-freiung in Folge gnädiger Anordnung Sr. Majestät aus eigenem Gelde» u. s. w.

432 (S. 245.) «Et similiter Philistei, Comani, Valachi et Tatari connumerati debeant exercituare», im «Corpus Juris».

433 (S. 245.) «Excipiuntur tamen Comani, Philistei et Tatari, qui juxta anti-quam consvetudinem exercituabunt, secundum quod Saxones.»

434 (S. 245.) JERNEY, «Keleti utazása», I., 277. JERNEY hat über die Tar-taren in Ungarn alles Vorhandene zusammengetragen.

435 (S. 246.) Ibid. I., 275. Die Stelle theilt JERNEY aus FRAEHN, «Veteres Memoriae Chazarorum» mit. Vgl. «Mémoires de l'Académie imp. de

Sciences de St.-Petersbourg.» Tom. VIII., 1822. Pars I., pag. 44.
«Natio . . . nota sub nomine Madschar, inter quos in pagis dispersis
territorii urbis Budun multi reperiuntur, qui habitu cultuque Tatarorum
sunt, et pars lingua eorum loquitur.»

⁴³⁶ (S. 246.) Z. B.: «Nos Georgius Rákóczi II. Dei gratia Princeps Trans-
sylvaniae, Partium Regni Hungariae Dominus et Siculorum comes.»

⁴³⁷ (S. 246.) «A Nemes Székely Nemzetnek Constitutióji, Privilegiumai és
a jószág leszállását tárgyazó némely törvényes itéletei» (= «Die Constitutionen und Privilegien der edlen Székler-Nation, sowie einige gesetzliche Urtheilssprüche über die Vererbung der Güter»). Pest, 1818.

⁴³⁸ (S. 248.) JERNEY, «Keleti Utazása», I., 232 und EMERICH NAGY in
«Századok» (= «Jahrhunderte»), VI., 369. — Das Wort «si» halte ich
deshalb nicht für identisch mit «sé» = Bach oder «séd» = Bächlein,
weil wir es in Zusammensetzungen, wie «Si-jó» (Sió) finden, was dann
«Bach-Bach» bedeuten würde. Wenn aber «si» die Bedeutung von «fliess-
sen» hatte, dann wäre «Si-jó» so viel als «fliessendes Wasser», «Wasser-
Fluss».

⁴³⁹ (S. 250.) «Penes fluvium Kükül» . . . «Terra ad fluvum Kükül aquae».
Vgl. «A Nemes Székely Nemzetnek Constitutióji» etc. (s. Note 437),
p. 283 und 284.

⁴⁴⁰ (S. 250.) Diese Mittheilungen verdanke ich dem gewesenen Obergespan
von Heves, Herrn RUDOLF v. KUBINYI.

⁴⁴¹ (S. 251.) Bei den Sirjänen finden sich folgende Flussnamen: As-va,
Ež-va, Iž-va, Jaj-va, Jem-va, (Jó-folyó = guter Fluss), Koj-va, Kol-va
(Hal-folyó = Fisch-Fluss), Kos-va, Lem-va, Lis-va, Mil-va, Sej-va (gleicht
sehr dem magyarischen Si-jó nach Form und Bedeutung), Us-va, Vil-va;
bei den Wogulen sind: zwei Los-va, drei (eine nördliche, südliche und
östliche) Sos-va, Sig-va, Lob-va u. s. w.

⁴⁴² (S. 251.) Die heutige Schreibung und Aussprache: «Györ-ré, örök-ké,
Györ-ött, Györ-rül» entstammt einer missverstandenen Analogie. Weil
aus od-t, ed-t «ott, ett, itt» (= dort, hier) wurde, denkt man, dass im
Magyarischen auf die Frage «hol?» (wo?) das Suffixum «tt» stehe. Weil
der Factitivus «vá, vé» (entsprechend dem deutschen «zu etwas machen». z. B. «fá-vá», zu Holz machen oder werden, «béké-vé», zum
Frieden machen, Frieden stiften) vorhanden ist, so glaubt man, dass
man die Fragen «mivé?» (wozu?) und «hova?» (wohin?) mit demselben
Suffixum beantworten könne; als ob «od-a» (dahin) und «az-zá» («dazu»
machen oder werden) eines und dasselbe wäre.

⁴⁴³ (S. 252.) «Histoire Générale des Huns, des Turcs, des Mongols et des
autres Tartares occidentaux» etc. Vier Bände. Paris, 1756—1758.

⁴⁴⁴ (S. 252.) «Annales veteres Hunnorum, Avarum et Hungarorum.» Opera
et studio GEORGII PRAY. Vindobonae, 1761.

⁴⁴⁵ (S. 252.) «Dissertationes» etc. Auctore GEORGIO PRAY. Vindobonae,
1774; p. 1 und 2.

⁴⁴⁶ (S. 252.) THIERRY-SZABÓ, l. c., p. 5—7.

⁴⁴⁷ (S. 253.) «Der Name Hunnivár, der wohl eins ist mit War und Chuni,
findet sich merkwürdig auch schon bei den Hunnen, nur von Jornandes
arg missverstanden», sagt allerdings ZEUSS («Die Deutschen» etc., pag.
726); denn er weiss nicht, dass dieses οὐαρ in οὐαρχωνῖται «Berg», «Wald»
oder auch den «Ural» bedeutet, weshalb Var-chon = Berg- oder Ural-
Bewohner heisst.

⁴⁴⁸ (S. 253.) Die ältesten arabischen Nachrichten über die Wolga-Bulgaren
aus Ibn Foslan's Reiseberichte. Von CH. M. FRAEHN. St.-Petersburg,
1832.

⁴⁴⁹ (S. 254.) Dass bei den Ugren der Hund in besonderer Verehrung stand,
beweist auch der Umstand, dass sie bei Verträgen auf den Hund schwu-
ren; wie man solches aus jener Anklage ersieht, welche die deutschen
Priester gegen die Mährer erhoben (siehe oben S. 121) und wie wir sol-

ches auch bei den mösischen Bulgaren finden werden. Das Wort «kalen-suve» ist offenbar ugrisch; denn «kaleng», «kalang», «kalen», «kalan» heisst im Ostjakischen das Renthier; «sah», «sau», «su» aber ist eine Kutte aus Thierfellen; das «kalensuve» des Arabers wäre also im heuti-gen Ostjakischen «kalensah», «kalensau», «kalensu» und würde so viel als «eine Kutte aus Renthierfellen» bedeuten. — Die Schlange ist bei den Wogulen und Ostjaken bis zum heutigen Tage ein heiliges Thier u. s. w.

450 (S. 254.) FRAEHN, l. c., p. 23.

451 (S. 254.) JIREČEK, «Geschichte der Bulgaren», p. 127.

452 (S. 254.) Responsum XXVI: Cauda equi signum militare in proelio. — Resp. LXVII: Spatham in medium afferre et per eam juramentum agebatur. — Resp. LXVI: Cum ligatura lintei, quam in capite gestatis, ecclesiam intrare.

453 (S. 255.) Оүрь bei MIKLOSICH, «Lexic. ling. palaeslav.» — Vgl. ROESLER, «Romänische Studien», p. 252. «Daraus die slavischen Eigennamen Uroš, Urica.» — Was aber weder MIKLOSICH noch ROESLER wissen konnten, ist, dass das Wort «our», welches dem magyarischen «úr» (= Herr) entspricht, im Ostjakischen «uort» und «urt» lautet und «Fürst», «Herr» bedeutet. Vgl. PAUL HUNFALVY, «Az északi osztják nyelv» = «Die nordostjakische Sprache» (Budapest, 1875), im «Wörterbuche» p. 183. Dieses «our» (= úr) und das «kalensuve» des FRAEHN steigern gegen-seitig ihren Werth.

454 (S. 255.) ROESLER, «Romänische Studien», p. 254: «Walachisch «mal» = Ufer, Küste, ist nicht im Romänischen oder Slavischen oder sonst wo aufzuzeigen gewesen»; deshalb vergleicht es ROESLER mit dem sa-mojedischen «mura» = sandiges Ufer, weil ihm das gemeinmagyari-sche «mál» (in Besenyö-mál, siehe oben S. 232) unbekannt war. Im Wogulischen «majl», im Ostjakischen «meil» findet sich dieses «mál» und «melly»; magyarisch partmálja = Ufer-Abhang. Die Erklärung von sur = szürke (grau) ist richtig; «fete-ke» (statt «fekete» = schwarz), «szö-ke» (= blond), «szür-ke» (grau) sind Diminutiva. ROESLER dachte an das Samojedische, weil er das Osejakische nicht kannte, als er im Rumänischen die bulgarischen Sprachreste aufsuchte.

455 (S. 255.) JIREČEK, l. c., p. 133. Den «Bolias Tarchan» erklärt JIREČEK durch das magyarische «tár» = Schatz. Allein dieses «tár» lautete che-mals «taver», von wo «tavernicus» = Schatzmeister, jetzt Finanzminister. Auch bei den Bulgaren gab es meines Wissens einen «tavernik». Uebri-gens deutet auch das auf eine Aehnlichkeit mit dem Magyarischen.

456 (S. 255.) Constantinus Porphyrogenitus, de caeremon. aulae. Byz. ed. REISSKE, p. 393.

457 (S. 255.) ZEUSS ist folgender Ansicht: «Es wird sich immer nicht mehr folgern lassen, als dass die Bulgaren und Hunnen eine weniger schön gebildete und in Sprache abweichende Abtheilung desselben Stammes mit den später auftretenden Türken gewesen seien.» Was bedeutet aber diese «weniger schön gebildete türkische Sprache»? Welche germanische Sprache ist schöner: die skandinavische, die holländische oder die hoch-deutsche?

458 (S. 256.) «Die Chazaren heissen geradezu Juhâran, d. i. Ugrier bei Ta-bari.» DORN, Geogr. Caucas. Bei ROESLER, «Romänische Studien», p. 250. — NESTOR bei SCHLÖZER, II., 112 und 113. Hier nennt NESTOR die Chazaren die «weissen», die Magyaren die «schwaren» Ugren.

459 (S. 256.) Nicht blos CASSEL und KLAPROTH (siehe oben S. 178), son-dern auch SAINT-MARTIN («Nouvelles Annales de Voyages, 1851. Sur les Chasars»); GRAETZ («Geschichte der Juden», Bd. V., Magdeburg 1860, p. 211: «Die Chazaren oder Kozaren, ein hunnisches Volksstamm, verwandt mit den Bulgaren, Avaren, Ugren oder Ungarn»); ROESLER, «Romänische Studien», p. 251: «an dem ugrischen Charakter der Cha-saren zu zweifeln, halte ich für verlorne Mühe.»

⁴⁶⁰ S. 256.) DEGUIGNES »Histoire de Huns« etc. ZEUSS »Die Deutschen etc., p. 723«: »Wer sind nun die Chazaren? Leider stimmen die alten Aussagen über das Volk nicht überein.... Aber wenn die Chazaren wohl allerdings Türken, jene Kara-Chasaren nur verschieden und die älteren von den Chazaren überwältigten Bewohner des Landes, die Süd-bulgaren wären?« — OUSLEY, Geograph: Es gibt zweierlei Chazaren: »schwarze« und so dunkelhaarige wie die Indier und »hellfarbige«. Vgl. ZEUSS, p. 724. »Die schwarzen sind die »Kara« (d. i. schwarze) Cha-zaren.«

⁴⁶¹ S. 257.) PRAY's Ansicht, dass die Magyaren nicht blos Nachbarn, son-dern auch Blutsverwandte der Chazaren gewesen seien, ist also unrichtig. »Hoc loco ostendendum. Hungaros Chazaris, ut necessitudine sanguinis, ita locorum positu finitimos fuisse.« »Dissert.«, p. 61.

⁴⁶² (S. 257.) SCHAFARIK, »Slav. Alterth.«, II., 65.

⁴⁶³ S. 257.) Die Bekehrung der Chazaren zum Judenthume setzte ich oben Seite 133 in die Zeit von Constantinus und Methodius (nach 860); nun finde ich bei GRAETZ, »Geschichte der Juden«, Bd. V., p. 213, dass diese Bekehrung um 740 n. Chr. erfolgt sei; denn Bulan, der Vorgänger Josefs, welch Letztern wir aus seinem Briefe kennen, siegte im J. 731 über die Araber und Armenier und Leo III., der Isaurier oder der Bil-derstürmer (iconoclasta; reg. v. 718—741), verfolgte die Juden, welche sich zu den Chazaren flüchteten und diese bekehrten. GRAETZ erzählt diesen Vorfall derart, dass der *Khagan* und der *Beg* sogleich das Juden-thum angenommen hätten; allein Josef war nach seinem Schreiben Beg und dasselbe war auch sein Vorgänger Bulan. Dieser Vorfall wird übri-gens durch den Umstand, den auch GRAETZ nicht beachtet zu haben scheint, dunkel, dass derselbe Leo die Tochter des Khagans seinem Sohne Constantin V. verlobte; des Khagans Tochter wurde Christin und erhielt den Namen *Irene* (siehe oben S. 136 und Note 260). Auch dieser Constantinus (741—775) war ein grosser Verfolger der Juden. Ich glaube, dass der damalige Khagan als neubekehrter Jude für seinen Glauben eifriger gewesen wäre und seine Tochter, wenn sie auch Christin gewor-den, würde Constantin's Wuth gegen die Juden gedämpft haben. Wenn aber die Chazaren schon um 860 eifrige Juden gewesen waren, warum verlangten sie aus Constantinopel christliche Lehrer? Die Missionsreise des Constantinus und Methodius ist aber nicht weniger glaubwürdig als das Schreiben des jüdischen Chasda von Kordova an den Chazarenkönig Josef und dessen Antwort.

⁴⁶⁴ S. 258.) Die avarische Kriegsbeute vermehrte das Gold und Silber bei den Franken derart, dass die Preise um ein Drittheil stiegen, d. i. um so viel sank der Werth von Gold und Silber; nur noch in Folge der Entdeckung der amerikanischen Silbergruben trat ein ähnlicher Rück-schlag ein. Vgl. »Die Währungsfrage Oesterreichs vor einer Enquête-Commission« in der »Allg. Augsb. Zeitung«, 1876, Nr. 122: »In der Geschichte der Preise sind nur zwei Ereignisse bekannt, welche eine grössere Umwälzung herbeigeführt haben. Diese Ereignisse waren näm-lich die Einnahme des hunnisch-avarischen Lagerringes in Ungarn durch die Franken, unter Carl dem Grossen, wo die während mehrere Jahr-hunderte im römischen Reiche zusammengeraubten Schätze aufbewahrt worden waren. Durch diese Beute wurde der Edelmetallvorrath im Fran-kenreich so vermehrt, dass der Geldwerth im neunten Jahrhundert um ein Drittel sank. Das andere war die Entdeckung von Amerika und die Aufschliessung der Silberminen von Potosi.«

⁴⁶⁵ (S. 258.) FRANZ SASINEK, »Die Slovaken.« Eine ethnographische Skizze. 2. revidirte Auflage (Prag, 1875), S. 14, belustigt den Leser durch heitere Erklärungen der Namen »Tátra«, »Mátra« und bringt daraus hervor, dass die Urslaven sich um den rauhern »Bergvater« (Tátra) und die sanftere »Bergmutter« (Mátra) geschaart hätten, weshalb sie sich »uhri«,

«ugri» = Berganwohner, nannten. Die deutschen und lateinischen Schriftsteller des 9., 10. und 11. Jahrhunderts hätten dann aus Unwissenheit (denn das muss man daraus folgern) den Namen der Slovaken auf die Magyaren übertragen. — Diese Wortspiele SASINEK's verdienen keine ernstere Beachtung. Die «Ugoren, Ogoren» kommen nicht blos bei Jordanis, Menander und Theophylaktus, sondern auch beim russischen Chronisten NESTOR vor; letzterer spricht von «ugri bjelii» (weissen Ugren), d. i. den Chazaren und den «ugri csernii» (schwarzen Ugren), d. i. den Magyaren. Auch in den Sagen der Wogulen spielt der Name «Ogor» eine Rolle. Die Russen nennen den Theil des Uralgebirges, wo die Wogulen wohnen, «Juhorski chrebet».

466 (S. 258.) ZEUSS, «Die Deutschen», p. 29, meint, dass der Name «Avar» vom persischen «avare» stamme, was so viel als «Auswanderer» bedeutet, gleich dem Deutschen «Suebe» (Suevi = die Schweifenden, Ziehenden, Wandernden). Wahrscheinlicher ist die Herleitung «uar», «var», «avar».

467 (S. 259.) «Missi quoque Hunnorum *Cagani* et *Jugurri*», so nennt *Eginhard* die zu Carl dem Grossen gesendeten avarischen Boten.

468 (S. 259.) PRAY denkt (nach Timon) an «Vetus-Varinum» = Ungarisch-Altenburg. «Annales Veteres Hunn.» etc., p. 286. — FÉNYES aber glaubt *Vetraria* habe an der Stelle des heutigen Deutsch-Altenburg in Nieder-Oesterreich gelegen. Vgl. «Magyarország statistikája» = «Statistik von Ungarn» (Pest, 1842), p. 89.

469 (S. 261.) «Spiculatores nostri de *Katha* de Comitatu Mosoniensi», sagt eine Urkunde vom Jahre 1339 bei JERNEY, «Keleti utazása», I., 254.

470 (S. 263.) Ich selber war im Jahre 1866 dieser Meinung. Vgl. das Staats-Lexikon von Rotteck und Welcker. 3. Auflage, Bd. XII., p. 227.

471 (S. 293.) Oefters erwähnt bei STRITTER, «Memoriae populorum» etc., III., 951 und sonst; SCHLÖZER, «Geschichte der Deutschen in Siebenbürgen», p. 222, 453, 483; JERNEY, «Utazása» u. s. w.

472 (S. 263.) «Romänische Studien», S. 337.

473 (S. 263.) KLAPROTH machte in den «Memoires relatifs à l'Asie», III., zuerst das «Alphabetum Persicum Comanicum et Latinum» bekannt. Die Zahl der Vocabeln beträgt 2500. — ROESLER theilt in seinen «Romänischen Studien», S. 352—356 auch grammatische Beispiele mit, aus denen der türkisch-tartarische Charakter des Kumanischen mit Gewissheit hervorgeht und demzufolge auch der grosse Unterschied vom Magyarischen noch deutlicher wird. — Graf GÉISA KUUN war vor zwei Jahren so glücklich, den Schatz Petrarca's in der Bibliothek San Marco in Venenig aufzufinden; es wäre überaus wünschenswerth, wenn dieses kostbare Denkmal copirt und herausgegeben werden könnte. — Auf sicherem Wege habe ich in Erfahrung gebracht, dass z. B. das magyarische Wort «kényesö», welches nach VÁMBÉRY («Deutsch-Türkisches Wörterbuch.» Konstantinopel, 1858, S. 154) im osmanischen Türkisch «dsiva», das persischen Ursprunges ist, laute, in diesem kumanischen Wörterbuche «kümis-szu» = «Silber-Wasser» heisst. Es leidet keinen Zweifel, dass von diesem Worte das magyarische «kényesö» herkommt. Das Wort «kümis-szu» kommt weder in dem türkischen Wörterbuche von KIEFER-BIANCHI noch in dem von ZENKER vor.

474 (S. 264.) Et propter hoc, plus quam per annum eos Ruthenos (i. e. tartaros) predictus Kuthen cum suis prevenerat, ut conditiones terre addisceret et *linguam faceret sibi notam*, et cum introitum illorum perciperet, pugnam inciperet contra regem, et sic facilius illi portam possent obtinere. Rogerius», Carm. Miserabile», 14.

475 (S. 264.) In Campis Cumanicis, praeter vina advectitia usum habent Cumani cujusdam liquoris ex milio et aqua, suo more expressi, quem *Bozam* vocant. NICOLAI OLAHI Metropolitae Strigoniensis Hungaria et Atila. Vindobonae, 1763, p. 81.

476 (S. 264.) Die Wörter «bor» und «boz» (Wein) heben auch die Verschiedenheit zwischen dem tschuwaschischen Türkisch, welches in
alter Zeit in das Magyarische gelangte und jenem kumanischen Türkisch hervor, das erst mit dem Kumanischen in die magyarische
Sprache kommen konnte. Die Wörter «boza» und «kényesö» können
nicht aus dem tschuwaschischen Türkisch abstammen. Vgl. o. S. 175,
176. So ist in der kumanischen Sprache «bix», «six», im Osmanli «biz»,
«siz», aber im Tschuwaschischen «pir», «sir» = wir, ihr (magyarisch
«mi», «ti»).

477 (S. 264.) Das «kumanische Vaterunser» siehe in der Abhandlung von
HAMMER-PURGSTALL, der 11 Exemplare in der Sammlung des gelehrten
GÉVAY gesehen hatte. Vgl. «Jahrbücher der ungarischen Academie»,
III., 140. — Die vollständigsten Nachrichten gibt hiervon JERNEY,
«Keleti Utazása», I., 284—295. JERNEY hält das «Vaterunser» für einen
Rest der tartarischen Sprache, da seiner Ansicht nach die Kumanen
ursprüngliche Magyaren seien. Die Sprache dieses «Vaterunser» stimmt
wirklich mit der Sprache in der Petrarca'schen Handschrift ganz überein ; denn in jenem ist ebenfalls «bezne» (= uns, Acc.) statt «bizi», wie
in dieser «bixin» = «bizin» ; ferner in jenem «bezge» (= uns, Dat.) statt
«bize», wie in dieser «bixga» = «bizge» u. s. w.

478 (S. 264.) JERNEY, l. c.

479 (S. 266.) PALACKY, «Geschichte von Böhmen», dritten Bandes dritte
Abtheilung (Prag, 1854), p. 216 : « Die Böhmen verlangten, die Compac-
taten möchten auf dem Iglauer Stadtplatze in vier Sprachen, lateinisch,
böhmisch, deutsch und *ungarisch*, bekannt gemacht werden. — Im
Jahre 1836 befand sich an einer Treppenwendung des böhmischen
Museums in Prag eine eingemauerte Gedenktafel, welche diese Verkündigung in vier Sprachen enthielt. Die Compactaten wurden zuerst im
Jahre 1500, zum zweiten Male im Jahre 1513 und dann öfters herausgegeben ; zuletzt am vollständigsten in lateinischer und čechischer
Sprache im «Archiv česky», III., 398—444. Die magyarische Uebersetzung, welche ein werthvolles Sprachdenkmal aus dem Jahre 1437
wäre, kennt meines Wissens Niemand, obgleich sie noch irgendwo ver-
steckt sein kann.

480 (S. 266.) Tatros, eine Ortschaft am gleichnamigen Flusse ; der Fluss
entspringt in den siebenbürgischen Bergen und ergiesst sich in den
Seret. Am Schlusse des Evangeliums Johannis lesen wir : «E könyv
megvégeztetett Németi Györgynek, Hensel Emre fiának keze miatt,
Moldovában Tatros városában, Úr születetének ezer négyszáz hatvanhatod
esztendejében» (= «dieses Buch wurde beendigt durch die Hand des
Georg Németi, Sohn des Emerich Hensel, zu Tatros in der Moldau,
im Jahre des Herrn 1466».)

481 (S. 266.) JERNEY, «Keleti utazása», I., 180, 181.

482 (S. 267.) «Unde fit, ut carmen lingua Hungarica compositum rusticis et
civibus, mediis et extremis, eodem tenore intelligatur.» *Galeoti* Martii,
de Matthiae egregie, sapienter, fortiter et jocose dictis ac factis libellus.
Ed. ab *Joanne Bocatio*, cive Cassoviensi. Cassoviae 1611.

483 (S. 267.) Sola Hungaria (ex Christianis loquor) nonnisi latine scribit.
Quoniam Hungarorum lingua non facile scribi potest. Minima enim
accentuum mutatione et diversitate prolationis mutatur significatio.
Galeoti, Cap. XXVIII.

484 (S. 268.) Wie z. B. Pázmán, Zrinyi, Katona de Gele, Johann Csere de
Apátza, Franz Párizpápai, Stefan Gyöngyösi u. A.

485 (S. 269.) «Statistik des Königreichs Ungarn.» Ein Versuch von MARTIN
SCHWARTNER. Pest, 1798. S. 90.

486 (S. 269.) «Allgemeine Augsburger Zeitung», 1840, Nr. 109.

487 (S. 270.) Nach der Volkszählung vom Jahre 1870 waren :

königliche Freistädte: im eigentlichen Ungarn 48, in Sieben-
bürgen 30, in Fiume 1, in Croatien-Slavonien 8, in der Militär-
grenze (Stadt-Communitäten) 11, zusammen 98
Städte mit geregeltem Magistrate: in Ungarn 88, in der
Militärgrenze 3 (Festungen) zusammen 91
Marktflecken: in Ungarn 663, in Siebenbürgen 48, in Croatien-
Slavonien 40, in der Militärgrenze 18, zusammen 769
Dörfer: in Ungarn 9466, in Siebenbürgen 2207, in Fiume
s. Gebiete 3, in Croatien - Slavonien 2941, in der Militärgrenze
1756, zusammen 16,378
Puszten, Meiereien: in Ungarn 3616, in Siebenbürgen 94, in
Croatien-Slavonien 250, zusammen 3,960
438 (S. 270.) FÉNYES, l. c.
489 (S. 270.) «Statistisches Handbüchlein für die österreichische Monarchie.»
Herausgegeben von der k. k. Direction der administrativen Statistik.
Erster Jahrgang, 4. Auflage. Wien, 1861.
490 (S. 270.) «Oesterreichischer Catalog.» Verzeichniss aller im Jahre 1860 in
Oesterreich erschienenen Bücher, Zeitschriften, Kunstsachen, Photo-
graphien, Landkarten und Musikalien. Erster Jahrgang. Wien, 1861. —
In diesem Cataloge sind den slavischen literarischen Producten 32 Seiten gewidmet ; und zwar sind vertreten :

Čechen, Mähren und Slovaken (6.132,742 Seelen) mit 260 lit. Producten
Croaten   (1.337,010 Seelen) ⎫
Serben   (1.438,201   »   ) ⎬ 3.958,744 S. ⎱   »   56 »   »
Slovenen   (1.183,533   »   ) ⎭   ⎰
Polen   (2.159,648   »   ) . . . . » 131 »   »
Ruthenen   (2.752,482   »   ) . . . . »   24 »   »
Zusammen 15.003,616 Slaven mit . . . . 471 lit. Producten

In demselben Cataloge nimmt das Verzeichniss der literarischen
Erzeugnisse in magyarischer Sprache 42 Seiten ein und sind im Ganzen 566
Schriften und Bücher notirt.
491 (S. 271.) Vgl. CARL KELETI, «Die Bevölkerung in den Ländern der St.
Stefanskrone» (Ungarisch und deutsch.) Pest, 1871.
492 (S. 271.) Vgl. «Hazánk és népe» = «Unser Vaterland und sein Volk»
von CARL KELETI. Pest, 1871.
493 (S. 272.) «Das Ungarland», vom Ministerialrath Dr. KLUN in Wien,
(«Das Ausland», 1875, Nr. 21).
494 (S. 274.) JOSEF LENHOSSÉK, «Cranioscopia.» (In ungarischer Sprache,
Budapest, 1875.)
495 (S. 274.) Ibid. p. 154.
496 (S. 275.) Der Breiten-Index von 100·6, den der Militärarzt M. v. STEIN-
BURG (siehe oben S. 6) gefunden haben will, erscheint unwahrscheinlich.
497 (S. 276.) Auch anderwärts, z. B. in Russland, wurden die Deutschen
«Gäste» (gostin) genannt ; dort heisst der Kaufmann bis heute «gostin»
(Gast) und den grossen Bazar auf dem Newsky-Prospekt (die Hauptstrasse von Petersburg) nennt man «Gostinoi dwor» = «Hof der Gäste».
498 (S. 277.) Nicht nur Ereignisse stimmen in verschiedenen Ländern mit
einander überein, sondern auch Wörter, wie wir das schon gesehen haben
und noch finden werden. «Hansa» bedeutet im Gothischen so viel als
«Menge» (vgl. LEO MEYER, «Die gothische Sprache», Berlin, 1869, p. 41,
742), das nähert sich sehr dem finnischen «kansa» = Volk. Das gothische «kunda» bedeutet «geboren, entsprossen», z. B. «góda-kunda» =
edelgeboren, was dem Sinne nach mit dem magyarischen «jó-bágy»
übereinstimmt ; im Altskandinavischen ist «göd-kund» = göttlich; dieses
«kunda» ähnelt sehr (wenigstens in der Form) dem finnischen «kunta» —
complexus, collectio. Uebrigens kommt auch dieses finnische «kunta»
nur in Compositionen vor, wie z. B. «kansa-kunta» = Volksmenge,

»kilda-kunta» = Gemeindeversammlung. Im Wogulischen ist »kant» mit der Bedeutung des magyarischen »had» (= Heer). Aber das magyarische »had» bedeutet auch »Geschlecht, Sippe» z. B. Kállayi had (= das Geschlecht Kállay), Zagyi had (= das Geschlecht Zagy) und in dieser Bedeutung nähert es sich dem gothischen »kunda». — Es gibt noch andere auffallende Zusammentreffungen. So z. B. das magyarische »atya» (Vater) mit dem türkischen »ata» und dem gothischen »atta»; ja es ist wahrscheinlich, dass auch »Attila» nur ein Diminutiv dieses »atta» ist; in den germanischen Sagen erscheint dieser Name als »at-li», »etz-el» = Väterchen. — Das gothische »guma» bedeutet Mensch, Mann; »guma-kunda» = männliches Geschlecht, mannhaft; óim Neuhochdeutschen ist das Wort noch in »Bräutigam» (althochdeutsch p (b)rûti-k (g)omo, angelsächsisch brydgumo, mittelhochdeutsch briutegom) = »Mann der Braut». Das gothische »guma», althochdeutsch k(g)omo, altnordische gumi berührt sich mit dem lateinischen »homo» = Mann, Mensch. Vgl. KEHREIN, »Onomatisches Wörterbuch», p. 881. Auch GRIMM, »Deutsches Wörterbuch», Bd. II., p. 335, Sp. 1.5 — Im Wogulischen bedeutet »kum, gum» gleichfalls »Mensch», »Mann»; »ma-gum» = Lands-Mann.

499 (S. 278.) Vgl. »Ethnographie der österreichischen Monarchie» von CARL Freiherrn v. CZOERNIG, II. Bd. »Historische Skizze der Völkerstämme und Colonien in Ungarn und dessen ehemaligen Nebenländern» von V. v. HÄUFFLER, Wien, 1857.

500 (S. 279.) In dieser Reihenfolge führt die Zipser Städte FRIEDR. SCHOLZ in seiner Abhandlung »über die Einwanderung der Zipser Sachsen» im Jahresbericht des evang. Lyceums zu Käsmark vom Jahre 1875/6 (in ungarischer Sprache) an. BENJAMIN SZABÓ zählt in seinem Buche: »A szepesi szászok» = »Die Zipser Sachsen» (Raab, 1860), p. 10, diese Städte in folgender Reihe und Anzahl auf: 1. Leutschau, 2. Kalbach oder Calderbach, 3. Eulbach, Ullenbach, Velbach, 4. Wallendorf, 5. Odorin, 6. Neudorf, 7. Palmsdorf, 8. Sperendorf, Villa Ursi, 9. Klein- und Gross-Thomasdorf, 10. Donnerstmark, 11. Kapsdorf, wozu auch Primócz oder Primsdorf gehörte, 12. Deutschendorf, 13. Völk, 14. Schlagendorf, Schlackendorf, und zwar Gross-Schlackendorf, wo auch heute noch Schlacken gefunden werden; Kleinschlagendorf liegt bei Käsmark, 15. Müllenbach, 16. Matsdorf, 17. Georgenberg, 18. Michelsdorf, 19. Zsákócz, 20. Menhartsdorf (Verbo, Virbó), 21. Béla, 22. Käsmark, 23. Leibitz, 24. Russdorf, 25. Durlsdorf. — In der »Ethnographie der österreichischen Monarchie», II., 212, sind noch zu den Zipser Städten gezählt: Kakas-Lomnitz, Hunsdorf (Hunfalu, Hunnis-villanus), Svabócz (villa Suevi), St. Kirn (villa de S. Quirino).

501 (S. 280.) »Ubi solium regni et conservatur et ubi reges Hungariae sacro consecrationis munere perunguntur.» »Ethnogr.», II., 320.

502 (S. 280.) Von Stuhlweissenburg bezeugt eine Urkunde Béla IV. vom Jahre 1237, dass das dieser Stadt von König Stefan d. H. und dem apostolischen Legaten verliehene Privilegium durch einen Brand vernichtet worden sei (»privilegium hospitibus Albensibus concessum infausto casu incendii fuisset conversum in cineres»). — Von Szatmár-Németi behauptet eine Urkunde Andreas II. vom Jahre 1230, dass die »teutonischen Gäste» dieser Stadt durch die Königin Gisella hereinberufen worden sind (»hospites Teutonici de Szatmár-Németi, juxta fluvium Zamos residentes, qui se dicebant in fide Dominae Reginae Keyslae ad Hungariam convenisse»). »Ethnogr.», II., 319, 321.

503 (S. 281.) »Personal-Städte» waren: Stuhlweissenburg, Pukancz (Baka-Bánya), Bösing, Béla-Bánya, Briesen, Zeben, Kremnitz, Käsmark, Leutschau, Libethen, Neusohl, Rust, Fünfkirchen, Theresiopel, Schemnitz, Gran, St. Georgen, Temesvár, Trencsin, Altsohl, Uj-Bánya, die sechzehn Zipser Kronstädte.

»Tavernical-Städte» waren: Bartfeld, Ofen, Pest, Karpfen, Kaschau,

Komorn, Debreczin, Eperies, Güns, Raab, Eisenstadt, Modern, Neusatz, Pressburg, Oedenburg, Skalitz, Szatmár-Németi, Szegedin, Tyrnau, Zombor. Unter diesen Städten sind einige neueren Datums, wie Theresiopel, Neusatz, Zombor. Aber mit Ausnahme der 16 Zipser Städte waren sämmtliche «königliche Freistädte».

504 (S. 281.) Nullus principum nostrorum violentum descensum facere possit super eos, nec aliquid contra eorundem recipere voluntatem, sed descendens justo pretio sibi necessaria debeat comparare. «Ethnogr.», II., 323.

Istud etiam non est silentio praetermittendum, quod Nobis ad villam eorum accedentibus prandium et coenam administrent, secundum villae ipsorum incrementum. «Ethnogr.», II., 322.

505 (S. 281.) Villa Teutonica ditissima. Rogerius, Carm. Miserabile, Cap. 16.

506 (S. 282.) Dass hier an Blödel (Bléda oder Buda), den älteren oder jüngeren Bruder Attila's, nicht gedacht werden kann, bedarf kaum einer Erwähnung.

507 (S. 282.) «Ethnographie.» II., 207.

508 (S. 282.) Graf Josef Teleki, «Hunyadiak kora» = «Zeitalter der Hunyaden», I., 75, 76.

509 (S. 282.) «Ethnographie», II., 249.

510 (S. 284.) In den westlichen Theilen des Landes jenseits der Donau befinden sich ausser den Grenzstädten Oedenburg, Rust, Eisenstadt und Güns nur noch Gran, Raab, Stuhlweissenburg und Fünfkirchen, zusammen acht Städte, dagegen sind diesseits der Donau 25, zu denen man als karpatische Städte auch die Zipser, Sároser und Abaujvárer rechnen muss ; demnach man hier 31 königliche Freistädte antrifft. Nimmt man endlich auch noch die 16 Zipser Kronstädte und die 6 oder 7 Zipser Bergstädte hinzu, so ergibt sich, dass die meisten Städte in diesem Theil des Landes liegen.

511 (S. 284.) Benjamin Szabó (l. c., p. 47) behauptet, dass die ursprünglichen Einwohner der Zips Magyaren gewesen seien.

512 (S. 285.) Ipsi Saxones et Latini (Wallonen) voluntarie assumserunt ac praecise praestito juramento, quod decimas eo modo et ea integritate suis plebanis et sacerdotibus per totum Comitatum de caetero sicut *Hungari et Slavi* in Scepusio existentes decimas ipsas persolvere sunt consveti. Katona, VI., 844, vom Jahre 1280. Von demselben Jahre : Prout sumus eruditi, et sicut Hungari et Sclavi suas erogant decimas. Ibid. 847.

513 (S. 286.) «De illo ante omnia solliciti erant (jesuitae), ut magistratus civicus, exclusis in totum Evangelicis, ex solis constaret Romano-Catholicis. Qui quoniam inter cives non reperiebantur, idcirco extranei in civitatem sunt introducti, civibusque praepositi.» Mathias *Bahil.* Tristima eccles. Hungariae Protestantium facies. Monumenta Ev. Aug. Conf. in Hungaria historica. II. (Pest, 1863), pag. 369.

514 (S. 286.) Erst nach Verkündigung des Toleranzedictes im Jahre 1781 wurde den Protestanten gestattet, sich in Pest anzusiedeln. Im Jahre 1787 erlaubte es Kaiser Josef II., dass die Evangelischen in einem Privathause Gottesdienst abhalten können. Ihren Kirchenbau begannen dieselben im Jahre 1799 und beendigten ihn im Jahre 1805. Die Gemeinde der Reformirten constituirte sich im Jahre 1804 ; ihre Kirche begannen sie im Jahre 1816 zu erbauen, deren Einweihung geschah aber erst im Jahre 1830. (Mit welchen Cabalen die Evangelischen in Ofen zu kämpfen hatten, bis es ihnen gelang, einen Bauplatz für ihre Kirche zu erhalten, darüber vgl. eine interessante Mittheilung von Sam. Kurz in der «Ungar. Schulzeitung», herausgegeben von Prof. J. H. Schwicker (Budapest, 1876), Nr. 30.

515 (S. 288.) Vgl. Schwicker, «Geschichte des Temeser Banats.» 2. Ausg. (Pest, 1872), p. 369 ff.

516 (S. 289.) PRAY, Specimen Hierarchiae Hungariae, Pars II. (Possonii et Cassoviae, 1779), p. 272.

517 (S. 290.) BLASIUS ORBÁN, »A székelyföld leirása« _ »Beschreibung des Széklerlandes, Bd. III. (Pest, 1869), p. 149, begreift nicht, auf welche Weise die slavischen Namen in das Széklerland gekommen sind; denn er hält die Székler für Nachkommen der Hunnen.

518 (S. 291.) Desgleichen ist »tavernicus« (magyarisch tárnok) _ Schatzmeister ein dem Slavischen entlehntes Wort. Eine Urkunde Andreas III. vom Jahre 1293 spricht von den »Pessnöken« zu Schmögen in der Zips. Diese »Pessnöken« (Beschnuken) sind die königlichen »Hundewärter«. »Caniferis nostris de Somogy, de districtu de Scepus, quos vulgaris locutio besnucus appellat.« Vgl. BENJAMIN SZABÓ, l. c., p. 45. Gleichwie »Szolnok« ein Orts- und Comitatsname geworden, so ist das Gleiche auch »Korotnok« (ipsam terram KORITNIK cum silva cedimus«; ibid. p. 47) Die »Koritnik« waren vielleicht Mulden- oder Trogmacher.

519 (S. 292.) »Ethnographie«, II., 228.

520 (S. 292.) Rogerius, »Carmen miserabile« ap. ENDLICHER, l. c., p. 257 und 208.

521 (S. 293.) Die Niederlassungen und Schicksale der Siebenbürger Sachsen gehören zu den am besten beleuchteten Partien des ethnographischen und historischen Bildes von Ungarn und Siebenbürgen. Von SCHLÖZER angefangen, dessen fleissige »Kritische Sammlungen zur Geschichte der Deutschen in Siebenbürgen« (Göttingen, 1795—1797) man in Ungarn hauptsächlich deshalb nicht mag, weil er die Glaubwürdigkeit des Anonymus, des Thuróczy und anderer ungarischen Chronisten bezweifelt, — bis herauf zu FRIEDR. MAURER, »Die Besitzergreifung Siebenbürgens durch die das Land jetzt bewohnenden Nationen« (Landshut, 1875), der nur die Forschungen Anderer wiederholt, haben Viele über diesen Gegenstand geschrieben. (5Eine der werthvollsten Leistungen darunter ist das Werk von Dr. G. TEUTSCH, »Geschichte der Siebenbürger Sachsen.« 2. Aufl., 1874.8) Das »Archiv des Vereines für Siebenbürgische Landeskunde«, welches seit dem Jahre 1840 besteht, bildet diesbezüglich ein reichhaltiges Magazin. — GUSTAV SEIVERT entwickelt in seinem Aufsatze »Die deutschen Einwanderungen in Siebenbürgen vor König Geisa II.« (im »Sächsischen Hausfreund«, 1875. Herausgegeben von Dr. EUGEN v. TRAUSCHENFELS in Kronstadt) solche Ansichten, die meiner Meinung in Bezug auf die Zeit dieser Niederlassungen der historischen Wahrheit am meisten entsprechen. — Mit richtiger Würdigung leitet auch GUST. WENZEL seinen (in magyarischer Sprache geschriebenen) »Beitrag zur Geschichte der Siebenbürger Sachsen in der Zeit vor dem Andreanum« ein. (Siehe »Akad. Ertekezések a Tört. Tud. köréböl« _ »Academische Abhandlungen aus der Geschichte«, Bd. III., Pest, 1873.) — (6Werthvolle Beiträge zur Kenntniss von Lied und Spruch, Sitte und Brauch der siebenbürgischen Sachsen liefern auch die Abhandlungen in den Jahresberichten der siebenbürgisch-sächsischen Gymnasien. Vgl. überdies die instructive Skizze von SCHOCHTERUS, »Der siebenbürgisch-sächsische Bauer«, Hermannstadt, 1873.8)

522 (S. 293.) »Libertate, qua vocati fuerant a piissimo rege Geysa, avo nostro«, ap. ENDLICHER, p. 241.

523 (S. 293.) Die deutschen Ritter verloren zwar unter dem berühmten Grossmeister Herrmann von Salzach das Burzenland, allein sie liessen sich im Jahre 1228 in Massovien nieder und begannen im Jahre 1230 den Bekehrungskrieg gegen die heidnischen Preussen, welchen sie im Jahre 1283 beendigten. Der Orden erbaute im Jahre 1274 Marienburg, das sein Hauptsitz wurde. Diese Ritter gründeten also die Zukunft der heutigen Grossmacht Preussen. Ueber den Nogat, einen Arm der Weichsel, führt eine Eisenbahnbrücke, auf welcher links das Standbild Herrmann's von Salzach, rechts das Albrecht's von Brandenburg steht. Dieser

Albrecht wurde im Jahre 1511 Grossmeister des Ordens, schloss sich im
Jahre 1525 der Reformation an und machte den vorher geistlichen Or-
densstaat Preussen zu seinem erblichen Besitz. Seitdem gelangte *Bran-
denburg-Preussen* zu grossem Ruhme. — Während die deutschen Ritter
die Preussen unterwarfen, thaten die «Schwert-Brüder» dasselbe mit den
heidnischen Liven und Esten. Im Jahre 1237 vereinigten sich die beiden
Orden und da sie auf ihrem weissen Ordensmantel ein schwarzes Kreuz
trugen, so nannte man sie auch «*Kreuzherren*». Im Laufe der Geschichte
wurden also dieselben Ritter, welche das Burzenland gegen die Kumanen zu vertheidigen verpflichtet waren, in Liv- und Estland die Beherrscher der Stammverwandten der Magyaren.

524 (S. 293.) «Ethnographie», III., 86—89.

525 (S. 294.) Vgl. «Das Burzenland unter König Ludwig dem Grossen» von
   Dr. Fr. Teutsch im «Sächsischen Hausfreund», 1875.

526 (S. 295.) «Statistisches Handbüchlein f. d. österr. Monarchie.» Herausg.
   v. d. k. k. Direction der administrativen Statistik. Wien, 1861.

527 (S. 295.) Keleti, «Hazánk és népe» = «Unser Vaterland und sein
   Volk» (Pest, 1871), S. 68, 69. (ðFicker, «Die Völkerstämme der öster-
   reichisch-ungarischen Monarchie», Wien, 1869, gibt S. 90 die Zahl der
   Deutschen in ganz Ungarn auf 1,800,000 Seelen an. Nach Schwicker,
   «Statistik des Königreiches Ungarn», p. 153, beträgt deren Anzahl
   1.898,200 = 12·3°⁄₀ der Gesammtbevölkerung.ð)

528 (S. 297.) Programm des evang. Gymnasiums in Schässburg zum Schlusse
   des Schuljahres 1874 5. Hermannstadt, 1875.

529 (S. 297.) Lenhossék, «Cranioscopia», p. 164, 165.

530 (S. 299.) Ladislaus der Kumanier schenkte im Jahre 1285 dem Magister
   Georg Sóvár, Só-patak (Salz-Bach) und Delne mit den Salzgruben und
   Salzquellen (quasdam villas nostras regales Soowar, Soopatak et Delne
   vocatas in Comitatu Sarus existentes cum fodina seu puteo salis ibidem
   existente). Katona, VI., p. 914. Das Geschlecht der «Soos de Sóvár»
   stammt von diesem Magister Georgius.

531 (S. 299.) Palacky, «Geschichte von Böhmen», I., p. 102, 196. Auf derlei
   Phantasmen passt vollkommen das deutsche Sprichwort: «Wer das *Wenn*
   und *Aber* erdacht, hat längst aus Häckerling Gold gemacht.»

532 (S. 300.) Meines Wissens beging diesen Fehler zuerst Szalay in seiner
   «Geschichte Ungarns». Deutsch von H. Wögerer (Pest, 1866), Bd. I.,
   S. 4. Andere folgten ihm nach.

533 (S. 300.) Büdinger, «Oesterr. Geschichte», I., p. 300—301.

534 (S. 301.) «Liberi quique ac hospites, sicut Sclavi vel ceteri sunt extranei,
   qui in terris laborant aliorum, pro libertate tantum denarios dent» . . .

535 (S. 301.) «Oesterr. Geschichte», I., p. 208. Büdinger weiss es nicht
   oder übersieht es absichtlich, dass es eine Zeit gegeben, in der die religiöse Ueberzeugung der theuerste Schatz eines Volkes war und dass in
   dieser Zeit ein grosser Theil dieses «tief herabgekommenen» slovakischen
   Volkes seinen Gott auf protestantische Weise verehren konnte, indess
   «deutsche Männer» die protestantischen Salzburger von Haus und Hof
   und aus dem Lande vertrieben. Derlei leeres Gerede sollte ein ernster
   Historiker sich nicht zu Schulden kommen lassen.

536 (S. 301.) Ich entsinne mich sehr wohl der damaligen Prager Journale.
   «Wenn jedes Volk auf dem Erdenrund die Freiheit verdient, so sind
   allein die Magyaren derselben nicht würdig», so schrieben damals diese
   Blätter und schürten emsig den Aufstand zu einer Zeit, da wir hier uns
   freuten, durch die Gesetze in Pressburg dem Bauernstand gleiche Rechte
   mit dem Adel verschafft zu haben.

537 (S. 301.) Es kann sein, dass die magyarische Benennung «tót» (= Slovake) vom slovakischen «to-to» = «das ist» herstammt; denn diese beiden
   Wörtlein vernimmt der des Slovakischen Unkundige am häufigsten in
   slovakischer Rede. Auf ähnliche Weise entstand ja auch das französi-

sche »languedoc», d. i. jener französische Dialect, welcher das »oui» = »oc» = hoc est = to-to = das ist) ausspricht.

538 (S. 302.) *Dies ist namentlich in dem Comitate Neitra der Fall, wo die Slovakisirung trotz des theilweise erfolgreichen Entgegenwirkens der römisch-katholischen Geistlichkeit dennoch reissende Fortschritte macht.

539 (S. 302.) SCHWICKER, »Statistik des Königreiches Ungarn«, p. 156.δ

540 (S. 302.) SASINEK, »Die Slovaken«, 2. Aufl. (Prag, 1875), p. 13 : »Die Zahl der Slovaken kann man mit gutem Gewissen auf 3.000,000 veranschlagen, so dass 2.500,000 auf die compact, 500,000 auf die zerstreut lebenden fallen.» — Im Jahre 1875 erschien zu St.-Petersburg die ethnographische Karte von MIRKOVICS, welcher BUDILOVICS statistische Daten beifügte. Darnach betrüge die Gesammtzahl aller Slaven 90,365,683 Seelen und zwar :

nach den *Ländern*		nach den *ethnogr.* Verschiedenheiten	
in Russland	62.651,110 S.	Russen	61.199,590 S.
» Preussen	2.661,385 »	Polen	9.492,162 »
» Sachsen	52,000 »	Niederlausitzer	40,000 »
» Oesterreich	16.921,140 »	Oberlausitzer	96,000 »
» Serbien	1.150,000 »	Kassuben	110,000 »
» Rumänien	520,000 »	Čechen, Mährer	4.851,120 »
» der Türkei	6.260,000 »	Slovaken	2.223,820 »
» Montenegro	123,000 »	Slovenen	1.287,000 »
Italien	29,000 »	Serbo-Croaten	5.980,539 »
		Bulgaren	5.123,952 »

nach den *Religionsbekenntnissen :*

Griechisch-Orientalische (Orthodoxe)	62.179,635	Seelen
Raskolniks (russische Schismatiker)	3.074,127	»
Griechisch-Unirte	3.147,429	»
Römisch-Katholische	19.628,442	»
Protestanten	1.436.000	»
Muhamedaner	900,000	»

Wie es scheint, haben SASINEK und BUDILOVICS die Anzahl der Slovaken aus *einer* Quelle entnommen.

541 S. 302. »Statistisches Handbüchlein für die österreichische Monarchie,» 4. Aufl., Wien, 1861. — (δFICKER hat [l. c., p. 90] 2.210,000 Nordslaven [wozu auch die Ruthenen gerechnet sind]: SCHWICKER, »Statistik«, p. 153, setzt die Zahl der Slovaken auf 1.835,334 Seelen oder 11·9°0 der Gesammtbevölkerung des Königreiches.δ)

542 S. 303.) SASINEK, l. c., p. 82.

543 S. 304. SASINEK, l. c., p. 23: »Was die Religion betrifft, so gehören beiläufig 1⁄10 der Bevölkerung der Slovakei der katholischen Kirche, 1⁄10 der Augsburger Confession, 1⁄10 dem Judenthume an. Da die Juden, sehr wenige ausgenommen, keinen nationalen Charakter haben, so dürfen sie am allerwenigsten eine deutsch-nationale Sonderstellung beanspruchen.» Ob SASINEK die übrigen 7⁄10 etwa der griechisch-orientalischen Kirche anempfiehlt? Dass die russische Kirche bei den slavischen Schriftstellern und »Führern« das pium desiderium ist, geht aus mehr als einer Erscheinung hervor. Allein in diese Kirche wünscht sich weder ein katholischer noch ein protestantischer Slovak; denn »die Religion der Slovaken ist tief«, sagt SASINEK selbst.

544 S. 305. In Pudlein hielt im Jahre 1645 am Sonntage nach Pfingsten ein Piarist die erste polnische Predigt; in Bartfeld übergab Stefan

434

Kolosváry, Domherr von Erlau, im Jahre 1672 polnischen Webern die den Protestanten entrissene Pfarrerwohnung und die Schule. — Vgl. IGNAZ BIDERMANN, «Die ungarischen Ruthenen» (Innsbruck, 1862), I., p. 10.

545 (S. 305. BIDERMANN, l. c., p. 2, 3. BIDERMANN hat in seinem Werke (der erste Theil erschien im Jahre 1862, der zweite 1867) mit grossem Fleisse alle Daten über die Ruthenen zusammengetragen und selbe auch wohl verarbeitet ; nur verfällt er stets in den Fehler, einzelne Verfügungen der jeweiligen ungarischen Regierung oder Anordnungen der ungarischen Gesetze vom *nationalistischen Tendenzstandpunkte* aus interpretiren zu wollen. In der ungarischen Geschichte und im ungarischen Rechte begegnet man allerdings Motiven des *adeligen Privilegiums* und der *religiösen Confession ;* allein das Nationalitätsprincip ist bis zum Ende des 18. Jahrhunderts nirgends zu finden ; ja noch die ersten Jahrzehnte unseres Jahrhunderts sind von dem Einflusse dieses Princips ziemlich frei. — Ausser dem Werke von BIDERMANN erwähne ich noch K. MÉSZÁROS, «Magyarországi oroszok» = «Ungarische Ruthenen» (Pest, 1850).

546 (S. 306.) Wie dies der Anonymus (cap. X.) folgendermassen berichtet : «Similiter et multi de Ruthenis Alme duci adhaerentes secum in Pannoniam venerunt, quorum posteritas usque in hodiernum diem per diversa loca in Hungaria habitat» ; apud ENDLICHER, p., 12. — Simonis de Kéza, der sie nicht mit Almos, sondern mit Árpád hierherkommen lässt, erzählt dies auf folgende Weise : «Hic igitur Árpád cum gente sua *Ruthenorum alpes* prior perforavit, et in fluvio Ung primus fixit sua castra». ENDLICHER, l. c., p. 103. Kéza nennt also die östlichen Karpaten schon «ruthenische Alpen».

547 (S. 306.) «Ladu de custodibus silvae Beregu impetiit convillanum suum Vulcanum pro occisione filiae suae per potionem ; judice Mescu Comite de Beregu, pristaldo Andrea.» Regestrum de Várad, 324 ; ap. ENDLICHER, p. 718.

548 (S. 307.) Die Lithauer treten im 12. Jahrhundert hervor ; im Jahre 1235 wird Ringold der erste Grossfürst der Lithauer, Gedimin eroberte im Jahre 1320 Wolhinien, Kiew, Severien, Tschernigow von den Russen, also auch Novo-Grodek oder Schwarz-Ruthenien. Die Söhne Gedimins theilten unter sich das Reich, der eine Sohn, *Koriat,* wurde Fürst von Novo-Grodek und Wolkowisk, der andere, *Olgerd,* Grossfürst. Des Letztern Sohn, *Jagjello,* vereinigte im Jahre 1386, als König von Polen, Lithauen mit Polen. — Die Söhne Koriats, die Koriatovicse, wurden von ihrem Oheim verfolgt ; drei von ihnen suchten bei den polnischen Könige Kasimir Schutz, der vierte, Theodor, kam zu dem ungarischen Könige Ludwig dem Grossen. Nach Kasimir folgte auf dem polnischen Throne Ludwig der Grosse, dessen eine Tochter, Hedwig, des *Jagjello* Gemahlin wurde. Auf solche Weise entwickelte sich das Verhältniss Ungarns zu Polen.

549 (S. 307.) PRAY, «Specimen Hierarchiae», unter «Episcopatus Munkacsiensis.» (ƃ Ueber die Schicksale des Munkácser Bisthums und die kirchlichen Verhältnisse der Ruthenen überhaupt vgl. FIEDLER, «Beiträge zur Geschichte der Union der Ruthenen in Nordungarn», in den Sitzungsberichten der Wiener Academie, Bd. 39, 1862, S. 483 ff. und KRONES, «Ungarn unter Maria Theresia und Josef II. 1740—1790.» (Graz, 1871) p. 79 ff.ƃ)

550 (S. 307.) BIDERMANN, l. c., II., 74.

551 (S. 307.) Ibid. p. 55.

55 (S. 307.) BIDERMANN (l. c., II., 75) nennt folgende ehemals deutsche Ortschaften: Kojsso, Helczmanócz, Poráes, Szlovinna, Brutócz, Hodermark (Hundertmark), Szulin, Krempach, Ressow, Klyuso, Gaboltó, Lénartó, Hervartó, Hosszurét, Richwald, Stellbach, Hónig, Klemberk u. s. w.

553 (S. 308.) Die sechs Hajdukenstädte sind: Böszörmény (19,308 Einwohner), Dorog (8210 Einwohner), Hadház (7024 Einwohner), Nánás (13,198 Einwohner), Szoboszló (12,269 Einwohner), Vámos-Pércs (2999 Einwohner); zusammen 63,014 Einwohner. Ihr Gebiet, der bisherige Hajdukendistrikt, beträgt 19 □ Meilen; auf eine □ Meile kommen also 3,316 Seelen. Darunter befinden sich etwa 10.000 magyarisirte Ruthenen griechisch-katholischer Confession.

554 (S. 368.) FÉNYES, «Magyarország statistikája» = «Statistik von Ungarn», Pest, 1842, I., 101—102.

555 (S. 309.) Vgl. SCHWICKER, «Geschichte des Temeser Banats», p. 452. — FÉNYES, l. c., I., 73.

556 (S. 309.) «Statistisches Handbüchlein.» Wien, 1861.

557 (S. 309.) ? CZOERNIG (HÄUFFLER), «Ethnographie», II., 152.

558 (S. 310.) SZALAY, «A magyarországi szerb telepek viszonyai az államhoz» = «Die staatsrechtlichen Verhältnisse der serbischen Niederlassungen in Ungarn» (Pest, 1861), p. 5.

559 (S. 310.) «Ethnographie», II., 153.

560 S. 310.) SZALAY, «Geschichte von Ungarn.» 2. Auflage (in magyarischer Sprache), Bd. II., 386—387. Wie bedeutend diese Güter gewesen, erhellt daraus, dass der Despot davon ein Jahreseinkommen von 50,000 Stück Dukaten bezog. Nach dem «Regestrum Sigismundi imper. et reg. Hungariae» bei KOVACHICH, Supplem. ad vestigia comitiorum, I., p. 374 hatte der Despot von Serbien 8000 Reiter in das Lager bei Ozora (Baranyaer-Comitat) zu stellen. G.-A. XXII: 1498 setzte dessen Banderium auf 1000 Huszaren fest; nach G.-A. V: 1507 hatte er ausserdem noch eine Grenzfeste zu erhalten. An Salar aus dem Staatsschatze bezog er in Geld 3600, in Salz 1200 fl.

561 (S. 310.) «Ethnographie» II., 154.

562 (S. 310.) SCHWICKER, «Geschichte des Temeser Banats», p. 98.

563 (S. 311.) «Ethnographie» II., 154.

564 (S. 311.) SZALAY, «Szerb telepek». p. 8. — STOJACSKOVICS, «Ueber die staatsrechtlichen Verhältnisse der Serben in der Wojwodina» (Temesvár, 1860), S. 8.

565 (S. 311.) Vgl. «Kurzer Bericht von der Beschaffenheit der zerstreuten zahlreichen illyrischen Nation in k. k. Erblanden.» (Verfasser dieses Büchleins ist der österreichische Staatsminister Freiherr v. BARTENSTEIN. Vgl. ARNETH, JOHANN CHRISTOPH BARTENSTEIN und seine Zeit im «Archiv für österreichische Geschichte», Bd. 46, S. 1 und SCHWICKER, «Zur Geschichte der kirchlichen Union in der croatischen Militärgrenze» im «Archiv für die österreichische Geschichte», Bd. 52, 2. Hälfte, S. 275, insbesondere S. 312 ff.) Die Schrift BARTENSTEIN's war zum Unterricht des Erbprinzen Josef (nachmals Kaiser Josef II.) bestimmt und erschien zu Frankfurt und Leipzig 1802. Zum Texte vgl. p. 6—7, 9.

566 S. 312.) SZALAY, «Szerb telepek», p. 35.

567 (S. 312.) Vgl. CSAPLOVICS, «Slavonien» II., p. 185. FESZLER, «Geschichte der Ungarn» (1. Ausgabe), Bd. 5, 595. CZOERNIG, «Ethnographie» II., 156.

568 (S. 312.) Stojacskovics, l. c., p. 9.

569 (S. 311.) Hammer-Purgstall, «Geschichte des osmanischen Reiches», 2. Ausgabe, Bd. II., p. 56.

570 (S. 312.) Solche Türkeneinfälle sind verzeichnet aus den Jahren 1463, 1467, 1469, 1478, 1484, 1493, 1512, 1514, 1527, 1528. Czoernig, «Ethnographie» II., 163.

571 (S. 313.) Man vgl. hierüber Hietzinger, «Statistik der Militärgrenze», Bd. I., p. 15 ff.

572 (S. 313.) Vgl. Csaplovics, l. c., II., 29. — Hietzinger, l. c., I. 25. — Czoernig, «Ethnographie» II., 269.

573 (S. 324.) Vgl. Fiedler, «Beiträge zur Union der Walachen (Vlachen) in Slavonien und Syrmien». (Wien, 1867.) — Schwicker, «Zur Geschichte der kirchlichen Union.» (Wien, 1874.) S. 15—16, 18.

574 (S. 324.) Vgl. Schwicker, «Geschichte des Temeser Banats», Seite 142—143. — Dann Szalay, «Szerb telepek», p. 10—11. — Mailáth, «Geschichte der Magyaren», Bd. IV., p. 11—12. — Stojacskovics, l. c., p. 10 macht den «schwarzen Mann» als «Johann Csernovics» zum siebenten serbischen Despoten in Ungarn. Diese Ansicht ist nicht stichhältig. — Ueber den Parteigänger sind übrigens noch zu vergleichen die interessanten Mittheilungen des Hofkaplans König Johann's (Szapolya) Georgius aus Syrmien («Georgius Syrmiensis Epistolae de perdicione regni Hungarorum», Pest, 1860. Ein Auszug daraus in «Budapesti Szemle» = «Budapester Revue» 1860, Bd. X., p. 180, 182.) Auch Buchholtz, «Geschichte Ferdinand I.», Bd. III., p. 219 und die Chronik Heinrich Ostermayer's bei Kemény («Deutsche Fundgruben der siebenbürgischen Geschichte», Bd. I., p. 11, 13) enthalten interessante Daten über die Erhebung dieses serbischen Parteigängers. Siehe auch «Les Serbes de Hongrie» (Prag und Paris, 1873), p. 48—50.

575 (S. 304.) Szalay, «Szerb telepek», p. 11.

576 (S. 314.) Vgl. Der Bericht eines königlichen Hofbeamten aus dem Jahre 1551 in «Monumenta Hungariae Historica.» Diplomataria. II. p. 258—259 (Pest, 1858). Diese Angaben von der überwiegend serbischen Bevölkerung der Temeser Grafschaft werden auch durch einen zweiten Bericht aus dem Jahre 1551 bestätigt. Ibidem p. 276—278. Ebenso dicht wohnten die Serben im Torontáler Comitate, das seit Ende des 16. Jahrhunderts und bis zur ersten Hälfte des vorigen Jahrhunderts im gemeinen Sprachgebrauche Rascien (Rascia) genannt wurde. Czoernig, l. c., II. 161.

577 (S. 314.) Szalay, «Szerb telepek», p. 15. — Szalay behauptet bei dieser Gelegenheit, dieser Theodor sei der «erste griechisch-orientalische Bischof in Siebenbürgen gewesen». Diese Behauptung ist ebenso unrichtig als jene, womit die Schrift «Les Serbes de Hongrie», p. 56 debutirt, dass nämlich obiger Theodor «in Hermannstadt ein serbisches Bisthum gegründet habe, das allmälig seine Autorität auch über den gesammten rumänischen Clerus ausgedehnt habe».

578 (S. 314.) Preyer, «Monographie der königlichen Freistadt Temesvár», p. 56.

579 (S. 315.) Arneth, «Prinz Eugen v. Savoyen», II., 406.

580 (S. 315.) Ueber Georg Brankovics und dessen Bruder, den Metropoliten Sabbas von Carlsburg in Siebenbürgen vgl. Szalay, «Szerb telepek», 16—19 und «Les Serbes de Hongrie», p. 61 ff. Letztere Schrift benützt auch die allerdings bisher noch nicht ganz aufgehellten Schicksale des

Georg Brankovics zu heftigen Ausfällen gegen das österr. Kaiserhaus, gegen die Deutschen und Magyaren.

581 (S. 316.) Vgl. RÖDER, «Des Markgrafen Ludwig von Baden Feldzüge wider die Türken» (Karlsruhe, 1842), Bd. II., p. 76, 78, 176.

582 (S. 316.) Vgl. BARTENSTEIN, l. c., p. 14—15.

583 (S. 316.) Siehe den Text des Aufrufes bei CZOERNIG, «Ethnographie», III., Beilagen, p. 69—70.

584 (S. 317.) Ibid. p. 68.

585 (S. 317.) HAMMER-PURGSTALL, «Geschichte des osmanischen Reiches», III., p. 839.

586 (S. 318.) CZOERNIG, l. c., III. (Beilagen [p. 93] «Regesten zur Geschichte der Serben.»)

587 (S. 318.) Ibidem p. 93—94.

588 (S. 318.) STOJACSKOVICS (l. c., p. 14) setzt die Zahl der eingewanderten Serben auf 500,000 Seelen, indem er darauf hinweist, dass die Serben auch dermalen noch in Hauscommunionen leben, wobei die Familien 15—20 Köpfe stark sind. Wir bezweifeln aber, ob der Rückschluss von den heutigen Zuständen auf die Verhältnisse jener Zeit gestattet sein kann. — Die Combination in dem Buche «Les Serbes de Hongrie», p. 75, dass im Jahre 1690 mit dem Patriarchen Csernovics nur eine «kleine Anzahl serbischer Familien», das Gros der Serben aber erst im Jahre 1694 nach Ungarn eingewandert sei, beruht auf keinem stichhältigen Grunde.

589 (S. 318.) Vgl. «Századok» = «Jahrhunderte» (Pest, 1868), p. 537.

590 (S. 319.) Ein Decret des Wiener Hofkriegsrathes vom 11. März 1691 erklärt, dass die Raiczen, da sie den Comitatsgerichten nicht unterworfen sind, auch von der Lieferung der Winterbeiträge (für die Armee) frei und ausgenommen sein sollen. CZOERNIG, l. c., III. 2, p. 94.

591 (S. 319.) Den Text des Privilegiums s. bei CSAPLOVICS, «Slavonien», Bd. II., p. 30—34. Vgl. ausserdem SZALAY, l. c., p. 34 und CZOERNIG, l. c., p. 94.

592 (S. 319.) Vgl. oben Note 565.

593 (S. 319.) Vgl. den Wortlaut der serbischen Privilegien vom 21. August 1690 und öfters. BARTENSTEIN, l. c., p. 35. Doch kann dieses «per modum pacti» unmöglich dahin ausgedehnt werden, dass die Serben auch bei ihrer *definitiven* Niederlassung in Ungarn noch weiterhin einen «Staat im Staate» bilden sollen.

594 (S. 320.) CZOERNIG, p. 94, 95.

595 (S. 320.) Monasterly war durch die «raiczische Communität» zum Vice-Wojwoden gewählt und mittelst kaiserlichen Decretes vom 11. April 1691 in dieser Würde bestätigt worden. Vgl. CZOERNIG, l. c., p. 76.

596 (S. 320.) CZOERNIG, l. c., p. 82.

597 (S. 321.) Ibid. p. 83.

598 (S. 321.) Die strenge Organisirung dieser Grenze erfolgte erst später. Vgl. HIETZINGER, l. c., I., p. 29 ff.

599 (S. 321.) So z. B. den Serben im Pest-Piliser Comitate unter dem 11. Juli 1695, den Ofner Serben unter dem 16. Juni 1698, den Serben in der Grenze unter dem 1. Juli 1698, den Serben des Syrmier Comitats unter dem 2. Juni 1699. Vgl. CZOERNIG, l. c., p. 95—96.

600 (S. 322.) Vgl. CZOERNIG, l. c., p. 100—101.

601 (S. 322.) Ibidem, p. 101.

602 (S. 322.) Vgl. SCHWICKER, «Zur Geschichte der kirchlichen Union in der croatischen Militärgrenze» (Sep.-Abdr.), p. 88.

603 (S. 323.) Vgl. «Actenmässige Darstellung der Verhältnisse der gr. nicht-unirten Hierarchie in Oesterreich» (Wien, 1860.), S. 15.

604 (S. 324.) Vgl. JIREČEK, «Entstehen christlicher Reiche im Gebiete des heutigen österreichischen Kaiserstaates» (zweiter Band der «Oesterr. Geschichte für das Volk»), p. 71—72. — Bezüglich des Namens «Rascier, Rascien» bemerkt ROESLER, «Romänische Studien», p. 209, dass der Name von der Stadt Rascha am Flusse Raschka herkomme und die Bezeichnung «raiczisch» zum ersten Male in einer Urkunde Stefan II. Radoslaw vom Jahre 1234 erscheine.

605 (S. 325.) Nur beim Nationalcongress des Jahres 1790 wurde *ausnahms-weise* die Einberufung von 25 Vertretern des serbischen Adels gestattet, so dass der Congress ohne die Bischöfe 100 Mitglieder zählte. Vgl. «Actenmässige Darstellung» etc., p. 24.

606 (S. 326.) «Actenmässige Darstellung» etc., p. 8.

607 (S. 327.) CZOERNIG, I., p. 51 ff.

608 (S. 328.) KELETI, «Hazánk és népe» = «Unser Vaterland und sein Volk.» Erste Ausgabe, p. 66—67.

609 (S. 328.) CZOERNIG, l. c., I., p. 61 ff.

610 (S. 328. CSAPLOVICS, «Slavonien», II., 70.

611 (S. 328.) FÉNYES, «Statisztika», I., 71, 72.

612 (S. 328.) CZOERNIG, l. c., I., 78. Im eigentlichen Ungarn schwindet der serbische Volksstamm augenscheinlich immer mehr. Dies beweist nicht blos das nahezu gänzliche Verschwinden der Serben in Erlau, Stuhl-weissenburg, Szegedin, Kecskemét und die continuirliche Abnahme derselben in Pest, Ofen und anderen Orten ; sondern auch die statisti-schen Daten mit Bezug auf die von Serben bewohnten Landestheile überhaupt. Die hierin gewiss unverdächtige Schrift «Les Serbes de Hongrie» gibt p. 363 an, dass in den Comitaten Ungarns die Zahl der Serben im Jahre 1797 344,362, im Jahre 1847 erst 415,579 Seelen betragen habe; diese Zahl sei aber im Jahre 1867 auf 413,262 gesunken. Es ist jedoch geradezu lächerlich, wenn die in Rede stehende Tendenz-schrift diesen Rückgang in der serbischen Bevölkerung der «Hegemonie der Magyaren» zur Last legt. In jenen Landestheilen, wo die Serben zumeist wohnen, bilden die Magyaren keineswegs die Majorität der Bevölkerung: im Gross-Kikindaer District (Serben 88·9 %, Magyaren 6·64 %), in Torontál (Serben 19·45 %, Magyaren 17·58 %), Bács (Serben 15·38 %, Magyaren 41·95 %), Temes (Serben 6·9 %, Magyaren 7 %). Die Ursachen dieses Rückganges sind beim serbi-schen Volke selbst zu suchen. Das haben einsichtsvolle Männer unter den Serben auch erkannt und nachgewiesen.

613 (S. 328.) «Les Serbes de Hongrie», p. 368—369.

614 (S. 328.) SCHWICKER, «Statistik des Königreichs Ungarn», p. 153 und «Les Serbes de Hongrie», p. 369—370.

615 (S. 330.) KARADSCHIDSCH proponirte für das Wort «Schokacz» die Ableitung vom italienischen «sciocco» = «Schwächling» (weil sie den alten Glauben verlassen konnten?). Vgl. «Les Serbes de Hongrie», p. 368. — Eine andere Herleitung ist von «šak«, d. i. «flache Hand»,

weil die katholischen Serben das Kreuzzeichen beim Gebete mit ausge-
streckter, flacher Hand auf Stirne, Brust, linke und rechte Schulter
machen, während ihre griechisch-orientalischen Stammesbrüder dieses
Zeichen mit dem zusammengelegten Daumen-, Zeige- und Mittelfinger
ausführen. Vgl. SCHWICKER, «Geschichte des Temeser Banats», p. 374.
— Für die Etymologie des Wortes «Bunyevácz» wird in «Les Serbes
de Hongrie», p. 368—369 die Ableitung vom serbischen «bunják» =
Auskehricht, «Quisquiliae», oder von «buništar» = Schimpfwort für einen
Dieb, «convicium in furem», vorgeschlagen.

⁶¹⁶ (S. 330.) FÉNYES berechnet die Anzahl dieser Schokaczen in 561 Ortschaften auf 429,268 Seelen, was offenbar unrichtig ist und daher kommt,
weil er augenscheinlich auch die windischen und croatischen Gemeinden
in Westungarn hierher gezählt hat. ð

⁶¹⁷ (S. 331.) FRANZ DEÁK's Worte in seinem Artikel: «Zágrábmegye kör-
levele és az egyesülés» = «Das Circularschreiben des Agramer Comitats
und die Union» im «Pesti Napló» («Ungarisches Tageblatt»), 1861.

⁶¹⁸ (S. 331.) «Revue des deux Mondes», 1876, 1. März-Heft: «La Bosnie et
l'Herzegovine.»

⁶¹⁹ (S. 332.) ð «Die Völkerstämme der österr.-ung. Monarchie», p. 90.

⁶²⁰ (S. 332.) Vgl. Dr. JOH. HUNFALVY, «A magyar-osztrák monarchia rövid
statisztikája» = «Kurze Statistik der österr.-ung. Monarchie» (Budapest,
1874), p. 27.

⁶²¹ (S. 332.) SCHWICKER, «Statistik», p. 153.

⁶²² (S. 333. Vgl. über die kirchlichen Schicksale des «Sichelburger Distric-
tes» die Abhandlung von SCHWICKER, «Zur Geschichte der kirchlichen
Union in der croatischen Militärgrenze.» (Wien, 1874.) ð

⁶²³ (S. 335.) Die lateinische Uebersetzung eines in griechischer Sprache
geschriebenen und im Jahre 1652 gedruckten Gesetzbuches wird also
angezeigt «ex graeco idiomate in Valachium industria et sumptibus
Sanctissimi Domini Stephani Dr. Gr. Metropolitae Tirgonistensis et
Exarchi confiniorum Ungro-Valachiae translata.» KOGALNITSCHAN, «Histoire
de la Valachie» etc. (Berlin, 1837), I., p. 468.

⁶²⁴ (S. 335). SCHWICKER, «Statistik», p. 155.

⁶²⁵ (S. 336.) BENKÖ, «Trassilvania» (Vindobonae, 1778), I., 477.

⁶²⁶ (S. 336.) SULZER, «Geschichte des Transalpinischen Daciens», II. (Wien,
1781), S. 53: «Die Walachen sind in Mösien, Thracien und dort herum,
nicht in Dacien entstanden.» — ð Vgl. eine ähnliche Ansicht bei
SCHWICKER, «Geschichte des Temeser Banats», p. 436—437. ð

⁶²⁷ (S. 336.) «Kritikai fejtegetések Marmarosmegye történetéhez» = «Kritische Beiträge zur Geschichte des Marmaroser Comitats». Academische
Abhandlung, gelesen am 5. Februar 1855. — Die im Texte erwähnte
Fünftheilung Daciens stammt von TREBONIUS LAURIANI, «Discursu
introduction la istoria Rumanitor.»

⁶²⁸ (S. 336.) «Histoire de la Valachie, de la Moldovie et des Valaques
Transdanubiens.» I. Berlin, 1837.

⁶²⁹ (S. 337.) ROESLER, «Romänische Studien», p. 65: «Après Attila d'autres
dominations barbares les possedèrent, et épargnèrent toujours en eux une
population industrieuse dont le travail leur profitait. C'est ainsi qu'ils
ont traversé dix-sept cents ans, laissant le temps emporter leurs maitres
et perpétuant au milieu des barbares de toutes races les restes d'une

vieille civilisation, une langue fille de la langue latine et une physiono-
mie souvent noble et belle qui rappelle le type des races italiques.»

630 (S. 337.) «Les Daco-Romains, qui jusqu'alors s'étaient refugiés dans
les montagnes, *où ils avaient leurs propres chefs*, commencèrent à
s'étendre dans les plaines sous le nom des Valaques.» KOGALNITSCHAN,
I., 14.

631 (S. 337.) «Les Bulgares continuèrent à être unis avec les Valaques et
à ne former avec eux qu'un seul royaume, jusqu'à l'arrivée de Madjares
en 899.» KOGALNITSCHAN, p. 16.

632 (S. 338.) «Alors les Bulgares ne commandèrent plus que sur la rive
droite du Danube. Les Romains avaient leurs principautés indépendan-
tes commandées par *des chefs de sang romain*, comme nous allons le
voir.» Ibidem.

633 (S. 338.) Les autres états romains en Transylvanie étaient les deux principautés de Maramos (sic!) et de Fogaras, qui, situées dans les montagnes, purent plus longtemps résister aux Hongrois. p. 18.

634 (S. 339.) «Rudolphe I, fondateur de l'état Valaque, institua tout un
système de gouvernement, dont il prit le modèle chez les rois des Valaques transdanubiens.» p. 74. — KOGALNITSCHAN kann hierunter nur
die bulgarischen Könige verstehen, von denen Einige, wie Peter und
Asan, allerdings rumänischer Abkunft waren. — Die «Stadt» oder gar
den «Staat» *Maramos* sucht man selbst in grauer Vorzeit vergebens
im Marmaroser Comitate. — Endlich wird die ganze Geschichte KOGAL-
NITSCHAN's durch die Namen «Ungro-Vlachia» und «Havas-el-föld» (die
er nicht versteht) widerlegt. «Ungro-Vlachia» wurde jenes Land deshalb
genannt, weil es unter der Oberhoheit der ungarischen Könige gestanden. In neuester Zeit hat man diese Bezeichnung noch mehr missverstanden. Die «Augsb. Allg. Zeitung» bringt in ihrer Nummer vom 25. Mai
1875, S. 2263, eine Nachricht, dass man am 19. Mai in Bucurest Nifon,
den «Metropoliten von *Ungarn und der Walachei*» beerdigt habe.
«Im Jahre 1841», so heisst es daselbst weiter, «wurde er zum Vicar des
Metropoliten von *Ungarn und der Walachei* ernannt.» — Und in der
Nummer desselben Blattes vom 1. Juli d. J., S. 2859, wird erzählt, dass
«ein Prälat der Moldau zum Metropolit-Primas von Rumänien, respective
Metropolit von der Walachei und Ungarn ernannt wurde.» — In solch
irriger Weise fassten der Correspondent und die Redaction der «Augsb.
Allg. Zeitung» das «Ungro-Vlachia» auf!

635 (S. 340.) «Depuis lors les Valaques confondus avec les Bulgares, n'ont
pu jamais se rendre indépendants; aujourd'hui ils demeurent dans la
Thrace et dans la Macedoine, où ils s'occupent du bétail, eux, qui autre-
fois ne s'occupaient que de la guerre.»

636 (S. 340.) «Les Valaques imitèrent les Moldaves qui, après le concile de
Florence, avaient renvoyé leur métropolitain, rejeté les caractères latins
dont ils s'étaient servis jusqu'alors dans leurs livres et adopté les lettres
cyrilliennes; ce fut toute une révolution; tous les papiers, tous les manu-
scripts furent brûlés, de sorte qu'il existe aujourd'hui peu de sources
historiques écrites en latin avant cette époque. L'union devint alors plus
difficile que jamais; la messe ne fut plus dite en latin ou en romain,
mais en slavon; la plupart des livres furent aussi écrits dans cette der-
nière langue que, ni le peuple, ni les prêtres ne comprenaient. La plus
grande ignorance et une superstition nuisible en furent les suites funes-
tes.» pag. 111. — Es ist Schade, dass KOGALNITSCHAN für diese unerhörte Revolution kein anderes Zeugniss beibringen kann als das des
Ditsö de Sct. Martin, den er in folgender Weise einführt: Ditsö Sz.

Martin (Pierre Maïor de) «Histoire de l'origine des Romains en Dacie» (istorie pentru inceputul Romaniloru in Dacia). Bude, 1812, gr. 4.

⁰³⁷ (S. 340.) Siehe die vorige Note 636.

⁶³⁸ (S. 341.) ROESLER, «Romänische Studien,» S. 280.

⁶³⁹ (S. 341.) ROESLER, «Romänische Studien.» «Untersuchungen zur ältern Geschichte Romäniens.» (Leipzig, 1871.) Von dem Buche gehören insbesondere folgende Abschnitte hierher: *Die Wohnsitze der Romänen im Mittelalter*, S. 63 ff.; *Zur ältesten Geschichte der walachischen Wojwodschaft*, S. 261 ff.; und *Die Anfänge moldauischer Geschichte*, S. 313 ff.

⁶⁴⁰ (S. 342.) «Die Anfänge der Romänen.» Kritisch-ethnographische Studie von JULIUS JUNG in Innsbruck; in der «Zeitschrift für die österreichischen Gymnasien» im Jänner-, März- und Juni-Hefte des Jahrg. 1876.

⁶⁴¹ (S. 342.) *Eutropius*, 8, 6: «Traianus victa Dacia ex toto urbe Romano infinitas copias hominum transtulerat ad agros et urbes colendas. Dacia enim diuturno bello Decebali viris erat exhausta.»

⁶⁴² (S. 343.) «Die Räumung wird als eine vollständige bezeichnet», sagt ROESLER («Romänische Studien», S. 67) unter Berufung auf Flavius Vopiscus.

⁰⁴³ (S. 343.) Vgl. «Zeitschrift f. d. österr. Gymnasien». 1876. Zweites Heft, p. 88.

⁶⁴⁴ (S. 343.) Ebd., p. 99, 100.

⁶⁴⁵ (S. 347.) «Romänische Studien», S. 106.

⁰⁴⁶ (S. 347.) Ebd., S. 107.

⁶⁴⁷ (S. 347.) Ebd., S. 108.

⁶⁴⁸ (S. 347.) Ebd., S. 108.

⁰⁴⁹ (S. 347.) Ebd., S. 109. «Invasit regionem opulentum Flachiam dictam non multum a Thessalonica distantem.»

⁶⁵⁰ (S. 347.) Ebd., S. 105.

⁶⁵¹ (S. 348.) Preter vero supradicta silvam Blacorum et Bissenorum cum agris usus communes exercendo cum predictis Blacis et Bissenis eisdem (Saxonibus) contulimus, ap. ENDLICHER «Monunenta», pag. 421.

⁰⁵² (S. 348.) «Zur walachischen Frage» in der «Zeitschrift für die österreichischen Gymnasien», 1876, Juni-Heft, p. 343 ff.

⁶⁵³ (S. 348.) DIEZ, «Grammatik», I., 141, 138. In der «Zeitschrift für die österreichischen Gymnasien», 1876, Juni-Heft, S. 335.

⁶⁵⁴ (S. 348.) «Romänische Studien», p. 123.

⁶⁵⁵ (S. 348.) Ibidem, p. 123.

⁶⁵⁶ (S. 349.) Nachdem unter diesen Hospodaren und der griechischen Geistlichkeit der Gebrauch der neugriechischen Sprache üblich war, so schrieb PHOTINUS in dieser Sprache noch im Jahre 1818 sein Buch: Ἱστορα τῆς πάλαι Δακίας, τὰ νν Τρανσιλβανίας, Βλαχίας καὶ Μολδαυίας παρα Διονσίου Φωτινοῦ. Ἐν Βυρα, 1818. 3 Bde. Das ist: «Geschichte des alten Daciens oder Siebenbürgens, Wlachiens und der Moldau von DION. PHOTINUS.» Ich citire das Buch nach KOGALNITSCHAN, da es mir selbst unbekannt geblieben ist.

⁶⁵⁷ (S. 350.) Vgl. G. WENZEL, «Kritikai Fejtegetések» (siehe oben Note 627), p. 333 und 342.

⁶⁵⁸ (S. 350.) «Romänische Studien», p. 80 ff.

⁶⁵⁹ (S. 351.) Ibid., p. 91.

⁶⁶⁰ 'S. 352.) «Parte vero ab altera providi viri Ladislaus Biro etc. jobagiones in Magyar Bogát commorantes . . . ex Hungarorum, nec non vexillifer Universitatis Regnicolarum Hungarorum et Valachorum hujus Principatus Transilvaniae.» Vgl. Graf JOSEF TELEKY, «Hunyadiak kora» = «Zeit-alter der Hunyaden», Bd. X., I.

⁶⁶¹ 'S. 352.) Vgl. die «Repraesentatio et humillimae preces universae in Transylvania Valachiae nationis, se pro Regnicolari natione, qualis fuit, authoritate Regia declarari seque . . . . reponi de genu supplicantis. Martio 1791. Jassy 1791.» — Diese Repräsentation behauptet auch, die Walachen hätten schon bei der Niederlassung der Magyaren in Sieben-bürgen gewohnt und seien gleich den übrigen Bewohnern des Landes eine politische «Nation» gewesen.

⁶⁶² 'S. 352.) SCHAGUNA, «Anhang zum Promemoria über das historische Recht etc. der Romanen morgenländischer Kirche» (Hermannstadt, 1850), setzt den Bischof von Belgrad (Nandor albensis) irrthümlich nach Carlsburg in Siebenbürgen.

⁶⁶³ (S. 353.) Kronstadt hat eine walachische («Bolgár-szeg» = Bulgaren-Viertel), deutsche und magyarische Vorstadt. Der Name dieser letzteren ist «Bolonya», welches Wort aus dem deutschen «Blumen-Au» entstan-den ist. Die Umwandlung von «Blumen» in «Bolonya» zeigt einen inter-essanten Lautwechsel.

⁶⁶⁴ (S. 353.) «In refrigerium animarum suarum progenitorumque suorum, qui lucem Evangelii et veritatis in Christo Domino nostro amplexi sunt, in perpetuum novellae ecclesiae in Bihor restitutae condonaverint.» Vgl. WENZEL, l. c., p. 322.

⁶⁶⁵ (S. 353.) In einer Urkunde Carl Robert's vom Jahre 1329: «Quod nos considerantes fidelitates hospitum nostrorum de Maramarusio Saxonum et Hungarorum, videlicet de villis Visk, Husth, Tetseu et Hosszumezew specialiter pro eo, quo terra Maramarusiensis infertilis laboriosa et gra-vis ad residendum fore dignoscitur, omnes libertates, quibus cives seu hospitibus de Sculus gaudent et fruuntur, eisdem de Regia benignitate duximus concedendas.» Die Richter- und Pfarrerwahl, sowie dass auch kein Baron freie Station fordern könne (nullum descensum facere prae-sumat violentum) bilden auch hier die Hauptprivilegien. Bemerkenswerth ist aber in dieser Urkunde die Erwähnung der Nationalität: «Statuimus etiam ut terras eorum, quas ipsi stirpando praeoccupasse dignoscuntur, labores eorundem expendendo pro eisdem, *nullius idiomatis vel nationis homines ipsas terras ab ipsis auferendi habeant facultatem.*» WENZEL, l. c., p. 382.

⁶⁶⁶ (S. 353.) Ibid. p. 365 sq. aus den Urkunden von 1370—1516. '

⁶⁶⁷ (S. 354.) Ibid. p. 317 : «Rex Vladislav terram iis assignat in Maramo-russa, fluvios inter Mores (Mara) et Tisza.» . . . «Uxores sibi ducebant Ungricas, quas a latina religione in suam christianam fidem per-duxere.»

⁶⁶⁸ (S. 354.) «Acta Patriarch.» ed. MIKLOSICH, 2156; bei ROESLER, «Romä-nische Studien», p. 322.

⁶⁶⁹ (S. 354.) Vgl. Die sehr lehrreiche academische Abhandlung von FRIED-RICH PESTY, «A Szörény vármegyei hajdani oláh kerületek» = «Die ehe-maligen Walachen-Districte im Severiner Comitate.» (Budapest, 1876.)

⁶⁷⁰ (S. 357.) WENZEL, l. c., p. 384 : «tum vero percepta combustione ac

devastatione et desolatione eorundem oppidorum nostrorum, quas superioribus penes fidelitatem ipsorum Nobis observandam per Valachos et alios aemulos nostros susceperunt.»

⁶⁷¹ (S. 357.) «Approbatae Constitutiones.» Tit. VIII.

⁶⁷² (S. 357.) Johann Statilius gelangte durch Szapolya zum Siebenbürger Bisthum; er starb im Jahre 1542. Nach der Ermordung des Georg Martinuzzi (vgl. über diesen, SCHWICKER, «Cardinal Martinuzzi und die Reformation in Ungarn und Siebenbürgen», in der «Oester. Vierteljahrschrift für katholische Theologie», VI. Jahrgang, 3. Heft, p. 397 ff) ernannte König Ferdinand den Weszprimer Bischof Paul Bornemissza zum Bischof von Siebenbürgen. Allein dieser verliess Siebenbürgen im Jahre 1556. Das römisch-katholische Bisthum wurde im Jahre 1716 erneuert und Georg Mártonfy zum ersten Bischof der wiederhergestellten Diöcese ernannt.

⁶⁷³ (S. 357.) SZVORÉNYI MICHAEL, «Historia Religionis et Eccl. Christianae.» II., Posonii, 1789, p. 184.

⁶⁷⁴ (S. 358.) Der Titel des Bischofs lautet: «Ecclesiarum in Magno Transilvaniae Principatu et partibus eidem reapplicatis Graeci ritus Unitarum Episcopus Fogarasiensis.»

⁶⁷⁵ (S. 358.) «Diu nos in perdifficili tantae rei consultatione fuimus, quod instabile et infidum ejus gentis ingenium pluribus exemplis edocti valde vereremur», sagt die Bulle. (δ Ueber die Vorgeschichte des Kreutzer gr.-kath. Bisthums vgl. SCHWICKER, «Zur Geschichte der kirchlichen Union» etc., woselbst die «wiederholten Rücktritte» der gewaltsam bekehrten Griechisch-Orientalischen und die gesammte propagandistische Thätigkeit der amtlichen Organe actenmässig geschildert wird.δ)

⁶⁷⁶ (S. 358.) δ Diese Unterordnung des griechisch-orientalischen Hermannstädter Bischofs war jedoch keine persönliche und disciplinare, sondern wurde mit der a. h. Entschliessung vom 9. October 1783 dahin formulirt, dass der Siebenbürger Bischof in dogmaticis et pure spiritualibus vom Karlowitzer Metropolitan und der bischöflichen Synode abhänge, daher wie die übrigen gr. n.-u. Bischöfe bei der Synode zu erscheinen habe, jedoch von allen Privilegien, welche die illyrische Nation geniesst, ausgeschlossen sei. Diese Stellung des Siebenbürgers wurde auch durch das a. h. Rescript vom 8. December 1786 bestätigt. Gegen diese Unterordnung des romänischen Bischofs erhob dann Bischof (später Erzbischof) ANDREAS SCHAGUNA erfolgreiche Einsprache. Vgl. «Actenmässige Darstellung» etc., p. 6, 7, 10 und auch SCHAGUNA «Promemoria über das historische Recht der nationalen Kirchenautonomie der Romanen morgenländischer Kirche in den k. k. Kronländern der österreichischen Monarchie» (Wien, 1849) und den «Anhang» zu diesem «Promemoria» (Hermannstadt, 1850.)δ

⁶⁷⁷ (S. 361.) FICKER, «Die Volksstämme» etc., p. 90.

⁶⁷⁸ (S. 361.) LENHOSSÉK, «Cranioscopia», p. 161.

⁶⁷⁹ (S. 362.) Eine kleine brauchbare zigeunerische Grammatik mit Sprachproben und Wörterbuch veröffentlichte JOHANN BORNEMISZA (BRESNIK) im «Anzeiger» («Ertesitő») der ungarischen Academie der Wissenschaften vom Jahre 1853. — Ueber meine Beobachtungen an einer Hindufamilie gelegentlich der Orientalisten-Versammlung zu London im Jahre 1874 siehe vorige Seite 382.

⁶⁸⁰ (S. 363.) FÉNYES, I. c., p. 86.

⁶⁸¹ (S. 367.) δ CZOERNIG, II., p. 113 ff. — L. Löw vertritt unter Berufung auf Johann Kinnamus die Ansicht, dass die Juden «mit den Magyaren

aus dem Chazarenreiche (?) ausgewandert und entweder Theilnehmer oder wenigstens Augenzeugen der Besitzergreifung des Vaterlandes waren.« Vgl. den Auszug eines theologischen Gutachtens vom Oberrabiner L. Löw ddo. 9. September 1867 in *Hochmuth*, «L. Löw als Theologe, Historiker und Publicist.» (Leipzig, 1871.) p. 275.δ

682 (S. 367.) «Colomanus gratia Dei rex Hungarorum hanc legem dedit Judaeis in regno suo commorantibus», ap. ENDLICHER, l. c., p. 371 sq.

683 (S. 367.) Das Zinsverbot ist ausgesprochen in Tit. de usuris X. (V. 13); tit. eodem in VI.-to (V. 5); tit. eod. in Cem. (V. 2.) Vgl. KONEK *Kirchenrecht* (in magyarischer Sprache), 3. Auflage, p. 724, 725.

684 (S. 368.) Auch FÉNYES, l. c., p. 84, hält den «Comes judaeus» für einen jüdischen Grafen und täuscht sich darin ebenso wie Andere, welche das Wort «comes» im heutigen Sinne nehmen und nicht in jener früheren Bedeutung, wo es einen «Gespan» (Verwalter, Administrator) bezeichnete. — (δL. Löw, «Die jüdischen Wirren in Ungarn» (Pest und Leipzig), p. 43, schreibt: «Unter Comes oder Ispan verstand man den vom Könige Belehnten, welcher mit der aus seinem Lehngute gestellten Mannschaft den König in den Krieg begleitete. Als jüdische Comites werden angeführt: *Teha*, der Besitzer (?) von Bessenyö, und *Henel* sammt seinen Söhnen *Volvelin*, *Ottman* und *Unkelin*, die Besitzer (?) von *Komorn*, das zu jener Zeit (unter den Árpáden) noch ein Dorf war;» und in seinem Buche «Der jüdische Congress in Ungarn» (Pest, 1871) sagt derselbe Autor (S. VI.): «die jüdischen Comites des Mittelalters waren keine «Grafen», folgten aber doch unter der Anführung des Obergespans dem Heeresbanne des Königs.» Vgl. auch MICHAEL HORVÁTH, «Kleinere Schriften» (in magyarischer Sprache), Band i., p. 162 in der Anmerkung.δ

685 (S. 369.) Belae IV. regis jura Judaeorum, ap. ENDLICHER, p. 473, 399.

686 (S. 369.) Durch gütige Vermittelung des Herrn Rabbiners *Kohn* in Budapest erhielt ich folgende zwei Daten. In einem Buche aus dem 12. oder aus der ersten Hälfte des 13. Jahrhunderts beginnt die Entscheidung eines Streites also: «Ruben klagte den Simon an, indem er sagte: Du hast mir Wein als *Franken*-Wein verkauft und nun finde ich, dass derselbe mit *hunnischem* Weine gemischt ist.» Den damaligen jüdischen Schriftstellern war also der Gebrauch, Ungarn als «Hunnien» zu bezeichnen, bekannt.

Ein berühmter Rabbi (Isak Ben Moses, geb. 1200, gest. um 1270) schrieb in einem seiner Bücher: «Ich kam im Lande Hagar bis nach Ofen und Gran, wo warme Quellen aus der Erde hervorkommen und man fragte mich, ob es den Frauen erlaubt sei, die üblichen Reinigungsbäder im Wasser dieser Quellen zu nehmen? Ich antwortete: Ja.» — Hier ist das «Land Hagar» kein anderes als «Hungaria». Auch sonst und vordem erscheint «agar», «hagar» statt «hungar». (δEs irrte also L. Löw, wenn er in seinem Buche «Der jüdische Congress in Ungarn» (p. VIII., IX.) sagte: «Sein Zeitgenosse Eisak von Tyrnau (um die Mitte des 15. Jahrhunderts) war der erste bekannte rabbinische Schriftsteller in Ungarn, welcher sich zuerst des Namens *Hagar* bedient, um Ungarn zu bezeichnen.δ)

687 (S. 370.) FÉNYES, «Statisztika», I., 84.

688 (S. 371.) Prinz *Eugen* von Savoyen bestand darauf, dass nur Deutsche katholischen Glaubensbekenntnisses in die wiedereroberte Festung Temesvár aufgenommen werden sollten; insbesondere wären die Juden daraus fern zu halten, weil sie sich weniger ehrlichem Handel als unzulässigem

Wucher ergeben und den Osmanen mehr als den Christen zugethan seien. Vgl. SCHWICKER, «Geschichte des Temeser Banats», p. 294.

689 (S. 370.) Aus dem Sároser Comitats-Archiv bei BIDERMANN, «Die ungarischen Ruthenen», I., 130.

690 (S. 370.) δLÖW («Der jüdische Congress») schreibt S. 27: «In materieller Beziehung war diese Steuer nicht eben drückend»; im Jahre 1802 «betrug die Judensteuer in ganz Oesterreich 1.148,373, in Ungarn 139,928 Gulden; im darauffolgenden Jahre (1803) beziffert sich die Einnahme dieser Steuer in Oesterreich auf 1.228,276, in Ungarn und Croatien auf 83,671 Gulden. Im Jahre 1807 reichten die Juden ·bei der Regnicolar-Deputation zum ersten Male ein Gesuch um Ablösung der Toleranztaxe ein. Die Ablösungssumme von 1.600,000 Gulden wollten sie in 5—6 Jahren abführen.» LÖW, l. c., p. 61. Dieses Buch enthält auch sonst noch interessante Documente für die Geschichte der Juden in Ungarn im 17. und 18. Jahrhunderte.δ

691 (S. 370.) FÉNYES, «Magyarország statisztikája» = «Statistik von Ungarn», I., 82. — δIm Jahre 1792 bestimmte das Gesetz: «Damit sich aber die Zahl der erwerblosen Juden nicht zum allgemeinen Nachtheile vermehre, werden in der Folge nur diejenigen fremden Juden in das Land zugelassen, welche Handwerker, Kaufleute von grösserer Bedeutung oder Capitalisten sind, die wenigstens 1500 Gulden mitbringen.» LÖW, «Der jüdische Congress», p. 36.δ

692 (S. 372.) Vgl. SCHWICKER, «Statistik des Königreiches Ungarn», p. 168.

693 (S. 372.) FÉNYES, l. c., p. 82. Die Zahl der Juden in Pest gibt FÉNYES für das Jahr 1842 viel zu niedrig an. Siehe die Note S. 371.

694 (S. 372.) BIDERMANN, «Die ungarischen Ruthenen», I., 130.

695 (S. 372.) KELETI, «Die Bevölkerung der Länder der St. Stefanskrone», (Pest, 1871) p. 8—9.

696 (S. 373.) Das Schankrecht, das «jus educilli» wirkt auch anderwärts verderblich. Es wäre interessant, zusammenzustellen, an wie viele Gemeinden die ungarische Regierung seit dem Jahre 1866 das «Marktrecht» ertheilt hat. Das treibendste Motiv dieser Bitten um das Marktrecht bildet das Einkommen aus dem damit verbundenen Schankrechte. Dass die Märkte, welche heute fast allenthalben in den volkreicheren Ortschaften abgehalten werden, den provinziellen Handwerker ganz zu Grunde richten, darum bekümmern sich weder die Bittsteller noch die Verleiher des Marktrechtes; denn bei Vielen macht das «jus educilli» die ungarische National-Oekonomie oder den Adam-Smith-Codex aus. Der Handwerker, der mit seinen Erzeugnissen die Märkte besucht, muss nun statt einen deren fünf bis sechs aufsuchen, hat also fünf- bis sechsmal mehr Auslagen und nimmt in demselben Verhältnisse weniger ein.

697 (S. 374.) δDies ergibt sich aus folgenden Zahlen: Die Zahl der jüdischen Gymnasial- und Realschüler war in Ungarn-Siebenbürgen

		Gymnasiasten	Realschüler	Zusammen
im Jahre	1867 . . .	2045	569	3514
»	» 1868	3138	606	3744
»	» 1869	3234	679	3913
»	» 1870	3107	800	3907
»	» 1871	3070	1036	4106
»	» 1872	3137	1281	4418
»	» 1873	3317	1635	4952

Ein auffälliges Ueberwiegen ihres Zahlverhältnisses weist die jüdische Confession an der Pester Universität auf. Während nämlich diese Confession in der Bevölkerung des Landes nur 4·7% ausmacht, beträgt die Zahl der jüdischen Universitätshörer 17—18°/₀ der academischen Bürger, und zwar wenden sie sich neuestens mit besonderer Vorliebe den *juridischen* Studien zu. Im Jahre 1872 waren 458 jüdische Universitätshörer, von denen 252, also über die Hälfte Jus studirten; im Jahre 1873 betrug die Anzahl der jüdischen Hörer 432, darunter 252 Juristen. Auch am Josefs-Polytechnikum nimmt die Anzahl der jüdischen Hörer stetig zu. Im Jahre 1867 betrug ihre Anzahl nur 14, im Jahre 1873 war diese auf 65, oder 10·7°/₀ der Hörerschaft gestiegen. Vgl. SCHWICKER, «Statistik des Königreiches Ungarn», p. 646, 650, 662—663, 669.⁵

⁶⁹⁸ (S. 374.) LENHOSSÉK, l: c., p. 167.

⁶⁹⁹ (S. 377.) Vgl. oben Note 675.

Z u s a t z.

Seite 152, zehnte Zeile von unten «poné» lies : «Handnetz».

" 152, achte " " " «fonó csalány» lies : «Nessel».